Rainer Gievers

Das Praxisbuch Chromebook

Ausgabe 2024/25

4. Auflage

Vorwort

Mit den Chromebooks erobert seit einigen Jahren eine Gerätekategorie den Markt, die altgediente Konzepte hinter sich lässt. Im Gegensatz zu den etablierten Windows-Notebooks verzichten die Chromebooks auf teure Komponenten und sind deshalb sehr günstig. Das eingesetzte Betriebssystem Chrome OS ist zudem sehr einfach zu bedienen und verzichtet auf viele Funktionen, die man ohnehin nie benötigt.

Das Chromebook-Konzept ist sehr simpel: Statt alle Daten direkt auf dem Geräte zu verwalten, laufen die meisten Anwendungen direkt im Chrome-Webbrowser. Umständliche Software-Updates gehören somit der Vergangenheit an, denn Google selbst wartet die Anwendungen automatisch auf seinen Servern. Der Nutzer selbst kann die Google-Anwendungen im Chrome-Webbrowser kaum von normalen PC-Programmen unterscheiden. Von Vorteil ist zudem die automatische Datensicherung, denn wenn Ihr Chromebook mal gestohlen wird oder herunterfällt, sind alle Daten noch da. Sie besorgen sich dann einfach ein neues Chromebook, melden sich darauf bei Google an und Ihre Daten werden automatisch wiederhergestellt. Einziger Nachteil der Chromebooks ist der Bedarf für eine permanente Internetverbindung, in der Regel über WLAN.

Die Neuauflage dieses Buchs wurde notwendig, weil das ChromeOS beziehungsweise die Google-Anwendungen inzwischen regelmäßig aktualisiert werden. Während der zeitliche Abstand zwischen der ersten und zweiten Auflage noch 5 Jahre (!) betrug, sind es deshalb bei neuen Auflagen nur 24 Monate.

Falls Sie im Buch irgendwo einen Fehler entdecken, schicken Sie bitte eine E-Mail an *info@das-praxisbuch.de.*

Ebook

Dieses Buch steht als farbiges Ebook zum kostenlosen Download ohne Kopierschutz bereit. Es kann mit jedem PDF-Programm (zum Beispiel »Adobe Acrobat«) angezeigt und ausgedruckt werden.

Rufen Sie in Ihrem Webbrowser auf dem PC oder Handy folgende Webadresse auf:

www.das-praxisbuch.de/download

Geben Sie bitte folgenden Code (Groß- und Kleinschreibung beachten) ein:

3Hc-7H8-E7V-EW7-Qvx

Sollten Sie Probleme mit der Codeeingabe oder dem Herunterladen haben, dann schreiben Sie uns bitte eine E-Mail an service@das-praxisbuch.de. Wir helfden gerne weiter!

Hinweis

Die Informationen in diesem Buch wurden mit größter Sorgfalt erarbeitet und zusammengestellt. Dennoch können Fehler nicht vollständig ausgeschlossen werden. Verlag und Autor übernehmen daher keine juristische Verantwortung oder irgendeine Haftung für eventuell verbliebene Fehler oder deren Folgen.

ISBN: 978-3-96469-244-3

Aufbau der Kapitel

- Damit Sie erkennen, welche Bildschirmkopie zu welchem Erläuterungstext gehört, sind die Texte mit Zahlen (❶,❷,❸) durchnummeriert.
- Webadressen, Menübezeichnungen und verwiesene Kapitel sind *kursiv* gesetzt.
- Auch Verzeichnis- und Dateinamen, sowie Webadressen sind in Kursivschrift gesetzt.

In den Rahmen sind weiterführende Infos zum jeweiligen Thema untergebracht.

1. Inhaltsverzeichnis

2. Einführung

In diesem Buch gehen wir davon aus, dass Sie bisher nur sehr wenig mit Computern oder Handys zu tun hatten. Deshalb soll vorab das Konzept hinter Ihrem Chromebook erläutert werden, denn viele Besonderheiten und Einschränkungen ergeben sich aus der dahinterstehenden Idee. Dazu holen wir weit aus – als erfahrener PC-Nutzer können Sie dieses Kapitel vermutlich übergehen.

Auf dem Markt sind Hunderte Notebook- und PC-Modelle von diversen Herstellern erhältlich, die zumeist mit dem Betriebssystem Windows laufen. Die hohe Windows-Verbreitung sorgt alleine schon dafür, dass Sie für fast jeden erdenklichen Anwendungsfall ein passendes Programm angeboten bekommen, sei es für Textverarbeitung oder Brieftaubenverwaltung.

Unter einem »Betriebssystem« versteht man ein Systemprogramm, welches die Komponenten eines PCs verwaltet. Dazu gehören unter anderem die Ansteuerung der Festplatte, des Monitors, der Tastatur, eines Druckers usw. Übrigens besitzen fast alle Geräte, die intelligenter als ein Toaster sind – vereinfacht gesagt – ein eigenes Betriebssystem. Auf dem Betriebssystem selbst laufen dann die eigentlichen Programme, also zum Beispiel eine Textverarbeitung beim PC.

Viele Anwender benötigen aber nicht alle Windows-Funktionen, denn wer nur mal ab und zu mit seinem Webbrowser die aktuelle Wettervorhersage oder das Fernsehprogramm anzeigen möchte, ist von Windows schnell überfordert.

Microsoft hat auf Anwenderkritik und zunehmende Konkurrenz durch andere Betriebssysteme schon vor einiger Zeit reagiert und versucht, Windows anwenderfreundlicher zu gestalten. Die Idee, Windows an Tablets und Notebooks mit Touchdisplay (berührungsempfindliches Display) anzupassen ging aber ebenso schief wie die Entwicklung einer speziellen Windows-Variante für Handys (Windows Mobile). Letztere hat das Unternehmen nur wenige Jahre später wieder eingestampft.

2.1 Das Konzept hinter dem Chromebook

Auf Ihrem Chromebook (ein Kunstbegriff aus »Chrome« und dem englischen Wort »Book«, der sich nicht übersetzen lässt) läuft dagegen kein Windows, sondern ChromeOS. Dieses im Jahr 2009 von Google vorgestellte Betriebssystem und die mitgelieferten Anwendungen haben ein vollständig abweichendes Funktionsprinzip: Während man auf einem Windows-PC oder Notebook in der Regel seine Daten lokal auf dem Gerät verwaltet, setzt ChromeOS auf die sogenannte Cloud (engl. »Wolke«). Alle Daten, die Sie auf dem Chromebook verwalten, speichert Google automatisch auf einem Server im Internet. Der Vorteil dieses Konzepts liegt darin, dass Sie sich nur selten über eine Datensicherung Gedanken machen müssen, denn geht Ihr Chromebook mal kaputt, werden Ihre Daten automatisch wieder hergestellt, sobald Sie sich auf einem anderen Chromebook anmelden. Von Nachteil ist leider, dass Google Zugriff auf alle Ihre privaten Daten hat, was nicht jedem Anwender gefallen dürfte, zumal das Unternehmen in den USA beheimatet ist und die amerikanischen Behörden praktisch unbegrenzten Zugriff darauf haben. Als Firmenmitarbeiter sollten Sie mit der Unternehmens-IT abklären, ob und inwieweit Sie ein Chromebook nutzen dürfen.

Wir haben bereits den großen Vorteil von Windows erwähnt, jeden Anwendungszweck abzudecken. ChromeOS bzw. das Chromebook werden mangels Masse und eingeschränkter Hardware-Fähigkeiten (dazu kommen wir noch) wohl niemals die Verbreitung von PCs oder Notebooks finden.

Als »Hardware« bezeichnet man, vereinfacht gesagt, im Computerbereich alle Geräte, die man anfassen kann, beispielsweise Notebooks, PCs, Drucker, Tastaturen usw. »Software« sind dagegen die auf der Hardware laufenden Programme, wozu das Betriebssystem und die Anwendungen zählen.

Für das Chromebook gilt also das klassische Henne-Ei-Prinzip, denn ohne ein umfassendes Software-Angebot, welches die wichtigsten Anwendungsgebiete abdeckt, wird kein Kunde ein Chromebook kaufen. Ist der Marktanteil der Chromebooks nur gering, interessieren sich aber Software-Entwickler nicht für diese Geräteklasse und damit beginnt die Abwärtsspirale von vorne.

Google hat dieses Problem genial umgangen, denn alle Anwendungen laufen dort im Webbrowser. Für Software-Entwickler ist dies eine faszinierende Möglichkeit, denn ihre »Programme« laufen zentral auf einem Internet-Server und können nicht nur von Chromebook-Besitzern, sondern auch von PCs, Notebooks, Tablets und Handys aus genutzt werden. Internetzugang und ein Webbrowser, die sich heute auf jedem Gerät finden, reichen dafür aus.

2.2 Die Chromebook-Hardware

Vermutlich besitzen Sie bereits ein Chromebook, denn sonst würden Sie nicht dieses Buch in den Händen halten. Für Einsteiger möchten wir trotzdem an dieser Stelle die Besonderheiten vorstellen und eine kurze Kaufberatung geben.

Im Laufe der Zeit haben eine ganze Reihe an bekannten Notebook-Herstellern wie Acer, Asus, Lenovo und HP Chromebooks mit den unterschiedlichsten Leistungsdaten auf den Markt geworfen. Sie können also je nach Geldbeutel und Ansprüchen zu einem Modell mit 11,1 Zoll-Displaydiagonale (ca. 28 cm) oder 15,6 Zoll (ca. 40 cm) greifen. Zudem gibt es Unterschiede zwischen dem verbauten Arbeitsspeicher, der Festplatte (bei der es sich hier, genauer gesagt, um einen Flashspeicher handelt), dem Prozessor und den verfügbaren Anschlüssen. Verzichten müssen Sie dagegen auf ein DVD-Laufwerk.

Entsprechend der Gerätephilosophie sind die beim Chromebook vorhandenen USB-Anschlüsse nur für den Betrieb von USB-Speichersticks, USB-Mäusen/Tastaturen, DVD/CD-Laufwerke mit USB-Anschluss (nur im Lesemodus), sowie sogenannten MTP-Geräten geeignet. Bei Letzteren handelt es sich um Geräte wie Digitalkameras oder MP3-Player. Andere USB-Geräte lassen sich dagegen nicht am Chromebook betreiben. Da es ohne Ausdrucke aber nicht geht, unterstützt Google aber den Umweg über einen am PC/Notebook angeschlossenen Drucker, welcher über einen Netzwerkdienst angesteuert wird. Falls Ihnen die vorhandenen USB-Steckplätze nicht ausreichen, ist auch der Betrieb von USB-Verteilern (USB-Hubs) möglich.

Der Bluetooth-Funkstandard ermöglicht zudem den Anschluss von Tastaturen, Mäusen, Lautsprechern, Headsets, Kopfhörern und Mikrofonen am Chromebook. Tipp: Sollten die USB-Anschlüsse nicht ausreichen, dann legen Sie sich eine Funktastatur/Maus-Kombi zu, die über einen einzigen USB-Dongle betrieben wird.

Weitere Anschlüsse sind – je nach Gerät – ein Steckplatz für SD-Karten, den man nutzt, um auf Fotos von einer Digitalkamera-Speicherkarte zuzugreifen, Mikrofoneingang und Klinkenausgang, sowie ein HDMI-Monitorausgang.

Inzwischen sind auch Chromebooks mit SIM-Steckplatz im Handel, welche die Nutzung auch unterwegs erlauben, sowie Chromebooks mit Touchdisplay.

2.2.1 Kaufempfehlung

Der große Preisvorteil, den Chromebooks bei der Markteinführung gegenüber Windows-Notebooks hatten – unser erstes Chromebook hat gerade mal 150 Euro gekostet – sind leider vorbei. Ein Grund mag die mangelnde Nachfrage in Deutschland sein, denn selbst bei wohlwollender Betrachtung[1] dürfte ChromeOS sich auf ca. 1 Prozent aller genutzten Notebooks/Tablets befinden. In den USA sind die Chromebooks dagegen insbesondere im Bildungsbereich ein großer Erfolg.

1 *https://www.googlewatchblog.de/2020/01/die-betriebssysteme-google-fans*
https://www.heise.de/mac-and-i/meldung/US-Bildungsmarkt-Googles-Chromebooks-setzen-Apple-unter-Druck-3643456.html

Ein Vorteil der Chromebooks ist, dass sie nur langsam veralten. Bei einem frisch gekauften Chromebook dürfen Sie mit mindestens 8 Jahren Updates rechnen und selbst danach wird das Chromebook nicht zum Elektroschrott[2]. Achten Sie also auf das Markteinführungsdatum, bevor Sie bei einem »Schnäppchen« zugreifen!

Während große Handelsketten wie Saturn/Mediamarkt, Euronics usw. nur aktuelle Modelle verkaufen, sieht es im Online-Handel anders aus. Damit Sie nicht einen Fehlkauf machen, betreibt Google eine Webseite[3], die alle Chromebooks mit deren **Update-Zeitraum** auflistet.

Unsere Empfehlung ist ein Chromebook mit **Touchdisplay**, denn insbesondere als vorheriger Smartphone- und Tabletnutzer werden Sie sich sonst häufig ertappen, dass Sie vergeblich mit den Finger auf den Bildschirm tippen. Alternativ können Sie natürlich – wie von Windows gewohnt – auch auf dem Chromebook den Mauszeiger per Touchpad oder angeschlossener Maus bewegen. Touchdisplays sind allerdings niemals entspiegelt, was in Umgebungen mit starkem Lichteinfall problematisch sein kann.

Planen Sie die regelmäßige Nutzung von Videodiensten wie YouTube oder Netflix, dann sollten Sie eventuell zu einem Gerät mit mindestens 13 Zoll-Display greifen. Die Displayauflösung sollte dann aber mindestens dem HD-Videostandard entsprechen, also **1920 x 1080 Pixel**. Eine HD-Auflösung sollte auch ein Chromebook mit 15-Zoll-Display haben, weil man sonst die einzelnen Pixel sieht.

Sollten Sie den Einsatz Ihres Geräts für Präsentationen oder Spielfilmwiedergabe per Beamer beziehungsweise angeschlossenen TV planen, dann müssen Sie auf den passenden **Videoanschluss** achten. Die meisten Geräte unterstützen USB-C mit DisplayPort, während HDMI inzwischen eher selten zu finden ist. Erkundigen Sie sich gegebenenfalls beim Händler, ob er einen passenden Adapter, beispielsweise von Displayport auf HDMI, anbieten kann.

Der verbaute Prozessor, Arbeitsspeicher oder Flashspeicher (entspricht der Festplatte bei Windows-Notebooks) spielt dagegen keine große Rolle, denn die eigentliche Datenverarbeitung spielt sich ja bei Google im Rechenzentrum ab und Ihr Chromebook dient nur als Anzeigegerät.

2.3 Der Internetzugang

Alles steht und fällt beim Chromebook mit dem Internetzugang, denn Sie arbeiten ja permanent im Webbrowser. Es gibt zwar einige Chromebooks, die auch ein Mobilfunkmodul besitzen, das Sie über eine SIM-Karte in Betrieb nehmen, in der Regel nutzen Sie aber WLAN. Wenn unterwegs mal kein WLAN-Zugangspunkt verfügbar ist, nutzen Sie einfach die sogenannte Tethering-Funktion Ihres Smartphones, mit der dessen Mobilfunkverbindung über WLAN zur Verfügung gestellt wird.

2 https://stadt-bremerhaven.de/google-verspricht-zukuenftige-chromebooks-sollen-fuer-acht-jahre-mit-updates-versorgt-werden

3 *https://support.google.com/chrome/a/answer/6220366*

3. Erster Start

Auch wenn Google und die Gerätehersteller behaupten, dass die Benutzeroberfläche auf jedem Chromebook gleich aussieht, so gibt es doch Unterschiede. Dies hängt mit der Version des vorinstallierten ChromeOS zusammen. Wir gehen später noch darauf ein, wie Sie das Betriebssystem per Update auf den neuesten Stand bringen.

Bitte wundern Sie sich also nicht, wenn manche Bildschirmabbildung von der Anzeige auf Ihrem Gerät abweicht!

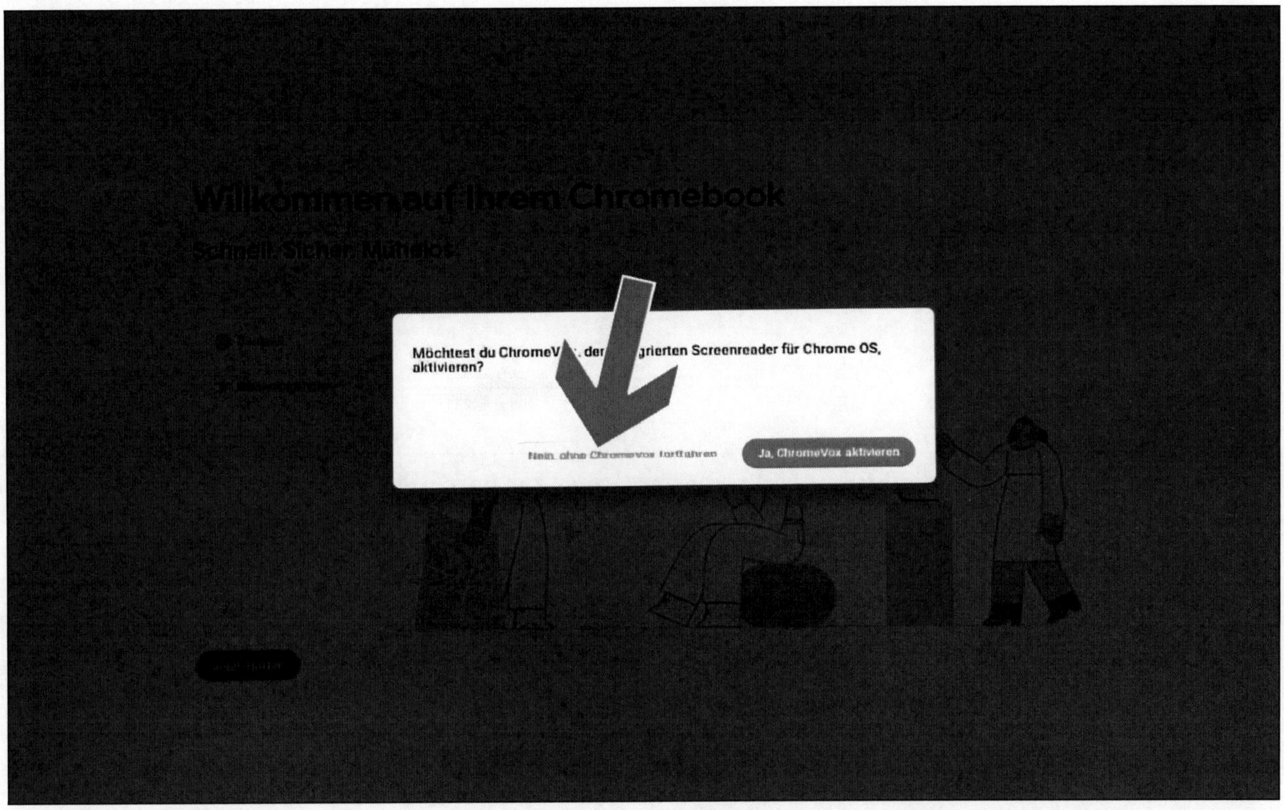

Die Frage nach der Vorlesefunktion ChromeVox beantworten Sie gegebenenfalls mit *Nein, ohne ChromeVox fortfahren.*

Betätigen Sie *Jetzt starten.*

Wir haben alle Bildschirmabbildungen in diesem Buch zur besseren Lesbarkeit stark bearbeitet.

Nun ist die Internetverbindung einzurichten. Dazu müssen Sie mit dem Finger kurz auf einen der aufgelisteten Zugangspunkte tippen.

Ihr Chromebook hat kein Touchdisplay? Tippen und halten Sie mit einem Finger auf das Touchpad (das hervorgehobene Feld unterhalb der Tastatur) und bewegen Sie so den schwarzen Mauszeiger auf einen der Zugangspunkte in der Liste. Dabei dürfen Sie keinen starken Druck ausüben, sondern lassen den Finger nur über die Touchpad-Fläche gleiten. Sobald sich der Mauszeiger über dem auszuwählenden Element – in unserem Fall einem WLAN-Zugangspunkt – befindet drücken Sie den Finger etwas herunter, bis es »klickt«.

Ihr Chromebook bedienen Sie im Prinzip wie ein »normales« Notebook. Wenn Sie bereits mit einem Notebook gearbeitet haben, dürften Sie bereits mit einem Touchpad Erfahrung gesammelt haben.

Chromebook ohne Touchdisplay: Wenn es in diesem Buch künftig heißt, dass Sie ein Menü auswählen oder eine Schaltfläche anklicken müssen, gehen Sie wie bereits beschrieben vor, legen also den Finger auf das Touchpad und bewegen damit den Mauszeiger auf dem Bildschirm an die gewünschte Position. Drücken Sie dann mit dem Finger leicht auf das Touchpad, bis es mit einem mechanischem Klick etwas nachgibt.

Chromebook mit Touchdisplay: Zum Betätigen einer Schaltfläche oder Auswahl einer Option tippen Sie diese nur kurz an. In diesem Buch weisen wir darauf hin, wenn Sie mal länger den Finger über einem Bildschirmelement gedrückt halten müssen.

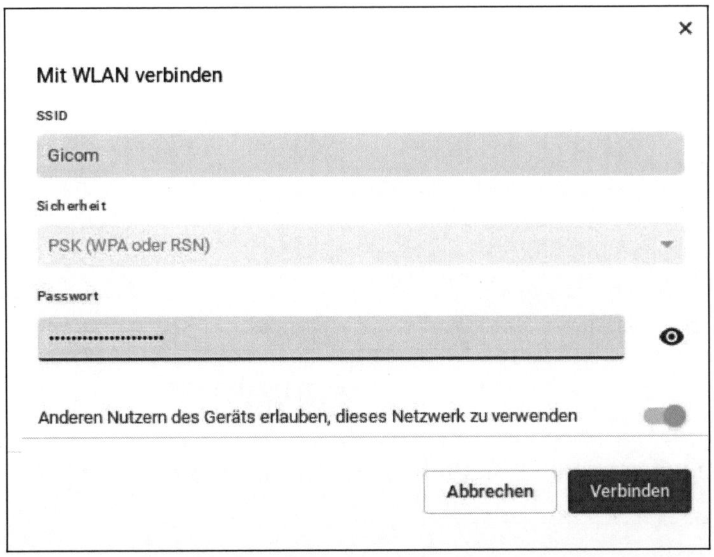

Im *Passwort*-Feld müssen Sie das Kennwort für den WLAN-Zugangspunkt eingeben, danach klicken Sie auf *Verbinden.*

In der WLAN-Übersicht betätigen Sie nun *Weiter*, sofern das Chromebook nicht selbst zur nächsten Einrichtungsseite weiterspringt.

Falls dieser Hinweis erscheint, betätigen Sie *Weiter*.

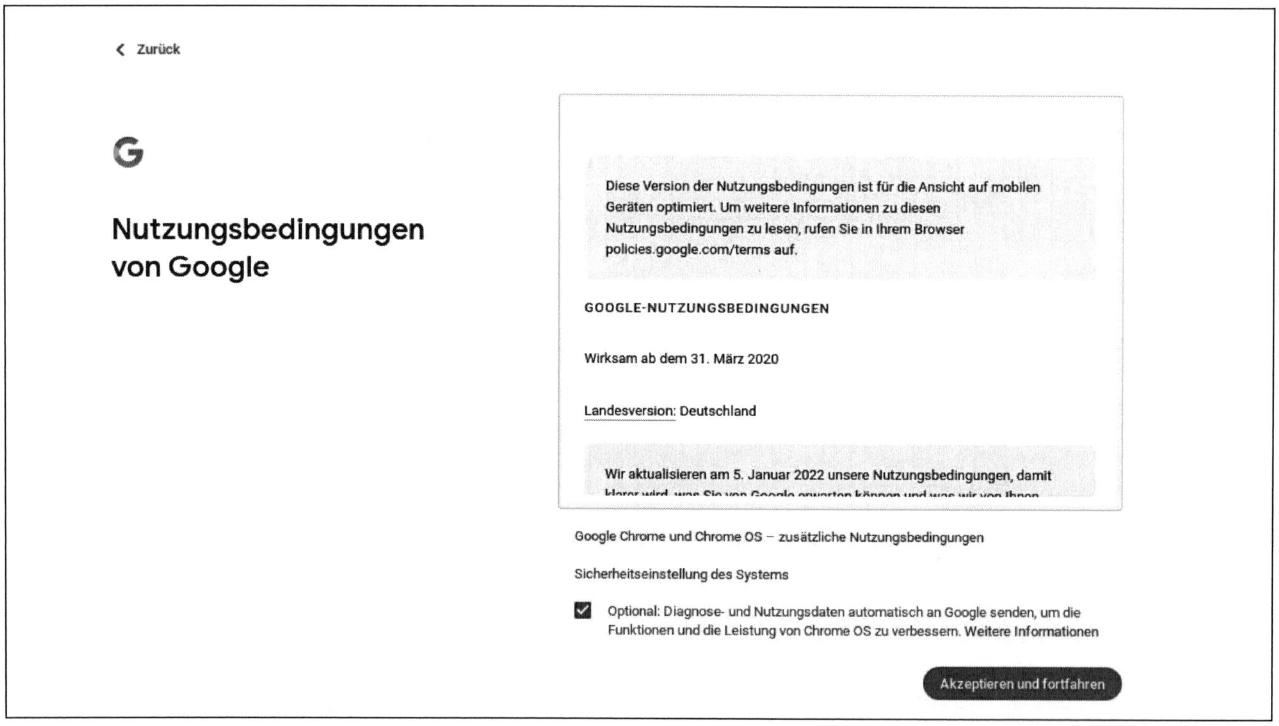

Falls der Dialog mit den Geschäftsbedingungen erscheint, schließen Sie ihn mit *Akzeptieren und fortfahren*.

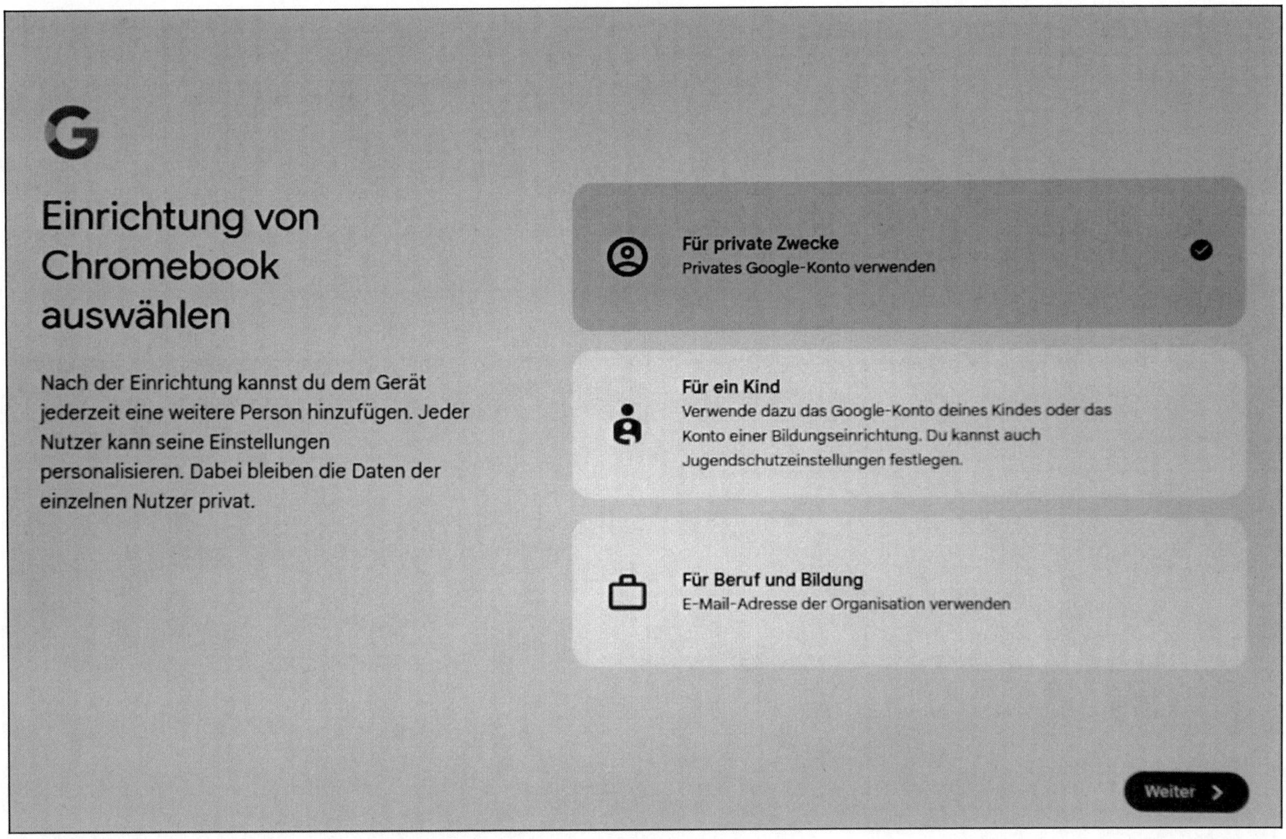

Dieser Bildschirm kann bei Ihnen anders aussehen:

Altes ChromeOS: Wählen Sie *Ich* und betätigen Sie *Weiter*.

Neues ChromeOS: Wählen Sie *Für private Zwecke* und betätigen Sie *Weiter*.

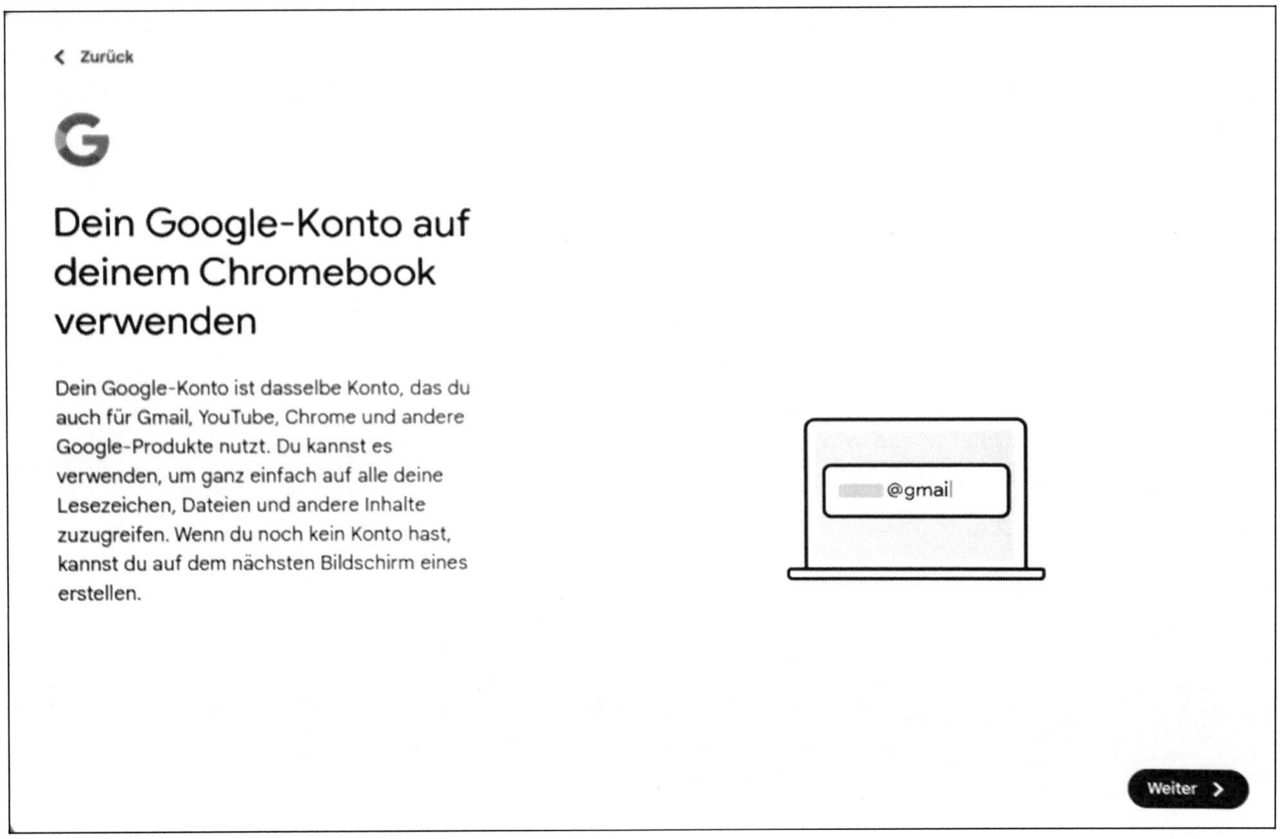

Auch den folgenden Hinweis schließen Sie gegebenenfalls mit *Weiter*.

3.1 Neues Google-Konto

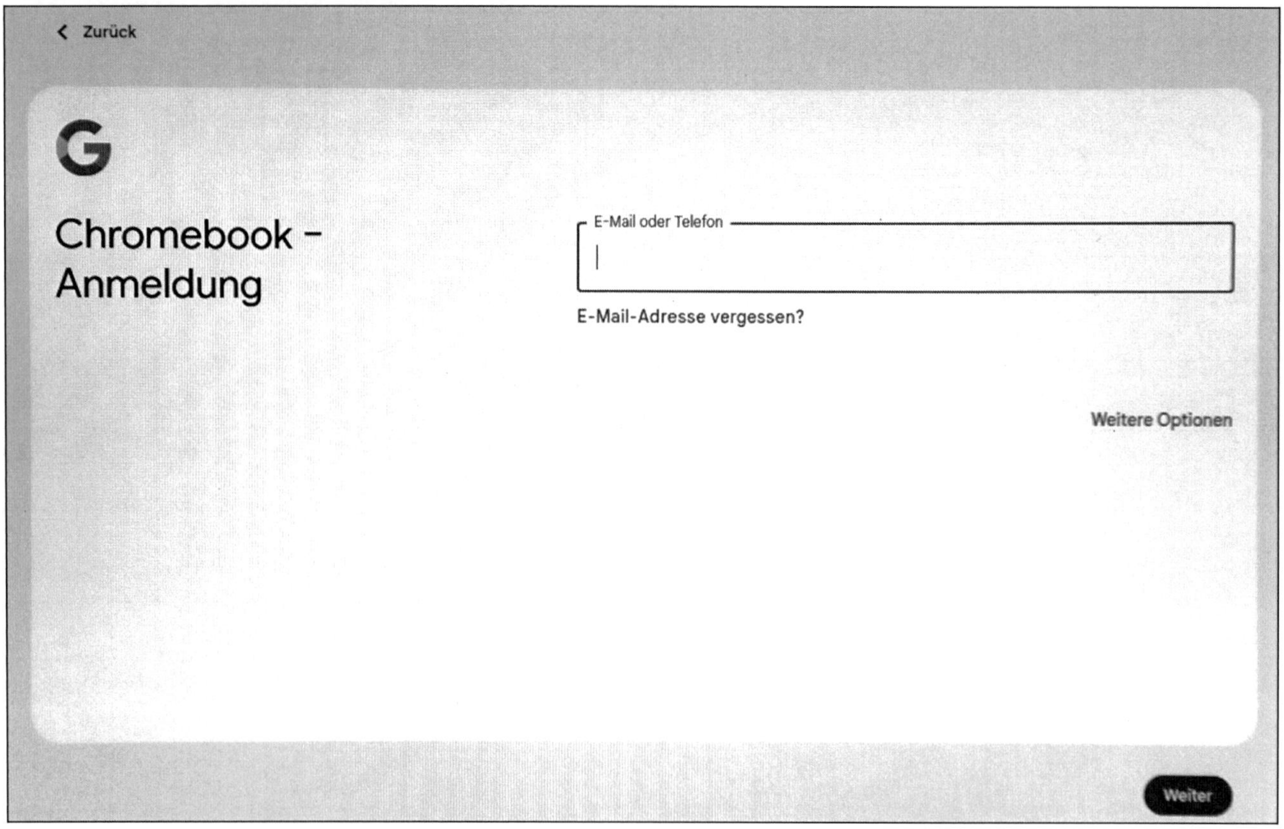

An dieser Stelle kommt es jetzt darauf an, ob Sie bereits ein sogenanntes Google-Konto besitzen. Sollte dies der Fall sein, lesen Sie bitte im Kapitel *3.2 Vorhandenes Google-Konto* weiter.

Haben Sie dagegen noch kein Google-Konto, dann gehen Sie, wie als Nächstes beschrieben, vor.

Über Ihr Google-Konto identifizieren Sie sich bei den Google-Diensten. Alle von Ihnen auf dem Chromebook verwalteten Daten und Dateien landen automatisch in Ihrem Google-Konto auf einem Google-Server.

Falls Ihnen der Begriff »Google-Konto« bekannt vorkommt: Das Google-Konto kommt auch auf Android-Handys zum Einsatz, weshalb Sie dieses gegebenenfalls auf dem Chromebook zur Anmeldung verwenden können. Auf dem Chromebook vorhandene Daten/Dateien sind dann auch auf Ihrem Android-Handy nutzbar und umgekehrt.

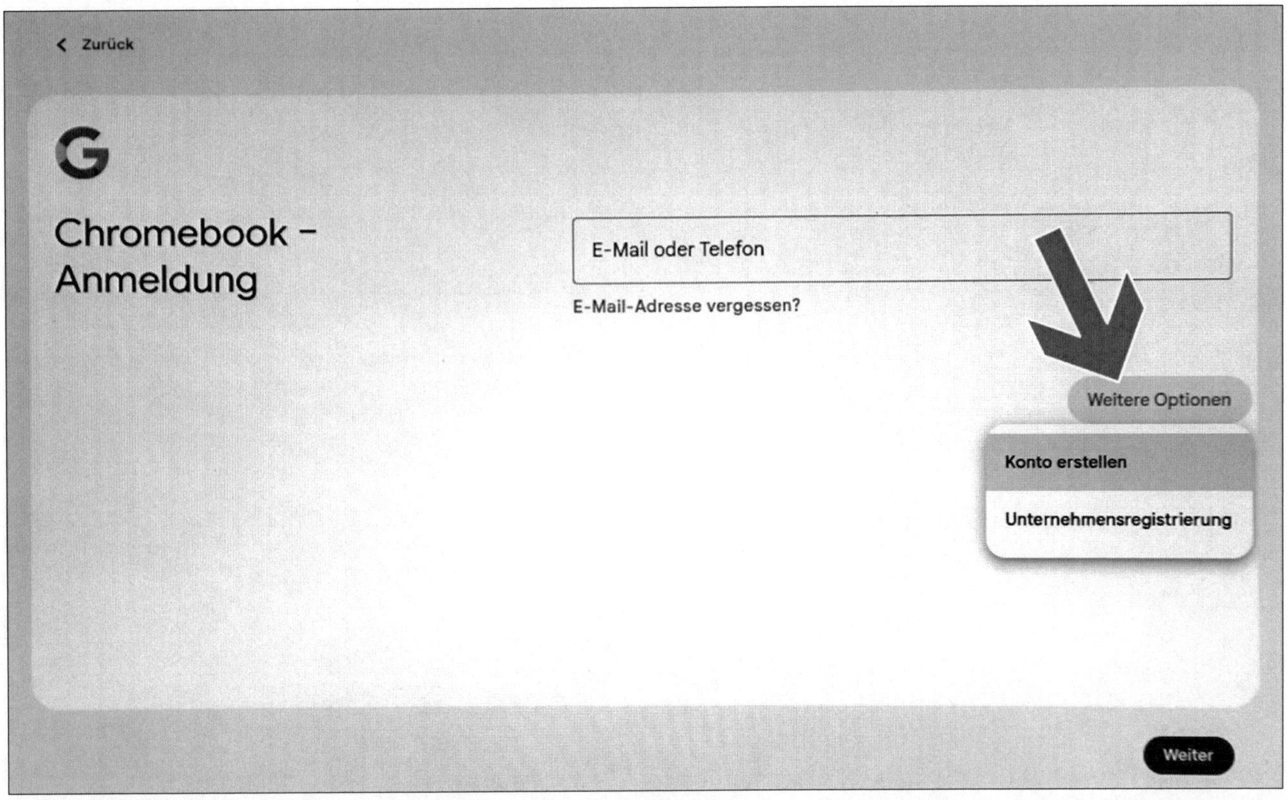

So legen Sie ein neues Google-Konto an: Tippen/Klicken Sie rechts auf *Weitere Optionen* und gehen Sie im Popup auf *Konto erstellen.*

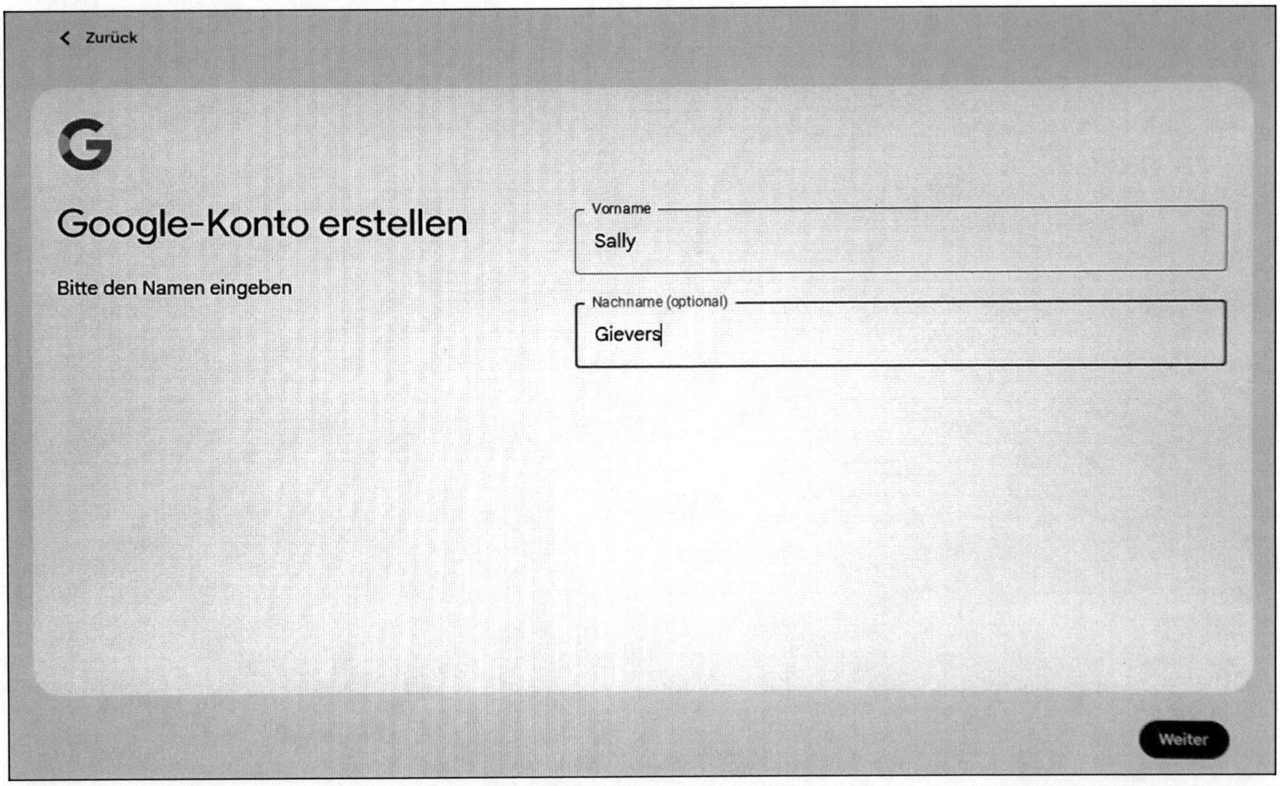

Erfassen Sie Ihren Vor- und Nachnamen. Klicken/Tippen Sie dazu in das jeweilige Eingabefeld. Schließen Sie mit *Weiter* ab.

Tipp: Wie auf einem Windows-PC können Sie mit der →|-Taste auf der Tastatur zum nächsten Eingabefeld springen. Das erspart Ihnen das lästige Klicken/Tippen in das nächste Feld.

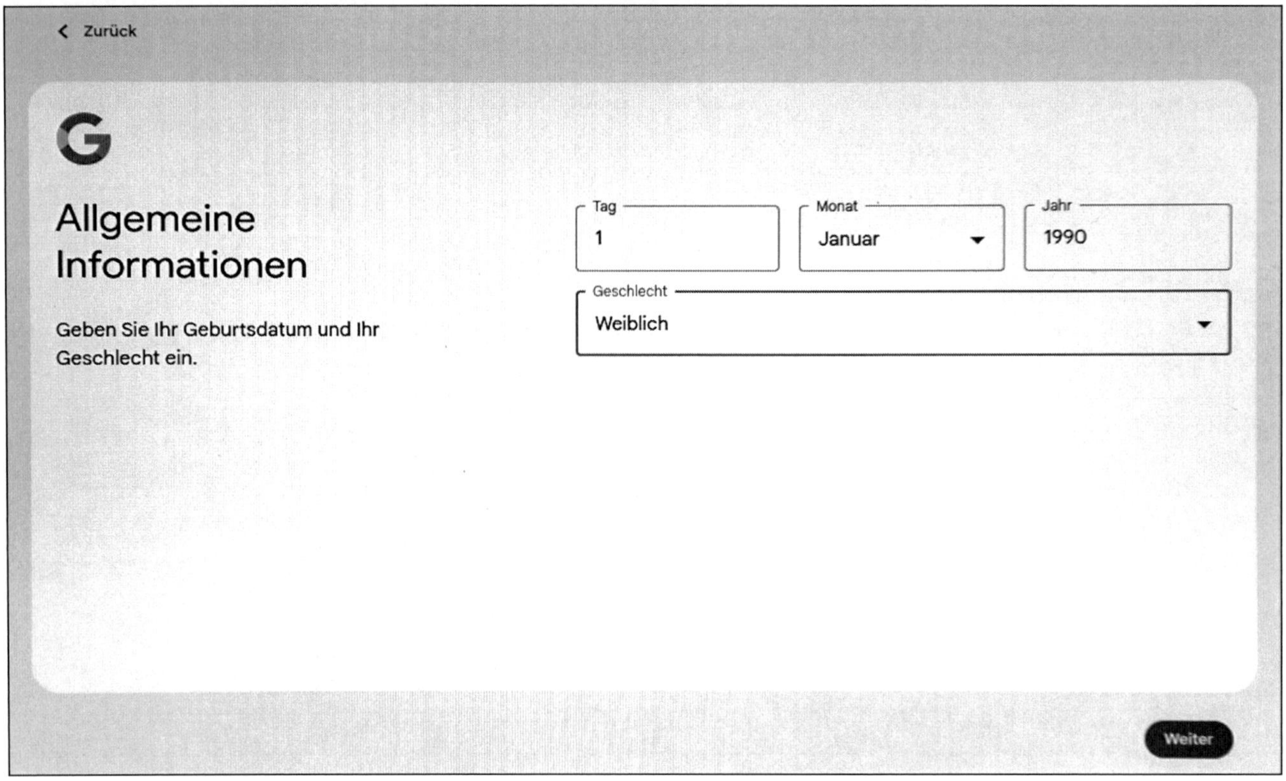

Geben Sie Ihr Geburtsdatum und Geschlecht an (es ist Ihnen unbenommen, hier falsche Angaben zu machen), dann betätigen Sie *Weiter*.

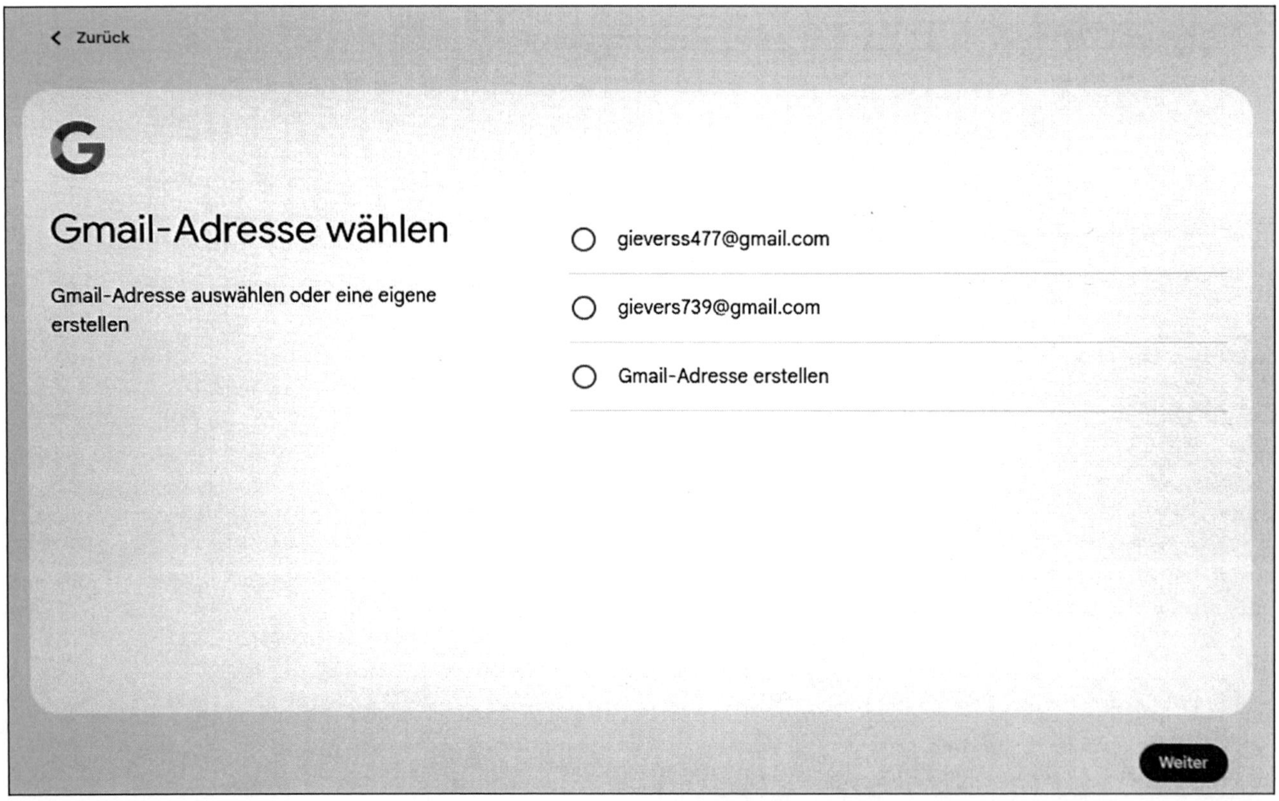

Google schlägt Ihnen einige Kontonamen vor. Wenn Sie *Gmail-Adresse erstellen* auswählen, können Sie auch selbst einen selbst gewählten Kontonamen eingeben. Betätigen Sie dann erneut die *Weiter*-Schaltleiste. Falls der Kontoname bereits an jemand anders vergeben wurde, macht das Programm Vorschläge beziehungsweise gibt Ihnen die Möglichkeit, einen anderen Kontonamen einzugeben.

Zulässig sind im Kontonamen Buchstaben, Zahlen und Punkte. Klein- und Großschreibung wird nicht berücksichtigt. Tipp: Verzichten Sie bei Ihrem Kontonamen auf die leicht verwechselbaren Zeichen »0«, »O«, »1«, »L«, »Z« und »2«. Sie vermeiden damit Missverständnisse, wenn Sie mal Ihre E-Mail-Adresse für jemand anders aufschreiben.

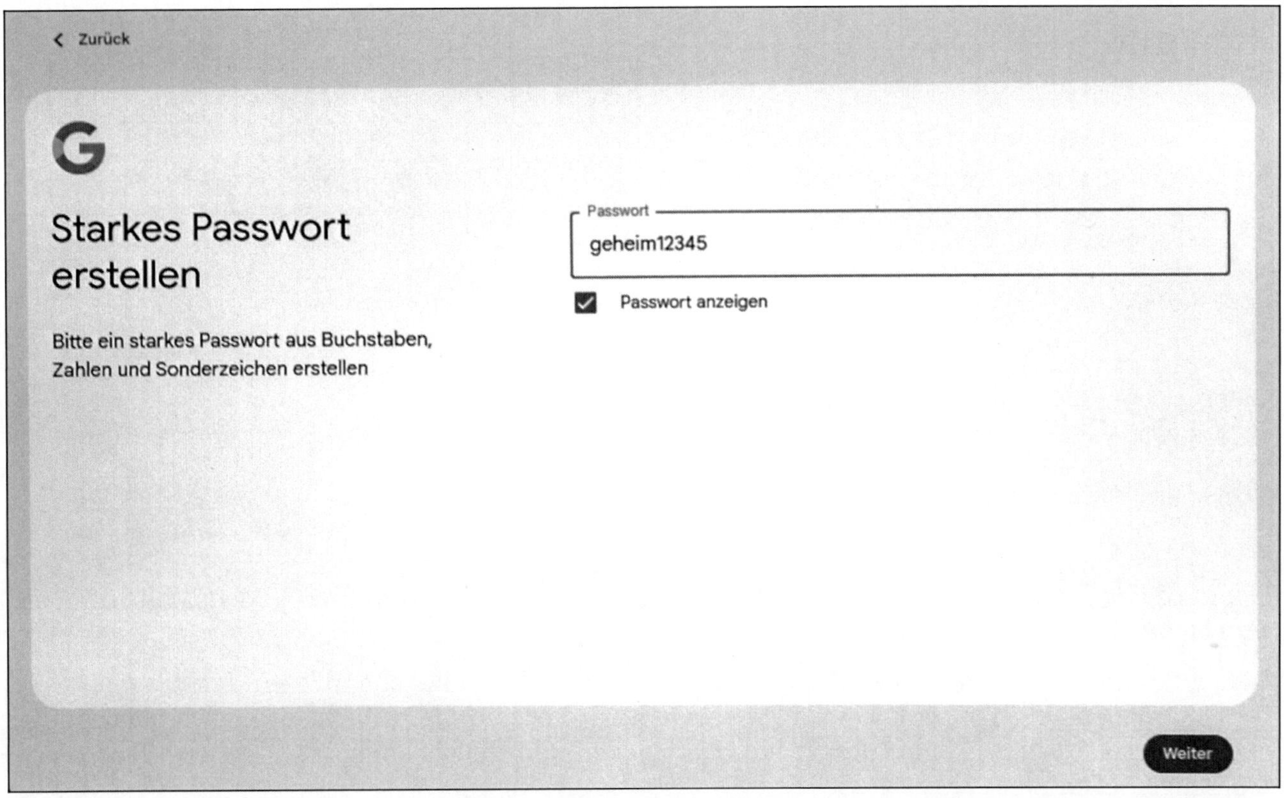

Zum Schluss erfassen Sie das Kennwort. **Das Kennwort (und natürlich den Kontonamen) sollten Sie sich genau merken oder notieren, weil das Gerät später ab und zu danach fragt!** Betätigen Sie dann *Weiter*.

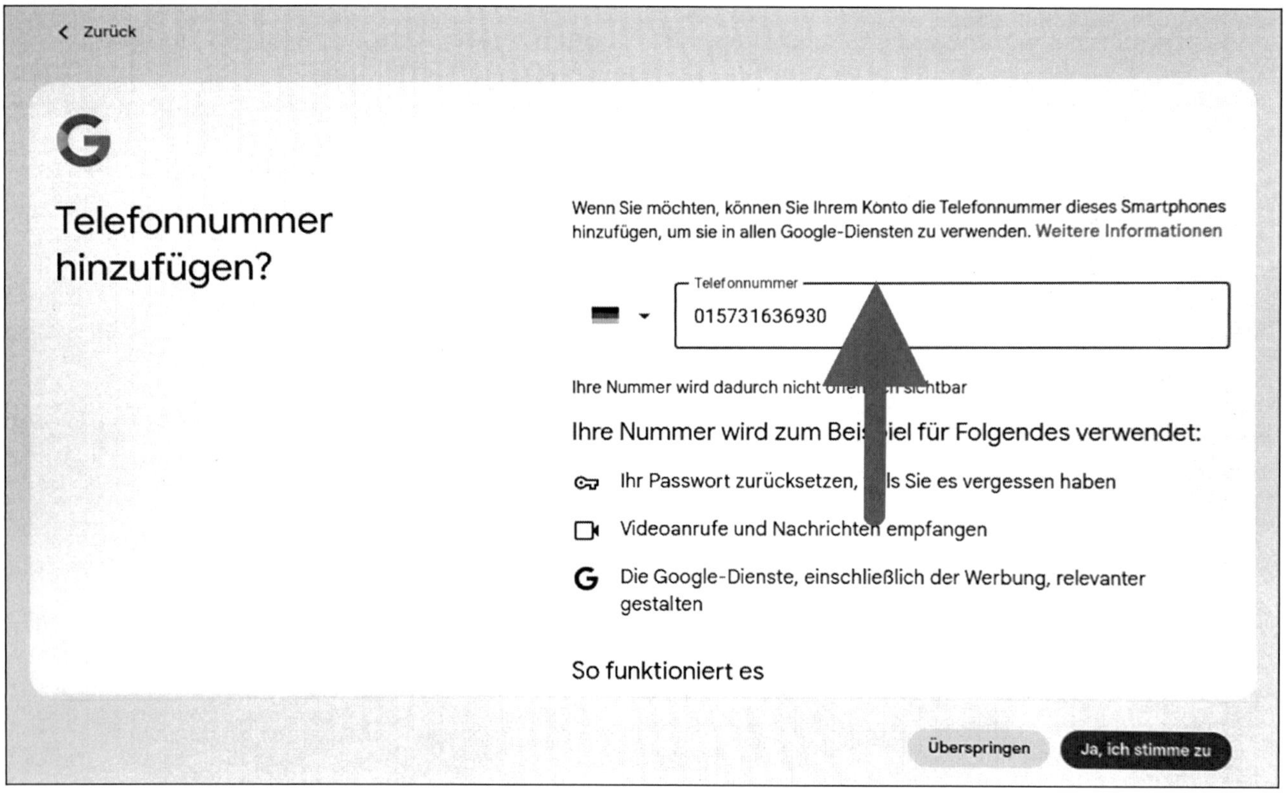

Damit Sie Ihr Konto wiederherstellen können, falls Sie Ihr Passwort mal vergessen, sollten Sie hier Ihre Handynummer eingeben.

Leider passt die Anzeige nicht auf eine Bildschirmseite, das heißt, Sie müssen durchrollen. Wenn Ihr Chromebook ein Touchdisplay hat, wischen Sie deshalb auf dem Bildschirm nach oben (Finger auf das Display halten, dann sofort nach oben ziehen und Finger anheben; gegebenenfalls diesen Vorgang wiederholen).

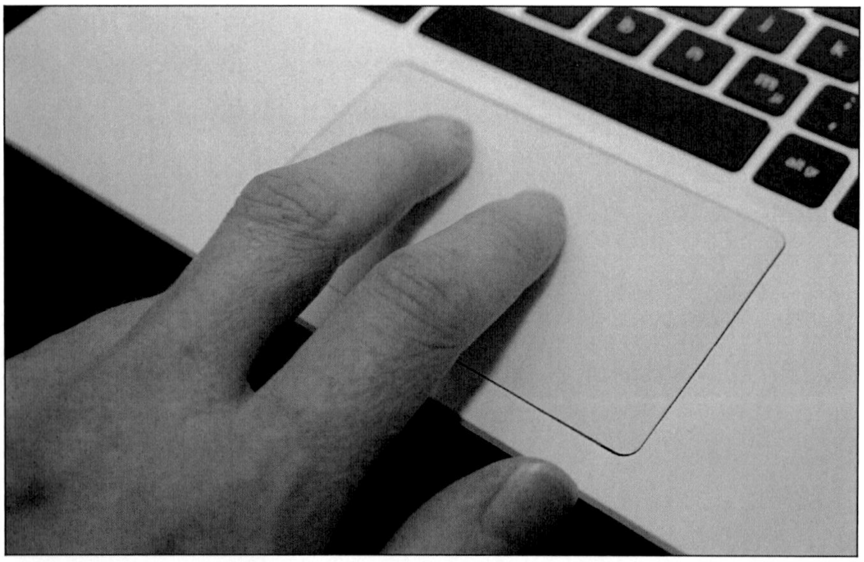

Bei einem Chromebook ohne Touchdisplay: Ziehen Sie mit zwei gleichzeitig auf dem Touchpad liegenden Fingern auf das Touchpad (ohne Druck auszuüben) und ziehen Sie sie nach unten.

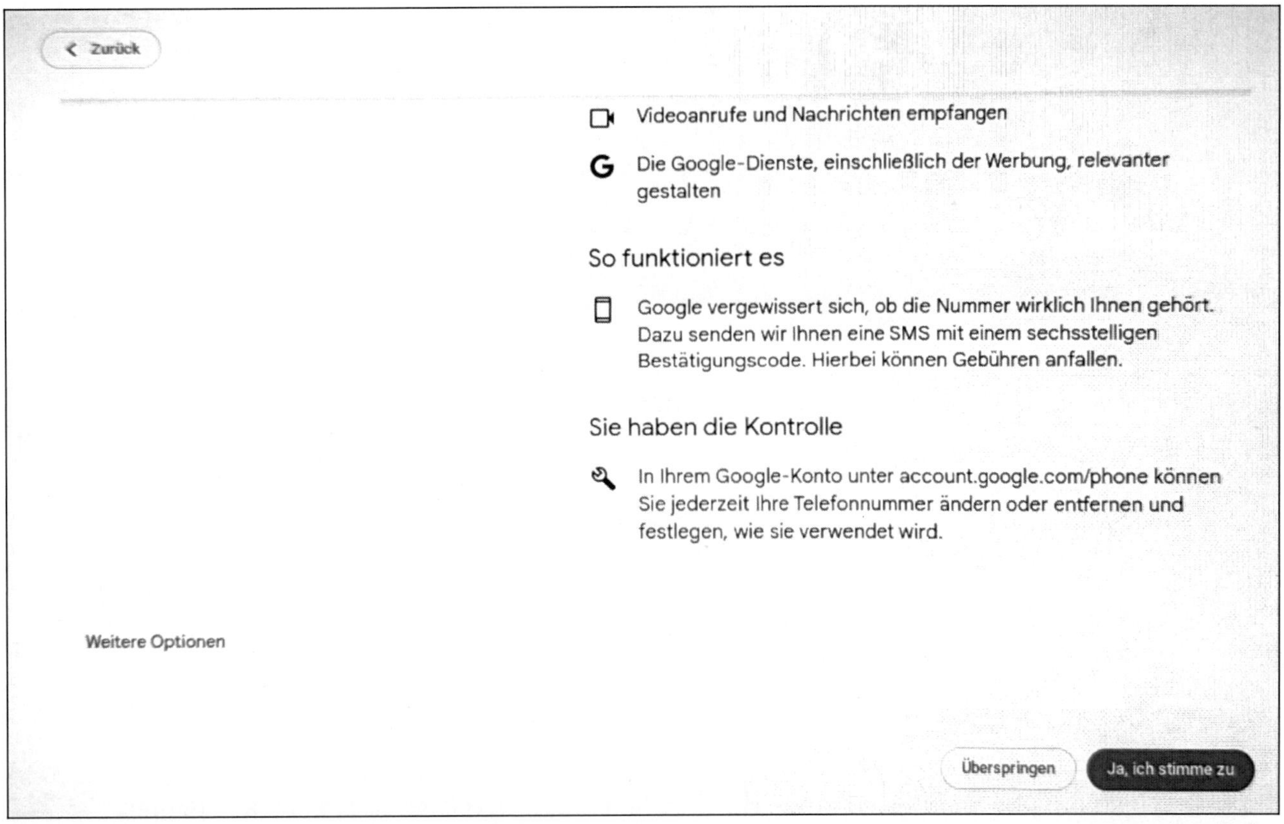

Klicken/Tippen Sie auf *Ja, ich stimme zu.*

Anschließend tippen Sie den Code ein, den Sie als SMS von Google erhalten haben und betätigen *Weiter.*

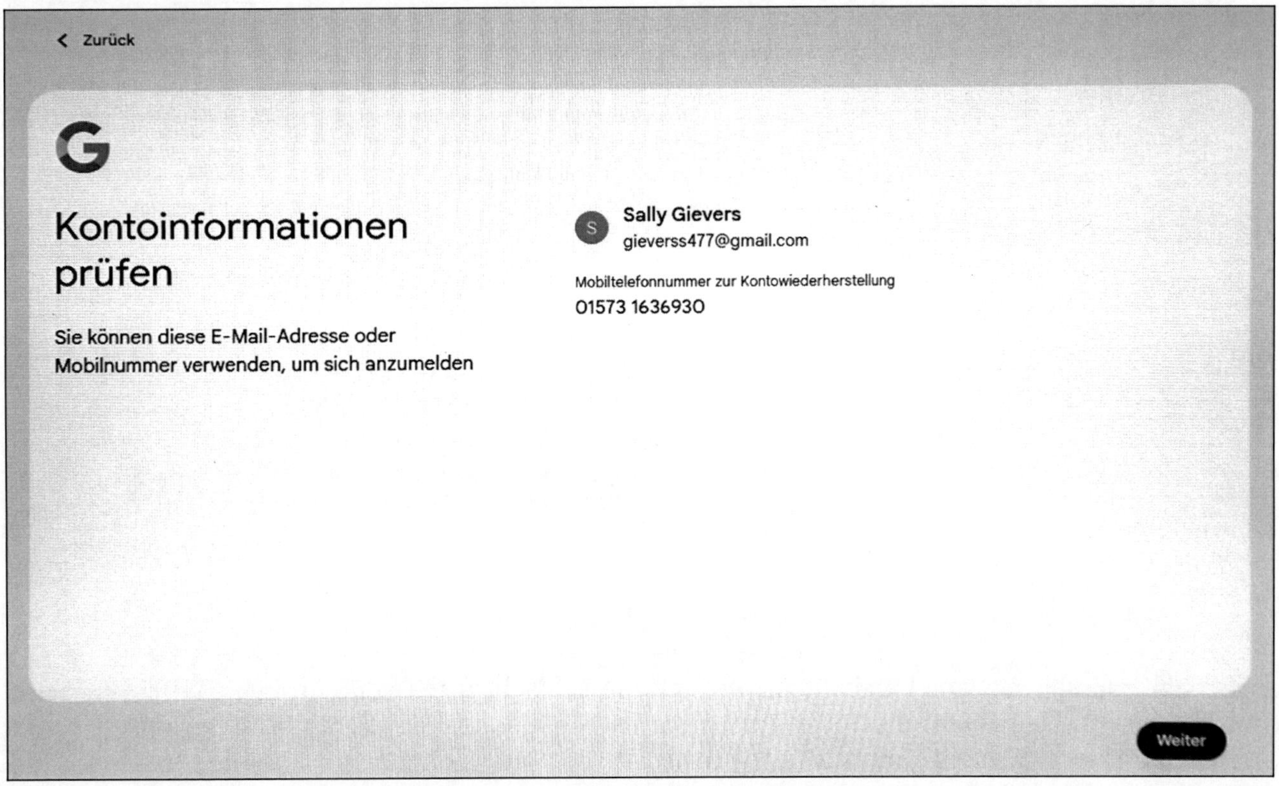

Schließen Sie den Hinweis mit *Weiter.*

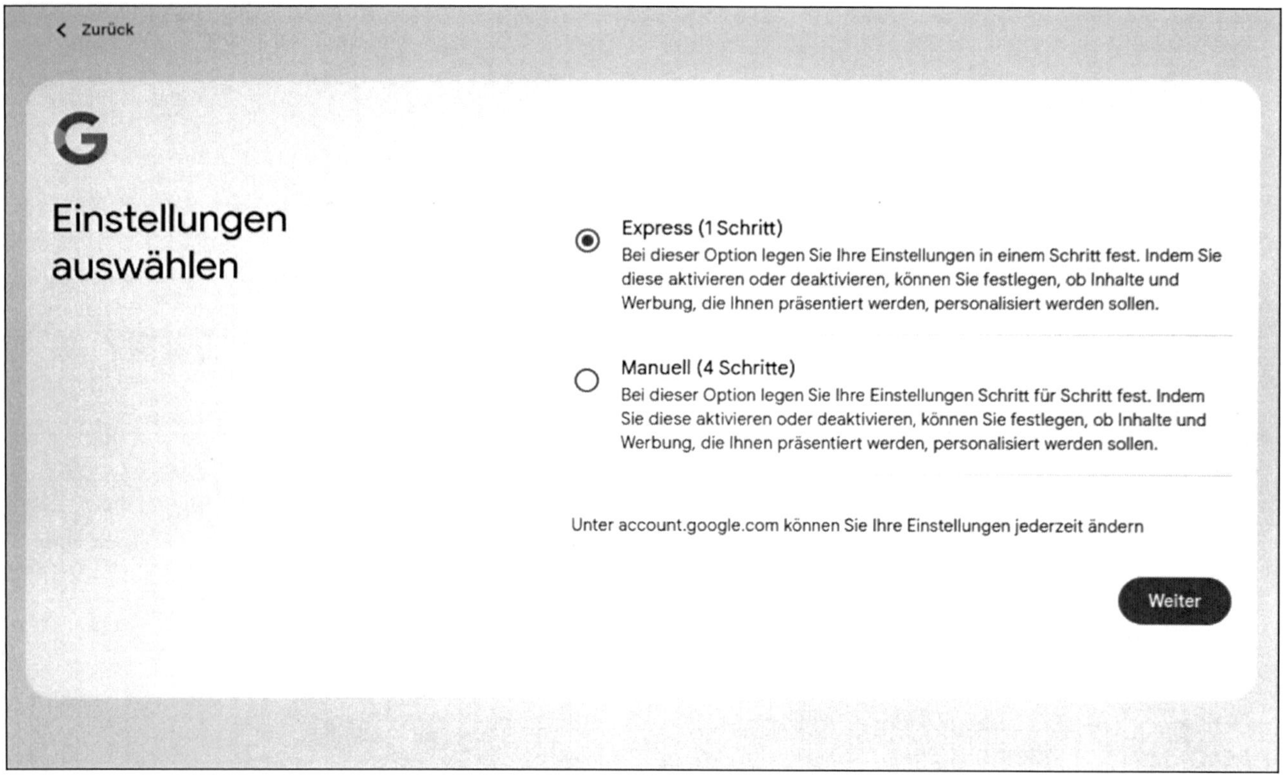

Bei den Einstellungen aktivieren Sie der Einfachheit halber *Express* und gehen auf *Weiter*.

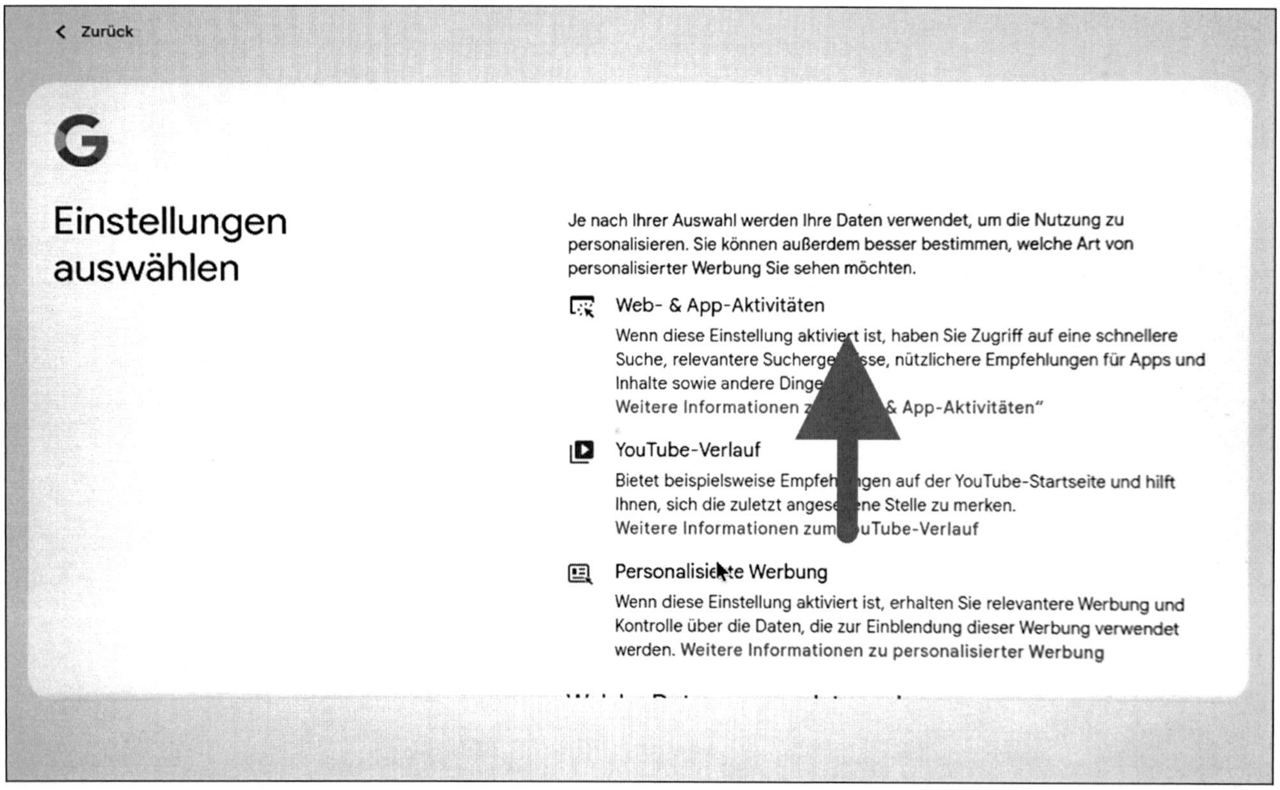

Auch hier müssen Sie, wie bereits oben gezeigt, die Bildschirmseite durchrollen: Bei einem Gerät mit Touchscreen geschieht dies per Wischgeste nach oben auf dem Bildschirm, ansonsten durch Wischen mit zwei Fingern gleichzeitig auf dem Touchpad nach unten.

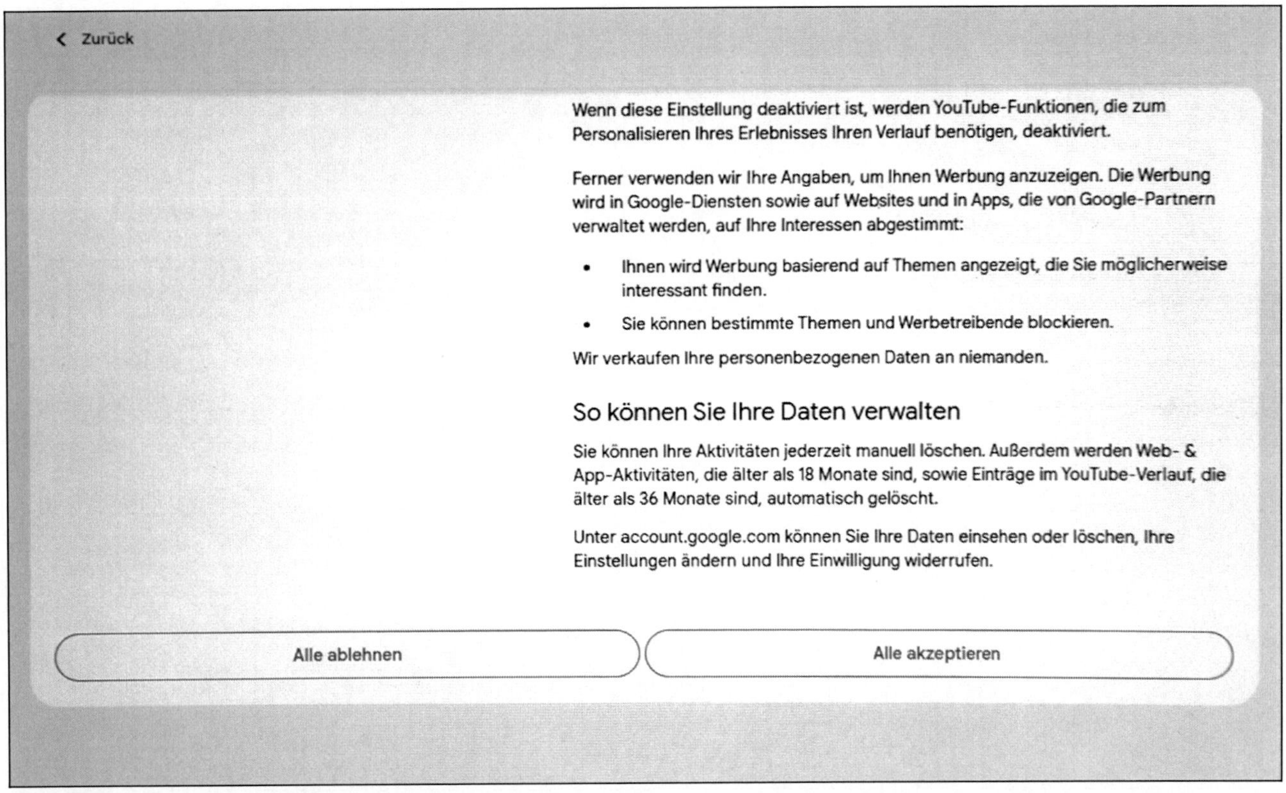

Gehen Sie auf *Alle akzeptieren.*

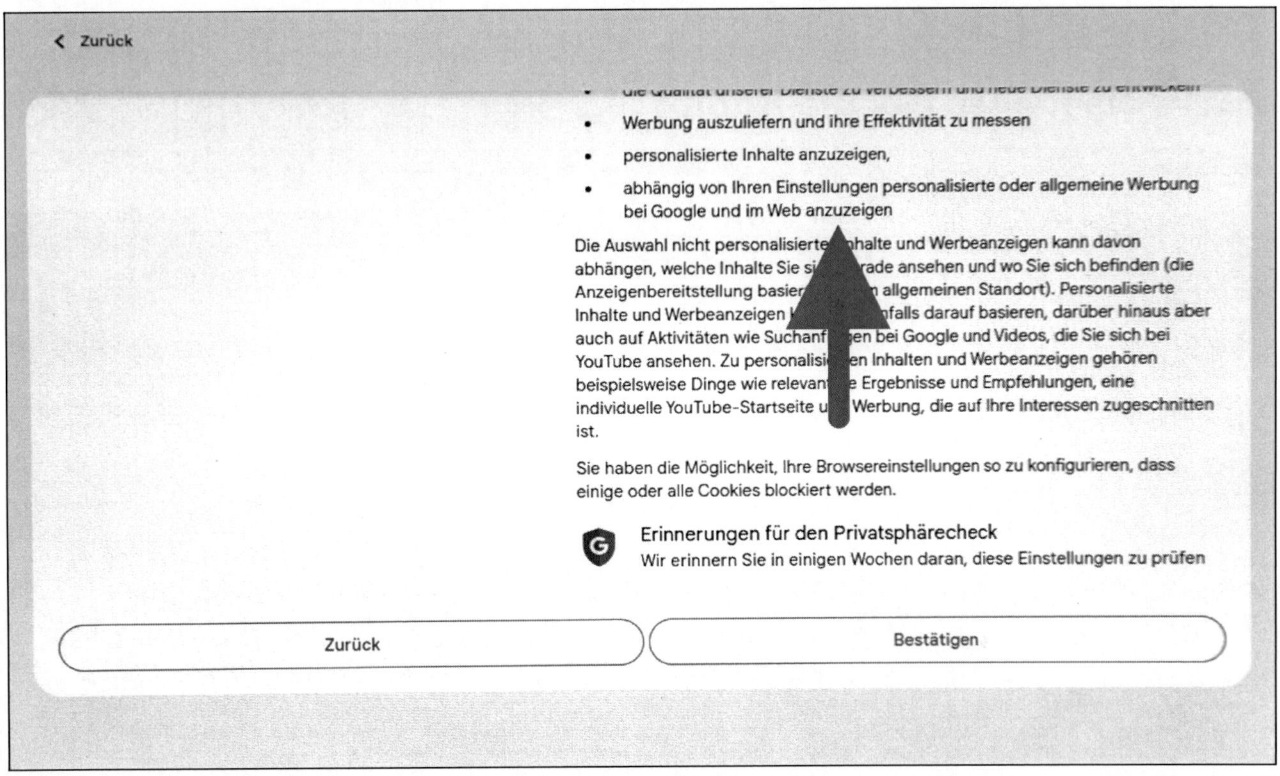

Auch im *Einstellungen bestätigen*-Bildschirm rollen Sie mit einer Wischgeste durch die Anzeige. Gehen Sie auf *Bestätigen.*

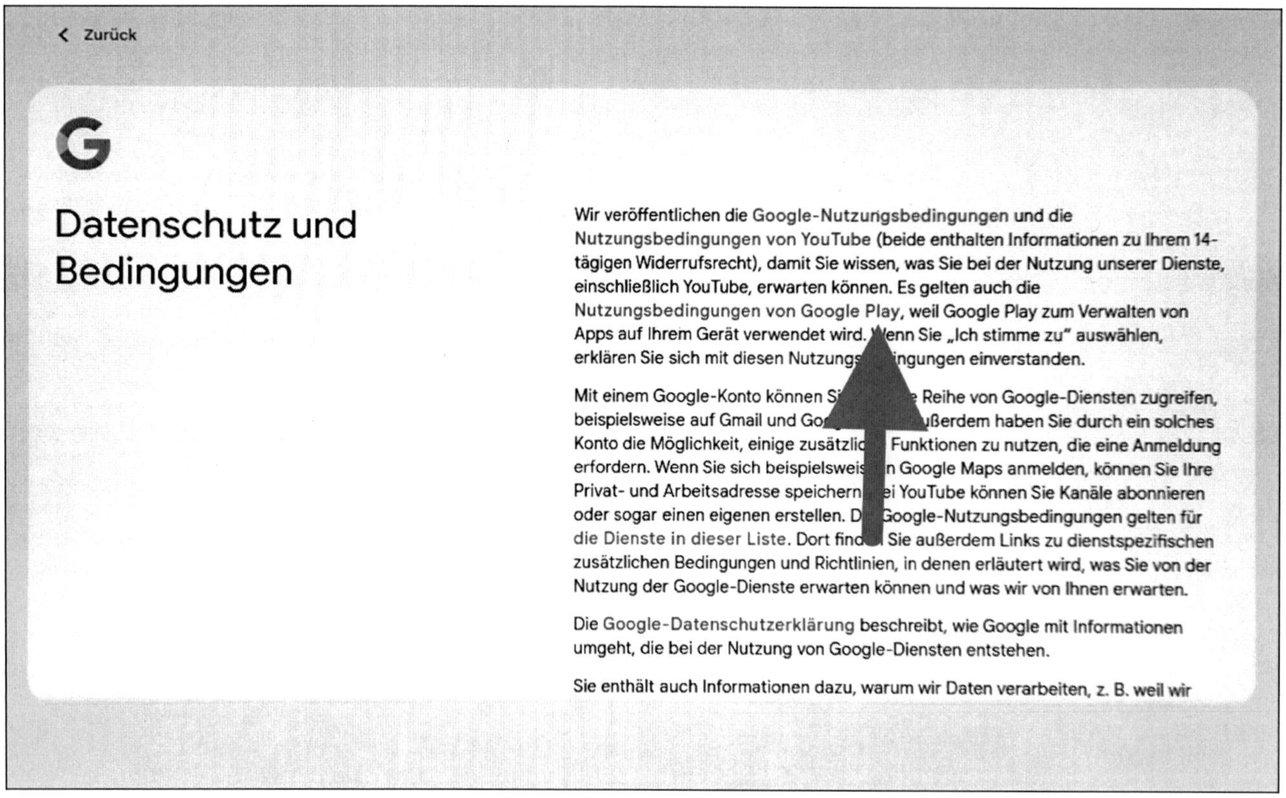

Blättern Sie durch die Datenschutzbedingungen und betätigen Sie *Ich stimme zu.*

Lesen Sie im Kapitel *3.3 Weitere Einrichtung* weiter.

3.2 Vorhandenes Google-Konto

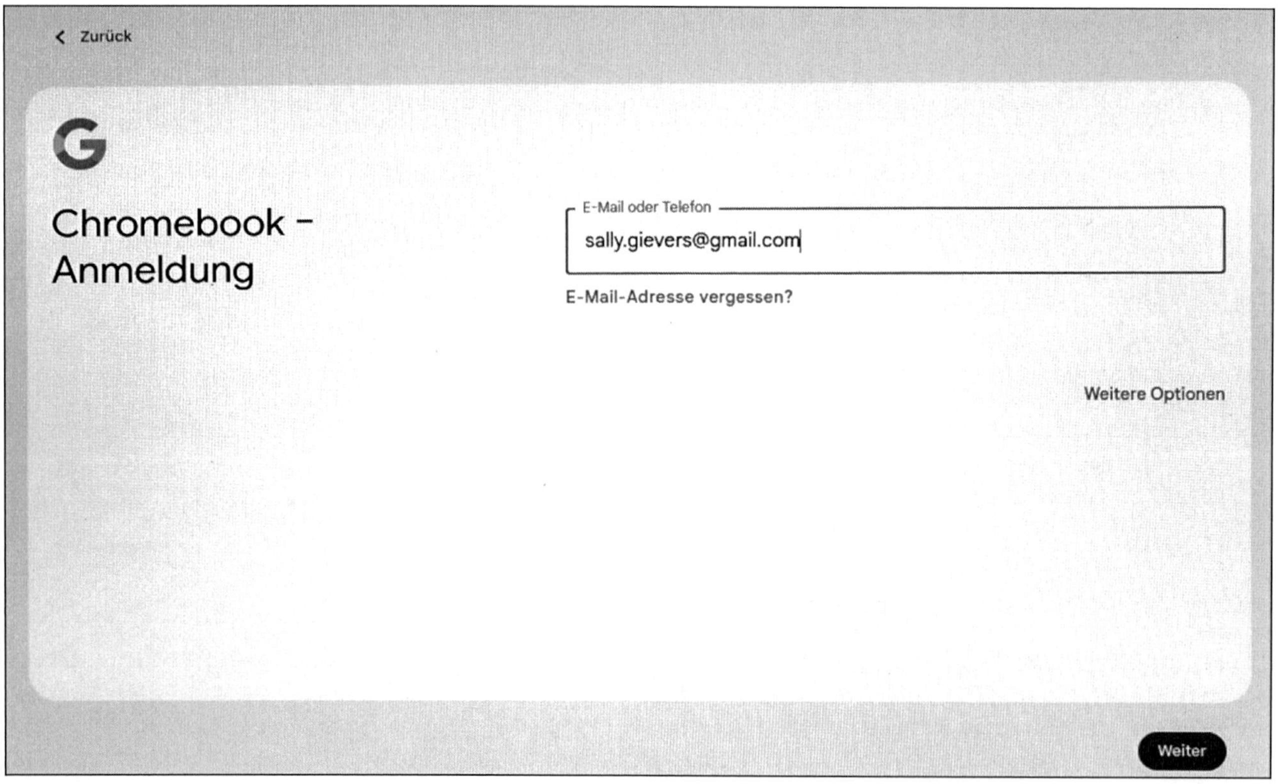

Sie haben ein Android-Handy oder Tablet? Dann dürften Sie auch bereits ein Google-Konto besitzen. Geben Sie zunächst den Namen Ihres Google-Kontos ein und betätigen Sie *Weiter.*

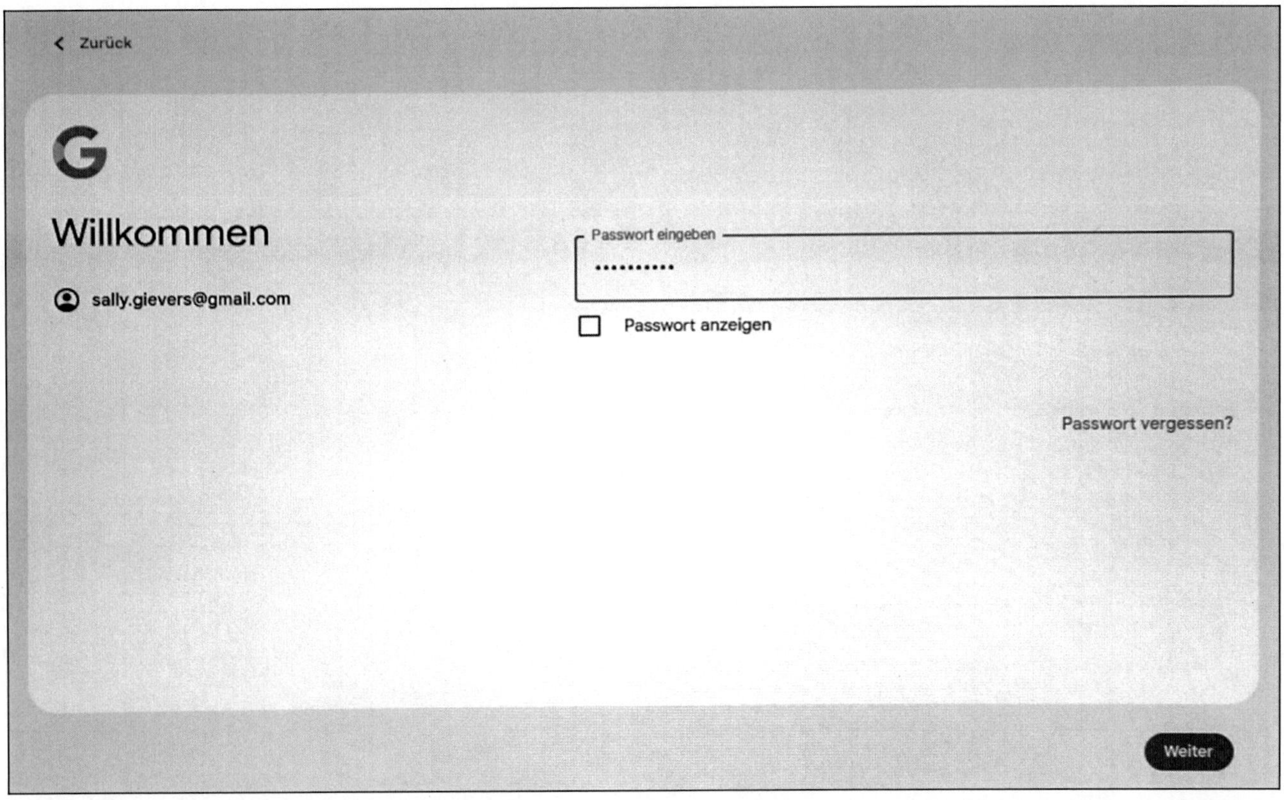

Anschließend tippen Sie das zugehörige Passwort ein und gehen auf *Weiter*. Lesen Sie im nächsten Kapitel weiter.

3.3 Weitere Einrichtung

Bitte beachten Sie, dass bei Ihnen die folgenden Einrichtungsbildschirme möglicherweise in anderer Form oder Reihenfolge erscheinen. Im Zweifelsfall wählen Sie einfach die naheliegenste Option.

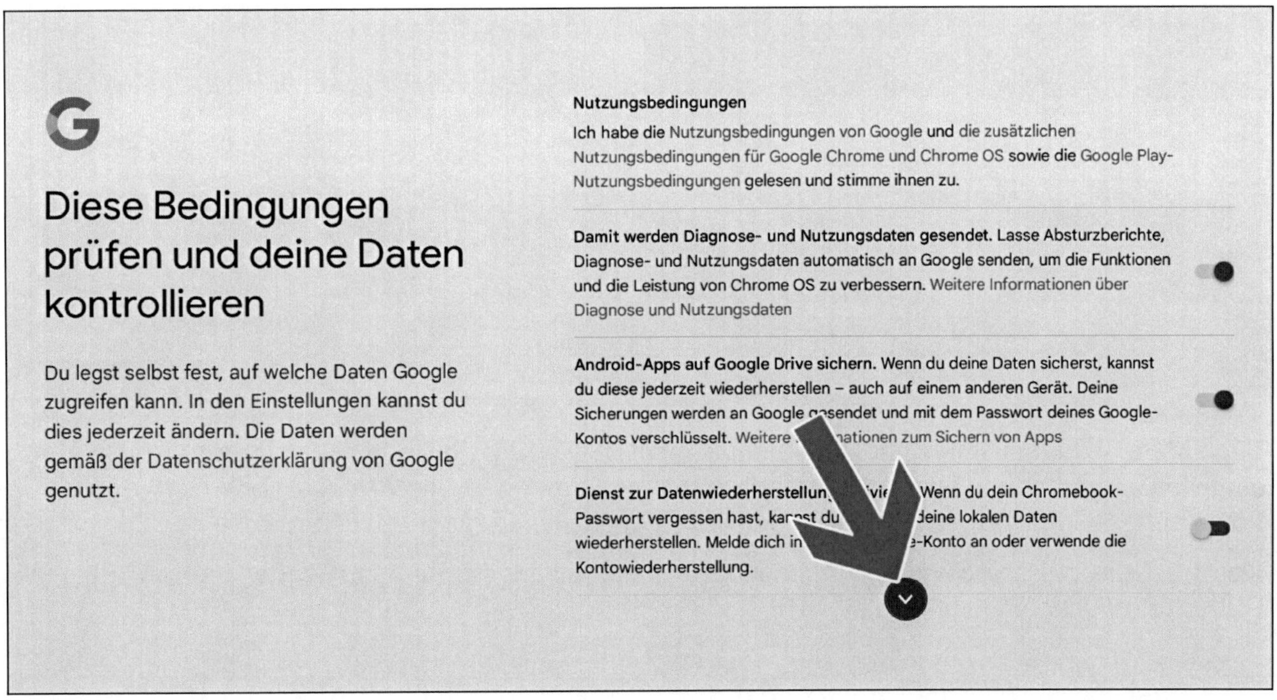

Klicken Sie auf die runde Schaltleiste, was die Optionen ausklappt und betätigen Sie *Akzeptieren und Fortfahren.*

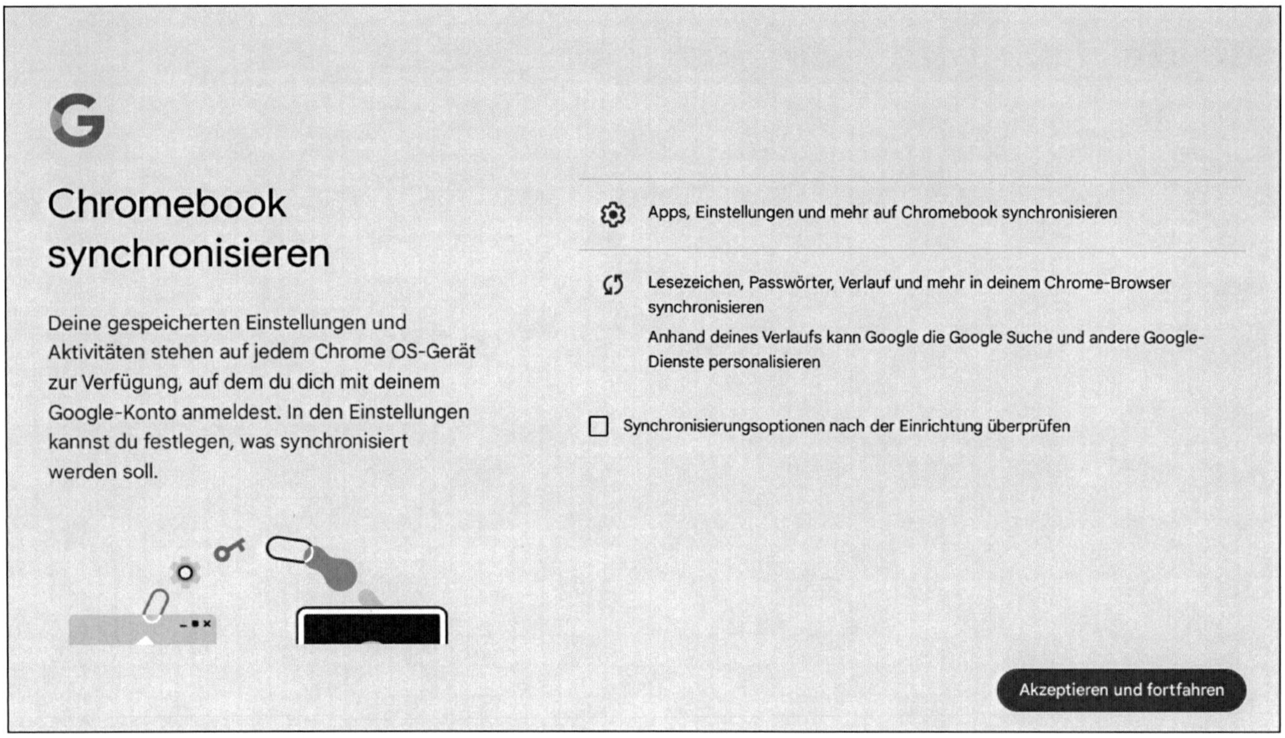

Betätigen Sie *Akzeptieren und fortfahren.*

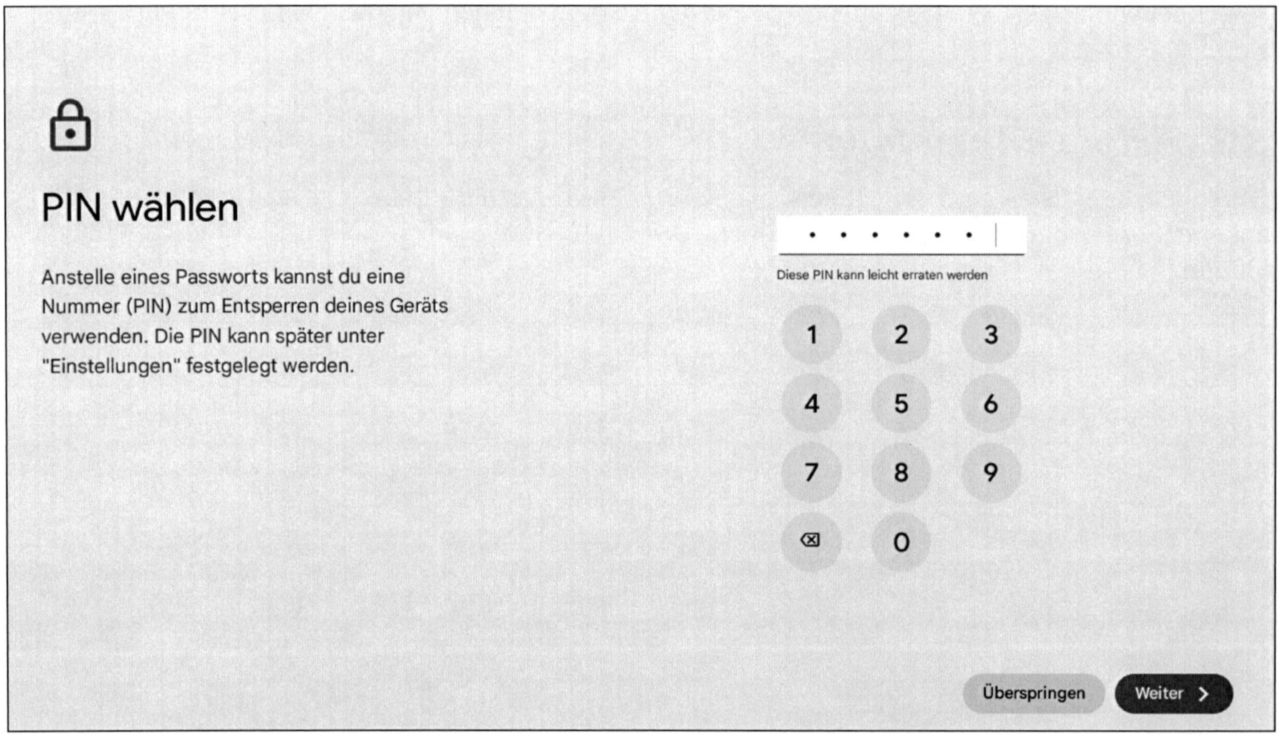

Für einige sicherheitsrelevante Funktionen müssen Sie das Passwort von Ihrem Google-Konto eingeben. Alternativ können Sie stattdessen eine mindestens sechstellige PIN verwenden, die Ihnen einige Tipparbeit erspart. Nach der PIN-Eingabe betätigen Sie *Weiter.*

Anschließend müssen Sie die PIN erneut eingeben. Betätigen Sie dann *Weiter* und im folgenden Bildschirm *Fertig.*

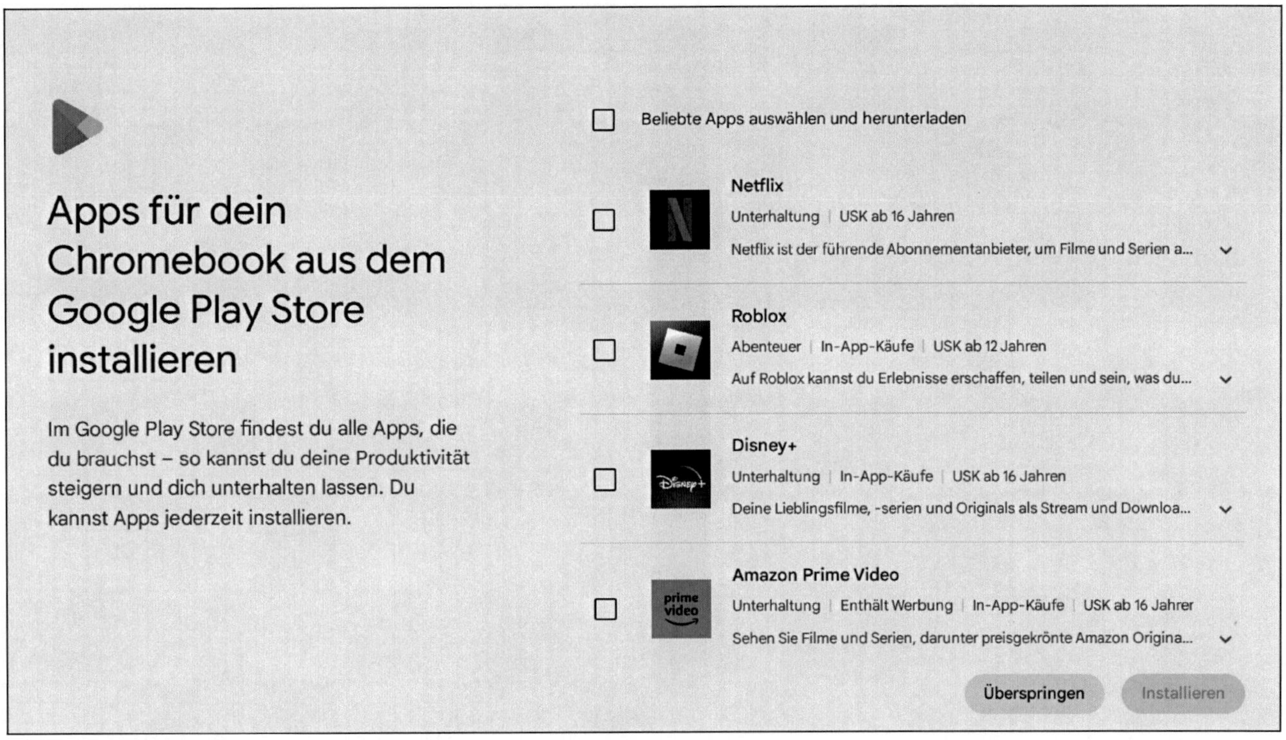

In diesem Bildschirm betätigen Sie *Überspringen.*

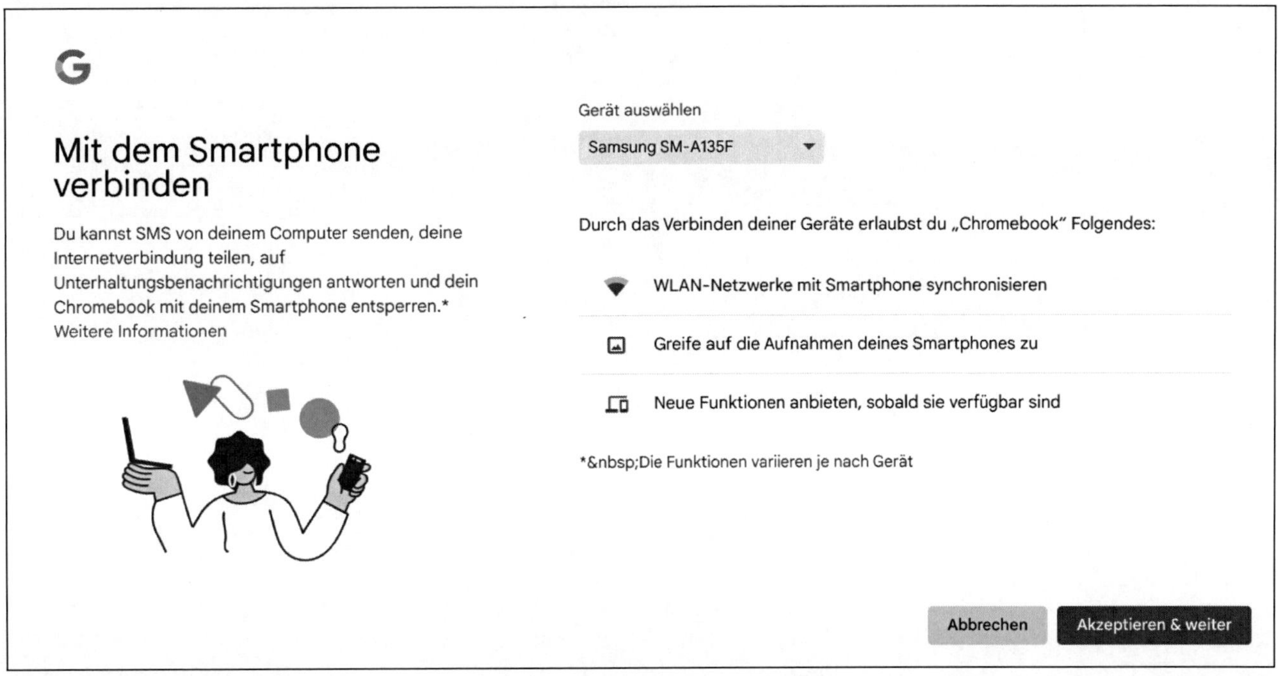

Sofern Sie das Google-Konto des Chromebooks auch auf einem Android-Handy verwenden, erscheint dieser Bildschirm. Gehen Sie auf *Akzeptieren & Weiter*, damit von dort die Einstellungen übernommen werden. Dazu gehören zum Beispiel die WLAN-Passwörter.

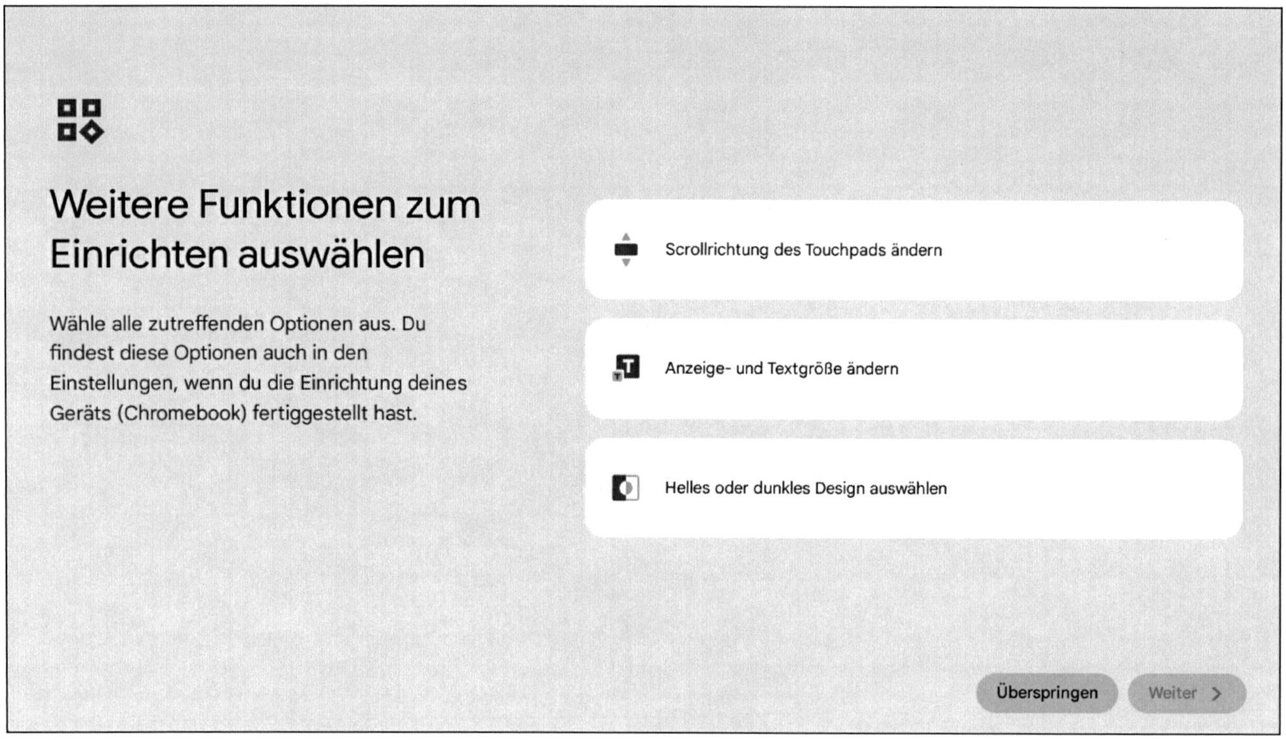

Betätigen Sie *Überspringen.*

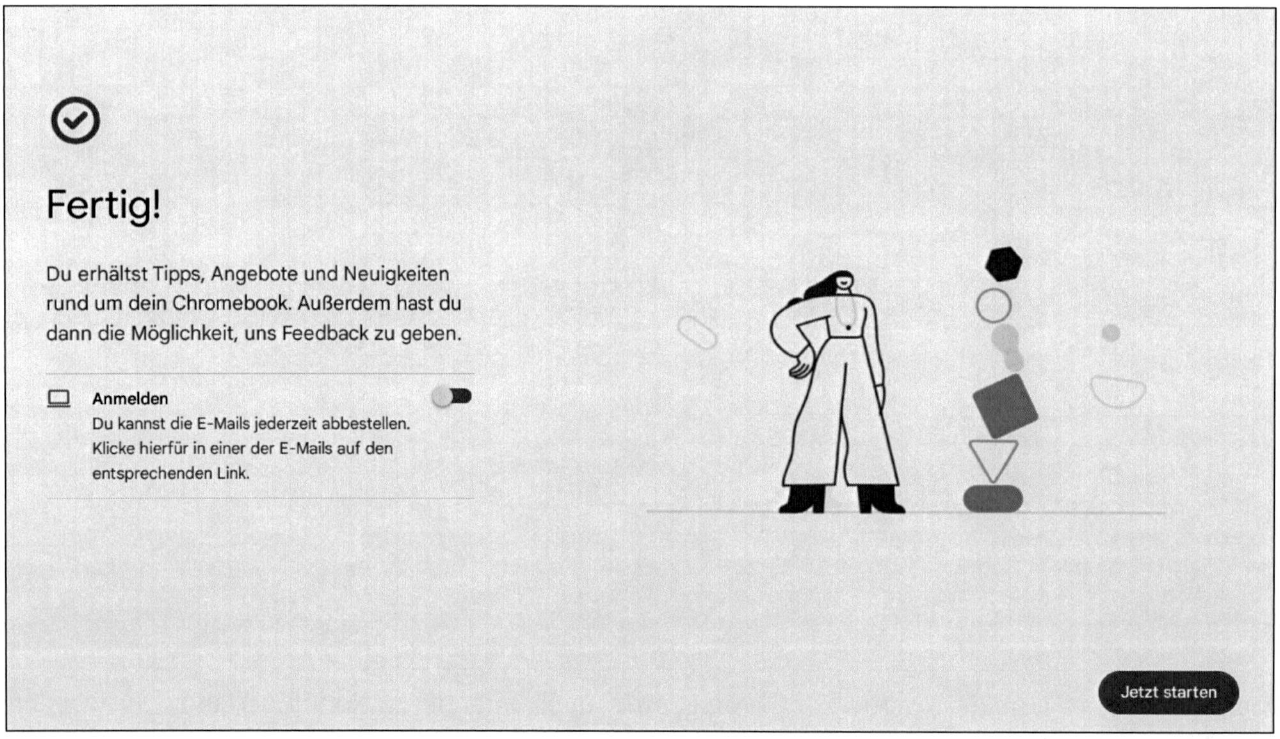

Klicken Sie auf *Jetzt starten.*

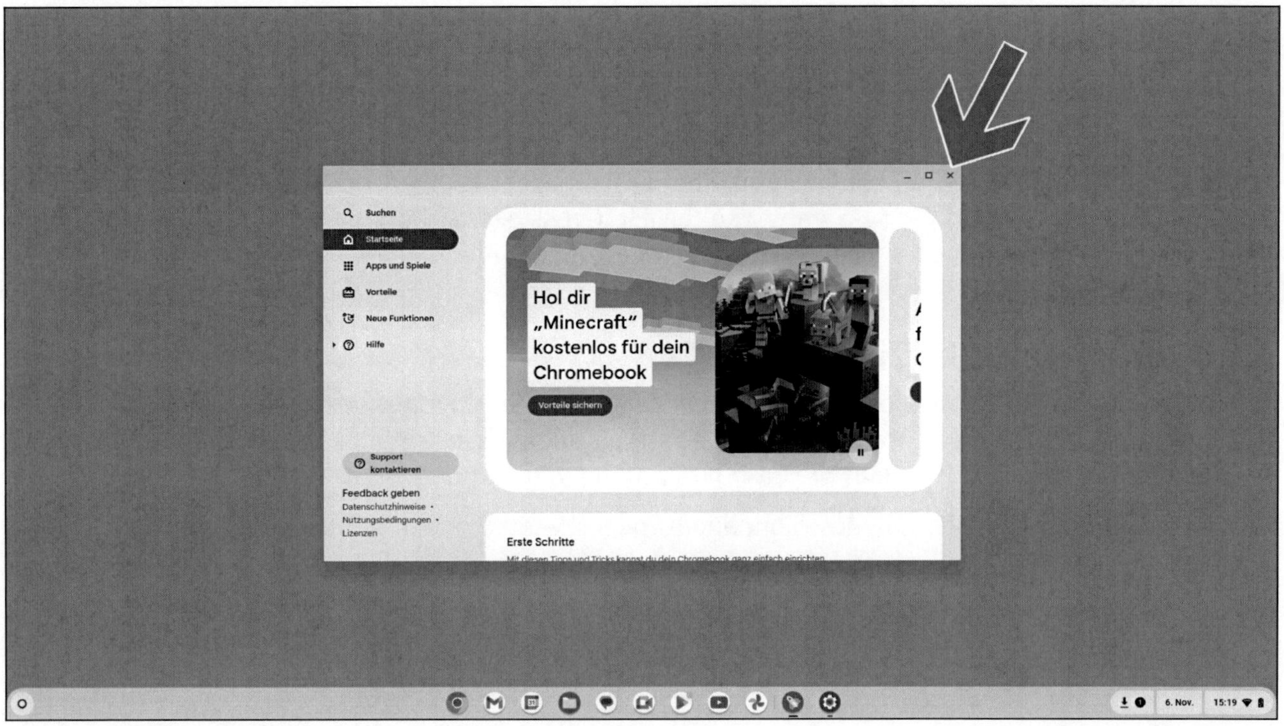

Den folgenden Dialog schließen Sie, indem Sie mit dem Mauszeiger auf das ✕ (Pfeil) klicken. Sie können nun produktiv mit dem Chromebook arbeiten.

4. Grundlagen der Bedienung

In diesem Kapitel stellen wir das Bedienkonzept Ihres Chromebooks genauer vor.

Für dieses Buch wurde ein Acer-Chromebook verwendet, auf die sich auch alle Tastenfunktionen beziehen. Je nach Hersteller können einzelne Tastenbeschriftungen bei Ihrem Gerät abweichen. Spätere Updates des von Google entwickelten Betriebssystems können im übrigen dazu führen, dass zusätzliche Funktionen oder Anwendungen verfügbar sind.

4.1 Ein- und Ausschalten

Im Gegensatz zu Notebooks oder PCs brauchen Sie Ihr Chromebook nie auszuschalten, denn der Stromverbrauch ist bei Nichtnutzung sehr gering. Zudem schaltet sich das Display automatisch nach einigen Minuten, oder wenn Sie das Gerät zuklappen, automatisch ab.

Öffnen des Deckels, Nutzung des Touchpads oder Betätigen einer Taste schalten das Display wieder ein.

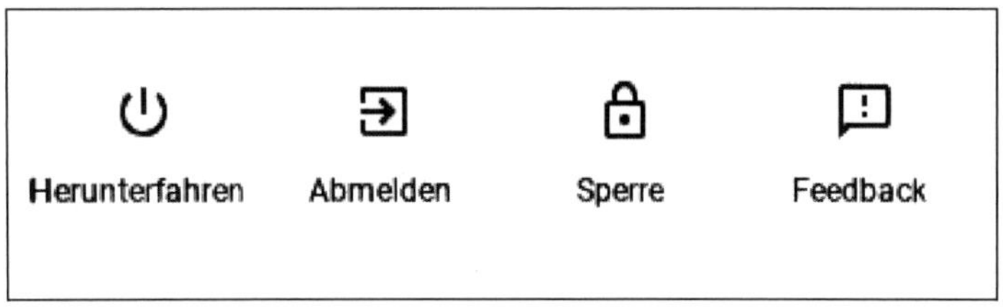

Möchten Sie dennoch Ihr Gerät ausschalten, dann halten Sie den Ein-/Ausschalter für einige Sekunden gedrückt, bis das Popup erscheint, in dem Sie auf *Herunterfahren* gehen.

Beim nächsten Einschalten mit dem Ein/Ausschalter erhalten Sie den Anmeldebildschirm.

Erfassen Sie Ihr Passwort und betätigen Sie die ↵ (Enter)-Taste. Den Kontonamen brauchen Sie dagegen nicht einzugeben, denn der ist von Ihrem letzten Anmeldevorgang noch bekannt.

Sofern Sie bei der Einrichtung eine PIN angelegt haben, müssen Sie diese eingeben. Falls Sie diese inzwischen vergessen haben, betätigen Sie *Zu Passwort wechseln* und geben stattdessen das Passwort Ihres Google-Kontos ein.

4.2 Displaysperre

Sie müssen kurz Ihren Arbeitsplatz verlassen, möchten aber nicht, dass Dritte auf Ihr Chromebook zugreifen? Dann aktivieren Sie die Sperre. Dafür gibt es mehrere Möglichkeiten.

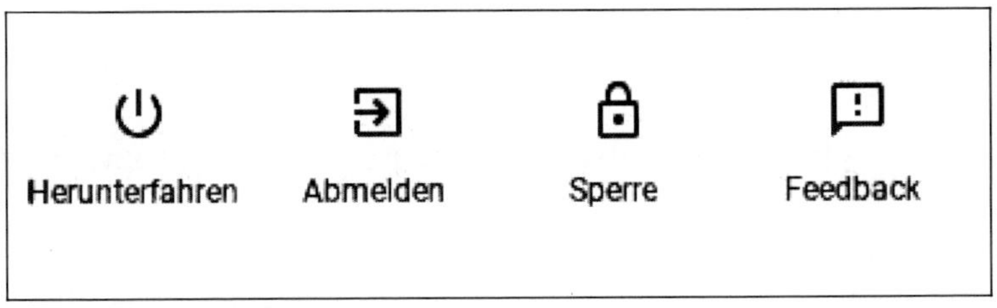

Halten Sie den Ein-/Ausschalter für einige Sekunden gedrückt, bis das Popup erscheint, in dem Sie auf *Sperre* gehen.

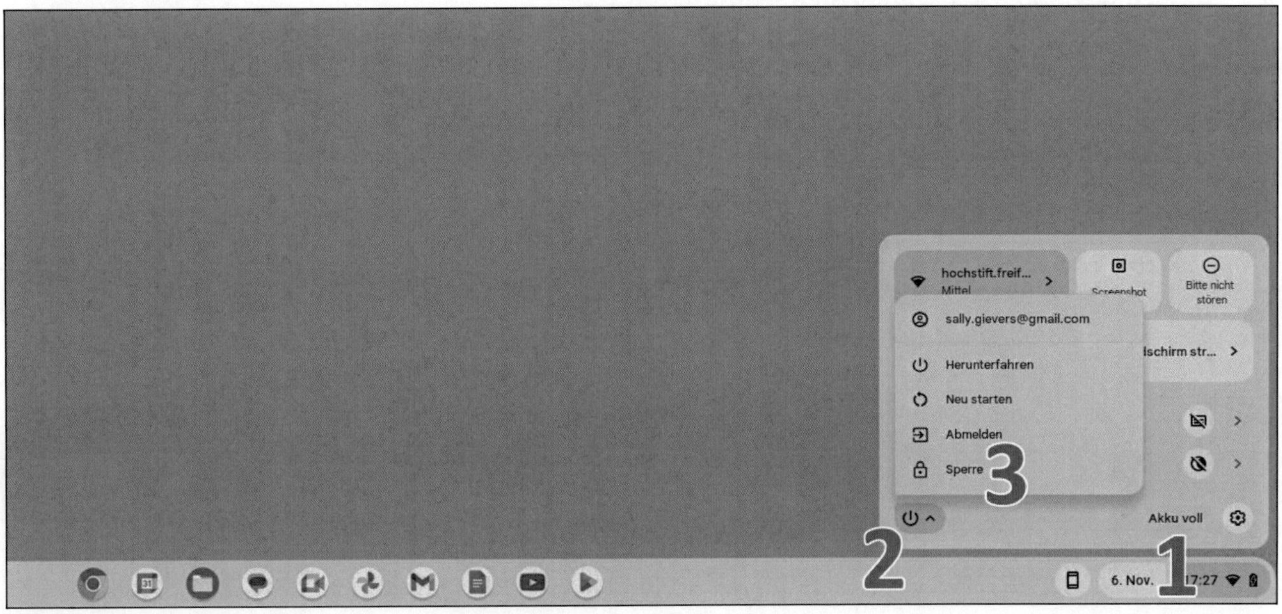

Alternativ klicken/tippen Sie rechts unten (Pfeil) auf den Statusbereich (1), der daraufhin ausklappt. Betätigen Sie dort die ⏻-Schaltleiste (2) und wählen Sie im Popup-Menü *Sperre*.

Möchten Sie dagegen nur die Displaysperre aktivieren, um Unbefugten in Ihrer Abwesenheit den Zugriff zu verbieten, dann betätigen Sie gleichzeitig die Tasten 🔍 + L. Erst nach Eingabe Ihres Google-Konto-Passworts gibt das Chromebook dann den Zugriff wieder frei.

Es gibt auf dem Markt auch Chromebook-Modelle mit einer separaten 🔒-Taste (Pfeil), über die- Sie die Displaysperre aktivieren. Halten Sie die Taste für einige Sekunden gedrückt.

Sie werden noch feststellen, dass man viele Aktionen auf dem Chromebook schneller mit einer Tastenkombination als durch Anklicken von Menüs oder Schaltleisten erledigt. Im Laufe des Buchs lernen Sie deshalb noch viele weitere sinnvolle Tastenkombinationen kennen.

4.3 Betriebszustände

Das Chromebook nutzt drei verschiedene Betriebszustände:

1. Chromebook läuft und Display eingeschaltet
2. Chromebook läuft und Display ausgeschaltet
3. Chromebook ausgeschaltet

Standardmäßig schaltet sich das Display nach einigen Minuten ab. Wenn Sie das Chromebook längere Zeit nicht nutzen, können Sie es herunterfahren, indem Sie mehrere Sekunden lang die Ein/Ausschalter-Taste gedrückt halten (siehe Kapitel *4.1 Ein- und Ausschalten*). Damit melden Sie sich auch ab, sodass niemand anders Zugriff auf Ihre Daten erhält. Wie Sie sich ohne das Gerät abzuschalten abmelden, erfahren Sie im vorherigen Kapitel *4.2 Displaysperre*.

Den Betriebszustand erfahren Sie bei fast alle Chromebooks über LEDs, für deren genaue Funktionsweise Sie das Handbuch konsultieren sollten.

4.4 Tastatur und Tastenfunktionen

Die Tastenbeschriftung mag zwar je nach Gerät etwas anders aussehen, die Belegung ist aber bei allen Chromebooks gleich. Es fallen die vielen Funktionstasten ins Auge.

Taste	Bezeichnung	Beschreibung
←	Zurück	Zur vorherigen Seite wechseln
→	Vorwärts, Weiter	Zur nächsten Seite weitergehen.
⟳	Neu laden	Aktuelle Seite neu laden.
⛶	Vollbild	Fenster im Vollbildmodus anzeigen.
▭ǁ	Nächstes Fenster	Übersichtsmodus aller aktiven Fenster.
☼	Dunkler	Displayhelligkeit reduzieren.
☼	Heller	Displayhelligkeit erhöhen.
🔇	Lautlos	Lautsprecher ausschalten.
🔉	Leiser	Lautstärke verringern.
🔊	Lauter	Erhöht die Lautstärke.
🔒	Sperre	Displaysperre einschalten. Auf einigen Chromebooks finden Sie hier stattdessen die ⏻-Taste, mit der Sie das Gerät ausschalten.
🔍	Suche	In den Einstellungen und Programmen suchen.

Im Laufe dieses Buchs werden wir noch genauer auf die Funktionstasten eingehen. Sie können diese jetzt aber gerne mal ausprobieren, denn kaputt machen Sie damit nichts.

Häufig nutzen dürften Sie in Zukunft 🔅/🔆 für die Regelung der Displayhelligkeit und 🔇/🔉/🔊 um die Lautstärke anzupassen.

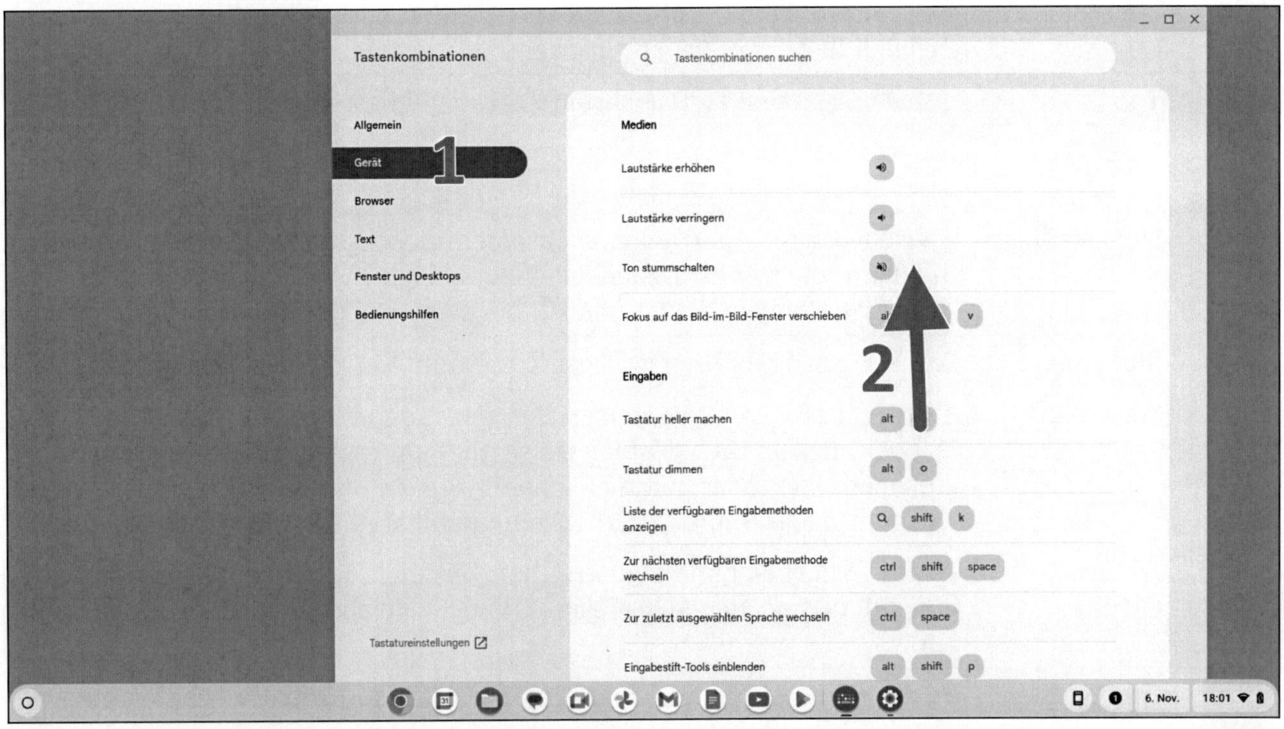

Alle verfügbaren Tastenkombinationen stellt Ihnen das Chromebook mit einer eigenen Tastenkombination vor. Betätigen Sie einfach **strg** + **alt** + 🔍-Taste auf der Tastatur (🔍 finden Sie auf der linken Seite der Tastatur). Aktivieren Sie mit einem Mausklick/Antippen eines der Register auf der linken Seite (1) und wischen/rollen Sie durch die Anzeige (2). Mit der ✕-Schaltleiste (3) schließen Sie das Fenster.

Wichtig: Aus Vereinfachungsgründen gehen wir künftig in diesem Buch davon aus, dass Sie ein Chromebook ohne Touchscreen nutzen. Wenn wir von »Klicken« sprechen, können Sie also auf einem Touchscreen-Gerät auch einfach die jeweilige Schaltleiste antippen. Im Kapitel *4.5.5 Das Touchpad* gehen wir noch auf die Touchpad-Funktionen und den entsprechenden Touchscreen-Gesten ein.

In einigen Situationen, bei denen eine Touchscreen-Wischgeste sehr nützlich ist, werden wir diese aber natürlich vorstellen.

Nur für Anfänger, die bisher noch nie mit Computertechnik zu tun hatten, dürften die Sondertasten neu sein:

Taste	**Bezeichnung**	**Beschreibung**
esc	»Escape«	Menü oder Dialog beenden (engl. Escape = dt. Verlassen).
←	Löschen	Zeichen links vom Cursor löschen.
→|	Tab	Tabulator setzen; zum nächsten Eingabefeld springen.
↵	enter-Taste	Eingabe bestätigen; zum Zeilenanfang wechseln. Auf einigen Tastaturen ist diese Taste mit enter beschriftet.
⇧	Hochstelltaste	Zwischen Groß- und Kleinbuchstaben umschalten. Außerdem erreichen Sie damit die zweite Tastenbelegung, beispielsweise das »!« auf der »1«-Taste. Auf einigen Tastaturen ist diese Taste mit shift beschriftet.
strg	Steuerung	Auf einigen Tastaturen ist diese Taste mit ctrl (= Control) beschriftet.
alt	Alt(ernativ)	strg- und alt-Taste verwenden Sie, um Programmfunktionen auszulösen. Dabei drücken Sie beispielsweise die alt-Taste gleichzeitig mit einer alphabetischen oder nummerischen Taste. In diesem Buch stellen wir an entsprechender Stelle einige Tastenkombinationen vor.
alt gr	Alt(ernativ) Gr(oß)	Dritte Tastenbelegung abrufen. Zum Beispiel fügt gleichzeitiges Drücken von alt gr und der »Q«-Taste das »@«-Zeichen in einem Eingabefeld ein.
←→ ↑↓	Cursortasten	Für die Steuerung der Eingabemarke (»Cursor«) in Eingabefeldern verwenden Sie die Cursortasten, welche sich unten rechts auf dem Tastenfeld befinden.

In diesem Buch gehen wir auf die Sondertasten nur am Rande ein, da wir entsprechende Vorkenntnisse voraussetzen müssen.

Die Tastenbelegung entspricht dem, was Sie auch von Windows-PCs her kennen, sodass Sie sich nicht umgewöhnen müssen.

4.5 Die Benutzeroberfläche

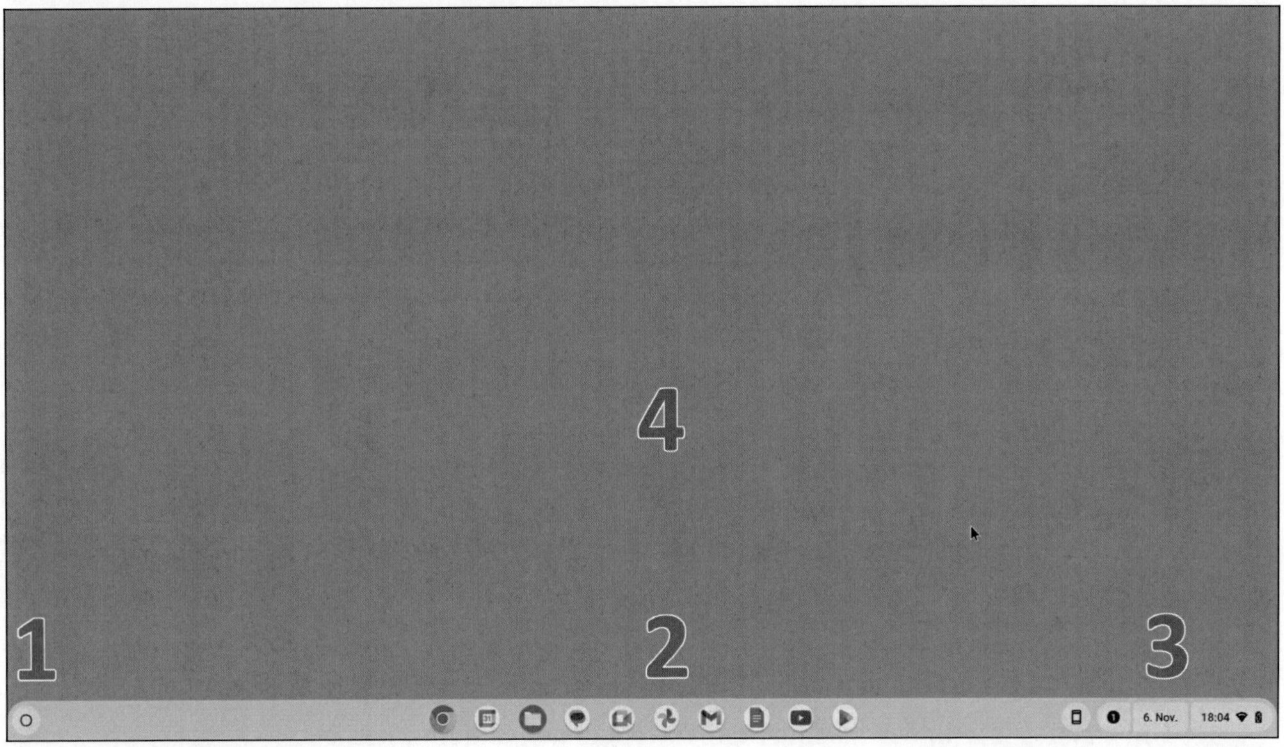

Die Benutzeroberfläche:

1. Apps-Menü (»App-Startprogramm«) (O): Hier finden Sie alle auf dem Chromebook installierten Programme.
2. Ablage (»App-Ablage«): Legen Sie hier alle Programme ab, die Sie häufiger benötigen.
3. Statusleiste: Zeigt Uhrzeit Infos zur WLAN-Sendestärke und den Akkustatus an. Dient darüber hinaus dem Zugriff auf einige Systemeinstellungen.
4. Arbeitsbereich: Einen Desktop, wie man ihn von Windows her kennt, gibt es unter ChromeOS nicht. Das heißt, hier können Sie keine Anwendungen oder Dateien ablegen. Stattdessen werden alle Programmfenster im Arbeitsbereich angezeigt.

Der Einfachheit halber sprechen wir künftig in diesem Buch von **Apps-Menü** statt App-Startprogramm und **Ablage** statt App-Ablage.

Unter Windows ist die Bildschirmaufteilung mit Startmenü, Schnellstartsymbolen und Statusleiste sehr ähnlich. Wie erwähnt, ist es auf dem Chromebook nicht möglich, Schnellstartsymbole außerhalb des Apps-Menüs beziehungsweise der Ablage anzulegen.

4.5.1 Apps-Menü

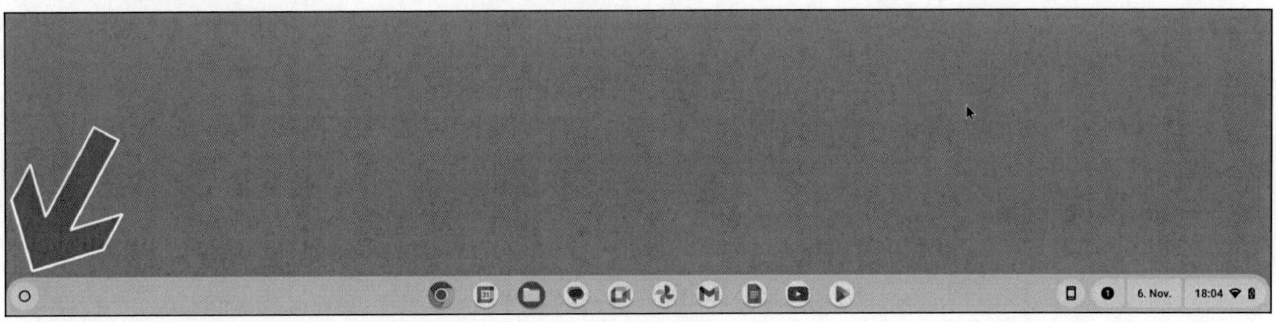

Ein Klick auf O unten links öffnet das Apps-Menü.

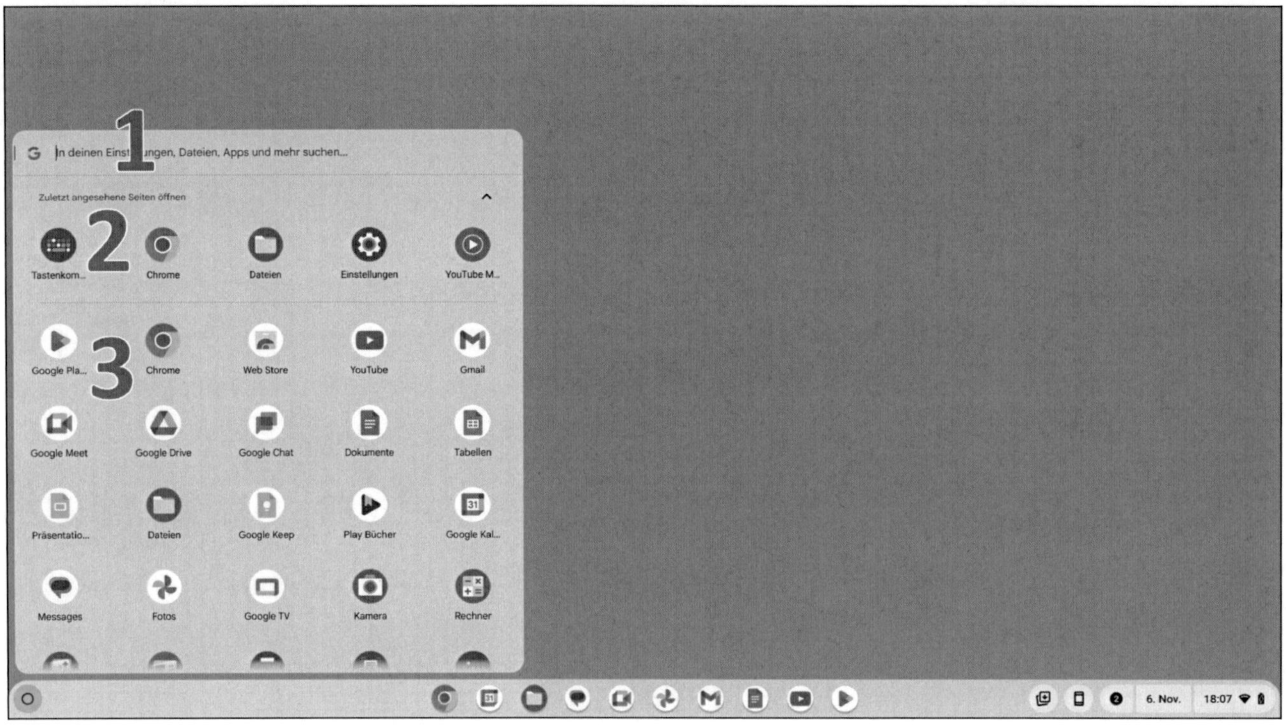

Die Funktionen im Apps-Menü:

1. Universal-Suche in den installierten Anwendungen und im Internet.
2. Listet die zuletzt aufgerufenen Anwendungen auf.
3. Hier finden Sie alle auf dem Chromebook installierten Anwendungen.

Sie rufen im erweiterten Apps-Menü die gewünschte Anwendung einfach mit einem Klick auf.

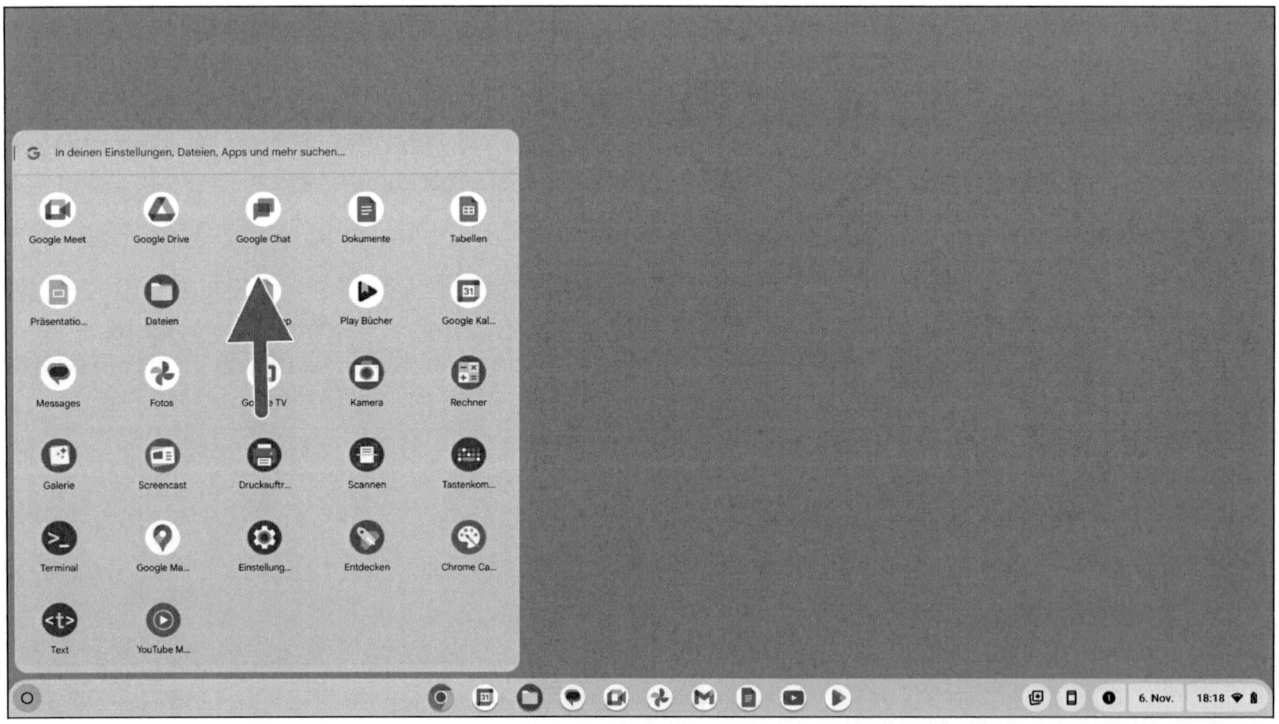

So blättern Sie durch das Apps-Menü: Bewegen Sie zunächst den Mauszeiger über das Apps-Menü. Falls Sie eine Maus angeschlossen haben, drehen Sie einfach am Mausrad zum Blättern.

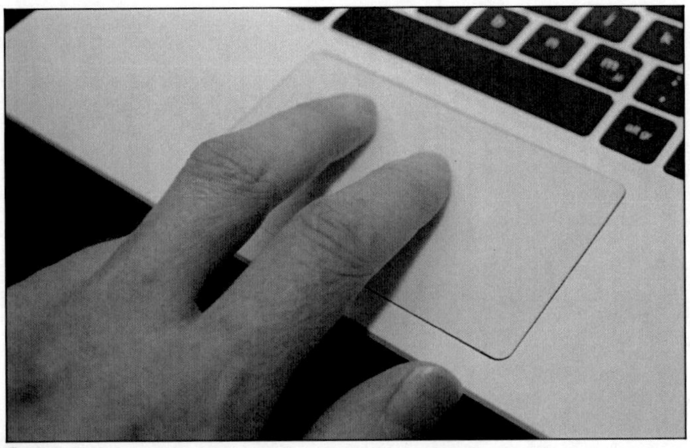

Alternativ nutzen Sie die bereits bei der Ersteinrichtung vorgestellte Zweifinger-Touchpadgeste: Legen Sie ganz leicht zwei Finger auf das Touchpad (kein Druck ausüben) und ziehen Sie sie dann nach unten.

Zum Schließen des Apps-Menüs klicken Sie einfach auf einen Bereich außerhalb des Apps-Menüs.

Das Apps-Menü entspricht von der Funktion her dem Startmenü unter Windows.

4.5.2 Ablage

Die Ablage befindet sich am unteren Bildschirmrand (Pfeil). Bereits vorhanden sind im Auslieferungszustand des Chromebooks in der Regel:

- : Chrome-Webbrowser
- : Gmail (E-Mail-Anwendung)
- : Kalender
- : Dateien (Dateiverwaltung)
- : SMS (setzt die Koppelung mit einem Android-Handy voraus)
- : Google Meet (Videokonferenzen)
- : Google Play Store (Apps, Ebooks und Filme)
- : Youtube (Videoportal)
- Zuletzt aufgerufene Anwendung

Ein kurzer Klick auf eines der Anwendungssymbole startet das zugehörige Programm.

Im Verlaufe dieses Buchs erfahren Sie noch, wie Sie die Ablage anpassen beziehungsweise weitere Programme dort hinzufügen.

4.5.3 Statusleiste und Statusmenü

Klicken Sie rechts unten in die Statusleiste (Pfeil), wenn Sie Einstellungen vornehmen möchten:

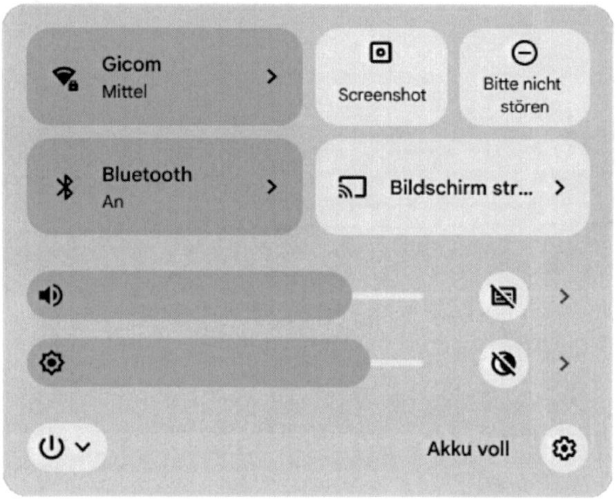

- *(Name des genutzten Zugangspunkts)*: WLAN-Einstellungen.
- *Screenshot*: Bildschirmkopie erstellen.
- *Bitte nicht stören*: Alle Benachrichtigungen deaktivieren.
- *Bluetooth*-Einstellungen.
- *Bildschirm streamen* dient der drahtlosen Datenübertragung zwischen Android-Geräten beziehungsweise Chromebooks.
- ⏻: Gerät sperren, abmelden oder ausschalten.
- Voraussichtliche Akkubetriebsdauer
- ⚙: Systemeinstellungen

Durch kurzes Anklicken schalten Sie eine Option ein/aus. Eingeschaltete Optionen sind blau hervorgehoben, im Beispiel also WLAN (für den Betrieb des Chromebooks notwendig) und Bluetooth. Probieren Sie ruhig einmal aus, was passiert, wenn Sie eine der Schaltleisten/Regler betätigen.

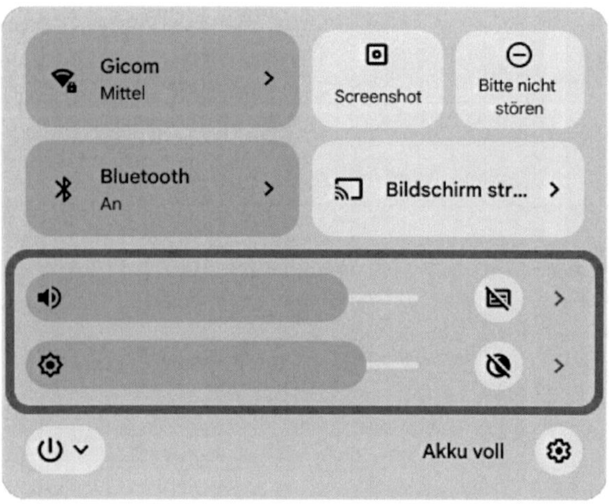

Über die beiden Regler (hier hervorgehoben) stellen Sie die Lautstärke beziehungsweise Displayhelligkeit ein.

Die Lautstärke ändern Sie noch einfacher über 🔉 und 🔊 auf der Tastatur.

> Bei einigen Acer-Chromebooks finden Sie auf der Geräteseite einen Wippschalter, mit dem Sie ebenfalls die Lautstärke ändern können.

> Mit der **esc**-Taste oder erneutem Klicken auf die Statusleiste schließen Sie das Statusmenü.

Sofern Sie sich bei der Ersteinrichtung mit einem Google-Konto angemeldet hatten, das Sie auch auf Ihrem Handy verwenden, steht ein weiteres Menü zur Verfügung. Klicken Sie dafür auf .

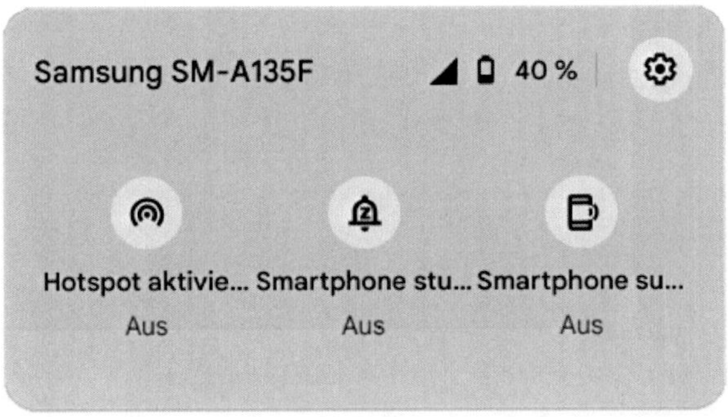

- *Samsung SM-A135F*: Name des mit dem Chromebook verbundenen Android-Handys.
- 40 %: WLAN-Empfang und Akku des Handys.
- : Verbindungseinstellungen zum Handy.

- *Hotspot aktivieren*: Die Mobilfunkverbindung des Handys für Dritte freigeben. Das Handy fungiert dann als WLAN-Zugangspunkt.
- *Smartphone stumm*: Handy-Lautsprecher ausschalten.
- *Smartphone suchen*: Das Handy klingelt, damit Sie es schneller wiederfinden.

4.5.4 Fensterelemente

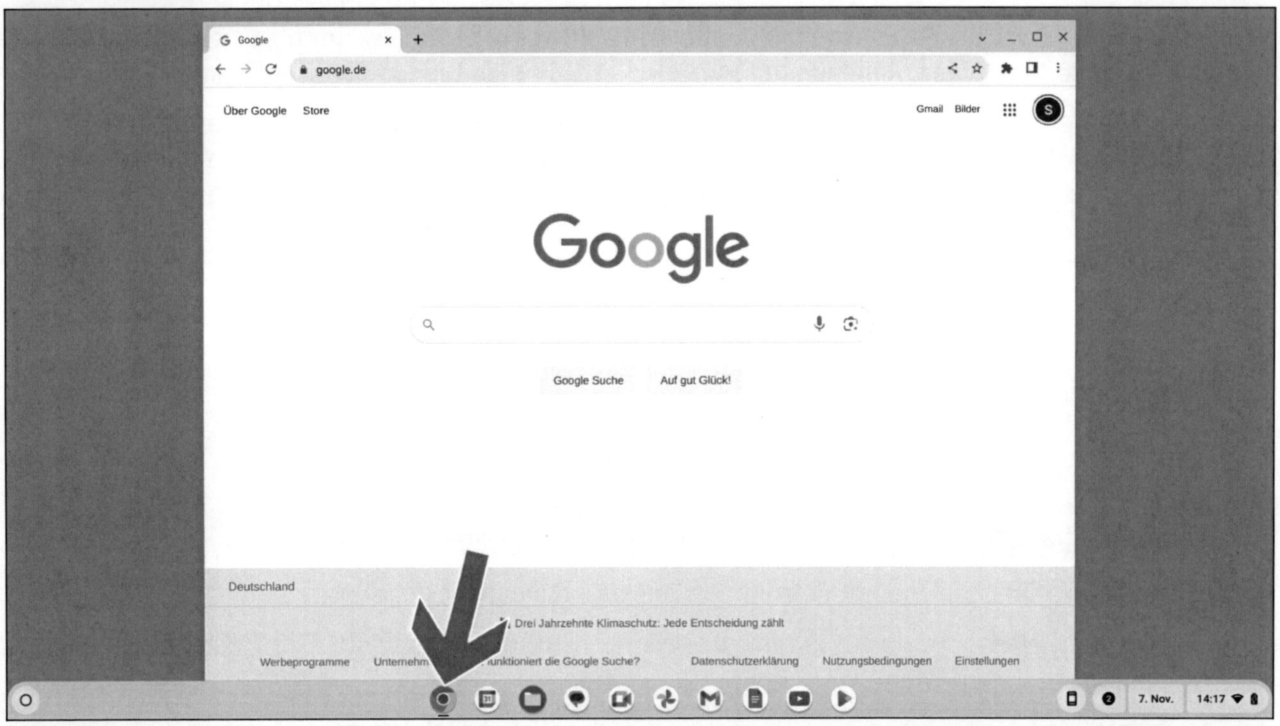

Starten Sie jetzt einmal eine Anwendung, in unserem Beispiel über (Pfeil) den Chrome-Webbrowser.

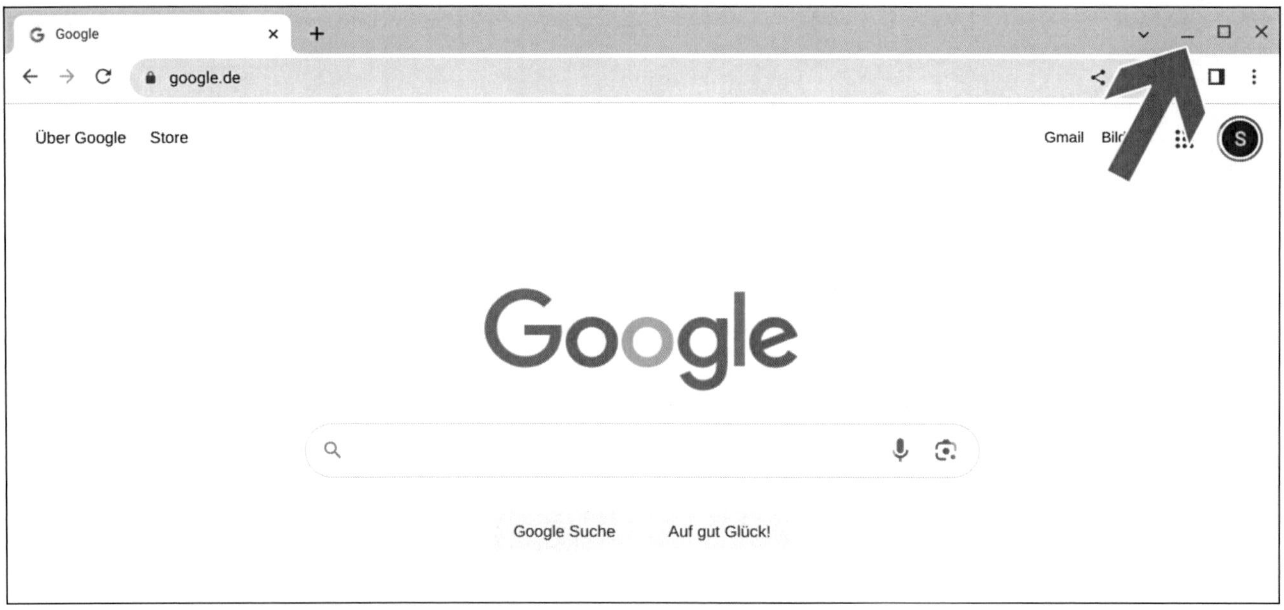

Die folgenden Schaltleisten (Pfeil) stehen in jedem Anwendungsfenster zur Verfügung:

- _: Das Fenster minimieren. Es verschwindet im Hintergrund.
- □: Das Fenster im Vollbild anzeigen.
- ✕: Schließt das Fenster.

Wir wollen jetzt einmal die Fensterschaltleisten ausprobieren: Klicken Sie auf _, um das Fenster zu minimieren (es verschwindet vom Bildschirm). Mit der □II-Taste auf der Tastatur erhalten Sie eine Fensterübersicht. Klicken Sie das zuvor minimierte Fenster darin an, um es wieder zurückzuholen.

Anklicken von □ zieht das Fenster auf volle Bildschirmgröße auf, während ⧉ es wieder auf die vorherige Größe verkleinert. Die gleiche Funktion erfüllt auch die □-Taste auf der Tastatur.

Das Schließen eines Fensters erfolgt mit der ✕-Schaltleiste. Beachten Sie, dass damit in der Regel auch die darin laufende Anwendung beendet wird, Sie also vorher gegebenenfalls bearbeitete Daten erst sichern müssen. Die Tastenkombination strg-Taste + ⇧ (Hochstell)-Taste + W schließt ebenfalls das aktuelle Fenster.

Die aufgeführten Fensterschaltleisten finden Sie auch unter Windows vor.

4.5.5 Das Touchpad

Die wesentlichen Funktionen des Touchpads haben Sie im Laufe der Kapitel bereits kennengelernt.

- **Mauszeiger bewegen**: Streichen Sie mit dem Finger über das Touchpad.
- **Klicken**: Drücken Sie mit dem Finger auf das Touchpad, bis es »klickt«.
- **Rechtsklicken**: Drücken Sie mit zwei Fingern auf das Touchpad. Das Rechtsklicken öffnet häufig ein Popup-Menü.
- **Fensterinhalt durchrollen**: Berühren Sie das Touchpad mit zwei Fingern und bewegen Sie die Finger nach oben oder unten, um vertikal zu rollen, und nach links und rechts für horizontales durchrollen.
- **Ziehen und Ablegen**: Bewegen Sie mit dem Finger auf dem Touchpad den Mauszeiger auf ein Element. Drücken Sie auf das Touchpad, lassen Sie aber den Finger noch nicht los. Verschieben Sie das Element an die Zielposition und heben Sie den Finger an, um das Element abzulegen.

Die Touchpad-Bedienung ist sehr gewöhnungsbedürftig. **Wir empfehlen Ihnen deshalb den Anschluss einer USB-Maus**. Vielleicht haben Sie ja noch eine bisher am PC/Notebook betriebene Maus herumliegen? Das Links- und Rechtsklicken erfolgt dann über die entsprechenden Maustasten, wie Sie es vom PC her kennen, während die mittlere Maustaste wie die linke belegt ist. In diesem Buch gehen wir davon aus, dass Sie eine USB-Maus verwenden.

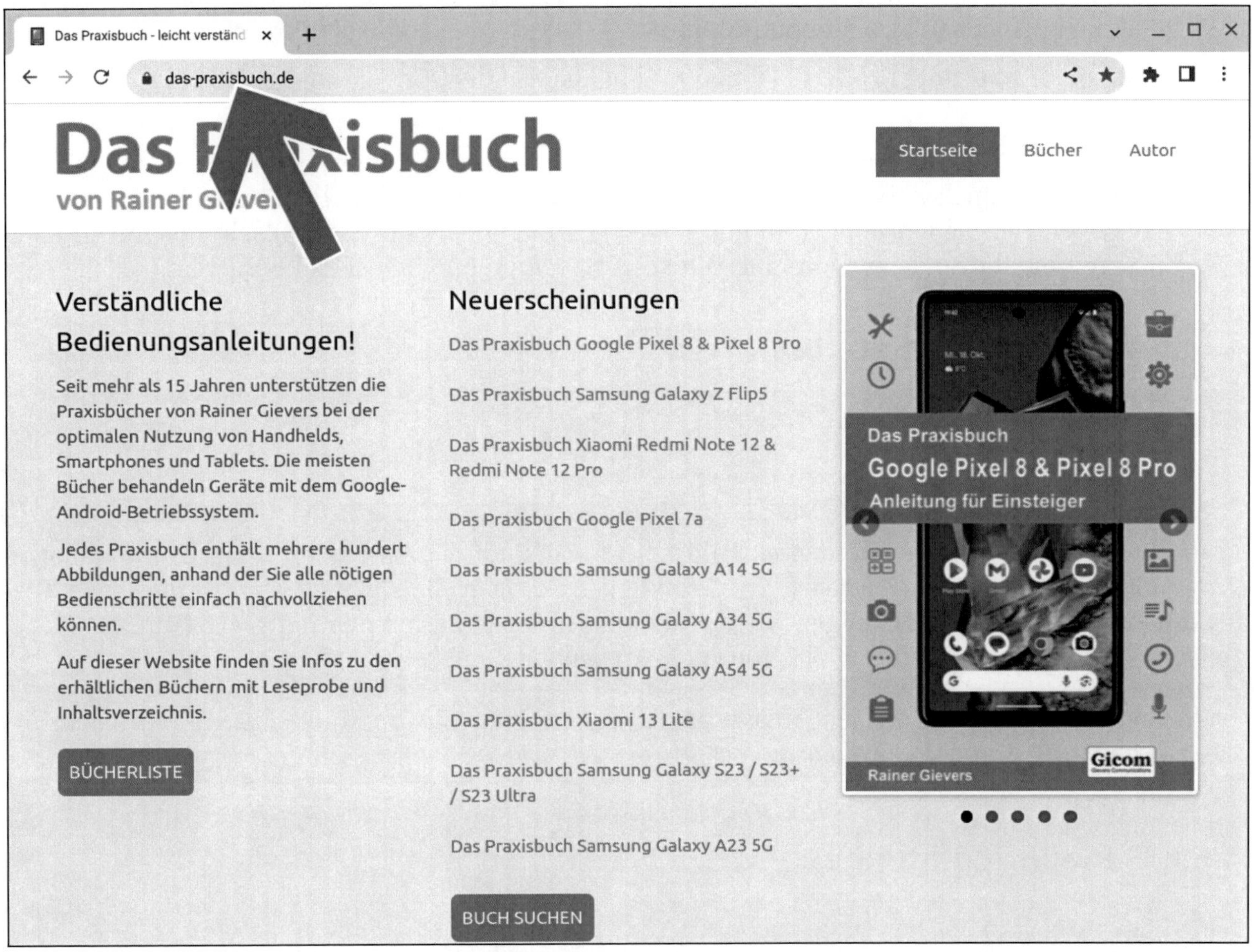

Im zuvor gestarteten Chrome-Webbrowser klicken Sie in das Adressfeld und geben *das-praxisbuch.de* ein. Drücken Sie dann die enter-Taste, worauf die zugehörige Webseite geladen wird.

Passen eine Webseite beziehungsweise Ausgaben einer Anwendung nicht ins Fenster, dann haben Sie folgende Möglichkeiten:

- Bewegen Sie den Mauszeiger an die rechte Fensterseite. Es erscheint ein grauer Balken, auf den Sie den Mauszeiger halten und dann mit gedrückter linker Maustaste in die gewünschte Richtung ziehen.
- Einfacher geht es aber, wenn Sie mit zwei gleichzeitig auf dem Touchpad liegenden Fingern nach oben/unten oder links/rechts ziehen (Funktion **Fensterinhalt durchrollen**).
- Je nach Anwendung ist es auch möglich, über die sogenannten Cursortasten (die Pfeiltasten unten rechts auf der Tastatur) durchzurollen.

Natürlich lässt sich auch die Fenstergröße ändern. Bewegen Sie dafür den Mauszeiger bis zum Fensterrand, worauf er die Form wechselt, dann ziehen Sie mit gedrückter Maustaste in die gewünschte Richtung. Diese Funktion kennen Sie auch schon von Windows.

4.5.6 Touchscreen-Funktionen

Auf einem Touchscreen-Chromebook lösen Sie alle Funktionen, die sonst per Touchpad oder angeschlossener Maus durchführen einfach mit einem Finger aus. Das Chromebook blendet übrigens den (nicht genutzten) Mauszeiger automatisch aus.

- **Klicken**: Tippen Sie mit dem Finger eine Schaltleiste kurz an.
- **Rechtsklicken**: Tippen und halten Sie den Finger über einer Schaltleiste. Das Rechtsklicken öffnet häufig ein Popup-Menü.
- **Fensterinhalt durchrollen**: Tippen und halten Sie den Finger auf das Display, ziehen Sie ihn dann aber sofort in die gewünschte Richtung und lassen Sie dann los.
- **Ziehen und Ablegen**: Dazu muss das angezeigte Bildschirmelement zuvor markiert werden, beispielsweise, indem Sie den Finger darauf gedrückt halten, bis es hervorgehoben wird. Heben Sie den Finger an und halten Sie ihn erneut auf das Bildschirmelement, dann ziehen Sie ihn an die gewünschte Bildschirmposition und heben den Finger an.

4.5.7 Anwendungen starten

In der sogenannten Ablage am unteren Bildschirmrand sind, wie bereits erwähnt, häufig genutzte Programme untergebracht. Anstatt diese anzuklicken, können Sie sie auch einfach über eine Tastenkombination aufrufen. Betätigen Sie einfach die alt-Taste zusammen mit einer Nummerntaste. Beispielsweise ruft alt-Taste + 8 die YouTube-Anwendung auf.

Wie Sie die Programme in der Ablage anpassen, erfahren Sie im Kapitel *9.3 Programme in Apps-Menü und Ablage verwalten*.

4.5.8 Benachrichtigungen

Ab und zu erhalten Sie Benachrichtigungen, beispielsweise über anstehende Termine (siehe Kapitel *16 Google Kalender*). Darauf macht dann ein Popup aufmerksam. Tippen Sie in das Popup, um die zugehörige Anwendung aufzurufen.

Das Chromebook blendet die Benachrichtigungen nach einiger Zeit aus. Ein Klick auf die runde Schaltleiste in der Statusleiste zeigt sie an.

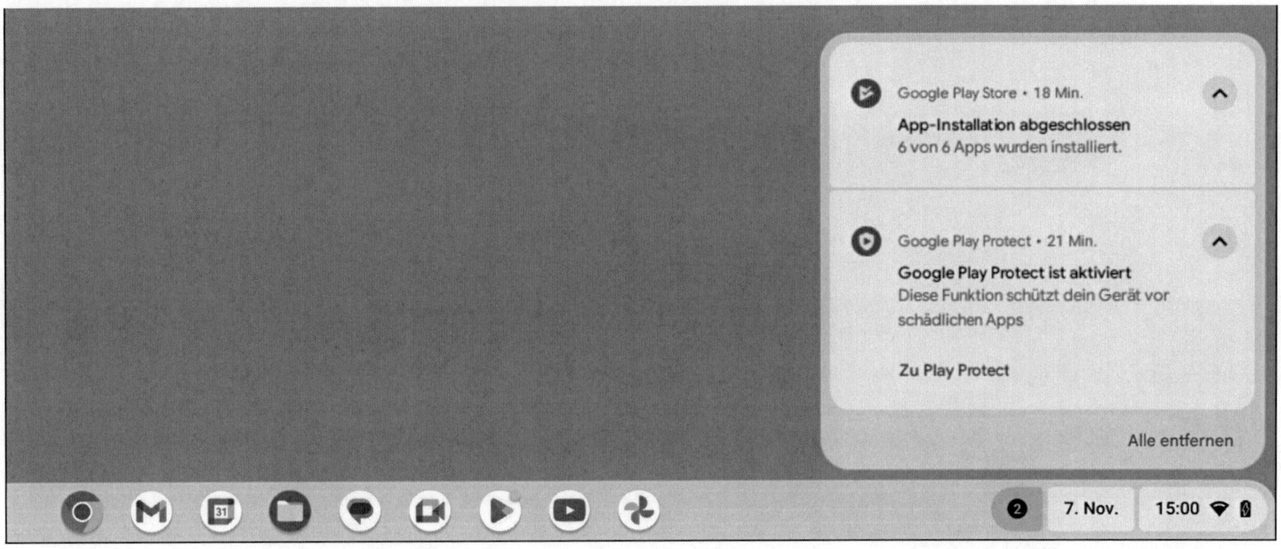

Tippen Sie eine Benachrichtigung an, um das zugehörige Programm aufzurufen. *Alle entfernen* unter den Benachrichtigungen löscht sie.

Die Verwaltung der Benachrichtigungen beschreibt Kapitel *25.6 Benachrichtigungen*.

5. Touchpad- oder Maus einsetzen

In den letzten Kapiteln sind wir bereits auf die Touchpad-Funktionen eingegangen, fassen das Wissen aber noch einmal in diesem Kapitel zusammen. Anwender, die mal mit einem Notebook mit Touchpad gearbeitet haben, sind hier natürlich im Vorteil.

5.1 Touchpad-Funktionen auf dem Chromebook

- **Mauszeiger bewegen**: Streichen Sie mit dem Finger über das Touchpad.
- **Klicken**: Drücken Sie mit dem Finger auf das Touchpad, bis es »klickt«.
- **Rechtsklicken**: Drücken Sie mit zwei Fingern auf das Touchpad. Das Rechtsklicken öffnet häufig ein Popup-Menü.
- **Fensterinhalt durchrollen (Zweifingeste)**: Berühren Sie das Touchpad mit zwei Fingern und bewegen Sie die Finger nach oben oder unten, um vertikal zu rollen, und nach links und rechts für horizontales durchrollen.
- **Ziehen und Ablegen**: Bewegen Sie mit dem Finger auf dem Touchpad den Mauszeiger auf ein Element. Drücken Sie auf das Touchpad, lassen Sie aber den Finger noch nicht los. Verschieben Sie das Element an die Zielposition und heben Sie den Finger an, um das Element abzulegen.

Den Mauszeiger bewegen Sie durch Streichen mit einem Finger auf dem Touchpad. Zum Anklicken eines Bildschirmelements drücken Sie mit dem Finger, bis es »klickt«.

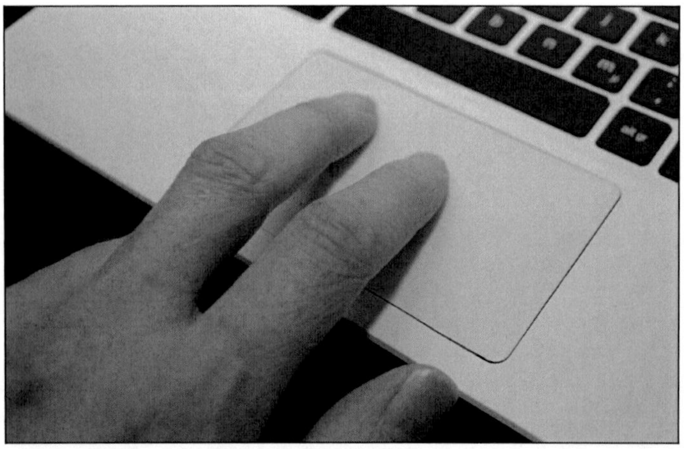

Die Zweifingergeste, mit der Sie durch Bildschirminhalte rollen. Streichen Sie dabei nur leicht über das Touchpad. Wenn Sie mit zwei Fingern gleichzeitig drücken, sodass es »klickt«, rufen Sie meistens ein Popup-Menü auf.

5.2 USB-Maus am Chromebook

Auch wenn Sie mit dem Touchpad schnell zurechtkommen werden, empfehlen wir die Verwendung einer USB-Maus, die Sie im einschlägigen Handel für wenige Euro erhalten. Am Chromebook funktioniert übrigens jede beliebige PC-Maus. Vielleicht haben Sie ja noch eine von Ihrem PC herumliegen?

Richtig komfortabel sind Mäuse, wie hier im Foto von Logitech, die mit einem USB-Funkempfänger arbeiten. Letzterer ist sehr klein und kann deshalb permanent eingesteckt bleiben, auch wenn Sie das Chromebook mal in einer Tasche transportieren.

In diesem Buch sprechen wir laufend von linker oder rechter Maustaste, weshalb eine kleine Übersicht die Umsetzung über das Touchpad zeigen soll:

Maus	**Touchpad**
Linke Maustaste	Mit einem Finger auf das Touchpad drücken, bis es »klickt«.
Rechte Maustaste	Mit zwei Fingern gleichzeitig auf das Touchpad drücken, bis es »klickt«.
Mausrad (am Mausrad drehen)	Mit zwei Fingern gleichzeitig auf dem Touchpad wischen.

6. Chrome-Browser

Vielleicht nutzen Sie auf Ihrem Windows-PC bereits den Chrome-Webbrowser. In diesem Fall brauchen Sie die nachfolgenden Ausführungen nur zu überfliegen, denn die Unterschiede zwischen den Geräteplattformen sind marginal.

Wenn Sie den Begriff »Webbrowser« ausschließlich mit der Anzeige von Webseiten verbinden, was der Volksmund vereinfacht als »Internetnutzung« bezeichnet, liegen Sie natürlich nicht falsch. Moderne Websites sind heute allerdings so komplex aufgebaut, dass sie sich wie Programme verhalten. Beispielsweise finden Sie häufig ausklappende Menüs oder Bildschirmelemente, die ihre Form ändern, sobald Sie mit dem Mauszeiger darüber fahren. Viele Softwareunternehmen bieten ihre Programme deshalb als Web-Anwendungen an, die man einfach im Webbrowser aufruft.

Google ist bei den Web-Anwendungen in vorderster Reihe aktiv: Unter anderem betreibt das Unternehmen Google Docs (Textverarbeitung), Google Drive (Dateiverwaltung), Google Fotos (Bilder und Videos), Google Kalender (Terminverwaltung), Gmail (E-Mails), um nur einige zu nennen. Die Google-Anwendungen decken also alle Anwendungsgebiete ab.

Auf den Begriff »Cloud« (dt. »Wolke«) dürften Sie in der Presse häufiger schon gestoßen sein. Mit der Cloud ist das Speichern und Verarbeiten von Daten auf Internet-Servern gemeint. Mit Ihrem Chromebook beziehungsweise dem Chrome-Browser nutzen Sie also die Cloud!

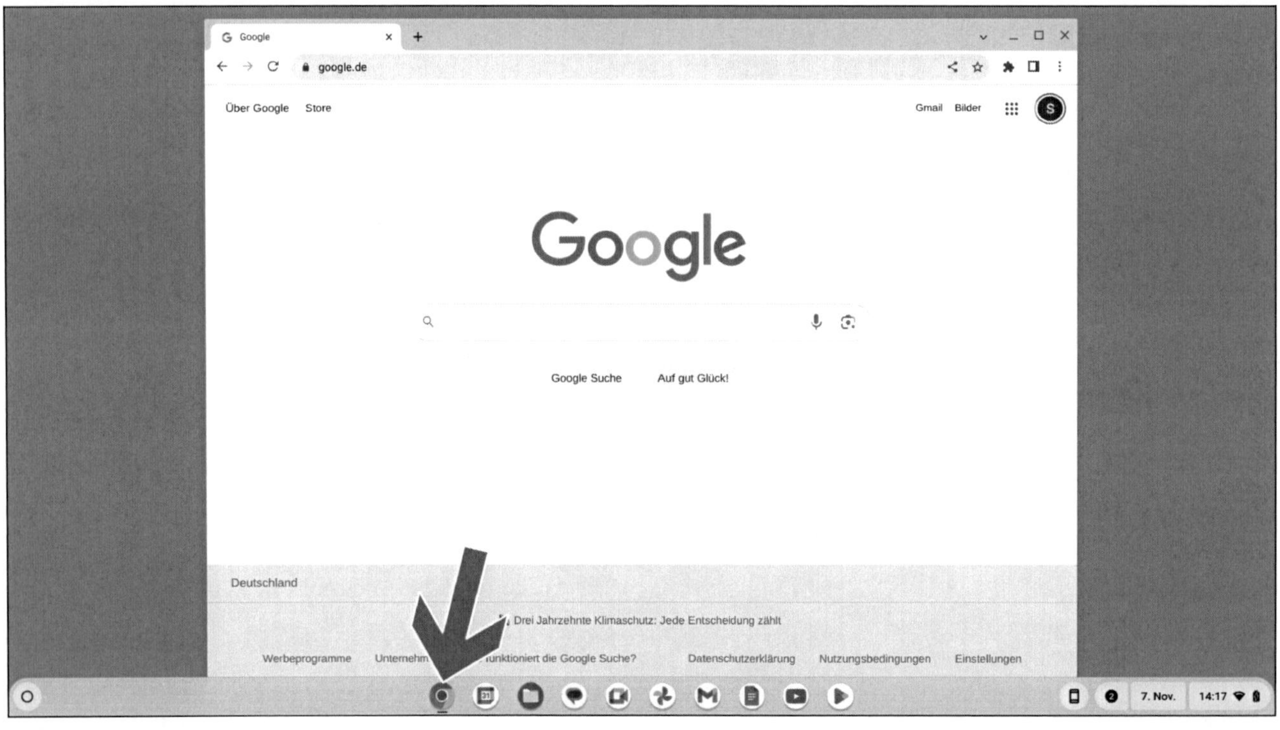

Starten Sie den Chrome-Webbrowser, indem Sie entweder unten links im Bildschirm auf klicken oder alt-Taste + 1 auf der Tastatur gleichzeitig drücken.

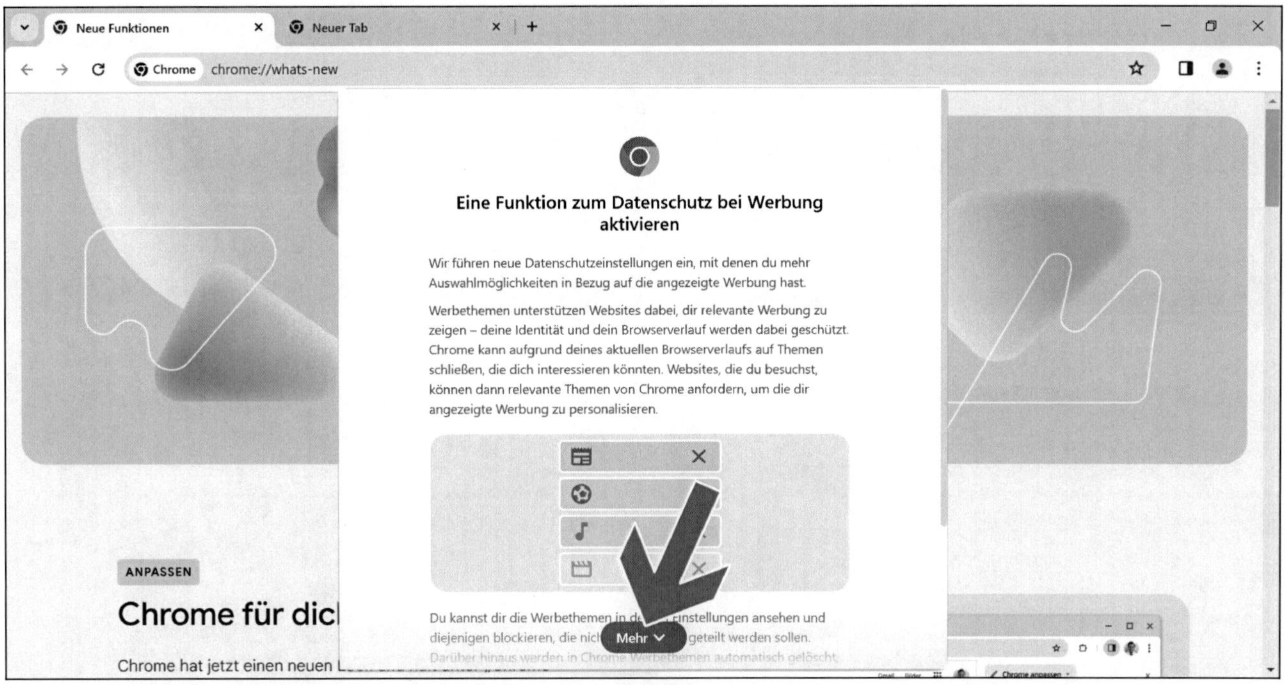

Zwischendurch weist Chrome auf eine Datenschutzfunktion bei der Anzeige von Werbeanzeigen im Browser hin. Schließen Sie die beiden Popups mit *Mehr* und *Aktivieren* beziehungsweise *Ok.*

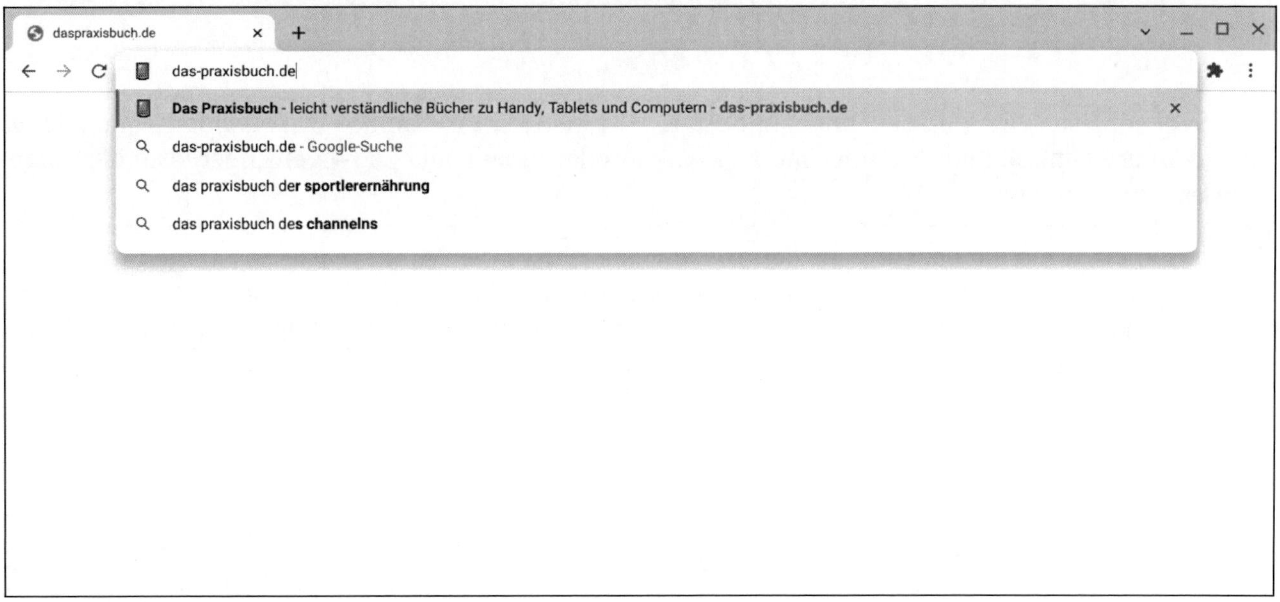

Klicken Sie ins Adressfeld, worauf Sie nun die aufzurufende Webadresse eingeben und mit der enter-Taste abschließen.

Bereits während der Eingabe macht Chrome Vorschläge, die Sie entweder mit einen Mausklick oder mit der Tastatur (Cursortaste hoch/runter und Druck auf enter-Taste) übernehmen:

- ☆: Favorit (von Ihnen gespeichertes Lesezeichen), siehe Kapitel *6.2 Favoriten.*
- 🗋: Zuvor von Ihnen besuchte Webseite
- 🔍: Vorschlag für eine Google-Suche

Die Webadresse wird geladen und angezeigt. Wie bereits im Kapitel *5 Touchpad- oder Maus einsetzen* erwähnt, ändern Sie über die Rollbalken oder eine Touchpad-Zweifingergeste den angezeigten Webseitenbereich.

Tipp: Drücken Sie gleichzeitig auf der Tastatur die Plus- oder Minus-Taste zusammen mit strg-Taste, um die Schriftgröße zu ändern. Falls Sie eine USB-Maus am Chromebook angeschlossen haben, können Sie durch gleichzeitiges Drücken der strg-Taste und Drehen am Mausrad die Schriftgröße einstellen.

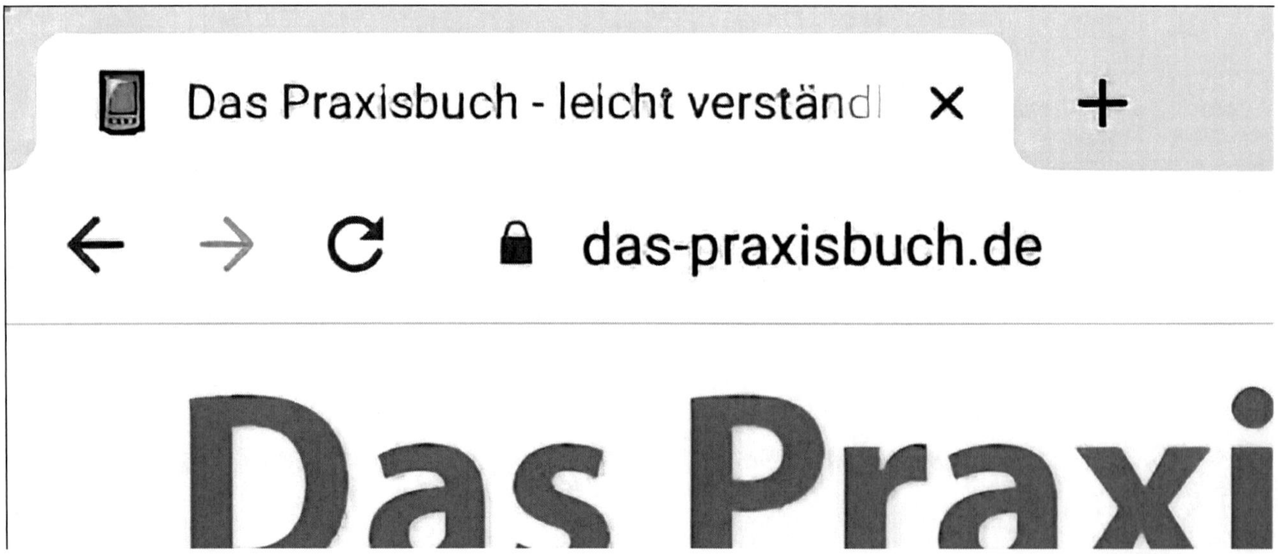

Die Schaltleisten oben links im Browserfenster schalten zwischen den besuchten Webseiten um: Anklicken von ← kehrt zur letzten besuchten Webseite zurück, während → die nächste aufgerufe Seite anzeigt (dies funktioniert nur, wenn Sie zuvor eine Seite zurückgeblättert hatten). ⟳ lädt die

Webseite dagegen neu. Die Tastatur bietet über die Tasten ←, → und C (oben links) die gleiche Funktion.

Alternativ wischen Sie mit zwei Fingern gleichzeitig weitläufig von rechts nach links beziehungsweise links nach rechts über das Touchpad, um eine Seite vor/zurückzublättern.

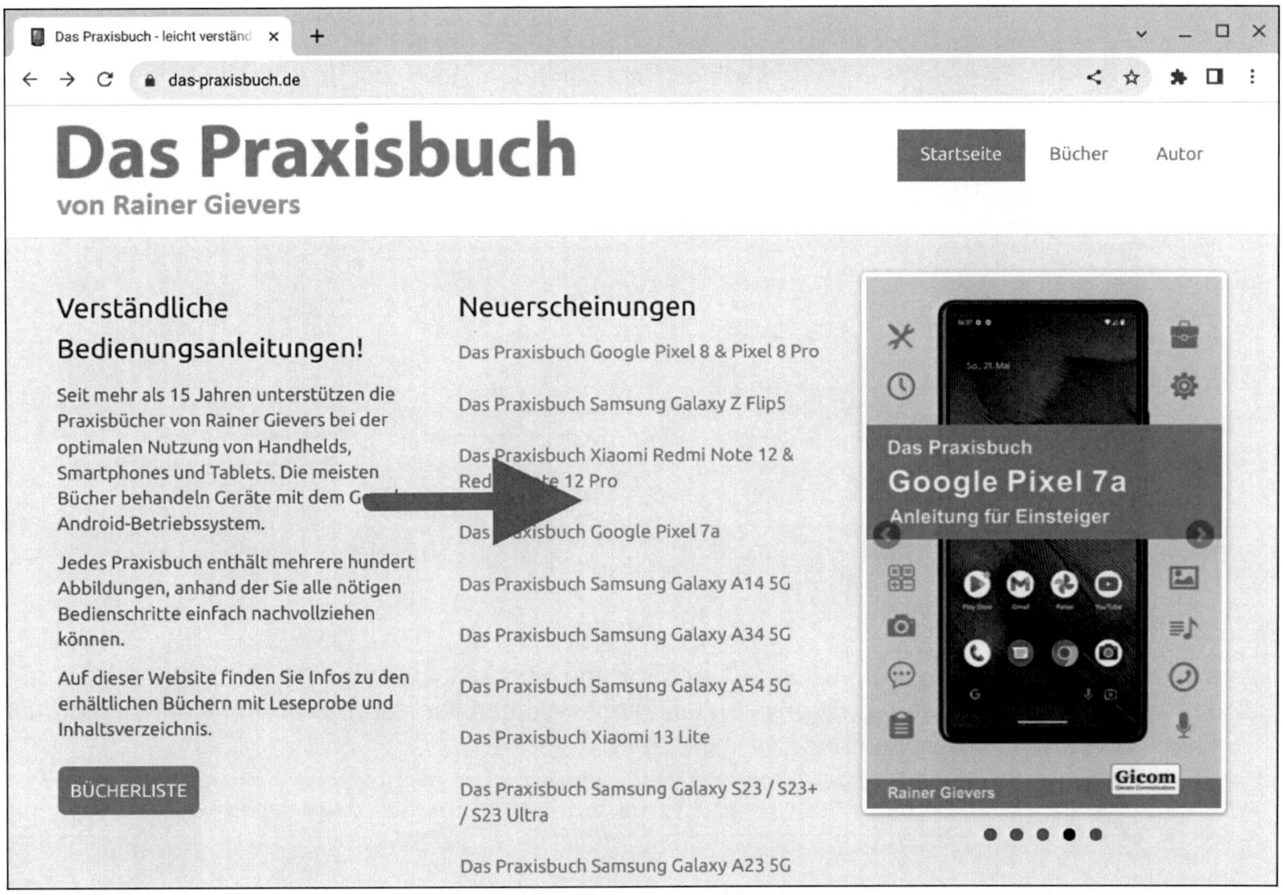

Beim einem Touchscreen-Chromebook können Sie auch einfach im Browser-Fenster nach links oder rechts mit dem Finger wischen, was zur vorherigen/nächsten besuchten Seite umschaltet.

6.1 Tabs

Heutzutage bietet jeder PC-Webbrowser die Möglichkeit, mehrere Webseiten gleichzeitig anzuzeigen, wobei die sogenannten Tabs zum Einsatz kommen. Sofern Sie bereits Tabs auf dem PC-Webbrowser genutzt haben, dürften Sie also vieles wiedererkennen.

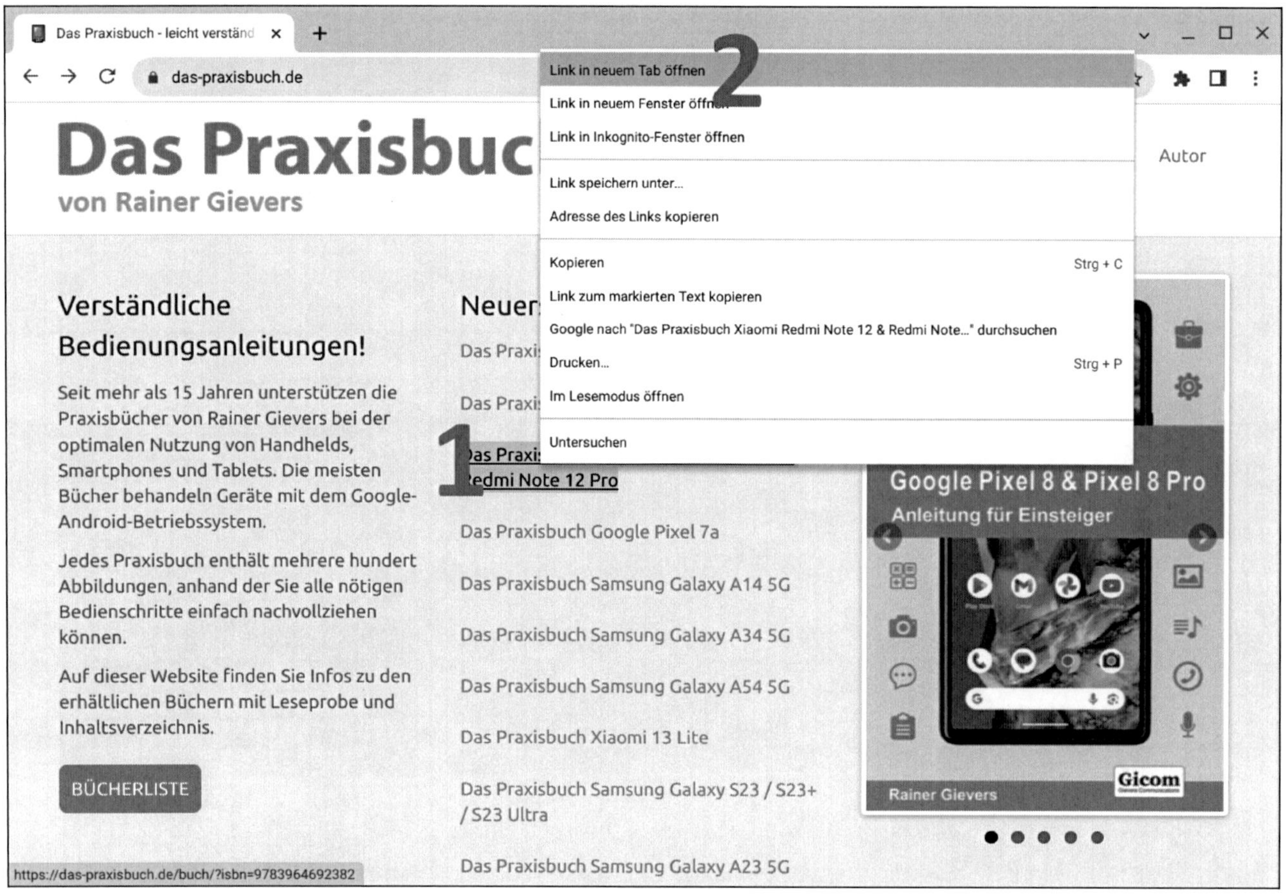

Bewegen Sie den Mauszeiger über einen Link (1) und drücken Sie mit zwei Fingern gleichzeitig auf das Touchpad, worauf das Popup-Menü erscheint. Wählen Sie dann *Link in neuem Tab öffnen* (2). Der Browser-Tab wird im Hintergrund geöffnet.

Alternativ gehen Sie auf *Link in neuem Fenster öffnen*, was ein neues Browserfenster erzeugt.

Einen neuen leeren Tab erzeugen Sie über die +-Schaltleiste in der Titelleiste.

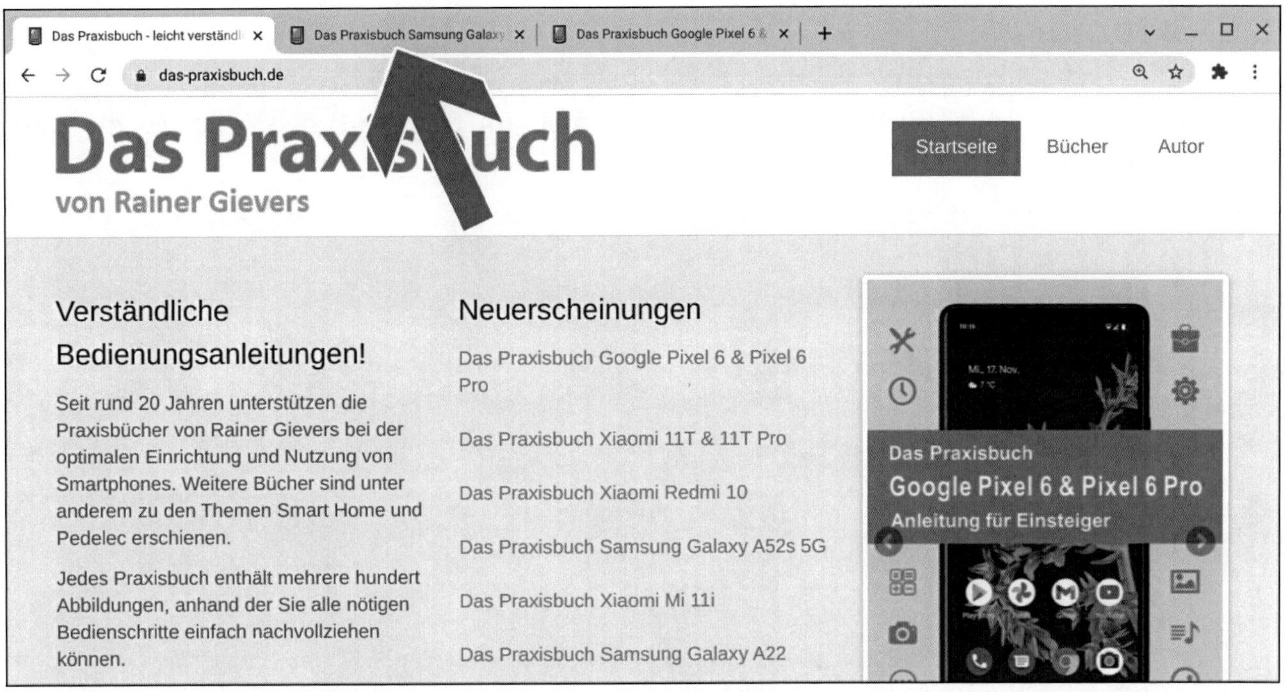

Zwischen den Tabs schalten Sie durch Anklicken um (Pfeil).

Im Zusammenhang mit Tabs und Fenstern stehen zahlreiche Tastenkombinationen zur Verfügung, von denen wir hier nur die Interessanten auflisten:

- strg-Taste + N: Neues Browserfenster öffnen
- strg-Taste + T: Neuen Tab öffnen
- strg-Taste und auf Link klicken: Einen Link in einem Tab öffnen.
- strg-Taste + 1 bis strg-Taste + 8: Wechselt zum Tab mit der angegebenen Positionsnummer in der Tab-Leiste.
- strg-Taste + →| (tab)-Taste: Schaltet Anzeige auf den nächsten Tab um.
- strg-Taste + ⇧ (Umschalt-)Taste + →| (tab)-Taste: Schaltet Anzeige auf den vorherigen Tab um.
- strg-Taste + W: Aktuellen Tab beziehungsweise aktuelles Fenster schließen.

Eine vollständige Auflistung alle Tastenkombinationen finden Sie unter der Webadresse *support.google.com/chromebook/answer/183101*.

6.2 Favoriten

Es ist natürlich sehr mühselig, die Adressen von zu besuchenden Websites immer von Hand im Webbrowser einzugeben, weshalb es Lesezeichen gibt. Im Chrome-Browser heißen die Lesezeichen »Favoriten«.

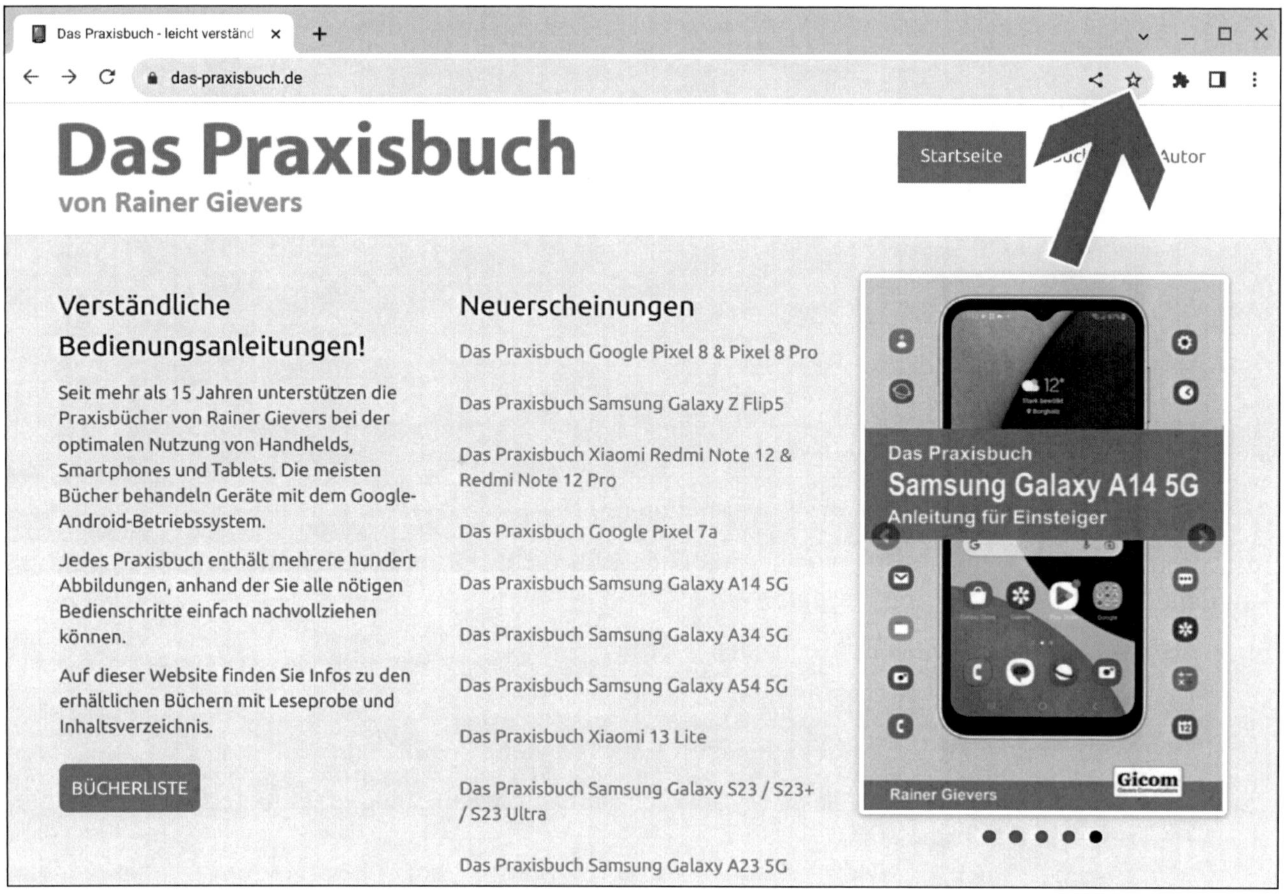

Klicken Sie auf ☆ oben rechts neben der Adressleiste, um ein Lesezeichen zu speichern.

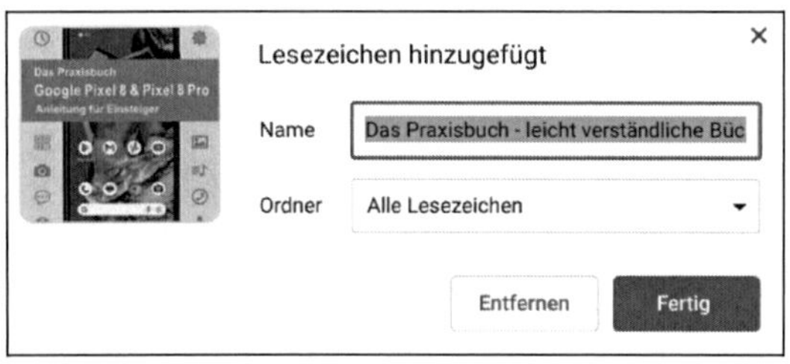

Ändern Sie gegebenenfalls den Namen des Lesezeichens und betätigen Sie *Fertig*.

Damit Sie Übersicht bei Ihren Lesezeichen halten, können Sie diese einem *Ordner* zuweisen:

- *Lesezeichenleiste*: Die Lesezeichenleiste ermöglicht den schnellen Zugriff auf Ihre Lesezeichen. Darauf kommen wir gleich noch.
- *Alle Lesezeichen*: Weiterer vordefinierter Lesezeichenordner.

Die *Entfernen*-Schaltleiste löscht ein Lesezeichen wieder.

Jede Webadresse lässt sich einmal als Lesezeichen speichern. Es ist somit nicht möglich, ein Lesezeichen mehreren Ordnern zuzuweisen.

Die Lesezeichen werden mit Ihrem Google-Konto synchronisiert, das heißt, wenn Sie sich auf einem anderen Chromebook oder einem Android-Handy/Tablet bei Ihrem Google-Konto anmelden, sind dort im Browser Ihre Lesezeichen verfügbar.

Bei Webseiten, die bereits als Lesezeichen vorhanden sind, erscheint künftig ein ★ (Pfeil).

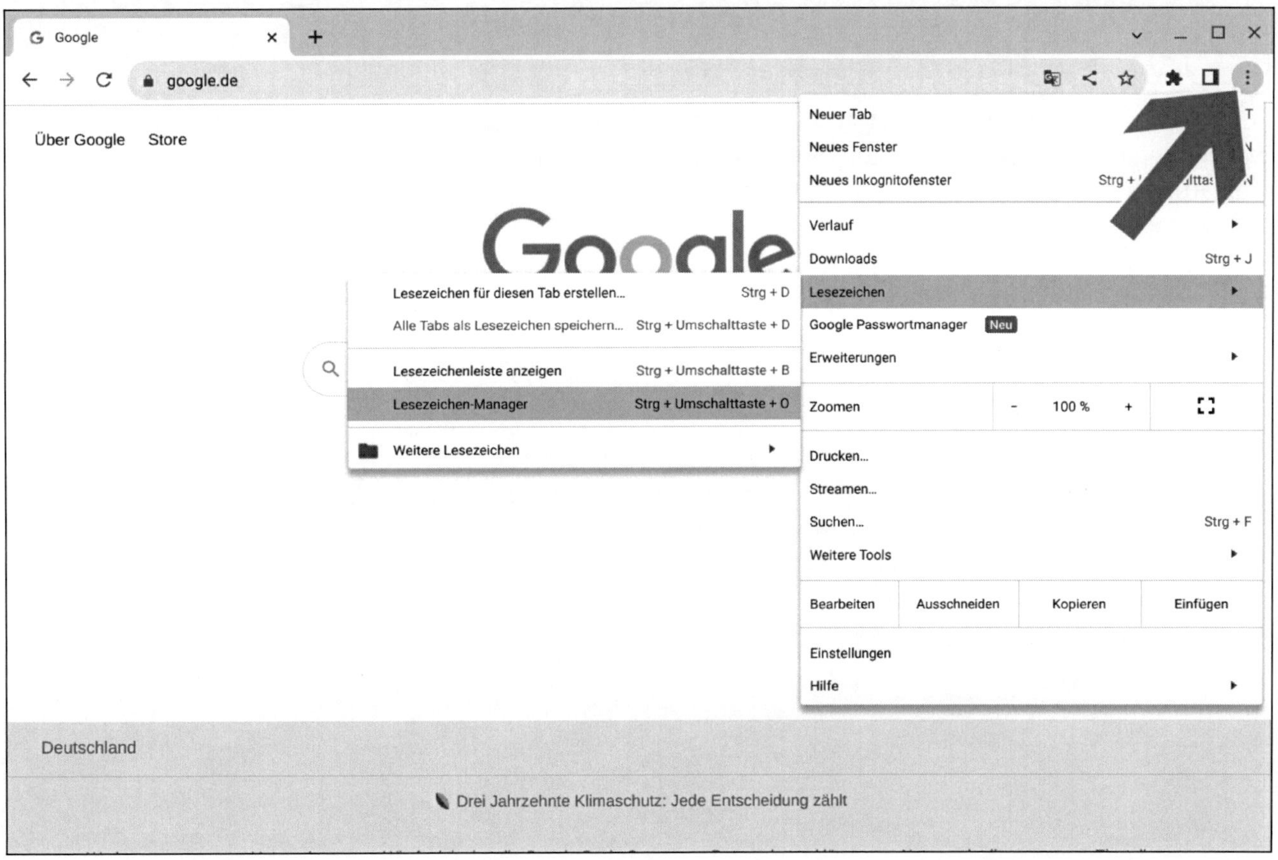

Die Lesezeichenauflistung öffnen Sie mit ⋮ (Pfeil). Gehen Sie dann auf *Lesezeichen/Lesezeichen-Manager*. Alternativ verwenden Sie die Tastenkombination **strg**-Taste + ⇧ (Umschalt-)Taste + **O**.

6.2.1 Lesezeichenleiste

Es ist doch recht umständlich, immer erst das oben erwähnte ⁝-Menü für den Lesezeichenzugriff zu öffnen. Deshalb lässt sich die sogenannte Lesezeichenleiste aktivieren.

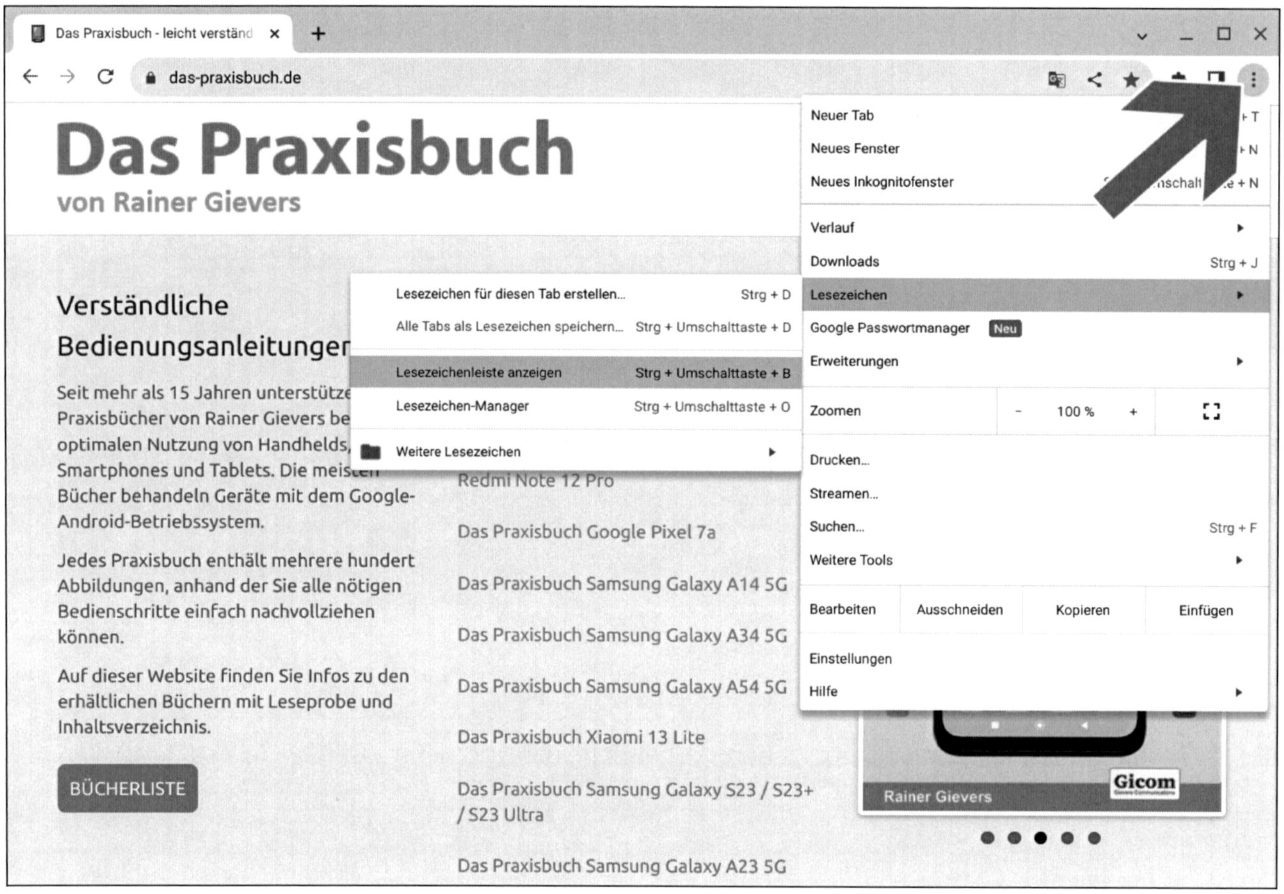

Im ⁝-Menü aktivieren/deaktivieren Sie über *Lesezeichen/Lesezeichenleiste anzeigen* die Lesezeichenleiste. Alternativ drücken Sie strg-Taste + ⇧ (Hochstell)-Taste + B gleichzeitig auf der Tastatur.

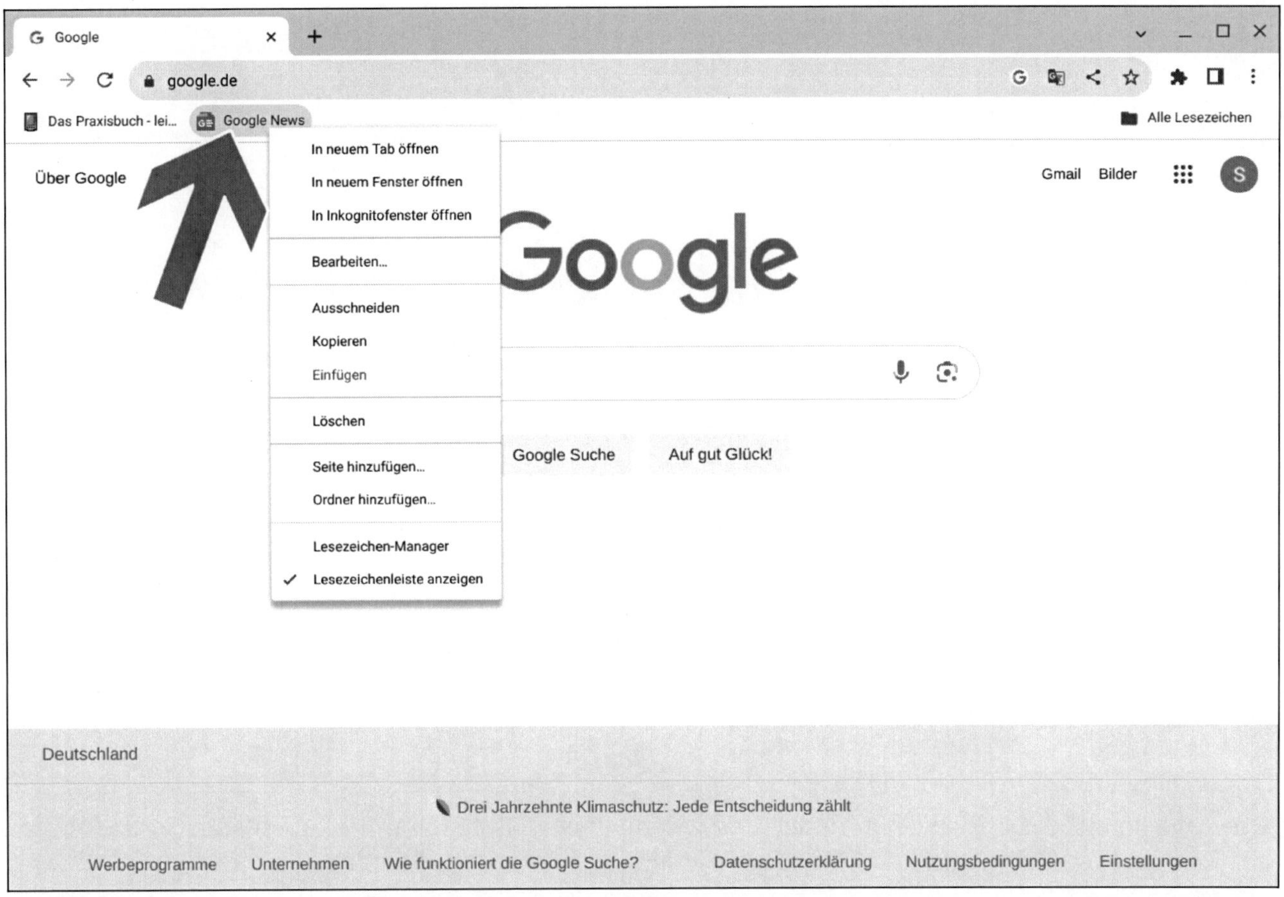

Anklicken eines Lesezeichens in der Lesezeichenleiste ruft die entsprechende Webseite auf. Betätigen Sie jetzt einmal über dem Lesezeichen die rechte Maustaste (mit zwei Fingern gleichzeitig auf das Touchpad drücken) für das Popup-Menü. Sie erhalten dann weitere Funktionen zum Öffnen und Bearbeiten.

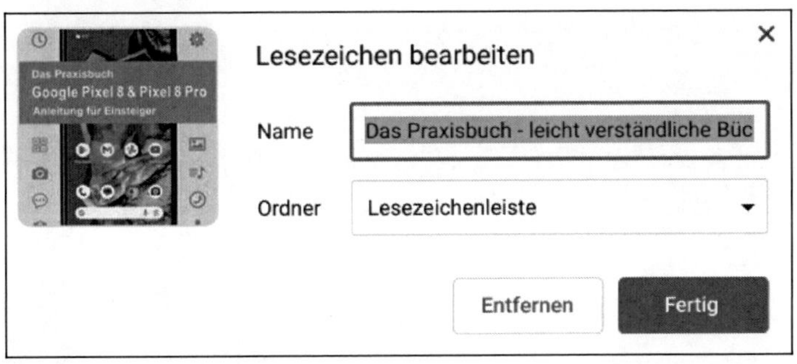

Damit ein neues Lesezeichen in der Lesezeichenliste erscheint, stellen Sie bei der Neuanlage als Ordner *Lesezeichenleiste* ein.

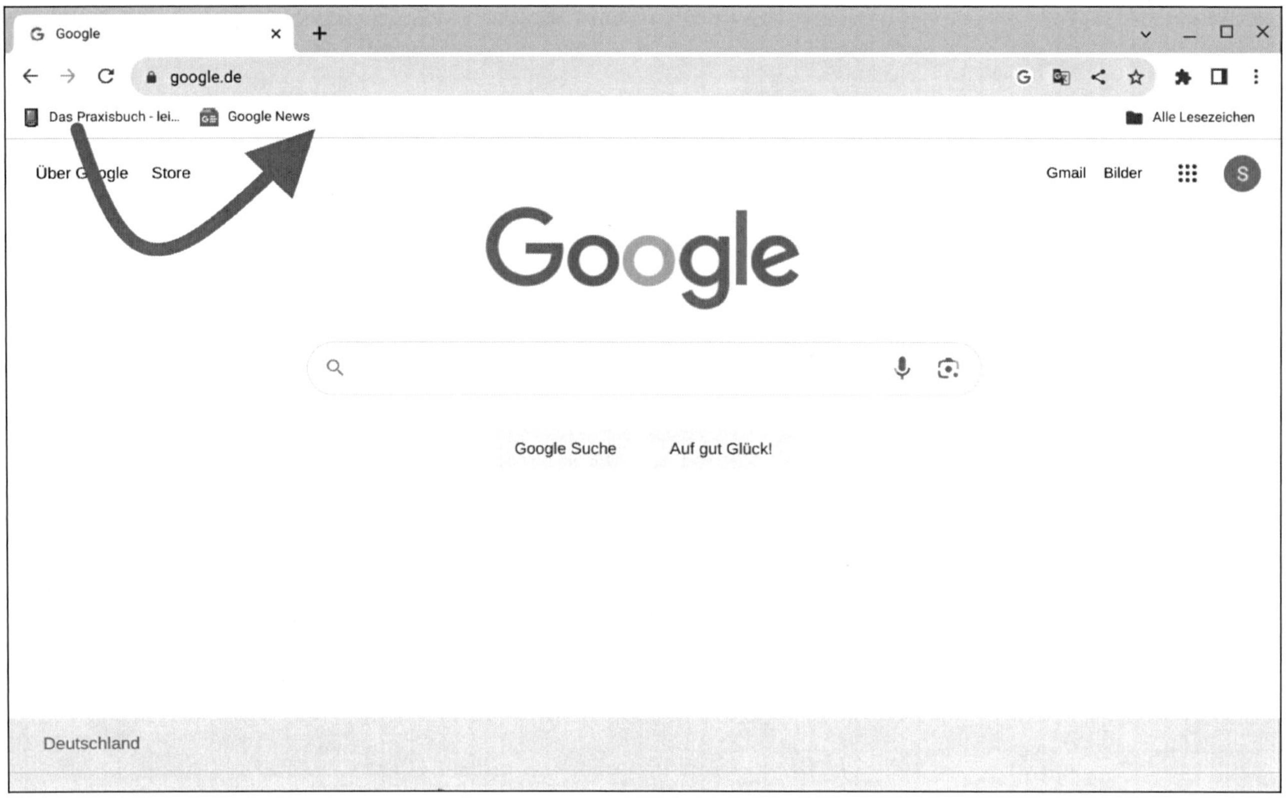

Die Anordnung der Lesezeichen in der Lesezeichenleiste lässt sich mit einfach ändern: Ziehen Sie das Lesezeichen mit gedrückter Maustaste einfach an eine andere Position.

6.3 Dateien herunterladen

Auf vielen Websites werden Dateien zum Herunterladen angeboten. Klicken Sie dann einfach auf den jeweiligen Download-Link.

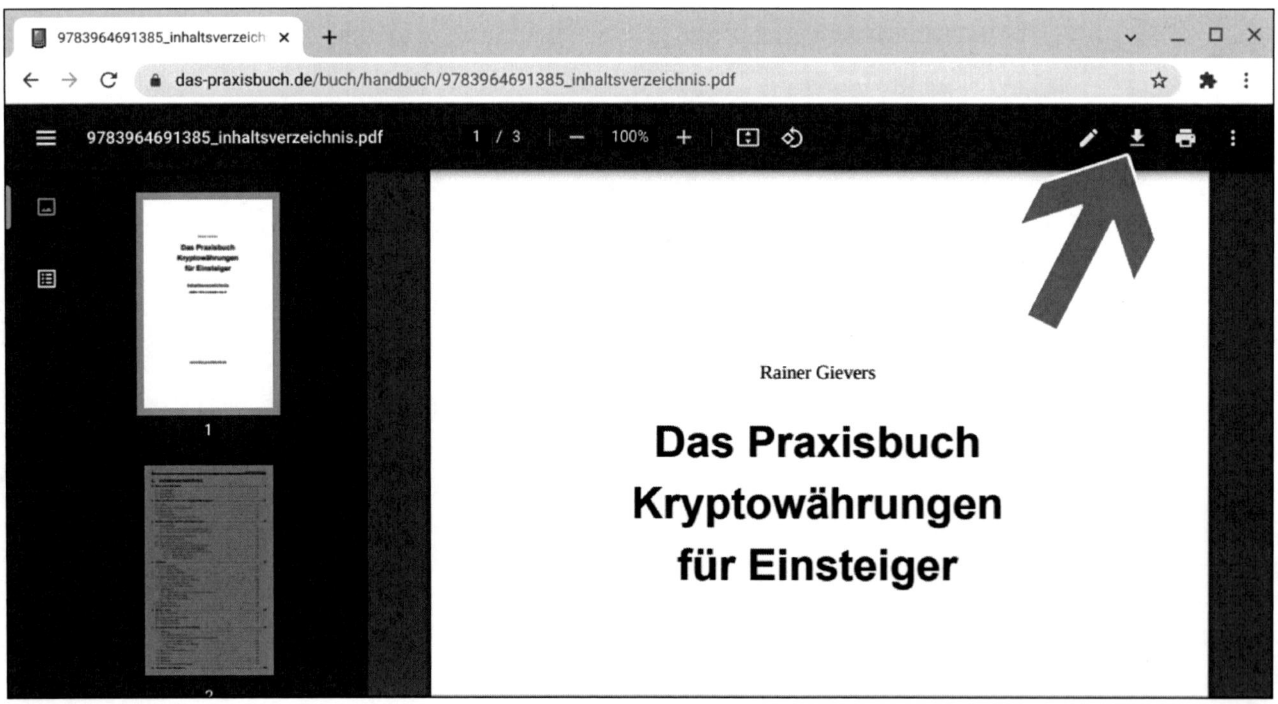

Beachten Sie, dass Chrome PDF-Dateien direkt im Browserfenster öffnet und nicht dauerhaft im Gerätespeicher ablegt. Speichern ist aber über die ⬇-Schaltleiste (Pfeil) möglich.

Eine Auflistung aller heruntergeladener Dateien erhalten Sie über die Tastenkombination strg + J.

Andere Dateiarten, beispielsweise Office-Dateien, lädt der Browser dagegen herunter, ohne sie sofort anzuzeigen. Nach dem Herunterladen erscheint ein Popup, das Sie anklicken, worauf sich die Dateien-Anwendung (siehe Kapitel *23 Dateiverwaltung*) mit dem sogenannten Download-Verzeichnis öffnet.

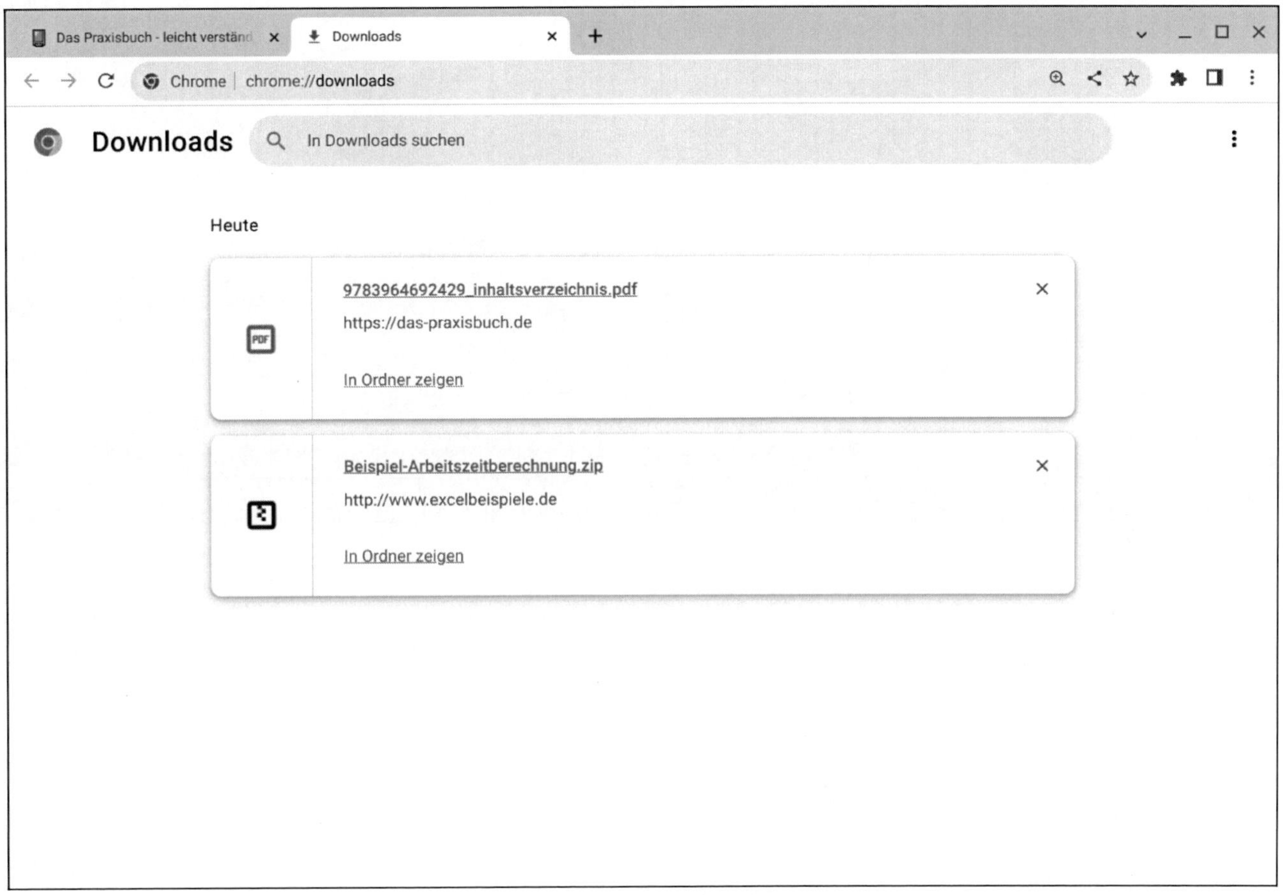

Eine Auflistung aller heruntergeladener Dateien erhalten Sie über die Tastenkombination strg + J.

6.4 Einstellungen

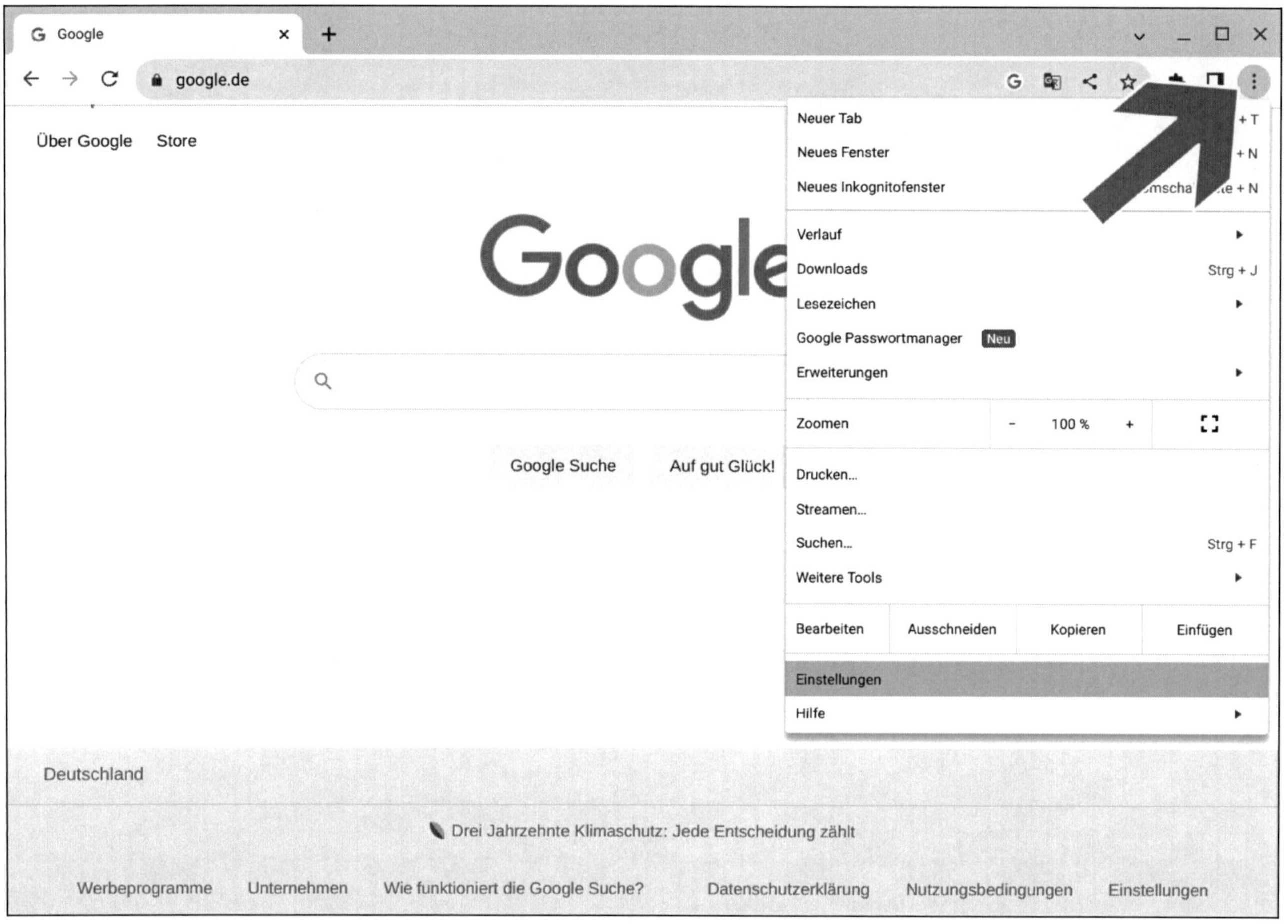

Die Browserkonfiguration ändern Sie über *Einstellungen* im Menü, das nach Anklicken von ⋮ (Pfeil) erscheint.

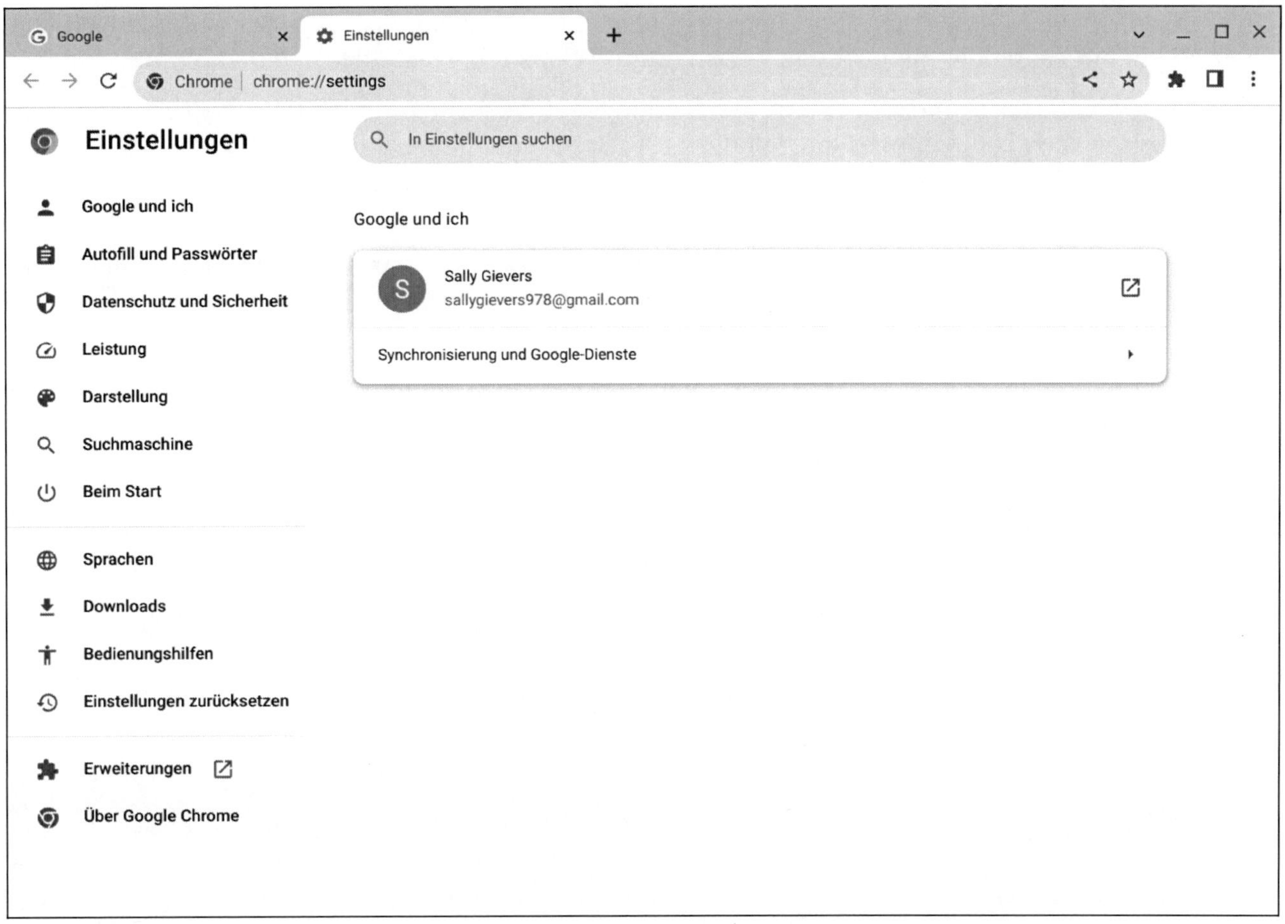

In den Einstellungen lassen sich viele systemweite Parameter ändern. Wir gehen an dieser Stelle nur auf Funktionen genauer ein, die ausschließlich den Chrome-Browser betreffen (Für die hier nicht beschriebenen Einstellungen sei auf Kapitel *25 Konfiguration* verwiesen).

Unter *Google und ich*:

- *Synchronisisierung und Google-Dienste*:
    - *Verwalten, welche Daten synchronisiert werden*: Die Voreinstellung *Alles synchronisieren* sollten Sie nicht ändern.
    - *Lege fest, wie der Browserverlauf zur Personalisierung der Google Suche verwendet wird*: Verzweigt auf eine Webseite, in der Sie die Protokolierung Ihrer Aktivitäten ein/ausschalten können. Wir empfehlen die Voreinstellung beizubehalten.
    - *Synchronisierte Daten prüfen*: Informiert über die in Ihrem Google-Konto abgelegten Webbrowser-Aktivitäten.
    - *Verschlüsselungsoptionen*: Auch die verschlüsselte Übertragung Ihrer Daten ins Google-Konto sollten Sie nicht abschalten.
    - *Helfen, die Funktionen und die Leistung von Chrome zu verbessern*: Legt fest, ob der Chrome-Browser anonyme Nutzungsberichte an Google senden darf, die Google dann für Optimierungen verwendet.
    - *Suchanfragen und das Surfen verbessern*: Überträgt alle Ihre besuchten Webseiten an Google.
    - *Erweiterte Rechtschreibprüfung*: In Eingabefeldern falsch geschriebene Wörter werden automatisch rot unterstrichen.
    - *Google Drive-Suchvorschläge*: In der Adressleiste schlägt der Browser auch Dateien von Google Drive (siehe Kapitel *14 Google Drive*) vor.

Unter *Autofill und Passwörter*: Die hier erfassten Texte schlägt der Browser automatisch vor, wenn Sie in ein passendes Eingabefeld tippen (zum Beispiel Adressfelder in einem Online-Shop):

- *Google Passwortmanager*: Zur Anmeldung auf Websites verwendete Logins und Passwörter speichert Chrome auf Wunsch. Aufwendiges Notieren der Logins ist somit nicht mehr nötig, denn diese Daten fügt Chrome automatisch ein, sobald eine Website nach dem Login fragt.
- *Zahlungsmethoden*: Kreditkartendaten für Online-Shops hinterlegen. In Deutschland sind Kreditkarten für den Online-Kauf unüblich, weil hierzulande Alternativen wie Überweisung und Bankeinzug bevorzugt werden.
- *Adressen*: Die hier erfassten Adressdaten fügt der Browser automatisch ein, wenn Sie in ein passendes Eingabefeld tippen (zum Beispiel Adressfelder in einem Online-Shop).

Unter *Datenschutz und Sicherheit:*

- *Datenschutz-Leitfaden jetzt durchgehen: Jetzt starten*: Stellt die Sicherheitsfunktionen von Chrome vor.
- *Sicherheitscheck – Jetzt prüfen*: Prüfung, ob alle Sicherheitsfunktionen des Browsers aktiv sind.
- *Browserdaten löschen*: Vom Browser zwischengespeicherte Daten wie Cookies oder geladene Webseiten löschen.
- *Datenschutz-Leitfaden*: Überprüfung der Chrome-Sicherheitseinstellungen.
- *Drittanbieter-Cookies*: Cookies sind Daten, die von Webseiten auf Ihrem Gerät abgelegt werden, um Sie bei einem späteren Besuch wiedererkennen zu können. Sie stellen hier ein, ob und wie der Browser Cookies verarbeitet. Die Voreinstellungen sollten allerdings nicht verändert werden, weil sonst einige Websites nicht mehr korrekt funktionieren.
- *Datenschutz bei Anzeigen*: Unternehmen, die Werbung auf von Ihnen besuchten Websites schalten, erhalten Infos zu den von Ihnen besuchten Websites, damit die Werbung zielgenauer ist. Weil die übermittelten Daten anonymisiert und in »Gruppen« zusammengefasst werden, brauchen Sie keine Angst vor Datenmissbrauch zu haben.
- *Sicherheit*: Schützt Sie vor Angriffen durch bösartige Webseiten. Die Voreinstellung sollten Sie nicht ändern.
- *Website-Einstellungen*: In dem Menü legen Sie fest, auf was für Gerätefunktionen die Webseiten/Anwendungen standardmäßig zugreifen dürfen. Die Voreinstellungen (meistens *Nachfragen*) sollten Sie nicht ändern, wenn Ihnen nicht genau klar ist, was sie bewirken.

Unter *Leistung*:

- *Arbeitsspeicher-Sparmodus; Diese Websites immer aktiv lassen*: Die automatische Freigabe von gerade nicht benötigten Arbeitsspeicher ist für PCs mit extrem wenig Arbeitsspeicher gedachtt. Sie sollten hier nichts ändern.
- *Energiesparmodus*: Reduziert Hintergrundaktivitäten (automatisches Nachladen von Daten) und optische Effekte: Wahlweise bei einem niedrigen Akkustand oder wenn das Chromebook nicht am Netzteil angeschlossen ist.

Unter *Darstellung*:

- *Browserdesigns*: Vorgefertigtes Design einstellen.
- *Schaltfläche "Startseite" anzeigen*: Blendet die ⌂-Schaltfläche links neben der Adressleiste ein. Außerdem lässt sich dann die damit aufgerufene Startseite festlegen (vordefiniert ist *Neuer Tab*, es lässt sich aber eine beliebige Webadresse einstellen).
- *Lesezeichenleiste anzeigen*: Blendet die bereits im Kapitel *6.2.1 Lesezeichenleiste* beschriebene Lesezeichenleiste unterhalb der Adressleiste ein.

- *Bilder auf Vorschaukarten anzeigen, die beim Bewegen des Mauszeigers auf Tabs erscheinen*: Diese Funktion ist bei Verwendung der Tabs (siehe Kapitel *6.1 Tabs*) aktiv.
- *Seitenleiste*: In der Seitenleiste erscheinen die Lesezeichen (siehe Kapitel *6.2 Favoriten*). Wählen Sie aus, ob die Seitenleiste links oder rechts erscheinen soll.
- *Schriftgröße; Schriftart anpassen*: Die Voreinstellungen sollten Sie nicht ändern, damit Webseiten korrekt angezeigt werden.
- *Seitenzoom*: Vergrößert die Bildschirmdarstellung. Diese Einstellung können Sie jederzeit auch vornehmen, indem Sie die **strg**-Taste gedrückt halten und an Ihrer Maus das Mausrad drehen.

Unter *Suchmaschine:*

- *In der Adressleiste verwendete Suchmaschine:* In der Adressleiste erfolgen Suchvorschläge, sobald Sie darin Eingaben vornehmen. Die voreingestellte Google-Suche sollten Sie nicht ändern.
- *Suchmaschinen und Websitesuche verwalten*: Legen Sie bei Bedarf weitere Suchmaschinen an, die Sie in der Adressleiste nutzen möchten.

Unter *Beim Start* legen Sie fest, was passiert, wenn Sie den Browser neu starten:

- *"Neuer Tab"-Seite öffnen*: Zeigt eine leere Seite an. Standardmäßig werden auf der "Neuer Tab"-Seite das Google-Logo, eine Suchleiste und Miniaturansichten Ihrer meistbesuchten Webseiten angezeigt.
- *Zuletzt angesehene Seiten öffnen*: Dieselben Webseiten, die Sie zuletzt geöffnet hatten, werden in den Tabs erneut angezeigt.
- *Bestimmte Seite oder Seiten öffnen*: Je nach Anwendungsfall dürfte es nützlich sein, bestimmte Webseiten automatisch beim Browserstart zu öffnen, beispielsweise bestimmte Nachrichtenseiten oder eine Seite mit Wetterinformationen.

Unter *Sprachen*:

- *Sprachen in den Chrome OS-Einstellungen verwalten*: Wählen Sie aus, welche Sprachen Sie im Web nutzen und in welcher Sprache der Chrome-Browser angezeigt wird. Voreingestellt sind Deutsch und Englisch.

Unter *Downloads:*

- *Ort*: Alle von Ihnen aus dem Webbrowser heruntergeladenen Dateien landen standardmäßig im *Downloads*-Verzeichnis. Alternativ wählen Sie einen anderen Ordner.
- *Vor dem Download von Dateien nach dem Speicherort fragen*: Jedes Mal, wenn Sie eine Datei zum Herunterladen anklicken, erfolgt eine Abfrage.

Unter *Bedienungshilfen*: Auf die Funktionen geht dieses Buch nicht ein.

Unter *Einstellungen zurücksetzen*:

- *Einstellungen auf ursprüngliche Standardwerte zurücksetzen*: Es kommt manchmal vor, dass Sie die Einstellungen des Chrome-Browsers so durcheinander bringen, dass eine sinnvolle Nutzung nicht mehr möglich ist. Diese Funktion sollte dann Abhilfe schaffen.

Unter *Erweiterungen*: Darauf geht Kapitel *9.2 Chrome-Erweiterungen* ein.

6.5 Lesezeichen des PCs auf dem Chromebook nutzen

Auch für den PC gibt es eine Version des Chrome-Browsers (falls Sie ihn installieren möchten, geben Sie einfach »Google Chrome« als Suchbegriff in Ihrem PC-Browser ein, worauf Ihnen die Download-Möglichkeiten angezeigt werden).

Die Lesezeichen zwischen den Chrome-Browsern werden automatisch synchronisiert, sodass sie auf allen Geräten immer auf dem gleichen Stand sind. Das gilt übrigens auch für Ihr Android-Handy, sofern Sie dort mit dem gleichen Google-Konto eingeloggt sind.

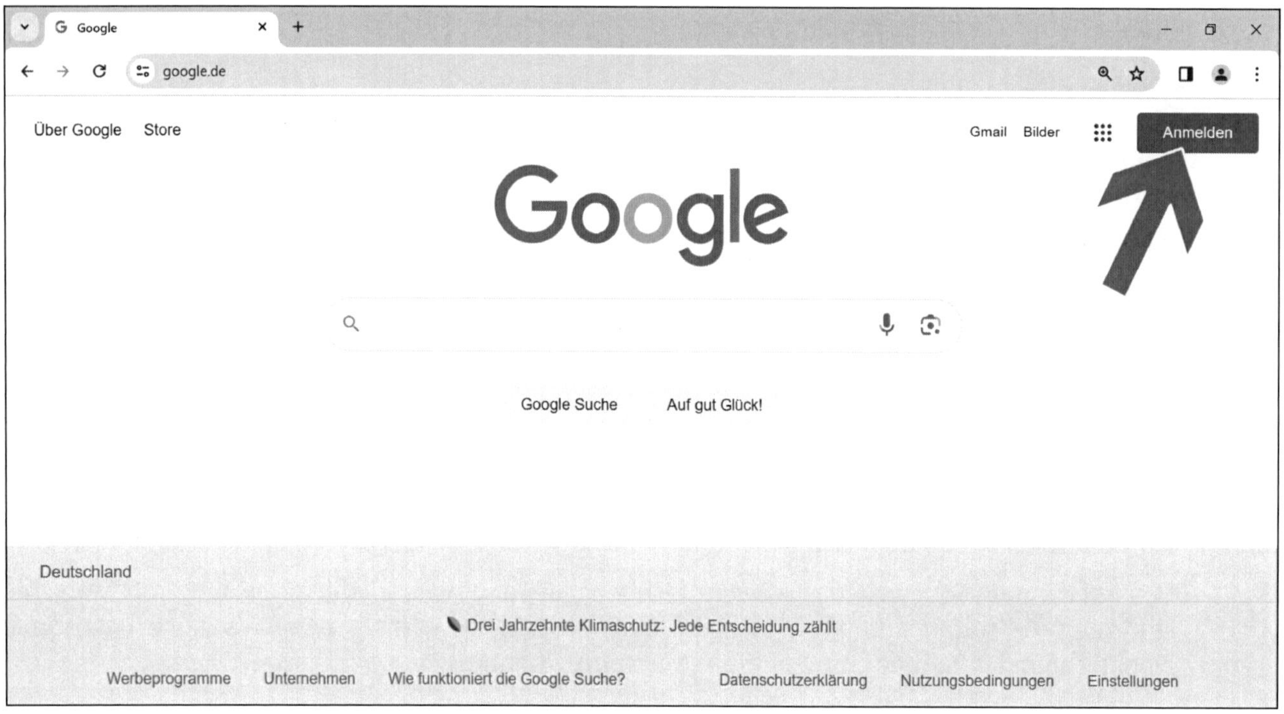

Rufen Sie in Ihrem Browser zunächst *www.google.de* auf und klicken Sie rechts oben auf *Anmelden.*

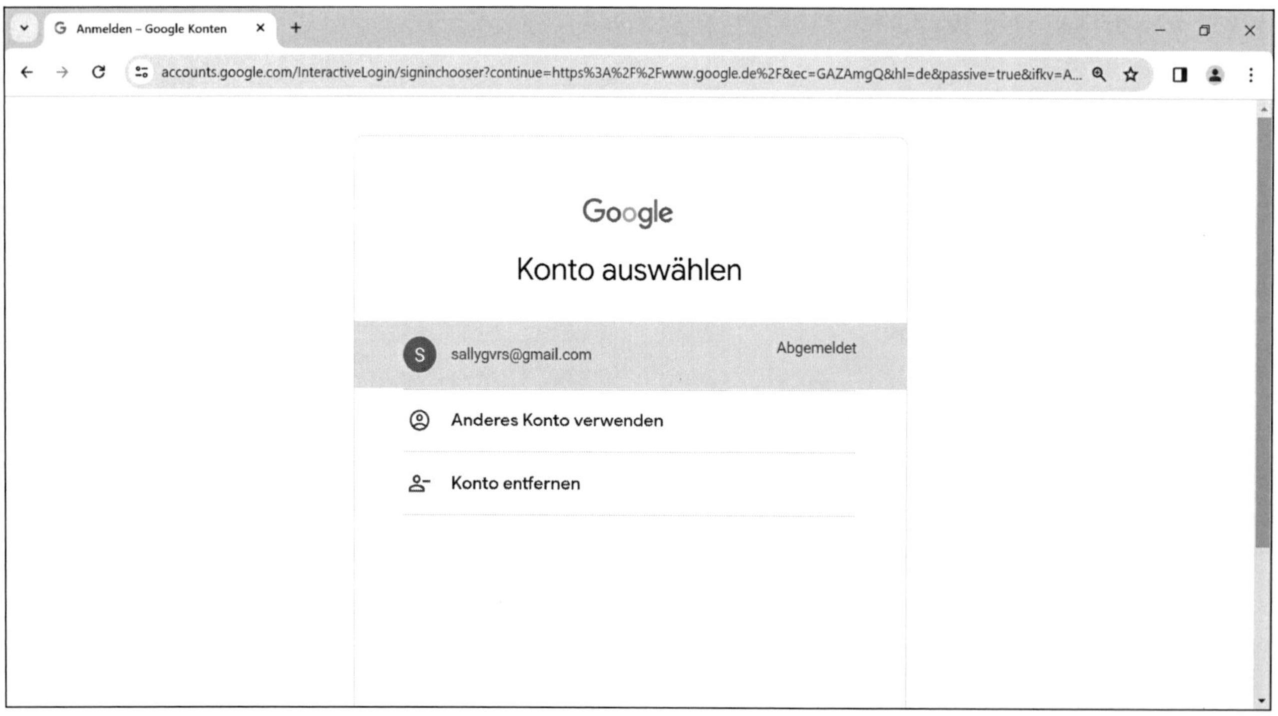

Falls Sie sich zuvor vom Google-Konto abgemeldet hatten, wird es vom Browser automatisch vorgeschlagen. Wählen Sie es dann aus. Alternativ gehen Sie auf *Anderes Konto verwenden.*

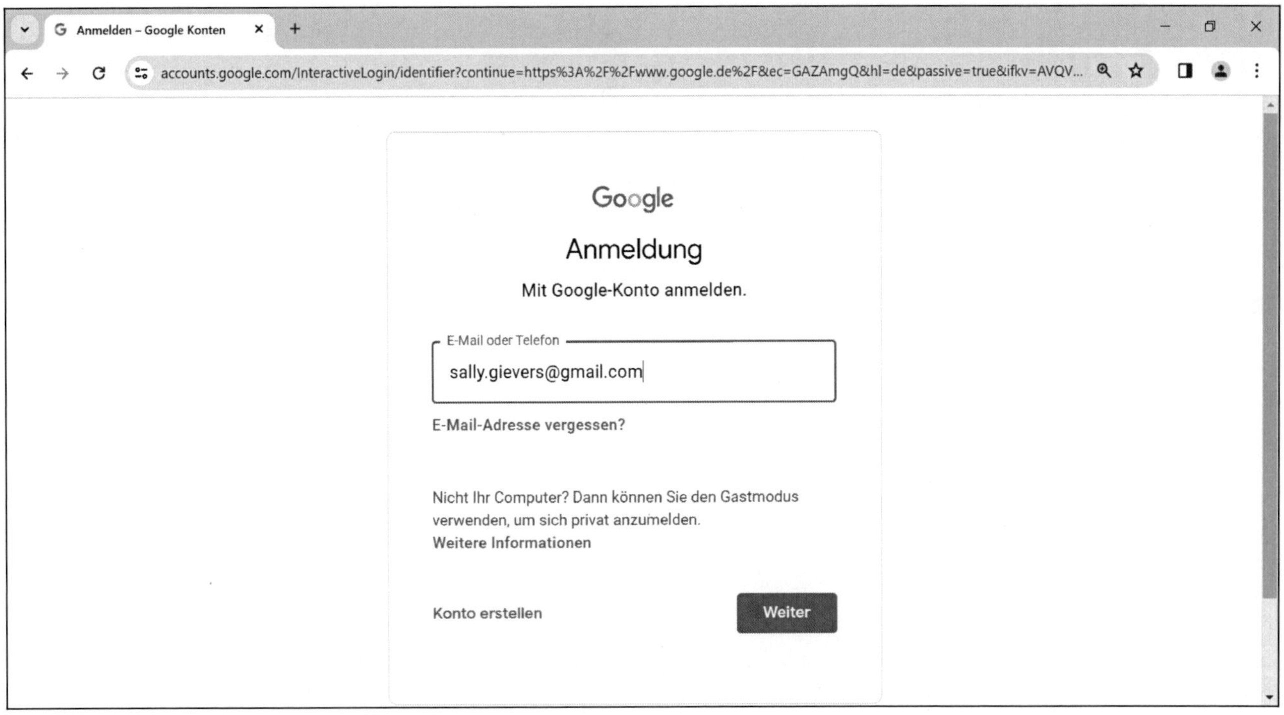

Nur falls Sie im vorherigen Bildschirm *Anderes Konto verwenden* angeklickt haben oder erstmals den Chrome-Browser auf einem neuen PC nutzen, müssen Sie Ihren Google-Kontonamen eingeben (Sie dürfen dabei das nachgestellte *@gmail.com* weglassen). Betätigen Sie *Weiter*.

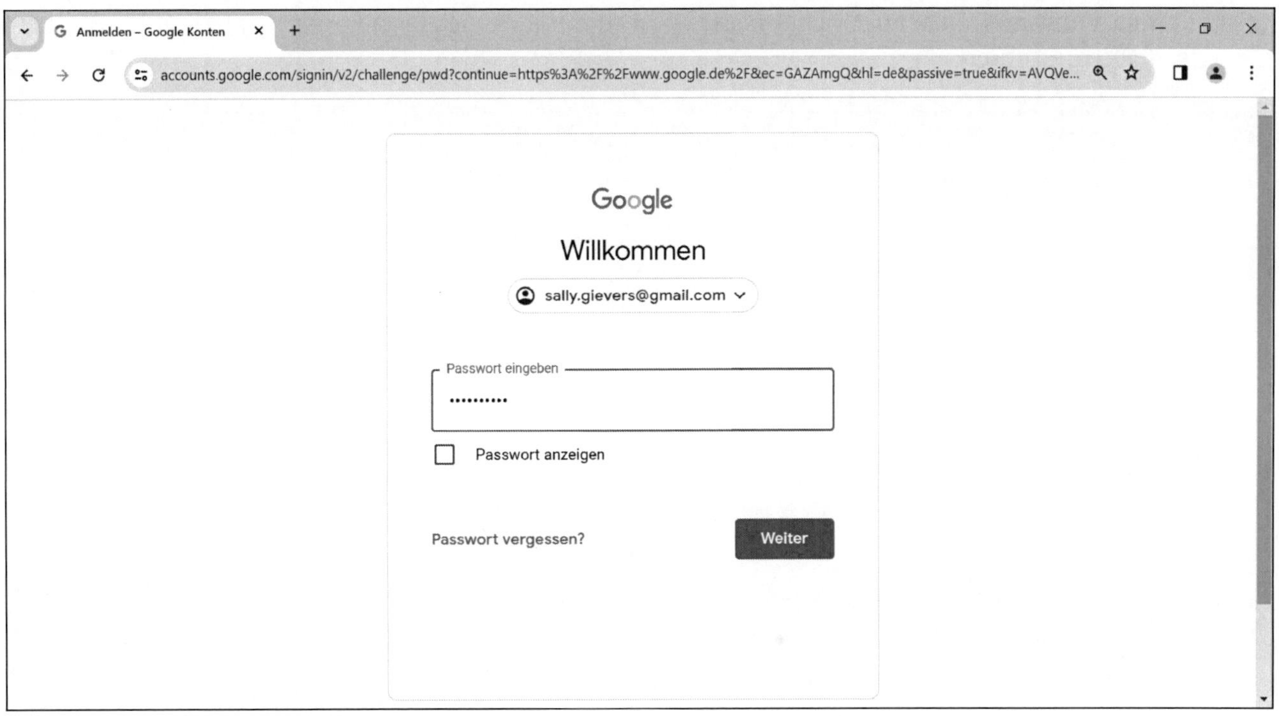

Nach Eingabe Ihres Passworts betätigen Sie *Weiter*.

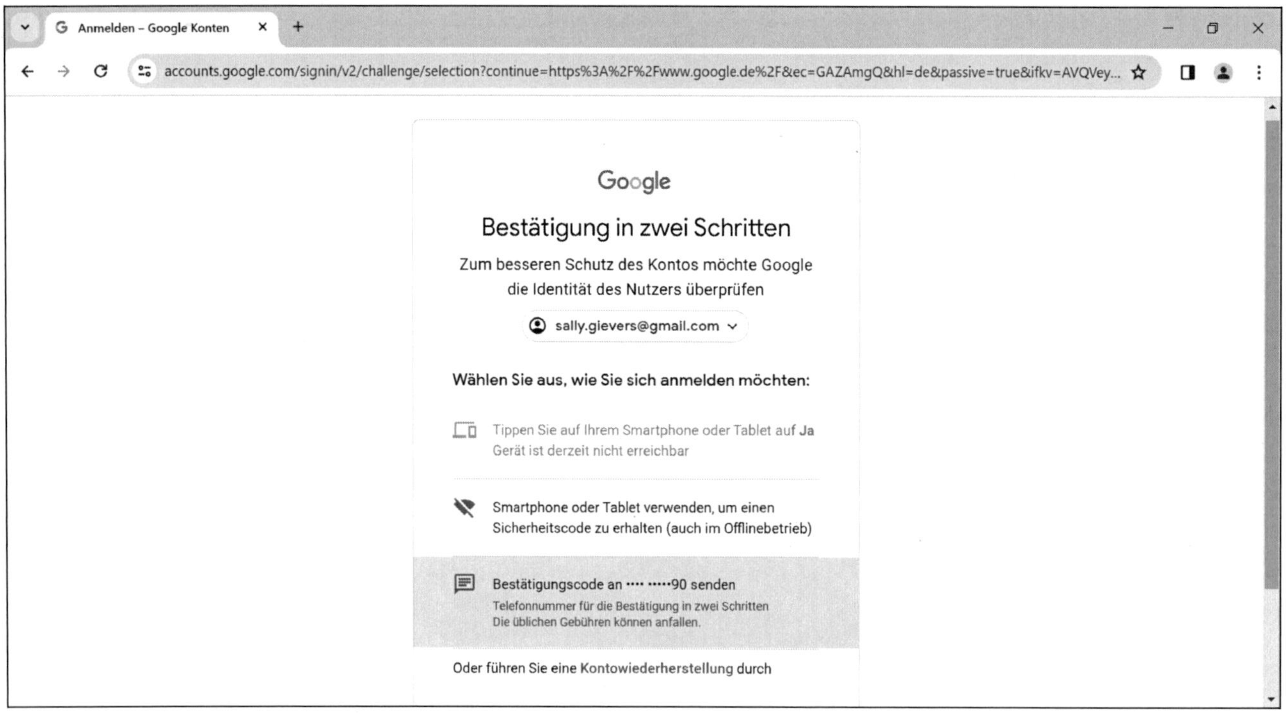

Google möchte sicherstellen, dass kein Unbefugter Ihr Google-Konto nutzt. Deshalb wird eine Authentifizierung verlangt. Sie müssen dazu auf einem anderen Android-Gerät die Anmeldung bestätigen, was aber nur funktioniert, wenn Sie dort mit Ihrem Google-Konto angemeldet sind. In unserem Beispiel haben wir uns für die dritte Option entschieden: Der Code wird per SMS an unsere Handynummer gesendet. Die Handynummer hat Google bei der Erstanmeldung Ihres Google-Kontos erfahren.

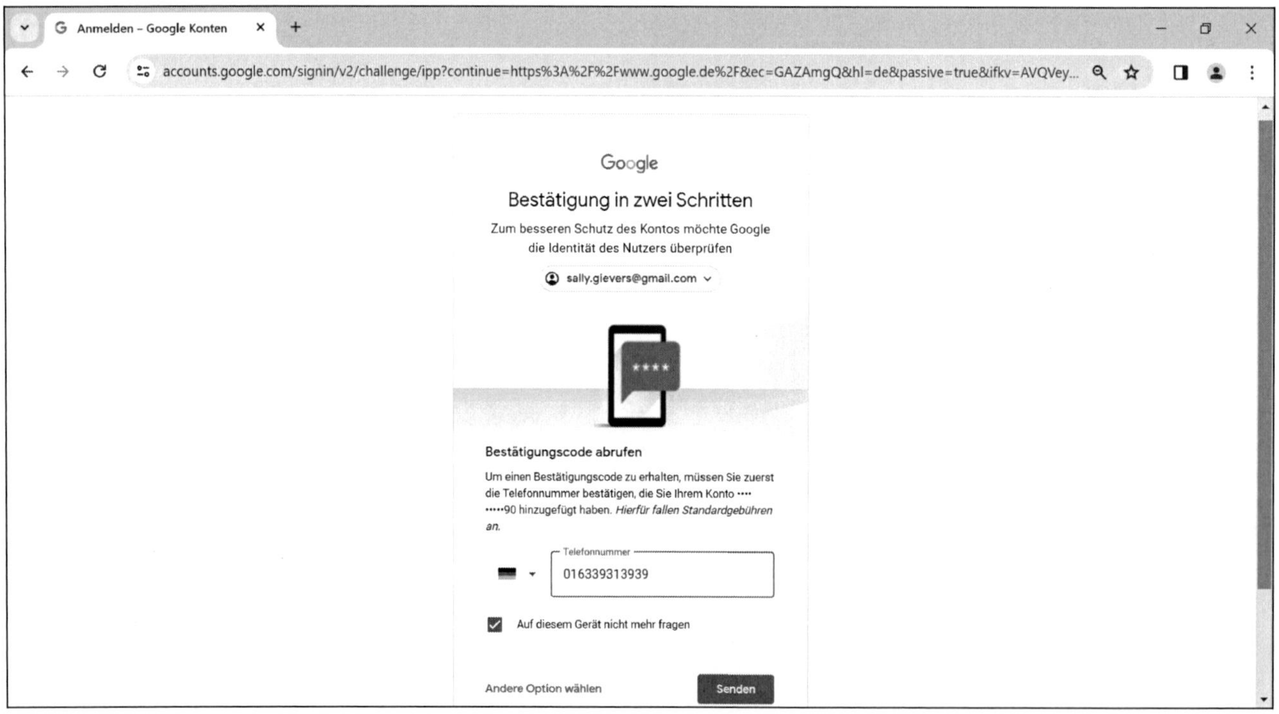

Geben Sie Ihre Handynummer ein, die Sie bei der Erstanmeldung verwendet hatten. Betätigen Sie *Senden.*

Geben Sie den erhaltenen Code ein und betätigen Sie *Weiter*.

7. Tipps & Tricks zum Chrome-Browser

In diesem Kapitel stellen wir Ihnen einige Funktionen des Browsers vor, die im Alltag sehr nützlich sind beziehungsweise Zeit sparen.

7.1 Webseiten beim Browserstart anzeigen

Wenn Sie ohnehin immer die gleichen Webseiten aufrufen, bietet es sich an, dass der Browser sie direkt beim Start automatisch öffnet.

Webseiten, die ein vorheriges Login benötigen, lassen sich häufig nicht automatisch beim Browser-Start öffnen. Dazu gehören beispielsweise Online-Banking-Webseiten. Sie erhalten dann entweder eine Fehlermeldung oder werden aufgefordert, sich einzuloggen.

7.1.1 Angeheftete Seiten

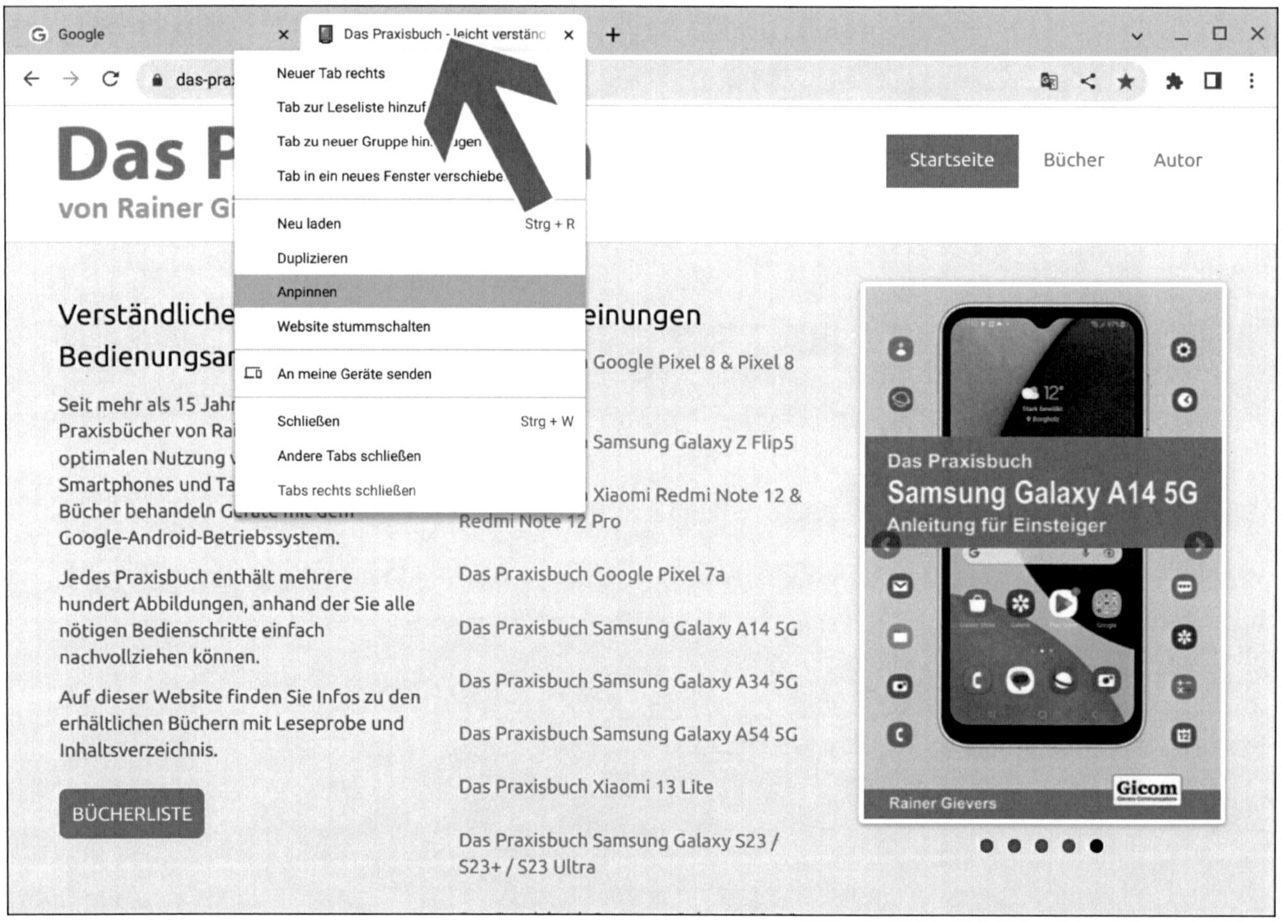

Öffnen Sie zunächst alle Webseiten, die Sie öfters benötigen, in Tabs (siehe Kapitel *6.1 Tabs*). Danach halten Sie den Mauszeiger über einem Tab (Pfeil), betätigen die rechte Maustaste für das Popup und wählen *Anpinnen*.

Die angehefteten Tabs wandern automatisch auf die linke Seite und lassen sich mit einem Klick (Pfeil) anzeigen. Sie können jetzt ruhig den Browser schließen, denn beim nächsten Mal werden die angehefteten Tabs automatisch wieder geöffnet!

Über *Loslösen* aus dem Popup-Menü (Mauszeiger auf Tab halten, rechte Maustaste betätigen) machen Sie aus einem angehefteten Tab wieder einen normalen Tab.

Einen angehefteten Tab, der gerade angezeigt wird, schließen Sie sehr einfach mit der Tastenkombination W + Strg.

7.1.2 Autoanzeige

Die im vorherigen Kapitel beschriebene Option, Webseiten automatisch beim Browser-Start aufzurufen, hat einen Makel: Wenn Sie einen der angehefteten Tabs zwischendurch absichtlich oder unabsichtlich schließen, wird er beim nächsten Mal nicht mehr automatisch geladen. Wir empfehlen daher die nachfolgend beschriebene Methode.

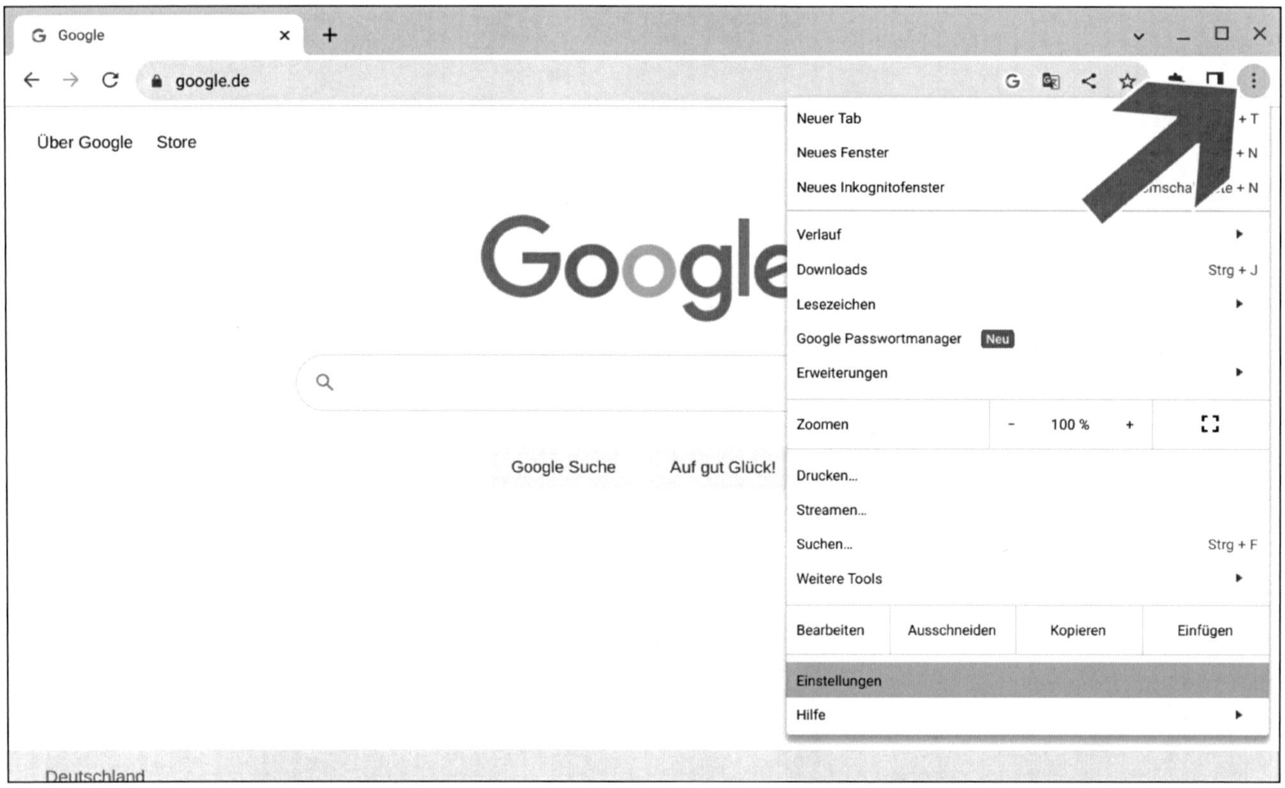

Öffnen Sie zunächst alle Webseiten in Tabs, die beim Browserstart geladen werden sollen. Anschließend rufen Sie das ⋮/*Einstellungen*-Menü auf.

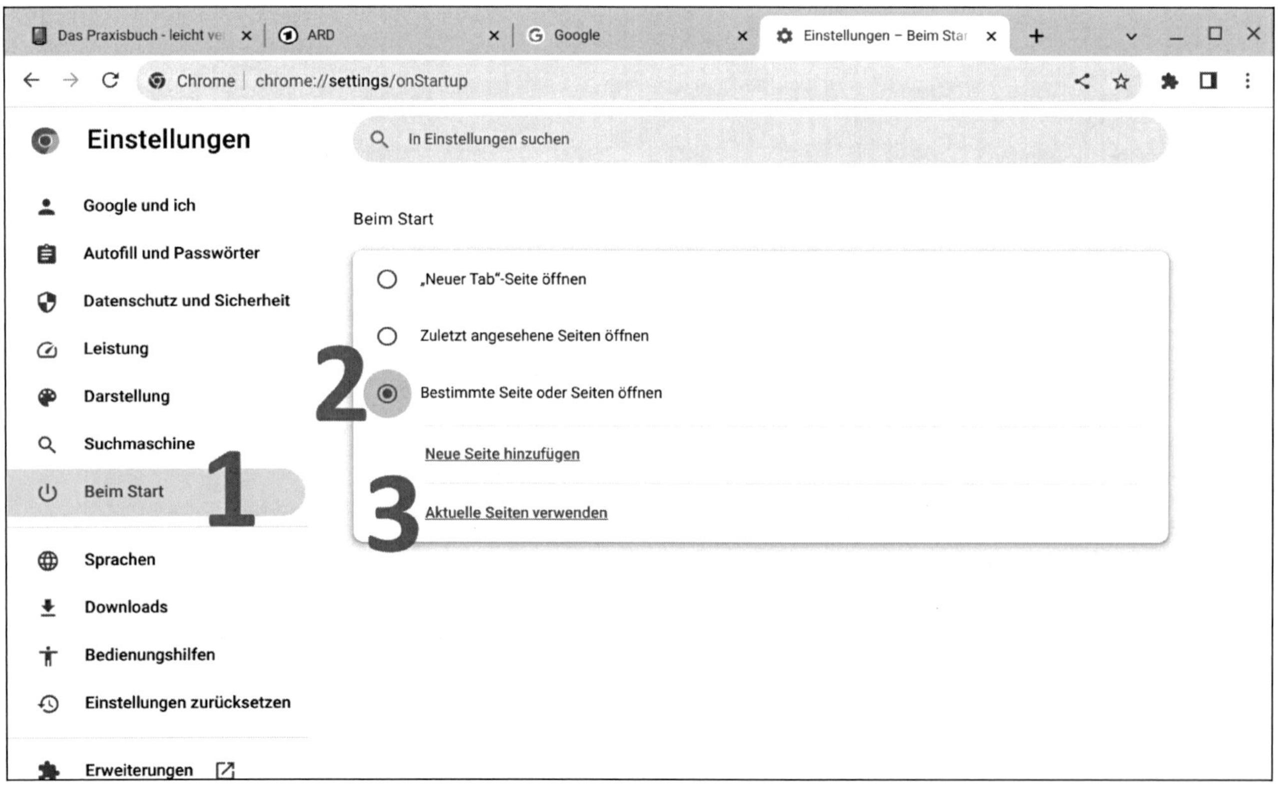

Aktivieren Sie das *Beim Start*-Register (1), wählen Sie *Bestimmte Seite oder Seiten öffnen* (2) und dann *Aktuelle Seiten verwenden*. Sie können danach die Einstellungen schließen.

Probieren Sie jetzt aus, ob die Seiten automatisch geöffnet werden, indem Sie das Browser-Fenster schließen und Chrome erneut aufrufen.

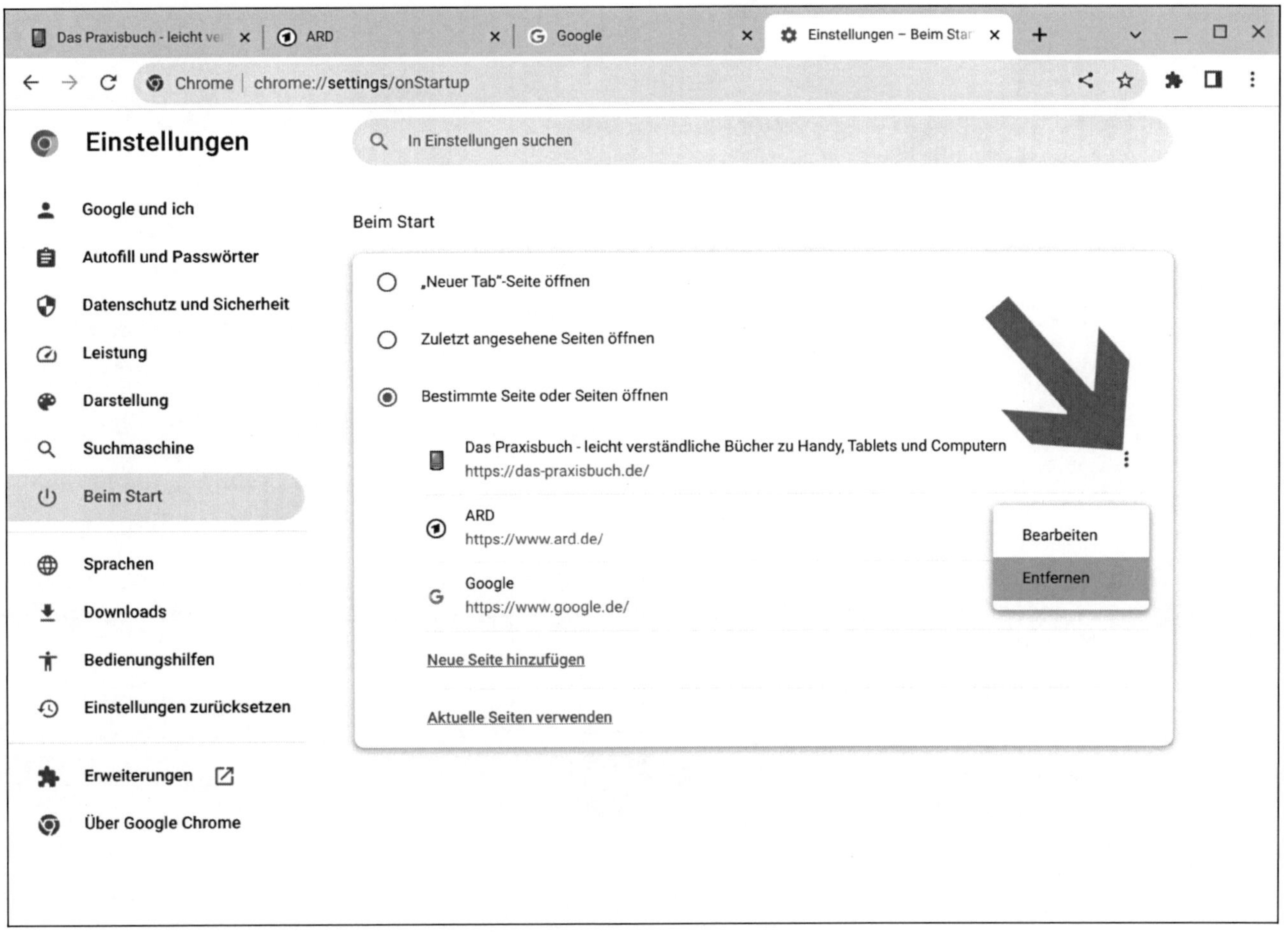

Die automatisch geöffneten Webseiten bearbeiten Sie im gleichen Dialog. Klicken Sie bei der jeweiligen Webadresse auf ⋮ für das Popup-Menü.

7.2 Tab-Funktionen

Die sogenannten Tabs (siehe Kapitel *6.1 Tabs*) sind im Alltag unheimlich praktisch, weshalb wir hier etwas genauer darauf eingehen.

Im Zusammenhang mit den Tabs stehen zahlreiche Tastenkombinationen zur Verfügung:

- Strg + N: Neues Browserfenster öffnen
- Strg + T: Neuen Tab öffnen
- In einer Webseite Strg und auf Link klicken: Den Link in einem neuen Tab öffnen.
- Strg + 1 bis Strg + 8: Wechselt zum Tab mit der angegebenen Positionsnummer in der Tab-Leiste.
- Strg + ⇄ (Tab)-Taste: Schaltet Anzeige auf den nächsten Tab um.
- Strg + ⇧ (Hochstelltaste) + ⇄ (Tab)-Taste: Schaltet Anzeige auf den vorherigen Tab um.
- Strg + W: Aktuellen Tab beziehungsweise aktuelles Fenster schließen.

Insbesondere die Tastenkombinationen Strg + W und Strg + ⇄ (Tab)-Taste können wir Ihnen nur ans Herz legen, weil Sie damit schneller als mit der Maus sind.

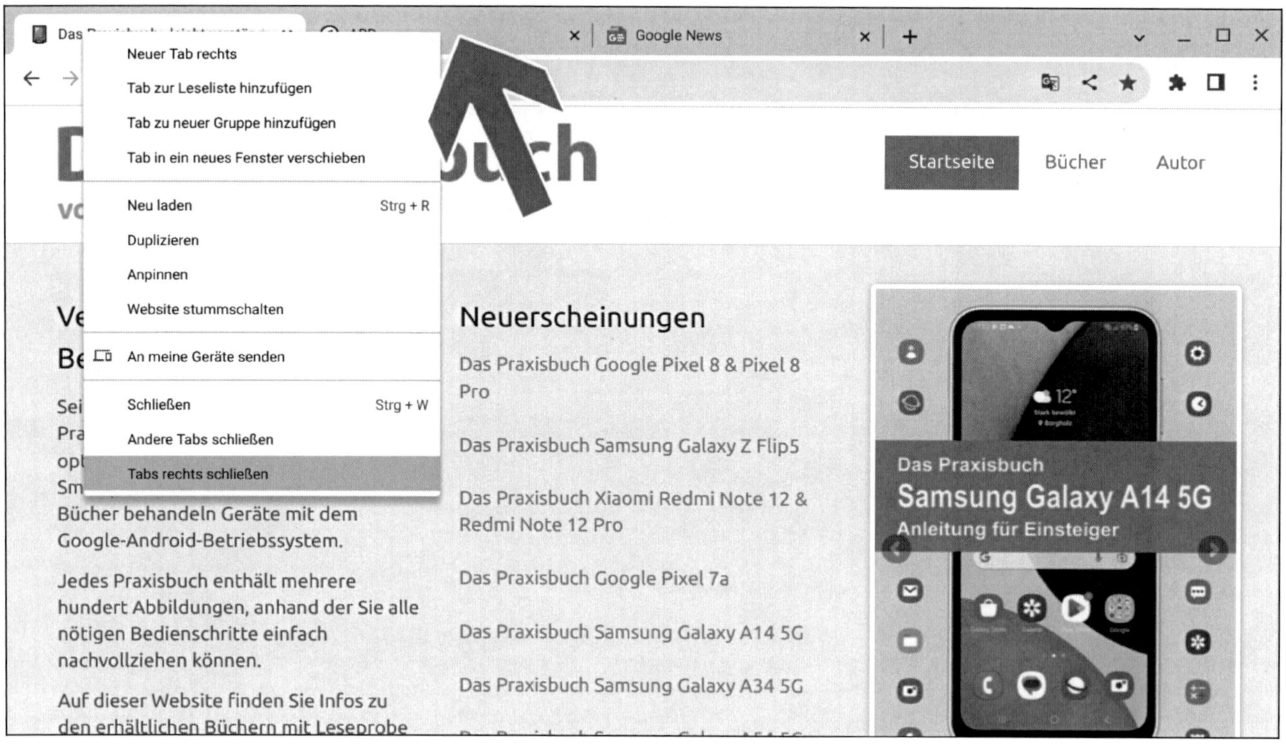

Für Ordnung sorgen die zwei Menüs *Andere Tabs schließen* und *Tabs rechts schließen* aus dem Popup-Menü. Dieses erhalten Sie, indem Sie den Mauszeiger auf einen Tab halten und die rechte Maustaste betätigen.

Manche Webseiten spielen – von Ihnen gewollt oder ungewollt – Audio oder Video ab. Sind sehr viele Tabs geöffnet, wissen Sie häufig nicht auf Anhieb, welcher Tab dafür »verantwortlich« ist. Es hilft dann ein Blick auf die Tab-Beschriftung, wo das 🔊-Symbol auf Webseiten mit Audioausgabe aufmerksam macht (Pfeil).

Statt in der Webseite nach einem Lautstärkeregler zu suchen, können Sie auch über das Popup (Mauszeiger auf Tab halten, dann rechte Maustaste drücken) gehen. Wählen Sie dann *Website stummschalten* beziehungsweise *Stummschaltung für Website aufheben* auf.

7.3 Logins

Sie haben sicher schon festgestellt, dass viele Websites sich nur sinnvoll nutzen lassen, wenn man sich dort anmeldet. Dazu zählen unter anderem Online-Banking-Websites, Online-Shops und soziale Netzwerke (Facebook, Twitter, Instagram, TikTok, Reddit...). Dabei geben Sie neben einigen persönlichen Daten auch Ihre E-Mail-Adresse ein und müssen ein Passwort vergeben. Beide benötigen Sie, um sich bei der jeweiligen Website »anzumelden«.

Experten empfehlen, für jeden Online-Shop ein unterschiedliches Passwort zu verwenden, welches nach Möglichkeit Zahlen und Sonderzeichen enthält. Sie verhindern somit, dass Hacker, die an die Zugangsdaten eines Online-Shops gelangen, diese auch bei weiteren Shops anwenden um auf Ihre Kosten einzukaufen.

Falls Sie doch immer das gleiche Passwort verwenden möchten – wovon wir dringend abraten! – sollten Sie zumindest für Ihr E-Mail-Konto ein abweichendes und kompliziertes Passwort verwenden. Hacker, die Zugriff auf ein E-Mail-Konto erhalten, können nämlich darüber die Passwörter in den Online-Shops ändern.

Der Chrome-Browser (siehe Kapitel *6 Chrome-Browser*) verwaltet für Sie die Zugangsdaten und schlägt bei jedem Anmeldevorgang die E-Mail-Adresse und das benötigte Passwort automatisch vor.

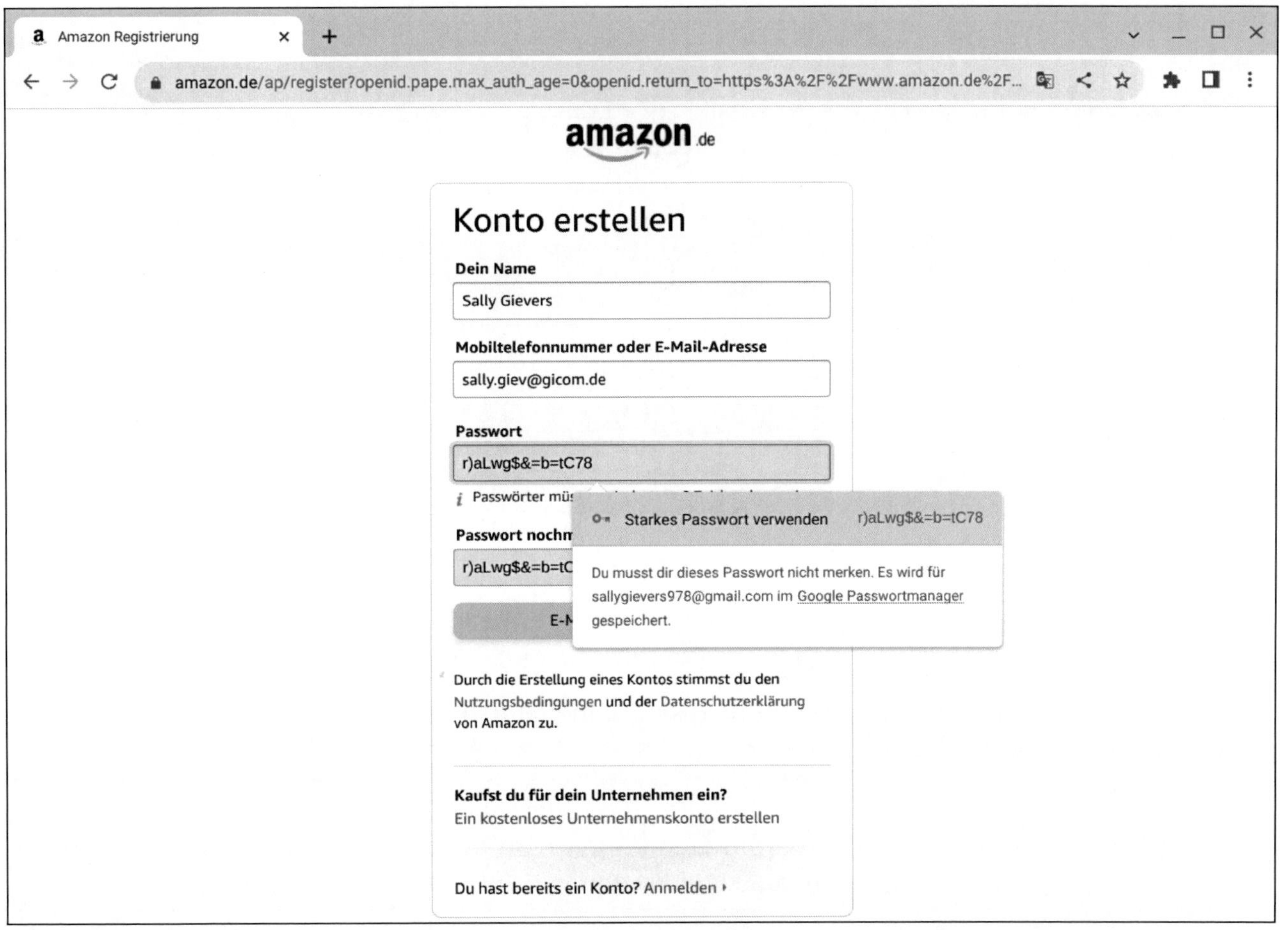

Beispiel für einen Online-Shop (*www.amazon.de*): Bei der ersten Anmeldung müssen Sie auch ein Passwort vergeben.

Gehen Sie auf *Starkes Passwort verwenden.* Beachten Sie bitte, dass der Passwortvorschlag manchmal nicht akzeptiert wird, weil nicht gestattete Zeichen enthalten sind. In dem Fall erfassen Sie einfach ein selbst ausgedachtes Passwort mit den erlaubten Zeichen.

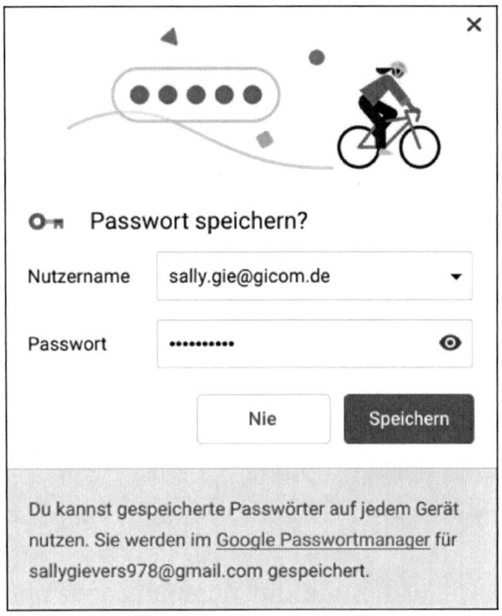

Klicken Sie im folgenden Popup auf *Speichern.* Die Anmeldedaten werden vom Chrome-Browser in Ihrem Google-Konto gespeichert.

Wenn Sie sich das nächste Mal bei der Website anmelden sollen, füllt der Chrome-Browser die Eingabefelder automatisch für Sie aus.

Sind Sie mit Ihrem Google-Konto bei Chrome eingeloggt, dann stehen die Login-Daten auch auf allen anderen Geräten (PCs oder Android-Geräte) mit dem Browser zur Verfügung. Sie müssen nur mit dem gleichen Google-Konto angemeldet sein wie auf Ihrem Chromebook.

7.3.1 Login-Daten verwalten

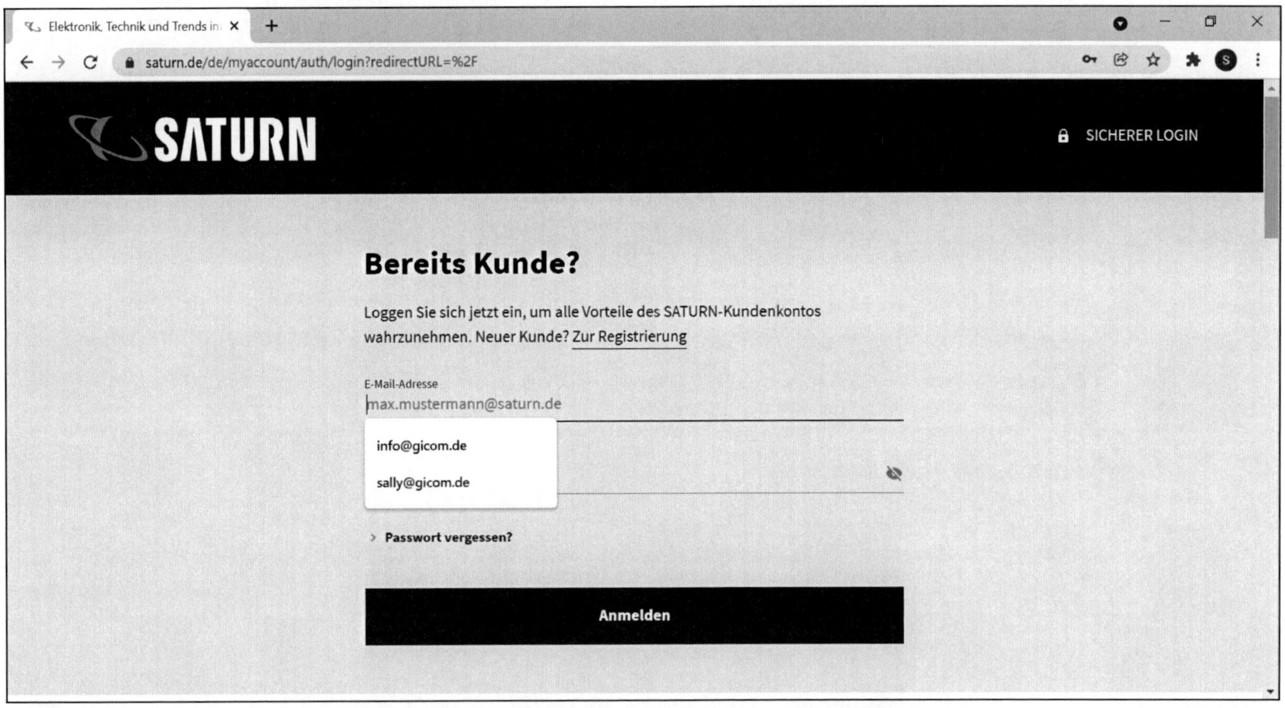

Mitunter verwendet man mehrere Logins bei einem Online-Shop (beispielsweise wenn mehrere Familienmitglieder den gleichen PC nutzen). In diesem Fall füllt der Browser die Login-Felder nicht automatisch aus. Tippen Sie stattdessen im E-Mail-Eingabefeld die ersten Buchstaben ein, worauf Chrome Ihnen Vorschläge macht, die Sie mit einem Mausklick übernehmen.

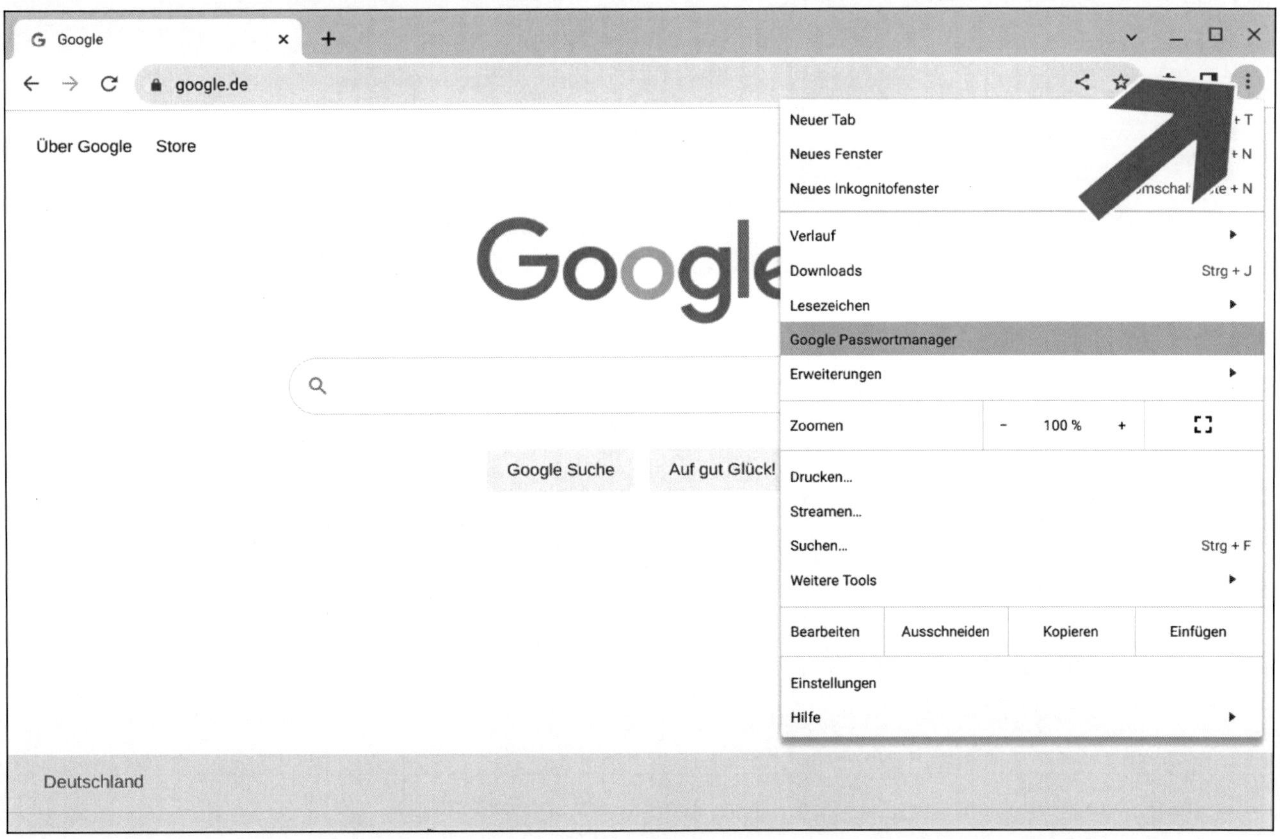

Zur Anzeige und Verwaltung Ihrer Login-Daten rufen Sie ⋮/*Google Passwortmanager* auf.

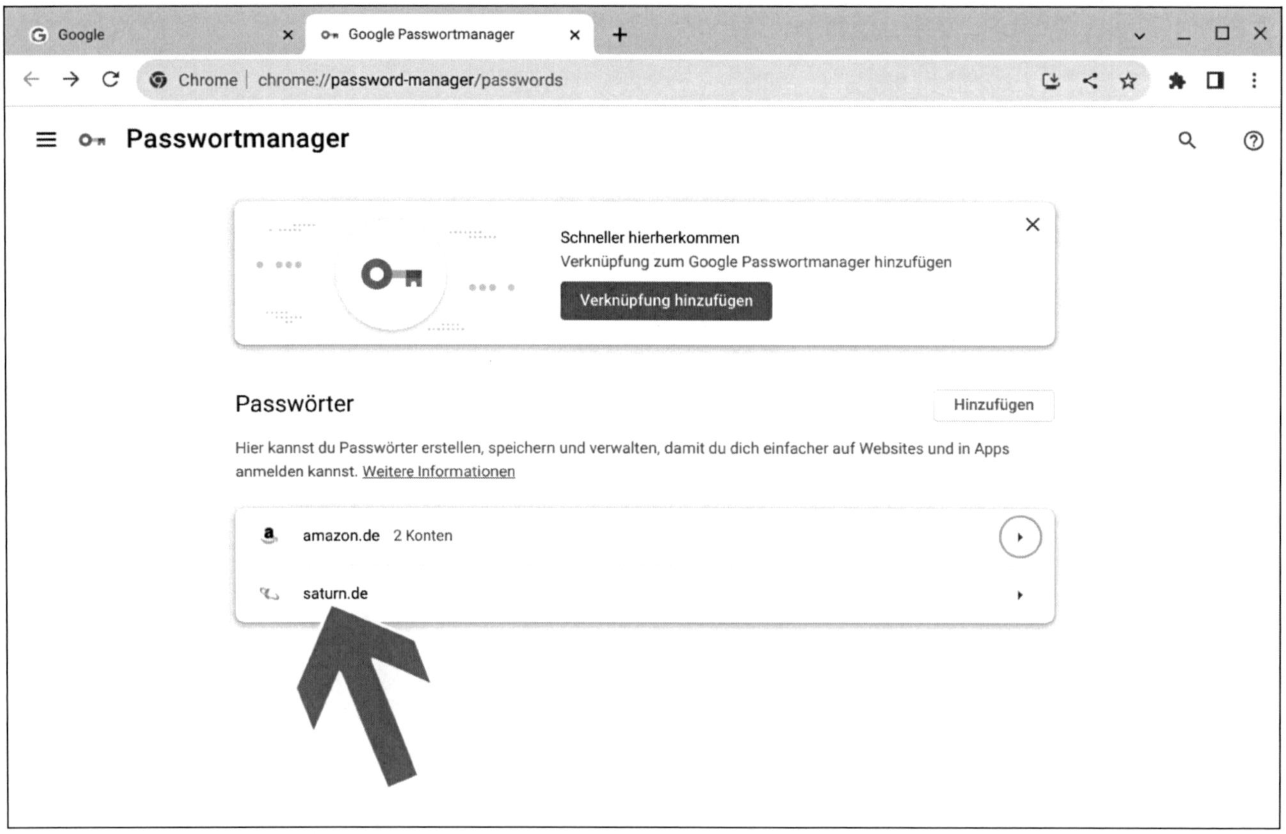

Klicken Sie auf einen Eintrag, den Sie bearbeiten oder entfernen möchten. Danach müssen Sie zur Sicherheit einmalig das Passwort von Ihrem Google-Konto eingeben.

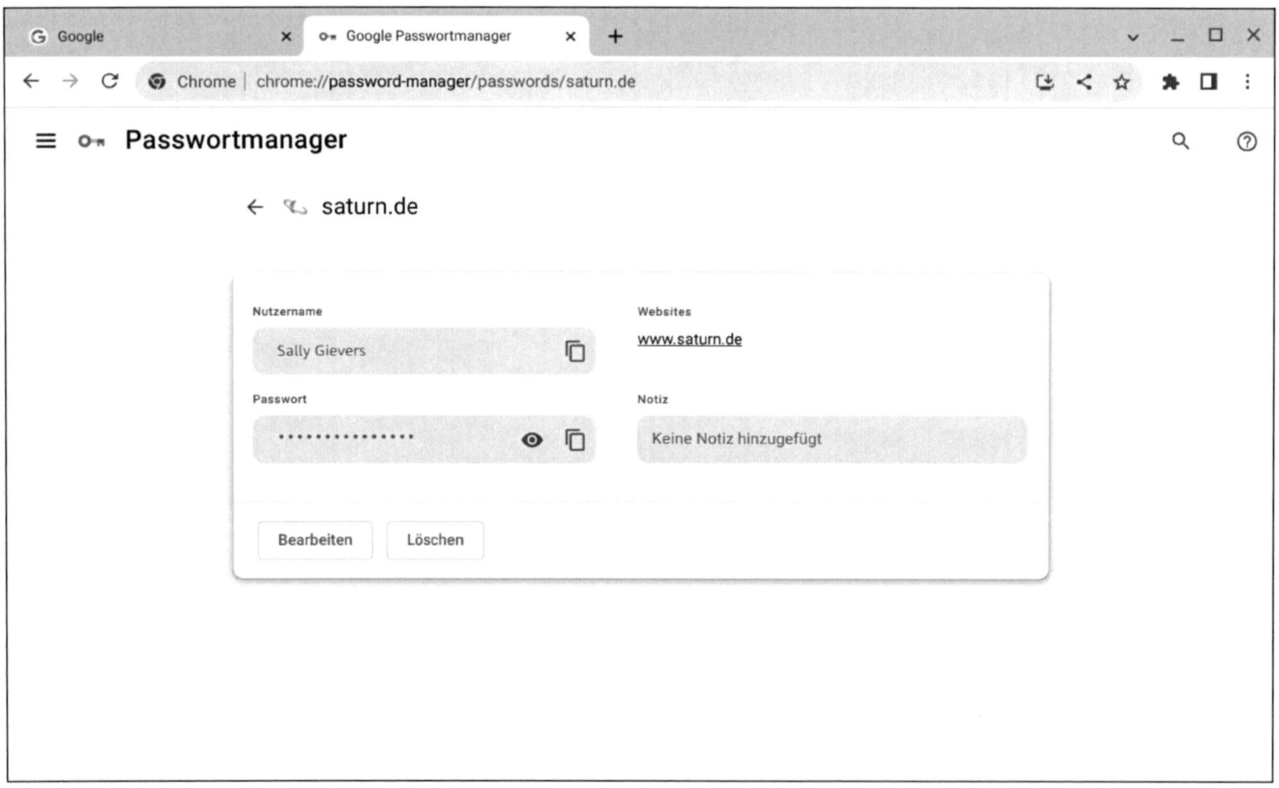

Hier bearbeiten oder Löschen Sie die Login-Daten.

7.4 Verknüpfungen

Für häufiger aufgerufene Webseiten sollten Sie jeweils einen Schnellzugriff anlegen.

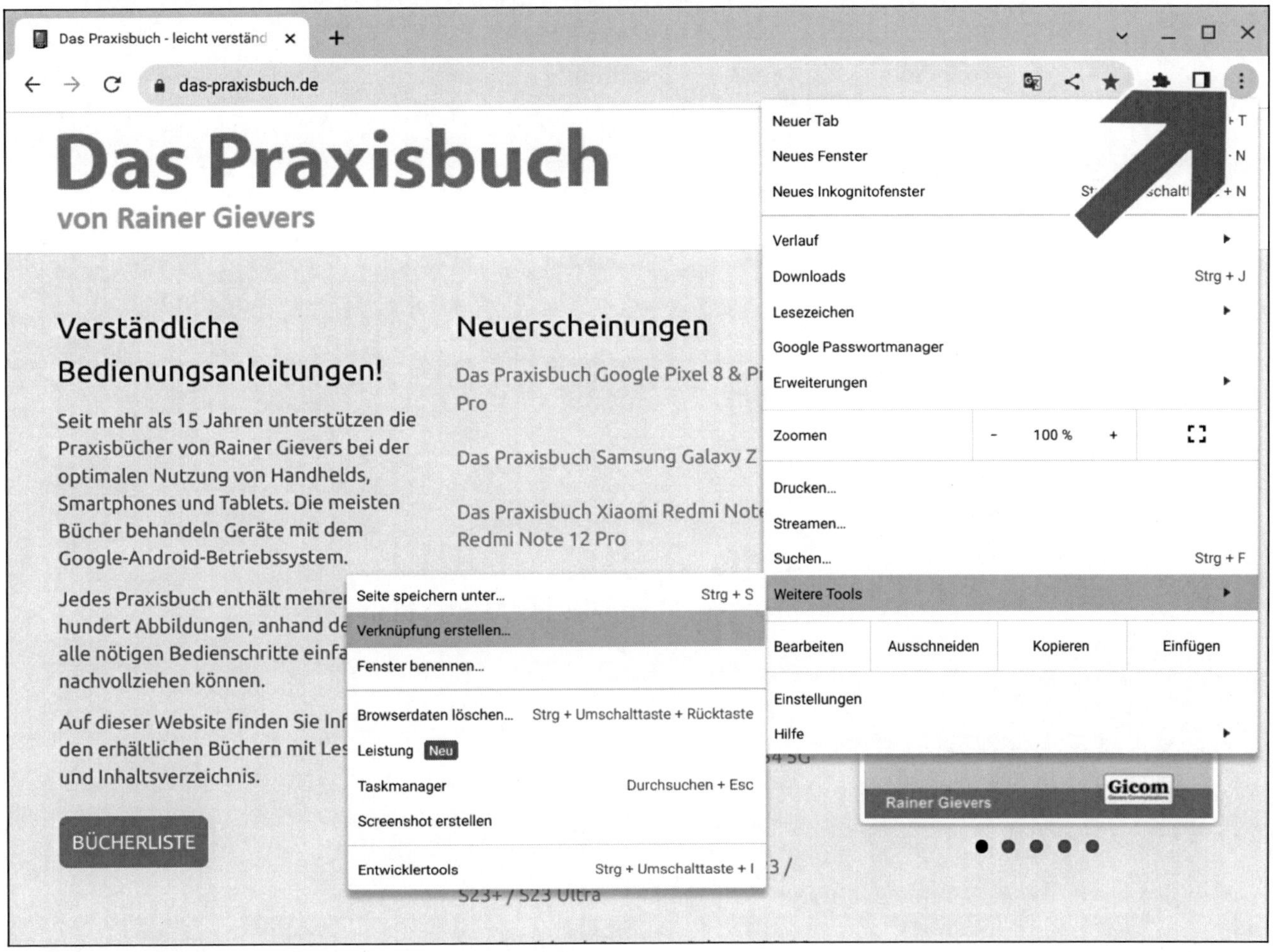

Rufen Sie ⁝*/Weitere Tools/Verknüpfung erstellen* auf.

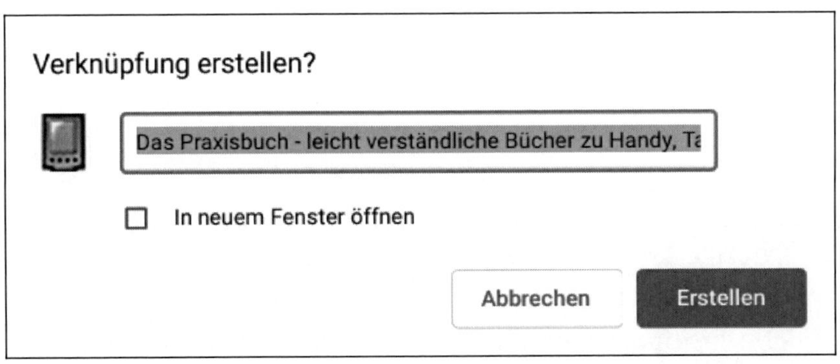

Geben Sie einen Namen für die Verknüpfung an beziehungsweise übernehmen Sie die Vorgabe mit *Erstellen.*

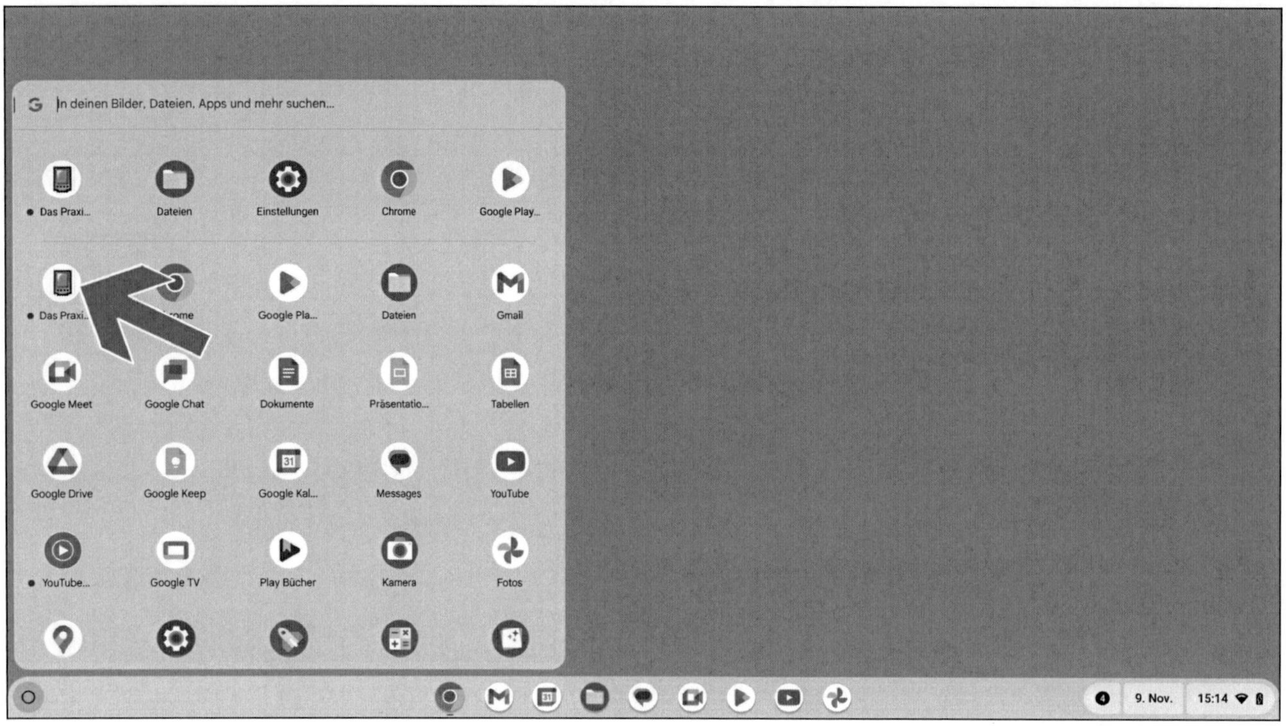

Künftig rufen Sie die Webseite über den Schnellzugriff im Apps-Menü auf.

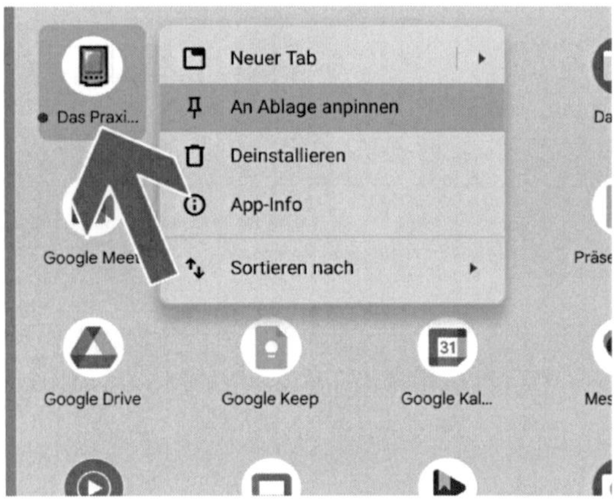

Wenn Sie im Apps-Menü mit der rechten Maustaste (mit zwei Fingern gleichzeitig auf das Touchpad tippen) auf einen Programmeintrag klicken, klappt ein Popup-Menü auf. Die Funktionen:

- *Neuer Tab*: Über die ▶-Schaltleiste auf der rechten Seite des Popups wählen Sie aus, ob beim Aufruf der »App« die zugehörige Webseite in einem neuen Tab oder Fenster geöffnet werden.
- *An Ablage anpinnen; Von Ablage loslösen:* Fügt das Programm der Starter-Leiste (siehe Kapitel *4.5.7 Anwendungen starten*) hinzu beziehungsweise entfernt es daraus.
- *Deinstallieren*: Entfernt die Verknüpfung wieder.
- *App-Info*: Liefert Informationen zu den Berechtigungen.

8. Gmail

Auf Ihrem Chromebook haben Sie bei der ersten Einrichtung (siehe Kapitel *3 Erster Start*) ein sogenanntes Google-Konto angelegt. Damit verbunden ist auch eine Google Mail-E-Mail-Adresse im Format *xyz@gmail.com*. Es ist natürlich Ihnen überlassen, ob Sie diese tatsächlich im für Ihre Alltagskorrespondenz verwenden, oder zu einem anderen E-Mail-Dienst greifen.

Gmail ist extrem umfangreich und leistungsfähig, weshalb wir in diesem Buch nur die wichtigsten Funktionen erläutern können.

> Die Nachrichten von Ihrer Google Mail-Adresse können Sie auch auf einem Android-Handy beziehungsweise Tablet über die vorinstallierte Gmail-Anwendung abrufen. Auf einem PC geben Sie dagegen *mail.google.com* im Webbrowser ein.

Sie starten die Gmail-Anwendung mit einem Klick auf M in der Ablage oder drücken gleichzeitig alt-Taste + 2.

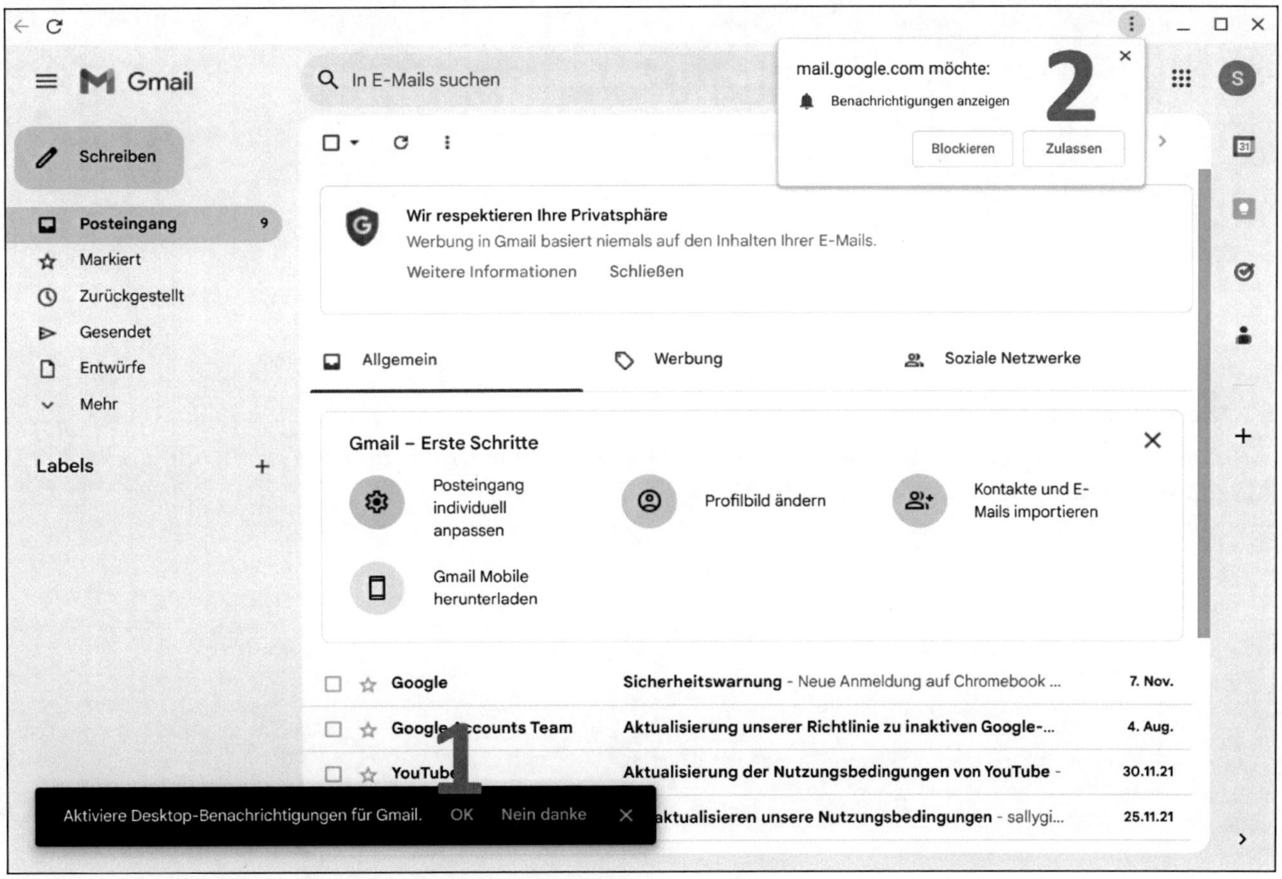

Beim ersten Aufruf fordert Sie Gmail auf, Benachrichtigungen zu erlauben. Klicken Sie auf *OK* (1) und dann oben im Popup auf *Zulassen* (2).

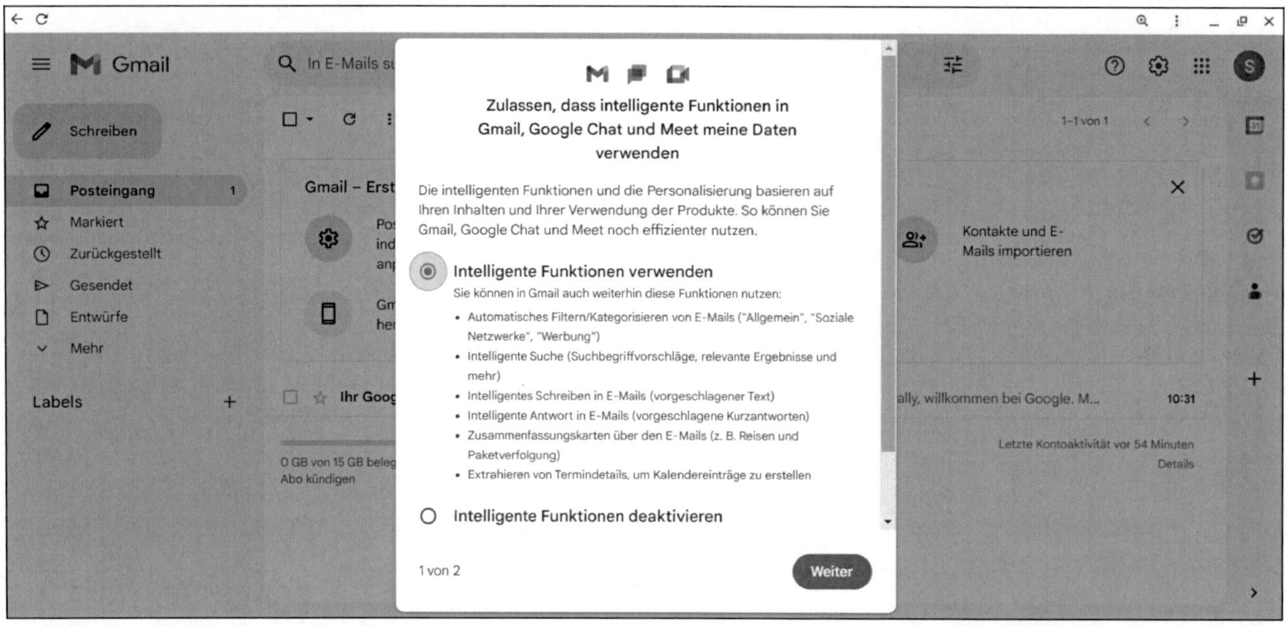

Beim ersten Gmail-Aufruf aktivieren Sie die Option *Intelligente Funktionen verwenden* und gehen auf *Weiter*. Sie gestatten damit die automatische Einordnung von eingehenden E-Mails in Ordner sowie Textvorschläge, wenn Sie E-Mail beantworten.

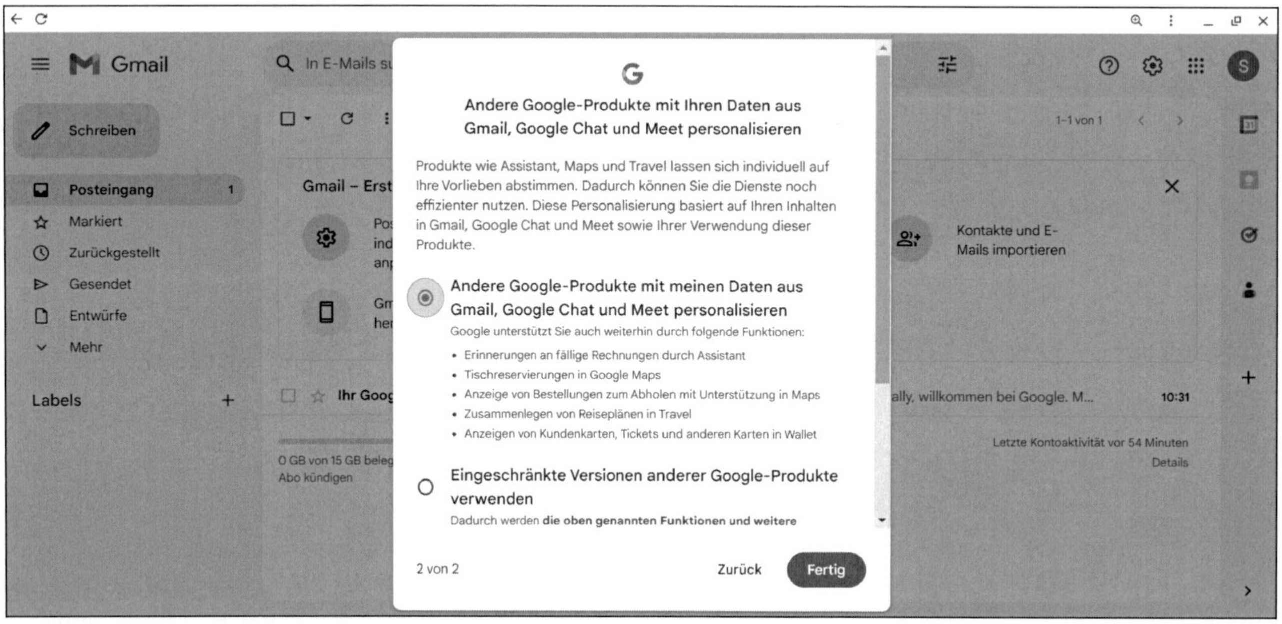

Aktivieren Sie danach *Andere Google-Produkte mit meinen Daten und Gmail, Google Chat und Meet personalisieren* und gehen Sie auf *Fertig*.

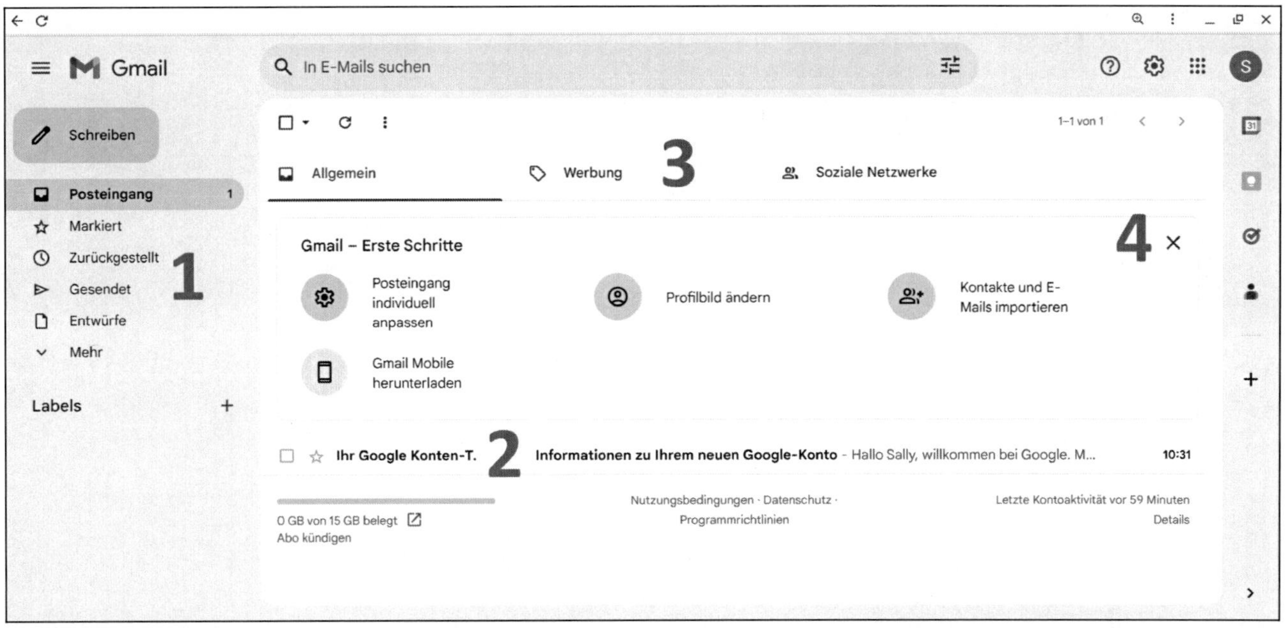

Wenn Sie vorher bereits mit anderen E-Mail-Programmen gearbeitet haben, dürfte Ihnen in der Gmail-Oberfläche einiges vertraut vorkommen. Wir stellen Ihnen hier kurz die wichtigsten Funktionen vor:

1. Ihre Nachrichten verwalten Sie in Ordnern, die in der Google-Welt auch als Label bezeichnet werden. Die wichtigsten Ordner sind *Posteingang* (enthält ihre empfangenen Nachrichten), *Gesendet* (von Ihnen verschickte Nachrichten) und *Entwürfe* (von Ihnen für den Versand vorbereitete Nachrichten).
2. Der ausgewählte Ordner – hier *Posteingang* – listet jeweils die enthaltenen E-Mails auf. In unserem Beispiel ist zunächst nur eine Willkommensnachricht von Google zu sehen.
3. Gmail ordnet die empfangenen E-Mails automatisch verschiedenen Kategorien zu. Beispielsweise landen Werbe-Mails automatisch im *Werbung*-Ordner.
4. Ab und zu erscheinen Hinweise, die Sie mit einem Klick auf die ✕-Schaltleiste entfernen.

8.1 Gmail in der Praxis

8.1.1 E-Mails abrufen

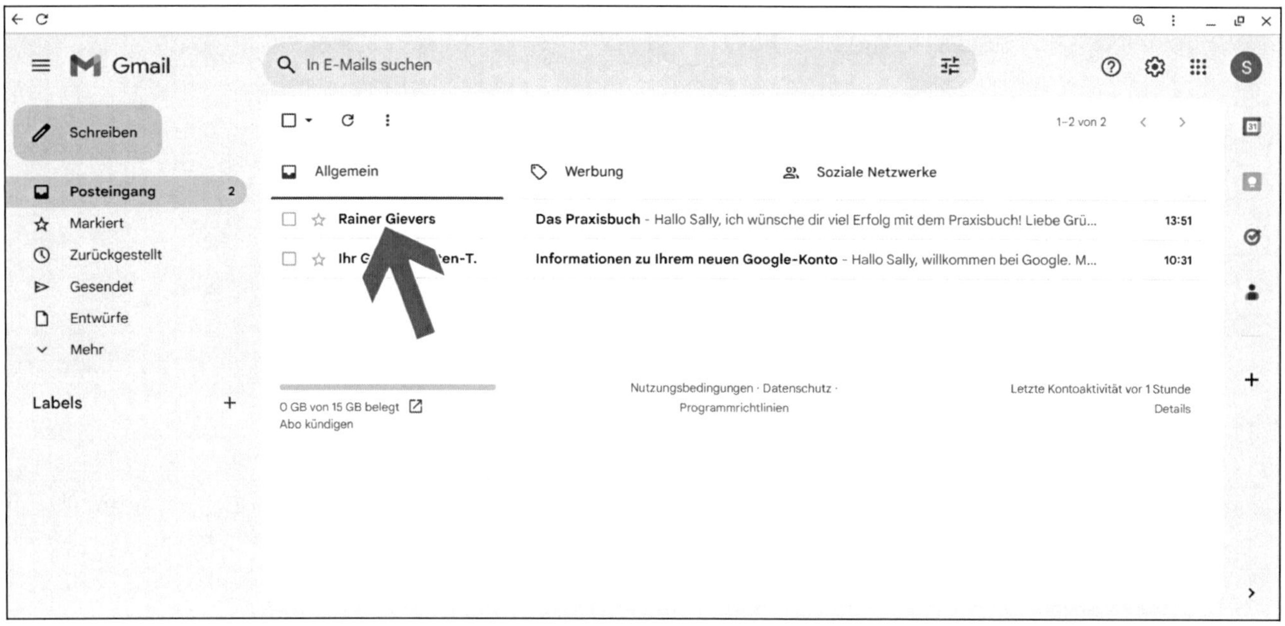

Es gibt zwar eine C-Schaltleiste (oberhalb der E-Mail-Auflistung), mit der Sie den Nachrichtenabruf starten, diese wird aber nicht benötigt, denn neue E-Mails erscheinen automatisch in der Nachrichtenauflistung. Alle noch ungelesenen Nachrichten erscheinen in Fettschrift.

Klicken Sie nun eine Nachricht an, die Sie lesen möchten.

Sie sollten Ihren Bekanntenkreis bitten, Ihnen E-Mails an Ihr Gmail-E-Mail-Adresse (= Ihr Google-Konto) zu senden. Auf diesem Wege können Sie die folgenden Bedienungsweisungen direkt nachvollziehen.

Alle Benachrichtigungen, die bei den Google-Diensten anfallen, werden an Ihre Google Mail-Adresse gesendet. Deshalb füllt sich Ihr Gmail-Konto mit der Zeit auch ohne Ihr Zutun.

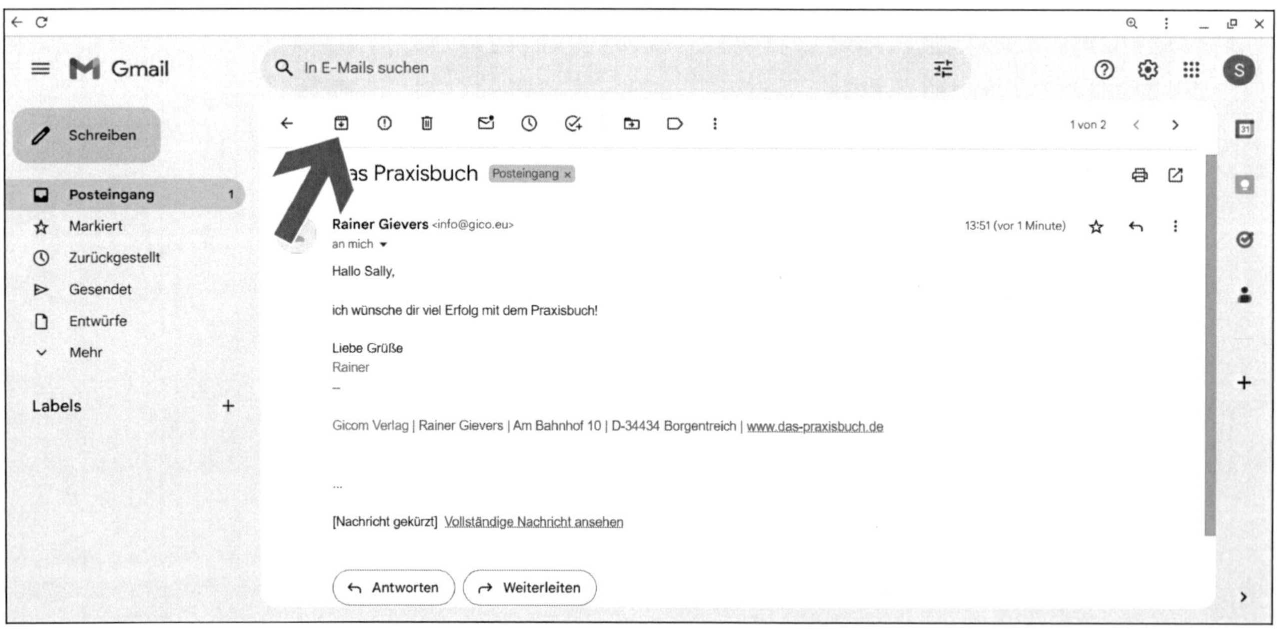

Die Bedeutung der Schaltleisten am oberen Bildschirmrand (Pfeil):

- ←: Auf den Posteingang umschalten.
- (Archivieren): Entfernt eine Nachricht aus dem Posteingang, ohne sie zu löschen. Siehe auch Kapitel *8.2.2 Archivieren*.
- ⓘ: Markiert die Nachricht als unerwünscht. Siehe Kapitel *8.2.5 Spam*.
- 🗑: Nachricht löschen.
- ✉: Nachricht als ungelesen markieren. Gmail schaltet danach wieder auf den Posteingang zurück.
- 🕓: Nachricht zurückstellen (Sie erhalten später einen Hinweis auf die unerledigte Nachricht).
- ✓+: Nachricht als Aufgabe in den Kalender übernehmen.
- 📁: Nachricht in einen anderen Ordner verschieben.
- ▷: Nachricht ein Label zuweisen.
- ⋮: Weitere Funktionen, auf die wir später noch eingehen.

> Tipp: Ist Ihnen mal die Bedeutung einer Schaltleiste nicht ersichtlich, dann halten Sie für einige Sekunden den Mauszeiger darauf. Es erscheint ein Popup mit einer kurzen Erläuterung.

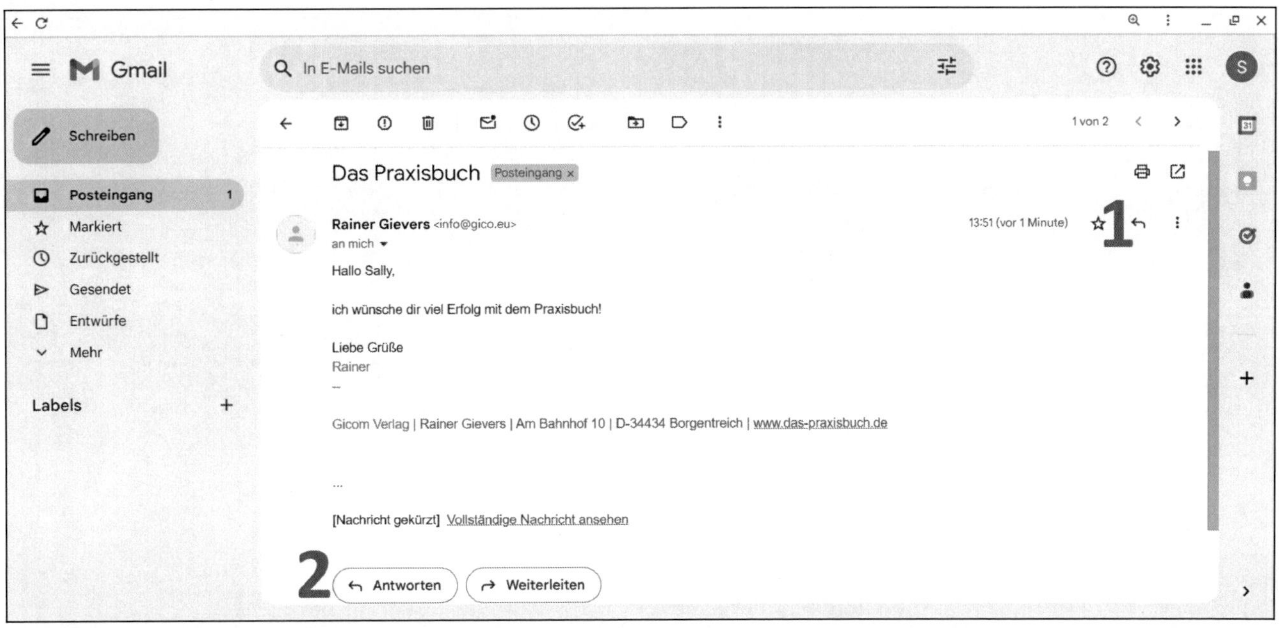

Die ↰-Schaltleiste (1) erstellt eine Antwort-Nachricht an den Absender. Alternativ betätigen Sie *Antworten* (2).

Im unteren Bildschirmbereich erscheint ein Eingabefeld. Erfassen Sie darin Ihre Antwort und betätigen Sie *Senden*.

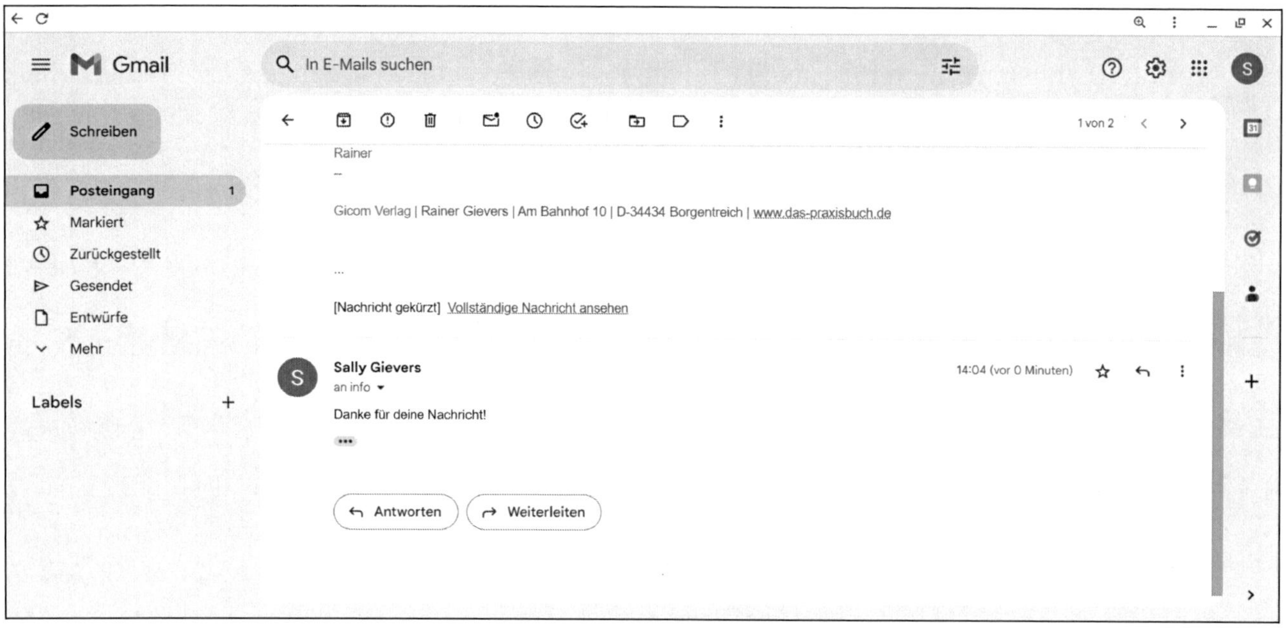

Ihre Nachricht blendet Gmail unter der beantworteten E-Mail ein.

8.1.2 Absender ins Telefonbuch aufnehmen

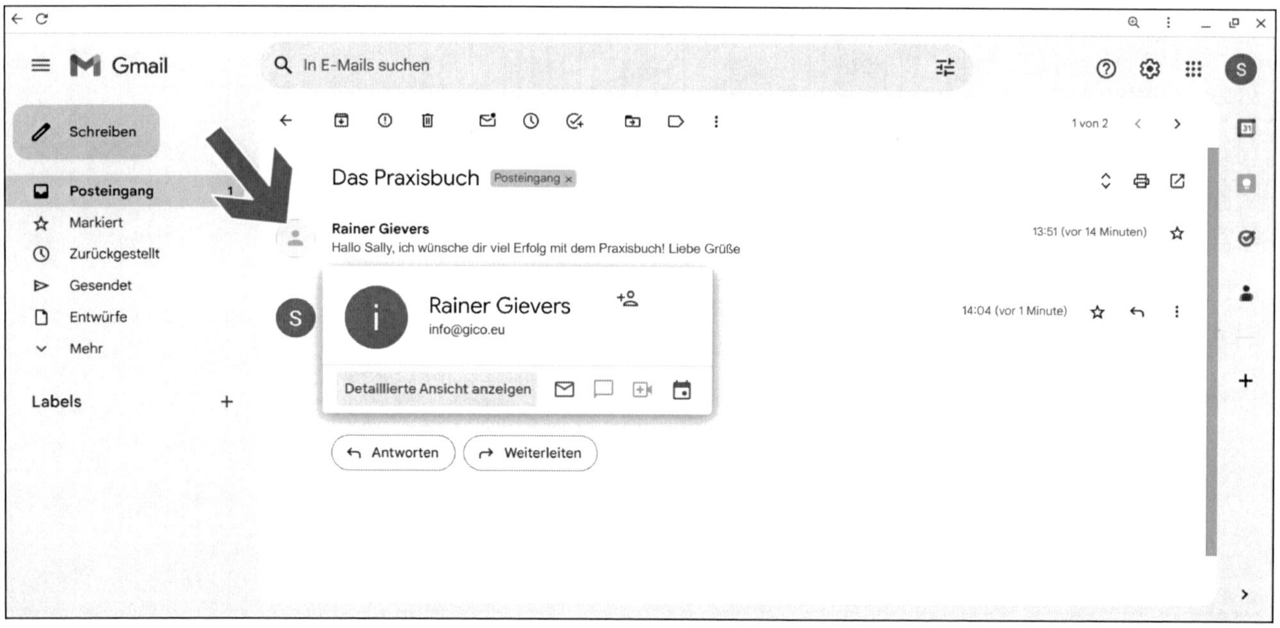

Halten Sie den Mauszeiger über einen Absendernamen, worauf nach einigen Sekunden ein Popup erscheint. Klicken Sie auf *Zu Kontakten hinzufügen.* Auf die Kontaktverwaltung geht Kapitel *17 Google Kontakte* ein.

8.1.3 Dateianlagen

Nachrichten mit Dateianlagen erkennen Sie an den Symbolen (Pfeil) in der Nachrichtenauflistung. Für jeden Dateityp verwendet Google ein anderes Symbol, beispielsweise für PDF-Dateien und für Bilder. Anklicken eines Symbols zeigt die jeweilige Datei in einer Vorschau an.

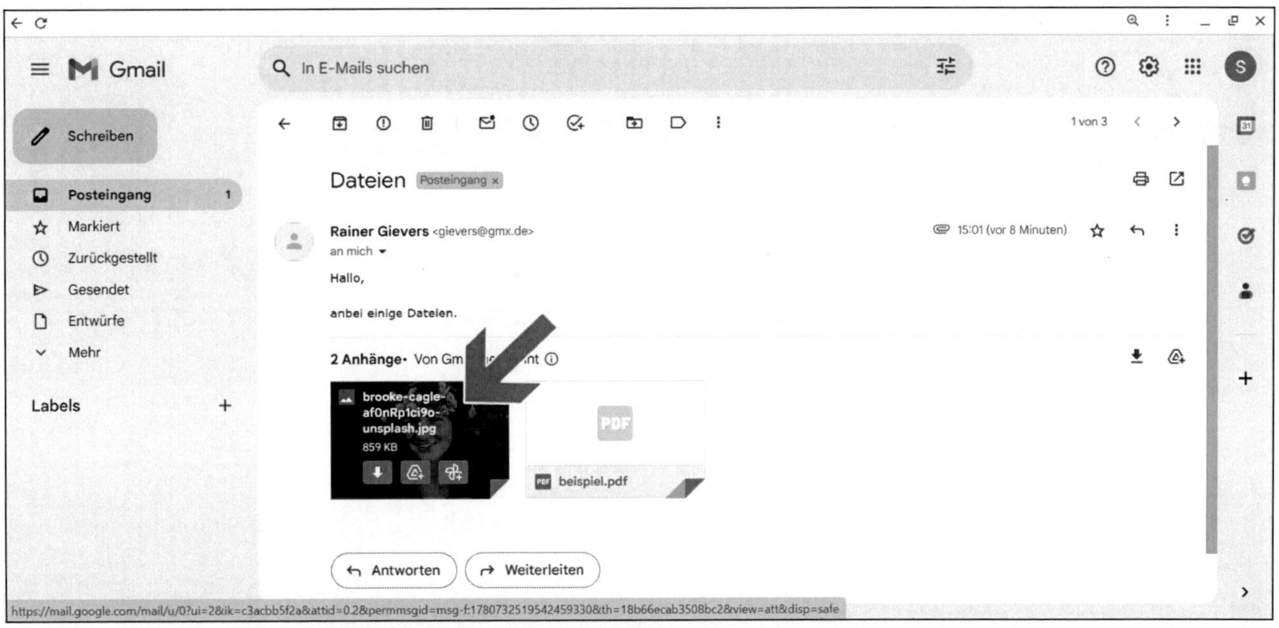

In der Nachrichtenansicht erscheinen die enthaltenen Dateien als Vorschau. Sie können nun einfach eine Datei anklicken, worauf sie angezeigt wird. Alternativ halten Sie den Mauszeiger über einem Vorschaubild, worauf unten rechts zwei Schaltleisten erscheinen:

- : Datei herunterladen.
- : speichert die Datei dagegen in Google Drive (eine Art Dateispeicher), siehe Kapitel *14 Google Drive*.
- : Nur bei Fotos/Videos: In Google Fotos hochladen (siehe Kapitel *20 Google Fotos*).

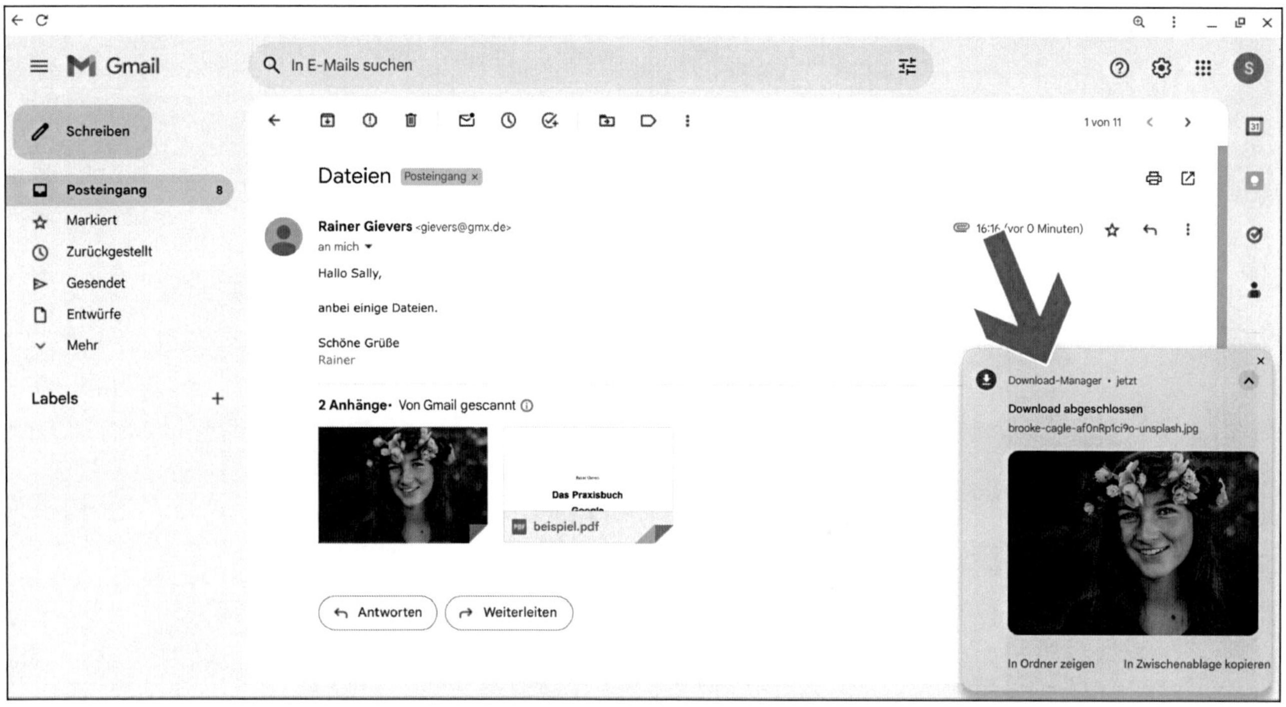

Der Browser macht mit einem Popup auf den Download aufmerksam (Pfeil). Klicken Sie darin auf den Dateinamen, worauf die Datei angezeigt wird.

Betätigen Sie die Tastenkombination Strg + J für eine Liste heruntergeladener Dateien.

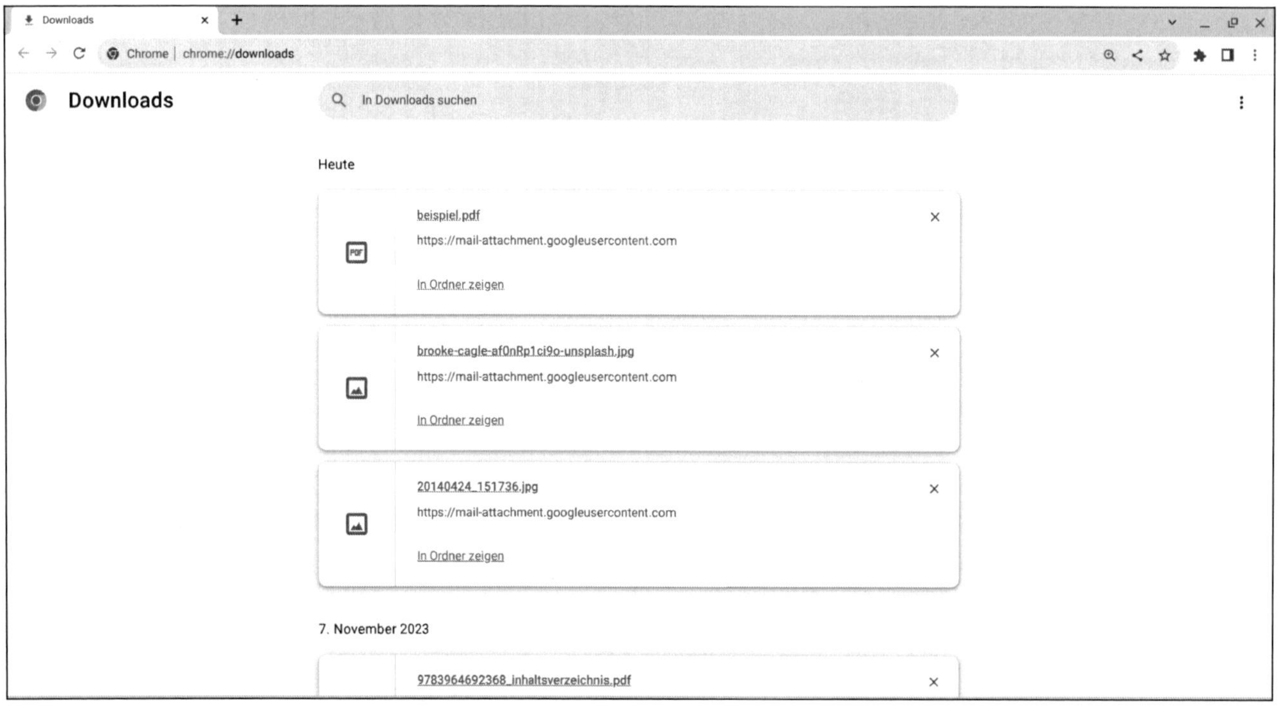

Es öffnet sich ein Tab, in dem Sie eine anzuzeigende Datei anklicken.

8.1.4 Labels und Kategorien

Labels haben bei Gmail die gleiche Funktion wie Ordner. Deshalb werden auch die klassischen E-Mail-Ordner *Postausgang*, *Entwürfe*, *Gesendet* usw. bei Gmail als »Label« bezeichnet. Man darf einer Mail mehrere Labels gleichzeitig zuweisen.

Die Labels listet Gmail auf der linken Seite auf:

- *Posteingang*: Von anderen Personen empfangene Nachrichten.
- *Markiert*: Der »Markiert«-Status kann Nachrichten oder Konversationen zugewiesen werden. Siehe dazu auch Kapitel *8.2.4 Markierungen*.
- *Zurückgestellt*: Auf zurückgestellte Nachrichten macht Gmail zu einem späteren Zeitpunkt aufmerksam.
- *Gesendet*: Versandte Nachrichten.
- *Entwürfe*: Nachrichten, die bereits vorbereitet, aber noch nicht versandt wurden.

Klicken Sie auf *Mehr* (Pfeil) für weitere Labels:

- *Wichtig*: Gmail erkennt automatisch E-Mails, die für Sie interessant oder wichtig sind und ordnet sie unter *Wichtig* ein. Siehe Kapitel *8.2.3.b Wichtig-Label und der sortierte Eingang*.
- *Chats*: Dient dazu, Nachrichten in Echtzeit mit anderen auszutauschen. Dazu kommt Google Hangouts zum Einsatz. In diesem Buch gehen wir nicht auf Hangouts ein.
- *Geplant*: Von Ihnen gesendete Nachrichten, die erst zu einem späteren Zeitpunkt beim Empfänger ankommen sollen.
- *Alle E-Mails*: Zeigt alle Mails sortiert als sogenannte Konversationen an.
- *Spam*: Als Spam erkannte Mails.
- *Papierkorb*: Von Ihnen gelöschte Mails.
- *Kategorien*: Auf die Kategorien gehen wir im Kapitel *8.1.4 Labels und Kategorien* ein.
- *Labels verwalten; Neues Label erstellen*: Sie können die Ordnung in Ihrem Posteingang erhöhen, indem Sie die Nachrichten selbsterstellten Labels zuweisen. Bei Bedarf schalten Sie die Anzeige dann einfach auf ein einzelnes Label um.

Auf die Funktion der einzelnen Label gehen die folgenden Kapitel ein.

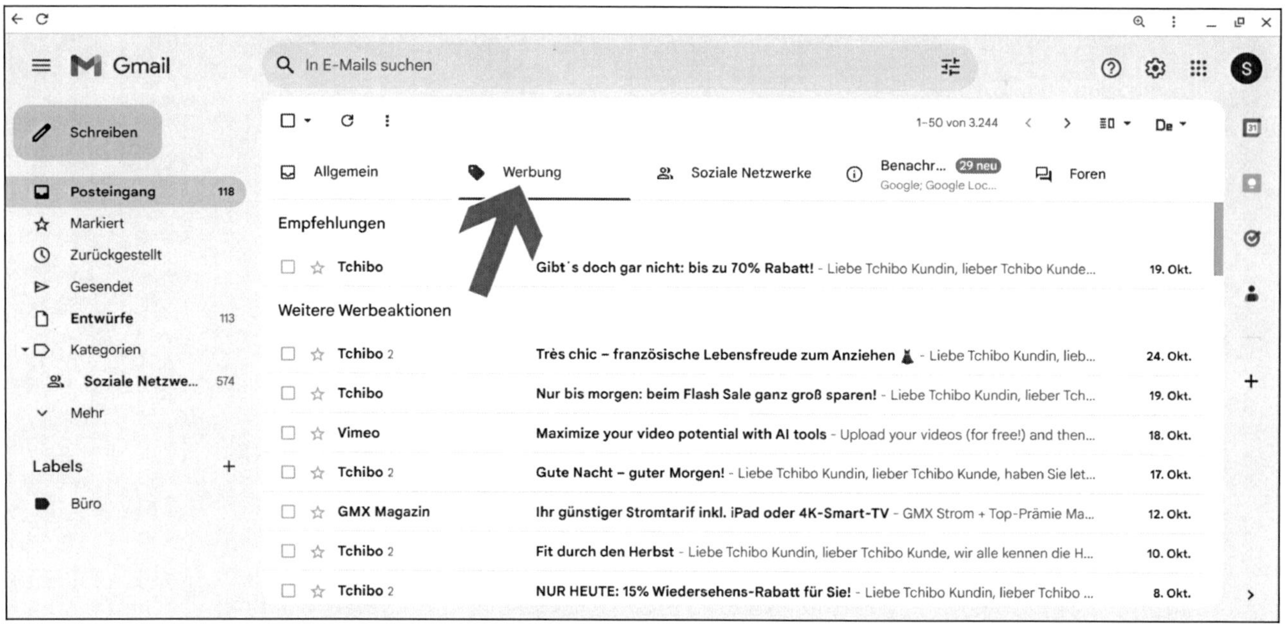

Eines der größten Probleme bei der E-Mail-Nutzung ist, dass der Posteingang schon nach wenigen Wochen extrem unübersichtlich wird – insbesondere Werbe-Mails von Online-Shops und Benachrichtigungen von sozialen Netzwerken wie Facebook sorgen für einen konstanten Nachrichtenstrom. Deshalb filtert Google Ihre E-Mails und ordnet sie automatisch **Kategorien** zu (nachfolgende Infos wurden der Gmail-Hilfe entnommen):

- *Allgemein:* Nachrichten von Freunden und Verwandten sowie sonstige Nachrichten, die nicht in den anderen Kategorien angezeigt werden.
- *Soziale Netzwerke*: E-Mails aus sozialen Netzwerken, Plattformen zum Teilen von Inhalten, Online-Partnervermittlungen, Spieleplattformen oder anderen sozialen Websites.
- *Werbung*: Werbeaktionen, Angebote und sonstige Werbe-E-Mails.
- *Benachrichtigungen:* Benachrichtigungen wie Bestätigungen, Belege, Rechnungen und Kontoauszüge.
- *Foren:* E-Mails aus Online-Gruppen, Diskussionsforen und Mailinglisten.

Zwischen den Kategorien wechseln Sie mit einem Klick auf die Schaltleisten am oberen Bildschirmrand. Eine farbig hinterlegte Zahl weist in den Schaltleisten jeweils auf neu empfangene E-Mails hin.

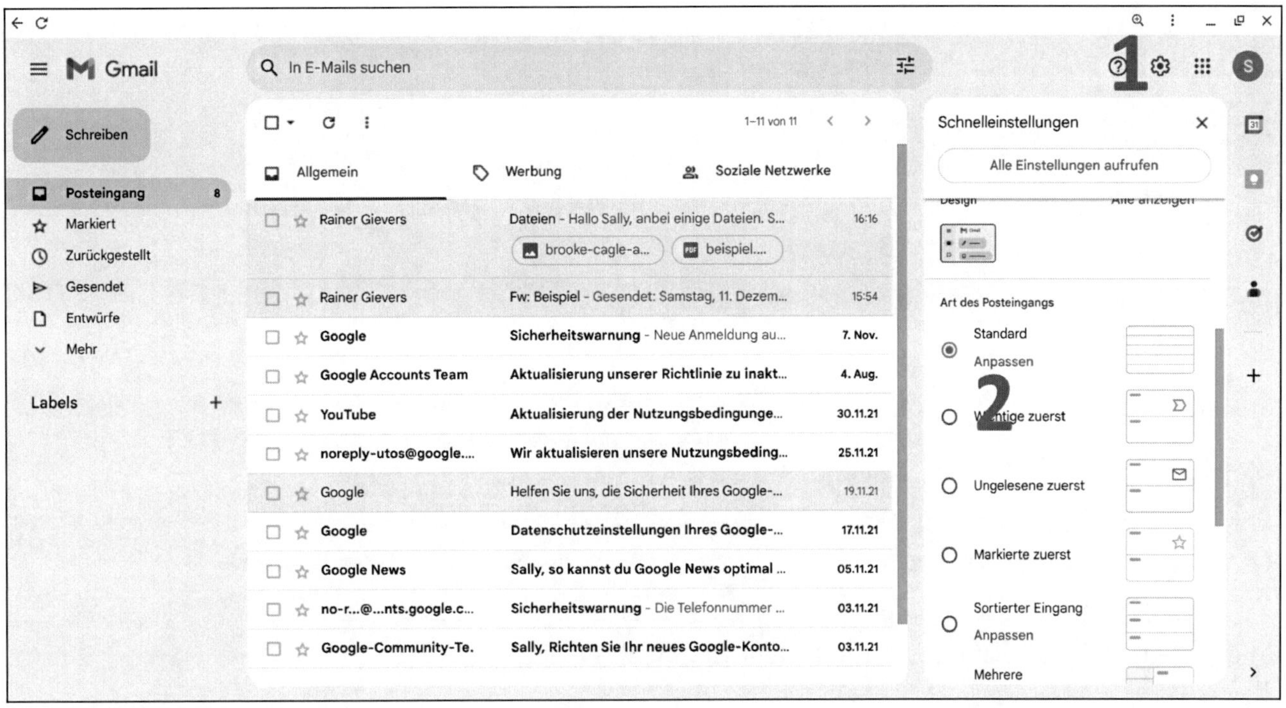

Falls Ihnen die automatische Einordnung aller eingehenden E-Mails zu den Kategorie-Labels nicht gefällt, können Sie dieses Feature auch deaktivieren. Dazu klicken Sie auf ⚙ (1) und klicken unter *Art des Posteingangs* auf *Anpassen* (2).

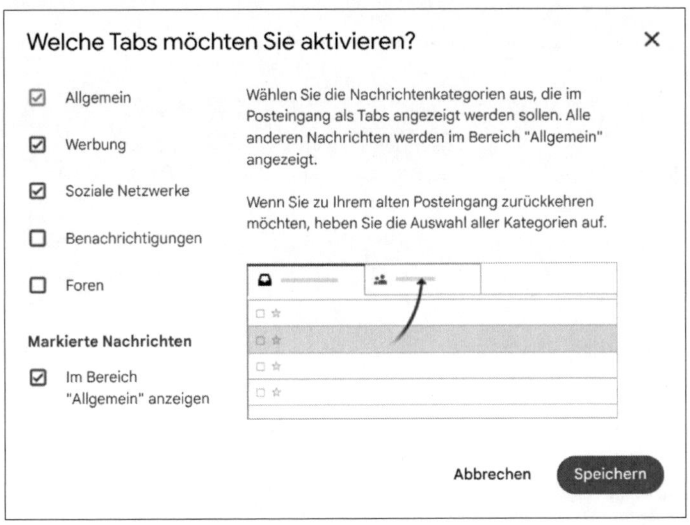

Aktivieren/Deaktivieren Sie die Kategorien nach Ihren Ansprüchen. Schließen Sie das Menü mit *Speichern*.

Die E-Mails der deaktivierten Kategorien zeigt Gmail im Posteingang an.

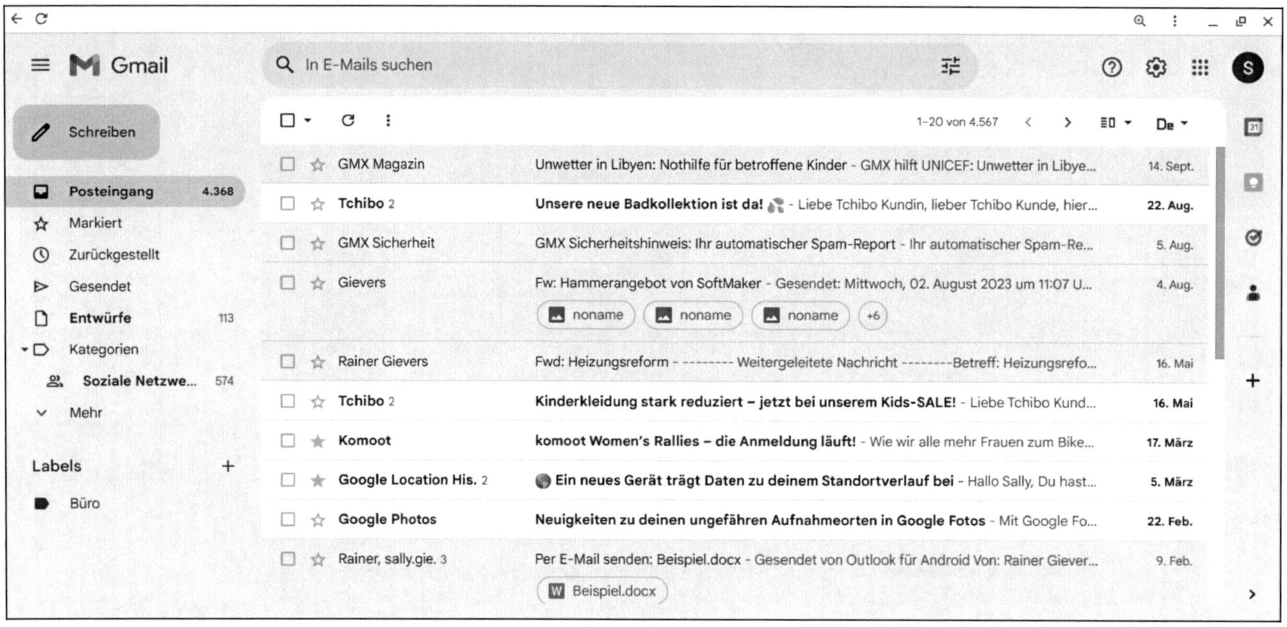

In unserem Beispiel haben wir alle Kategorien deaktiviert.

8.1.5 E-Mails beantworten

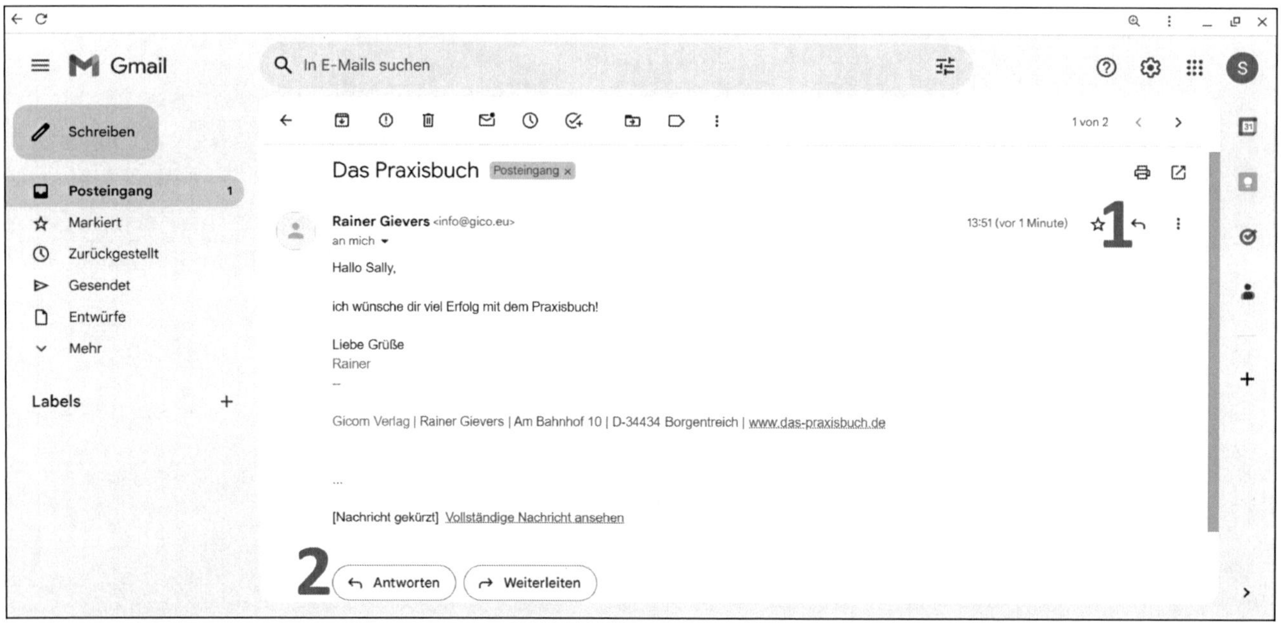

Zum Beantworten einer Nachricht betätigen Sie die ↩-Schaltleiste (1). Alternativ betätigen Sie *Antworten* (2).

Geben Sie nun den Nachrichtentext ein und betätigen Sie *Senden* (Alternativ nutzen Sie die Tastenkombination Strg + Enter-Taste). Es erscheint dann der Hinweis »*Ihre Nachricht wurde gesendet*«.

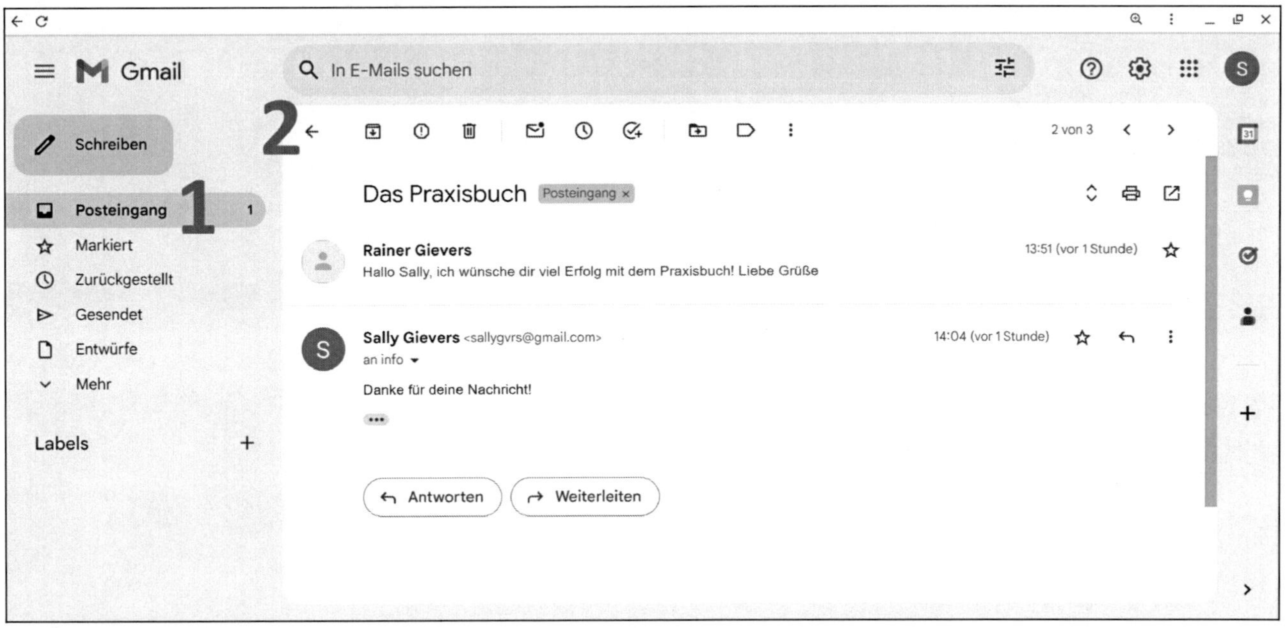

Ein Klick auf *Posteingang* (1) oder ← (2) bringt Sie wieder in die Nachrichtenauflistung zurück.

Gmail verwaltet die Nachrichten als »Konversationen«, das heißt, alle Nachrichten, die Sie mit einem Kommunikationspartner austauschen, werden unter einem Eintrag zusammengefasst. Sie erkennen die Konversationen daran, dass beim Betreff ein »*Ich*« und die Zahl der ausgetauschten Nachrichten erscheint. Klicken Sie die E-Mail nochmals für die Nachrichtenansicht an.

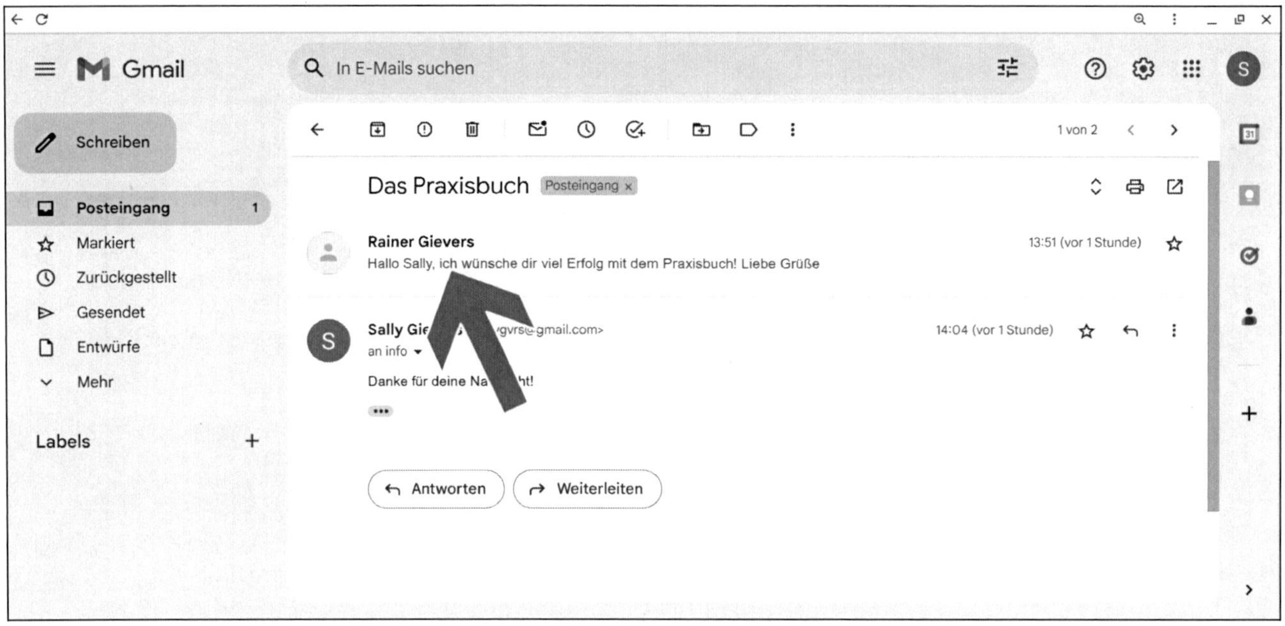

Es erscheinen Karteireiter mit den Nachrichten, die Sie mit dem Kommunikationspartner ausgetauscht haben. Klicken Sie einen Karteireiter an, um die zugehörige Nachricht auszufalten. Erneutes Anklicken eines Karteireiters blendet die Nachricht wieder aus.

8.1.6 E-Mail neu schreiben

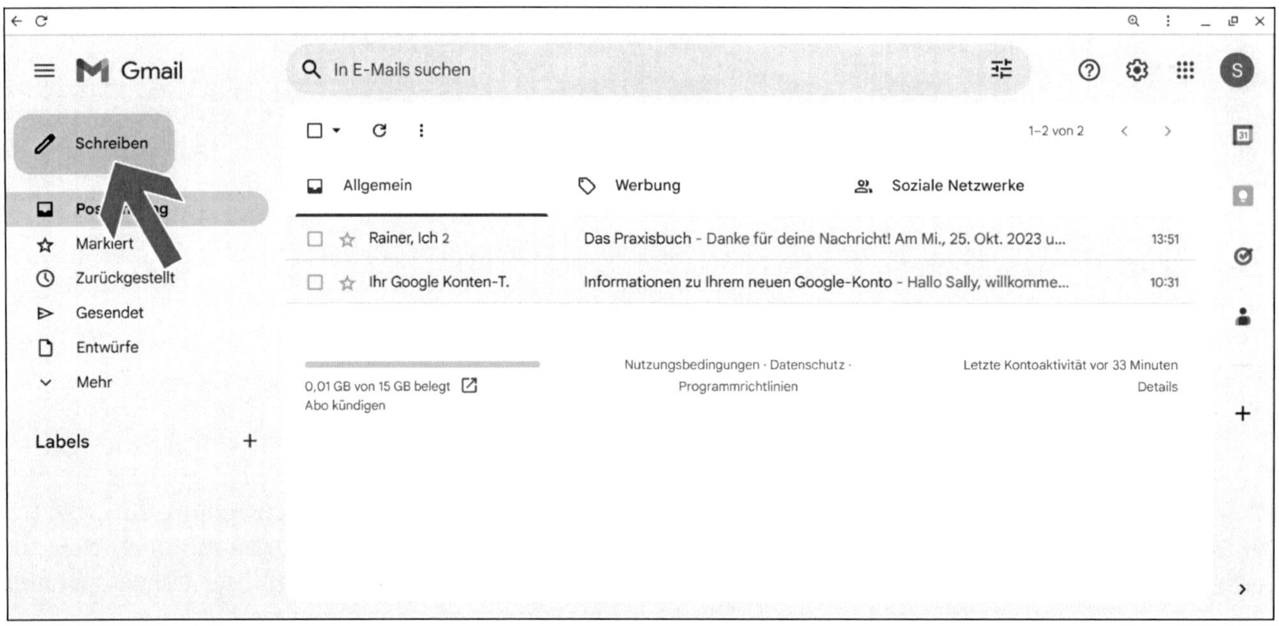

Betätigen Sie die *Schreiben*-Schaltleiste (Pfeil).

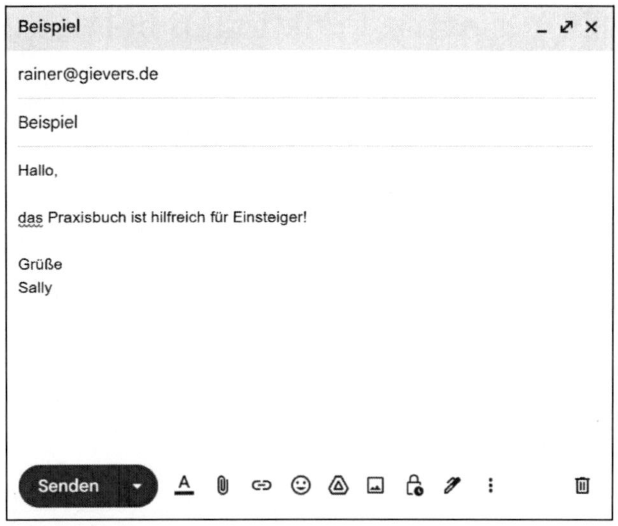

❶ Im *An*-Feld erfassen Sie nun den Empfänger. Gmail sucht bereits bei der Eingabe des Kontaktnamens passende E-Mail-Adressen (mit denen Sie bereits geschrieben haben) und listet diese auf. Klicken Sie gegebenenfalls einfach die Gewünschte an. Falls Sie einen weiteren Empfänger hinzufügen möchten, geben Sie diesen einfach dahinter ein. Zwischen den Eingabefeldern springen Sie mit der Tab-Taste (im Empfängerfeld zweimal betätigen).

❷ Über die *Senden*-Schaltleiste verschicken Sie die Nachricht (alternativ die Tastenkombination Strg + Enter).

Die versandte Mail finden Sie im *Gesendet*-Ordner (Pfeil).

8.1.7 Weitere Funktionen bei der E-Mail-Erstellung

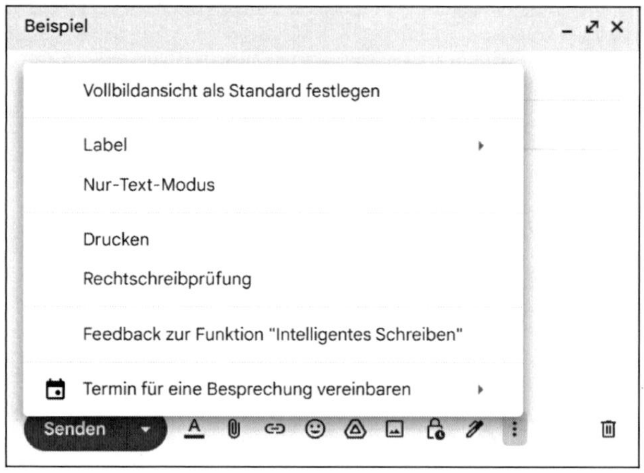

❶ Die Schaltleisten am unteren Bildschirmrand:

- A: Blendet eine Symbolleiste ein, über die Sie die Schriftformatierung ändern können.
- : Eine oder mehrere Dateien als Dateianhang mitsenden.
- : Einen Link in den Nachrichtentext einfügen. Dies ist meistens nicht nötig, weil viele E-Mail-Programme Links automatisch erkennen und in ein anklickbares Format umwandeln.
- : Fügt einen sogenannten Smiley in den Nachrichtentext ein.
- : Dateien aus Google Drive (ein von Google betriebener Dateispeicher) als Dateianhang mitsenden.
- : Foto als Dateianhang mitsenden.
- : Zeitversetztes Senden der E-Mail.
- : Signatur (Standardtext, zum Beispiel Hinweise zu weiteren Kontaktmöglichkeiten) hinzufügen
- : E-Mail verwerfen.

❷ Das ⋮-Menü:

- *Vollbildansicht als Standard festlegen*: Normalerweise belegt der E-Mail-Editor, mit denen Sie neue Nachrichten erstellen, nur ein Viertel der Bildschirmfläche. Aktivieren Sie *Vollbildmodus als Standard festlegen*, wenn Sie den ganzen Bildschirm nutzen möchten. Eine Erläuterung diese Funktion finden Sie weiter unten.
- *Label*: Weist die Nachricht ein Label zu. Über von Ihnen selbstdefinierte Label sorgen Sie für Ordnung, wie Kapitel *8.2.3 Labels* erläutert.
- *Nur-Text-Modus*: Der *Nur-Text-Modus* deaktiviert alle Textauszeichnungen (Schriftarten und Schriftformatierungen). Er dürfte nur in Spezialfällen Sinn machen.
- *Drucken*: Druckausgabe in der Cloud. In Diesem Buch gehen wir nicht weiter darauf ein.
- *Rechtschreibprüfung*: Blendet eine Symbolleiste ein, über die Sie die Sprache einstellen und die Prüfung durchführen.
- *Feedback zur Funktion "Intelligentes Schreiben"*
- *Termin für eine Besprechung vereinbaren*: Trägt eine Besprechung als Termin im Google Kalender (siehe Kapitel *16 Google Kalender*) ein.

8.1.7.a Vollbildansicht

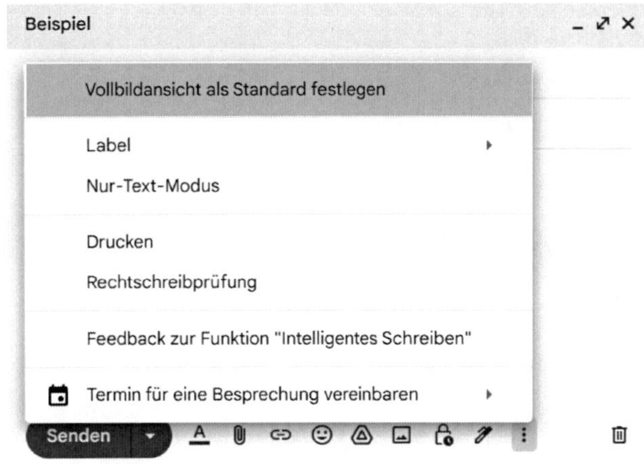

❶ Zwischen Vollbildansicht und Normalansicht des Nachrichteneditors schalten Sie mit ⤢ (Pfeil) oben rechts im Eingabefenster um.

❷ Die Vollbildschirmansicht können Sie auch permanent über das ⋮-Menü aktivieren, worin Sie auf *Vollbildansicht als Standard festlegen* gehen.

8.1.7.b Cc/Bcc

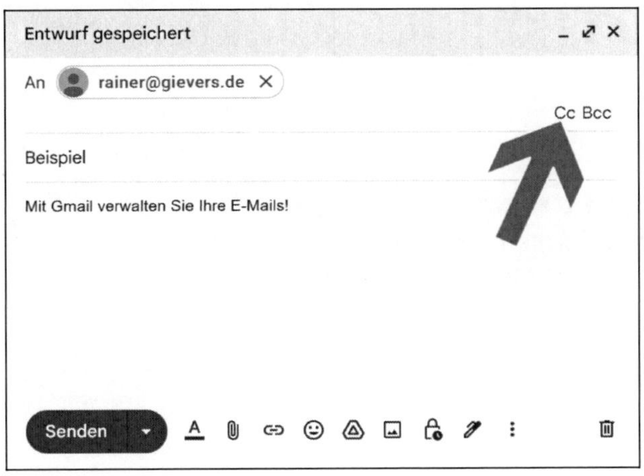

❶ Klicken Sie zuerst in das *An*-Eingabefeld. Es sind nun die zwei Schaltleisten *Cc* und *Bcc* sichtbar, wovon Sie eine (oder beide) anklicken. Deren Bedeutung:

- *Cc*: Der Begriff Cc steht für »Carbon Copy«, zu deutsch »Fotokopie«. Der ursprüngliche Adressat (im *An*-Eingabefeld) sieht später die unter *Cc* eingetragenen weiteren Empfänger. Die *Cc*-Funktion ist beispielsweise interessant, wenn Sie ein Problem mit jemandem per E-Mail abklären, gleichzeitig aber auch eine zweite Person von Ihrer Nachricht Kenntnis erhalten soll.
- *Bcc*: Im *Bcc* (»Blind Carbon Copy«)-Eingabefeld erfassen Sie weitere Empfänger, wobei der ursprüngliche Adressat im *An*-Feld nicht mitbekommt, dass auch noch andere Personen die Nachricht erhalten.

Cc und Bcc können Sie alternativ auch mit der Tastenkombination Strg-Taste + ⇧ (Hochstell)-Taste + C beziehungsweise Strg-Taste + ⇧ (Hochstell)-Taste + B einschalten.

Erfassen Sie die Bcc- beziehungsweise Cc-Empfänger so, wie Sie es schon vom *An*-Feld her kennen.

8.1.7.c Dateianlage

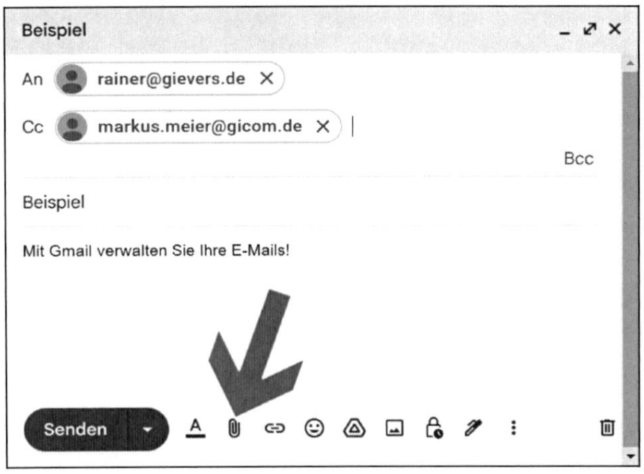

❶ Mit 📎 (Pfeil) fügen Sie Ihrer E-Mail eine Datei als Anhang hinzu.

❷ Zum Entfernen des Dateianhangs betätigen Sie die ✕-Schaltleiste (Pfeil).

> Tipp: Halten Sie die ⇧ (Hochstell)-Taste oder Strg-Taste auf der Tastatur gedrückt, um mehrere Dateien zu markieren.
>
> Eine Dateianlage (alle Dateien zusammen) darf maximal 25 Megabyte Größe haben.

8.1.8 Entwürfe

Manchmal kommt es vor, dass man eine fertige Nachricht erst später verschicken möchte. Dafür bietet sich die Entwürfe-Funktion an.

Geben Sie die Nachricht wie gewohnt ein. Danach betätigen Sie entweder die Esc-Taste auf der Tastatur oder schließen das Eingabefenster mit der ✕-Schaltleiste auf der oberen rechten Fensterseite.

Ihre E-Mail lässt sich jederzeit erneut bearbeiten und senden, indem Sie links in der Ordnerauflistung *Entwürfe* anklicken (1). Anschließend klicken Sie die Nachricht an (2).

Eine Besonderheit gibt es bei Nachrichten, die man als Antwort geschrieben hat. Hier verlassen Sie den Nachrichteneditor beispielsweise mit einem Klick auf einen Ordner (Pfeil).

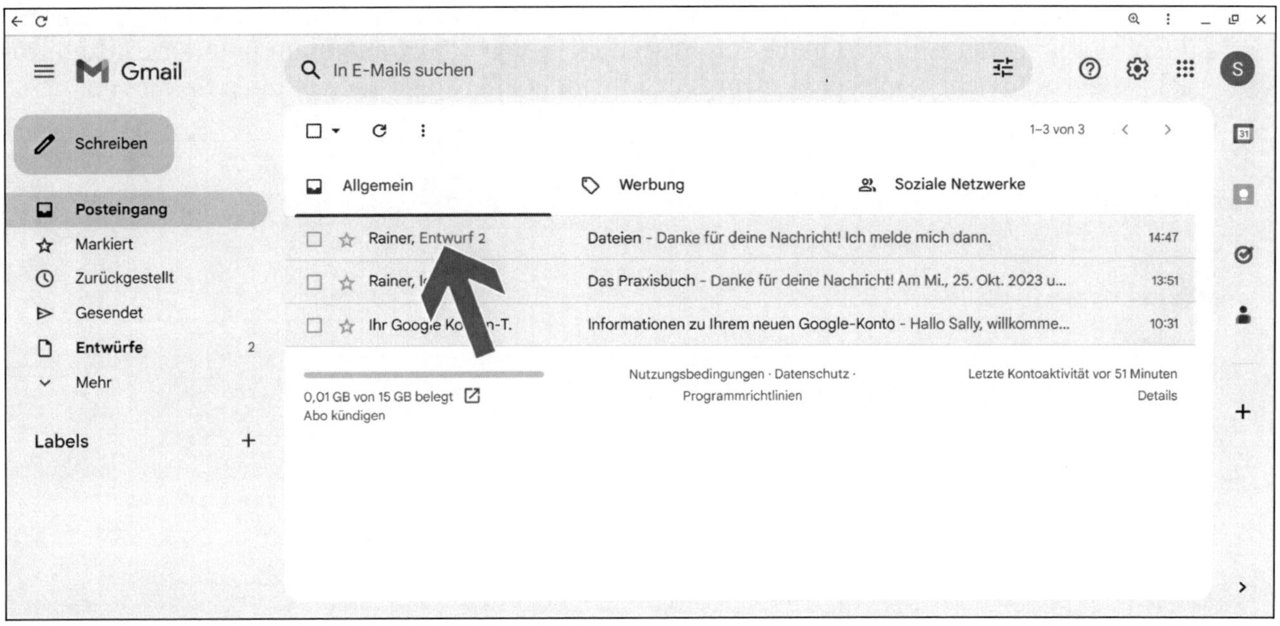

In diesem Fall wird der Entwurf in die Konversation eingebettet und es erscheint dort der Hinweis »*Entwurf*« (Pfeil). Zum Bearbeiten und späteren Senden des Entwurfs klicken Sie die betreffende Konversation an.

8.1.9 E-Mails löschen

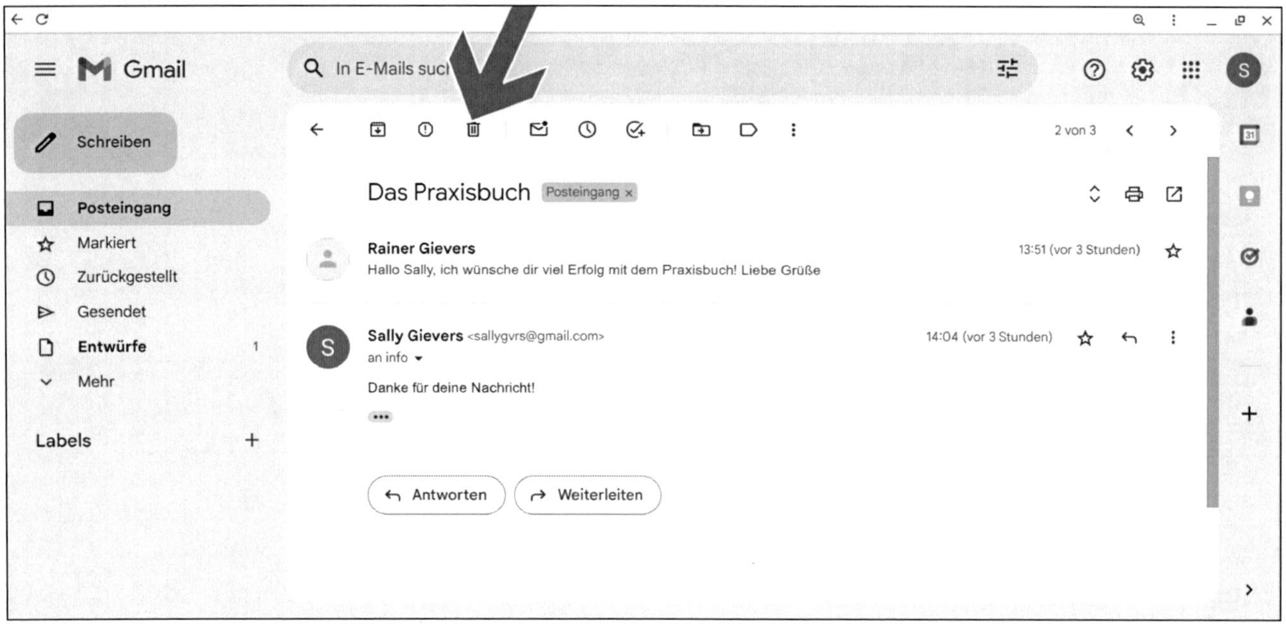

Zum Entfernen einer E-Mail oder Konversation verwenden Sie in der E-Mail-Detailansicht 🗑. Gmail schaltet anschließend in den Posteingang um. Falls Sie sich mit dem Löschen vertan haben, ist es noch möglich, den Löschvorgang durch Anklicken von *Rückgängig* am unteren Bildschirmrand rückgängig zu machen. Dieser Hinweis verschwindet allerdings nach einigen Sekunden.

Die gelöschten Mails sind aber noch nicht verloren, sondern werden im *Papierkorb*-Ordner zwischengespeichert. Diesen erreichen Sie, indem Sie links das *Papierkorb*-Label auswählen (vorher eventuell *Mehr* anklicken, um die Labelliste vollständig auszuklappen).

Im Prinzip verhält sich der *Papierkorb*-Ordner ähnlich wie der *Posteingang*, das heißt sie können hier die Nachrichten noch mal ansehen. Gelöschte Nachrichten werden im Papierkorb für 30 Tage vorgehalten.

Zum »Retten« einer Nachricht aus dem Papierkorb klicken Sie sie zunächst an. Gehen Sie dann auf 🗀 (1) und wählen im Menü *Posteingang* (2). Sie finden die Nachricht dann im *Posteingang*-Ordner wieder.

8.2 Weitere Funktionen

8.2.1 Nachrichten durchsuchen

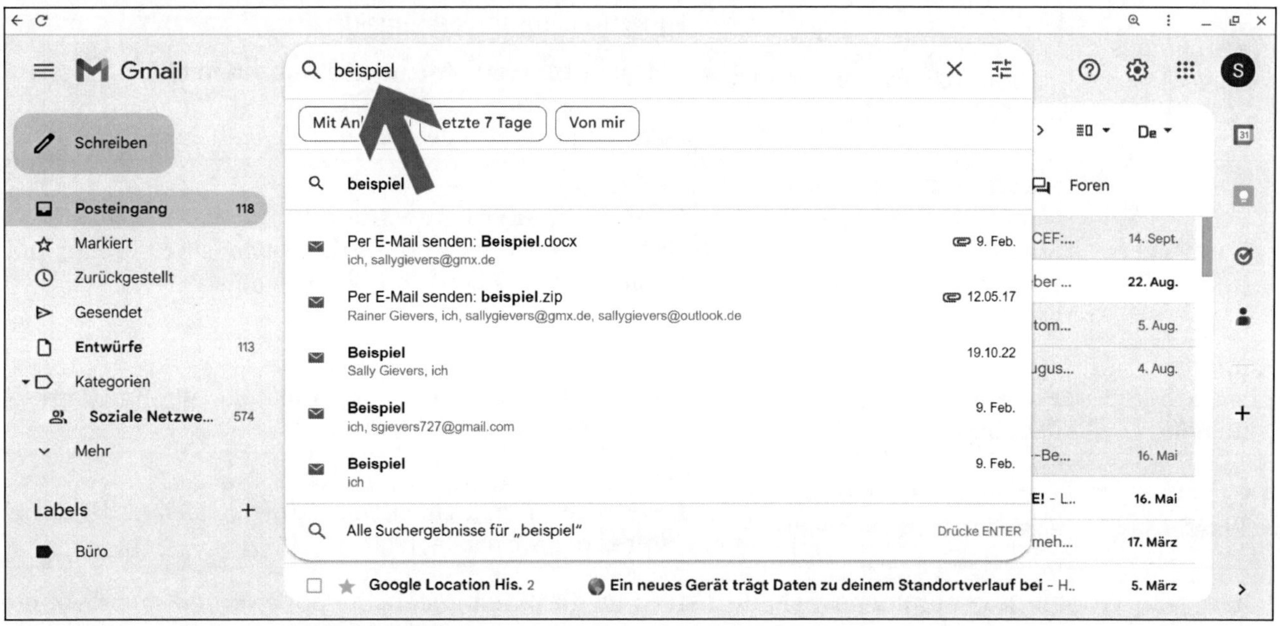

Die Suche bezieht sich standardmäßig nur auf den *Posteingang*-Ordner. Klicken Sie dazu oben ins Suchfeld, geben Sie einen Begriff ein und betätigen Sie die Enter-Taste. Alternativ wählen Sie einen der Vorschläge aus.

Beachten Sie, dass auch Dateianhänge durchsucht werden und deshalb eventuell der Suchbegriff nicht im Nachrichtentext der aufgelisteten Fundstellen enthalten ist.

Löschen des Suchtextes oder Anklicken eines anderen Ordners in der Ordnerauflistung auf der linken Seite beendet die Suche.

Tipp: Falls Sie mal einen anderen Ordner als den Posteingang durchsuchen möchten, beispielsweise den *Gesendet*-Ordner dann klicken Sie erst oben in das Suchfeld und dann auf den *Ge-*

sendet-Ordner. Das Suchfeld enthält nun den Operator »*in:sent*« (engl. »in Gesendete«). Dahinter erfassen Sie den Suchbegriff.

Zusätzlich lassen sich sogenannte Operatoren zur Fundstelleneingrenzung verwenden:

Operator	**Definition**	**Beispiele**
from:	Zur Angabe des Absenders	Beispiel: **from:Anna** Bedeutung: Nachrichten von Anna
to:	Zur Angabe eines Empfängers	Beispiel: **to:David** Bedeutung: Alle Nachrichten, die von Ihnen oder anderen Personen an David gesendet wurden
subject:	Suche nach Wörtern in der Betreffzeile	Beispiel: **subject:Abendessen** Bedeutung: Nachrichten, die das Wort "Abendessen" in der Betreffzeile enthalten
- **(Minus-zeichen)**	Wird verwendet, um Nachrichten aus der Suche auszuschließen	Beispiel: **Abendessen -Kino** Bedeutung: Nachrichten, die das Wort "Abendessen", nicht aber das Wort "Kino" enthalten
label:	Suche nach Nachrichten anhand von Labels	Beispiel: **from:Anna label:Freunde** Bedeutung: Nachrichten von Anna, die mit dem Label "Freunde" versehen sind Beispiel: **from:David label:Familie** Bedeutung: Nachrichten von David, die mit dem Label "Familie" versehen sind
" " (Anführungs-zeichen)	Für die Suche nach einer exakt übereinstimmenden Wortgruppe* * Groß-/Kleinschreibung wird nicht berücksichtigt.	Beispiel: **"Auf gut Glück!"** Bedeutung: Nachrichten mit der Wortgruppe "Auf gut Glück!" oder "auf gut Glück!" Beispiel: **subject:"Abendessen und Kino"** Bedeutung: Nachrichten, die die Wortgruppe "Abendessen und Kino" in der Betreffzeile enthalten
in:anywhere	Suche nach Nachrichten in ganz Gmail (Nachrichten in **Spam** und **Papierkorb** sind sonst von der Suche ausgeschlossen)	Beispiel: **in:anywhere Kino** Bedeutung: Nachrichten in **Alle Nachrichten**, **Spam** und **Papierkorb**, die das Wort "Kino" enthalten
in:inbox **in:trash** **in:spam**	Suche nach Nachrichten in **Posteingang**, **Papierkorb** oder **Spam**	Beispiel: **in:trash from:anna** Bedeutung: Nachrichten von Anna, die sich im **Papierkorb** befinden
+ (Pluszeichen)	Suche nach exakter Entsprechung für Suchbegriff	Beispiel: **+Sofa** Bedeutung: Nachrichten, die "Sofa", aber z. B. nicht "Sofas" oder "Soaf" enthalten

Diese von Google übernommene Tabelle listet nur die wichtigsten Suchoperatoren auf. Weitere finden Sie auf der Webadresse *support.google.com/mail/answer/7190.*

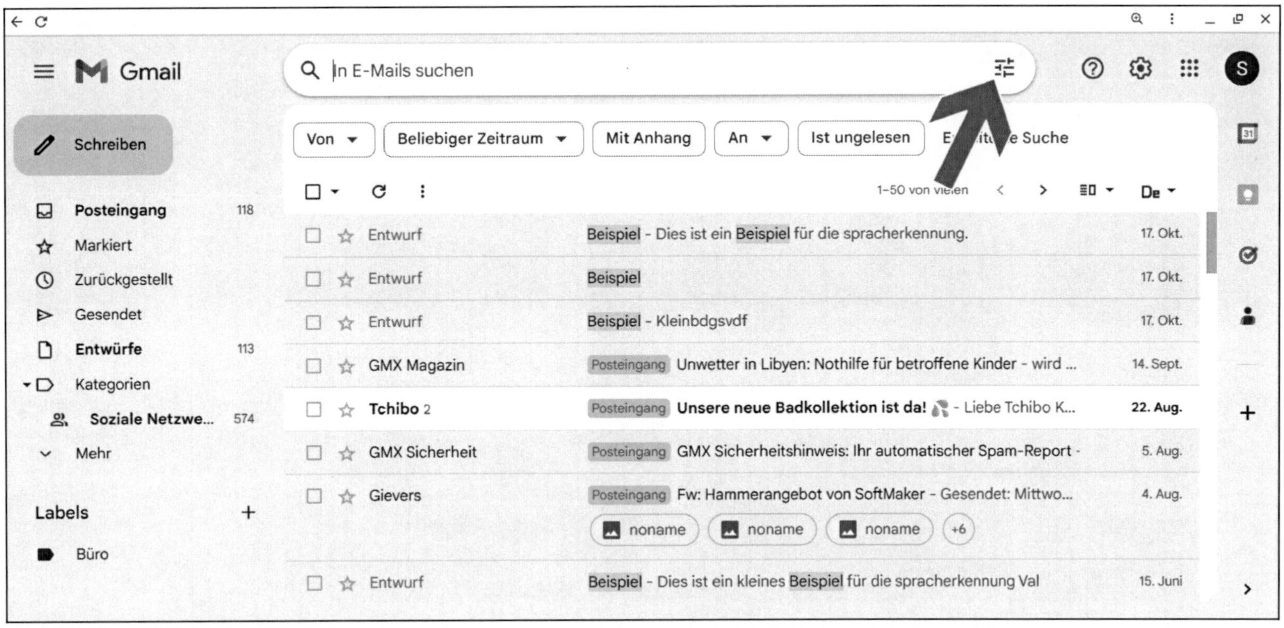

Ein Klick auf ☷ (Pfeil) auf der rechten Seite des Suchfelds öffnet einen Dialog, mit dem Sie Ihre Suche verfeinern.

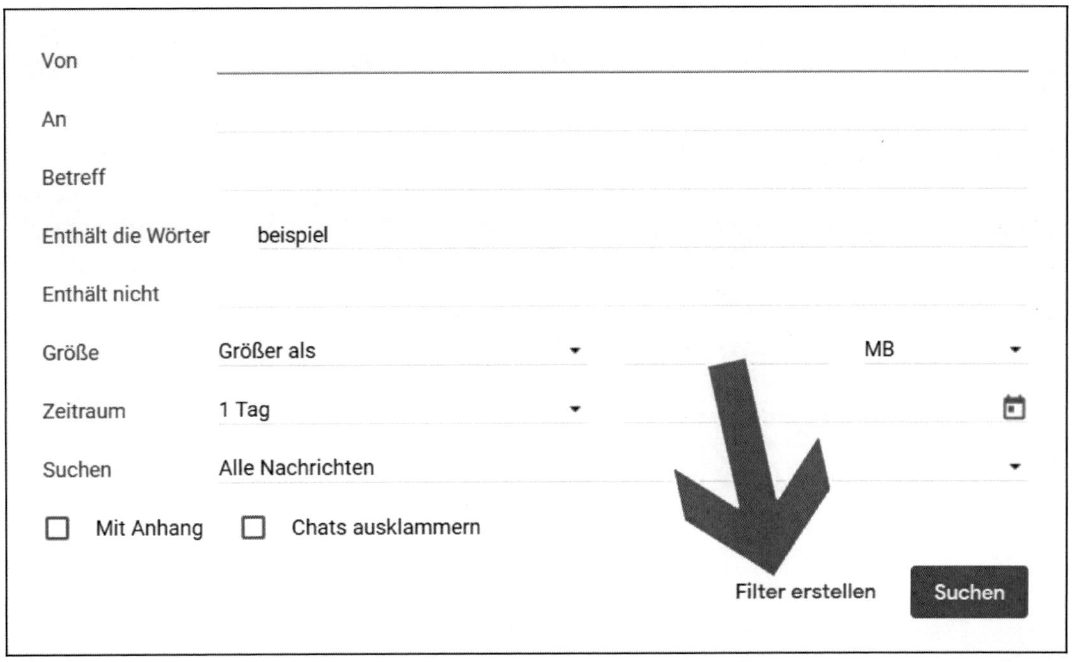

Hier grenzen Sie auf vielfältige Weise Ihre Suche ein und führen mit der blauen *Suchen*-Schaltleiste die Suche durch. Sozusagen eine permanente Suche aktivieren Sie über *Filter erstellen* durch…

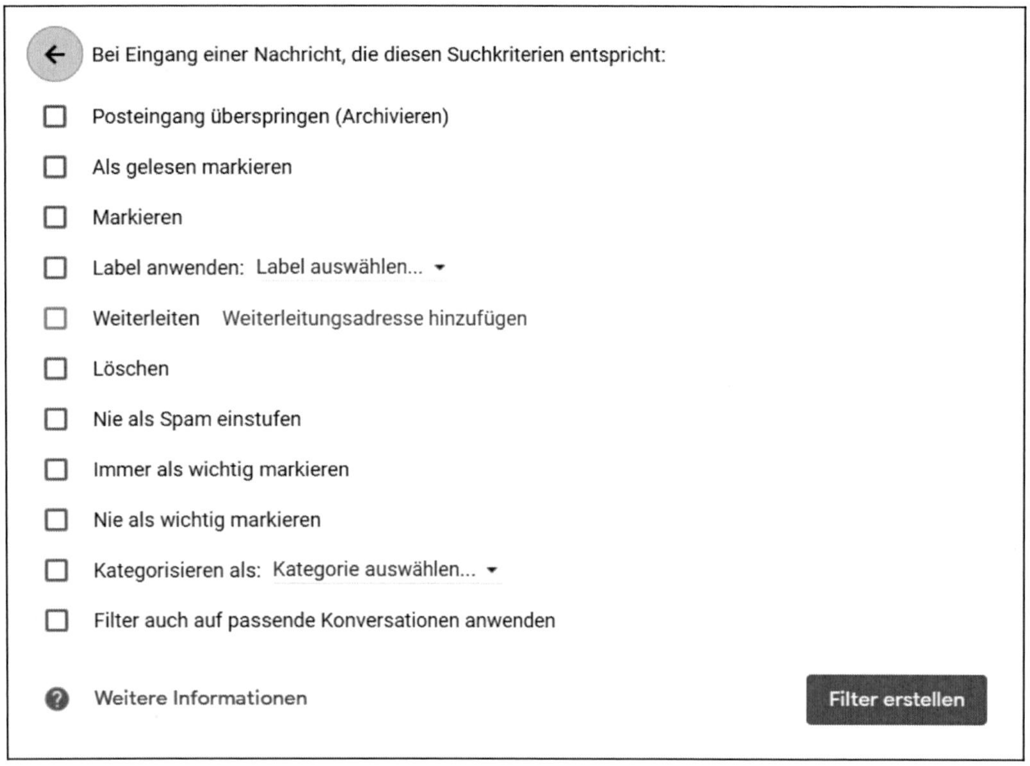

...Stellen Sie darin ein, welche Aktion Gmail bei erfolgreicher Suche durchführen soll und klicken Sie dann auf *Filter erstellen.*

Sinnvoll ist vor allem das Zuweisen eines Labels. Beispielsweise können Sie einen Filter anlegen, der über *Label anwenden* alle neuen Nachrichten mit dem Text »Besprechung« automatisch in das Label »Büro« verschiebt. Auf die Label gehen wir im Kapitel *8.2.3 Labels* noch genauer ein.

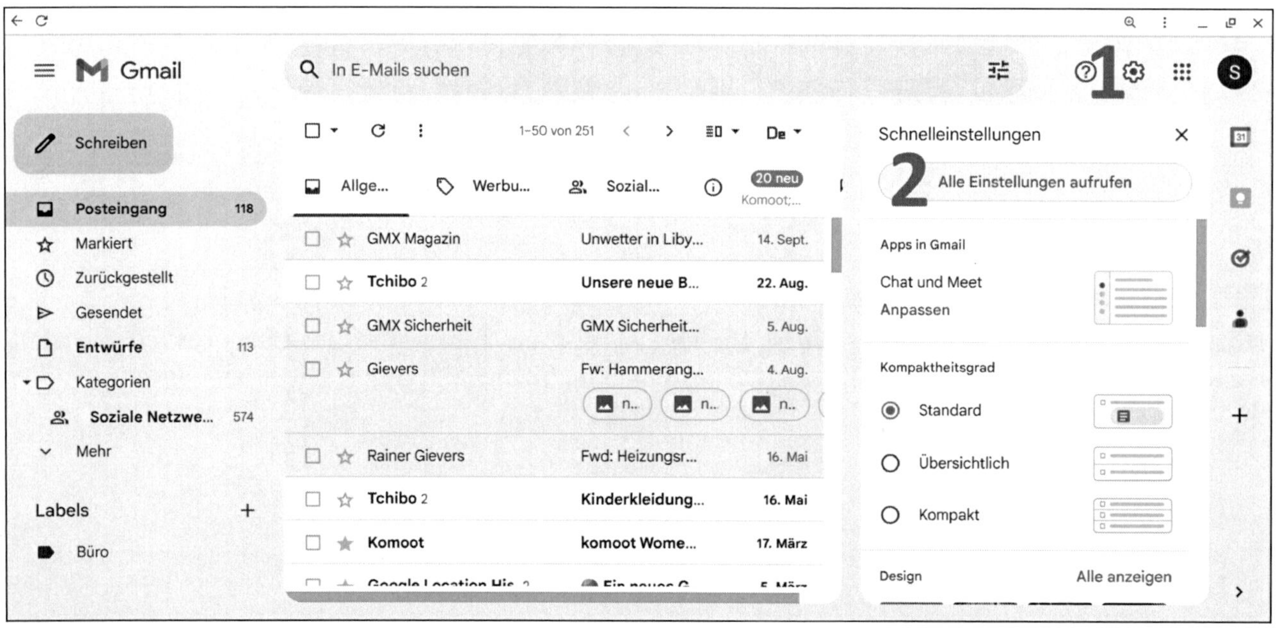

So bearbeiten Sie Ihre Filter: Klicken Sie auf ⚙ (1) und gehen Sie auf *Alle Einstellungen aufrufen* (2).

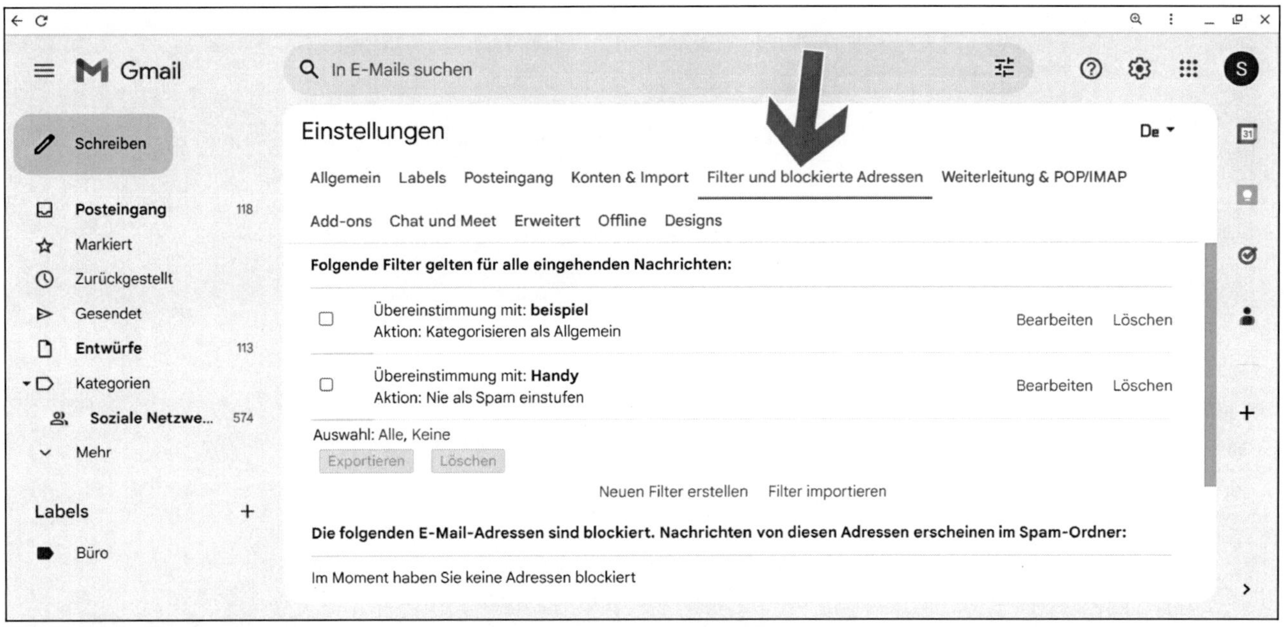

Aktivieren Sie das *Filter und blockierte Adressen*-Register, worin Sie die Filter bearbeiten beziehungsweise löschen.

8.2.2 Archivieren

Obwohl Gmail Nachrichten, die mit dem gleichen Empfänger ausgetauscht wurden als »Konversationen« in einem Eintrag zusammenfasst, kann der Posteingang unübersichtlich werden. Unwichtige Nachrichten/Konversationen lassen sich deshalb im Posteingang ausblenden, was mit der Archivieren-Funktion geschieht.

Betätigen Sie in der E-Mail-Nachrichtenansicht ⊡ (Pfeil). Die Nachricht ist nun »archiviert« und Gmail schaltet wieder auf den Posteingang um.

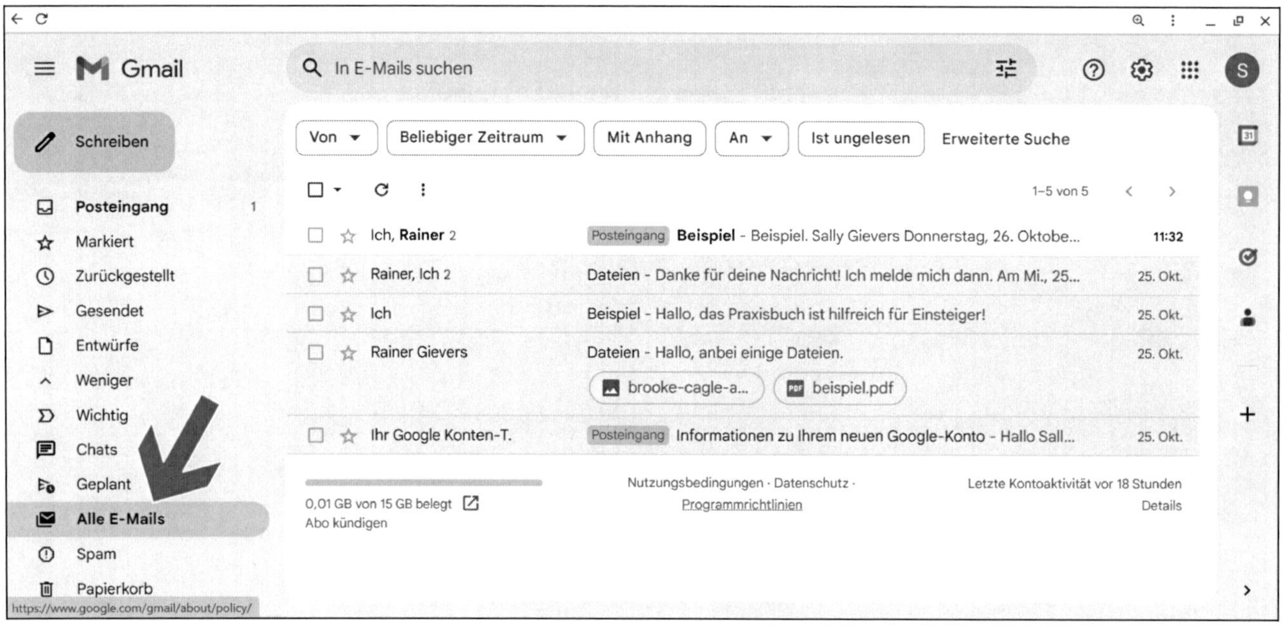

Ihre archivierten Nachrichten sind weiterhin im Posteingang vorhanden, werden dort aber nicht angezeigt. In der Suche (siehe Kapitel *8.2.1 Nachrichten durchsuchen*) tauchen sie aber weiterhin auf.

So lassen sich die archivierten Nachrichten anzeigen: Klicken Sie in der Labelauflistung auf der linken Seite auf *Alle E-Mails* (vorher mit *Mehr* die Orderauflistung ausklappen).

Antwortet jemand auf eine archivierte Nachricht/Konversation, so verschiebt Gmail diese automatisch wieder in den Posteingang.

Eine archivierte Nachricht lässt sich einfach wieder in den Posteingang verschieben, indem Sie sie im *Alle E-Mails*-Label für die Nachrichtenansicht anklicken, die Nachricht anzeigen und darin dann die -Schaltleiste (Pfeil) betätigen.

8.2.2.a Unterdrücken

Die zuvor erwähnte Archivieren-Funktion mag zwar sehr praktisch sein, wenn Sie aber laufend Nachrichten einer Konversation erhalten, die Sie überhaupt nicht interessieren, ist es sehr lästig, immer wieder erneut die einzelnen Nachrichten zu archivieren. Ein typischer Fall dafür ist, dass

Sie von jemand auf Cc (siehe Kapitel *8.1.7.b Cc/Bcc*) in seinen E-Mails setzt, Sie also neben dem Hauptempfänger als zusätzlicher Empfänger angegeben werden.

Mit der Unterdrücken-Funktion lassen sich dagegen alle Nachrichten einer Konversation automatisch archivieren, das heißt, wenn neue Nachrichten in einer unterdrückten Konversation eingehen, werden diese automatisch ebenfalls archiviert. Sie sollten die Unterdrücken-Funktion aber vorsichtig einsetzen, weil Sie ja von neuen Nachrichten einer unterdrückten Konversation nichts mitbekommen. Dies ist aber meist nicht weiter schlimm, denn ist Ihre E-Mail-Adresse im Feld »*An*«-Feld enthalten, wird die Konversation wieder in Ihren Posteingang eingeordnet. Sie verpassen also keine Nachrichten, die direkt an Sie adressiert sind.

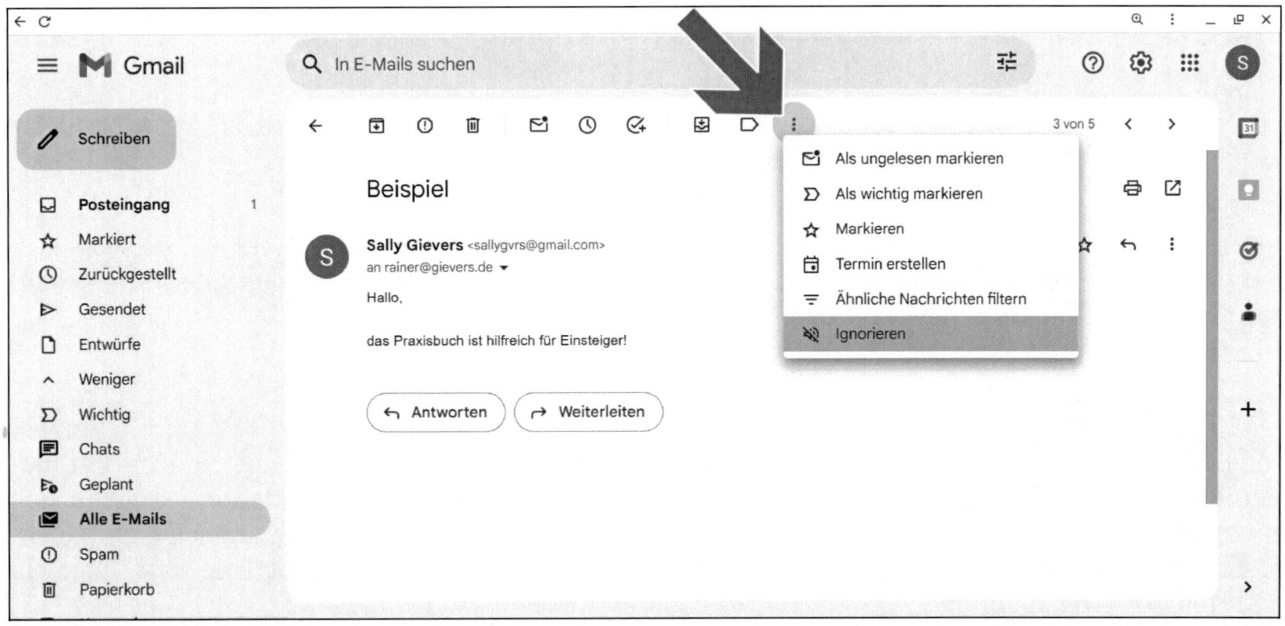

In der Nachrichtenansicht betätigen Sie ⋮ und rufen *Ignorieren* auf. Die Nachricht/Konversation verschwindet aus dem Posteingang.

Zum Anzeigen der ignorierten Nachrichten gehen Sie in den *Alle E-Mails*-Ordner. Unterdrückte Nachrichten sind mit dem Label *Ignoriert* markiert (Pfeil).

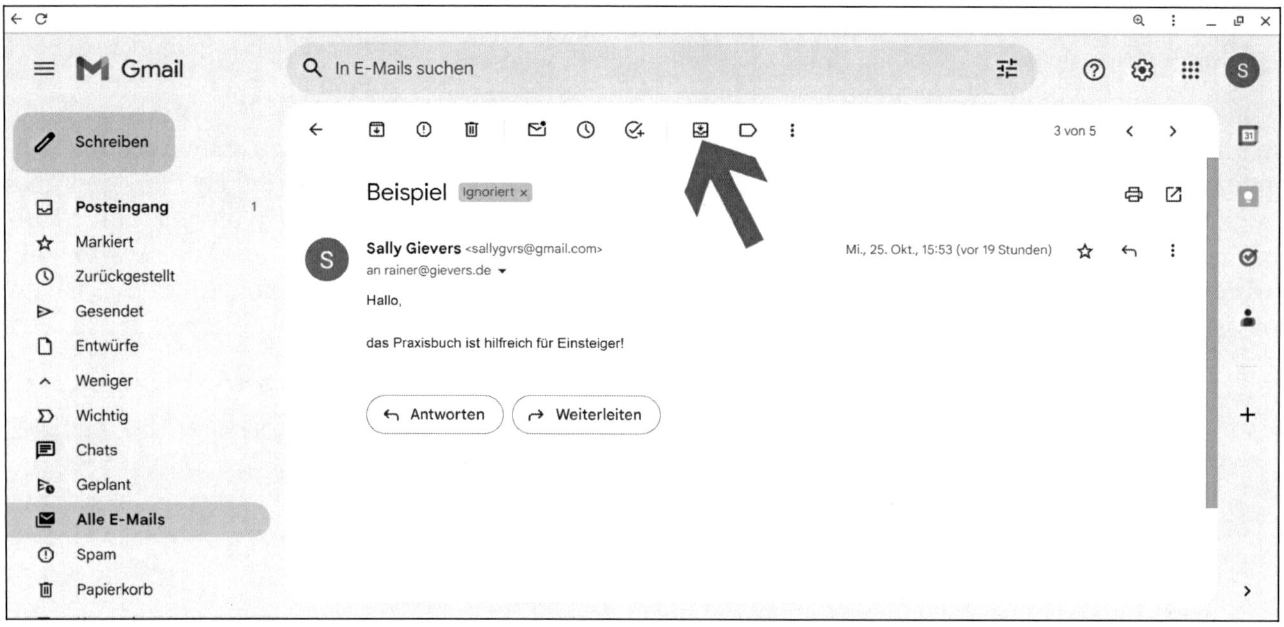

So verschieben Sie unterdrückte Nachrichten wieder in den Posteingang: Gehen Sie in die Nachrichtenansicht und klicken Sie auf die -Schaltleiste (Pfeil).

8.2.3 Labels

Wie Sie bereits in den vorherigen Kapiteln erfahren haben, bietet Gmail die übliche Ordner-Struktur mit *Posteingang, Gesendete, Entwürfe* usw. Weitere Ordner oder Unterordner lassen sich nicht anlegen, was aber kein großer Nachteil ist, weil es die »Label« gibt. Sie können einer Nachricht auch mehrere Label gleichzeitig zuweisen, beispielsweise *Arbeit* und *Belege*, was Übersicht in Ihren Posteingang bringt.

Erstellen Sie ein neues Label, indem Sie hinter *Labels* auf + klicken.

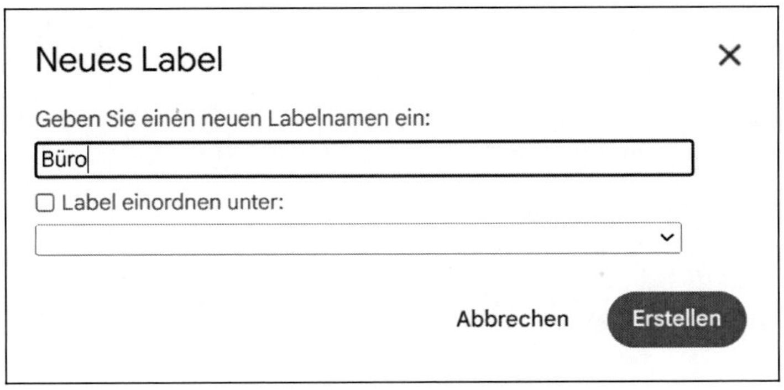

Erfassen Sie das neue Label und betätigen Sie *Erstellen*.

Es ist auch möglich, mit *Label einordnen unter* sogenannte Unterlabel anzulegen, wovon wir aber abraten. Unterlabel (also Label, die einem Label zugewiesen werden) lohnen sich erst dann, wenn Sie jeden Tag extrem viele E-Mails empfangen.

Die von Ihnen angelegten Label erscheinen in der Ordnerauflistung auf der linken Seite. Klicken Sie ein Label an, dessen zugewiesene Nachrichten Sie ansehen möchten. Bei Ihnen werden dann zunächst natürlich noch keine Nachrichten angezeigt.

8.2.3.a Label zuweisen

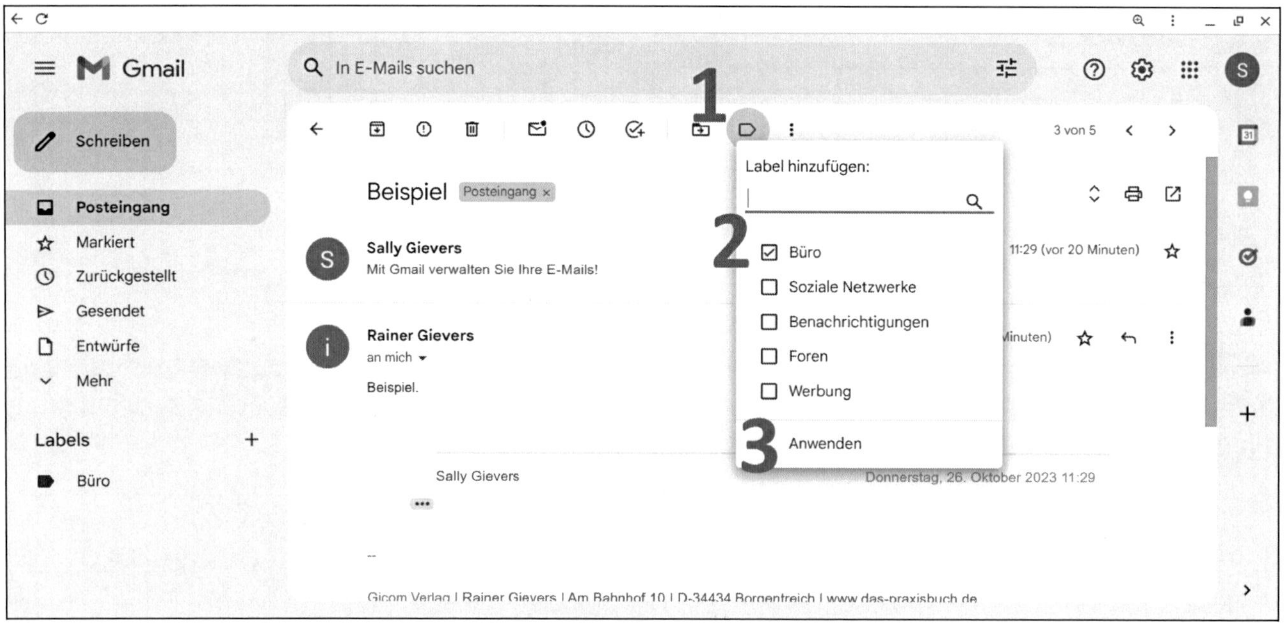

Ein Label weisen Sie in der Nachrichtenansicht zu, indem Sie ▷ anklicken (1) und im Dialog die gewünschten Label aktivieren (2). Betätigen Sie dann *Anwenden* (3).

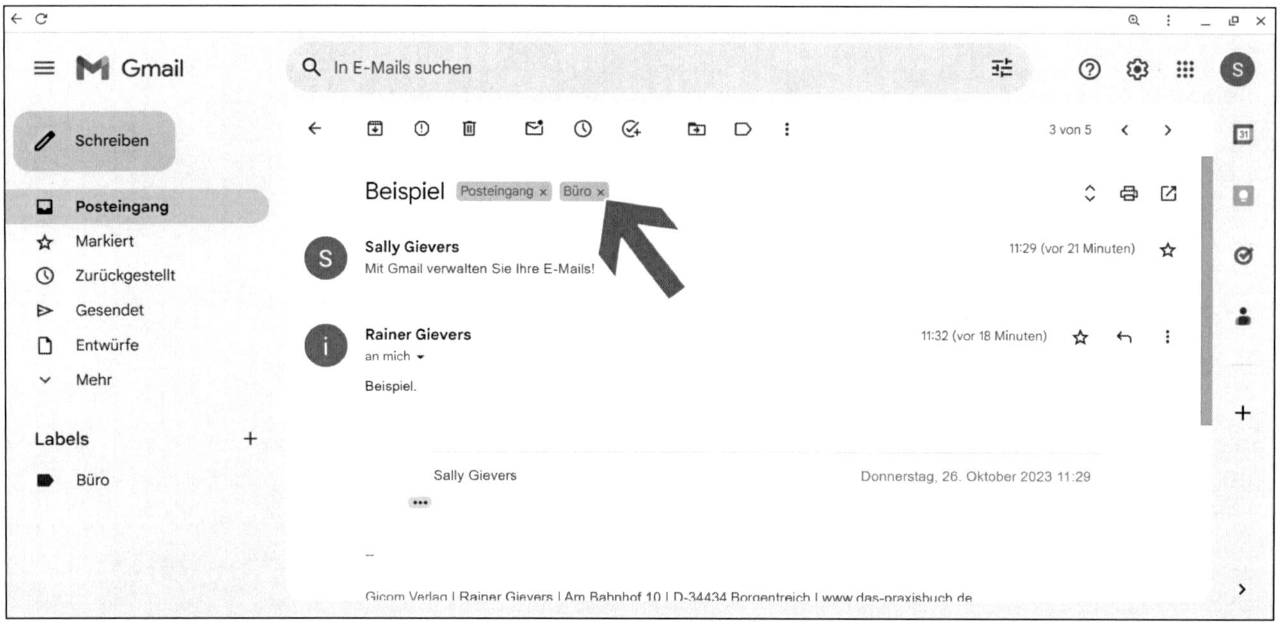

Der E-Mail zugewiesene Label zeigt Gmail oberhalb des Nachrichtentextes an. Sie können diese mit einem Klick auf das x (Pfeil) jederzeit wieder entfernen.

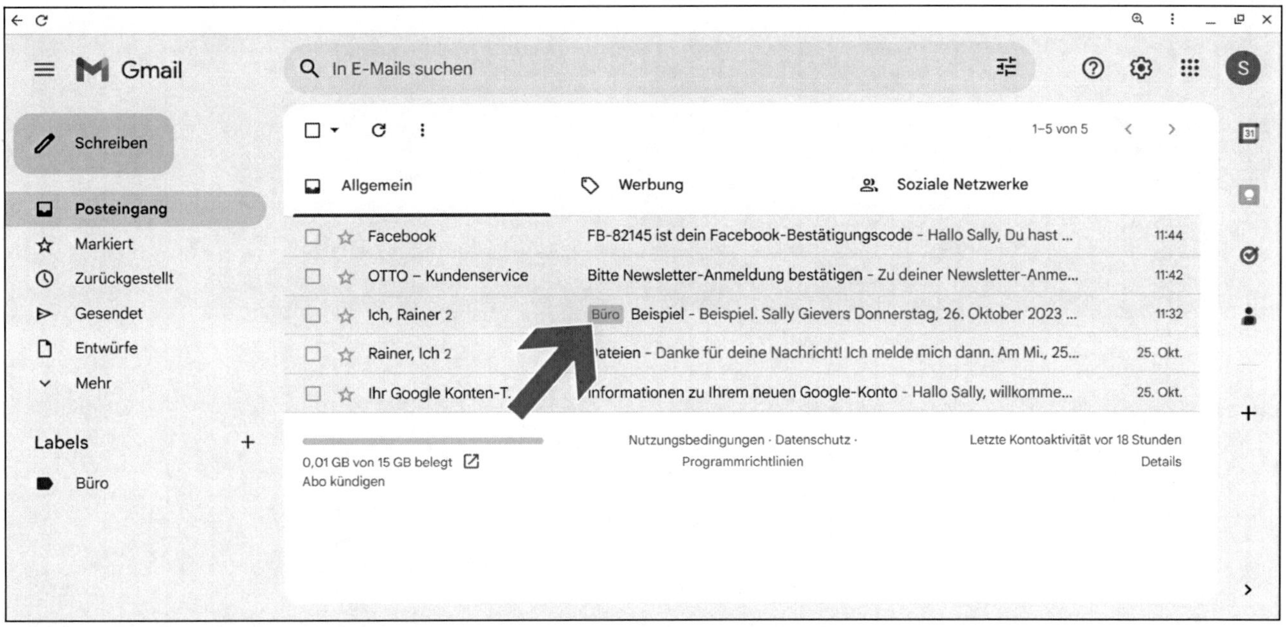

Auch in der Nachrichtenauflistung erscheint jeweils ein Hinweis auf die Labels (vor dem Betreff).

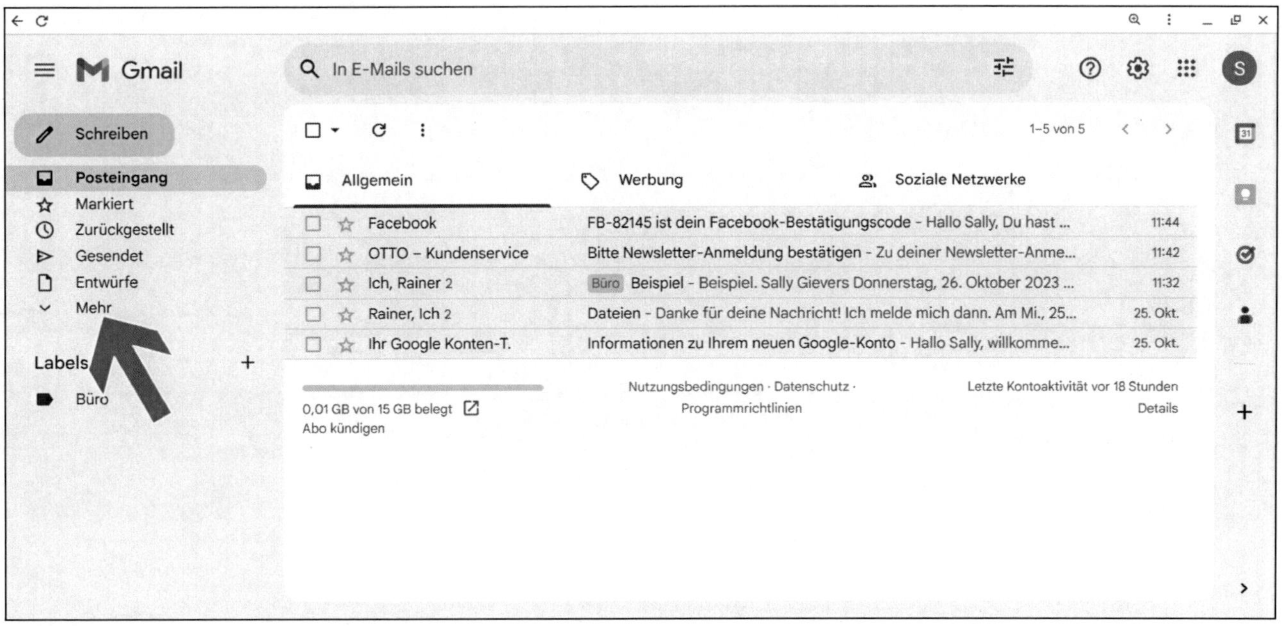

So bearbeiten Sie Ihre bereits erstellten Labels: Öffnen Sie erst mit *Mehr* die vollständige Labelauflistung…

… dann klicken Sie auf *Labels verwalten.*

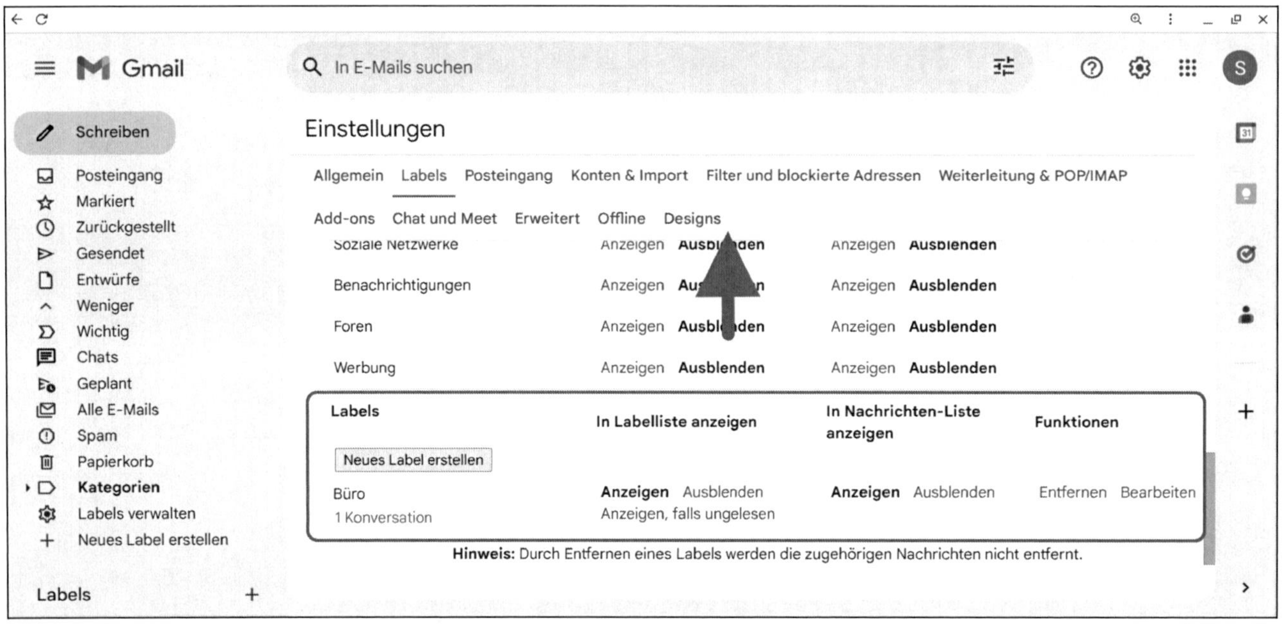

Rollen Sie durch das Menü bis zu den Labels, die Sie dann bearbeiten beziehungsweise entfernen können.

Wir empfehlen, Filter einzurichten, welche eingehende Nachrichten automatisch den Labels zuweisen. Dies geschieht im *Filter und blockierte Adressen*-Register.

8.2.3.b Wichtig-Label und der sortierte Eingang

Erhalten Sie extrem viele Nachrichten, unterstützt Sie Gmail dabei, die lesenswerten von den weniger lesenswerten Nachrichten zu unterscheiden. Die Lesenswerten landen dann im *Sortierten Eingang*-Ordner. Aber wie funktioniert diese Filterung genau? Das sagt Google dazu:

Gmail berücksichtigt automatisch eine Reihe von Signalen, um festzustellen, welche eingehenden Nachrichten wichtig sind, unter anderem:

- An wen Sie E-Mails senden und wie oft Sie dieser Person E-Mails senden: Falls Sie viele E-Mails an Thomas senden, sind E-Mails von Thomas höchstwahrscheinlich wichtig.

- Welche E-Mails Sie öffnen: Nachrichten, die Sie öffnen, sind höchstwahrscheinlich wichtiger als ungeöffnete Nachrichten.
- Welche E-Mails Sie beantworten: Falls Sie Nachrichten von Ihrer Mutter immer beantworten, sind ihre Nachrichten an Sie höchstwahrscheinlich wichtig.
- Schlüsselwörter in E-Mails, die Sie normalerweise lesen: Falls Sie Nachrichten über Fußball immer lesen, ist eine E-Mail zum Thema Fußball höchstwahrscheinlich wichtig.
- Welche E-Mails Sie markieren, archivieren oder löschen: Nachrichten, die Sie markieren, sind höchstwahrscheinlich wichtiger als Nachrichten, die Sie ungeöffnet archivieren.

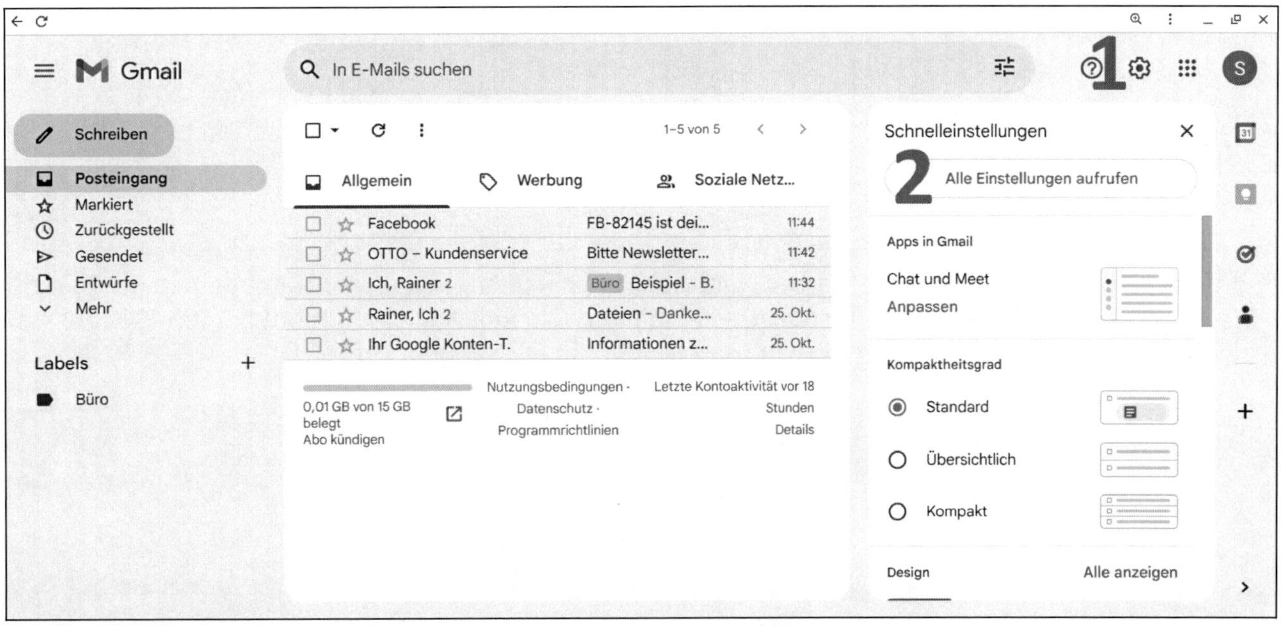

Damit Sie auf einem Blick erkennen, welche Nachrichten von Gmail als wichtig eingestuft werden, sollten Sie den Wichtig-Indikator aktivieren: Klicken Sie auf ⚙ (1) und gehen Sie auf *Alle Einstellungen aufrufen* (2).

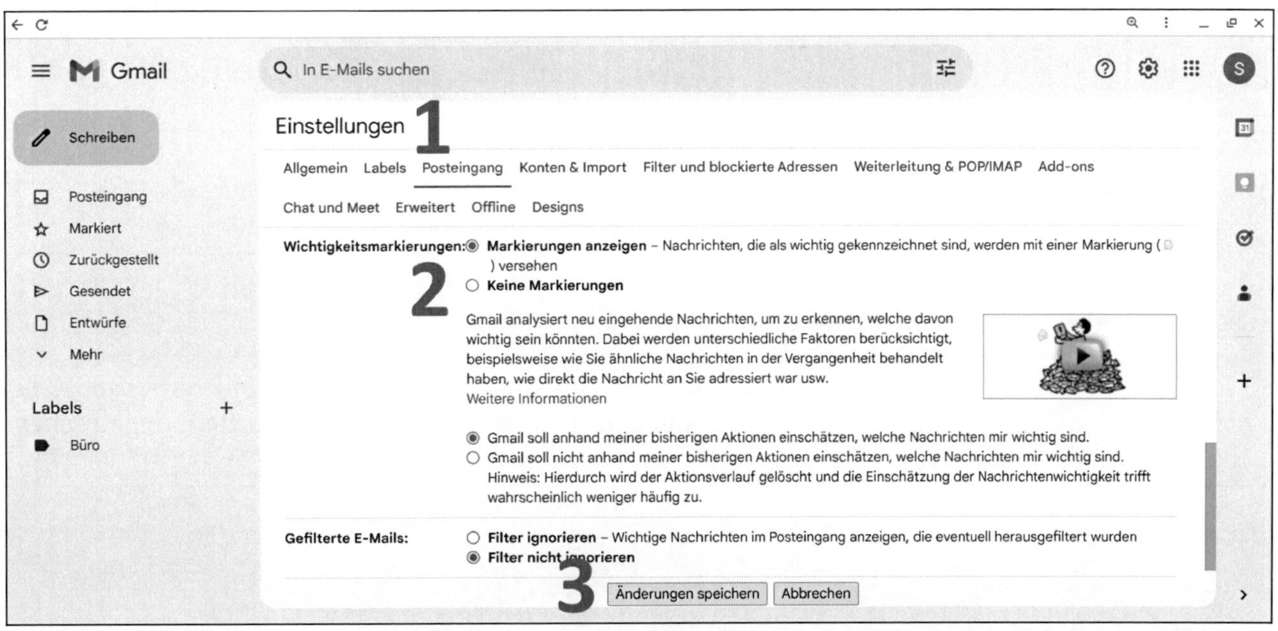

Wechseln Sie in das *Posteingang*-Register (1), worin Sie unter *Wichtigkeitsmarkierungen* (2) die Option *Markierungen anzeigen* aktivieren. Vergessen Sie nicht, zum Schluss auf die *Änderungen speichern*-Schaltleiste zu klicken (3).

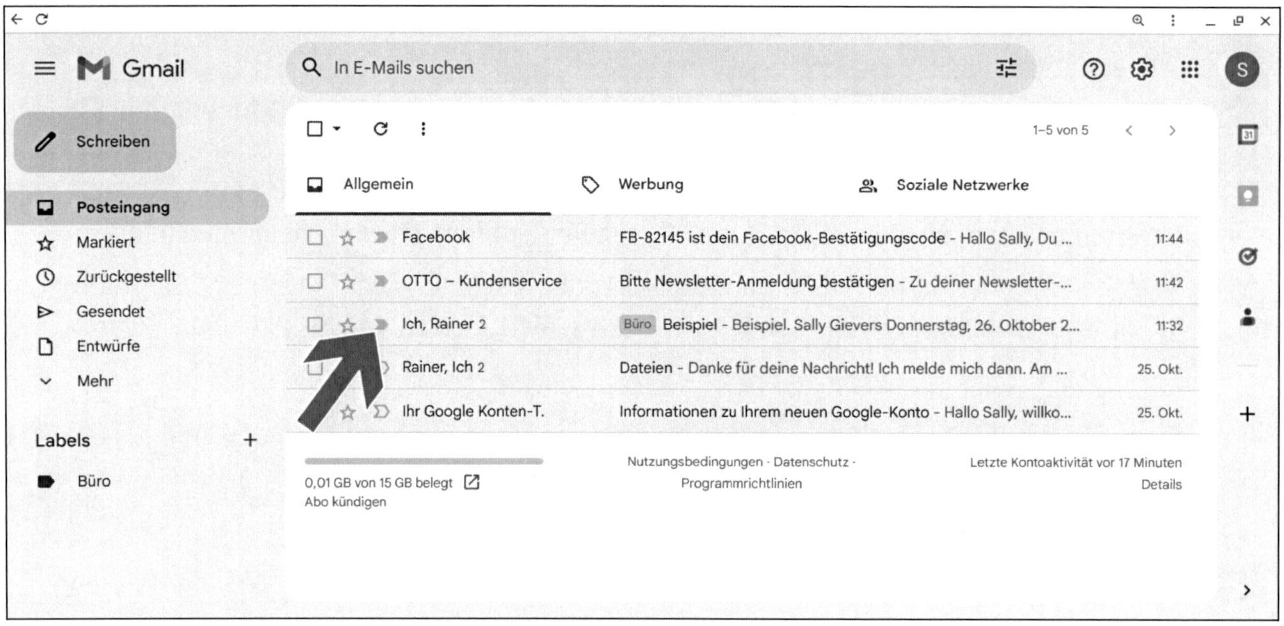

Von Gmail als »wichtig« eingestufte Nachrichten erkennen Sie jeweils am gelben -Symbol (Pfeil) in der Nachrichtenauflistung des Posteingangs. Klicken Sie das Symbol an, um E-Mails von Hand als wichtig oder unwichtig (ᗤ) zu markieren.

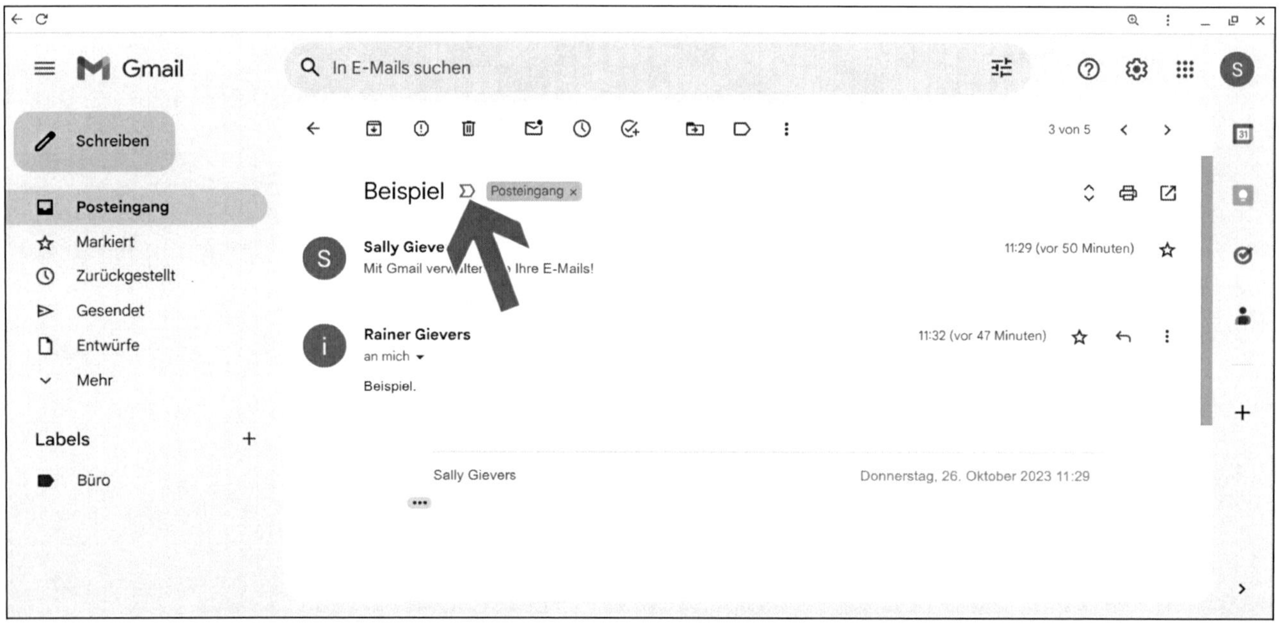

In der Nachrichtenansicht nehmen Sie über ᗤ beziehungsweise (Pfeil) Einfluss auf die automatische Einordnung ähnlicher E-Mails.

Wenn Sie, wie im folgenden Kapitel beschrieben, die *Art des Posteingangs* auf *Sortierter Eingang* umschalten, so zeigt Gmail im Posteingang die als wichtig eingestuften ungelesenen Nachrichten als erstes an.

8.2.4 Markierungen

Nachrichten, die für Sie wichtig sind, heben Sie einfach durch Markierung mit einem »Stern« hervor.

Ein Klick auf den Stern in der Nachrichtenansicht erstellt die Markierung, erneutes Anklicken löscht sie wieder.

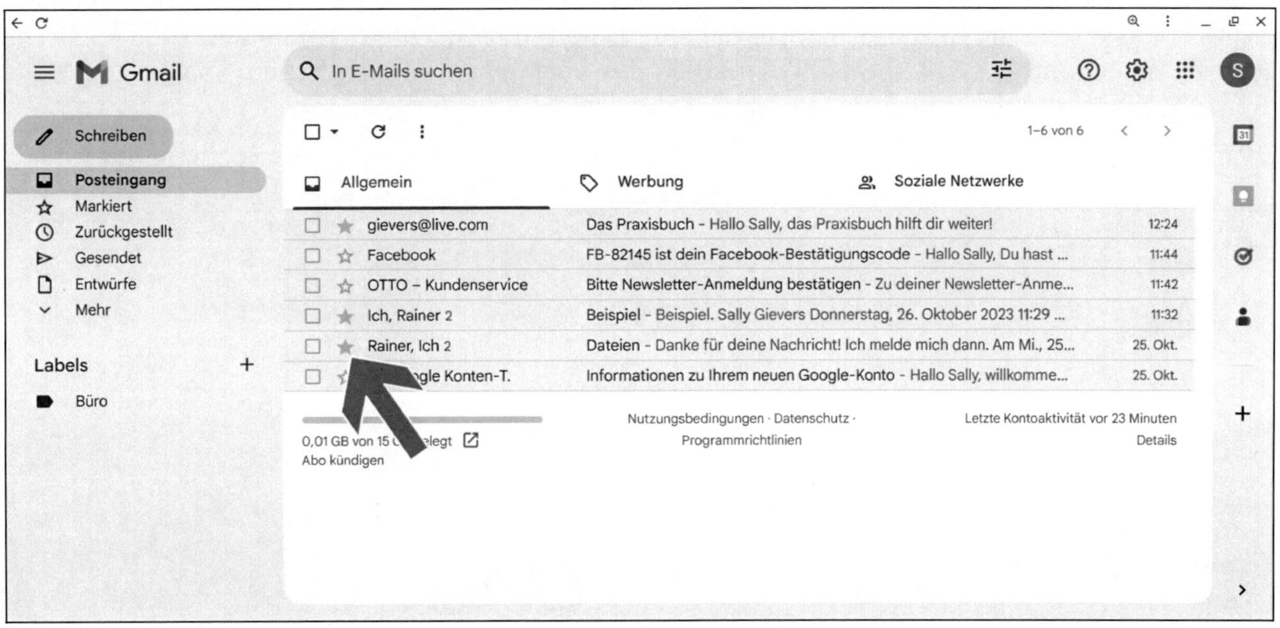

Auch in der Nachrichtenanzeige können Sie mit einem Stern (Pfeil) die Markierung setzen/entfernen (Pfeil).

Die Anzeige beschränken Sie mit *Markiert* in der Ordnerauflistung auf die markierten Nachrichten.

8.2.5 Spam

Unter Spam versteht man unerwünschte Werbemails. Abhängig davon, ob Sie Ihre E-Mail-Adresse irgendwo mal auf einer Website hinterlassen haben oder durch Zufall ein Spam-Versender Ihre Gmail-Adresse mit Ausprobieren erraten hat, können pro Tag einige dutzend oder hundert Werbemails in Ihrem E-Mail-Konto auflaufen. Damit Ihre wichtige Kommunikation nicht im ganzen Spam untergeht, verfügt Ihr Gmail-Konto über einen automatischen Spam-Filter. Alle Spam-Mails landen dabei im *Spam*-Ordner.

Damit Google weiß, was für Sie Spam ist, müssen sie unerwünschte Mails als Spam markieren.

Klicken Sie in der Nachrichtenansicht auf ⓘ (Pfeil). Die betreffende Nachricht wird aus dem *Posteingang* entfernt und landet im *Spam*-Ordner.

Nutzen Sie *Phishing melden* aus dem Menü, wenn Sie eine Spam-Nachricht erhalten, mit deren Hilfe Dritte Daten wie Ihre Kreditkartennummer abfragen oder zum Aufruf einer möglicherweise gefährlichen Webseite auffordern. Beliebt sind dabei unter anderem vorgeschobene Warnungen vor Online-Kontosperrungen, weshalb man seine Kontodaten inklusive PIN eingeben müsse. Weitere nützliche Hinweise zum wichtigen Thema »Phishing« finden Sie online unter *support.google.com/mail/answer/8253*.

Den *Spam*-Ordner finden Sie links in der Ordnerauflistung, nachdem Sie dort *Mehr* angeklickt haben.

Kontrollieren Sie regelmäßig, ob es sich bei den darin vorhandenen Nachrichten wirklich um Spam handelt und verschieben Sie sie gegebenenfalls wieder in den *Posteingang* zurück.

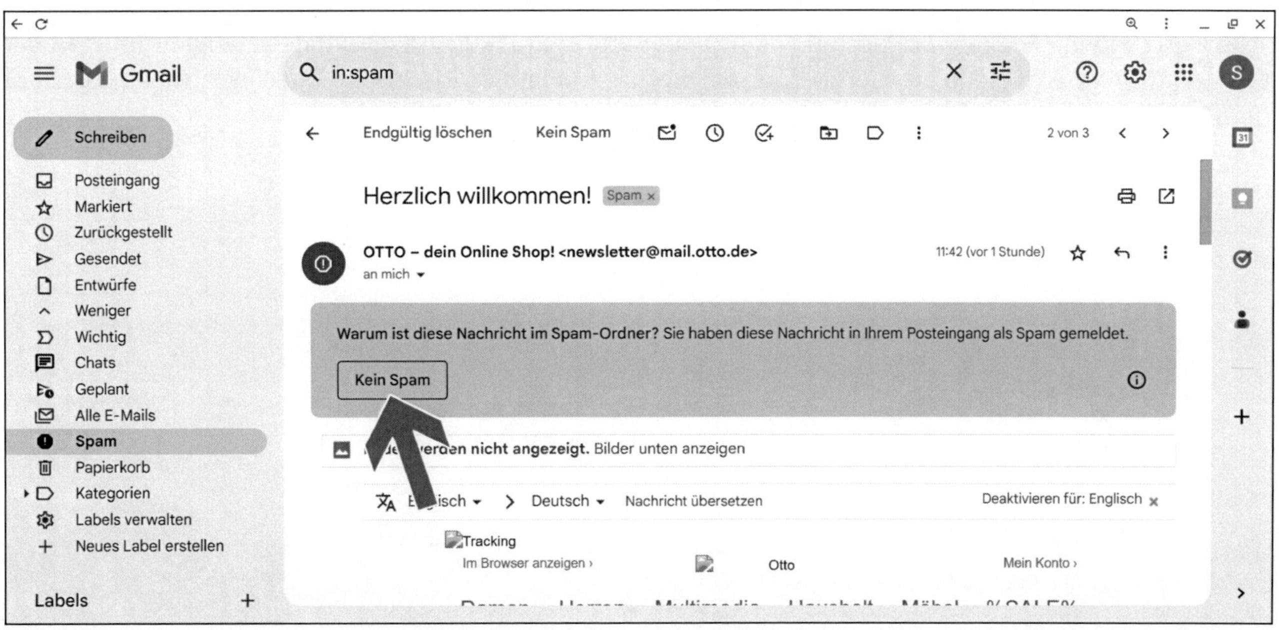

Ist eine Nachricht kein Spam, dann klicken Sie sie im *Spam*-Ordner für die Nachrichtenansicht an und betätigen Sie dann die *Kein Spam*-Schaltleiste.

Es ist sehr **wichtig**, dass im *Spam*-Ordner wirklich nur unerwünschte Mails enthalten sind. Gmail vergleicht nämlich eingehende Nachrichten mit denen im Spam-Ordner und ordnet sie als Spam ein, wenn eine große Ähnlichkeit besteht. Schauen Sie deshalb ab und zu mal in Ihren *Spam*-Ordner, um falsche Einordnungen wieder rückgängig zu machen.

8.2.6 Stapelvorgänge

Wenn eine Aktion, wie Label ändern, Löschen, Markierung hinzufügen usw. auf mehrere Nachrichten anzuwenden ist, verwenden Sie die Stapelvorgänge.

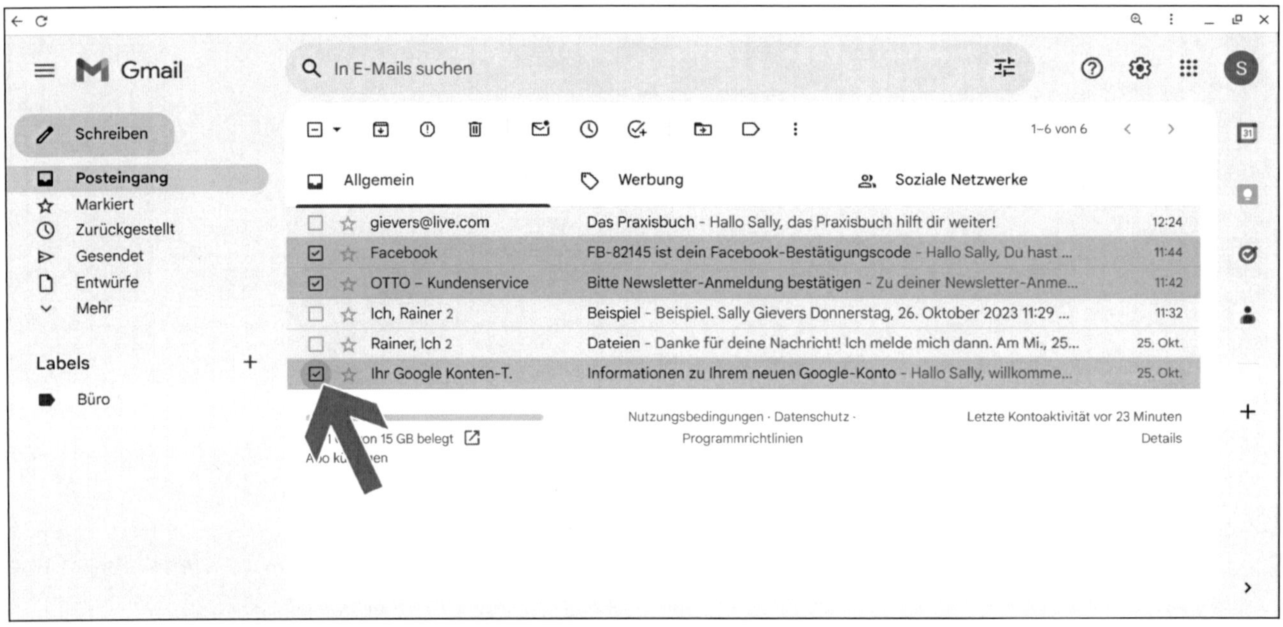

Zum Markieren aktivieren Sie die Abhakkästchen vor den Nachrichten. Über die Schaltleisten am oberen Bildschirmrand können Sie dann die Nachrichten archivieren, löschen, einem Label zuweisen, auf gelesen/ungelesen setzen oder als Favoriten markieren.

Alternativ ziehen Sie die markierten Nachrichten mit gedrückter linker Maustaste nach links in der Ordnerauflistung, welche ausklappt. Lassen Sie die Maustaste los, sobald sich der Mauszeiger auf dem gewünschten Ziel-Ordner/Label befindet.

8.2.7 Posteingang-Anzeige

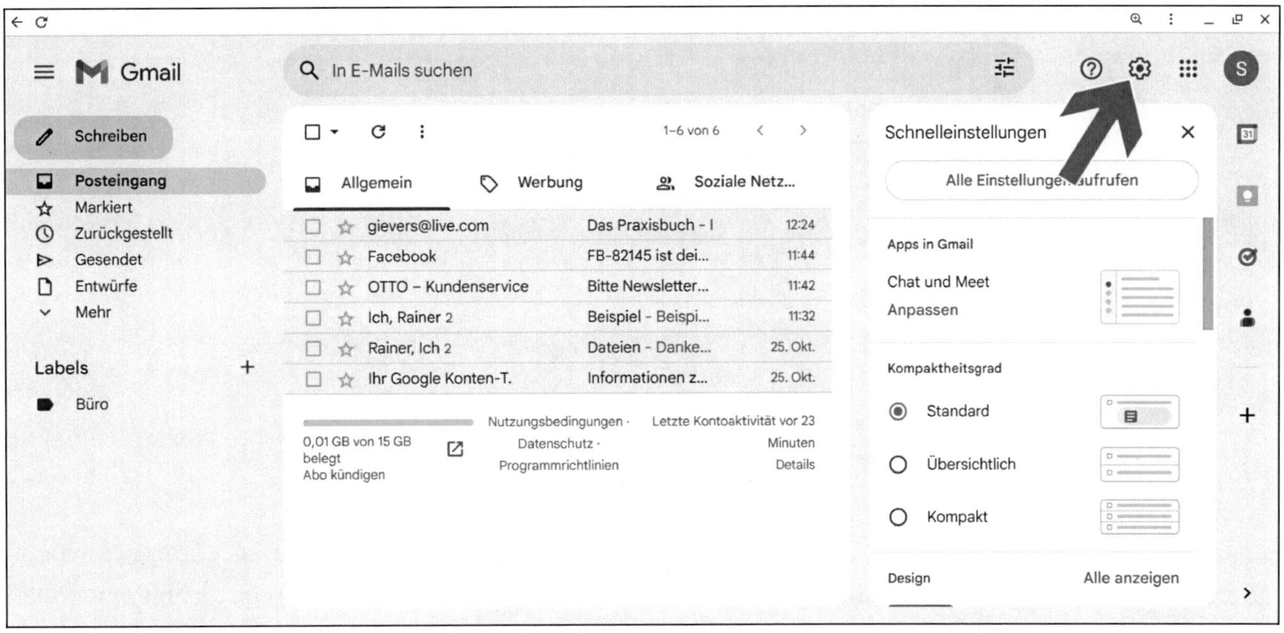

Die Nachrichtensortierung im Posteingang steuern Sie mit ⚙ (Pfeil). Die Optionen:

- *Apps in Gmail*: Sie können bei Bedarf Verknüpfungen zu den Google-Diensten Meet und Chat in Gmail aktivieren. In der Praxis macht das aber keinen Sinn.
- Auf die Optionen unter *Kompaktheitsgrad* gehen wir im Kapitel *8.4 Nachrichtenanzeige* ein.
- *Design*: Wählen Sie zwischen verschiedenen Hintergrundbildern. Wir raten davon ab, weil damit die Übersichtlichkeit erheblich eingeschränkt wird.
- *Art des Posteingangs*: Wählen Sie eine der Sortieroptionen aus. Google selbst empfiehlt, die verschiedenen Optionen auszuprobieren, um die für die eigenen Zwecke am besten geeignete herauszufinden. Falls Sie die im Kapitel *8.2.3.b Wichtig-Label und der sortierte Eingang* vorgestellte Methode einsetzen, empfehlen wir Ihnen die Option *Sortierter Eingang*.
- *Lesebereich*: Standardmäßig ist die Gmail-Benutzeroberfläche zweigeteilt. Falls Sie einen größeren Bildschirm einsetzen, kann eine dreigeteilte Ansicht interessant sein. Dazu wählen Sie entweder *Rechts neben dem Posteingang* oder *Unter dem Posteingang* aus.
- *E-Mail-Threads*: Standardmäßig gruppiert Gmail alle E-Mails, die mit dem gleichen Betreff oder Empfänger ausgetauscht wurden. Deaktivieren Sie *Konversationsansicht*, wenn Sie das nicht wünschen.

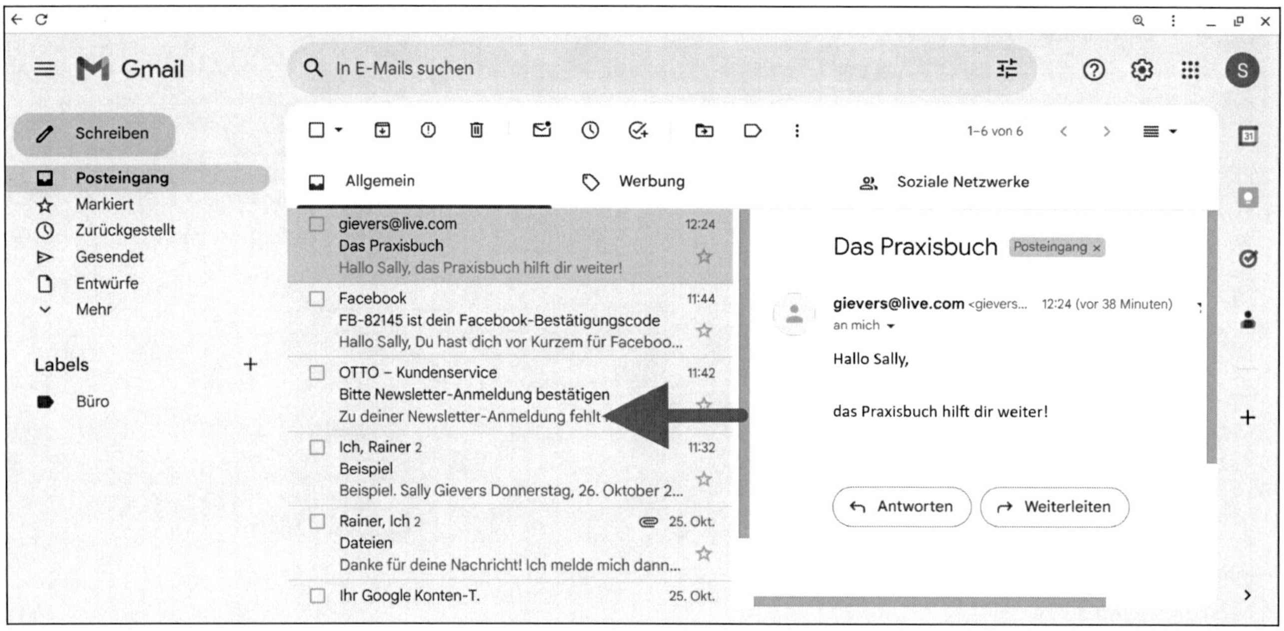

Die Einstellung *Rechts neben dem Posteingang* unter *Lesebereich* ergibt eine dreigeteilte Darstellung. Die ausgewählte Nachricht wird dabei links angezeigt. Die Größe des Anzeigebereichs ändern Sie mit Verschieben des Begrenzers (Pfeil). Mit gedrückter Maustaste ziehen Sie ihn einfach nach links oder rechts.

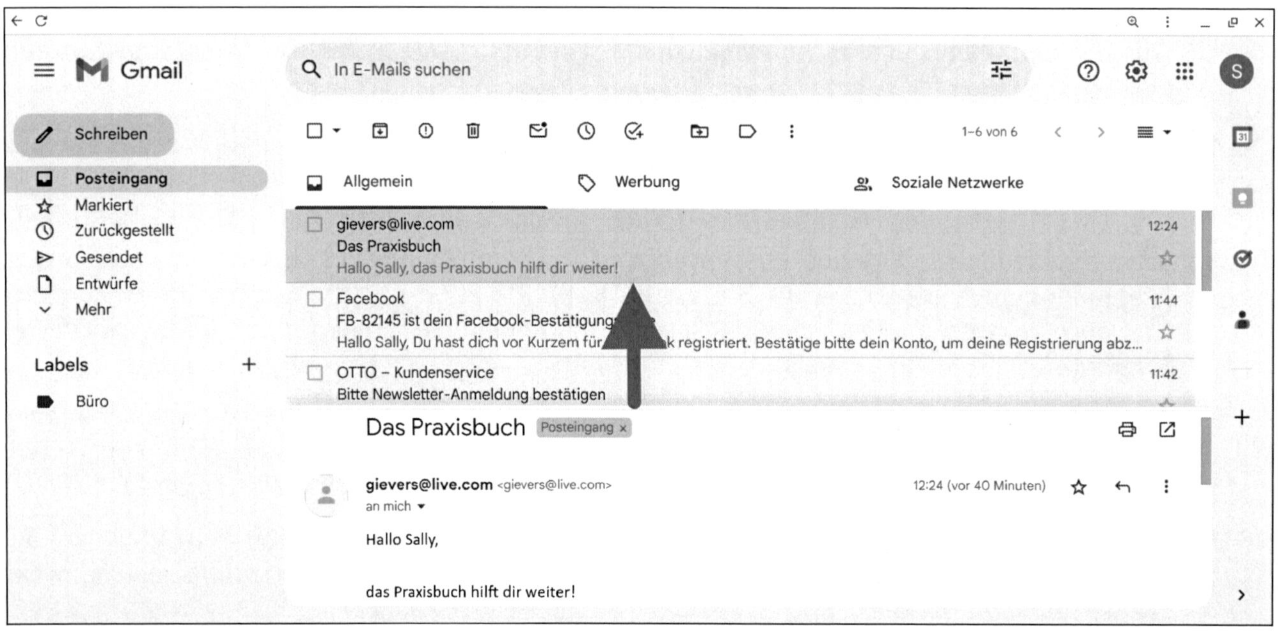

Die Einstellung *Unter dem Posteingang* unter *Lesebereich* blendet die jeweils angezeigte E-Mail am unteren Bildschirmrand ein. Auch hier lässt sich der Anzeigebereich über mit dem Begrenzer ändern. (Pfeil).

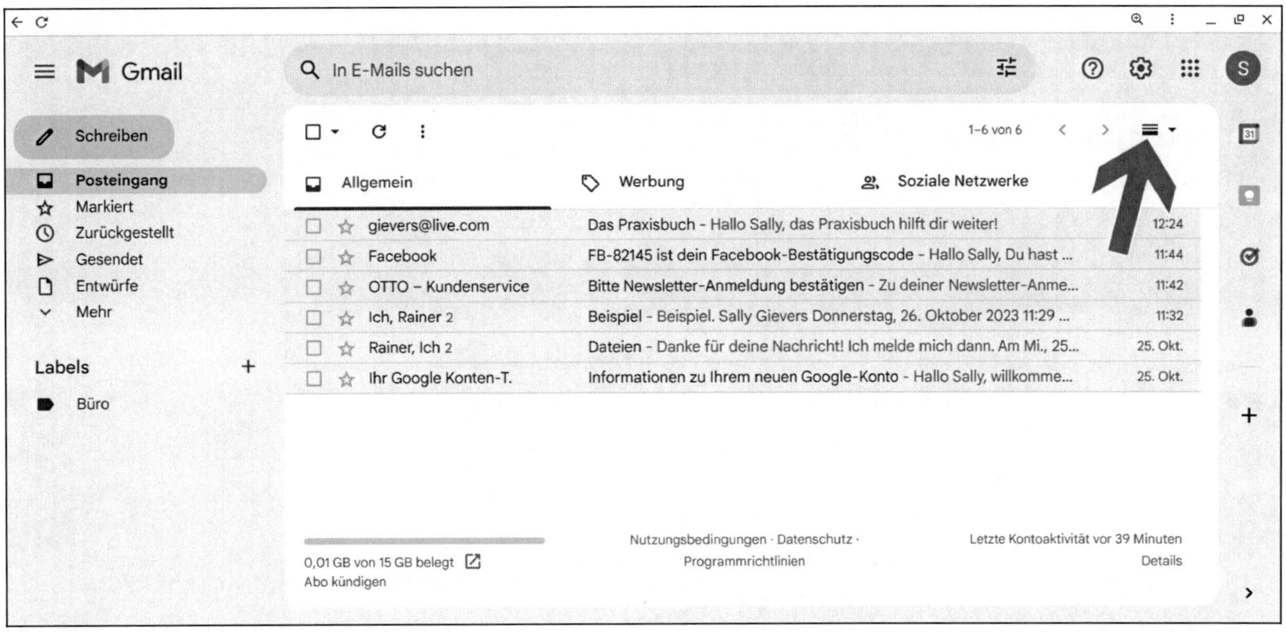

Statt dem Menüs verwenden Sie einfacher die Schaltleiste (Pfeil) am oberen Bildschirmrand.

8.3 Einstellungen

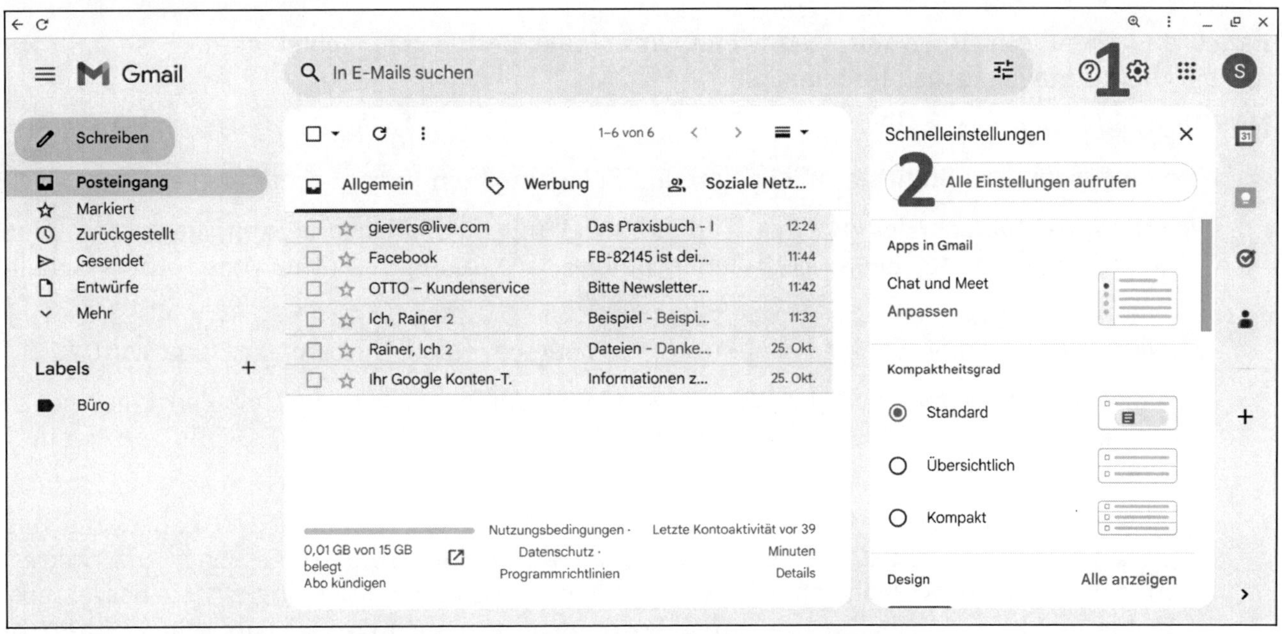

Klicken Sie auf ⚙ (1) und gehen Sie auf *Alle Einstellungen aufrufen* (2).

Über die Register am oberen Bildschirmrand schalten Sie zwischen den verschiedenen Einstellungsgruppen um (Pfeil).

Beachten Sie, jeweils am unteren Seitenende die *Änderungen speichern*-Schaltleiste zu betätigen, sofern Sie Optionen geändert haben.

Es würde leider dieses Buch sprengen, wenn wir auf alle Optionen eingehen würden, weshalb wir uns auf die für Sie nützlichen beschränken.

Das *Allgemein*-Register:

- *Standardtextstil*: Stellen Sie Schriftart und Schriftgröße in Ihren Nachrichten ein.
- *Schaltflächenbeschriftung*: Gmail arbeitet viel mit Symbolschaltleisten, deren Funktion sich nicht sofort erschließt. Aktivieren Sie hier *Text*, damit Gmail nur beschriftete Schaltleisten anzeigt.
- *Mein Bild*: Erstellen Sie Ihr Kontaktfoto, das anderen Gmail-Nutzern angezeigt wird.
- *Signatur*: Die Signatur ist ein Text, den Gmail automatisch beim Erstellen einer neuen Nachricht einfügt. Nutzen Sie sie, um den Empfängern Ihrer E-Mails auf weitere Kontaktmöglichkeiten per Telefon, oder ähnlich hinzuweisen.
- *Abwesenheitsnotiz*: Ein sehr nützliches Feature, wenn Sie mal nicht erreichbar sind und Personen, die Ihnen geschrieben haben, automatisch über Ihre Abwesenheit informieren möchten. Die Abwesenheitsnotiz erfolgt ohne Ihr Zutun vom Google-Mail-Server aus. Dabei erhält jeder, der Ihnen währenddessen eine oder mehrere E-Mails schickt, die Abwesenheitsnotiz nur einmal alle vier Tage. Ausgenommen sind als Spam aussortierte E-Mails.

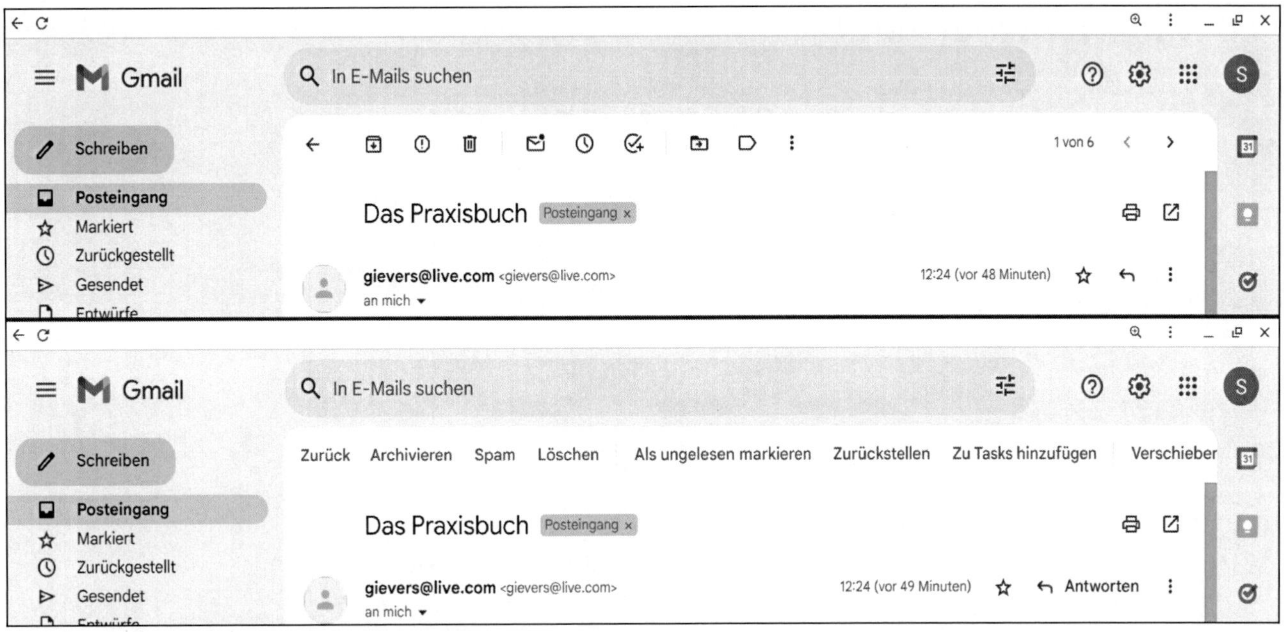

Die Option *Schaltflächenbeschriftung* im *Allgemein*-Register ändert die Schaltflächen von Symbolen (unten) nach Text (oben), was insbesondere Einsteiger begrüßen dürften.

Ein von Ihnen bei *Mein Bild* im Label-Register eingestelltes Kontaktfoto erscheint bei anderen Gmail-Nutzern in der E-Mail-Ansicht.

8.4 Nachrichtenanzeige

Sie können die Nachrichtenanzeige zwischen verschiedenen Ansichten umschalten.

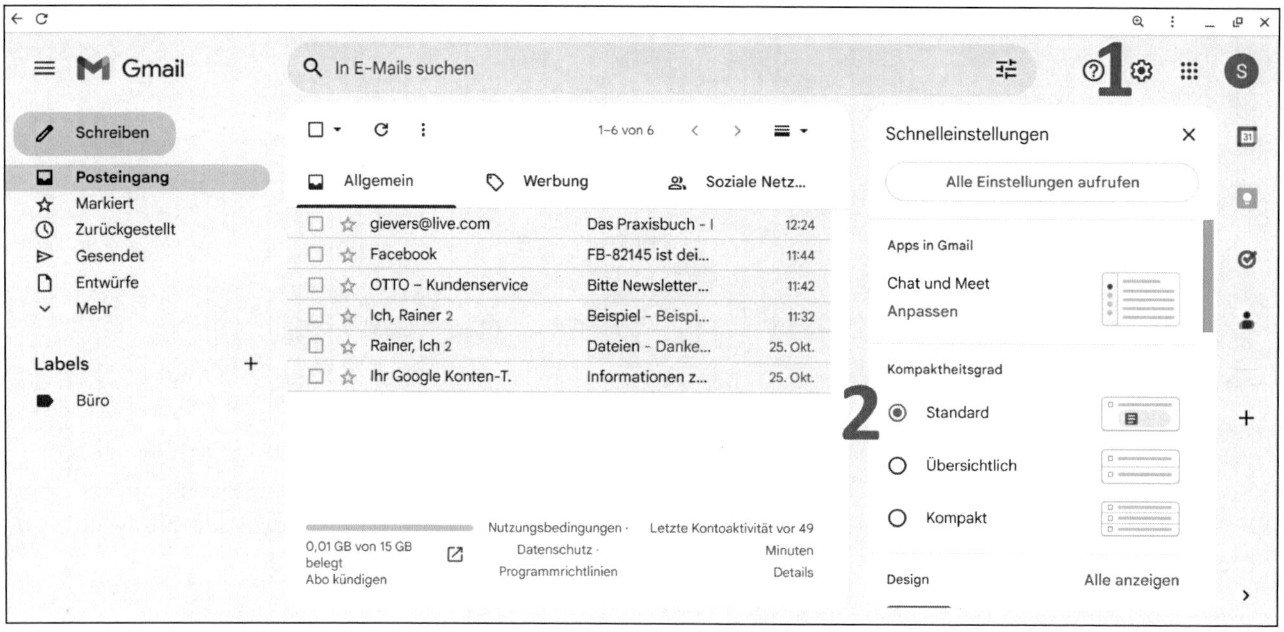

Klicken Sie auf ⚙ (1). Unter *Kompaktheitsgrad* haben Sie die Wahl zwischen *Standard, Übersichtlich* und *Kompakt.*

Die Nachrichtenansichten im Vergleich:

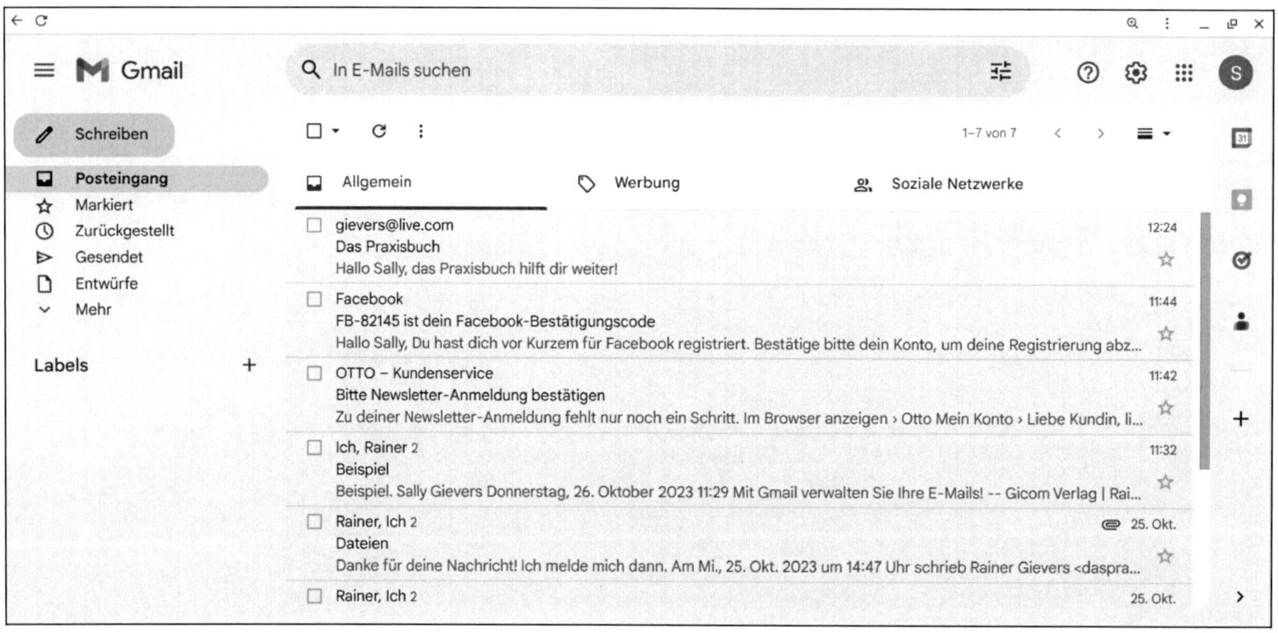

Standard

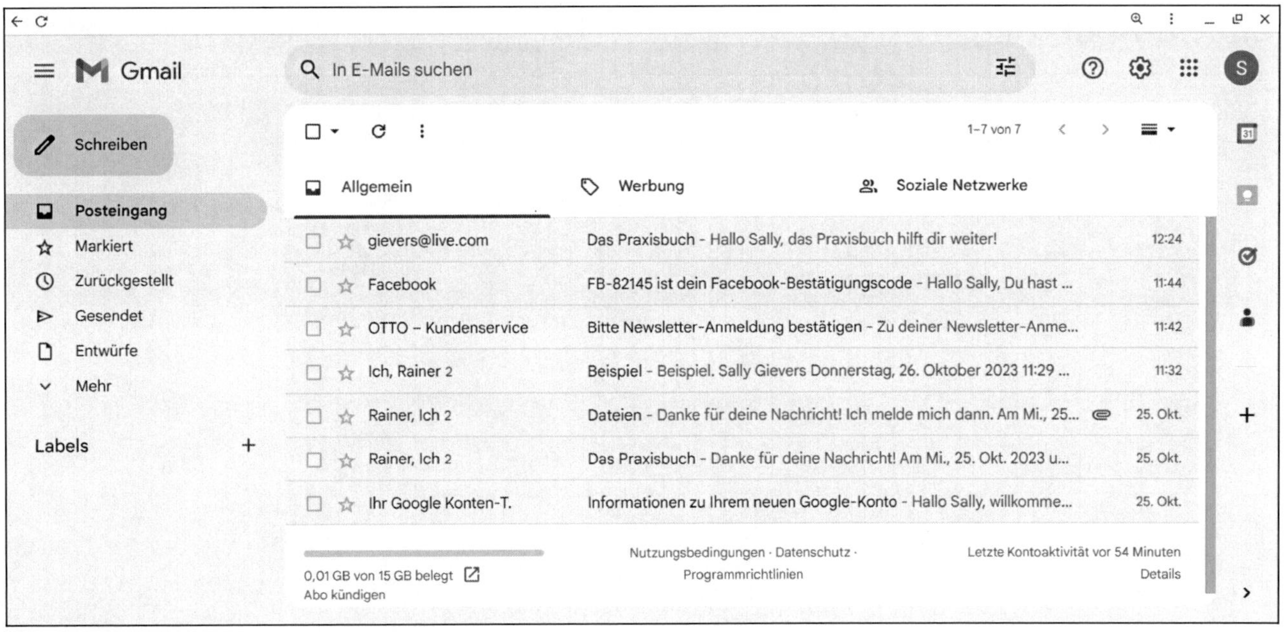

Übersichtlich

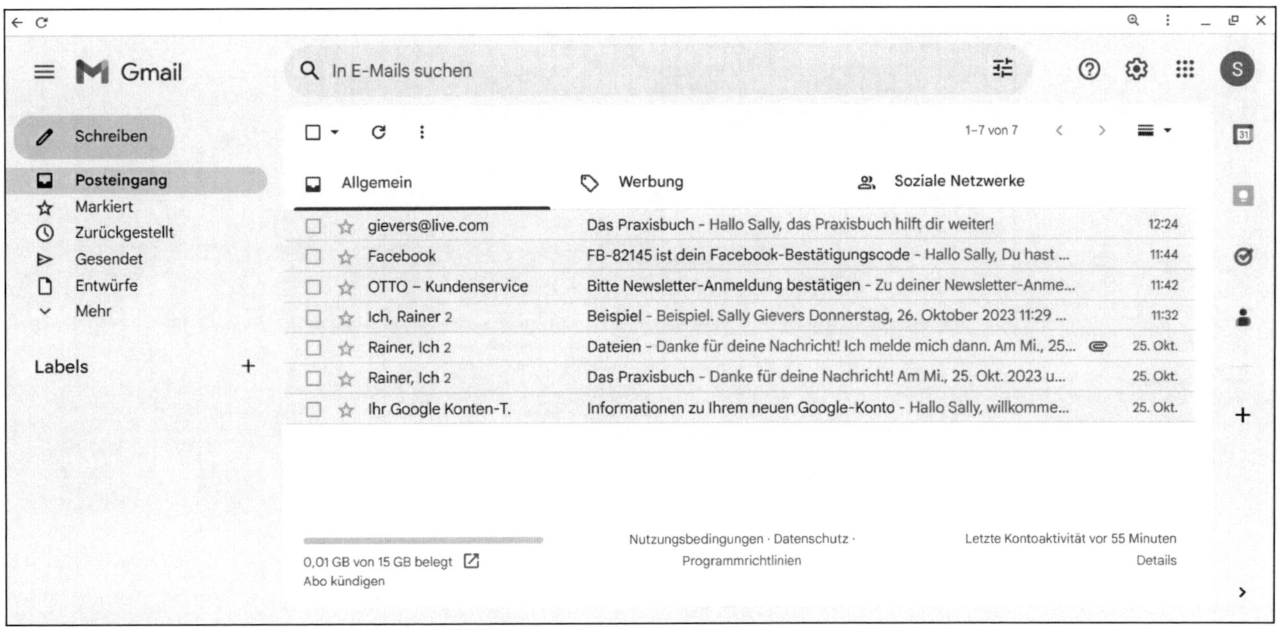

Kompakt

8.5 Der Umgang mit anderen E-Mail-Konten

Sofern Ihnen Gmail gefällt, können Sie den Inhalt von E-Mail-Konten bei anderen Anbietern importieren, worauf wir hier nicht weiter eingehen. Sie finden diese Funktion, wenn Sie in der Gmail-Oberfläche auf ⚙ klicken, im Menü auf *Alle Einstellungen abrufen* gehen und dann das *Weiterleitung & POP/IMAP*-Register aktivieren.

Eine weitere Option, die wir hier erläutern, ist die Einbindung anderer E-Mail-Konten. Sie ersparen sich dann den dauernden Wechsel zwischen Gmail und weiteren E-Mail-Weboberflächen. Es lassen sich maximal fünf weitere E-Mail-Konten dem Gmail-Konto hinzufügen.

Leider ist es uns aus Platzgründen hier nicht möglich, auf die Einrichtung aller möglichen E-Mail-Adressen einzugehen, weshalb wir uns hier beispielhaft auf den kostenlosen Anbieter GMX beschränken. Bei anderen Anbietern wie Outlook.com, T-Online, Web.de usw. läuft es aber im Prinzip genauso ab.

8.5.1 Einrichtung

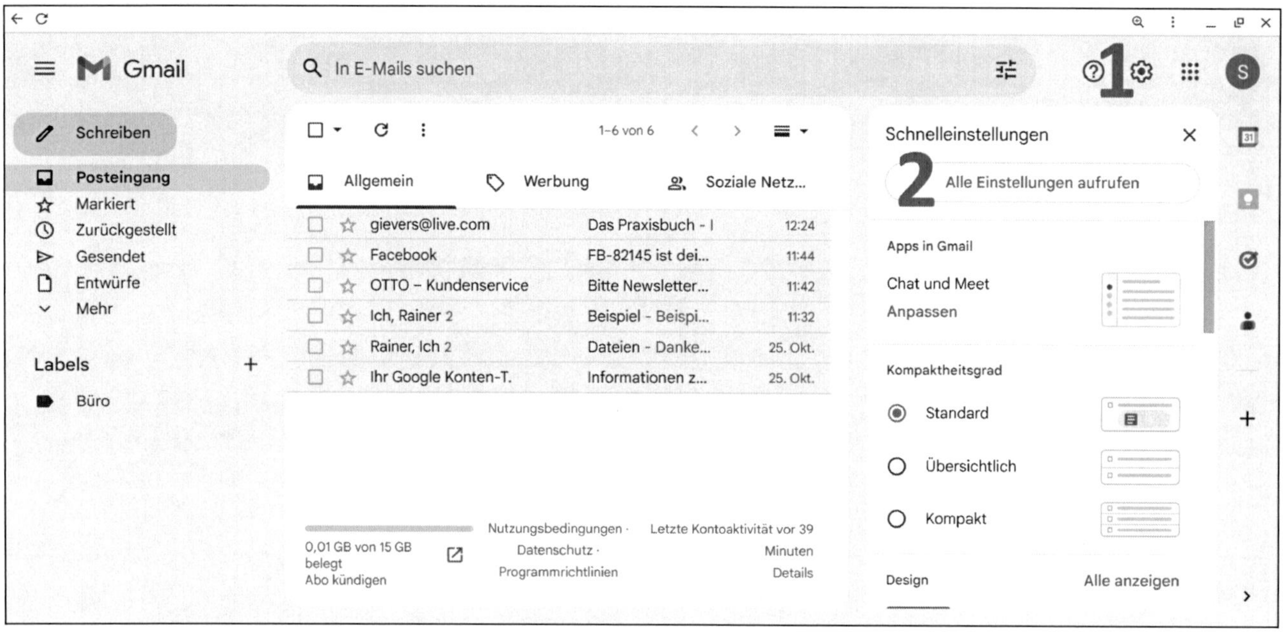

Klicken Sie auf ⚙ (1) und gehen Sie auf *Alle Einstellungen aufrufen* (2).

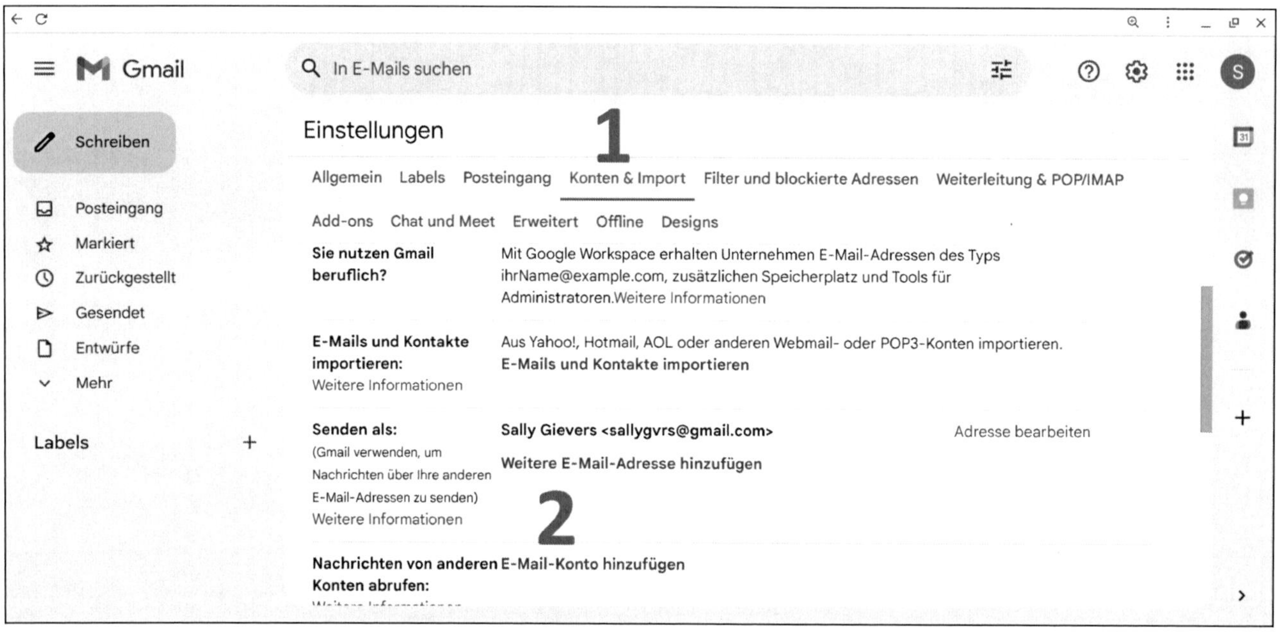

Aktivieren Sie das *Konten & Import*-Register (1) und klicken Sie auf *E-Mail-Konto hinzufügen* (2).

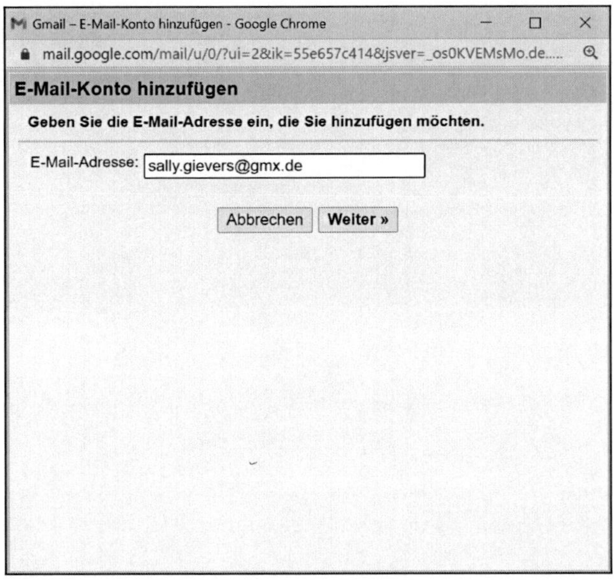

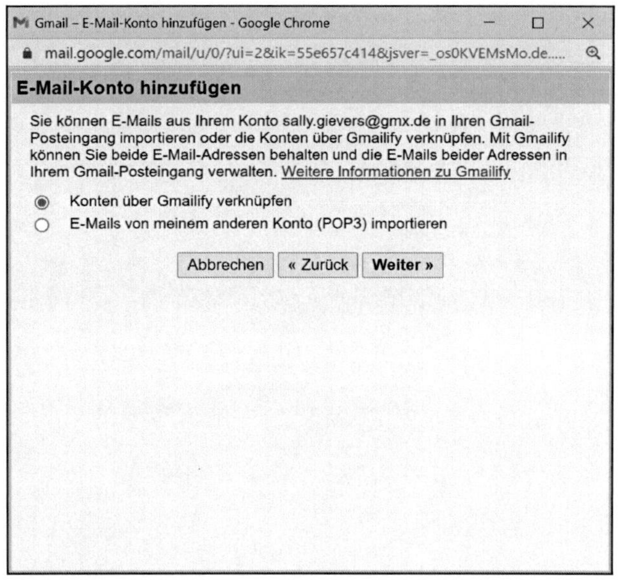

❶ Geben Sie die E-Mail-Adresse ein und betätigen Sie *Weiter.*

❷ Zur Auswahl stehen nun:

- *Konten über Gmailify verknüpfen*: Sie können über Ihr E-Mail-Konto wie gewohnt Nachrichten senden und empfangen.
- *E-Mails von meinem anderen Konto (POP3) importieren*: Gmail empfängt die Nachrichten aus dem E-Mail-Konto, es ist aber nicht möglich, Nachrichten darüber zu senden. Antworten erfolgen also immer von Ihrer Google-Mail-Adresse.

Wir empfehlen die Verwendung von *Konten über Gmailify verknüpfen.* Betätigen Sie *Weiter.*

Einige E-Mail-Anbieter unterstützten Gmailify nicht. Es erscheint dann ein entsprechender Hinweis, dass Sie *E-Mails von meinem anderen Konto (POP3) importieren* verwenden müssen.

Sofern Sie ein Konto bei einem der größeren E-Mail-Anbieter nutzen, müssen Sie jetzt nur noch Ihr Passwort eingeben und betätigen *Weiter.*

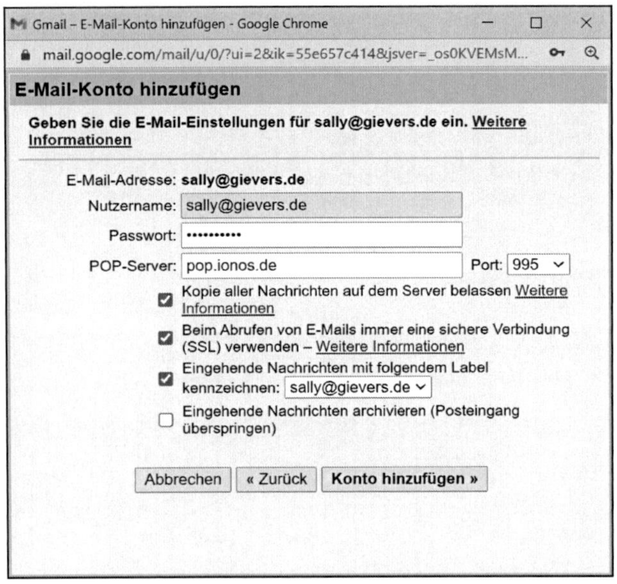

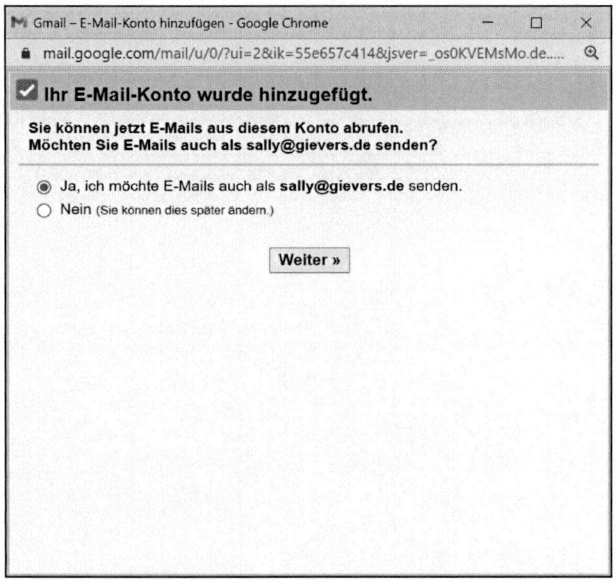

➊ Sofern Sie keinen freien E-Mail-Anbieter wie GMX, sondern eine eigene Domain-E-Mail-Adresse, im Beispiel *sally@gievers.de* verwenden, sind noch einige Abrufparameter einzugeben:

- *Kopie aller Nachrichten auf dem Server belassen*: Sofern Sie die Nachrichten im E-Mail-Konto später auch mit einer anderen E-Mail-Anwendung oder über die eigene Weboberfläche abrufen möchten, sollten Sie diese Option aktivieren (empfohlen).
- *Beim Abrufen von E-Mails immer eine sichere Verbindung (SSL) verwenden*: Fast alle E-Mail-Anbieter setzen eine sichere Verbindung voraus, weshalb Sie das Abhakkästchen aktivieren sollten.
- *Eingehende Nachrichten mit folgendem Label kennzeichnen*: Damit Sie die Nachrichten aus dem Gmail- und dem weiteren E-Mail-Konto unterscheiden können, unterstützt Gmail das Hinzufügen eines entsprechenden Labels (zu Labels siehe Kapitel *8.2.3 Labels*). Mit einem Klick auf dem Label in der Ordnerauflistung schränken Sie dann die Anzeige nur auf die Nachrichten aus dem weiteren E-Mail-Konto ein.
- *Eingehende Nachrichten archivieren (Posteingang überspringen)*: Heruntergeladene Nachrichten werden automatisch archiviert (siehe Kapitel *8.2.2 Archivieren*).

Klicken Sie auf *Konto hinzufügen.*

➋ Beenden Sie die Einrichtung mit *Weiter.*

Die für Ihre E-Mail-Adresse benötigten Parameter müssen Sie bei Ihrem E-Mail-Anbieter erfragen beziehungsweise auf dessen Website nachschlagen.

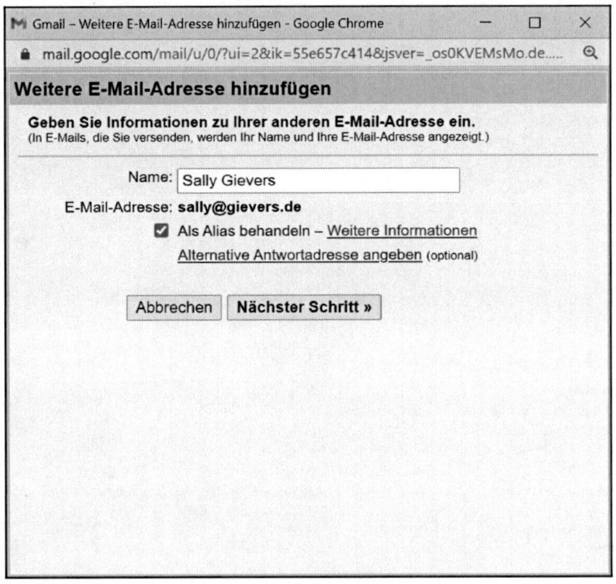

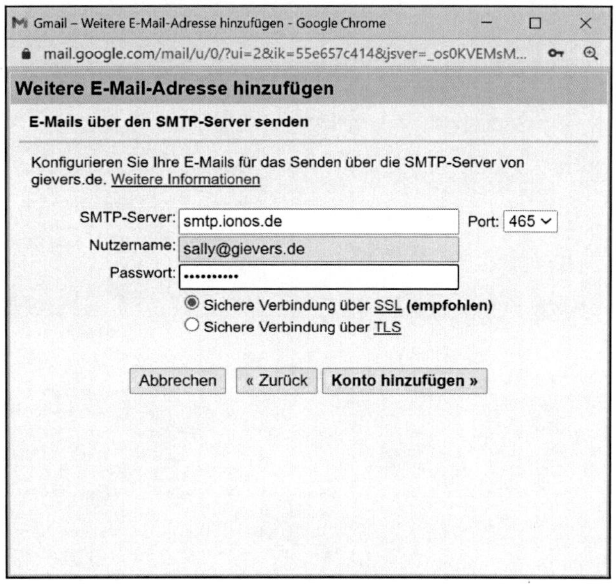

➊ Gehen Sie auf *Nächster Schritt.*

➋ Füllen Sie gegebenenfalls die Felder korrekt aus und betätigen Sie *Konto hinzufügen.*

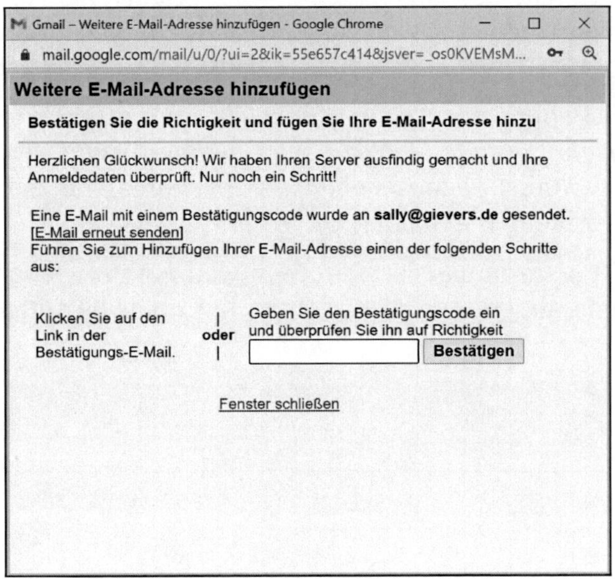

Sie müssen nun den Bestätigungscode eingeben, der an Ihr neu eingebundenes E-Mail-Konto geschickt wurde. Alternativ klicken Sie in der E-Mail einfach auf den Bestätigungslink.

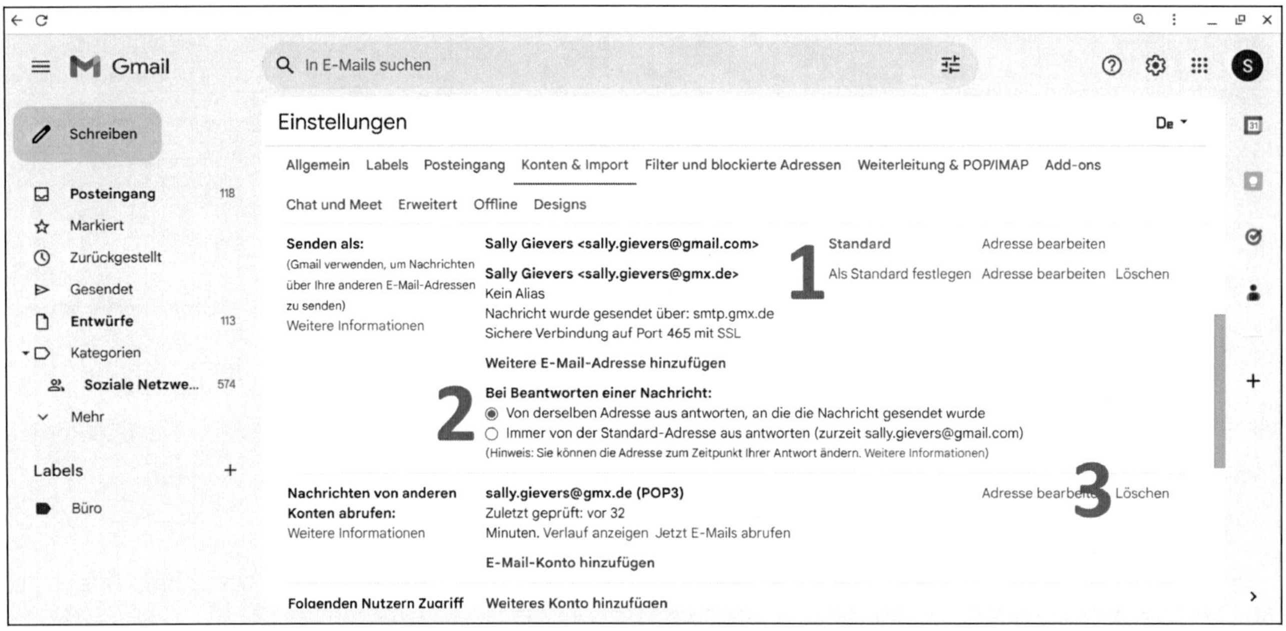

Sie befinden sich wieder im *Konten und Import*-Register.

Über *Als Standard festlegen* (1) konfigurieren Sie, welche der angelegten E-Mail-Konten als Absender eingesetzt wird. In unserem Fall können dies *sally.gievers1969@gmail.com* oder *sally@gievers.de* sein.

Zur weiteren E-Mail-Adresse sollten Sie unter *Bei Beantworten einer Nachricht* am besten *Von derselben Adresse aus antworten, an die die Nachricht gesendet wurde* (2) aktivieren. Damit verschleiern Sie gegenüber anderen, mit denen Sie E-Mails austauschen, dass Sie Gmail nutzen. Außerdem trennen Sie damit die genutzten E-Mail-Konten voneinander ab.

Verknüpfung aufheben beziehungsweise *Löschen* (3) entfernt das verknüpfte E-Mail-Konto wieder aus Gmail. Sie haben dann die Wahl, ob Sie bereits abgerufene Nachrichten in Gmail behalten oder löschen möchten.

8.5.2 Zweites E-Mail-Konto in der Praxis

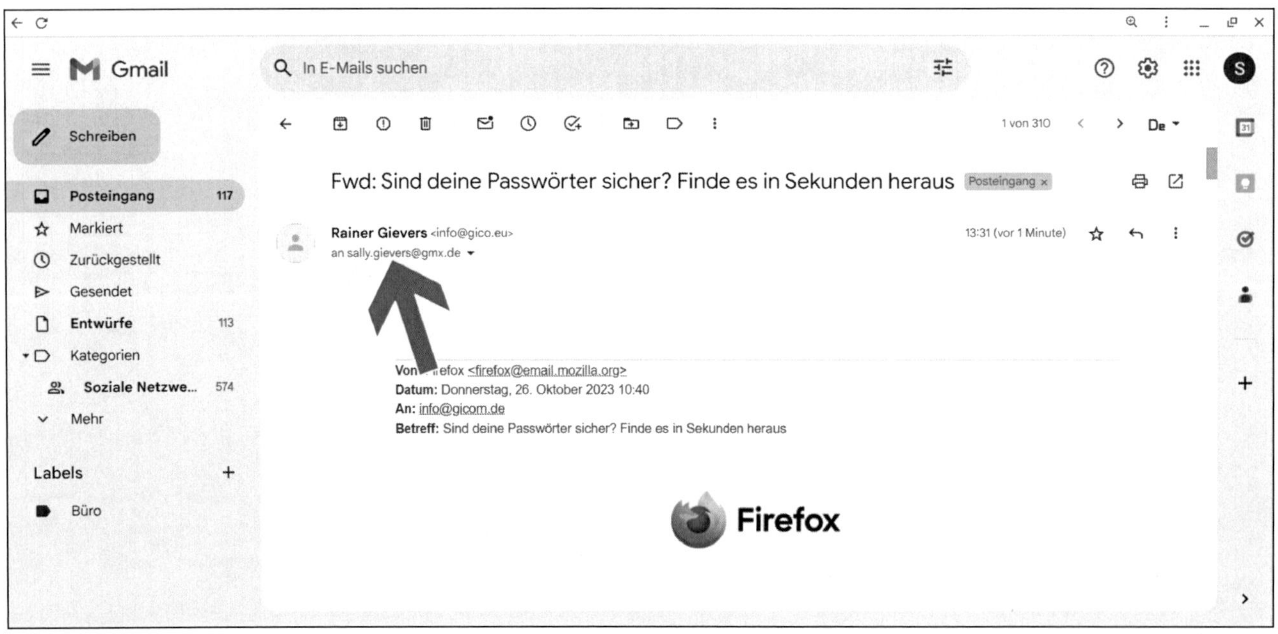

Am Empfängertext in der Nachrichtenansicht (Pfeil) wird deutlich, aus welchem E-Mail-Konto eine E-Mail stammt.

Wenn Sie eine Nachricht schreiben (siehe Kapitel *8.1.6 E-Mail neu schreiben*), wählen Sie mit einem Klick auf den Absender das Absender-E-Mail-Konto aus.

9. Programmverwaltung

Eine Besonderheit der Chromebooks ist die Option, zusätzliche Programme zu installieren. Dafür verwenden Sie den Web Store.

> Das in diesem Kapitel genutzte Apps-Menü haben wir bereits im Kapitel *4.5.1 Apps-Menü* vorgestellt.

Ein Klick auf **O** unten links öffnet das Apps-Menü.

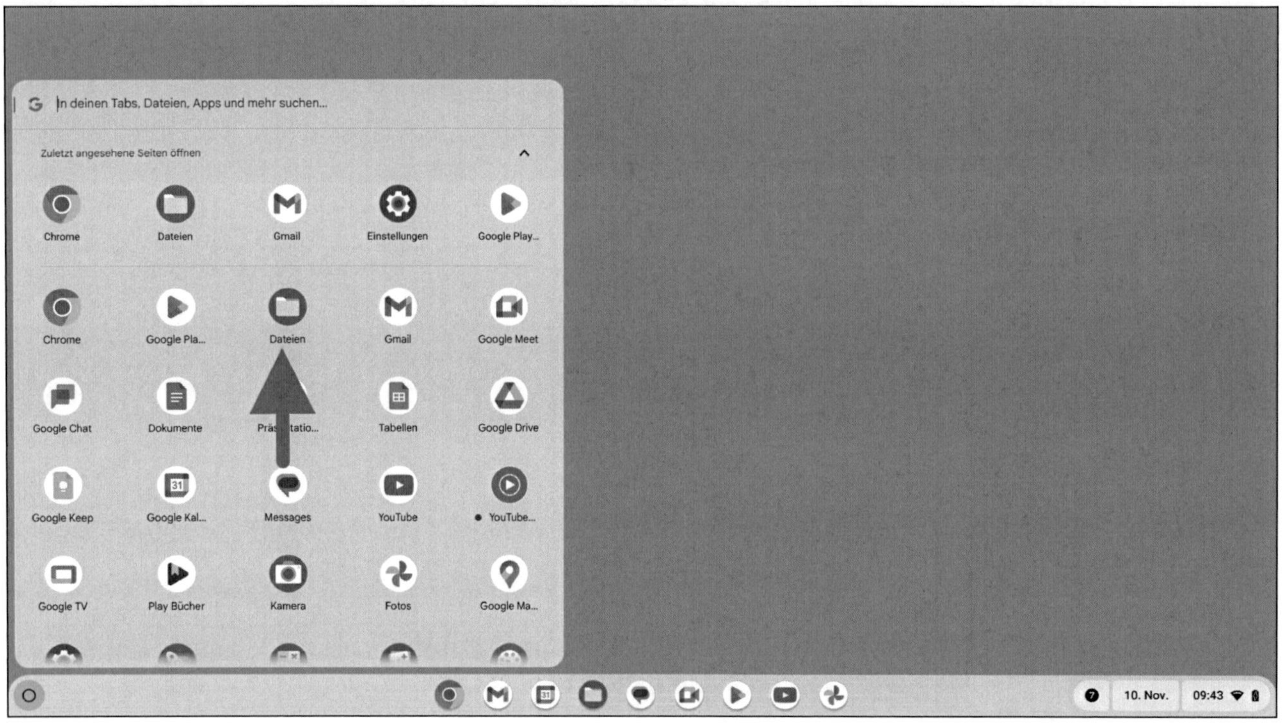

So rollen Sie durch das Menü: Halten Sie den Mauszeiger auf das Apps-Menü und drehen Sie dann am Mausrad. Alternativ wischen Sie mit dem Finger über dem Apps-Menü nach oben.

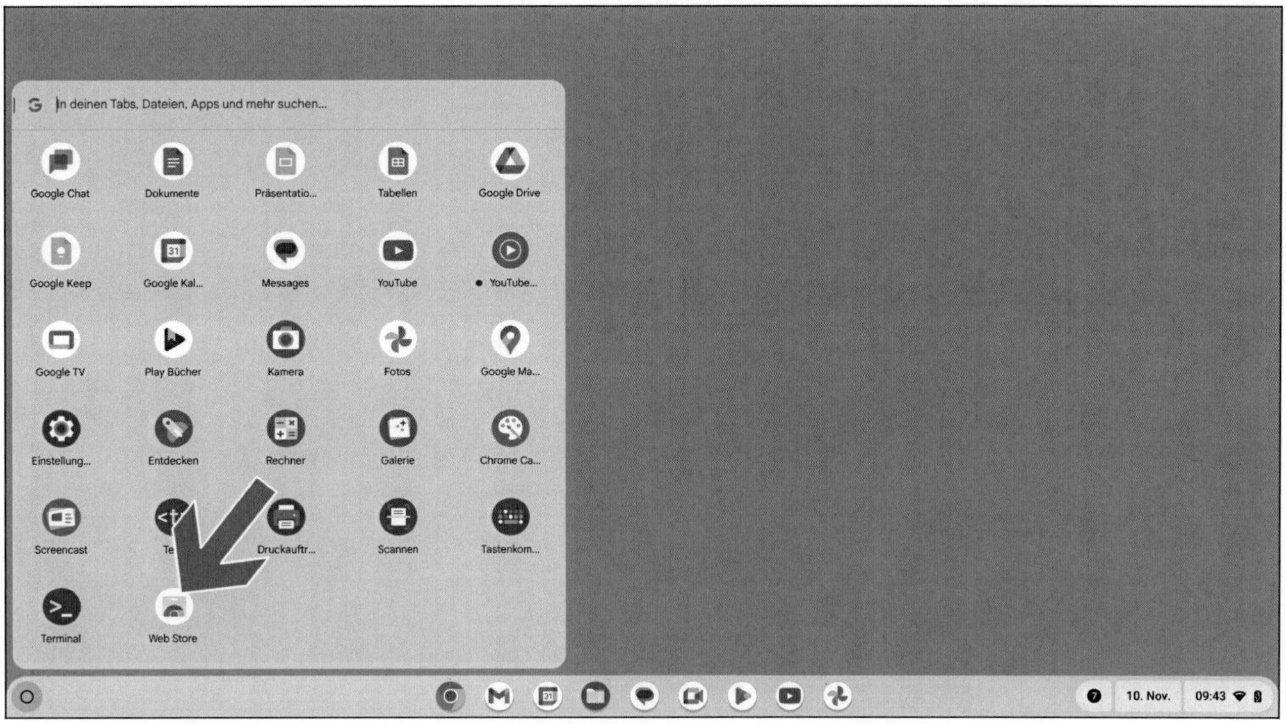

Klicken Sie danach auf *Web Store* (Pfeil).

Den Web Store rufen Sie alternativ über die Webadresse *chrome.google.com/webstore* auf, oder Sie gehen im Chrome-Browser auf ⋮*/Erweiterungen/Chrome Web Store besuchen*.

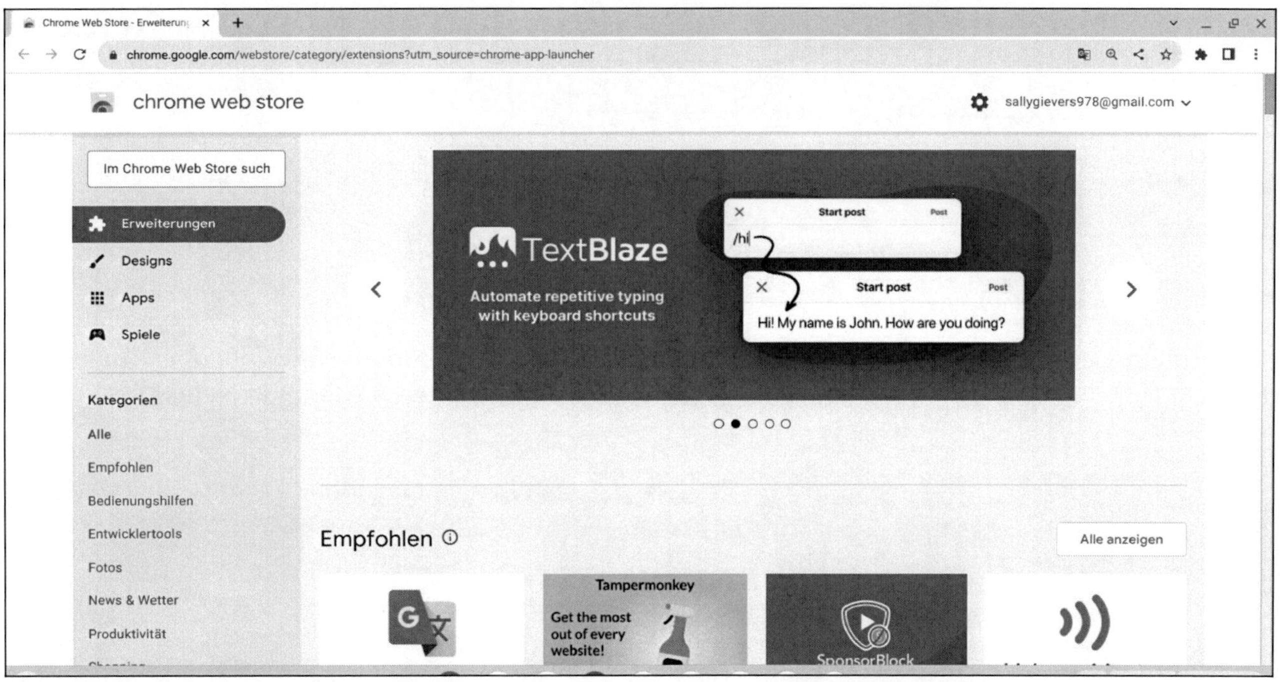

Der Web Store öffnet im Chrome-Browser.

Bei den angebotenen Downloads im Web Store wird zwischen drei verschiedenen Typen unterschieden (leider müssen wir dabei einige Fachbegriffe einführen):

- *Erweiterungen*: Diese erweitern die Funktionalität des Chrome-Browsers. Beispiele sind sogenannte Add-Blocker zum Herausfiltern von unerwünschten Werbeeinblendungen oder E-Mail-Indikatoren, die auf neu im E-Mail-Konto vorhandene Nachrichten aufmerksam machen.
- *Designs*: Ändern Sie damit das Aussehen Ihres Chrome-Browsers.

- *Apps; Spiele*: Die Apps und Spiele werden in zwei verschiedenen Formen angeboten: Als Websites und als auch offline direkt auf dem Chromebook nutzbare Programme (Chrome-Apps).

9.1 Chrome-App installieren

Damit Sie die Funktionsweise kennenlernen, installieren wir im Folgenden ein Programm aus dem Web Store.

> Die Chrome-Apps machen genau genommen wenig Sinn, denn es handelt sich nicht um »richtige« Programme. Stattdessen »installieren« Sie eine Schaltleiste, über die Sie die zugehörige Webseite im Chrome-Browser aufrufen. Es ist daher einfacher, die jeweilige Webseite im Chrome-Browser als Favorit für den schnelleren Aufruf anzulegen (siehe Kapitel *6.2 Favoriten*).

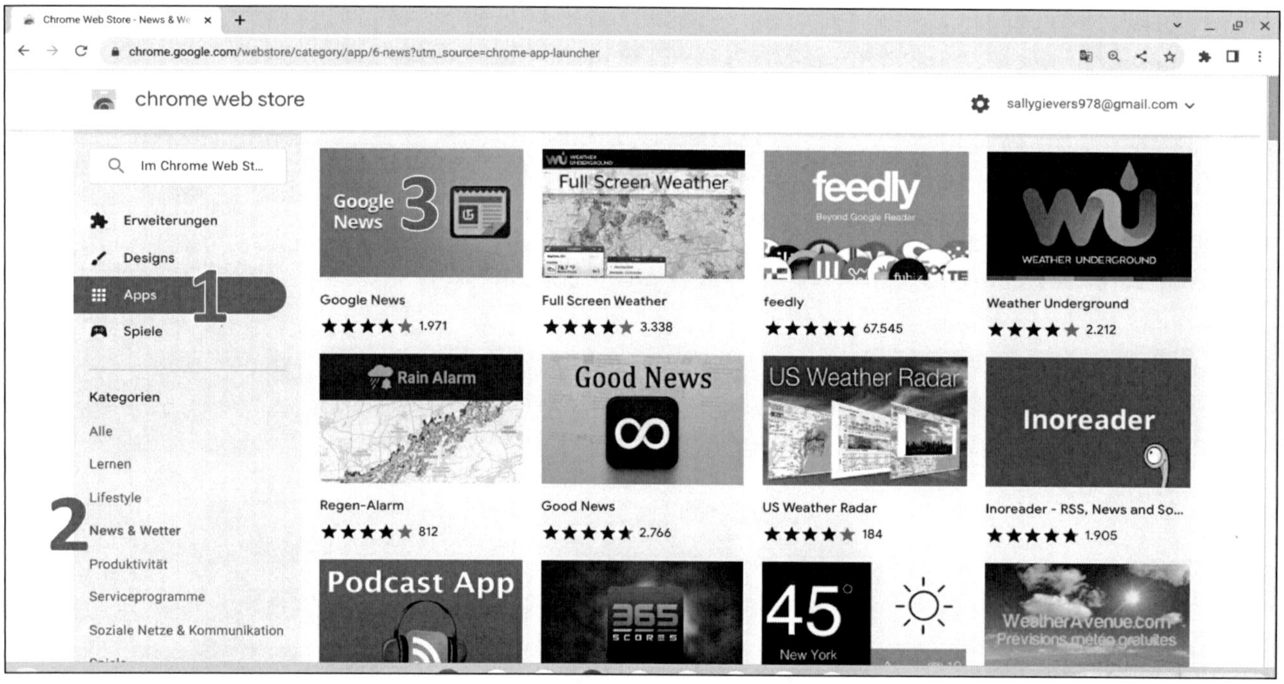

In unserem Beispiel möchten wir die Nachrichtenübersicht von Google News nutzen. Klicken Sie auf *Apps* (1) und dann auf *News & Wetter* (2). Anschließend wählen Sie Google News (3).

Mit *App hinzufügen* (1) starten Sie die Installation. Schließen Sie den Hinweis mit *App hinzufügen* (2).

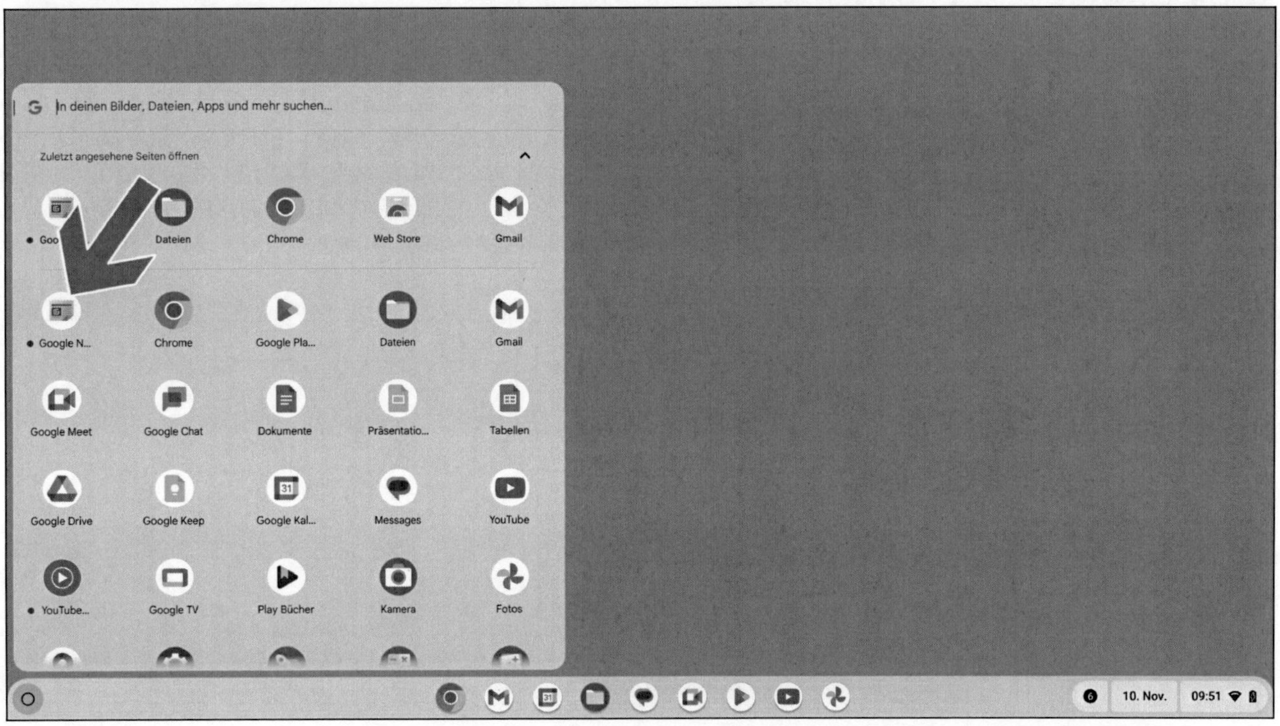

Im Apps-Menü erscheint das neue Programm, welches Sie mit einem Klick starten können.

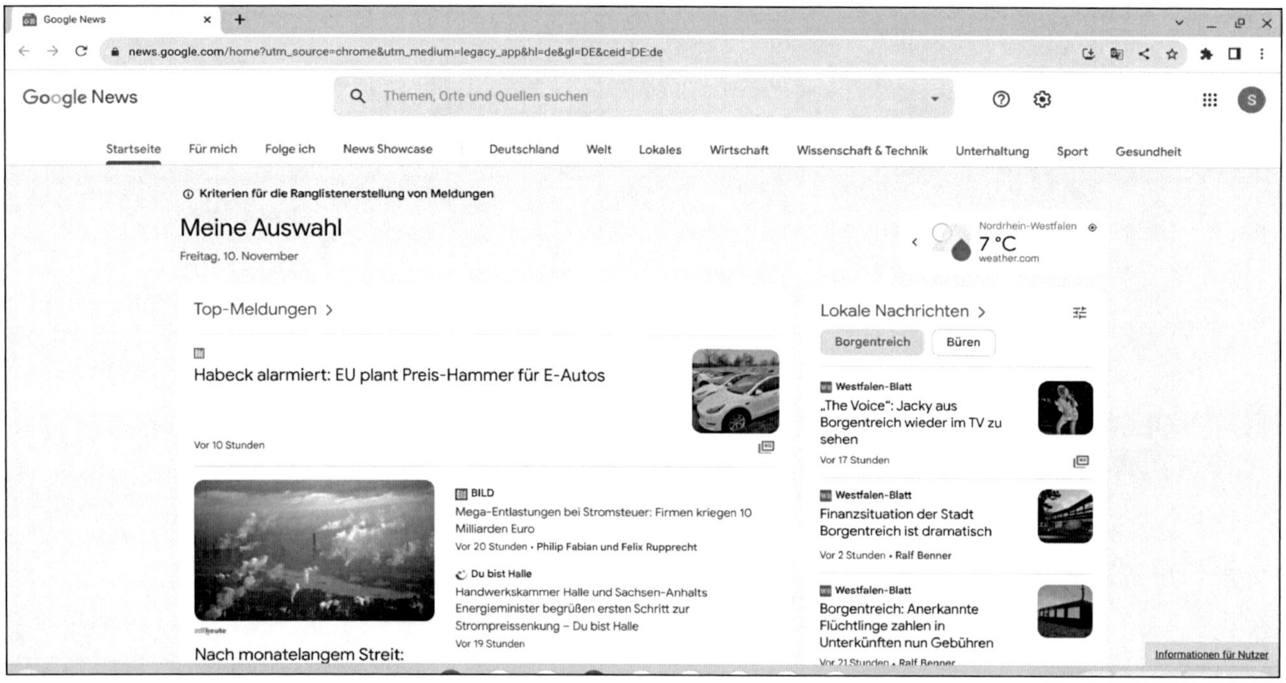

Die hinterlegte Anwendung startet im Browser.

9.1.1 Chrome-Apps verwalten

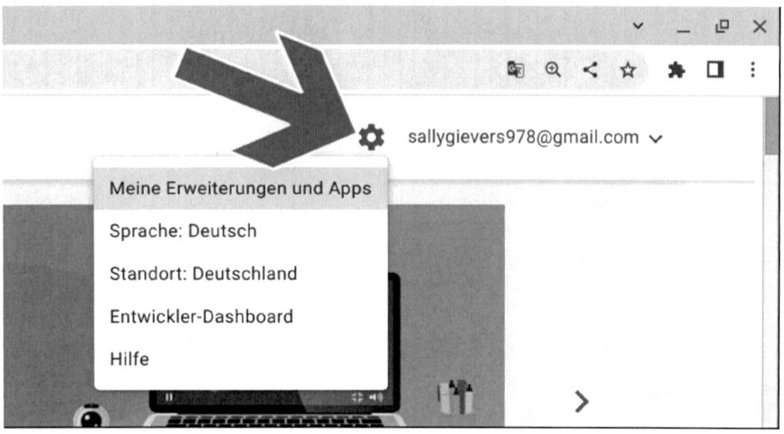

Für eine Übersicht der installierten Chrome-Eweiterungen und Apps klicken im Webstore Sie auf ⚙ für das Menü und gehen auf *Meine Erweiterungen und Apps.*

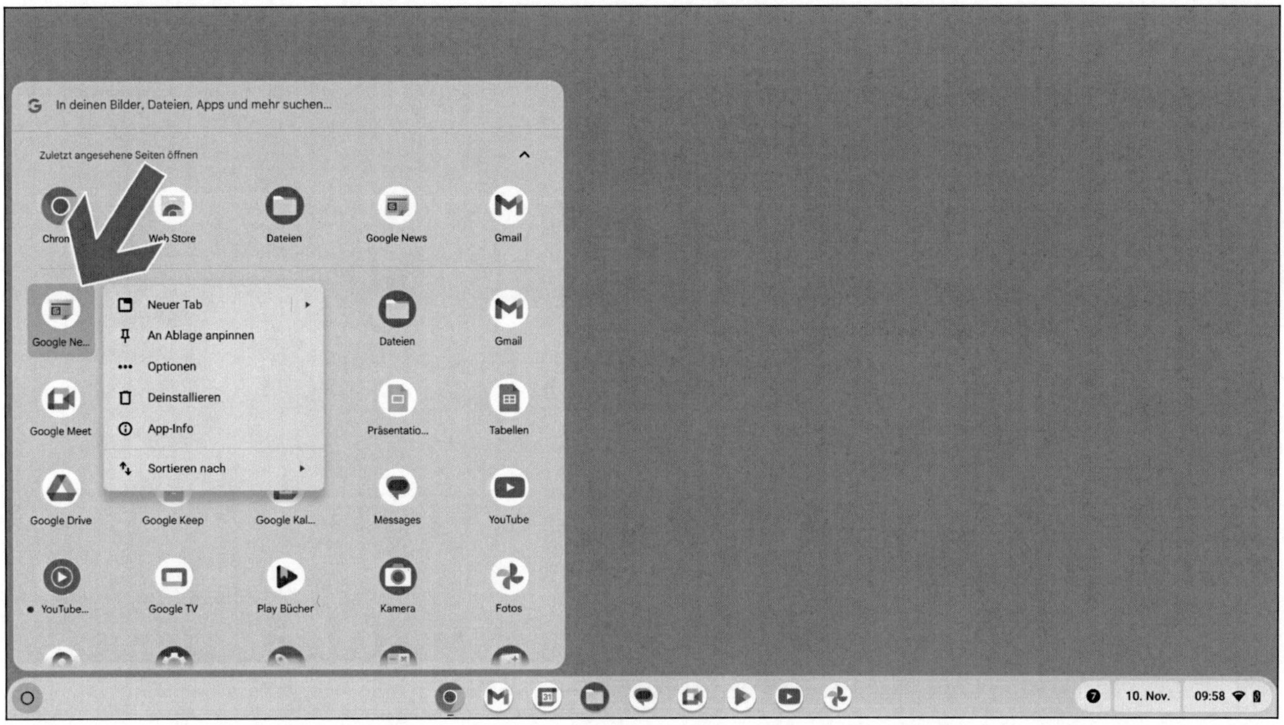

Wenn Sie im Apps-Menü mit der rechten Maustaste (mit zwei Fingern gleichzeitig auf das Touchpad tippen) auf einen Programmeintrag klicken, klappt ein Popup-Menü auf. Die Funktionen:

- *Neuer Tab/Neues Fenster*: Über die ▶-Schaltleiste auf der rechten Seite des Popups wählen Sie aus, ob beim Aufruf der »App« die zugehörige Webseite in einem neuen Tab oder Fenster geöffnet werden.
- *An Ablage anpinnen; Von Ablage loslösen:* Fügt das Programm der Starter-Leiste (siehe Kapitel *4.5.7 Anwendungen starten*) hinzu beziehungsweise entfernt es daraus.
- *Optionen*: Ruft die Einstellungen der »App« auf.
- *Deinstallieren*: Entfernt das Programm wieder.
- *App-Info*: Liefert Informationen zu den Berechtigungen.
- *Sortieren nach*: Sortierung der App-Auflistung nach Name oder Farbe (Farbe des App-Symbols)

9.2 Chrome-Erweiterungen

Die Chrome-Erweiterungen laufen ausschließlich im Chrome-Browser und nutzen einen Browser-Tab für Bildschirmausgaben. Deshalb finden Sie darunter zumeist Funktionen, die irgendwie mit dem Thema Internet zu tun haben, beispielsweise zur Lesezeichen-Verwaltung oder zur Anzeige von neu im E-Mail-Konto vorhandenen Nachrichten.

Rufen Sie im Apps-Menü den *Web Store* auf und aktivieren Sie *Erweiterungen*. Die Installation der Erweiterungen erfolgt, wie bereits im Kapitel *9.1 Chrome-App installieren* beschrieben.

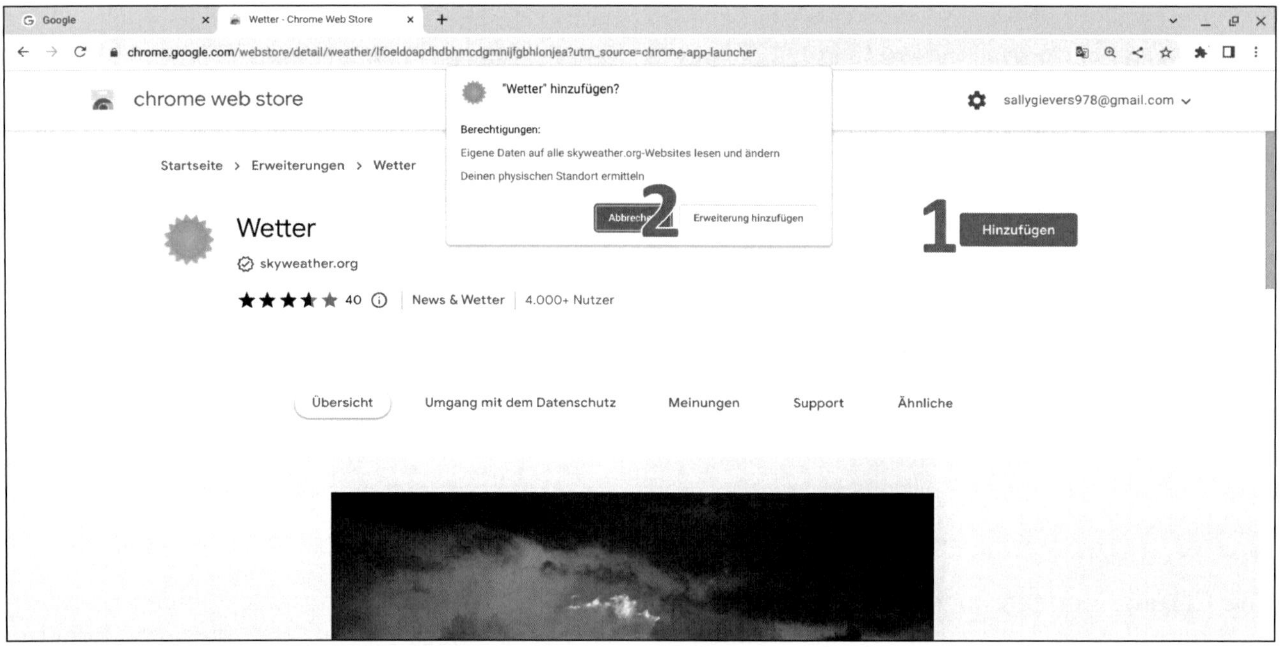

Nachdem Sie eine Erweiterung ausgewählt haben, klicken Sie auf *Hinzufügen* (1) und müssen mit *Erweiterung hinzufügen* erneut bestätigen.

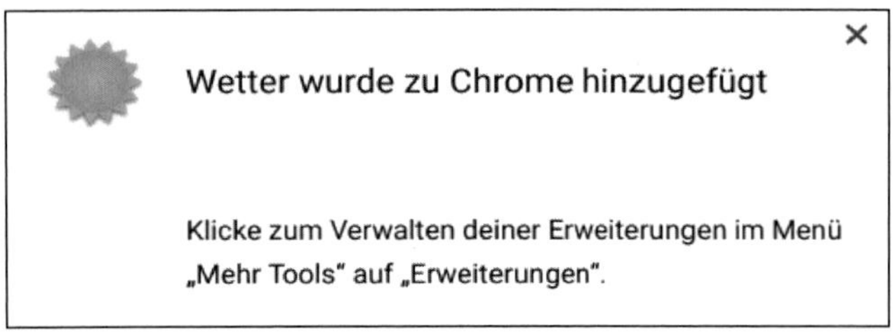

Sinnvollerweise erscheint immer nach der Installation ein kurzer Hinweisdialog, der Sie darüber informiert, wie Sie die Chrome-Erweiterung nutzen beziehungsweise wo Sie dessen Einstellungen ändern.

9.2.1 Erweiterungen verwalten

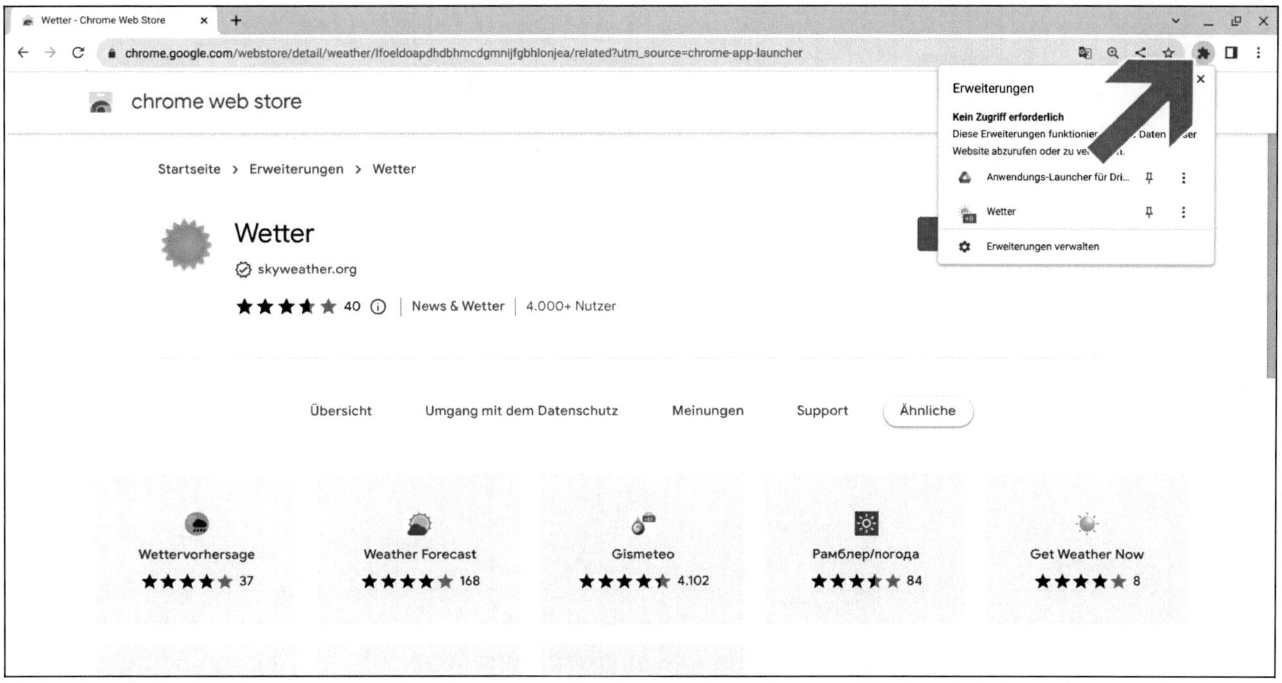

Die installierten Erweiterungen erfahren Sie über einen Klick auf ✱ (Pfeil).

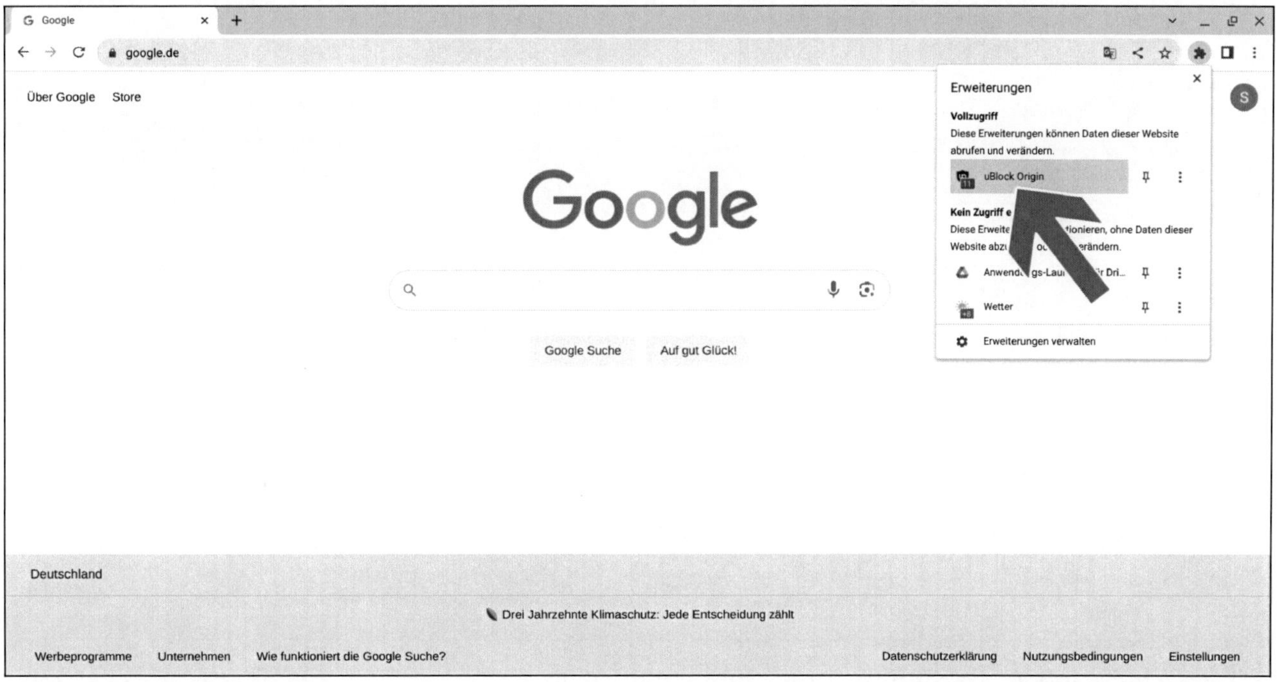

Gehen Sie einfach auf eine Erweiterung, mit der Sie arbeiten beziehungsweise dessen Einstellungen Sie ändern möchten.

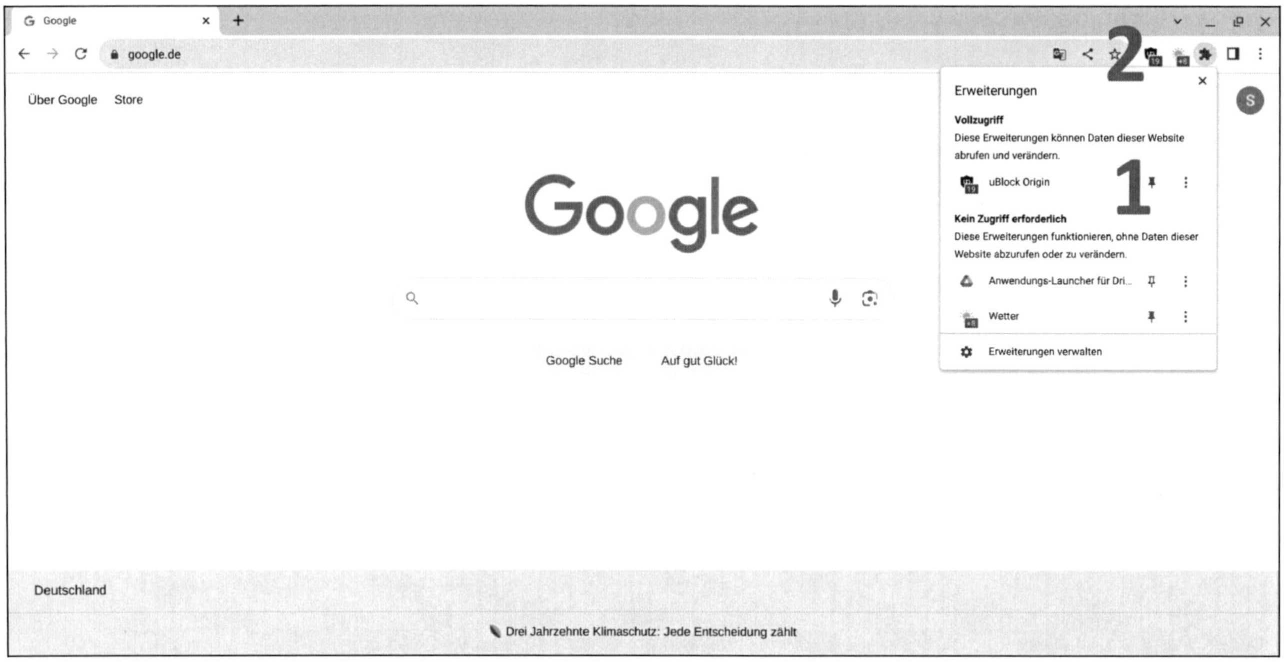

Sie benötigen eine Erweiterung sehr häufig? Dann sollten Sie sie fest in der Titelleiste einblenden. Dazu klicken Sie auf ⚲ (1), worauf sich die Erweiterung nun immer direkt über ein Schaltleiste (2) aufrufen lässt.

⋮ (Pfeil) hinter einer Erweiterung öffnet ein Popup-Menü:

- *(Programmname)*: Öffnet die Entwickler-Website, alternativ die Programmbeschreibung im Web Store.
- *Element blockieren*: Von der Adblock-Erweiterung angebotene Optionen.
- *Kann Websitedaten lesen und ändern*: Die Berechtigungen der installierten Erweiterung.
- *Optionen*: Einige Programme werden im *Optionen*-Menü konfiguriert.
- *Aus Chrome entfernen*: Deinstalliert die Chrome-Erweiterung wieder.
- *Anpinnen; Loslösen*: Blendet die oben erwähnte Schaltfläche für den schnelleren Zugriff in der Browser-Titelleiste ein beziehungsweise entfernt sie wieder.
- *Erweiterungen verwalten*: Öffnet die Verwaltung, auf die wir anschließend eingehen.

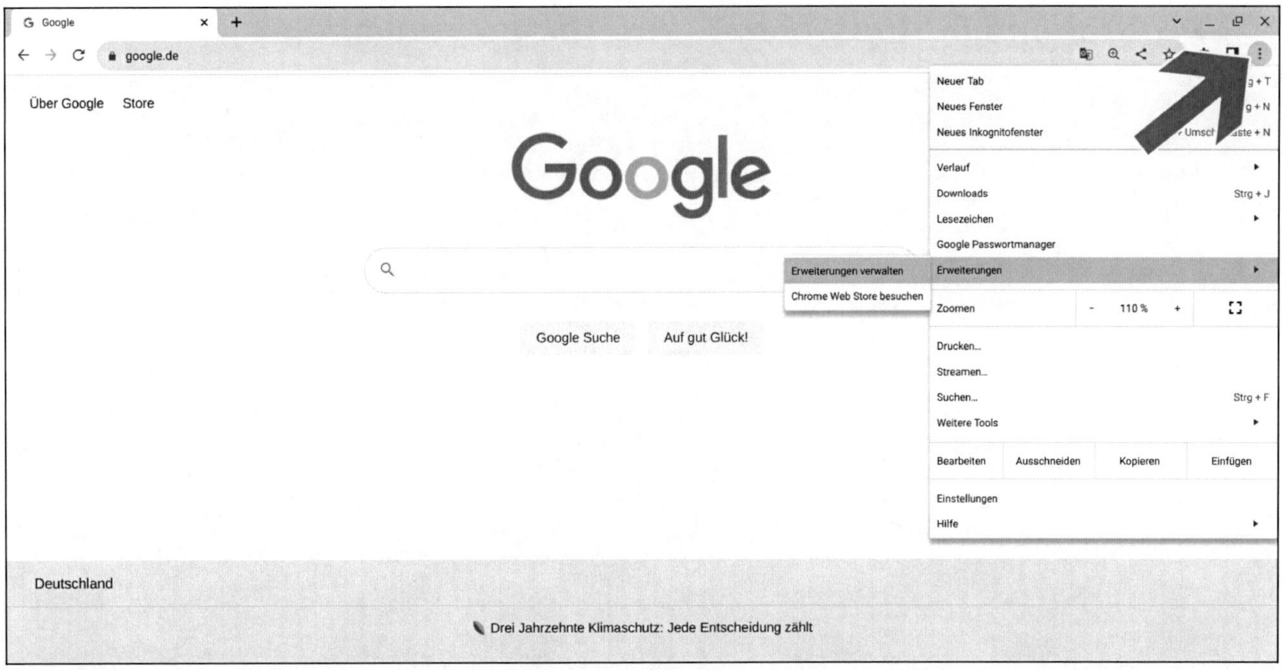

Klicken Sie im Chrome-Browser auf ⋮ (Pfeil) und wählen Sie *Erweiterungen/Erweiterungen verwalten.*

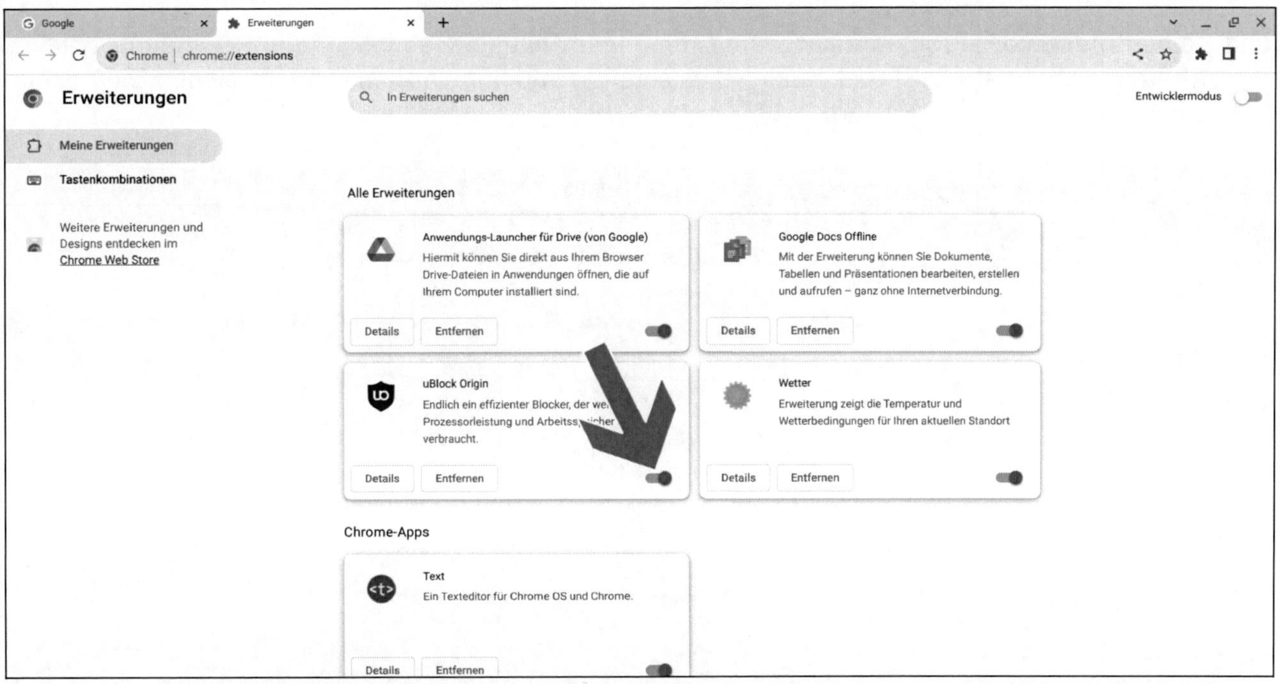

Sie können hier jeweils mit den Schaltern (Pfeil) die Chrome-Erweiterungen aus/einschalten und mit einem Klick auf *Entfernen* deinstallieren.

9.3 Programme in Apps-Menü und Ablage verwalten

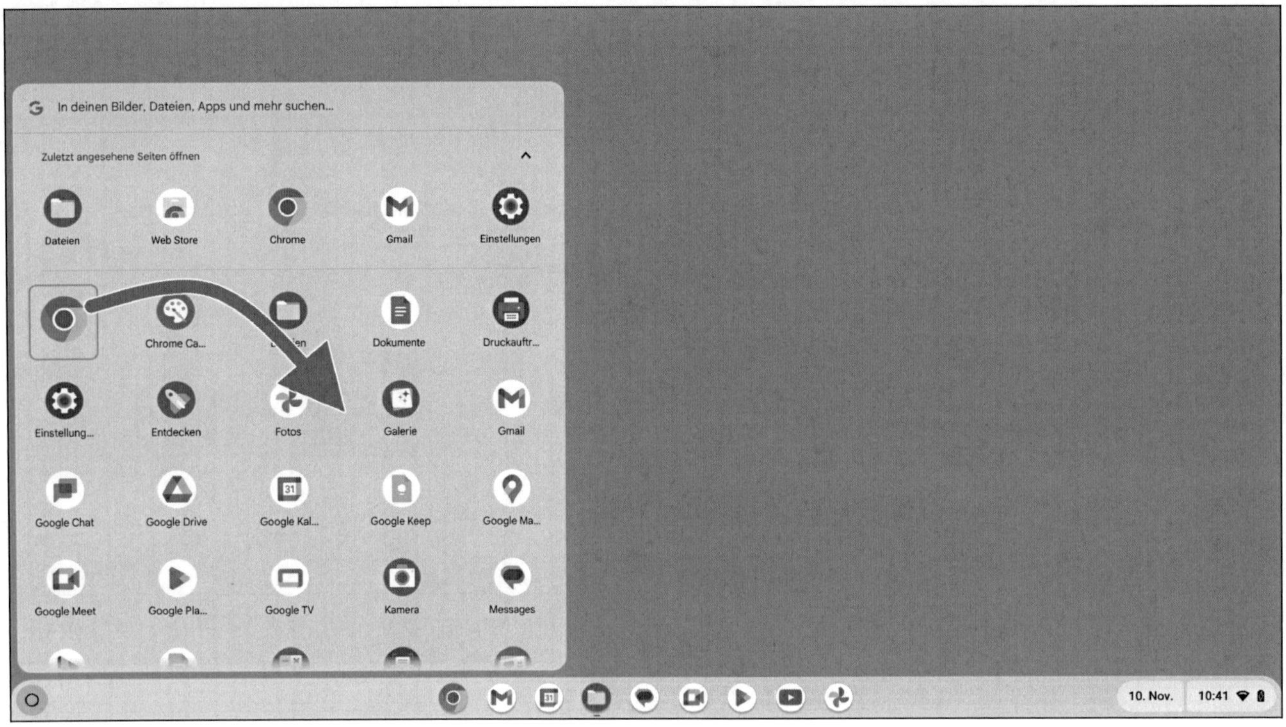

Die Reihenfolge in der Programmauflistung im Apps-Menü lässt sich sehr einfach ändern: Klicken Sie auf ein Symbol, lassen Sie die linke Maustaste aber noch nicht los, sondern ziehen Sie erst das Symbol an die gewünschte Position.

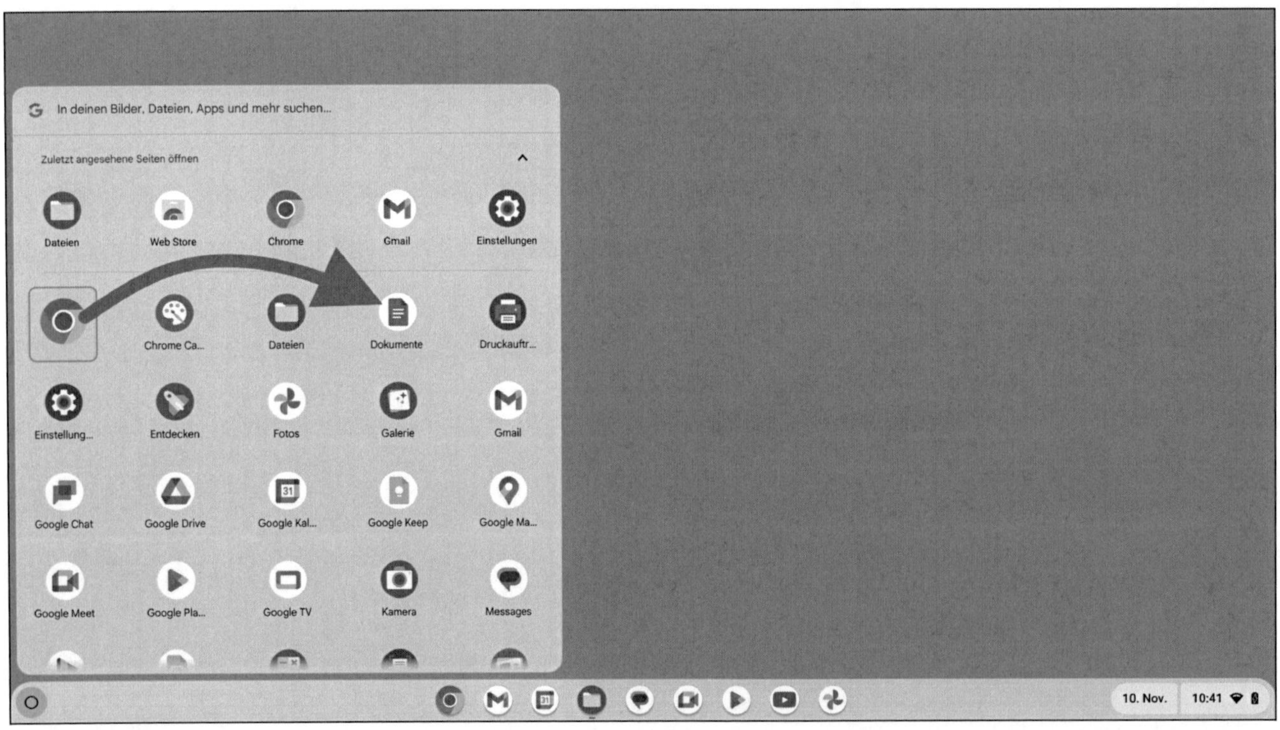

Für den Fall, dass sehr viele Programme im Apps-Menü vorhanden sind, legen Sie Ordner an. Ziehen Sie dafür einfach mit gedrückter linker Maustaste ein Programm-Symbol auf ein anderes und lassen Sie die Maustaste los.

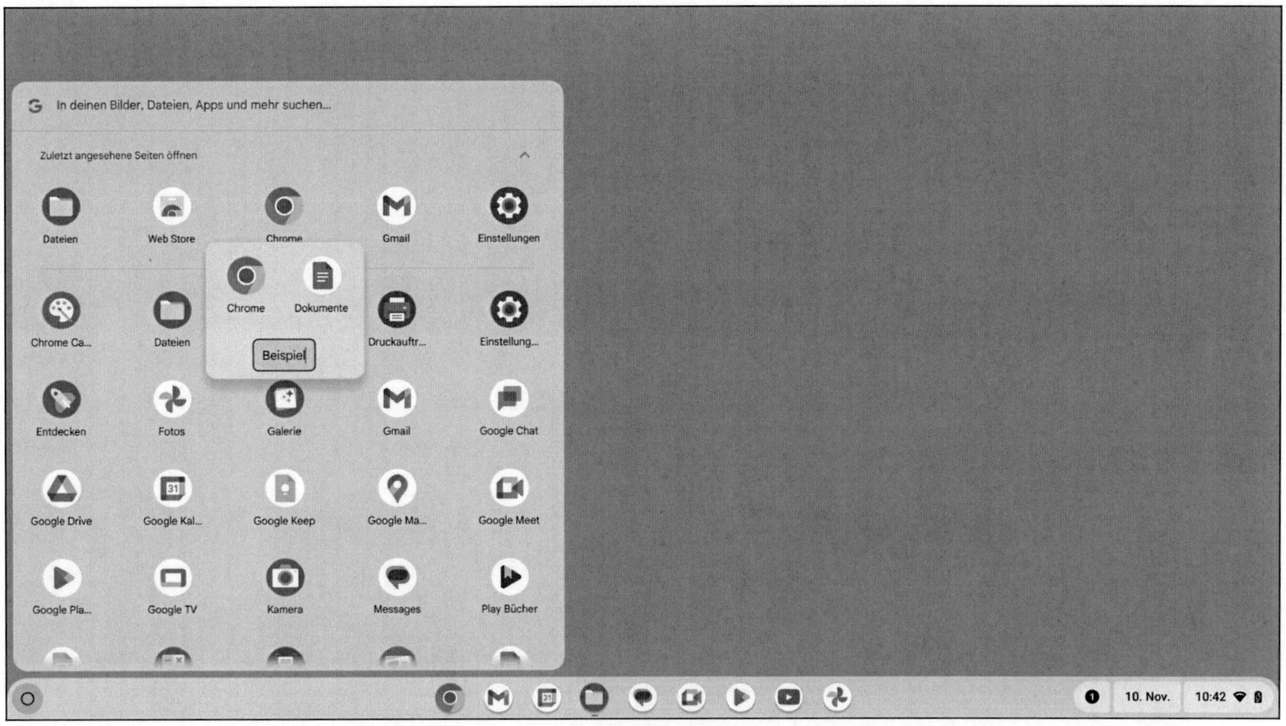

Sie können einen Ordnernamen eingeben, hier »Beispiel«. Bestätigen Sie mit der Enter-Taste.

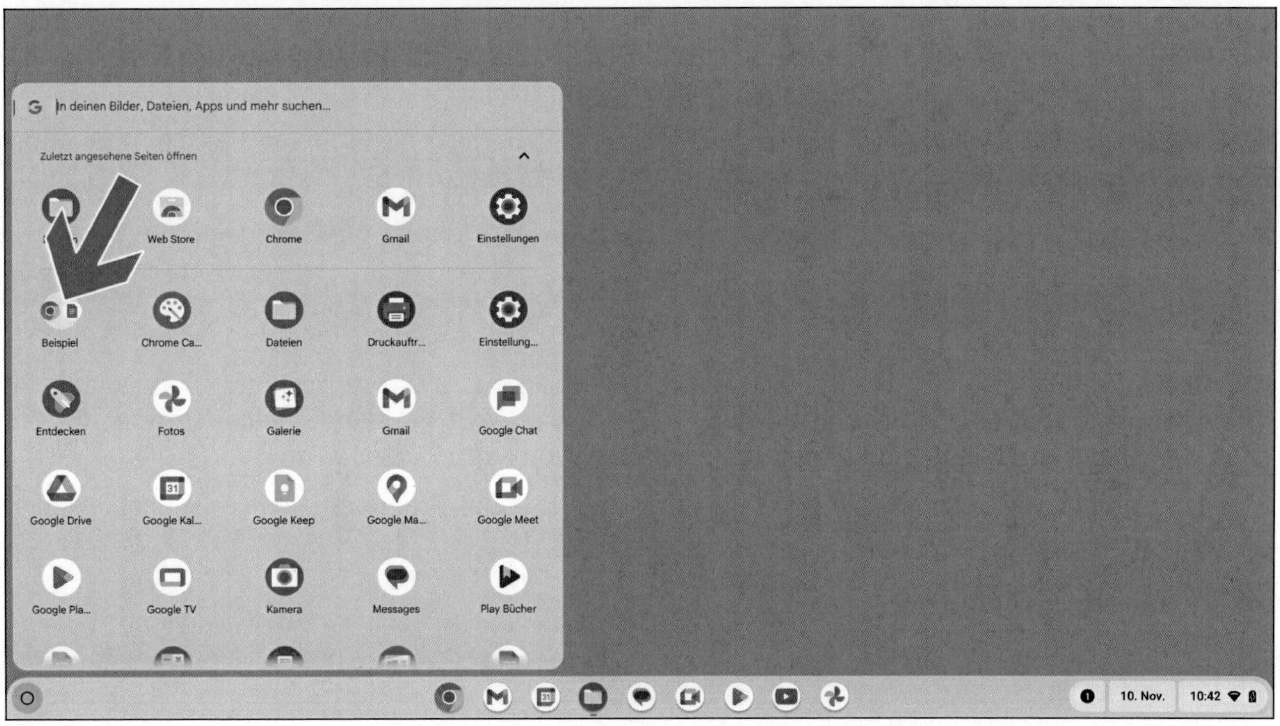

Ziehen Sie bei Bedarf weitere Programme in den Ordner. Ein Klick auf den Ordner öffnet ihn.Sie können die Programme, wie aus dem Apps-Menü gewohnt, mit einem Klick starten. Geben Sie dem Ordner einen Namen, indem Sie im *Unbenannt*-Eingabefeld eine kurze Beschreibung eingeben.

Mit der esc-Taste oder einen Klick außerhalb des Ordners schließen Sie ihn wieder.

So entfernen Sie ein Programm wieder aus dem Ordner: Ziehen Sie mit gedrückter linker Maustaste das Programm-Symbol in eine beliebige Richtung, lassen Sie aber noch nicht die Maustaste los, sondern ziehen Sie das Symbol außerhalb des Ordners. Dann lassen Sie die Maustaste los. Sobald nur noch ein Programm-Symbol im Ordner vorhanden ist, wird der Ordner entfernt.

9.4 Die Ablage

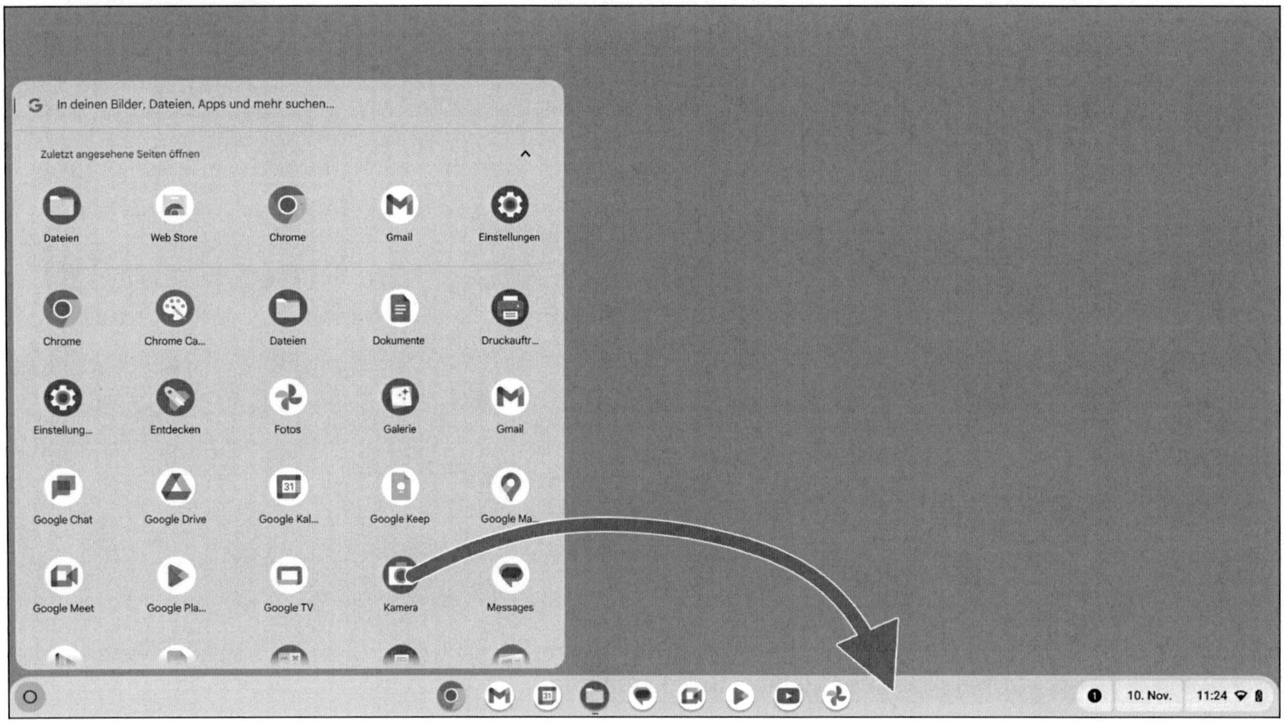

Die Ablage am unteren linken Bildschirmrand enthält von Ihnen häufig genutzte Programme. Fügen Sie einfach weitere Programme hinzu, indem Sie mit gedrückter linker Maustaste aus dem Apps-Menü ein Programm-Symbol in die Starter-Leiste ziehen.

Umgekehrt entfernen Sie ein Programm wieder aus der Starter-Leiste, indem Sie das Programm-Symbol mit gedrückter linker Maustaste aus der Leiste »herausziehen«.

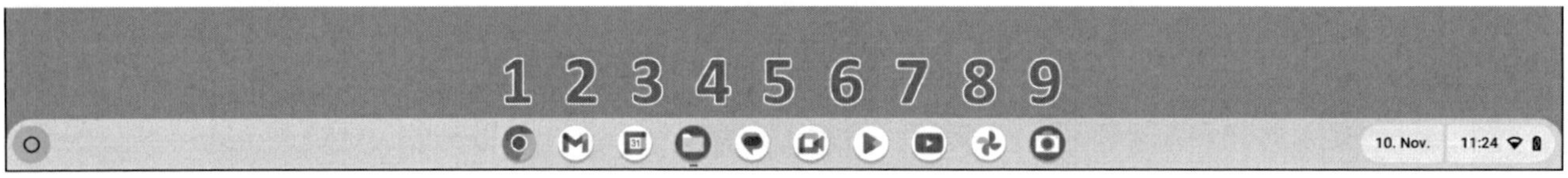

Wir haben bereits erwähnt, dass gleichzeitiges Betätigen der alt-Taste mit einer Zahlentaste ein Programm aus der Starter-Leiste aufruft, also beispielsweise alt + 1 den Chrome-Browser. Es sind nur die ersten 9 Programme mit dieser Tastenkombination aufrufbar.

Die Programmreihenfolge lässt sich jeweils durch Ziehen eines Programm-Symbols an eine andere Position in der Ablage ändern.

9.5 Designs

Die Designs ändern ausschließlich das Aussehen des Chrome-Browsers, wobei nur der Hintergrund (wenn ein leerer Tab geöffnet wird) und der Fensterrahmen betroffen sind.

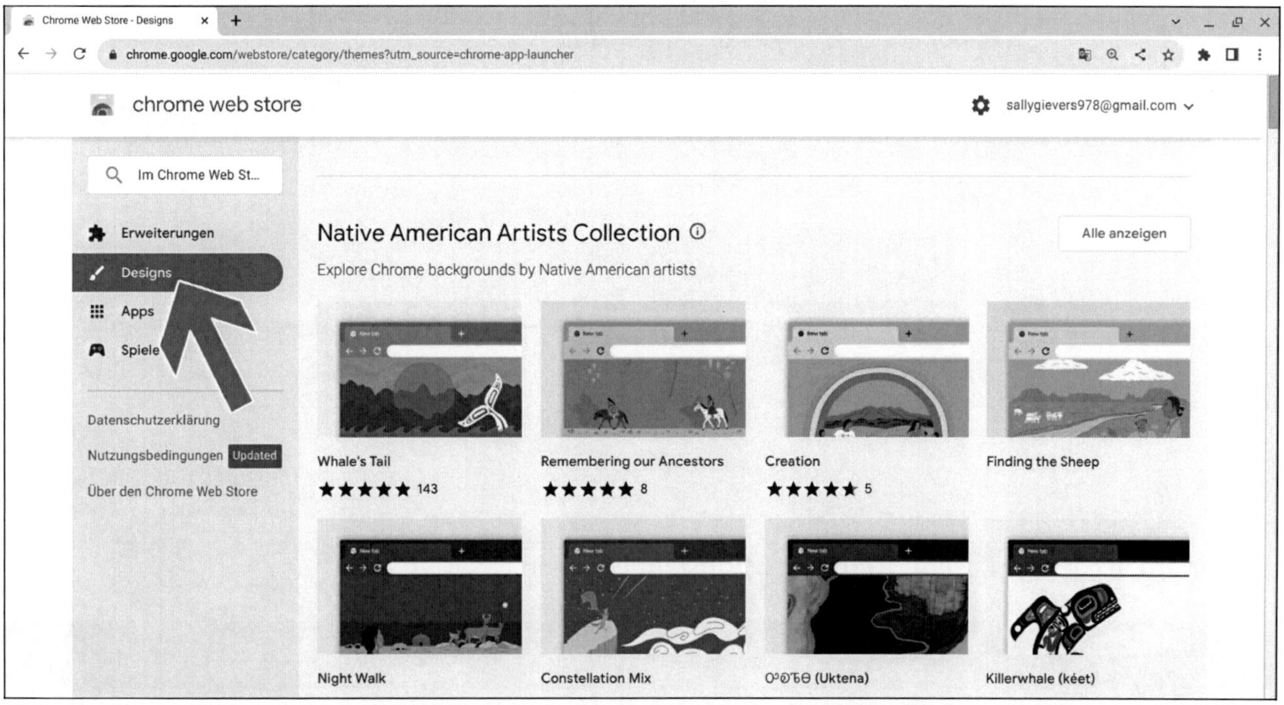

Rufen Sie im Apps-Menü den *Web Store* auf und aktivieren Sie *Designs*. Die Nutzung erfolgt, wie bereits im Kapitel *9.1 Chrome-App installieren* beschrieben, das heißt Sie klicken ein Design an und gehen dann auf *Hinzufügen*.

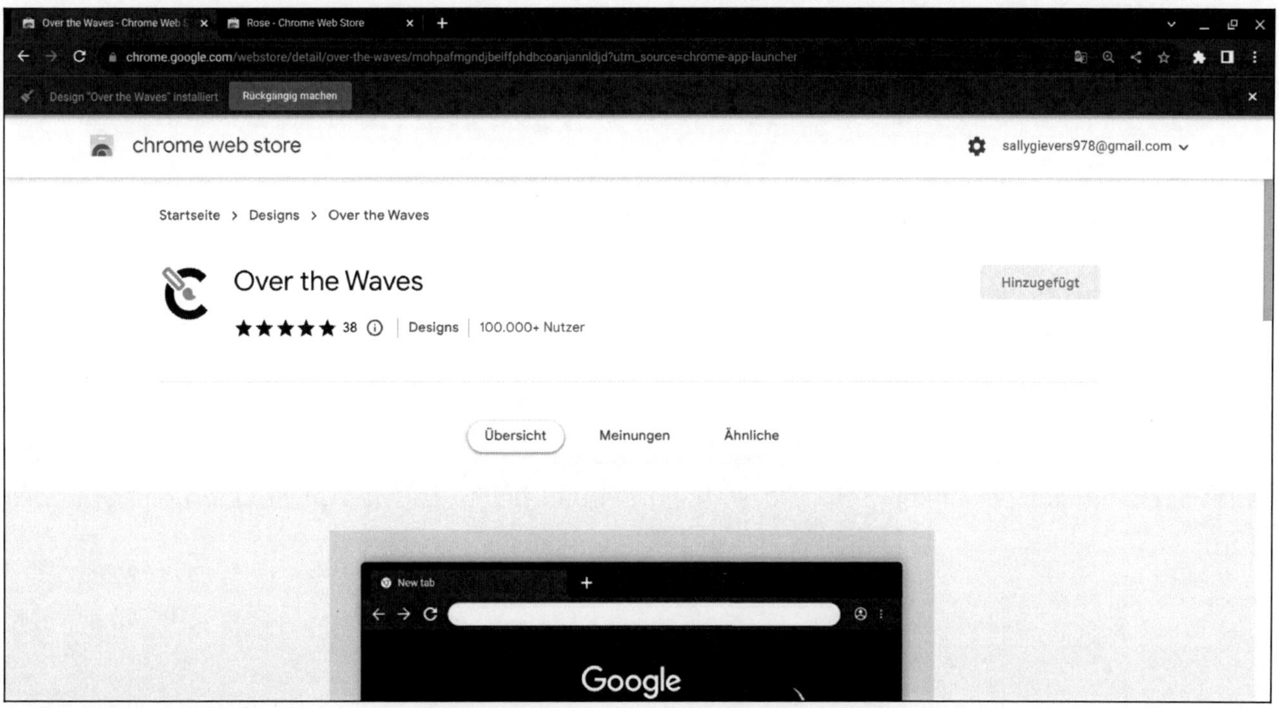

Beispiel für ein Design.

So entfernen Sie das Design: Rufen Sie ⋮/*Einstellungen* auf.

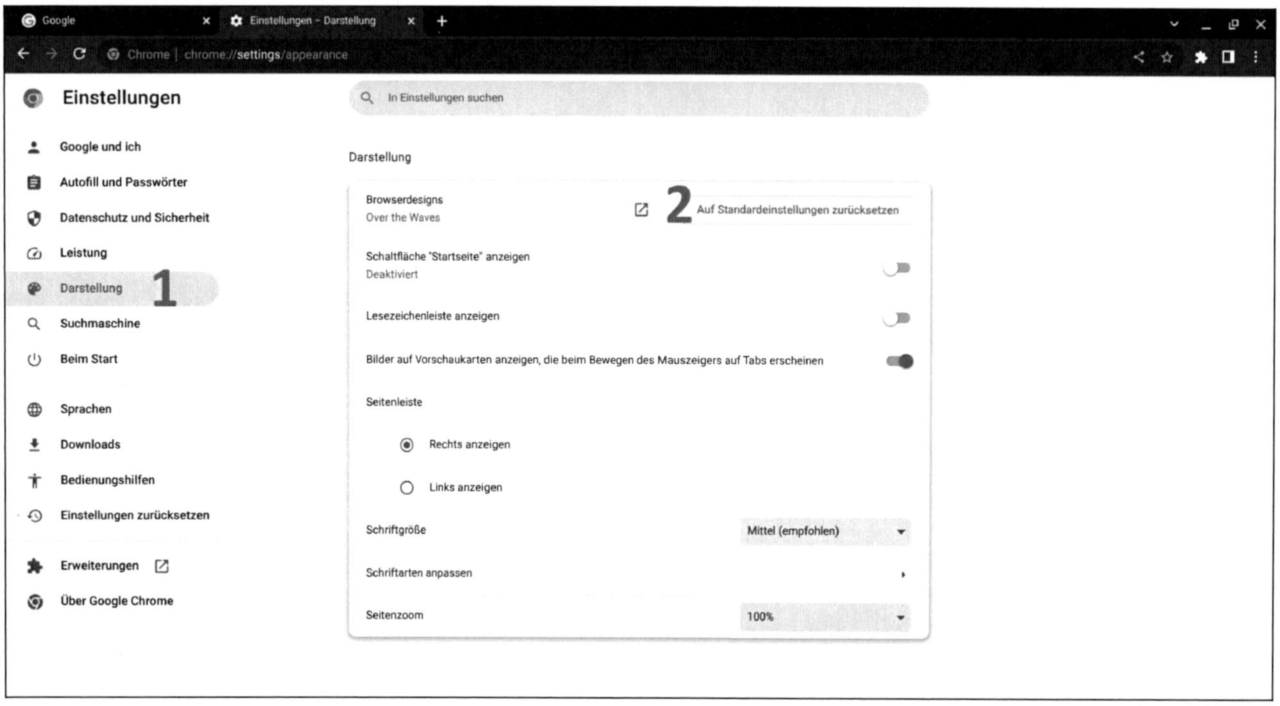

Aktivieren Sie auf der linken Seite *Darstellung* (1) und betätigen Sie *Auf Standardeinstellungen zurücksetzen* (2).

10. YouTube

Auf dem Videoportal YouTube haben Sie Zugriff auf viele Millionen Videos unterschiedlicher inhaltlicher Qualität und Länge, die Sie kostenlos ansehen können. Zur Finanzierung blendet Google häufig Werbespots vor den Videos ein, die man meistens nach einigen Sekunden mit einem Klick überspringen kann.

Sie starten YouTube mit einem Klick auf ▶ in der Ablage (Pfeil). Sie finden das Programm natürlich auch unter *YouTube* im Apps-Menü. Natürlich können Sie YouTube auch einfach über *www.youtube.com* im Chrome-Browser aufrufen.

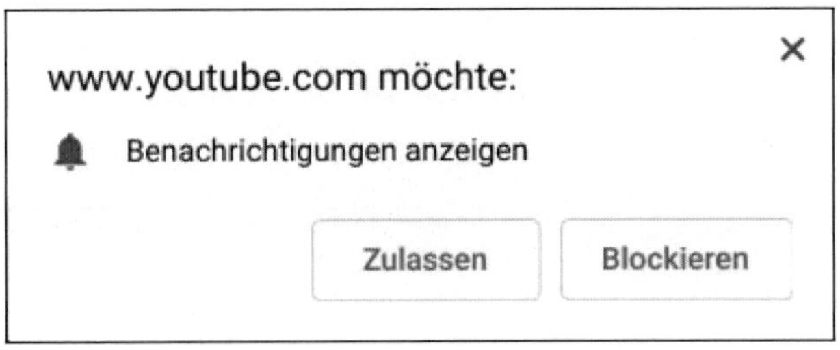

Beim ersten Aufruf wird Sie der Chrome-Browser um die Erlaubnis bitten, Benachrichtigungen anzuzeigen, was Sie mit *Zulassen* beantworten. Sie erhalten nun, wenn neue Videos vorliegen, die Sie interessieren könnten, einen Hinweis – selbst wenn Sie gerade YouTube nicht im Browser geöffnet haben.

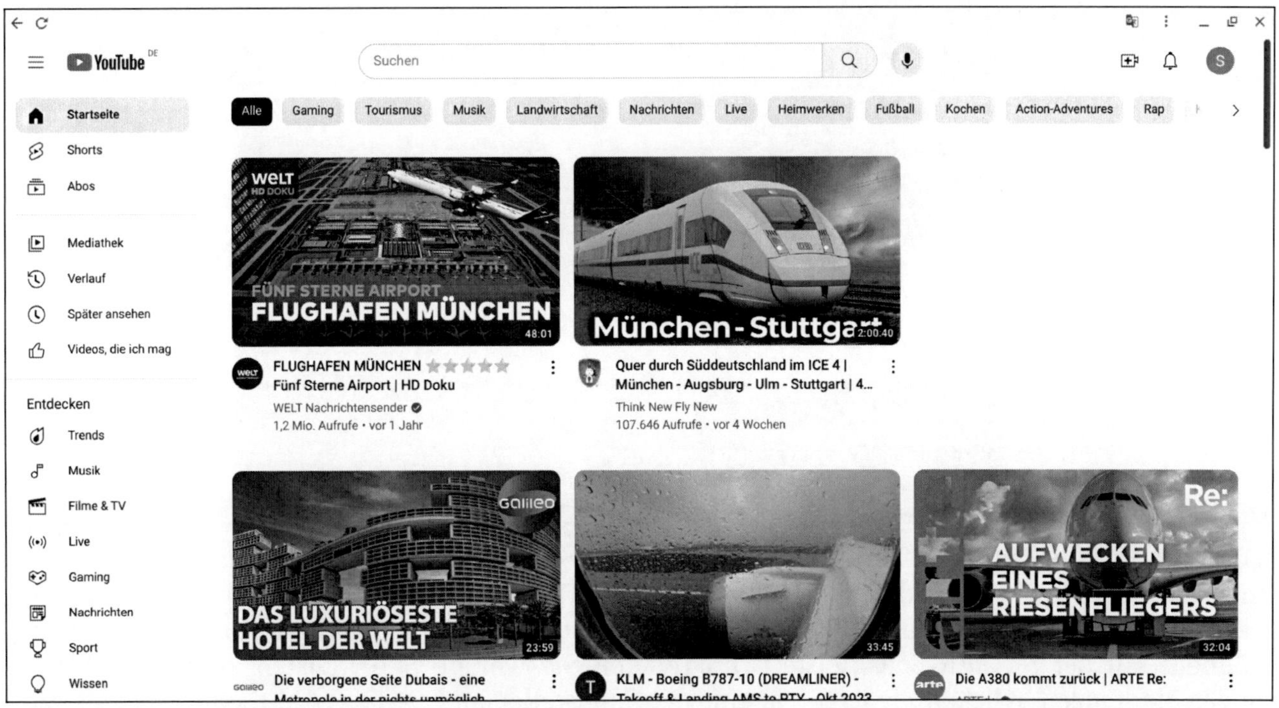

Klicken Sie einfach ein Video an, das Sie ansehen möchten. YouTube macht übrigens bereits auf der Startseite – ausgehend von Ihreren angeschauten Videos – entsprechende Vorschläge.

Die Funktionen in der Menüleiste auf der linken Seite:

- *Startseite*: Ruft die Startseite auf.
- *Shorts*: »Shorts« (engl. »klein«) sind Kurzvideos mit maximal 60 Sekunden Dauer.
- *Abos*: Von Ihnen abonnierte Kanäle (=Anbieter).

- *Mediathek*: Auflistung der Videos zu *Verlauf, Später ansehen* und *Videos, die ich mag.*
- *Verlauf*: Liste der bereits aufgerufenen Videos.
- *Später ansehen*: Für späteres Ansehen markierte Videos.
- *Playlists*: Von Ihnen angelegte Playlists. Enthält auch Playlists aus YouTube Music (siehe Kapitel *11.5 Playlists*).
- *Videos, die ich mag*: Videos, bei denen Sie 👍 *Mag ich* im Abspielbildschirm angeklickt haben.

Unter *Entdecken*: Grenzen Sie die angezeigten Kanäle nach Themen ein.

Unter *Mehr von YouTube*:

- *YouTube Premium*: Sie können einen kostenpflichtigen Tarif buchen, der die lästigen Werbeeinblendungen beendet.
- *YouTube Music*: Trotz des ähnlichen Namens hat YouTube Music nichts mit YouTube zu tun. Auf die Musikplattform geht Kapitel *11 Musik* ein.
- *YouTube Kids*: Unter *www.youtubekids.com* bietet Google kindgerechte Inhalte zum Konsum an.

10.1 Videos suchen und anzeigen

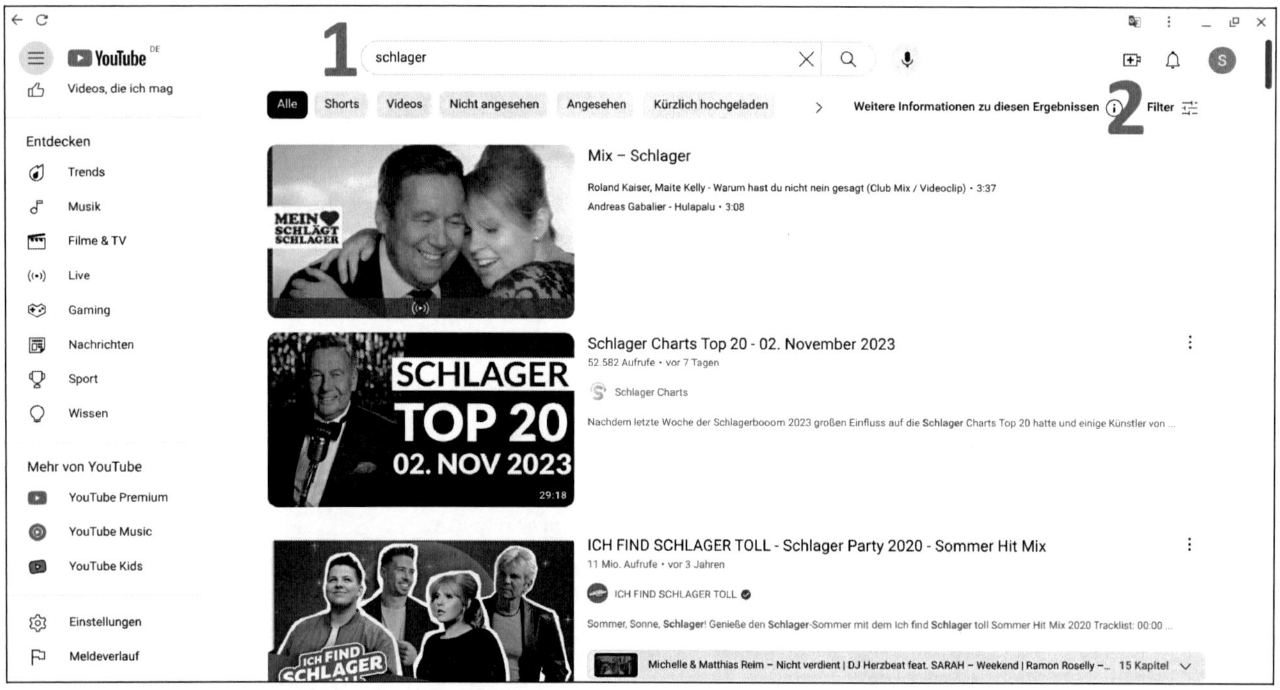

Die Suche dürften Sie am häufigsten nutzen: Geben Sie einfach oben im Eingabefeld einen oder mehrere Begriffe ein (1) und betätigen Sie die enter-Taste auf Ihrer Tastatur. Häufig listet Google bereits während Ihrer Eingabe Suchempfehlungen unter dem Eingabefeld auf, die Sie anklicken können. Mit der *FILTER*-Schaltleiste (2) aktivieren Sie weitere Schaltleisten, mit denen Sie die Suche eingrenzen. Klicken Sie jetzt mal eine der Fundstellen an.

Groß- und Kleinschreibung spielt bei der Suche keine Rolle und auch Rechtschreibfehler werden teilweise korrigiert.

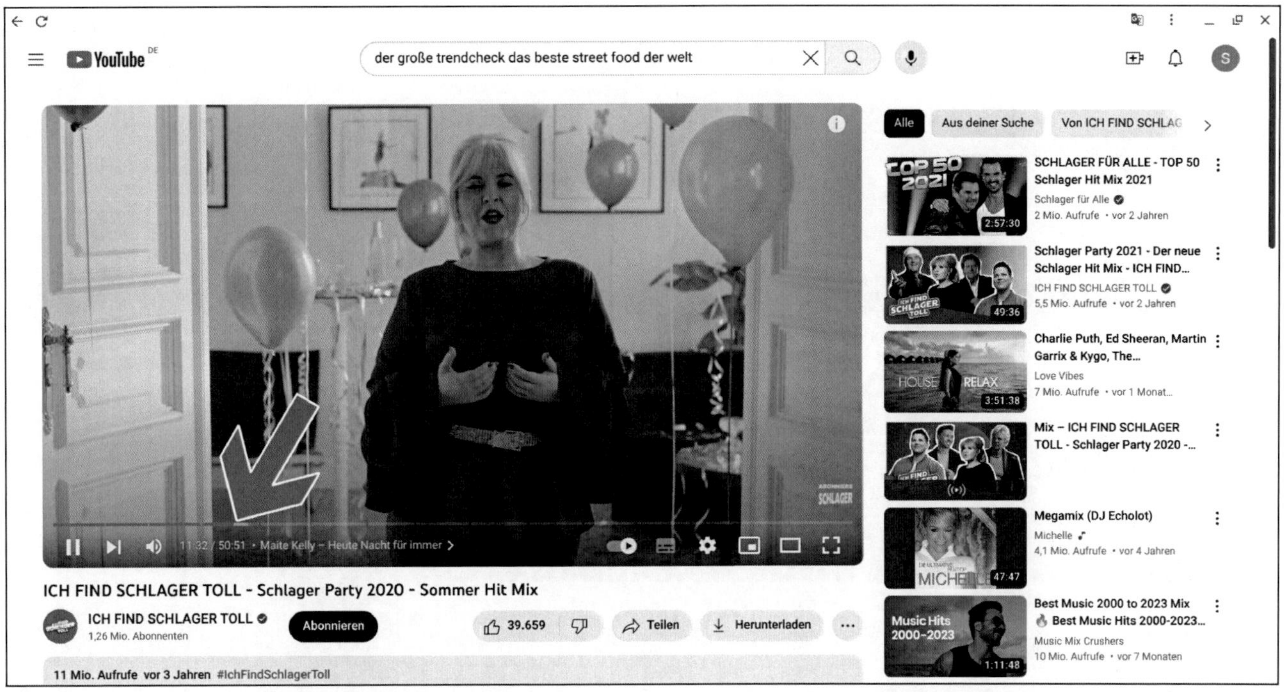

Die Funktionen im Wiedergabebildschirm (halten Sie den Mauszeiger in den Wiedergabebereich, damit YouTube die Schaltleisten einblendet):

- ❚❚/▶: Wiedergabe anhalten/Wiedergabe starten. Alternativ klicken Sie in den Wiedergabebereich.
- ▶❙: Zum nächsten Video springen.
- 🔊: Lautstärke ändern (unabhängig von den Lautstärkereglern an Ihrem PC)
- ⏺▶: Autoplay: Nach Abspielende wird der nächste Titel der Playlist beziehungsweise Wiedergabeliste abgespielt.
- ▤: Zu vielen Videos gibt es Untertitel, die Sie über diese Schaltleiste aktivieren.
- ⚙: Einstellungen zum aktuellen Video.
- ▭: Auf den sogenannten Miniplayer umschalten.
- ⛶/⛶: Video als Vollbild anzeigen/Vollbildmodus beenden.

Wir empfehlen, dass Sie die vorgestellten Schaltleisten ruhig einmal ausprobieren, denn dabei können Sie nichts kaputt machen!

Bei vielen Musikvideos erscheint nur ein »Standbild«, denn den Personen, die die Videos hochladen, geht es häufig nur um die Musik.

Bitte wundern Sie sich nicht, wenn ein Video nicht den gesamten Bildschirm ausfüllt, sondern ein schwarzer Rand bleibt. Bis vor 10 Jahren unterstützten TV-Sender und Aufnahmegeräte häufig nur das 3:4-Format (gelesen als »Länge zu Breite«), während heute 16:9 (HD-Format) üblich ist. Die von anderen YouTube-Nutzern hochgeladenen Videos im 3:4-Format stammen also aus älteren Quellen oder von veralteten Aufnahmegeräten.

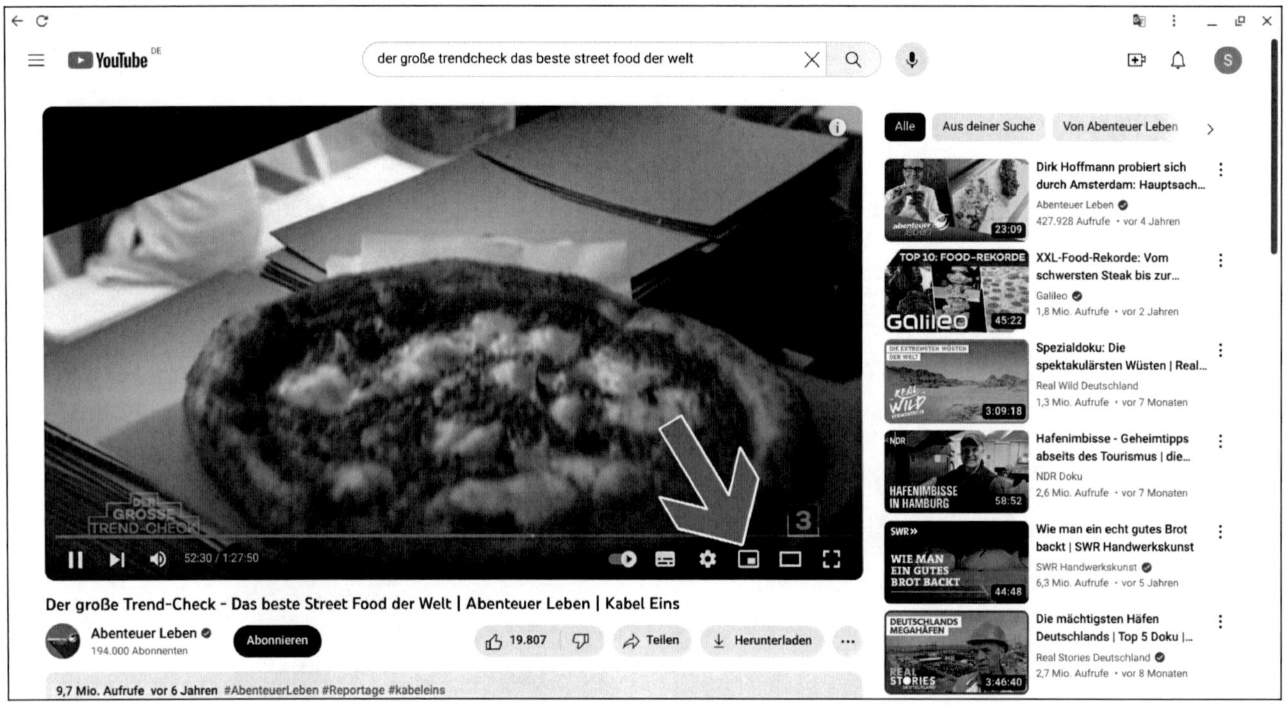

Ein Klick auf ▭ (oder die »i«-Taste auf Ihrer Tastatur) schaltet auf den Miniplayer um.

❶ Sie können weiterhin das YouTube-Angebot durchstöbern, während der Miniplayer im Hintergrund läuft.

❷ Halten Sie den Mauszeiger in den Miniplayer für weitere Optionen:

- ⤡: Auf Vollbildschirmansicht umschalten (alternativ betätigen Sie die »i«-Taste).
- ✕: Miniplayer schließen.

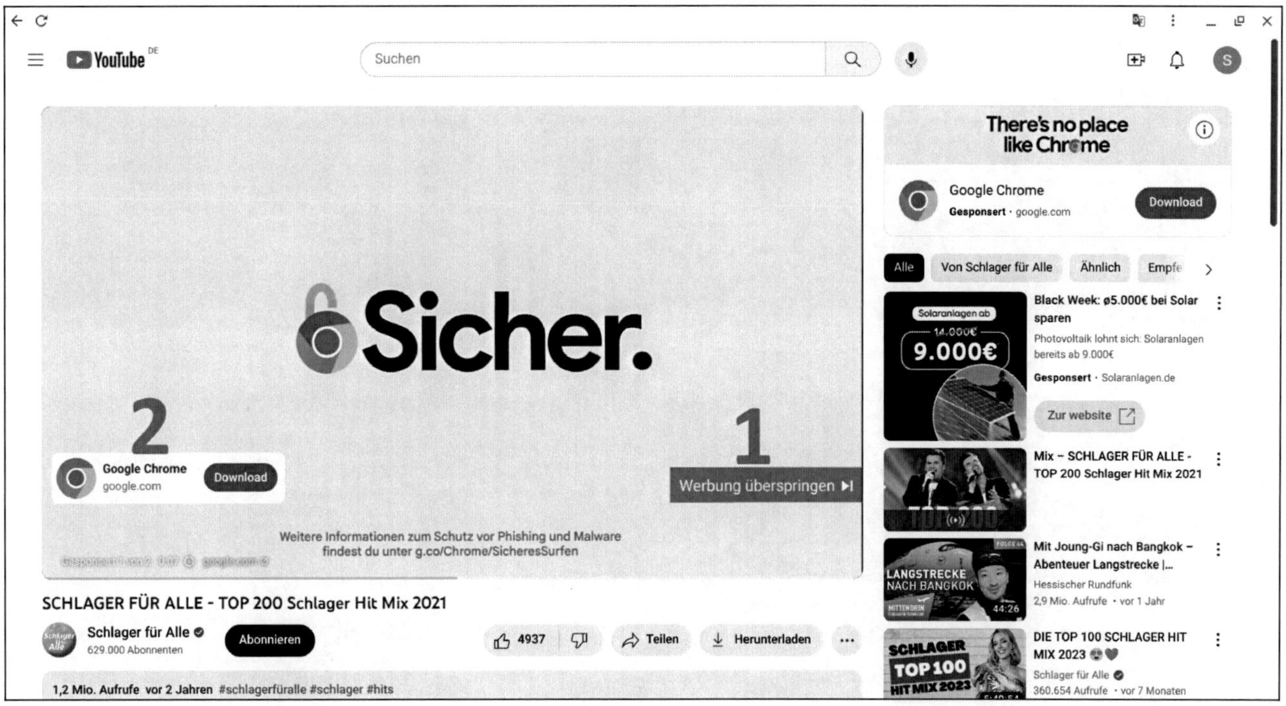

YouTube spielt ab und zu vor dem eigentlichen Video etwas Werbung ab, die Sie nach einigen Sekunden mit der *Werbung überspringen*-Schaltleiste (1) abbrechen können. Alternativ besuchen Sie mit einem Klick auf die Werbetafel (2) die Website des Werbetreibenden.

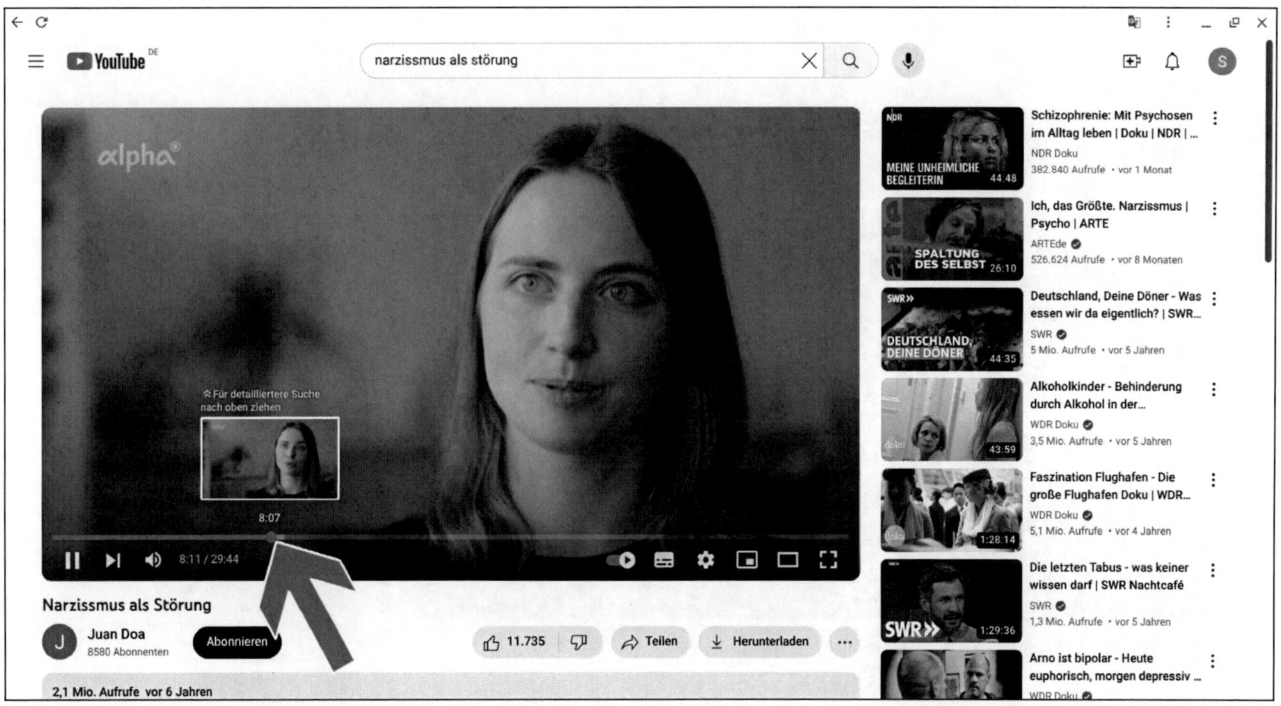

Halten Sie den Mauszeiger an eine beliebige Position im Wiedergabebalken (Pfeil), so blendet YouTube ein Vorschaubild ein (dies kann einige Sekunden dauern). Ein Klick in den Wiedergabebalken setzt die Wiedergabe an der angeklickten Stelle fort.

Mit den Tasten Cursor-Links oder Cursor-Rechts auf der Tastatur spulen das Video um 5 Sekunden vor beziehungsweise zurück.

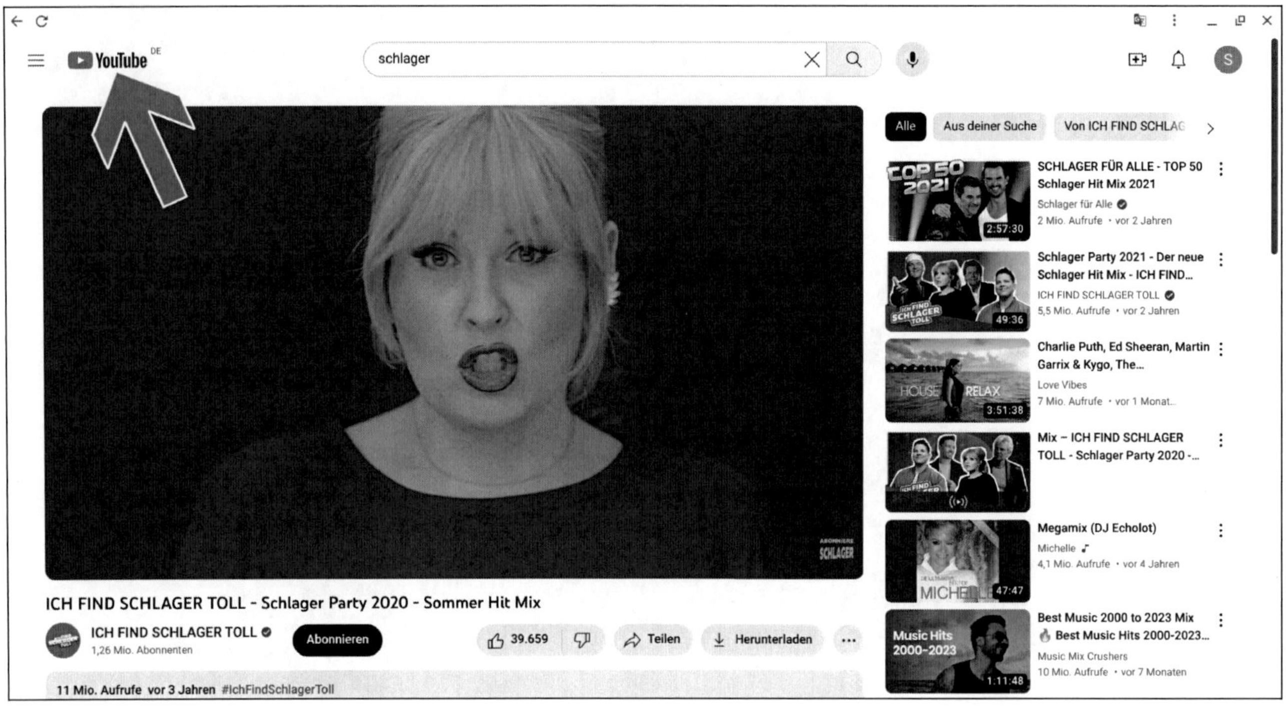

Ein Klick auf das YouTube-Logo links oben bringt Sie wieder auf die YouTube-Hauptseite zurück.

10.1.1 Untertitel

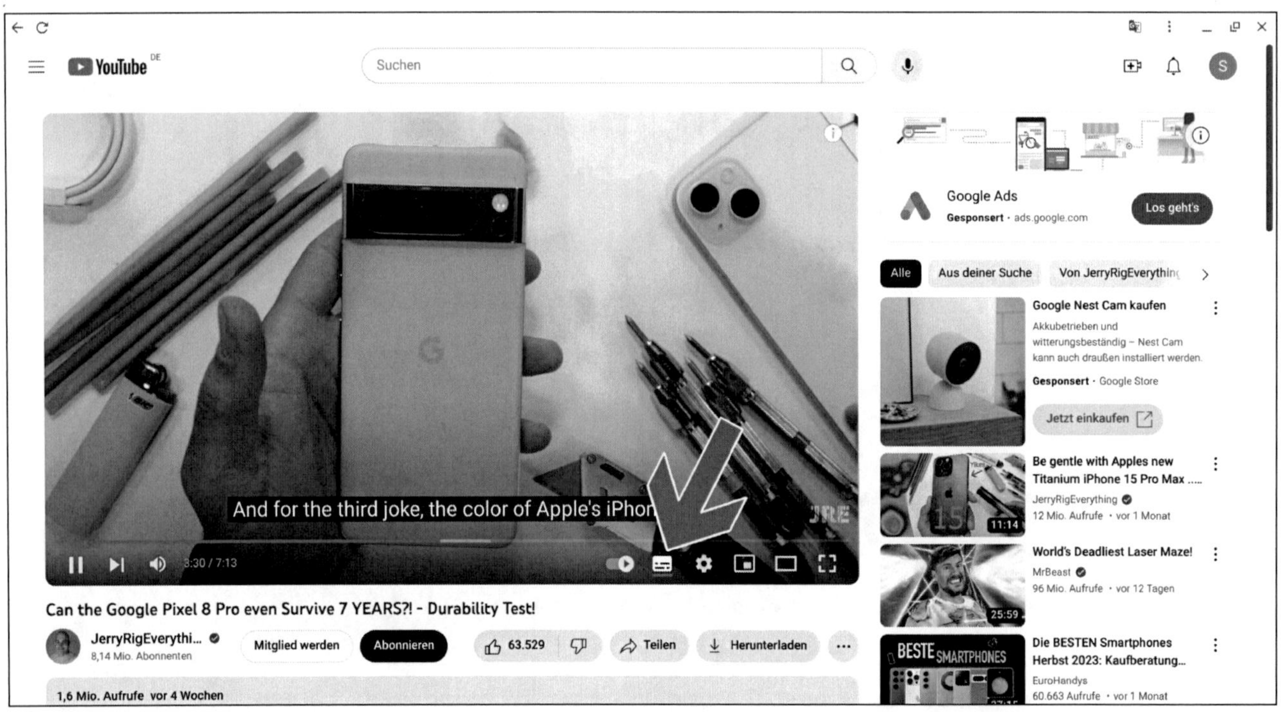

Viele Videos sind untertitelt. Sie sehen dann eine -Schaltleiste, wenn Sie den Mauszeiger in den Abspielbildschirm halten. Ein Klick darauf schaltet die Untertitel ein/aus.

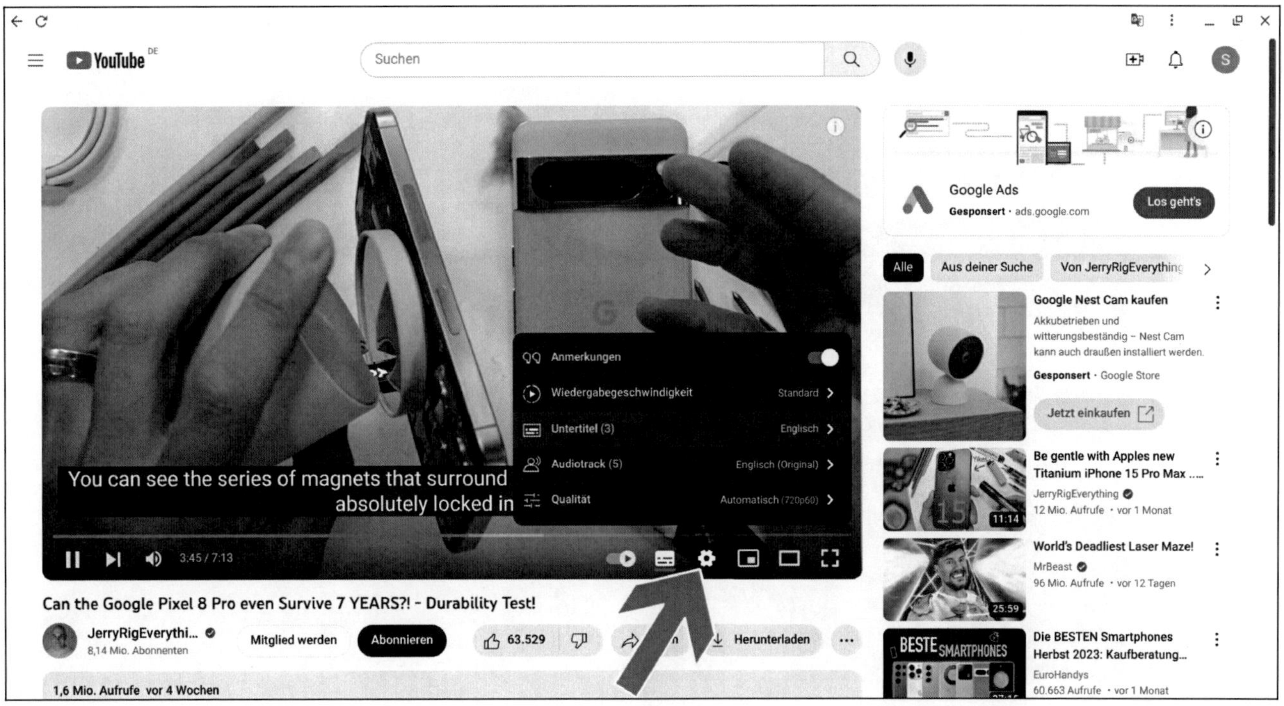

Das Besondere an den Untertiteln: Sie können die Sprache auf Deutsch umstellen und damit auch ausländische Videos anschauen, die für Sie sonst unverständlich wären. Dazu halten Sie den Mauszeiger in den Abspielbildschirm, klicken ⚙ an und gehen auf *Untertitel*. Wählen Sie dann *Automatisch übersetzen* und *Deutsch* aus.

10.2 Playlists

In Playlists (dt. »Wiedergabelisten) sind mehrere Videos zusammengefasst, die YouTube nacheinander abspielt. Meistens kommen die Playlists bei Musikvideos zum Einsatz.

In diesem Buch verwenden wir bewusst den Begriff »Playlist«, da Google unter dessen deutschen Übersetzung »Wiedergabeliste« etwas anderes versteht.

10.2.1 Playlists nutzen

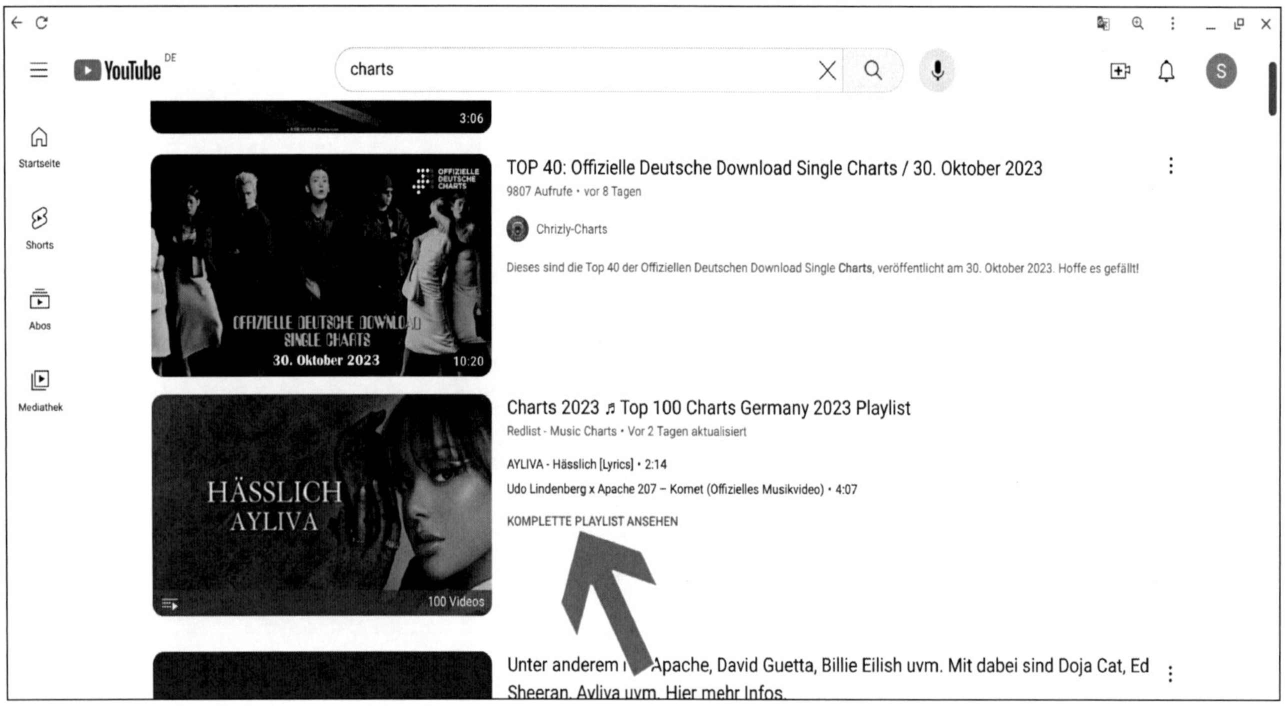

Sie erkennen Playlists in den Suchergebnissen (siehe Kapitel *10.1 Videos suchen und anzeigen*) am Hinweis »*KOMPLETTE PLAYLIST ANSEHEN*«. Klicken Sie darauf für eine Titelübersicht.

Ein Klick auf das Vorschaubild startet dagegen direkt die Wiedergabe.

> Falls Sie nur Playlists auflisten möchten, geben Sie im Suchfeld neben dem Namen des Interpreten oder Albums zusätzlich »*playlist*« ein, beispielsweise »*wolfgang petry playlist*«.

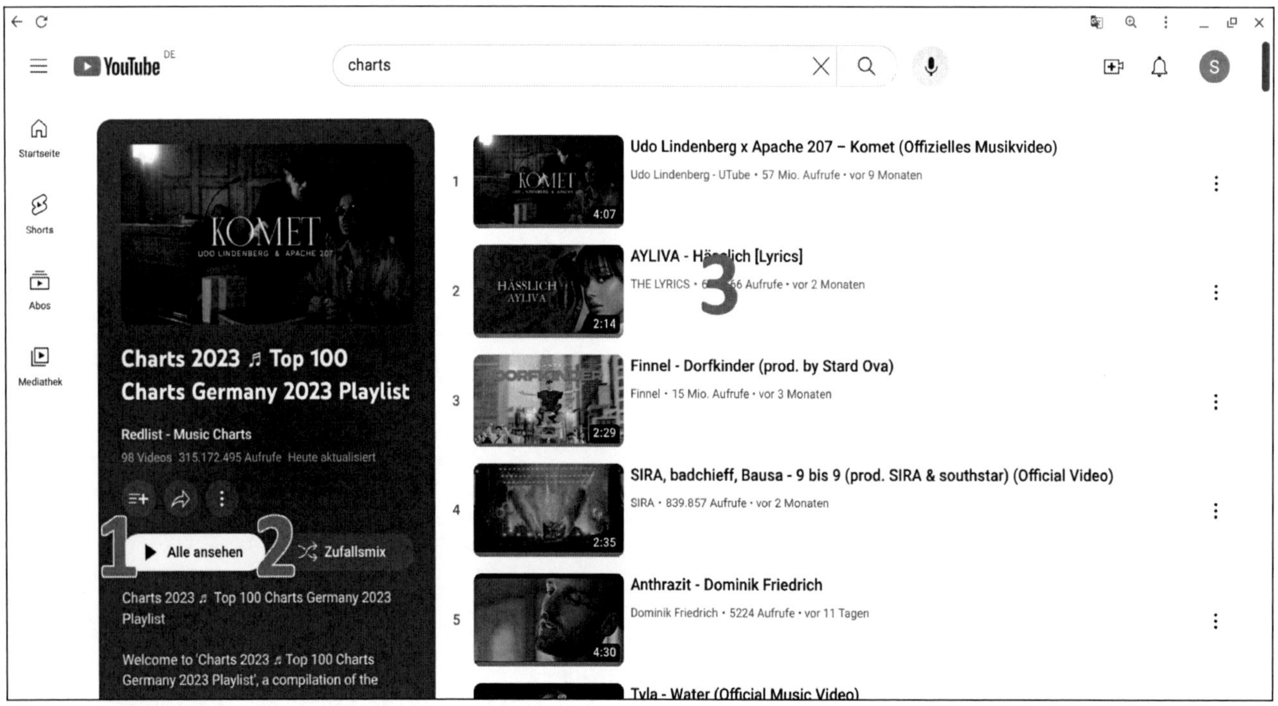

Starten Sie die Wiedergabe mit einem Klick auf *Alle ansehen* (1). *Zufallsmix* (2) startet die zufällige Wiedergabe. Alternativ klicken Sie in der Wiedergabeliste (3) einfach einen Titel an.

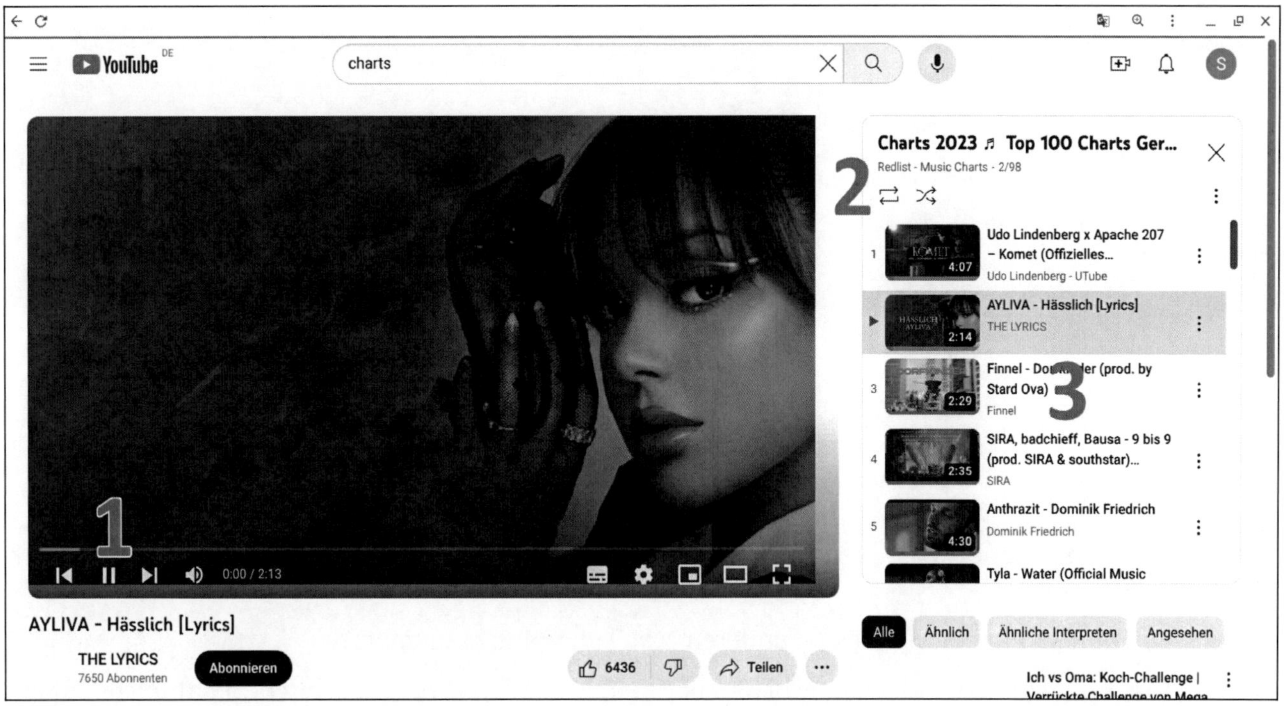

YouTube spielt die in der Playlist enthaltenen Videos nacheinander ab. Die Wiedergabe steuern Sie alternativ über die zusätzlichen ⏮/⏭-Schaltleisten (1) – damit die Schaltleisten eingeblendet werden, halten Sie den Mauszeiger in den Wiedergabebereich.

Verwenden Sie 🔁 (2) für eine automatische Wiedergabewiederholung, sobald die Playlist durchlaufen wurde. 🔀 aktiviert die zufällige Wiedergabe. Alternativ klicken Sie in der Wiedergabeliste (3) einfach einen Titel an.

10.2.2 Playlist erstellen

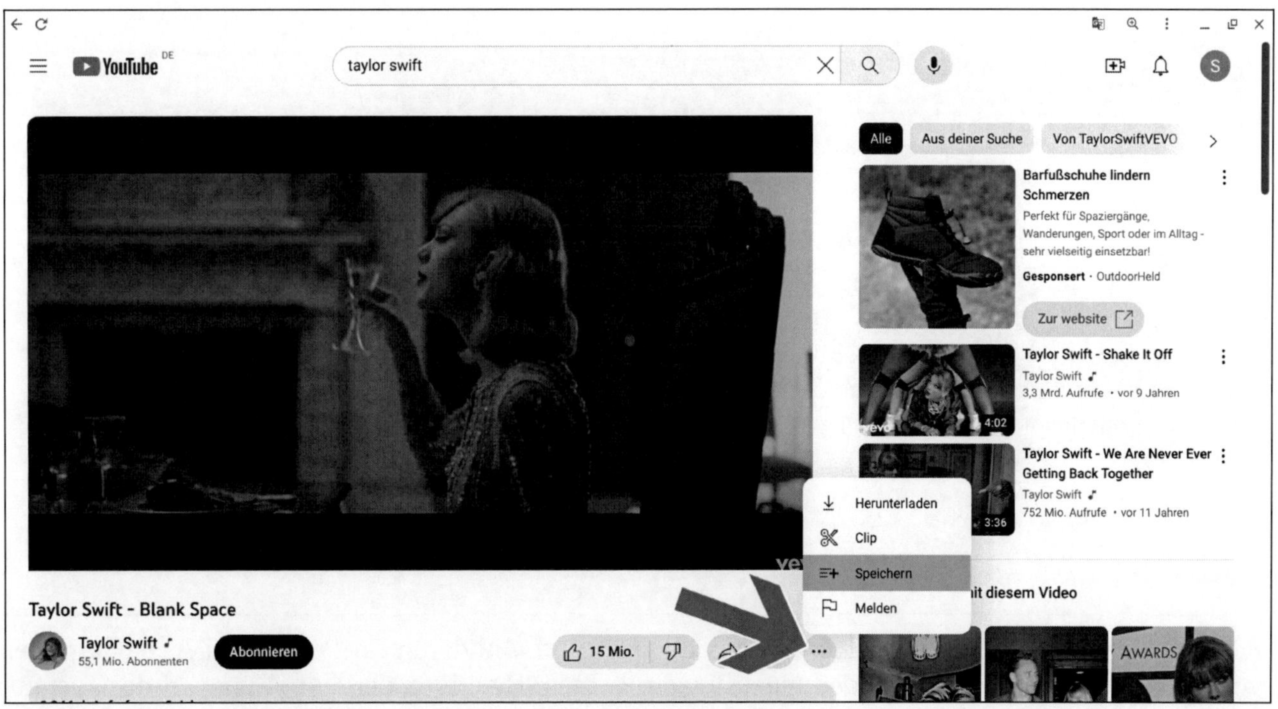

So erstellen Sie eine eigene Playlist: Im Wiedergabebildschirm gehen Sie auf ••• und dann auf *Speichern*.

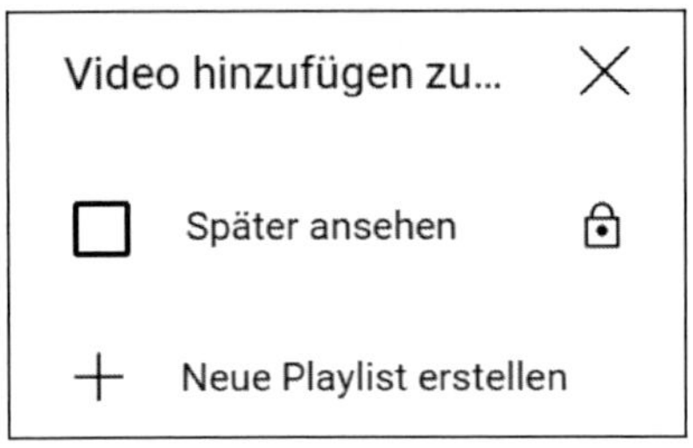

➊ Gehen Sie auf *Neue Playlist erstellen* im Popup.

➋ Nach Erfassen des Playlist-Namens können Sie über das Auswahlmenü noch die Datenschutzeinstellungen ändern:

- *Öffentlich:* Playlist ist für alle anderen YouTube-Nutzer sichtbar.
- *Nicht gelistet*: Nicht sichtbar, kann aber geteilt werden (über die *Teilen*-Schaltleiste jemand anderes die Playlist senden).
- *Privat*: Die Playlist ist nur für Sie sichtbar.

Bereits vorgegeben ist übrigens die Playlist *Später ansehen*, die Sie für Videos verwenden, die Sie keiner Playlist zuordnen möchten, aber trotzdem merken möchten.

Klicken Sie nun auf *Erstellen*.

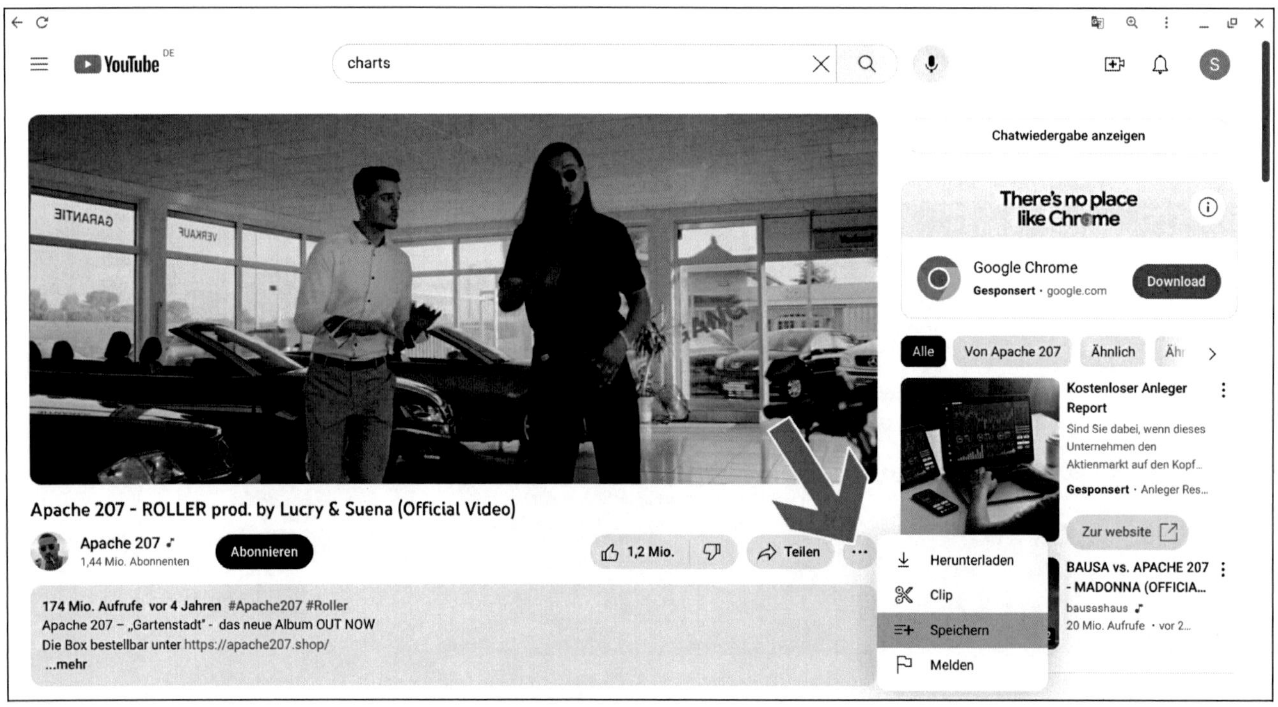

Künftig klicken Sie unterhalb eines Videos auf ••• und aktivieren im Popup das Abhakkästchen vor der Playlist, dem Sie das Video hinzufügen möchten. Betätigen der Esc-Taste auf der Tastatur schließt das Popup.

10.2.3 Playlist abspielen

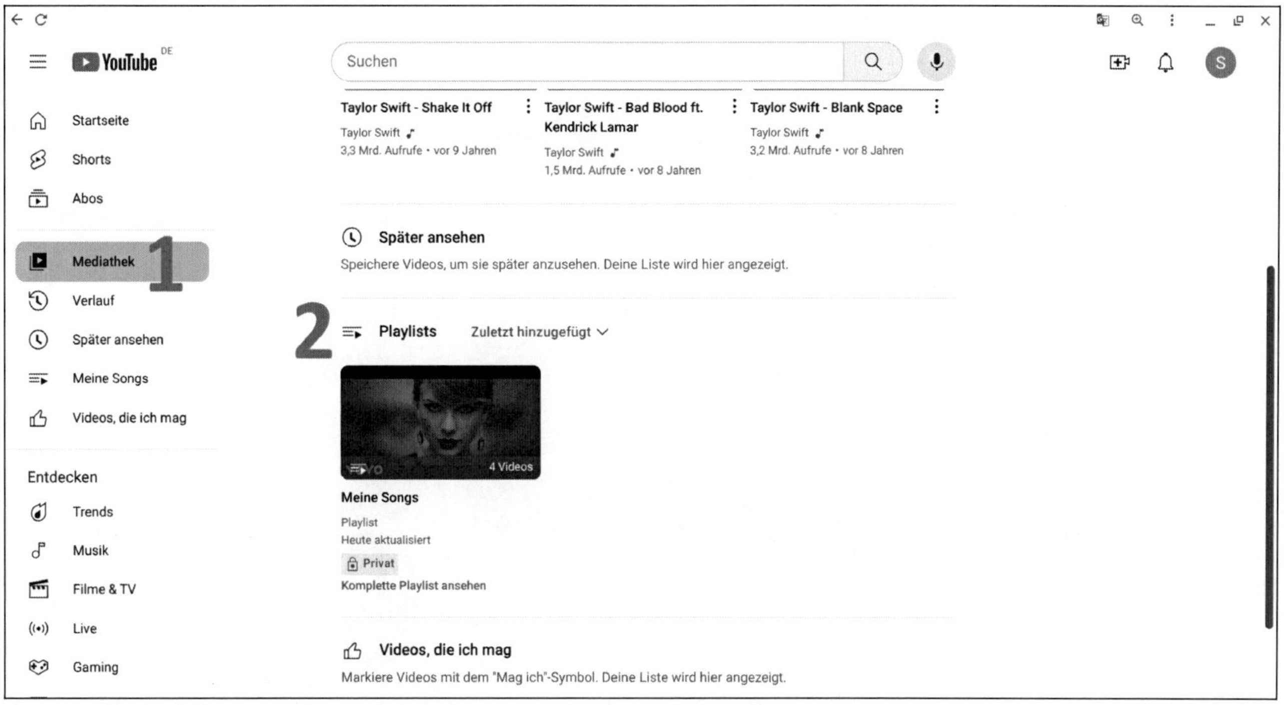

Gehen Sie auf *Mediathek* und klicken dort unter *Playlists* einen Eintrag an.

Anschließend stehen die bereits im Kapitel *11.3 Grundfunktionen von YouTube Music* beschriebenen Wiedergabefunktionen zur Verfügung.

10.2.4 Playlist bearbeiten

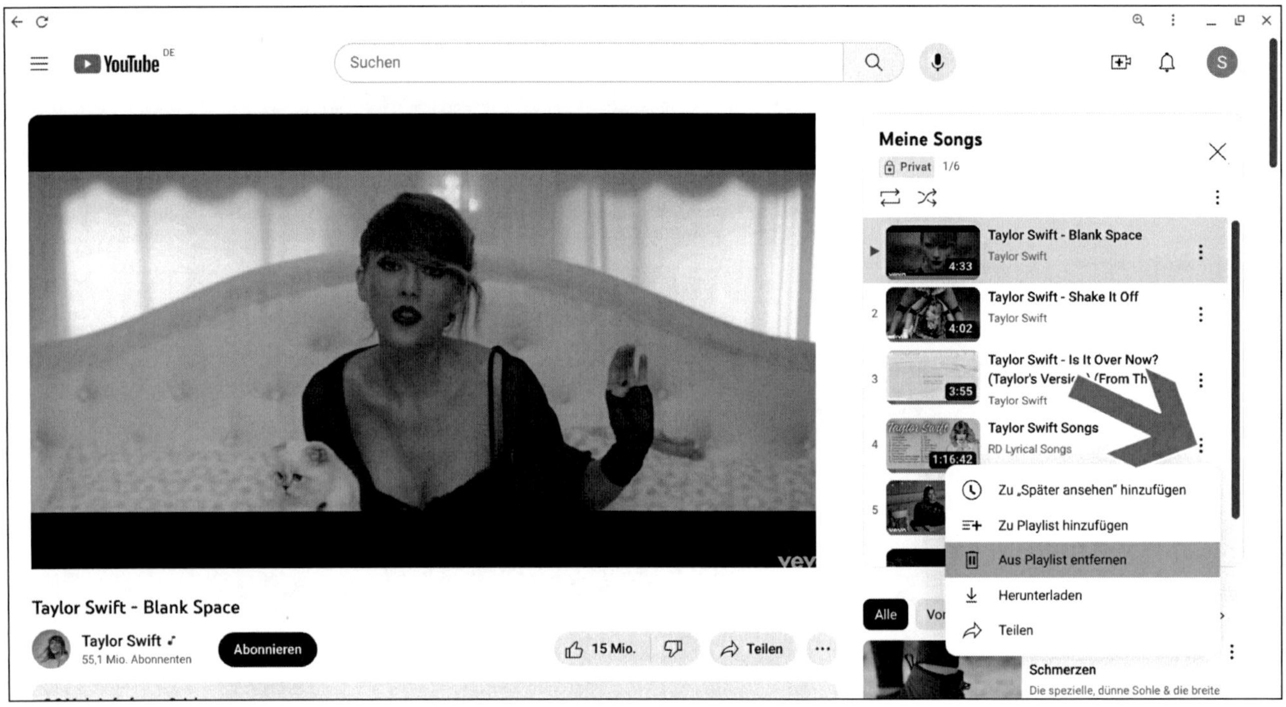

Zum Entfernen eines Songs aus der Playlist halten Sie den Mauszeiger darüber und klicken Sie auf ⋮/*Aus Playlist entfernen.*

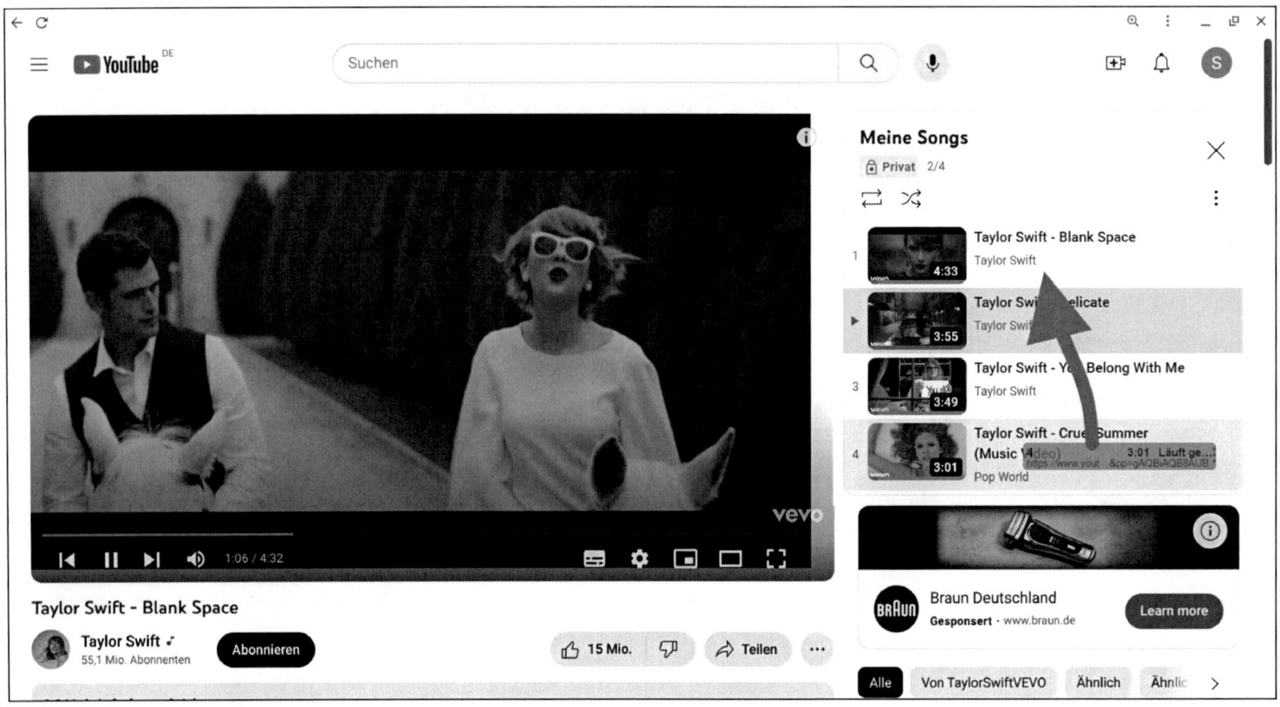

Änderung der Abspielreihenfolge: Halten Sie den Mauszeiger über einen Song, dann ziehen Sie einzelne Songs mit gedrückter Maustaste an eine andere Position.

10.3 Kanäle

Jeder, der eigene Videos auf YouTube veröffentlicht oder wie im Kapitel *10.2.2 Playlist erstellen* beschrieben, Playlists aus vorhandenen Videos erstellt, besitzt damit einen eigenen Kanal. Der Kanalname ist frei wählbar beziehungsweise entspricht dem Google-Konto-Namen vom Ersteller.

YouTube bietet an, Kanäle anderer YouTube-Nutzer zu »abonnieren«, sodass man später bereits in der YouTube-Startseite über Neues in den Kanälen informiert wird.

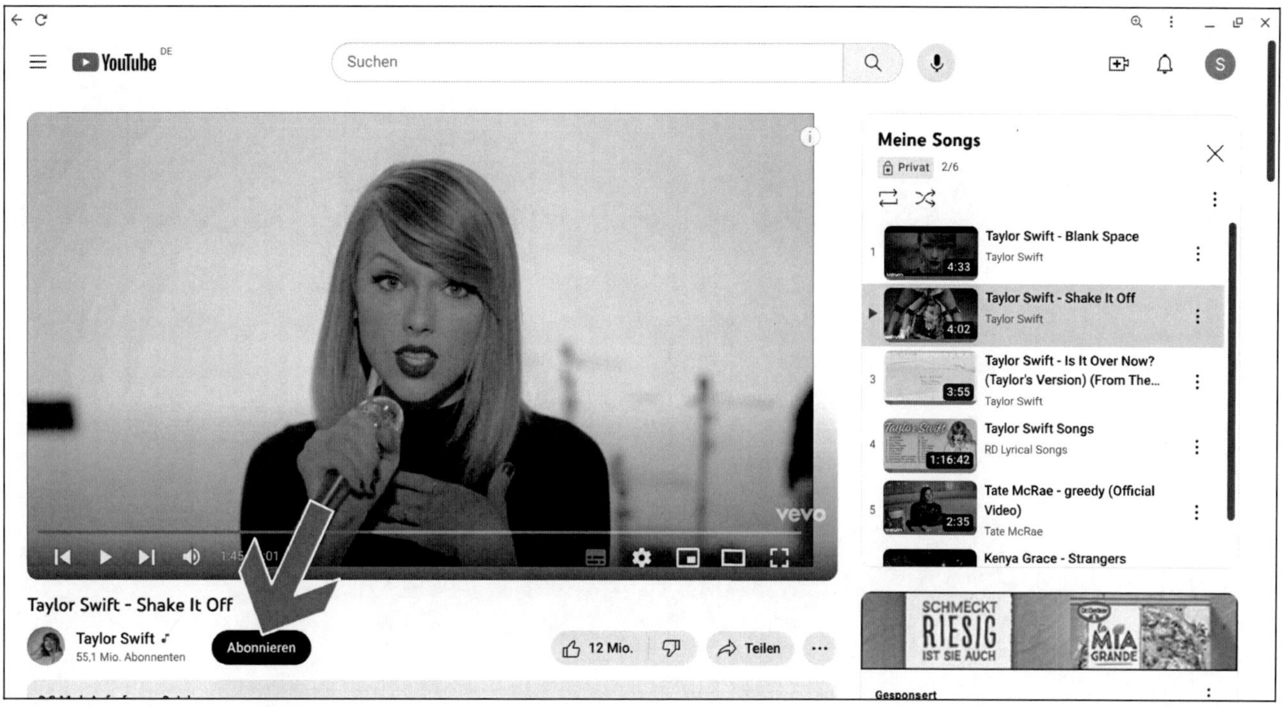

Gefallen Ihnen die Videos eines bestimmten Anbieters, dann klicken Sie im Wiedergabebildschirm auf *Abonnieren* (Pfeil).

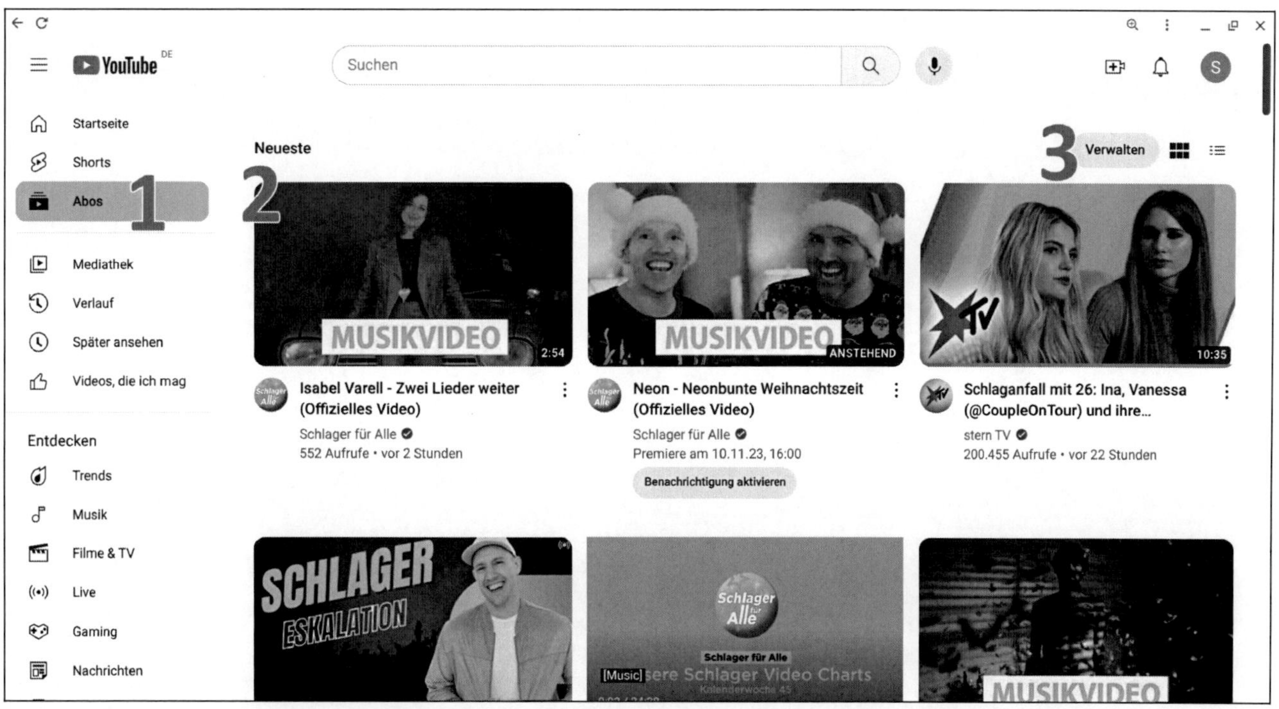

So listen Sie die Videos in einem abonnierten Kanal auf: Klicken Sie zuerst auf *Abos* in der Menüleiste (1) und dann auf eines der Vorschaubilder. Die Kanalinhalte werden angezeigt.

Ihre Abos können Sie übrigens einfach über *Verwalten* beenden. Dort einfach hinter den Kanälen jeweils auf *Abonniert* klicken und *Abo beenden* auswählen.

10.4 Vorschläge auf Startseite

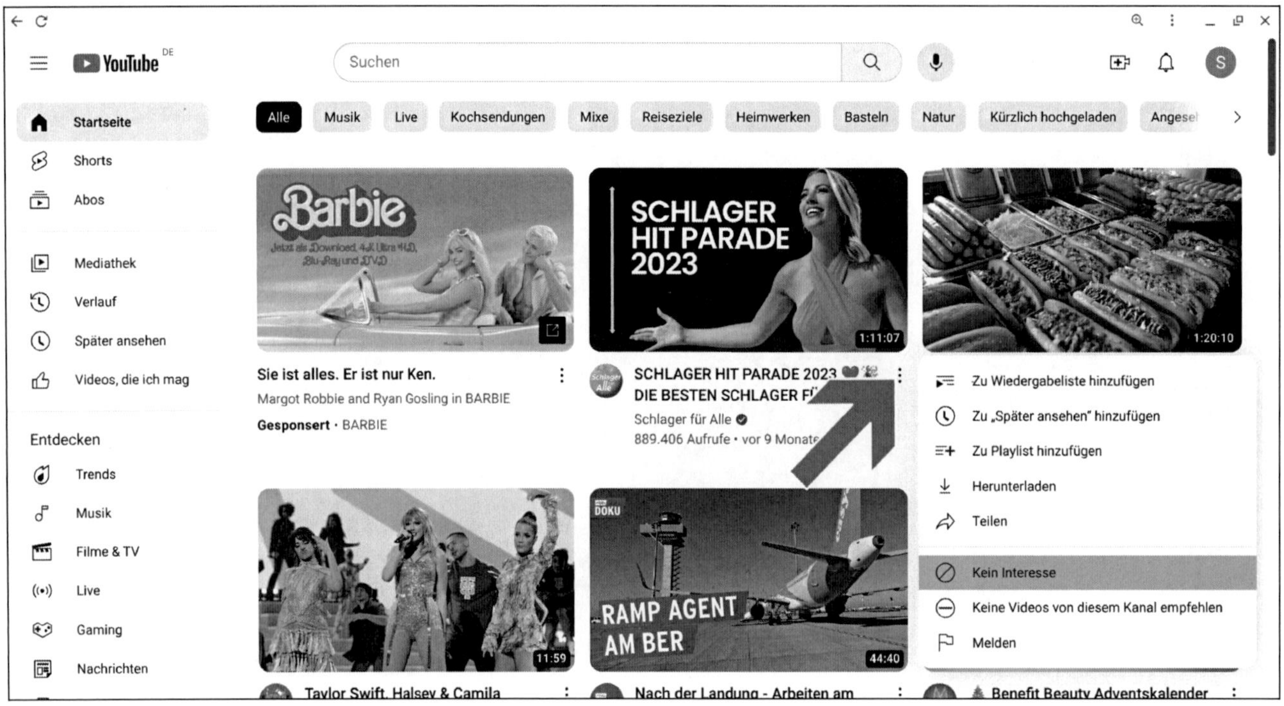

Anhand der angesehenen Videos und abonnierten Kanäle schlägt Google auf der YouTube-Startseite ähnliche Inhalte vor, die Ihnen gefallen könnten. Ein Klick auf ⋮ hinter den Vorschlägen (Pfeil) und Auswahl von *Kein Interesse* oder *Keine Videos von diesem Kanal empfehlen* blendet diese aus beziehungsweise sorgt dafür, dass Sie sinnvollere Vorschläge erhalten.

11. Musik

Der Musikmarkt wurde in den letzten Jahrzehnten gleich mehrmals umgewälzt. Zunächst fand die Schallplatte in den 1980er Jahren mit der CD einen Nachfolger, ab den 2000er Jahren kam dann der Kauf von Songs über das Internet in Mode. Seit einigen Jahren revolutioniert allerdings das »Streaming« die Musiknutzung. Beim »Streaming« erfolgt die Wiedergabe direkt aus dem Internet, ohne dass der abgespielte Song lokal auf dem Gerät gespeichert wird. Ein Vorteil des Streamings ist die zentrale Ablage aller Songs auf einem Server, wobei die Wiedergabe auf jedem beliebigen Endgerät, vom PC bis zum Handy möglich ist – es wird nur eine Internetverbindung benötigt, die noch nicht einmal besonders schnell sein muss.

Beim Streaming zahlen Sie – je nach Anbieter – eine monatliche Pauschale von ca. 5 bis 15 Euro, haben dafür aber Zugriff auf mehrere dutzend Millionen (!) Songs. Es ist möglich, sich eigene Abspiellisten zusammenzustellen, einige Streaming-Dienste stellen zudem fertige Abspiellisten zur Verfügung, die jeden Musikgeschmack bedienen. Kündigen Sie ihr Streaming-Abo, dann verlieren Sie auch alle von Ihnen selbst angelegten Abspiellisten.

Einziger Nachteil des Streamings: Die Musik gehört nicht Ihnen und kann auch nicht auf eine CD gebrannt werden. Je nach gewähltem Tarif ist zudem die gleichzeitige Wiedergabe auf ein einzelnes Gerät beschränkt. Läuft die Musik also auf dem Handy, dann stoppt sie dort, sobald Sie die Wiedergabe auf dem PC starten.

Neben Google sind Spotify, Apple, Deezer, Amazon und einige kleinere Anbieter im Streaming-Markt aktiv.

Die Musikwiedergabe erfolgt sehr flexibel entweder im Webbrowser auf dem PC, über smarte Lautsprecher (Google Home, Apple Homekit, Amazon Alexa, Sonos usw.) oder die YouTube Music-App auf dem Handy.

11.1 Die Tarife von YouTube Music

- **YouTube Music**: Für diesen Dienst brauchen Sie sich nicht kostenpflichtig anzumelden oder irgendwas bezahlen, denn die Finanzierung erfolgt durch zwischendurch eingeblendete Werbung.
- **YouTube Music Premium**: Der günstigste Tarif »Premium kostet 11,99 Euro im Monat. Als Student können Sie für bis zu 4 Jahre den Tarif für 6,99 Euro pro Monat buchen. Jedes Jahr erfolgt dann eine Überprüfung.
- **YouTube Premium**: Falls Sie sehr häufig Videos auf YouTube (in der gleichnamigen App oder auf der Website) anschauen, dann dürfte YouTube Premium interessant sein. Zur Anmeldung besuchen Sie *www.youtube.com/premium*. Es gibt drei verschiedene Tarife:
    - YouTube Premium Lite: Für 5,99 Euro pro Monat sehen Sie bei einigen Musikvideos und in der Suche ab und zu Werbung.
    - YouTube Premium: Der 12,99 Euro teure Monatstarif verzichtet vollständig auf Werbeunterbrechnungen. Sie erhalten Zugriff auf einige weitere exklusive Inhalte (»YouTube Originals«).
    - Weitere Verbilligungen gibt es für Familien und Studenten, sowie Kunden, die einen Jahrestarif wählen.

11.2 Aufruf und erste Einrichtung

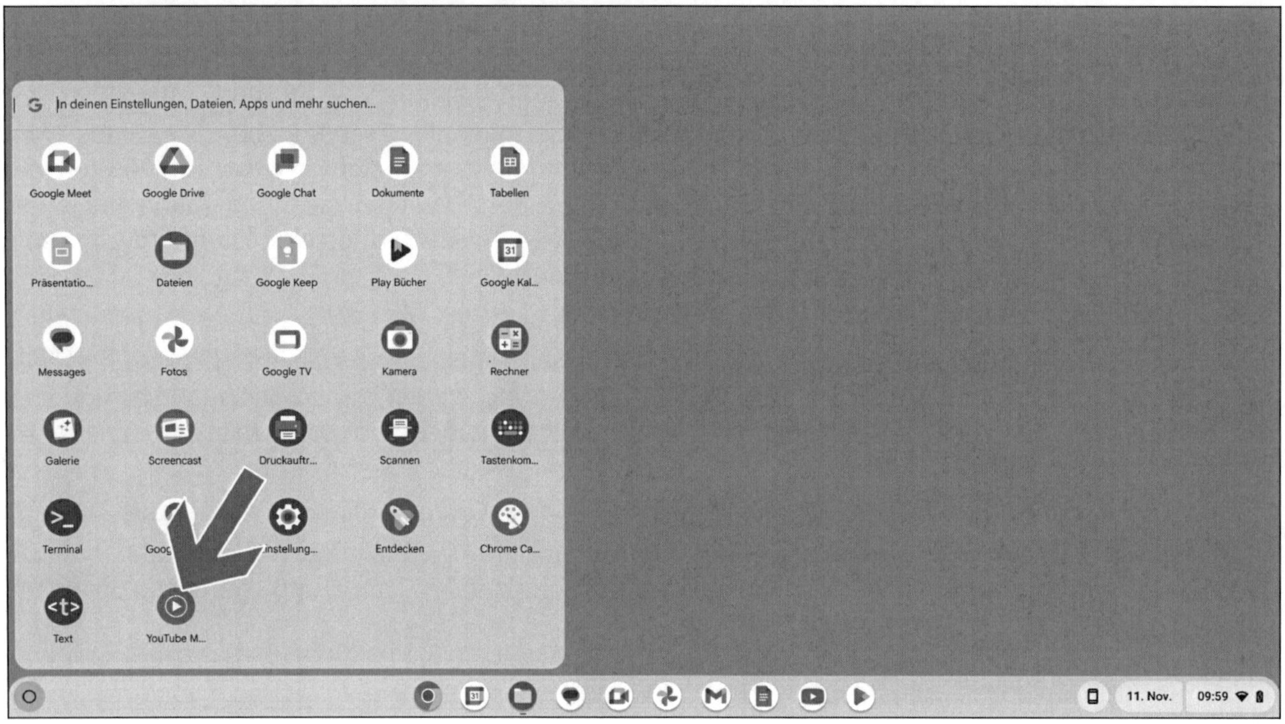

Sie rufen *YouTube Music* aus dem Apps-Menü auf.

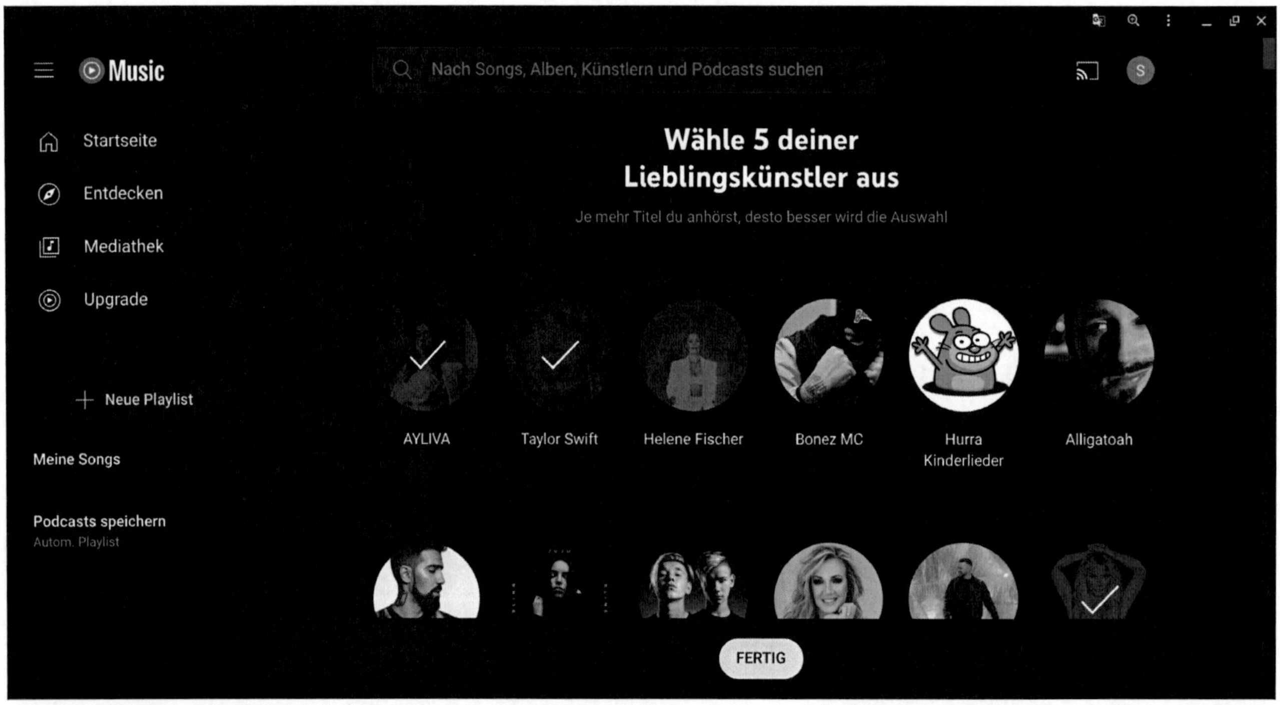

Beim ersten Aufruf müssen Sie mit einem Mausklick alle Künstler/Bands, die Sie interessieren (Favoriten), markieren, dann betätigen Sie *FERTIG*. Weitere lassen sich übrigens jederzeit später noch hinzufügen (siehe Kapitel *11.7 Einstellungen*).

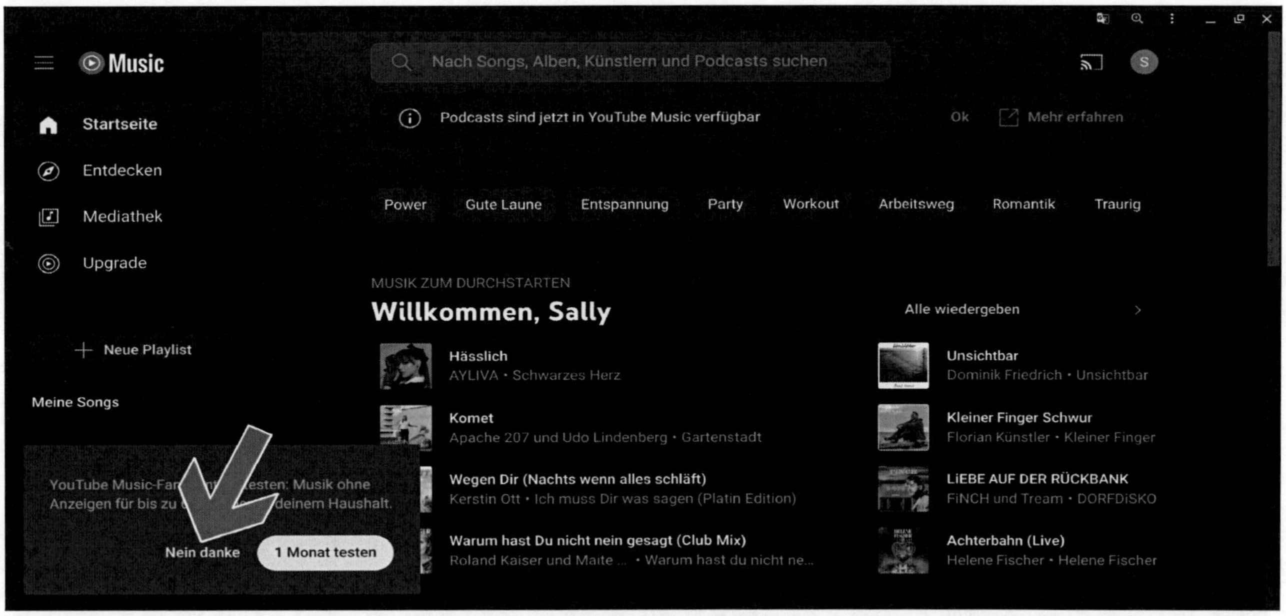

Google will Ihnen zwischendurch ein kostenpflichtiges Abo »aufdrücken«. Schließen Sie den Hinweis jeweils mit *Nein danke.*

11.3 Grundfunktionen von YouTube Music

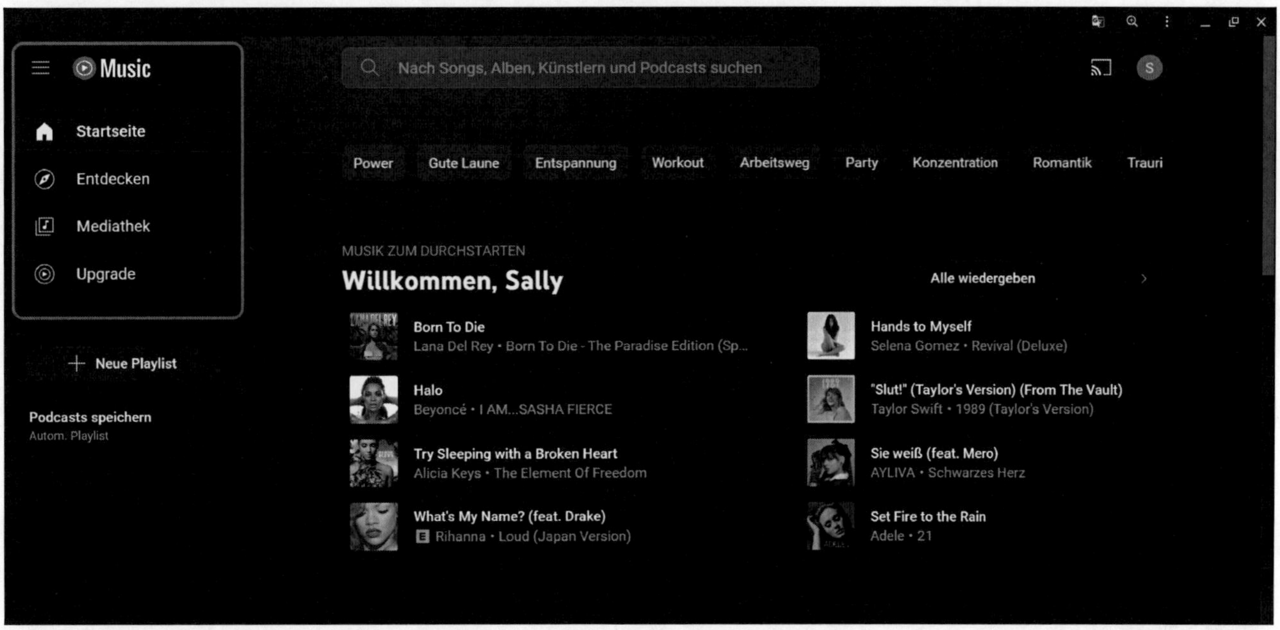

Die Funktionen (auf der linken Seite):

- Mit einem Klick auf das YouTube Music-Logo gelangen Sie jederzeit auf die Startseite zurück.
- *Startseite*: Die Startseite ist der Ausgangspunkt von YouTube Music, wo Ihnen Playlists der von Ihnen zuvor ausgewählten Künstler/Bands angezeigt werden. Auch finden Sie hier weitere thematisch sortierte Playlists. Google wertet die von Ihnen bereits genutzten Playlists und abgespielten Titel aus und passt die aufgelisteten Playlists automatisch an Ihre Vorlieben an.
- *Entdecken* (2): Angesagte Songs und Musikvideos.
- *Mediathek* (3): Verwaltet Playlists, Alben, einzelne Musiktitel und Künstler, die Sie Ihrer Bibliothek hinzugefügt haben.

- *Upgrade*: Kostenpflichtiges YouTube Music-Abo aktivieren und verwalten. Darauf geht Kapitel *11.6 YouTube Music Premium* noch ein.

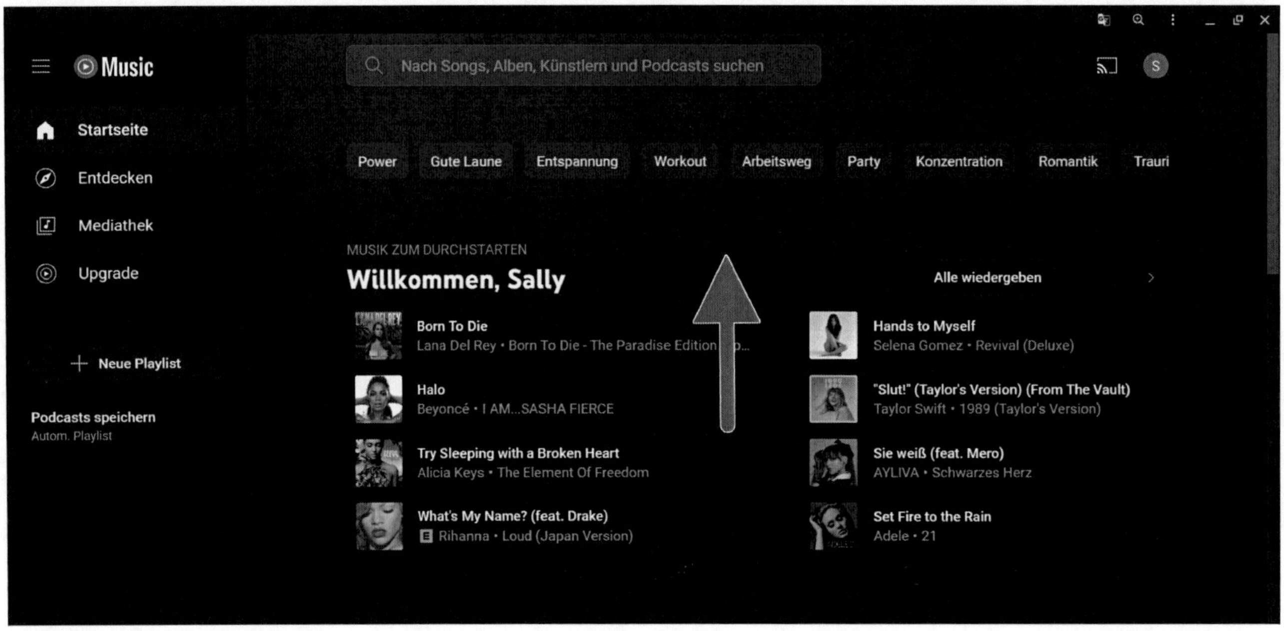

Rollen Sie durch Drehen am Mausrad beziehungsweise über die Rollbalken durch die Abspielvorschläge.

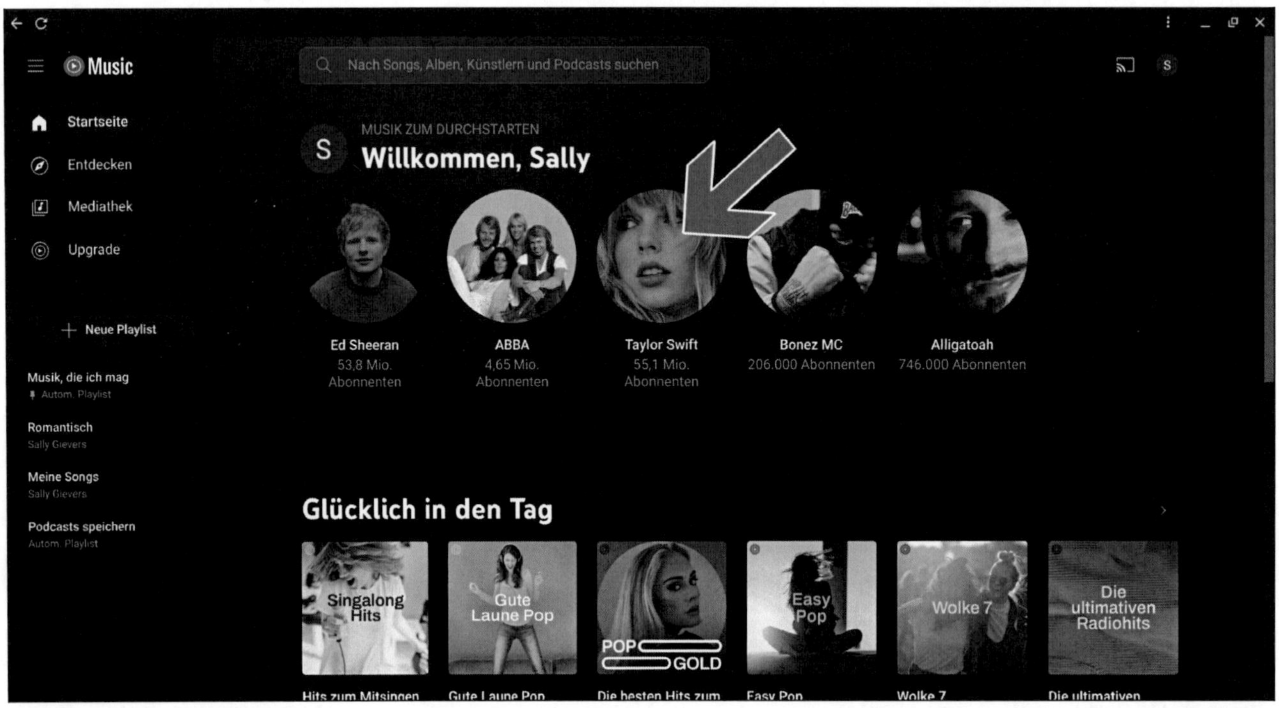

Jetzt möchten wir natürlich Musik hören! Wählen Sie eine der vorgeschlagenen Playlists auf der Startseite an. In unserem Beispiel klicken wir einen der von Ihnen zuvor festgelegten Favoriten an.

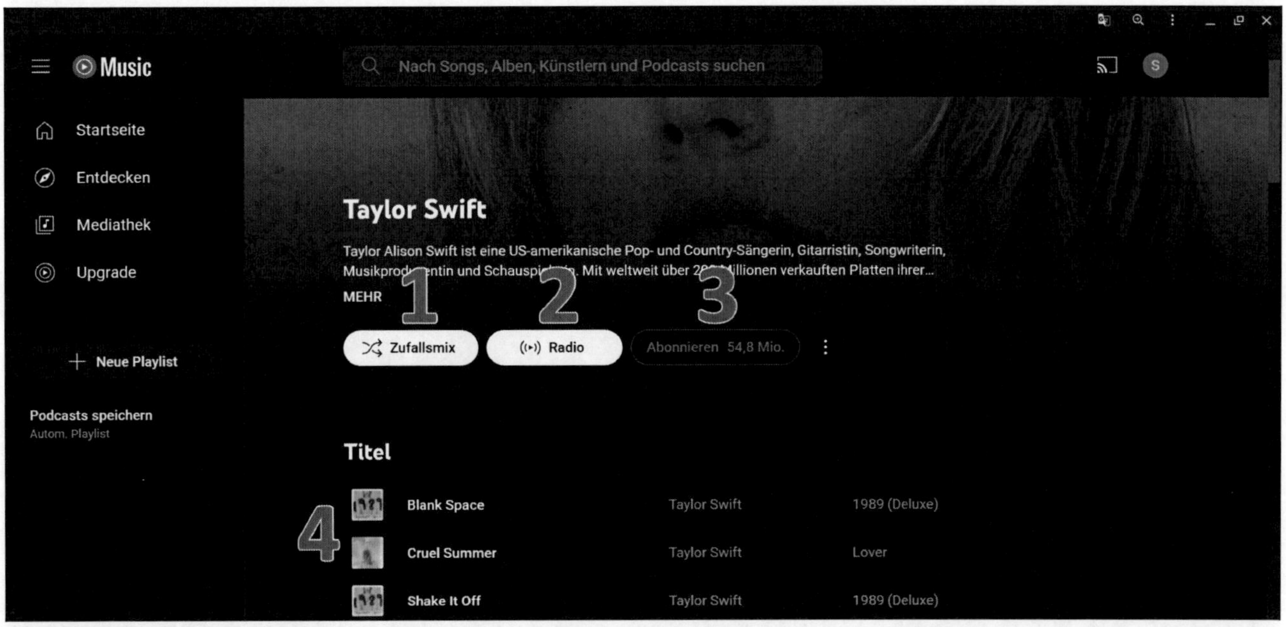

Die Wiedergabe starten Sie mit *Zufallsmix* (1) für zufällige Wiedergabe oder Sie klicken direkt einen der Songs in der Liste an (4).

Nur bei den sogenannten Favoriten gibt es die folgenden zwei Schaltleisten: *Radio* (2) spielt ähnliche Musik anderer Künstler/Bands ab. Dies ist eine hervorragende Möglichkeit, um weitere interessante Musik kennenzulernen. *Abonnieren* (3) sorgt dafür, dass Sie über neu erschienene Songs des Favoriten automatisch informiert werden.

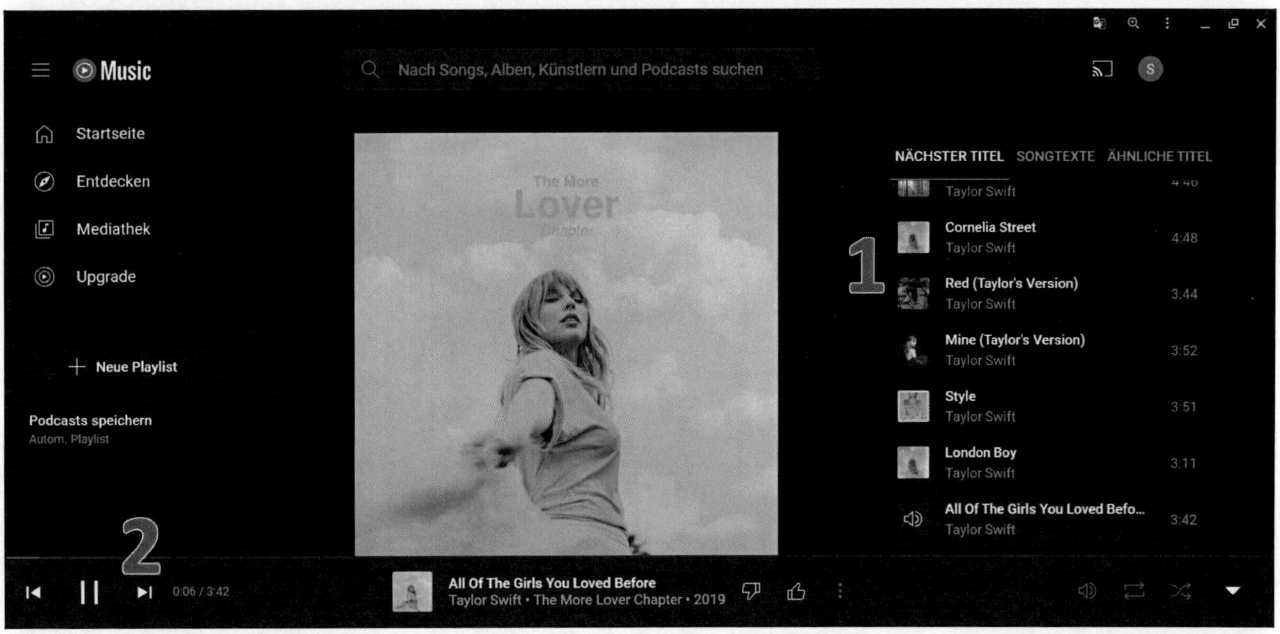

Die Wiedergabeliste erscheint. Halten Sie den Mauszeiger über einen Song und klicken Sie auf ▶ (1), um einen anderen Song abzuspielen.

Tippen Sie in einen beliebigen Bereich des Fortschrittsbalkens (2), wenn Sie zu einem bestimmten Punkt im abgespielten Song springen möchten.

Die weiteren Schaltleisten am unteren Bildschirmrand:

- ⏮ / ⏭: Zum vorherigen/nächsten Titel springen.
- ▶ / ⏸ : Starten/Pausieren der Wiedergabe.
- Über 👍 👎 (»Mag ich/Mag ich nicht«) markieren Sie Songs, die ihnen gefallen oder nicht gefallen. Je mehr Songs Sie auf diese Weise bewerten, desto besser sind die automatischen

Musikvorschläge auf der Startseite.

- : Lautstärkeregler
- : Durchgelaufene Playlist automatisch wiederholen.
- : Zufällige Wiedergabe der Playlisttitel.
- : Schaltet auf den Playlist-Bildschirm um. Alternativ betätigen Sie die Esc-Taste.

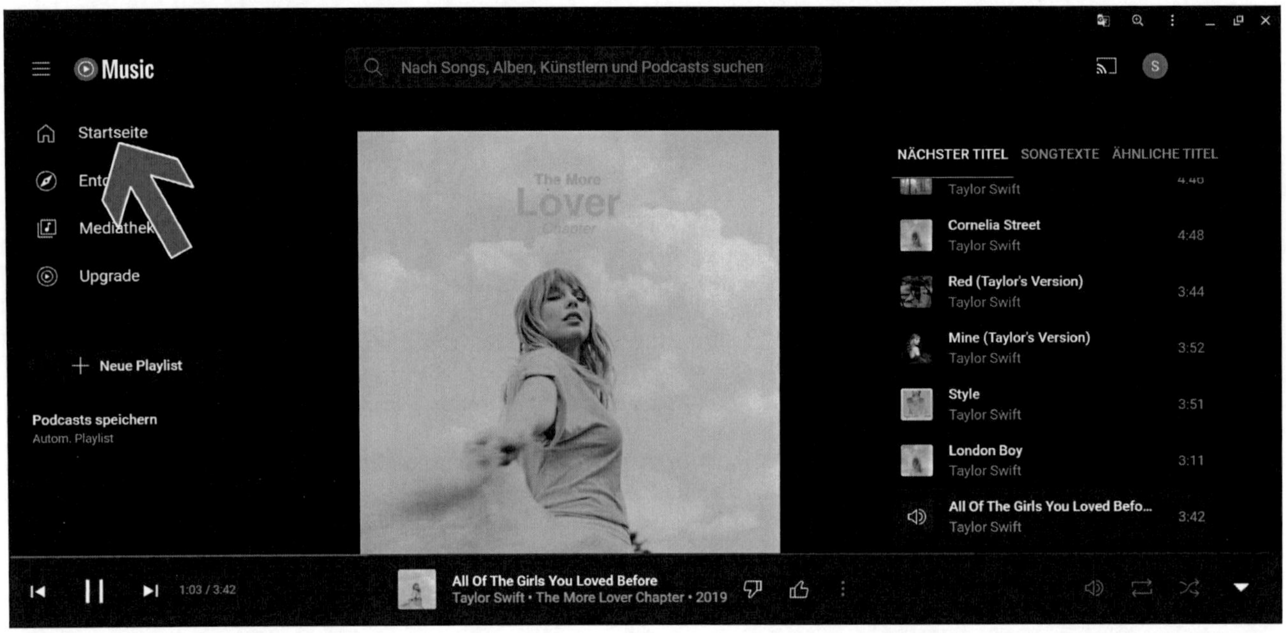

Die Wiedergabe läuft auch weiter, wenn Sie sich durch die Benutzeroberfläche klicken. Im Beispiel gehen wir auf *Startseite*.

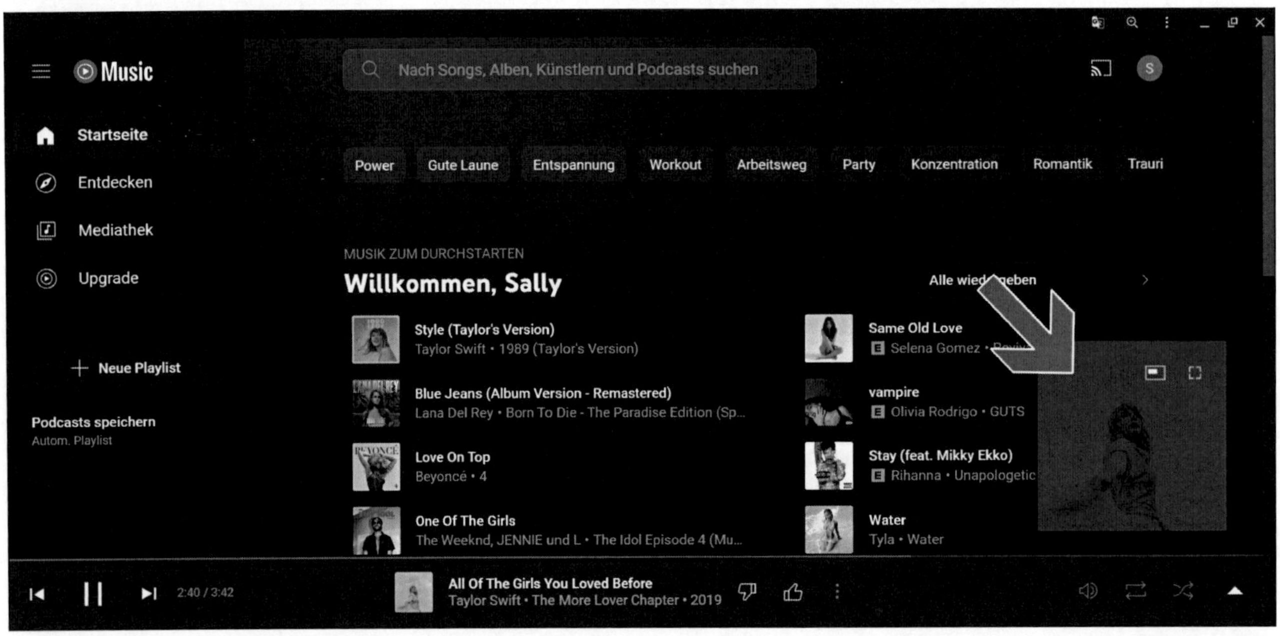

Unten rechts erscheint der gerade abgespielte Song als Vorschau. Halten Sie den Mauszeiger darüber für weitere Funktionen: öffnet nun den Wiedergabebildschirm, dagegen den Vollbildmodus. Die Esc-Taste schaltet wieder auf den Startbildschirm beziehungsweise zuletzt angezeigte Bildschirmseite zurück.

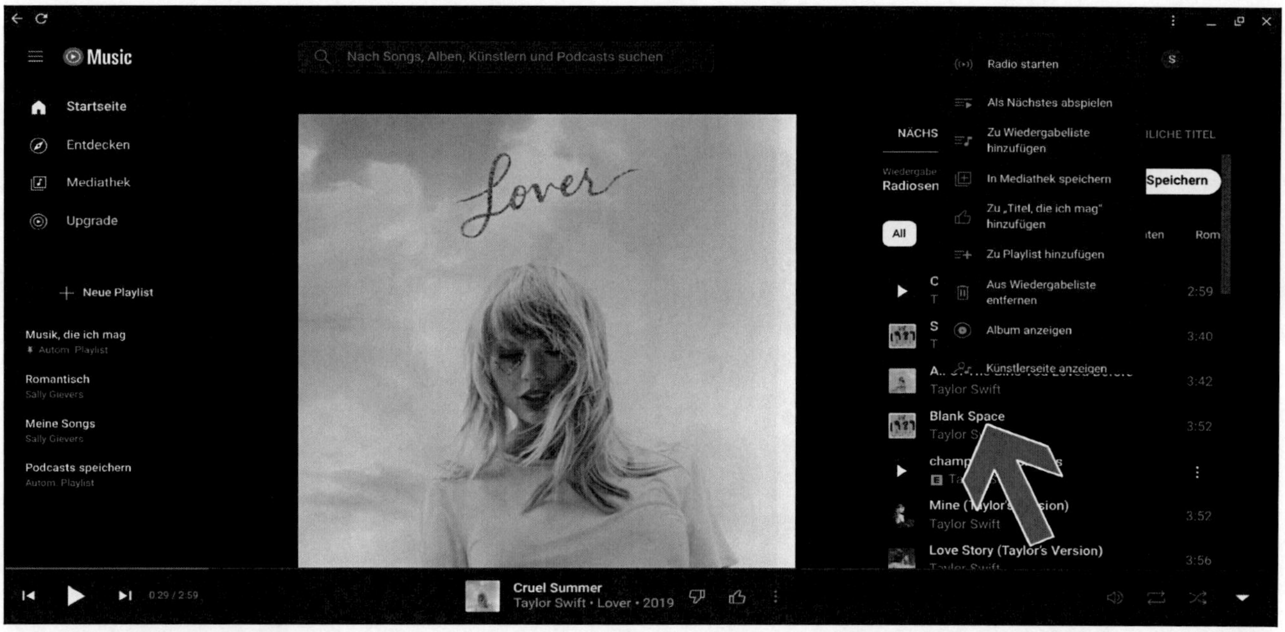

In der Wiedergabeliste halten Sie den Mauszeiger über einen Titel und betätigen die rechte Maustaste für das Popup:

- *Radio starten*: Musik anderer Interpreten starten, die dem Song ähnelt. Auf diesem Wege entdecken Sie weitere Songs, die Ihren Interessen entspricht.
- *Als Nächstes abspielen*: Alternativ halten Sie den Mauszeiger auf einen Song in der Auflistung und betätigen dann ▶ vor dem Titelnamen.
- *Zu Wiedergabeliste hinzufügen*: Fügt den Song der Wiedergabeliste mit den als Nächstes abgespielten Titeln hinzu. Das macht natürlich nur Sinn, wenn Sie sich gerade in einer Playlist befinden, die **nicht** abgespielt wird.
- *In Mediathek speichern*: Der Song wird als Favorit markiert und ist nun im *Mediathek*-Register zu finden.
- *Zu „Titel, die ich mag" hinzufügen; Aus „Titel, die ich mag" entfernen*: Markieren Sie Songs, die ihnen gefallen oder nicht gefallen. Je mehr Songs Sie auf diese Weise bewerten, desto besser sind die automatischen Musikvorschläge.
- *Zu Playlist hinzufügen*: Auf die Playlists geht das nächste Kapitel *11.5 Playlists* ein.
- *Aus Wiedergabeliste entfernen*
- *Album anzeigen*: Sofern der Song auf einem Album veröffentlicht wurde, können Sie dieses aufrufen.
- *Künstlerseite anzeigen*: Alle Songs/Alben eines Interpreten anzeigen.
- *Teilen*: Link auf den Song über soziale Netzwerke versenden. Alternativ kopieren Sie den Link in die Zwischenablage und können Ihn dann beispielsweise in einer Nachricht in Ihrem E-Mail-Programm einfügen.

Abhängig davon, ob Sie sich in einer Wiedergabeliste, Radioliste oder Playlist befinden, hat das Popupmenü mehr oder weniger Einträge.

11.4 Suche

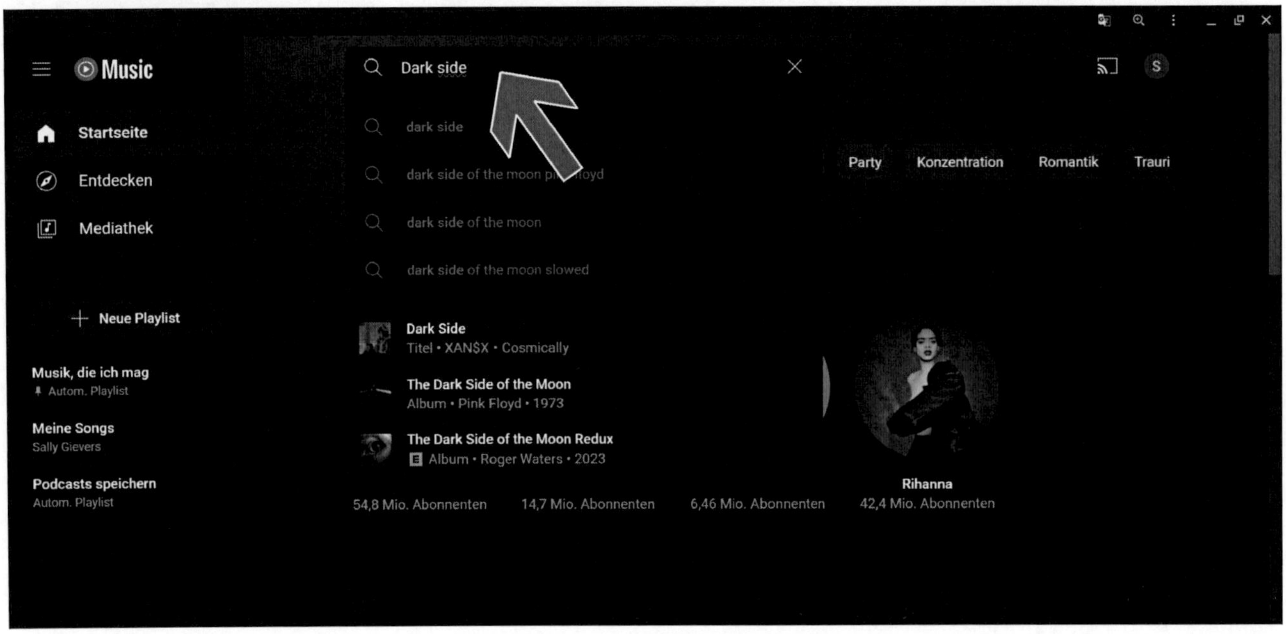

Für die Suche tippen Sie einfach oben ins Eingabefeld und erfassen einen Titel oder Interpreten. Schon während der Eingabe erfolgen Vorschläge, die Sie auswählen können.

Ein tolles Feature ist die automatische Textsuche. Geben Sie einfach als Suchbegriff eine Liedzeile ein, worauf YouTube Music passende Songs auflistet, die den Text erhalten. Dies funktioniert nicht nur mit deutschsprachigen, sondern auch Songs in Fremdsprachen.

In der Ergebnisliste wird bei einigen Alben und Songs ein »E« als »explicit« (Pfeil) angezeigt. Damit markiert Google Songs mit jugendgefährdenden Inhalten, beispielsweise Gewalt, Alkohol oder Sex.

11.5 Playlists

YouTube Music bringt bereits unzählige Radiosender beziehungsweise Playlists mit. Sie können allerdings auch eigene Playlists mit Ihren Lieblingssongs anlegen und abspielen.

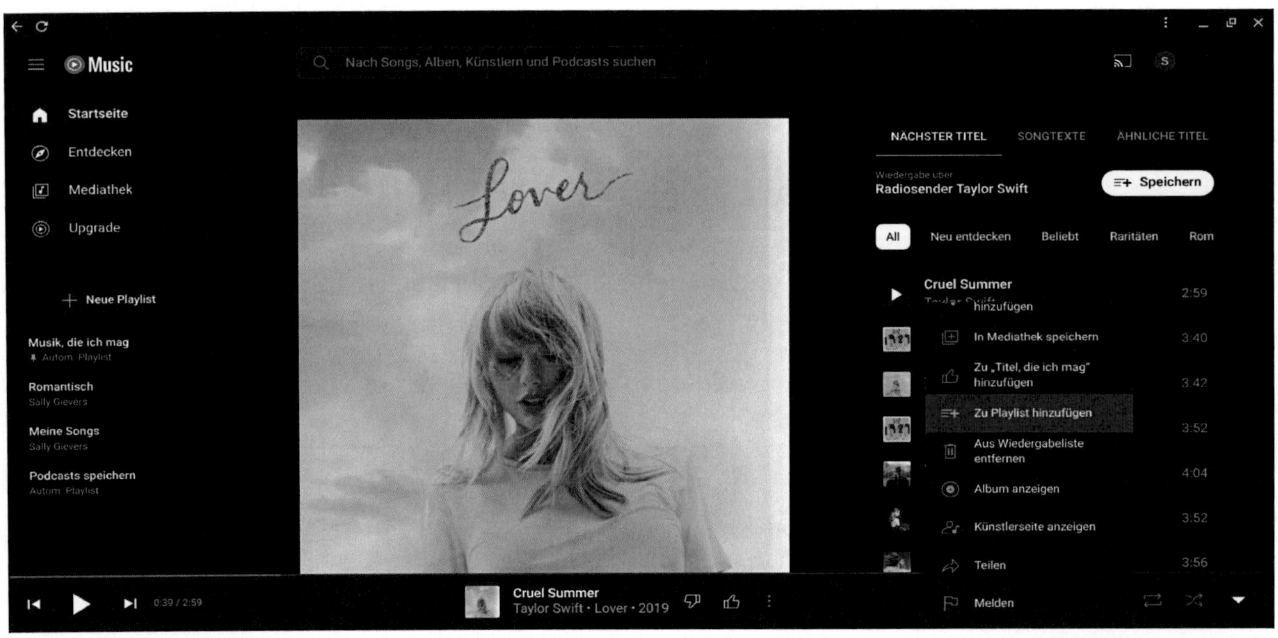

Halten Sie den Mauszeiger über einen Song in der Wiedergabeliste und rufen Sie mit der rechten

Maustaste das Popup auf. Gehen Sie dann auf *Zu Playlist hinzufügen.*

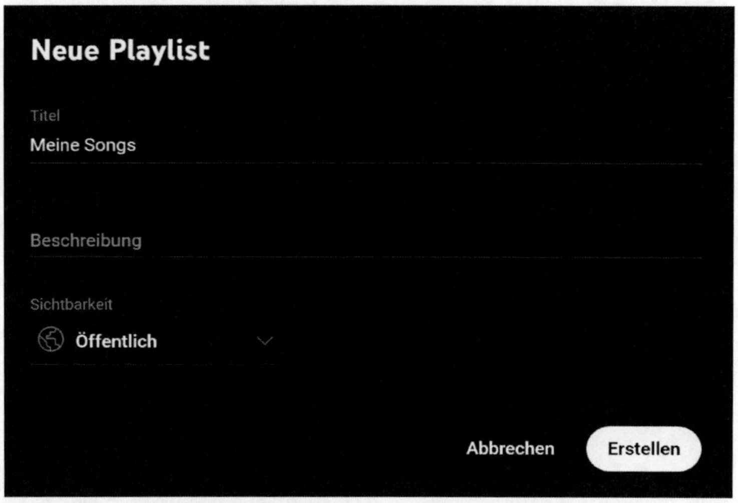

➊ Sofern Sie bereits mal eine Playlist erstellt hatten, im Beispiel *Kuschelsongs*, können Sie diese nun auswählen. In unserem Beispiel möchten wir allerdings eine neue Playlist erstellen und gehen daher auf *Neue Playlist.*

➋ Vergeben Sie einen Namen für die Playlist. Standardmäßig sind Playlists für alle anderen YouTube Music-Nutzer sichtbar, Sie können aber durch Auswahl von *Privat* unter *Datenschutz* die Playlist verbergen. Schließen Sie den Vorgang mit *Erstellen* ab.

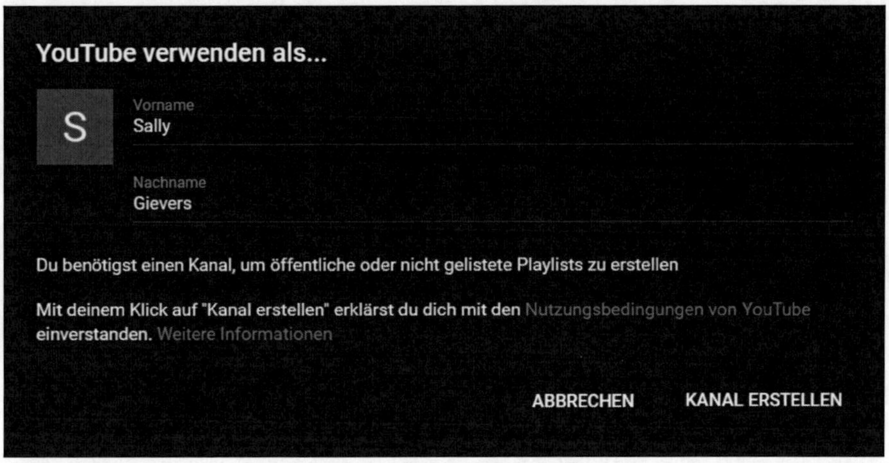

Gegebenenfalls müssen Sie einen sogenannten Kanal anlegen, Ihre Playlists auf YouTube Music für Dritte sichtbar sind. Betätigen Sie einfach *KANAL ERSTELLEN.*

11.5.1 Playlist verwalten

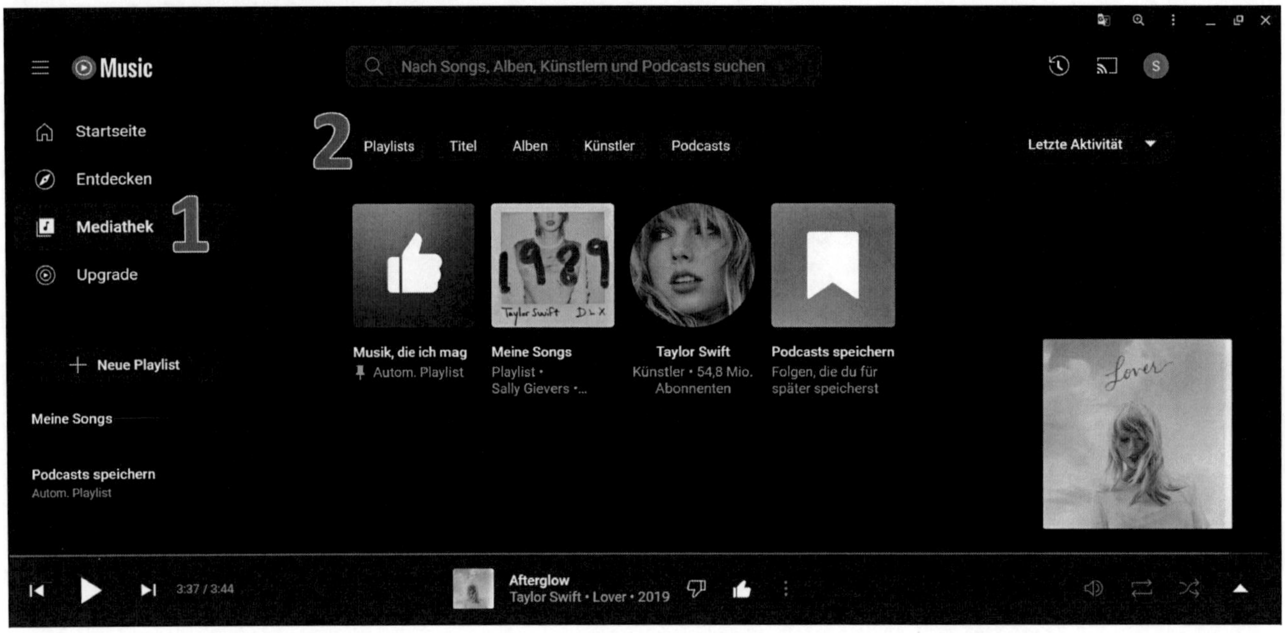

So zeigen Sie Ihre Playlists an: Rufen Sie *Mediathek* (1) auf und aktivieren Sie das *Playlists*-Register.

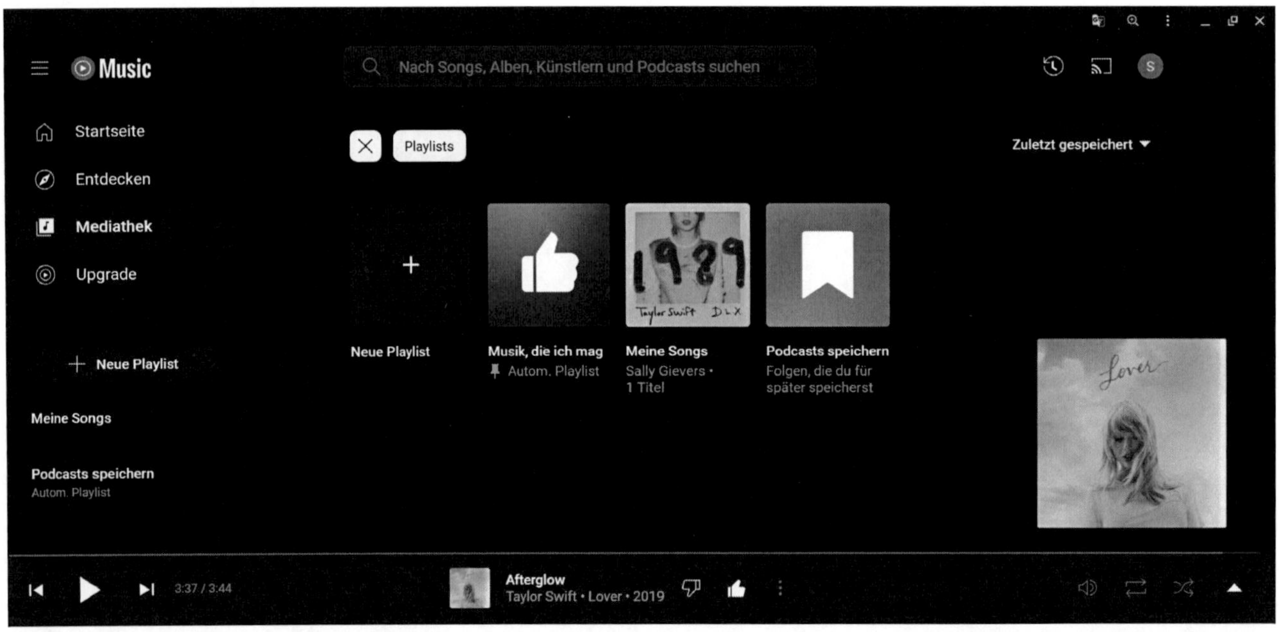

Neben der Option eine weitere Playlist anzulegen, finden Sie hier Ihre Playlists und unter *Musik, die ich mag* alle Musiktitel, die Sie mit 👍 als Favoriten markiert haben (siehe Kapitel *11.3 Grundfunktionen von YouTube Music*)

Klicken Sie eine Playlist an, die Sie abspielen beziehungsweise bearbeiten möchten.

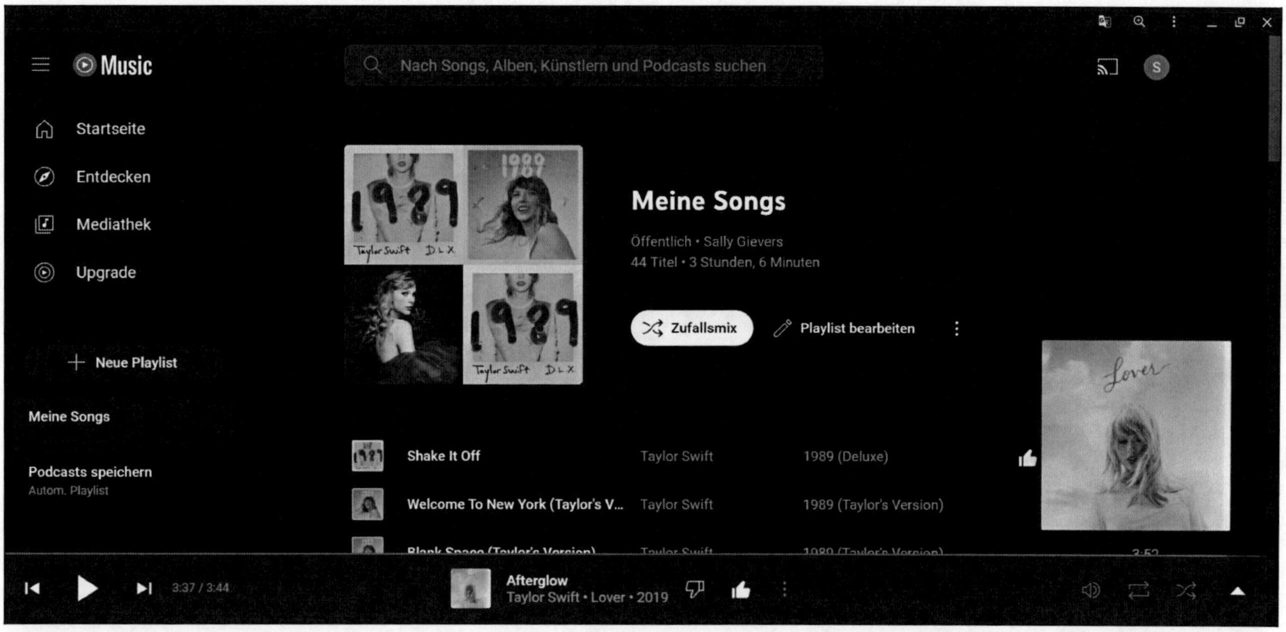

Die *Zufallsmix*-Schaltleiste oder Antippen eines Titelnamens in der Auflistung startet die Wiedergabe.

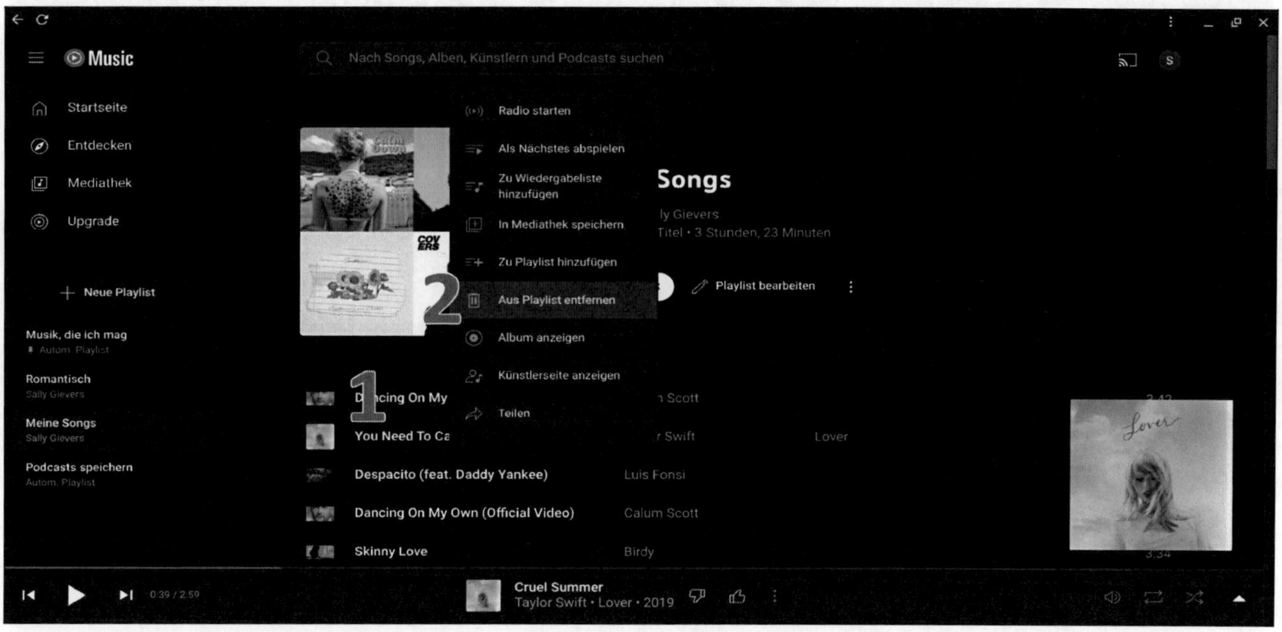

Halten Sie wiederum den Mauszeiger über einen Titel und rufen Sie mit der rechten Maustaste das Popup auf, in dem Sie auf *Aus Playlist entfernen* gehen, wenn Sie einen Song nicht mehr mögen.

11.6 YouTube Music Premium

Wie bereits erwähnt, kostet das Musikabo »YouTube Music Premium« standardmäßig 9,99 Euro im Monat. Sie werden dann nicht mehr mit lästigen Werbeeinblendungen konfrontiert.

Das Premium-Abo lohnt sich allerdings eher für Anwender, die bereits die Google Home-Geräte einsetzen (weitere Infos unter der Webadresse *store.google.com/product/google_home*) oder Musik mit der YouTube Music-App auf dem Handy hören möchten.

Die ab und zu vor den Songs abgespielten Werbevideos und Anzeigen lassen sich meistens nach einigen Sekunden mit einer Schaltleiste abbrechen.

11.6.1 YouTube Music Premium-Abo aktivieren

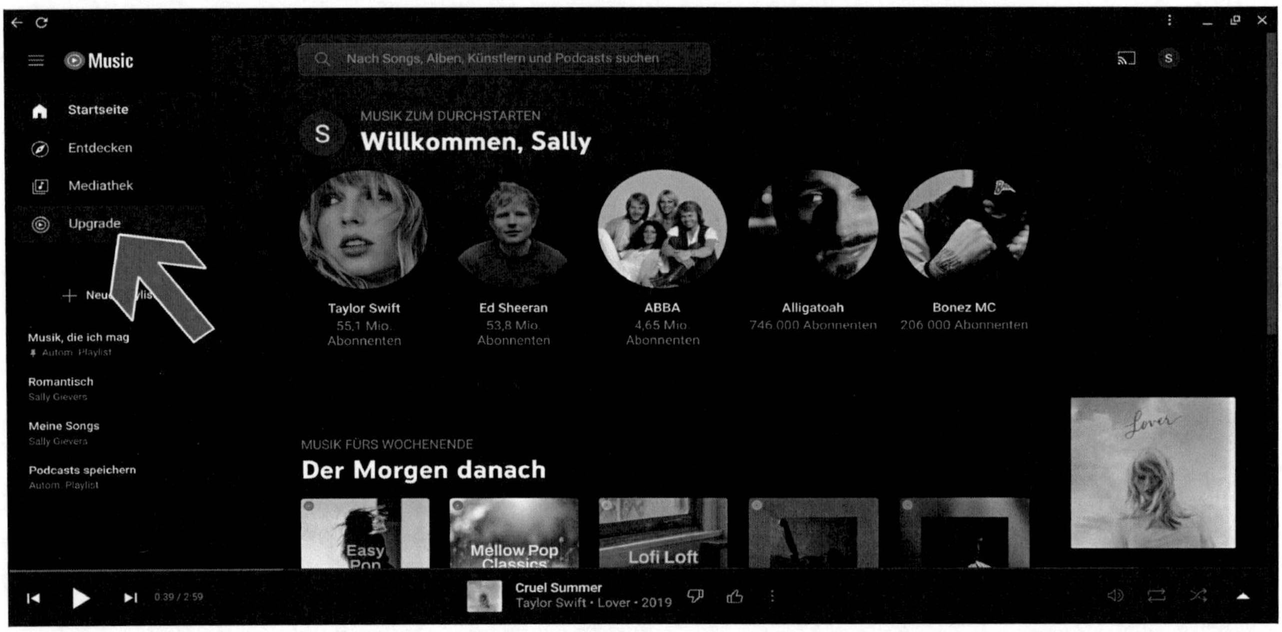

Klicken Sie auf das Profilsymbol (Pfeil) und gehen Sie im Popup auf *Music Premium abonnieren.*

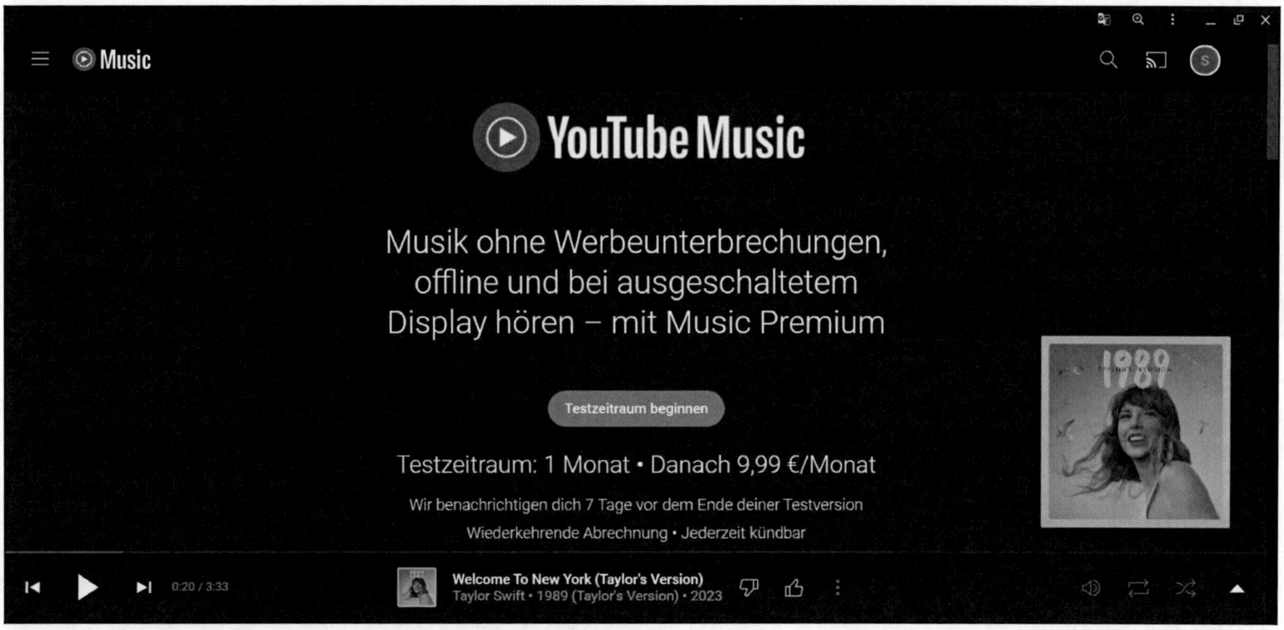

Gehen Sie auf *Testzeitraum beginnen.*

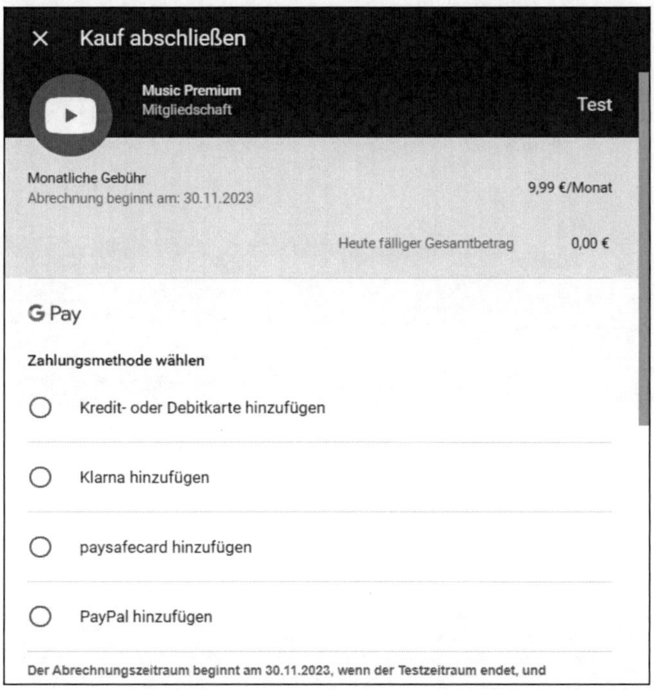

Sie müssen eine Zahlungsmethode auswählen und dann die abgefragten Kontodaten hinterlegen. Sofern Sie in der Vergangenheit Käufe bei Google, beispielsweise im Play Store, durchgeführt hatten, ist diese bereits voreingestellt. Betätigen Sie dann *KAUFEN.*

Danach führen Sie die Zahlungsabwicklung durch.

Keine Bange! Das Abo enthält einen kostenlosen Probemonat und erst danach wird das Geld monatlich abgebucht. Sie können auch während der Probezeit jederzeit das Abo beenden.

Sie erhalten einen Erfolgshinweis und nutzen nun YouTube Music ohne Werbung.

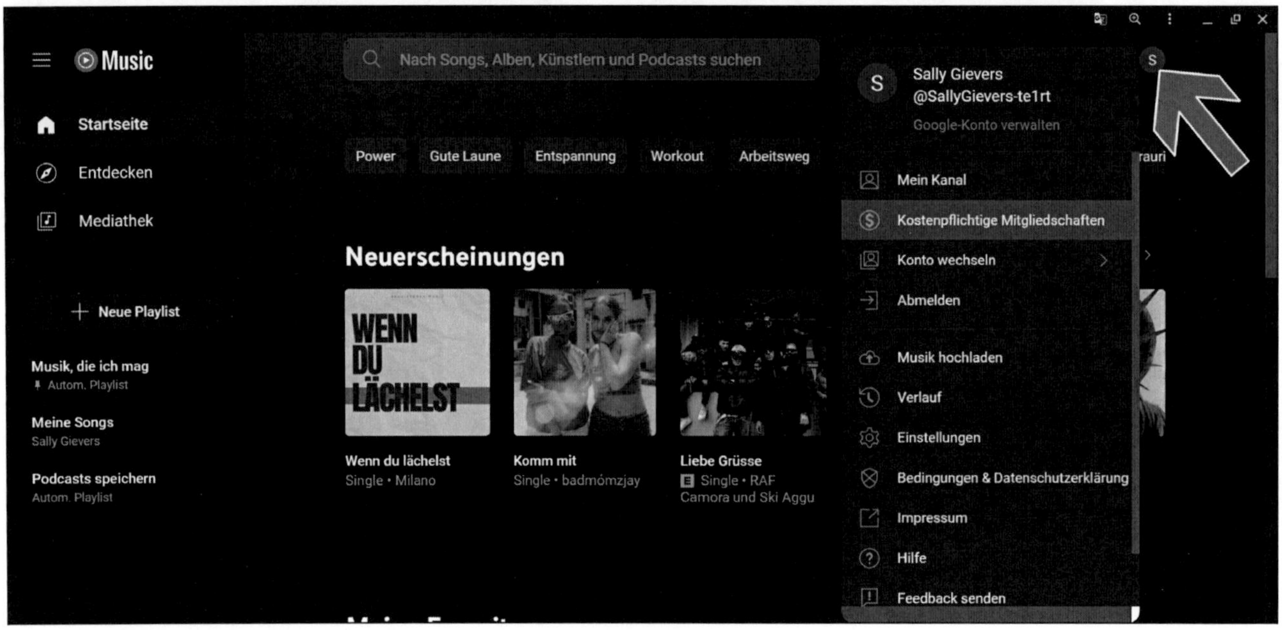

In die Aboverwaltung gelangen Sie mit einem Klick auf das Profilsymbol (Pfeil) und Auswahl von *Kostenpflichtige Mitgliedschaften.*

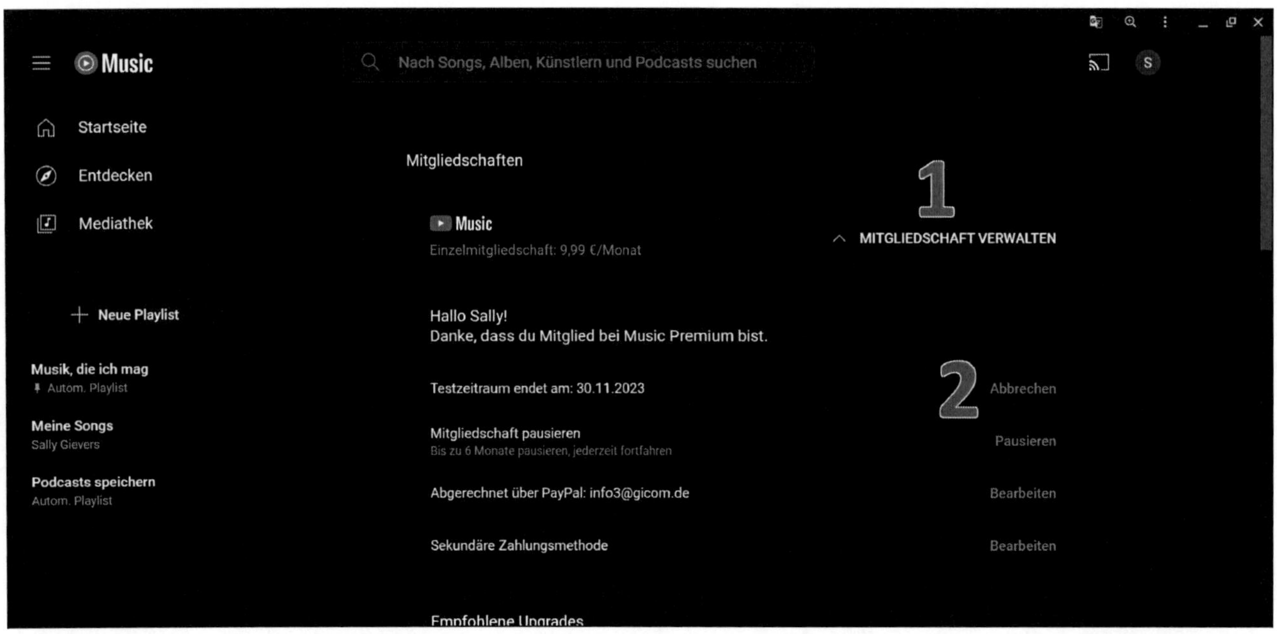

Gehen Sie auf *MITGLIEDSCHAFT VERWALTEN* (1). Das Abo beenden Sie mit *Abbrechen* (2).

Klicken Sie ruhig einmal darauf.

> Ein sehr praktisches Feature, mit dem Sie Geld sparen: Wenn Sie wegen Urlaub oder Ähnlichem keine Zeit fürs Musikhören haben, pausieren Sie die Mitgliedschaft monatsweise mit *Pausieren*.

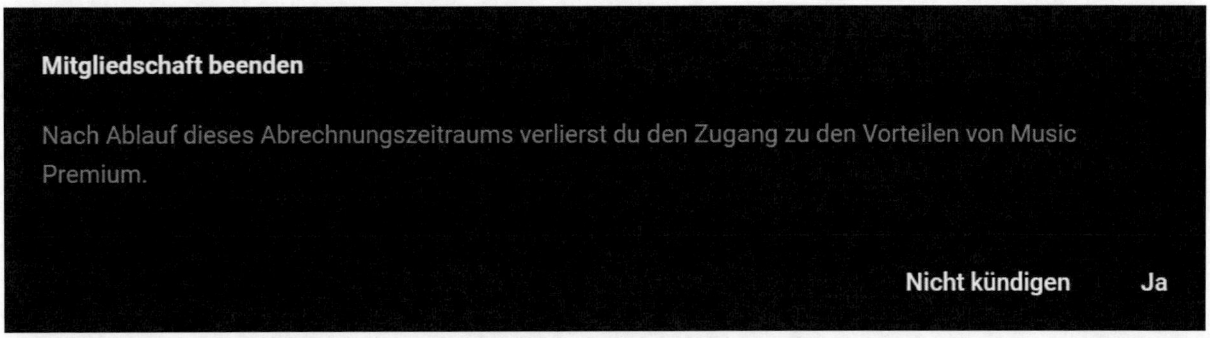

Über *Ja* kündigen Sie das YouTube Music Premium-Abo.

11.7 Einstellungen

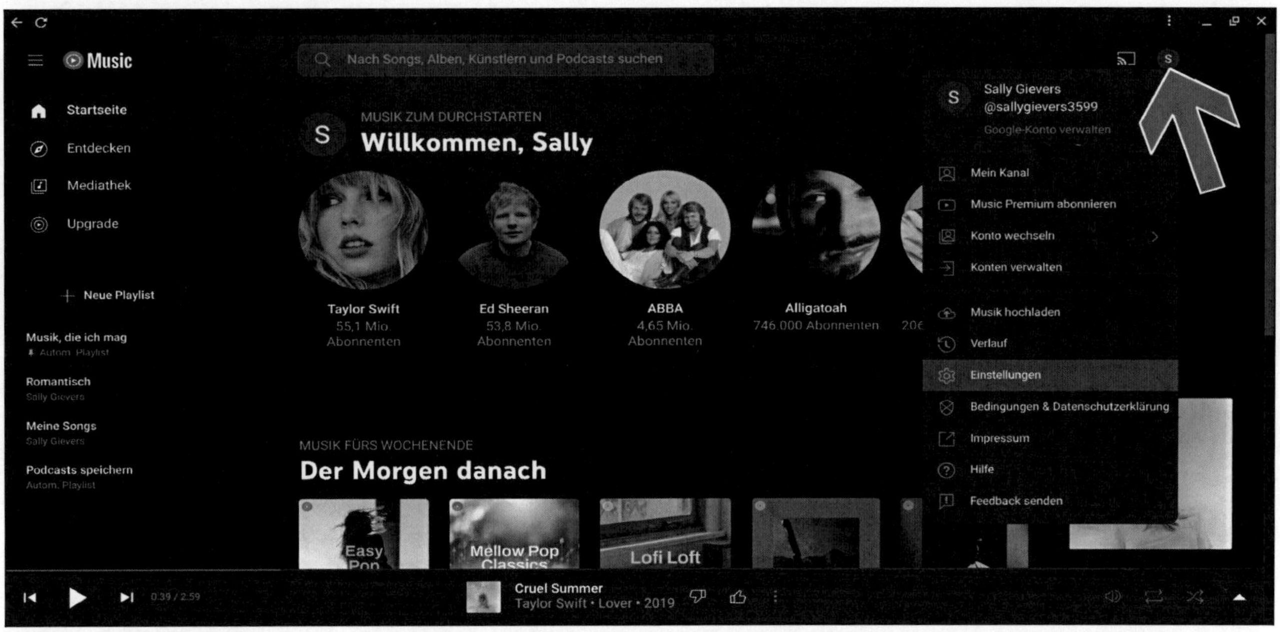

Rufen Sie mit Klick auf das Profil-Symbol und dann auf *Einstellungen* die Konfiguration auf.

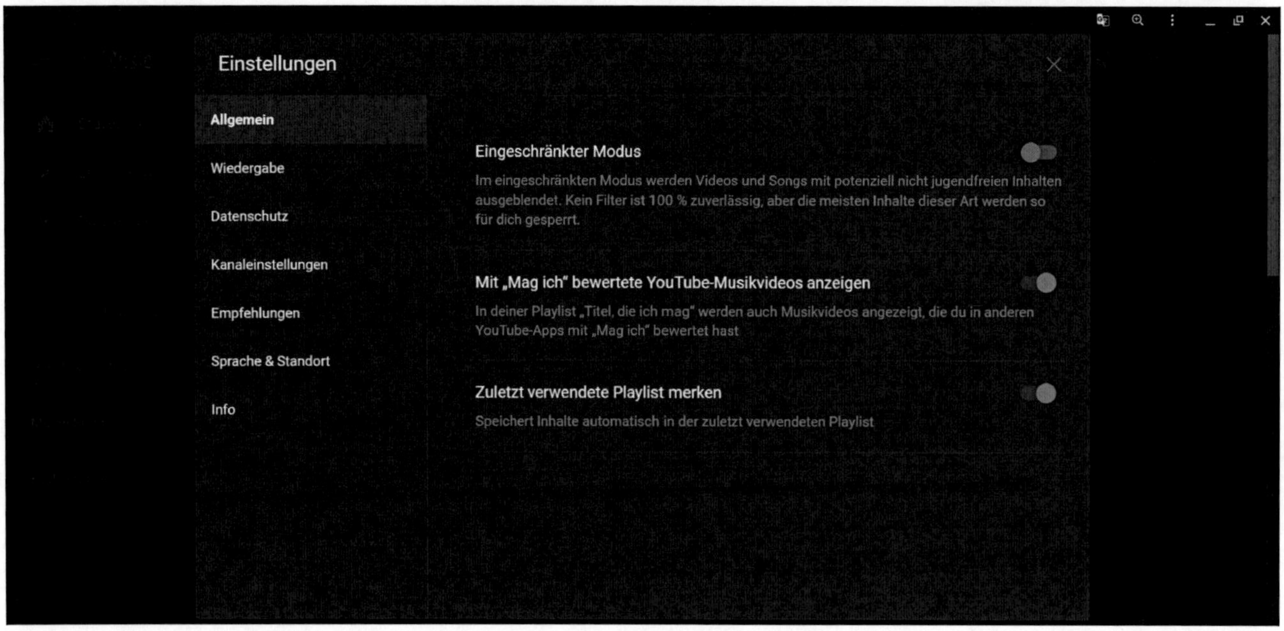

Wählen Sie links ein Register aus für die jeweiligen Einstellungen:

- *Allgemein*:
  - *Eingeschränkter Modus*: Verbirgt Videos mit nicht jugendfreien Inhalten (Drogen, Gewalt, explizite Sprache, sexuelle Anspielungen usw.).
  - *Mit „Mag ich" bewertete YouTube-Musikvideos anzeigen*: Mit markierte Songs landen automatisch in der Playlist »*Titel, die ich mag*«.
  - *Zuletzt verwendete Playlist merken*: Wenn Sie das Browser-Fenster mit YouTube Music schließen), speichert Google die zusammengestellten Songs für die Wiedergabeliste und stellt sie beim nächsten Aufruf wieder zur Verfügung.
- *Wiedergabe*:
  - *Audioqualität*: Die Audioqualität ist umschaltbar zwischen *Niedrig, Normal* und *Hoch* (nur mit Premium-Abo). Falls Sie eine schnelle Internetverbindung nutzen (ab ca. 16 Mbit) sollten Sie *Hoch* einstellen.
  - *Dynamische Wiedergabeliste*: Anhand Ihres Nutzungsverhaltens fügt Google automatisch der Wiedergabeliste passende Songs hinzu. Außerdem erfolgen passende Vorschläge auf der Startseite.
- Unter *Datenschutz*: Sie können den Wiedergabe- und Suchverlauf löschen, sowie die automatischen Empfehlungen pausieren.
- *Kanaleinstellungen*: Ihr Nutzungsprofil ist öffentlich sichtbar. Hier erhalten Sie Hinweise und die Möglichkeit, die Sichtbarkeit einzuschränken.
- *Empfehlungen*: Wählen Sie Künstler aus, deren Musik sie interessiert.
- *Sprache & Standort*: Die Voreinstellungen sollten Sie nicht ändern.

12. Google Notizen

Google Notizen ist ein elektronisches Notizbuch. Ihre darin verwalteten Texte, Bilder und Audioaufnahmen werden automatisch in Ihrem Google-Konto abgelegt und stehen dann auch auf Android-Geräten zur Verfügung. Natürlich haben Sie auch auf einem PC/Notebook auf Ihre Notizen Zugriff, indem Sie dort im Webbrower die Webadresse *drive.google.com/keep* aufrufen.

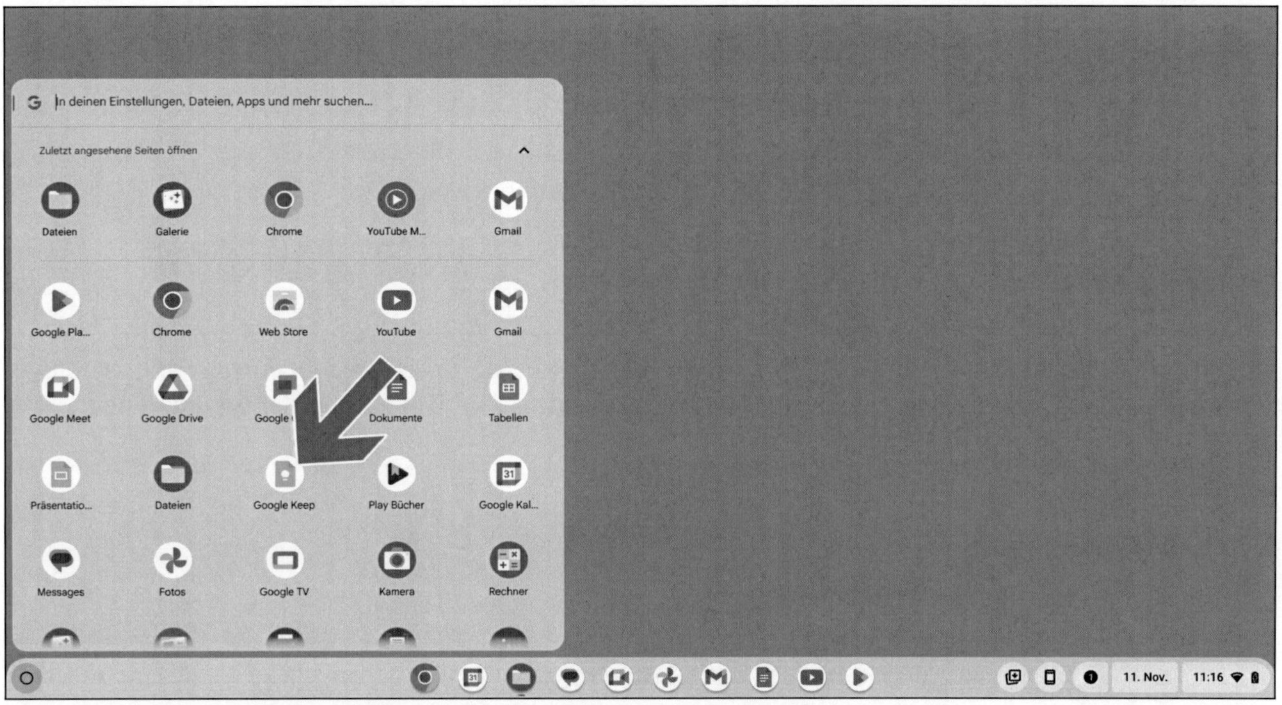

Sie rufen Google Notizen über *Google Keep* im Apps-Menü auf.

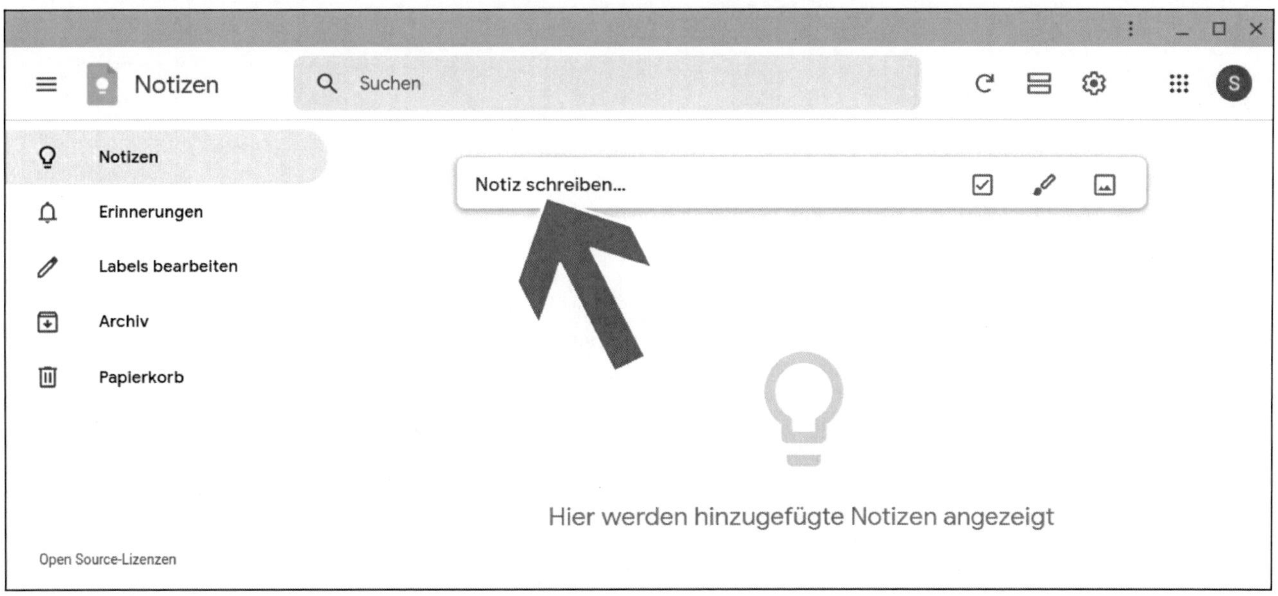

Klicken Sie zur Notizerstellung auf eine der Schaltflächen:

- *Notiz schreiben*: Notiz
- : Listeneintrag
- : Zeichnung
- : *Bild*

In diesem Beispiel haben wir auf *Notiz schreiben* geklickt. Erfassen Sie einen Text, wobei es empfehlenswert ist, auch das *Titel*-Eingabefeld auszufüllen. Die Bedeutung der Schaltleisten:

- 🔔: Fügt eine Erinnerung hinzu.
- 👤+: E-Mail-Adressen von Personen hinzufügen. Diese erhalten von Google eine E-Mail mit dem Notizentext.
- 🎨: Hintergrundfarbe ändern.
- 🖼: Bild hinzufügen.
- 📥: Archivieren.

Die Notiz speichern Sie dann mit *Schließen*.

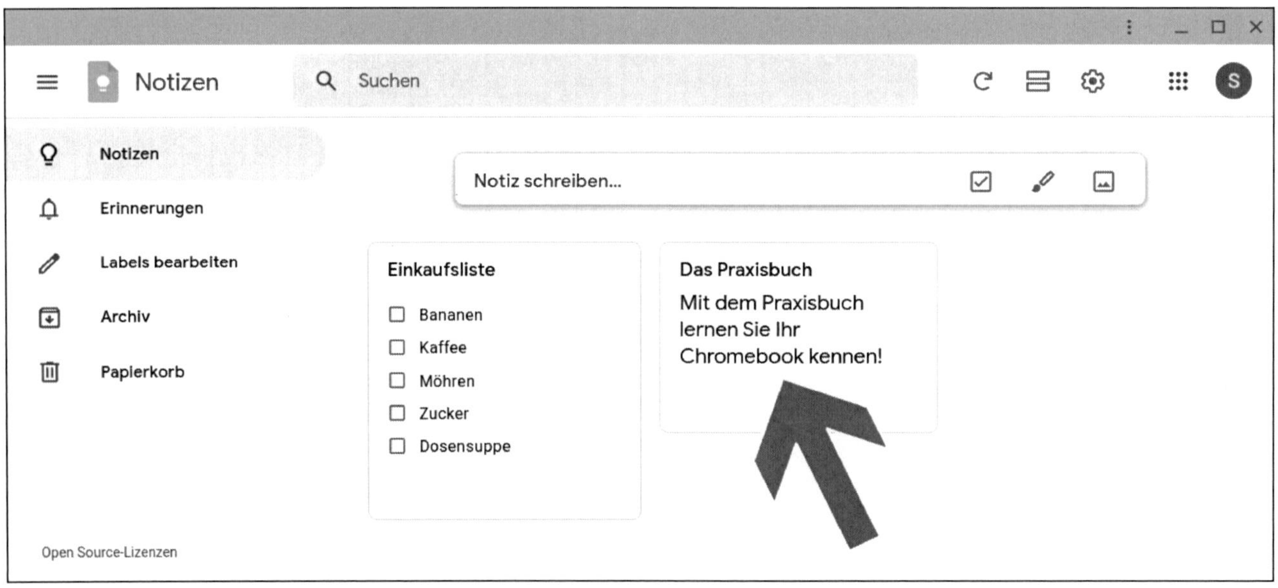

Zum Bearbeiten klicken Sie einfach auf eine Notiz.

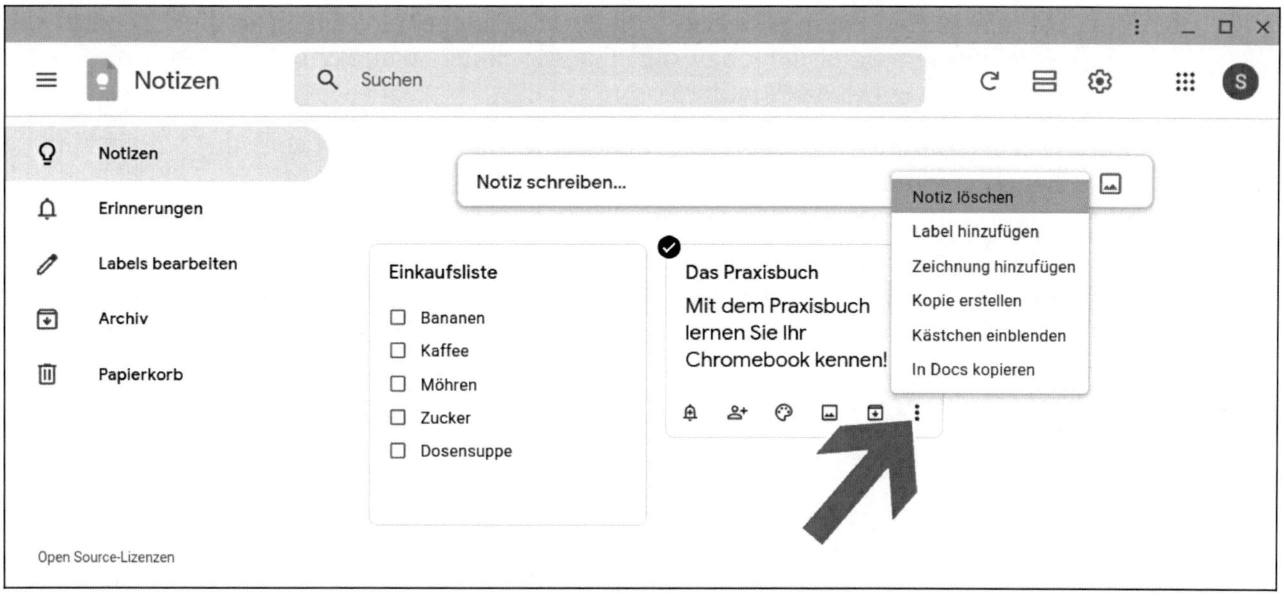

Über *Notiz löschen* aus dem ⋮-Menü entfernen Sie die Notiz wieder.

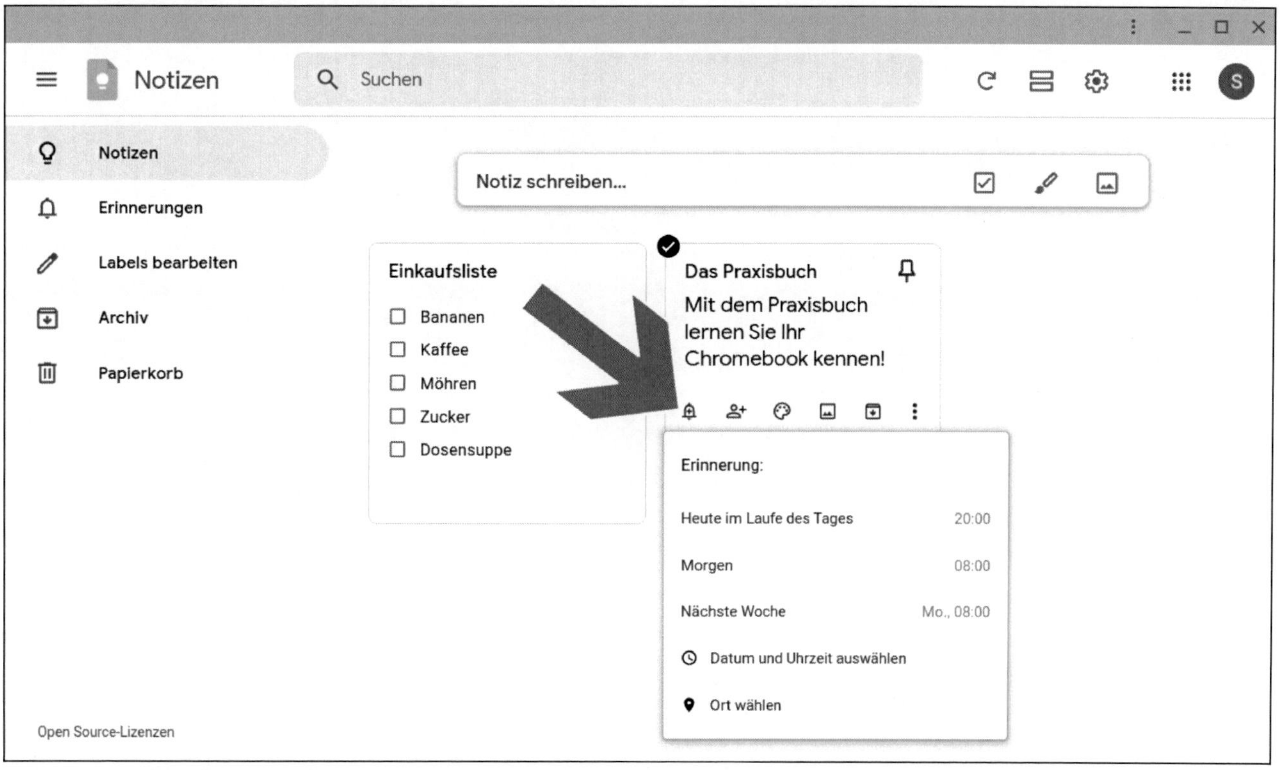

Eine Besonderheit von Google Notizen ist die Möglichkeit, Notizen für die Wiedervorlage einzurichten. Klicken Sie dafür während der Notizenerstellung oder Bearbeitung auf 🔔 (Pfeil).

Zur Auswahl stehen zwei verschiedene Erinnerungsarten:

- Zeitlich: Zu einer bestimmten Tageszeit (Morgens, Nachmittags, Spätnachmittags, Abends) oder zu einer exakten Uhrzeit weist Sie das Programm auf die fällige Notiz hin:
  - *Heute im Laufe des Tages*
  - *Morgen*
  - *Nächste Woche*
  - *Datum und Uhrzeit auswählen*
- Ortsbezogen: Weisen Sie Ihrer Notiz einen Standort zu. Sobald Sie diesen besuchen,

werden Sie alarmiert. Beispielsweise können Sie einer Einkaufsliste den Namen und Standort eines Supermarkts eingeben und Google Notizen informiert Sie über die Notiz, sobald Sie sich dem Supermarkt nähern.

- *Zuhause; Arbeit*: In Google Maps können Sie Ihren Wohnort und die Arbeitsadresse hinterlegen, die hier dann zur Auswahl stehen.
- *Ort wählen*

Die ortsbezogene Erinnerung können Sie zwar einstellen, aufgrund des fehlenden GPS-Empfängers Ihres PCs erhalten Sie aber leider keine entsprechende Erinnerung. Wir hatten aber bereits erwähnt, dass es die Google Notizen-Anwendung auch für Android gibt und dort die Ortserinnerungen unterstützt.

12.1 Label

Sofern Sie sehr viele Notizen verwalten, lohnt sich der Einsatz der Label. Sie können dann die Notizenanzeige auf bestimmte Label einschränken.

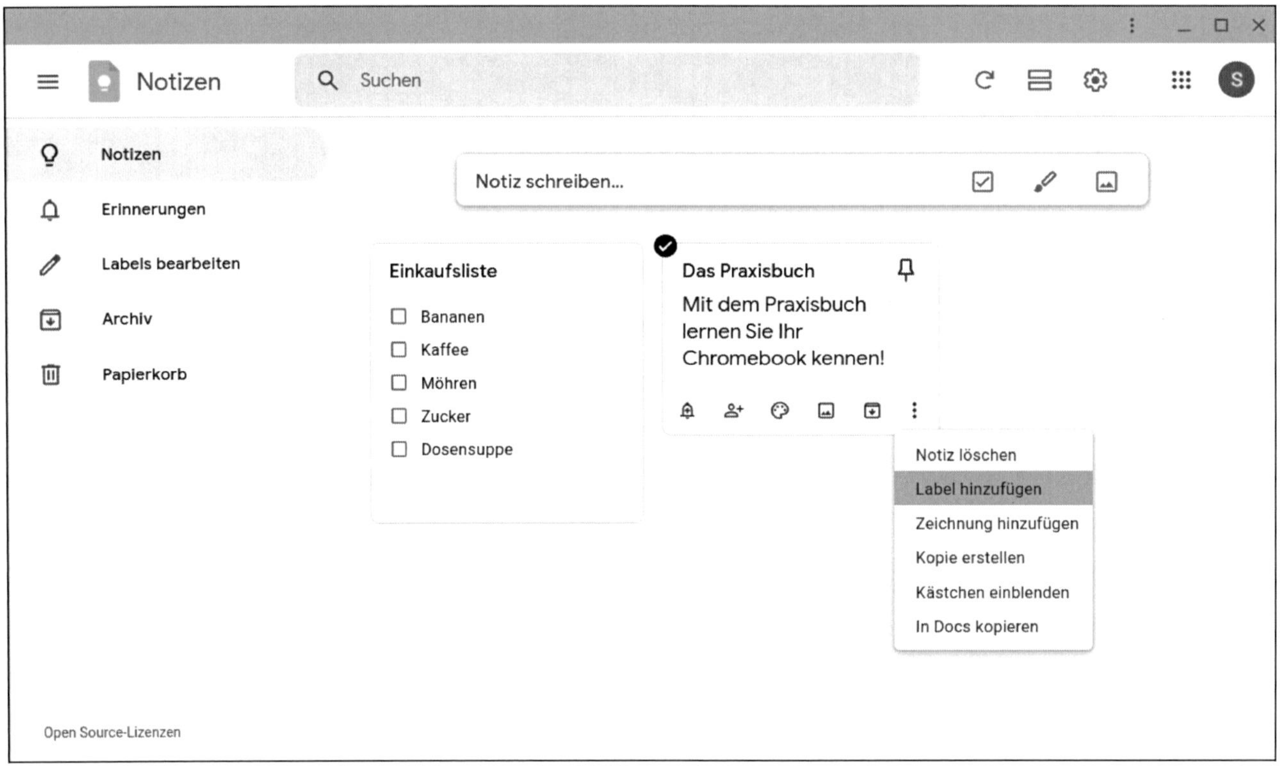

Ihr erstes Label erhalten Sie mit ⋮/*Label erstellen* während der Notizenanlage beziehungsweise Bearbeitung.

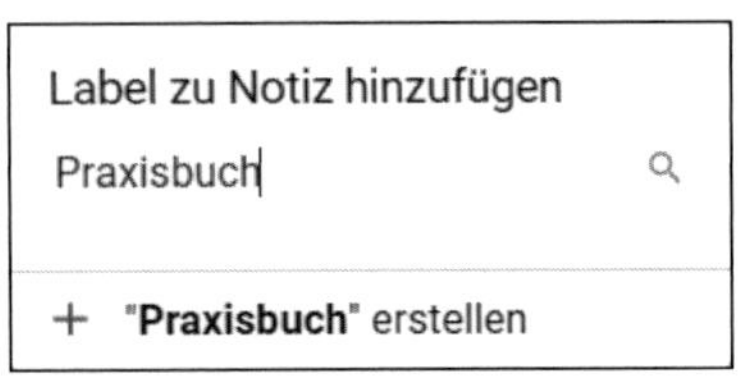

Erfassen Sie den Label-Namen und klicken Sie auf *"xxx" erstellen*. Bei Bedarf wiederholen Sie den beschriebenen Vorgang für die Anlage weiterer Label. Die Esc-Taste schließt das Label-Menü.

Künftig listet ⋮/*Label erstellen* die bereits vorhandenen Label auf, welche Sie einfach abhaken.

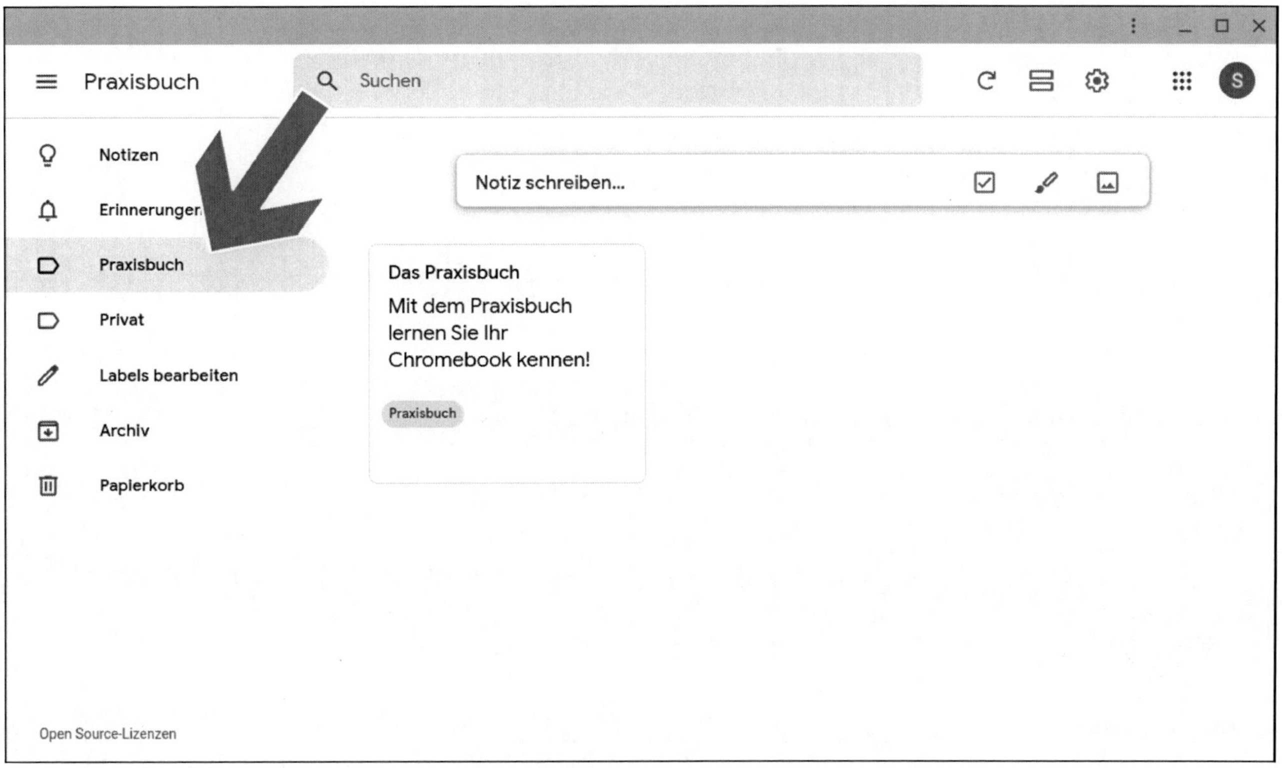

Die Anzeige schränken Sie über einen Klick auf ein Label in der Menüleiste ein.

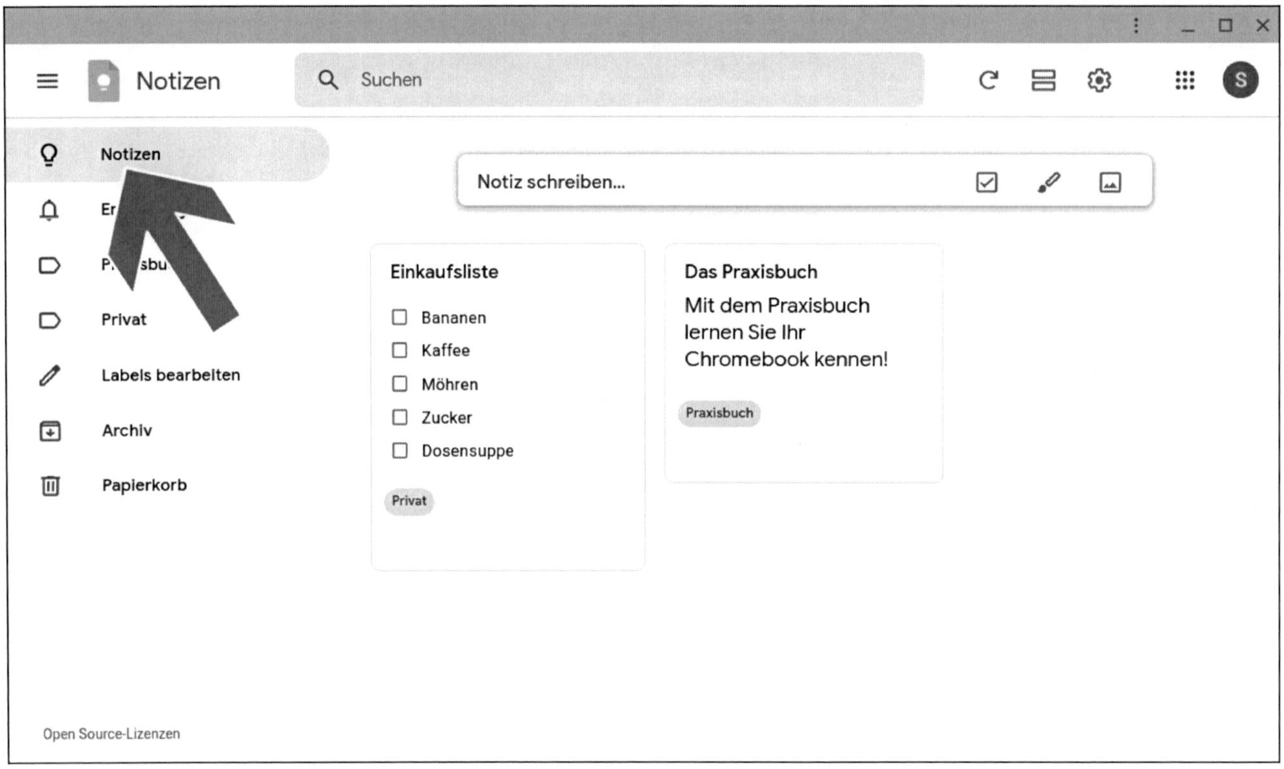

Notizen in der Menüleiste zeigt wieder alle Notizen an.

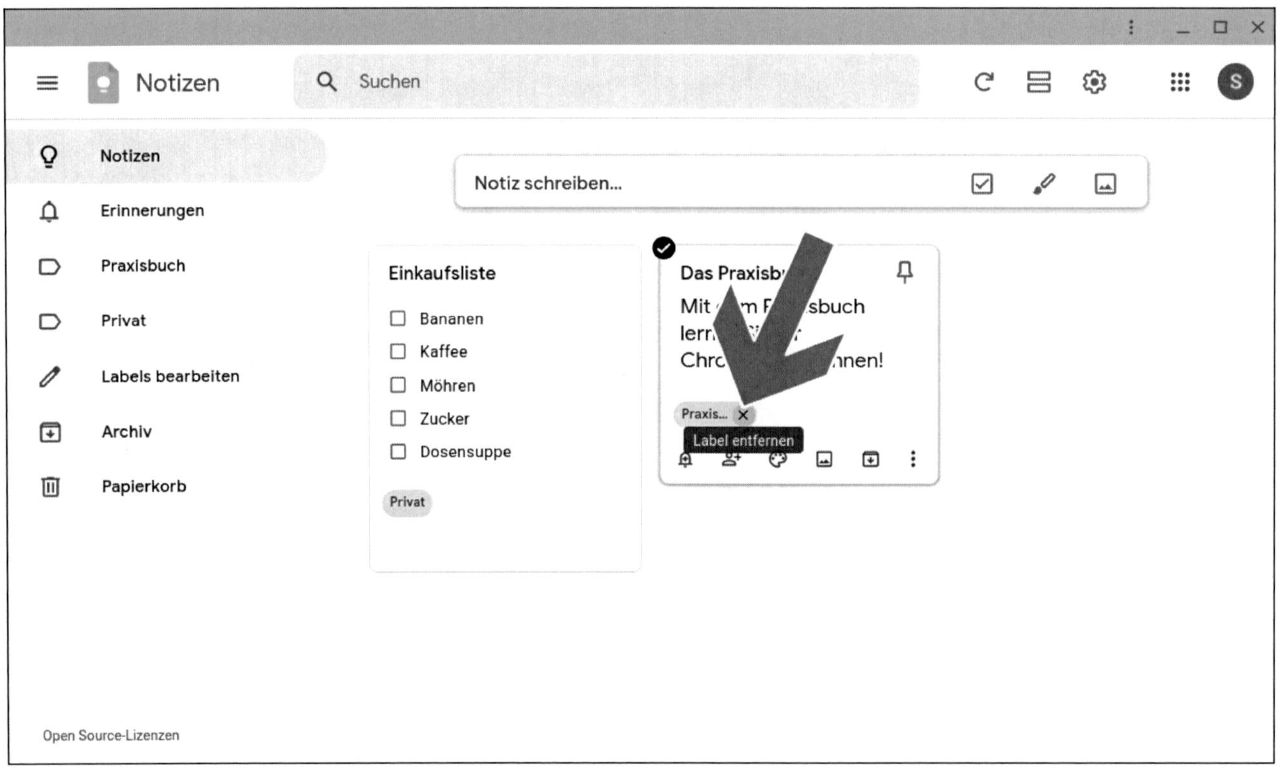

So entfernen Sie ein Label aus einer Notiz: Halten Sie den Mauszeiger über dem Label, bis ein ✕ angezeigt wird, das Sie anklicken.

13. Google-Suche

Das Unternehmen Google ist durch die gleichnamige Suchmaschine in wenigen Jahren zum führenden Einstiegsportal für viele Nutzer aufgestiegen. Und dies nicht ohne Grund, denn obwohl es noch viele weitere Suchmaschinen gibt (beispielsweise Microsofts Bing), ist Google bei den Suchergebnissen immer noch unschlagbar – inzwischen wird sogar Internetsuche (genauer gesagt: die Websuche) mit Google so stark assoziiert, dass man auch von »Googeln« spricht.

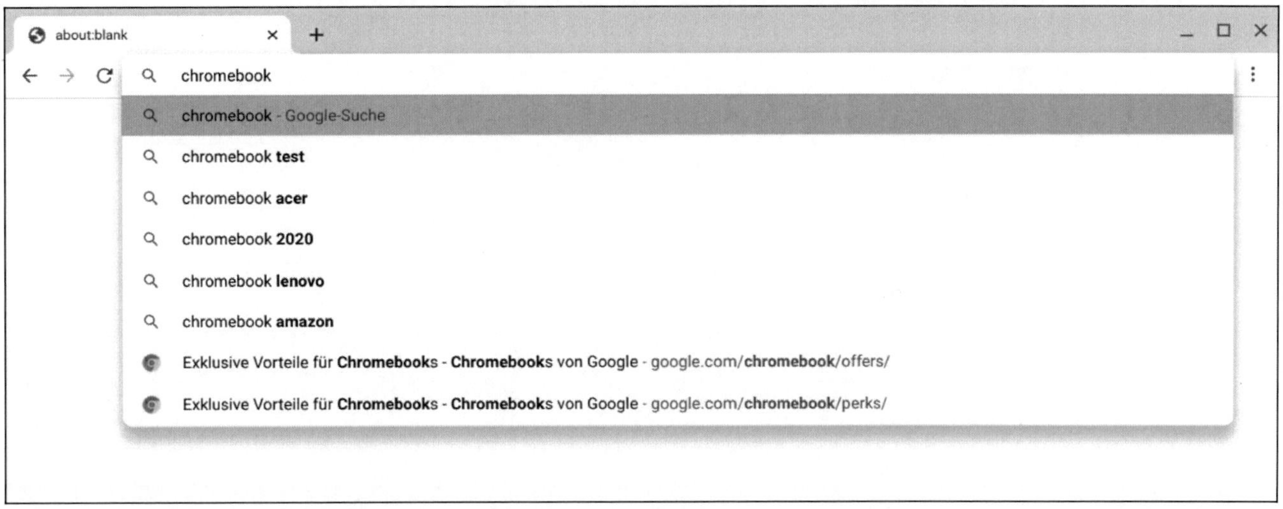

Starten Sie den Chrome-Browser (siehe Kapitel *6 Chrome-Browser*), dann befindet sich der Cursor bereits im Adressfeld. Geben Sie hier einen oder mehrere Suchbegriffe ein und betätigen Sie die enter-Taste auf dem Tastenfeld, was die Suche startet.

Google macht bereits während der Eingabe automatisch Suchvorschläge unterhalb des Adressfelds, die Sie mit einem Mausklick übernehmen (alternativ bewegen Sie die Markierung mit Cursor-hoch/runter zum Vorschlag und betätigen die enter-Taste).

Beachten Sie einige Besonderheiten:

- Groß- und Kleinschreibungen spielen ebenso wenig eine Rolle wie Umlaute und Zusammen- und Auseinanderschreibung.
- Häufig berücksichtigt Google auch Synonyme, beispielsweise wird eine Suche nach »Anleitung« auch Seiten mit den Begriffen »Benutzerhandbuch« oder »Bedienungsanleitung« auswerfen.
- Sollten Sie mal einen Begriff falsch schreiben, weist Sie die Suchmaschine darauf hin.
- Grundsätzlich bevorzugt Google Webseiten, bei denen die gesuchten Wörter eng neben einander stehen.
- Die Suche erfolgt immer mit »und«, weshalb Sie nicht die vielleicht von einigen anderen Suchmaschinen gewohnten »+«- und »-«-Operatoren eingeben müssen. Sollte es ausnahmsweise einmal nicht genügend Suchergebnisse geben, dann listet Google auch Fundstellen, in denen ein- oder mehrere Suchwörter fehlen, gibt dann aber einen Hinweis in den Fundstellen.
- Sogenannte Stoppwörter, dazu zählen beispielsweise »und«, »als« und einige Zahlen, ignoriert Google.

Es ist an dieser Stelle kaum möglich, alle Suchparameter ausführlich zu erläutern. Wir empfehlen daher auch einen Blick auf die Google-Hilfe unter der Webadresse *support.google.com/websearch/answer/2466433*.

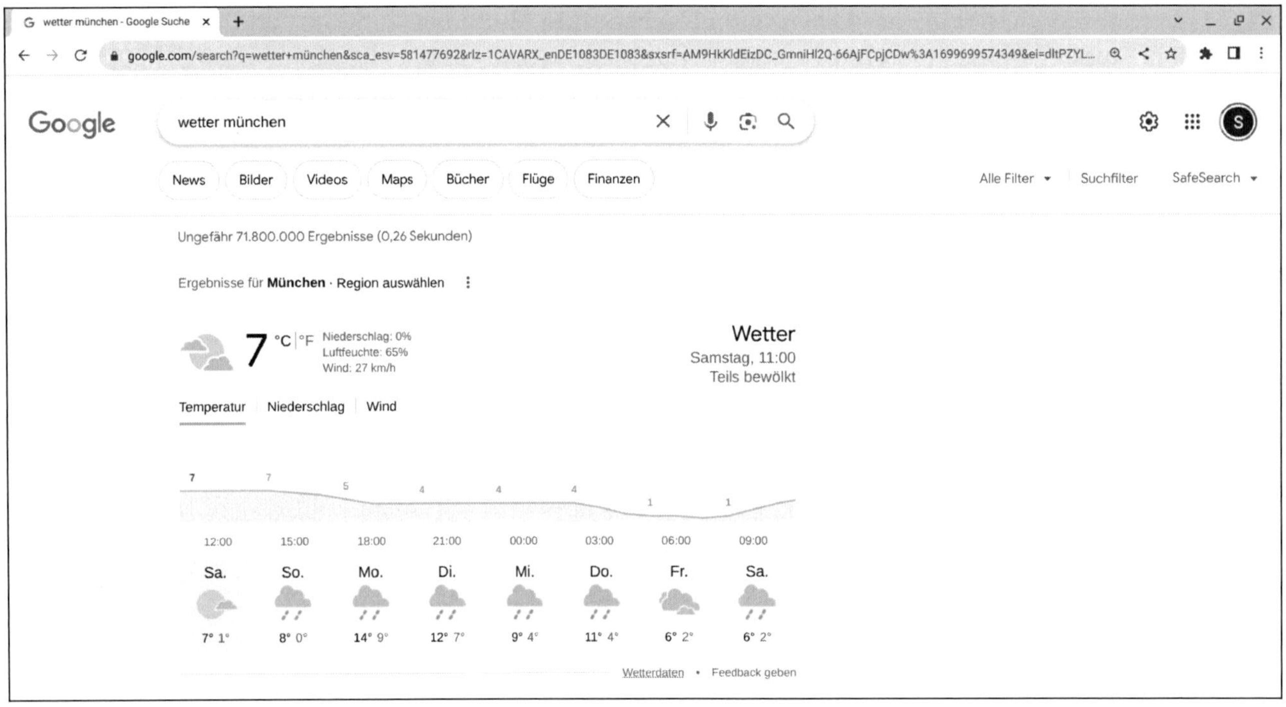

Eine Spezialität von Google sind ortsbezogene Suchfunktionen. Geben Sie dazu einfach den Suchbegriff mit einer Ortsangabe – wahlweise Postleitzahl oder Ortsname – ein:

- *Kino Warburg* oder *Kino 34414*: Zeigt das aktuelle Kinoprogramm für den Ort Warburg an.
- *Wetter Köln* oder *Wetter 50667*: Wettervorhersage für Köln.
- *Karte Hamburg*: Karte für Hamburg anzeigen. Mit einem Klick gelangen Sie in den Kartendienst Google Maps.

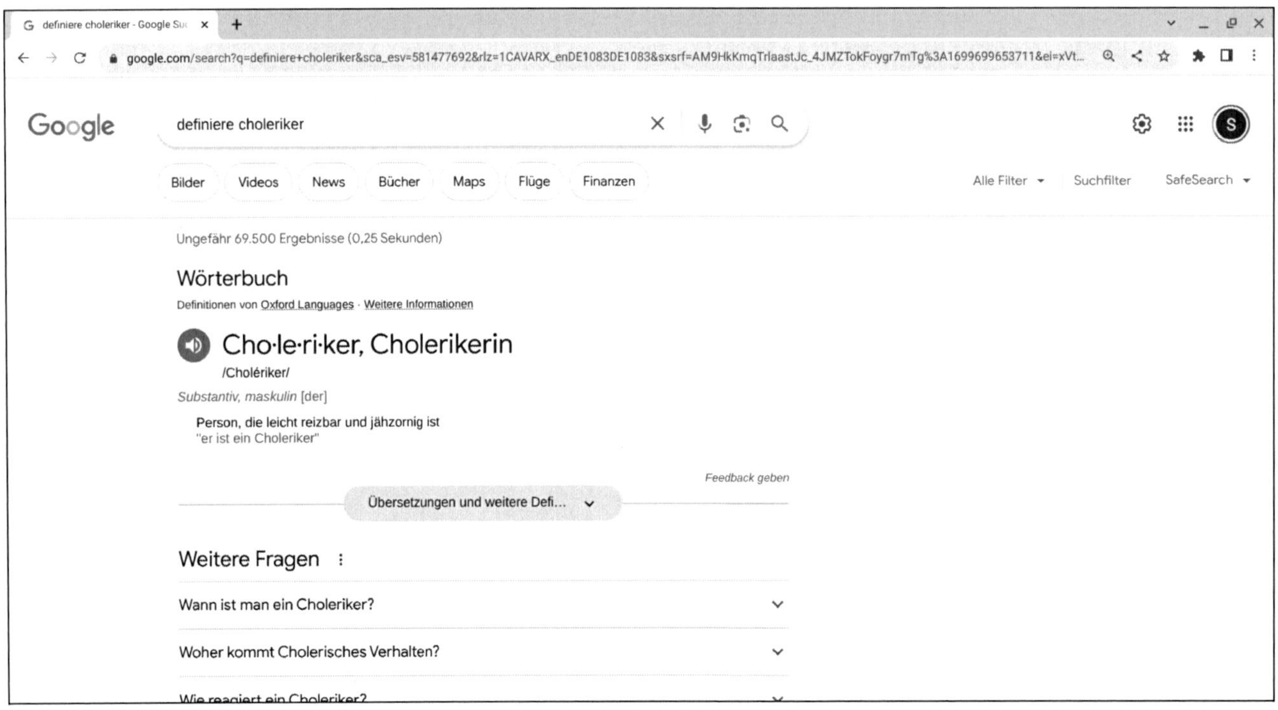

Darüber hinaus beherrscht Google noch einige Spezialfunktionen, die eigentlich überhaupt nichts mit der Suche zu tun haben:

- *definiere Choleriker* oder *Definition Choleriker*: Erläutert den Begriff.
- *FC Bayern*: Letzte Spielergebnisse eines (Fußball-)Vereins anzeigen.
- *(21^3)*5+22*: Eine mathematische Berechnung durchführen.
- *100 USD in Euro*: Währungsrechner.

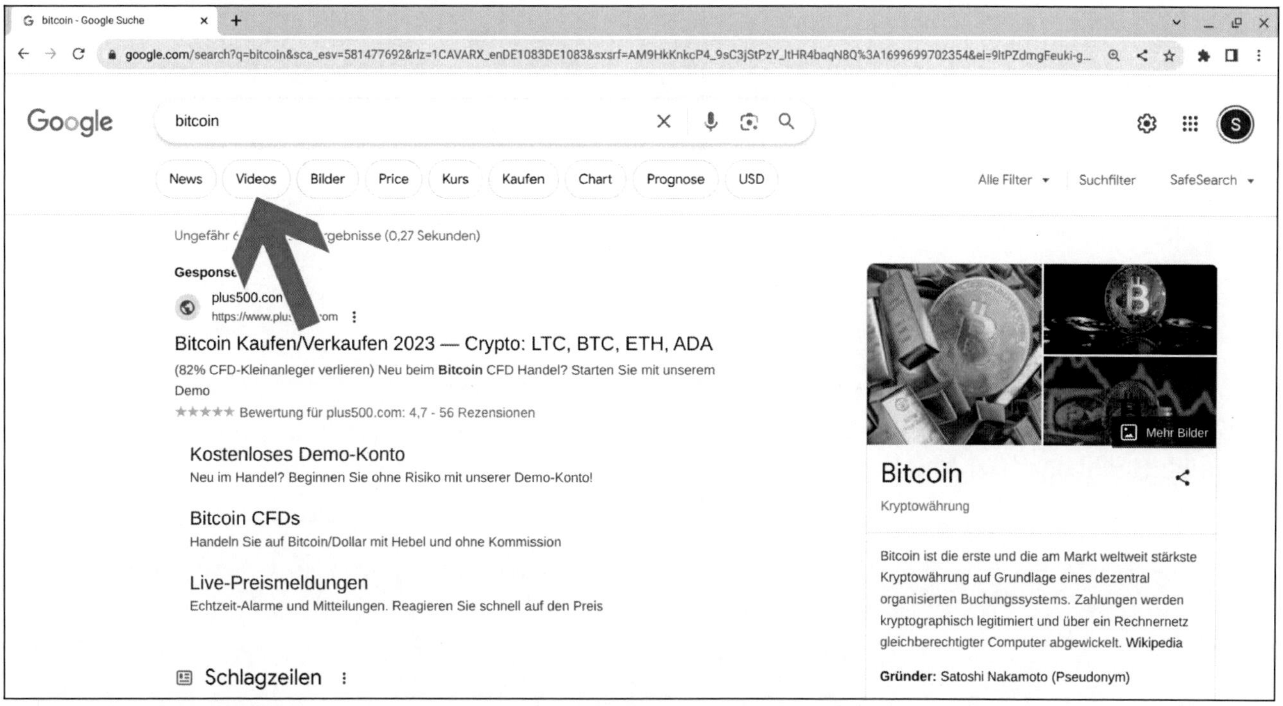

Standardmäßig zeigt Google zunächst Fundstellen aus dem Web an. Abhängig vom Suchbegriff finden Sie mehrere Register vor, mit denen Sie die Anzeige eingrenzen auf:

- *Bilder*: Bilder, die im Kontext oder der Bildbeschriftung den Suchtext enthalten.
- *Videos*: Listet Videos von YouTube und weiteren Videoportalen, aber auch in Webseiten eingebettete Videos auf.
- *News*: Schlagzeilen von Nachrichten-Websites.
- *Maps*: Anzeige einer Sehenswürdigkeit/Orts in Google Maps.
- *Shopping*: Preisvergleiche von Online-Shops. Beachten Sie, dass die Online-Shops für ihre Listung bezahlen müssen, weshalb die Suchergebnisse nicht repräsentativ sind. Mit spezialisierten Preisvergleichsseiten wie *www.idealo.de* oder *www.geizhals.de* sind Sie besser bedient.
- *Bücher*: Bücher zum Thema.
- *Flüge*: Flugverbindungen anzeigen und Buchen.
- *Finanzen*: Aktienkurse.

Die angezeigten Register hängen vom Suchbegriff ab. Wenn Sie beispielsweise den Namen einer einer Stadt oder einer Sehenswürdigkeit eingegeben haben, schlägt Google häufig im Zusammenhang stehende Begriffe vor:

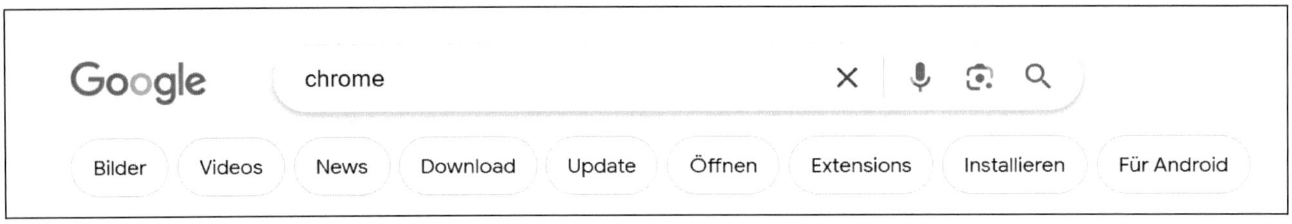

Beispiel: Suchbegriff »Chrome«.

Beispiel: Suchbegriff »München«.

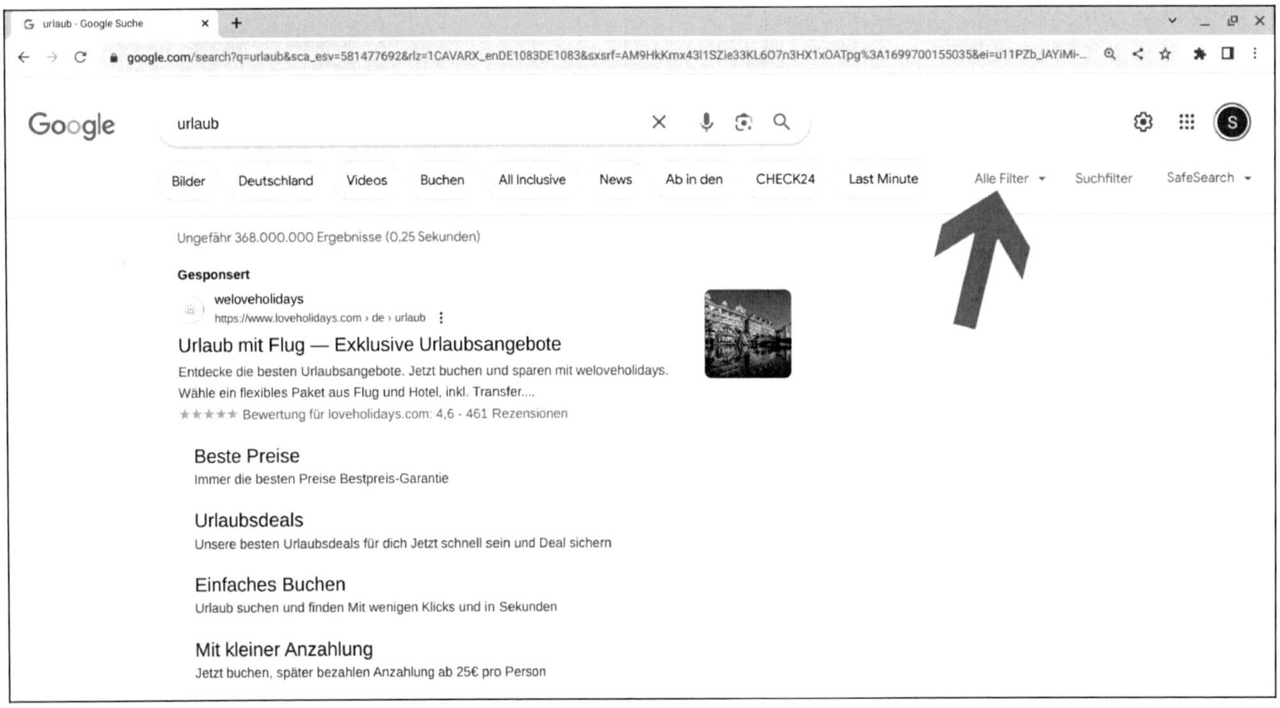

Alle Filter listet weitere mögliche Dienste/Funktionen auf, die Sie auswählen können.

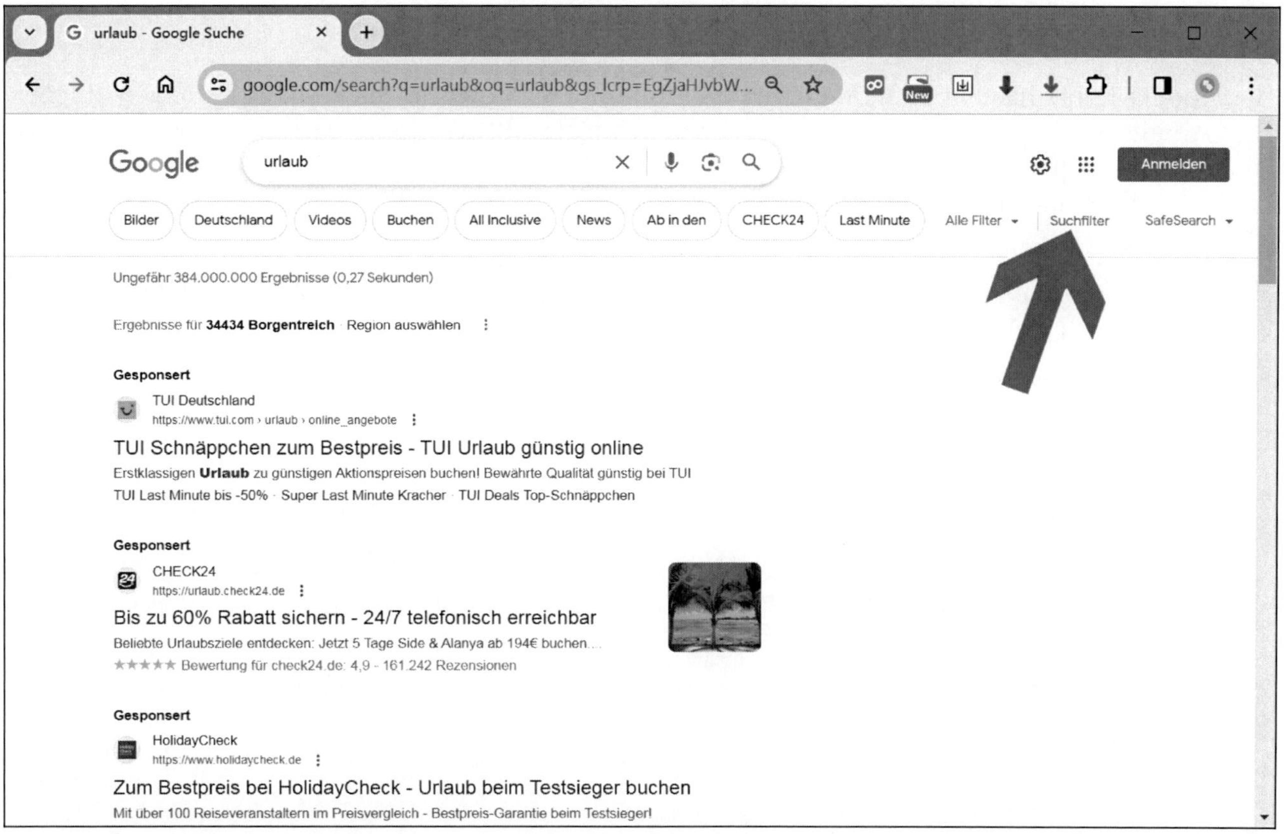

Besonders ans Herz legen möchten wir Ihnen die *Suchfilter*-Schaltleiste (Pfeil), mit der Sie weitere Schaltleisten aktivieren, über die Sie das Suchergebnis nach Sprache, Zeit und Wortähnlichkeit eingrenzen.

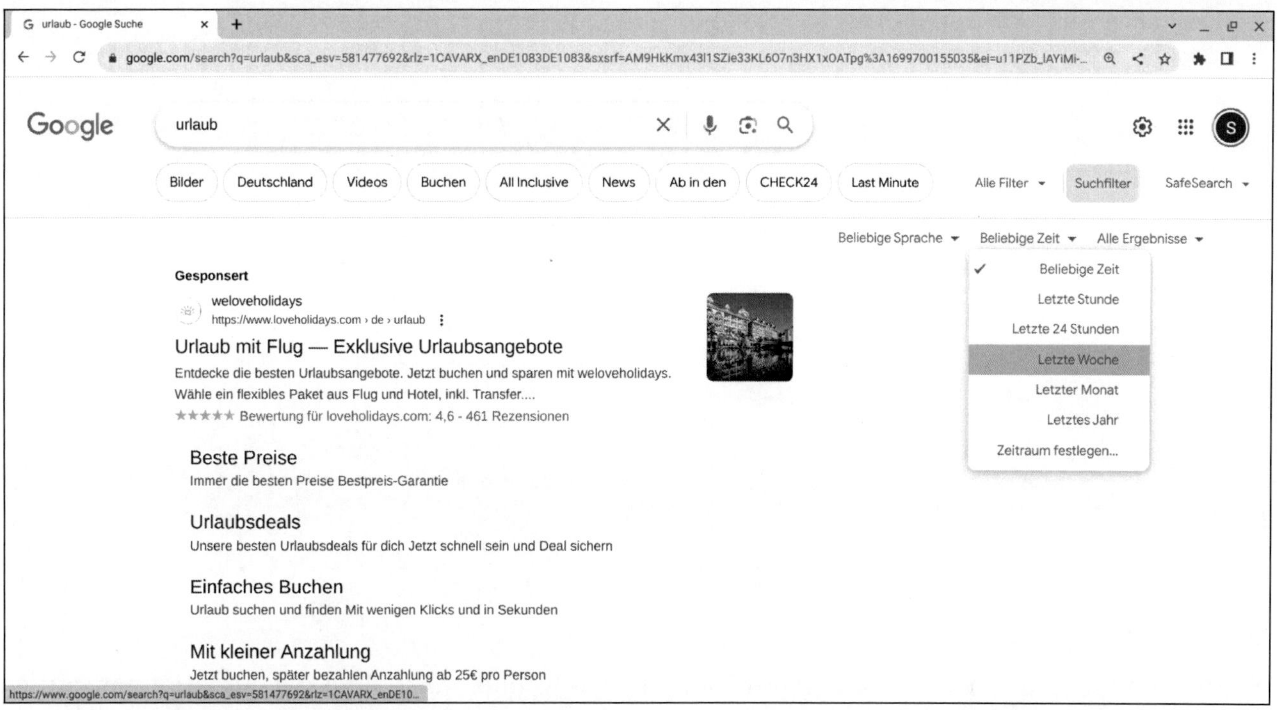

... anschließend grenzen Sie das Suchergebnis beispielsweise zeitlich ein (Pfeil).

14. Google Drive

Bei Google Drive handelt es sich um einen Online-Speicher, worin Sie beliebige Dateien ablegen. Das Arbeitsprinzip kennen Sie vielleicht schon von den Konkurrenten Dropbox oder Microsoft OneDrive. Google Drive ist mit Ihrem Google-Konto verknüpft und gehört nicht nur bei Chromebooks, sondern auch bei Android-Handys und Tablets zum Standardlieferumfang.

Beachten Sie, dass Google Drive zwar 15 Gigabyte Online-Speicher zur Verfügung stellt, dieser aber mit anderen Google-Diensten, beispielsweise Google Fotos (siehe Kapitel *20 Google Fotos*) und Gmail (siehe Kapitel *8 Gmail)* geteilt wird.

Die übliche Vorgehensweise:

1. Laden Sie von Ihrem Handy oder Chromebook aus beliebige Dateien wie Fotos oder Office-Dokumente in Google Drive hoch.
2. Der Zugriff auf die Dateien lässt sich anschließend für andere Nutzer freigeben.
3. Über eine Weboberfläche (*drive.google.com*) ist auch die Dateiverwaltung über einen Windows-PC-Webbrowser möglich. Dort können Sie auch ein PC-Programm herunterladen, das Ihnen die Arbeit mit Google Drive erleichert.

Zusätzlich unterstützt Google Docs das Erstellen und Bearbeiten von Microsoft Office-Dateien (Word, Excel und PowerPoint). Dies geschieht über die Dienste Google Docs (Word-Dateien), Google Tabellen (Excel-Tabellendateien) und Google Präsentationen (PowerPoint-Präsentationsdateien).

Google Drive ist sehr umfangreich, weshalb wir hier nur auf die interessantesten Funktionen eingehen können.

Starten Sie Google Drive aus dem Apps-Menü (siehe Kapitel *4.5.1 Apps-Menü*). Alternativ rufen Sie die Webadresse *drive.google.com* auf.

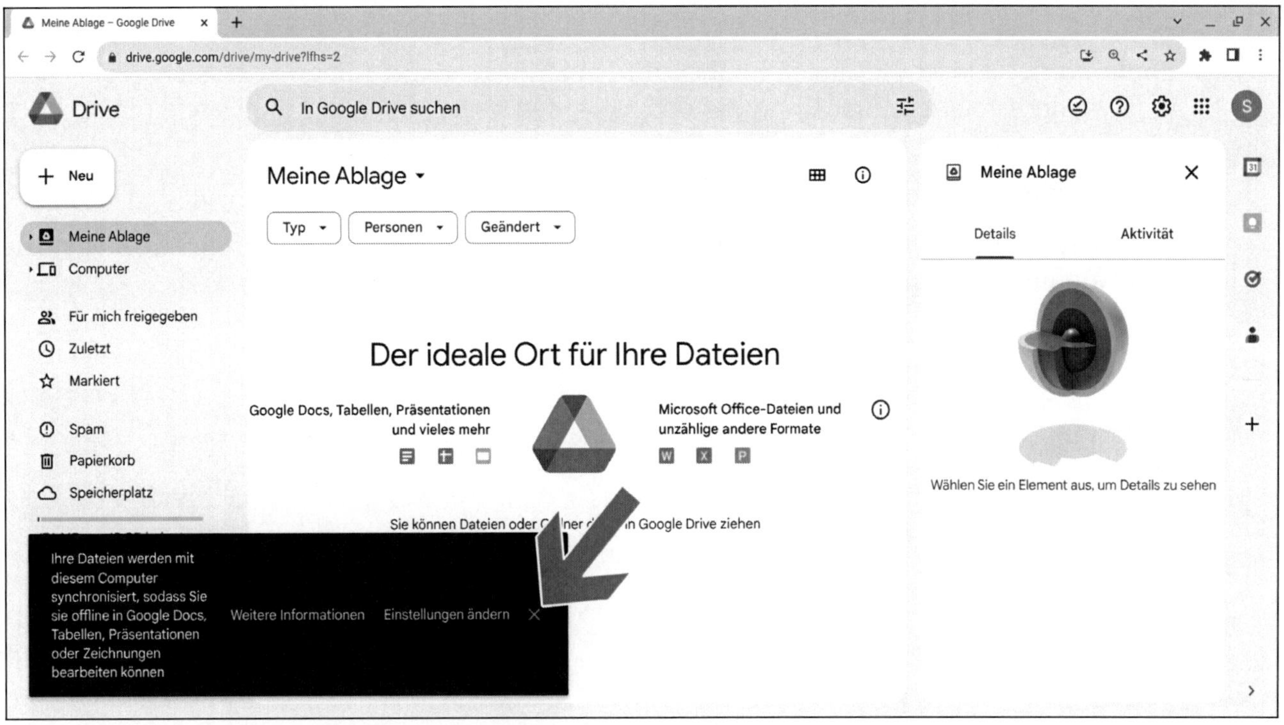

Google Drive macht beim ersten Start auf die automatische Dateisynchronisation aufmerksam. Schließen Sie das Popup mit einem Klick auf X.

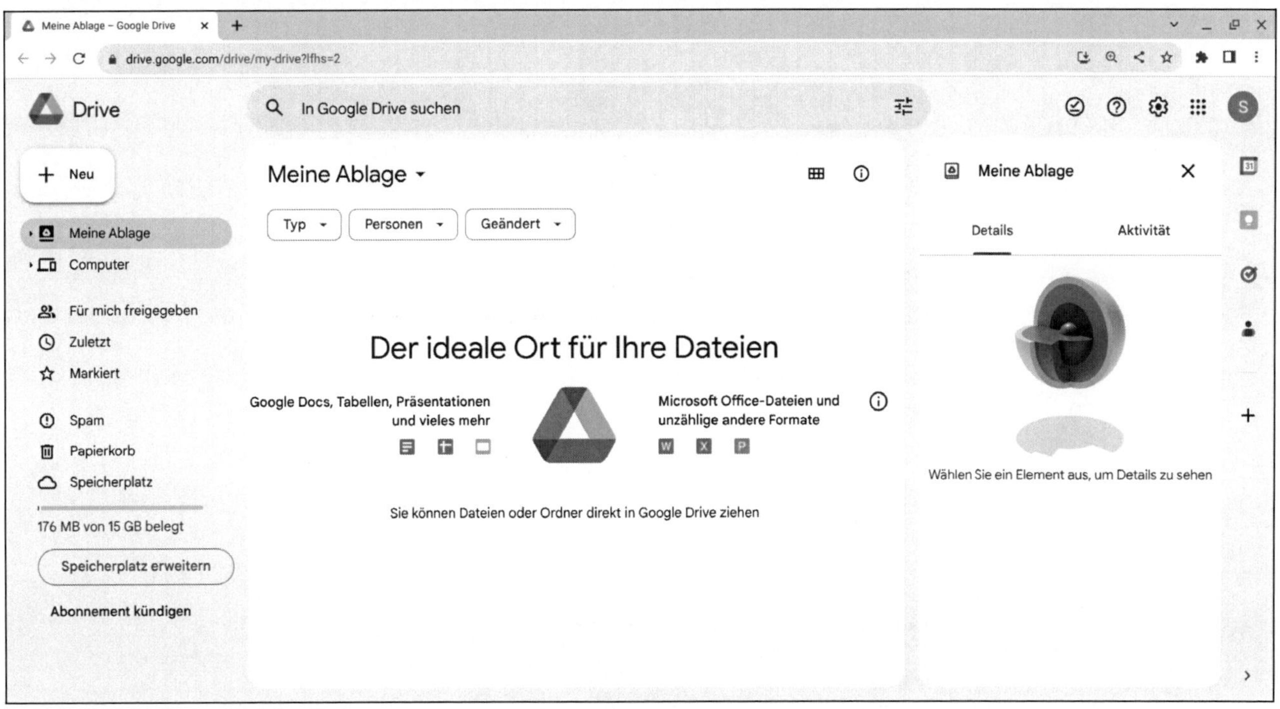

Zunächst sind natürlich noch keine Dateien in Ihrem Google Drive vorhanden.

Eine wichtige Rolle spielt bei Google Drive die Menüleiste auf der linken Seite:

- *Meine Ablage*: Alle von Ihnen in Google Drive erstellten Office-Dokumente, sowie hochgeladenen Dateien.
- *Für mich freigegeben*: Dateien anderer Google Drive-Nutzer, die Ihnen den Zugriff gestatten.
- *Zuletzt*: Dateien auf die Sie zuletzt zugegriffen haben (Zugriffsverlauf).
- *Markiert*: Von Ihnen als Favoriten markierte Dateien, beispielsweise weil Sie sie häufig

nutzen.

- *Papierkorb*: Gelöschte Dateien bleiben im Papierkorb erhalten und lassen sich gegebenenfalls wiederherstellen. Erst wenn Sie den Papierkorb »leeren«, sind die Dateien tatsächlich weg.
- *Speicherplatz*: Informiert über den freien und belegten Speicherplatz auf Google Drive.
- *Speicherplatz kaufen*: Falls der von Ihnen benötigte Speicher nicht ausreicht, mieten Sie von Google zusätzlichen Platz.

14.1 Dateien bei Google Drive hochladen

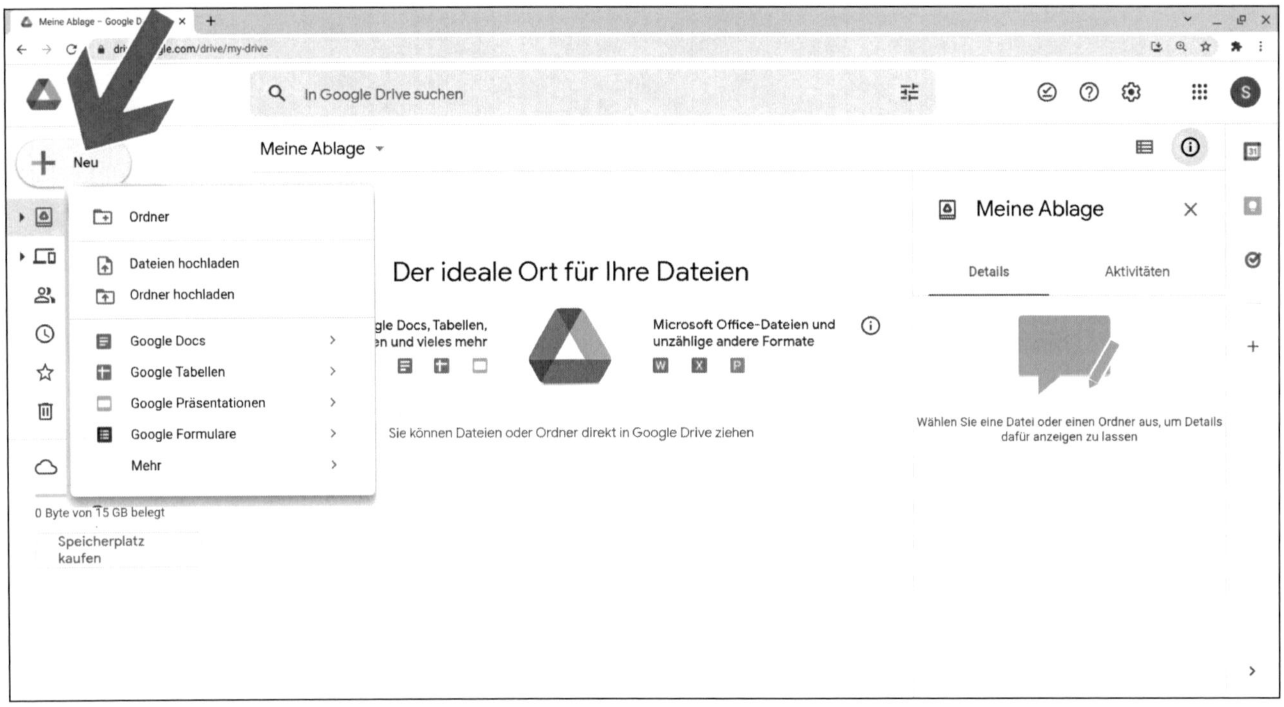

Gehen Sie auf *Neu* und im Popup auf *Dateien hochladen* beziehungsweise *Ordner hochladen* (ein oder mehrere Verzeichnisse auf einmal hochladen).

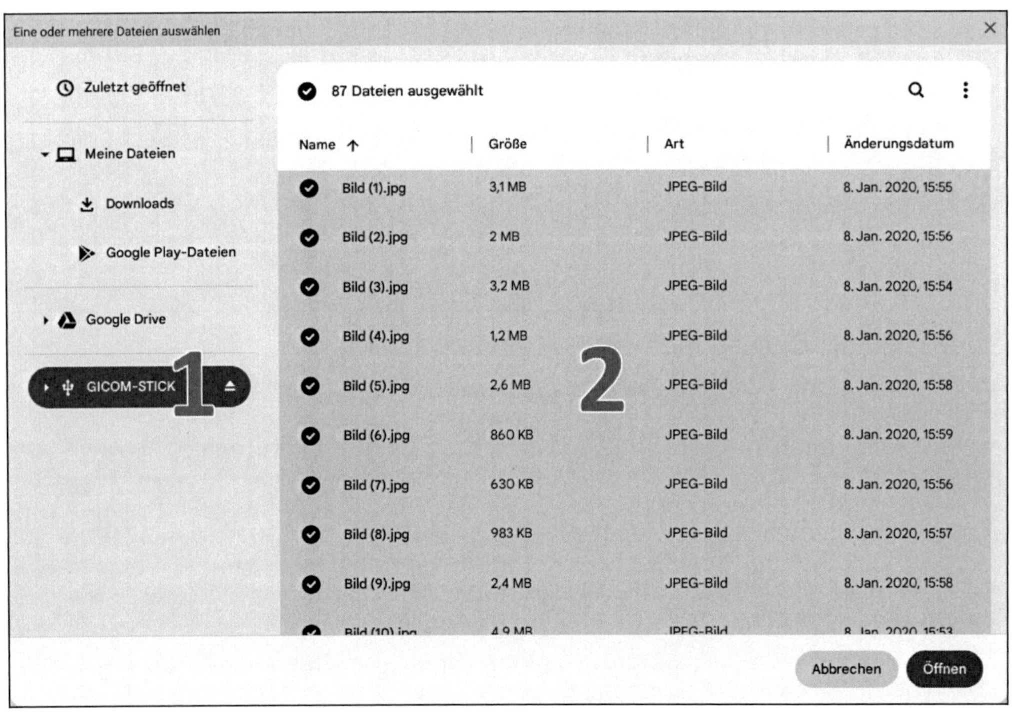

In unserem Fall möchten wir mehrere Fotos von einer im Chromebook eingelegten SD-Speicherkarte bei Google Drive hochladen. Deshalb wählen wir in der Verzeichnisliste auf der linken Seite erst die Speicherkarte und dann das Fotoverzeichnis aus. Zum Markieren von mehreren Dateien halten Sie die **strg**- oder ⇧ (Hochstell)-Taste gedrückt, während Sie die linke Maustaste betätigen. Betätigen Sie zum Schluss *Öffnen*.

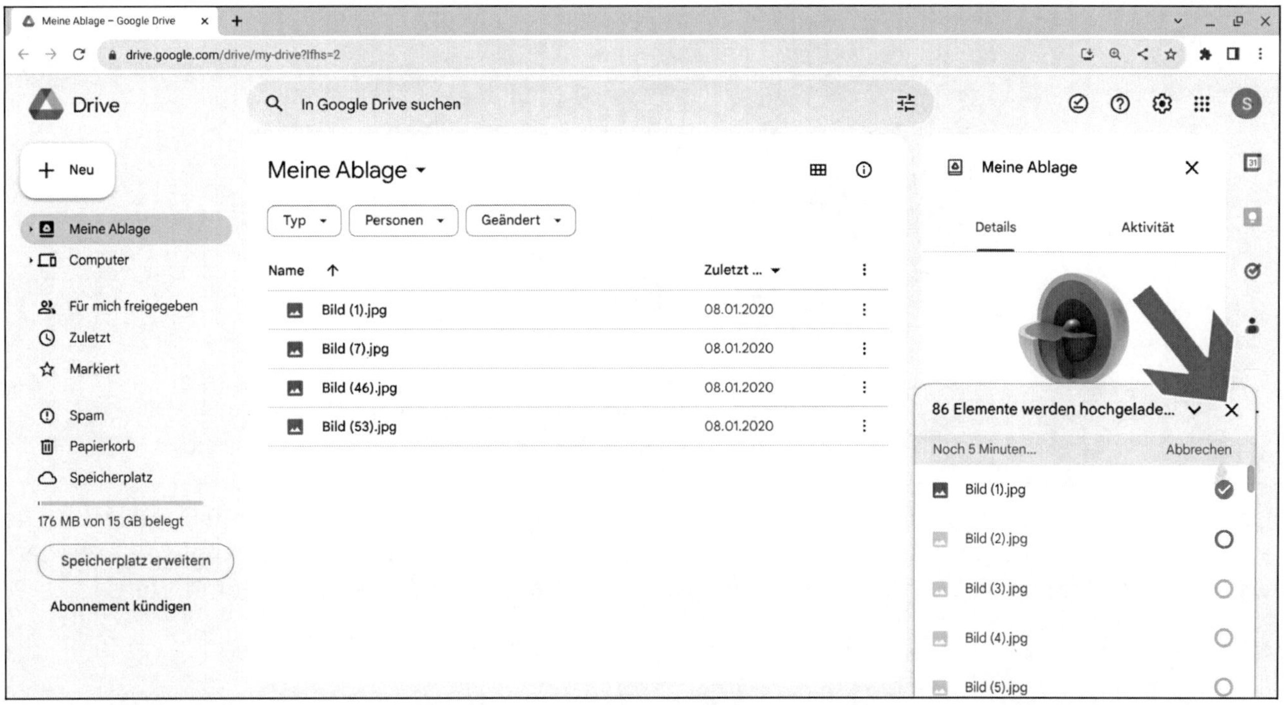

Die Dateien werden hochgeladen, was je nach Internetverbindung einige Zeit in Anspruch nimmt. Über die X-Schaltleiste (Pfeil) können Sie jederzeit den Hochladevorgang vorzeitig beenden.

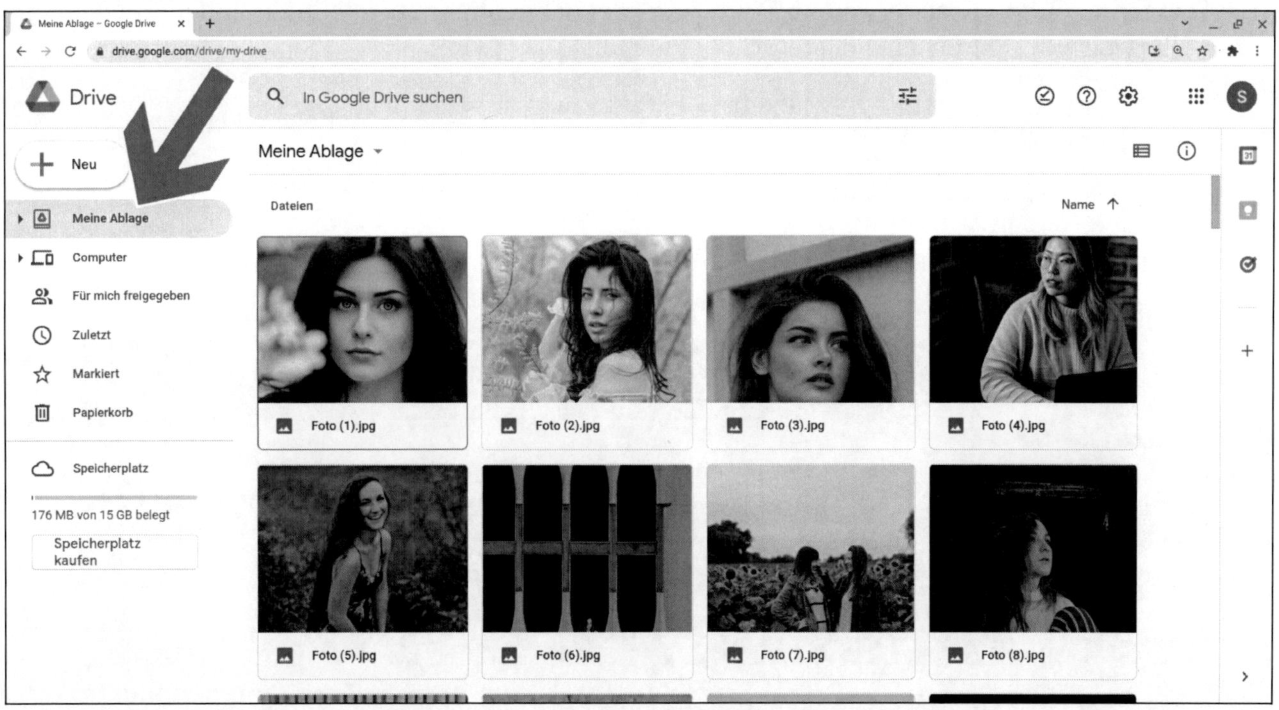

Die hochgeladenen Dateien finden Sie unter *Meine Ablage*.

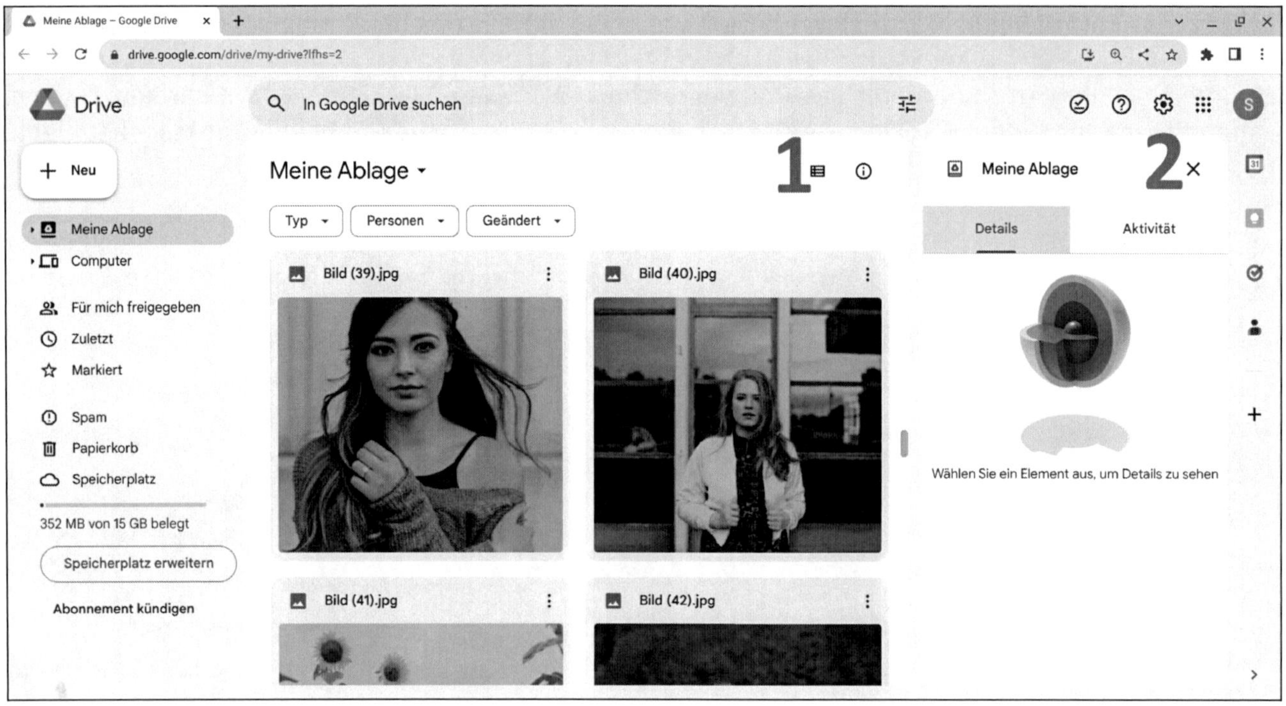

Über die ▤-Schaltleiste (1) wechseln Sie die Ansicht zwischen Listen und Raster. Die Rasteransicht hat den Vorteil, dass alle Dateien mit einem großen Vorschaubild angezeigt werden, während die Detailansicht unter anderem Infos zu Dateigröße und Änderungsdatum liefert.

Klicken Sie auf ✕ (2), um die ohnehin selten benötigte Ablage zu schließen.

14.2 Ordner

Sofern Sie vorhaben, intensiven Gebrauch von Google Drive zu machen, empfehlen wir Ihnen, Ihre Dateien in Ordnern zu verwalten. Sonst wird es doch recht unübersichtlich in der Anwendung. Sinnvollerweise dürfen Sie auch Unterordner anlegen.

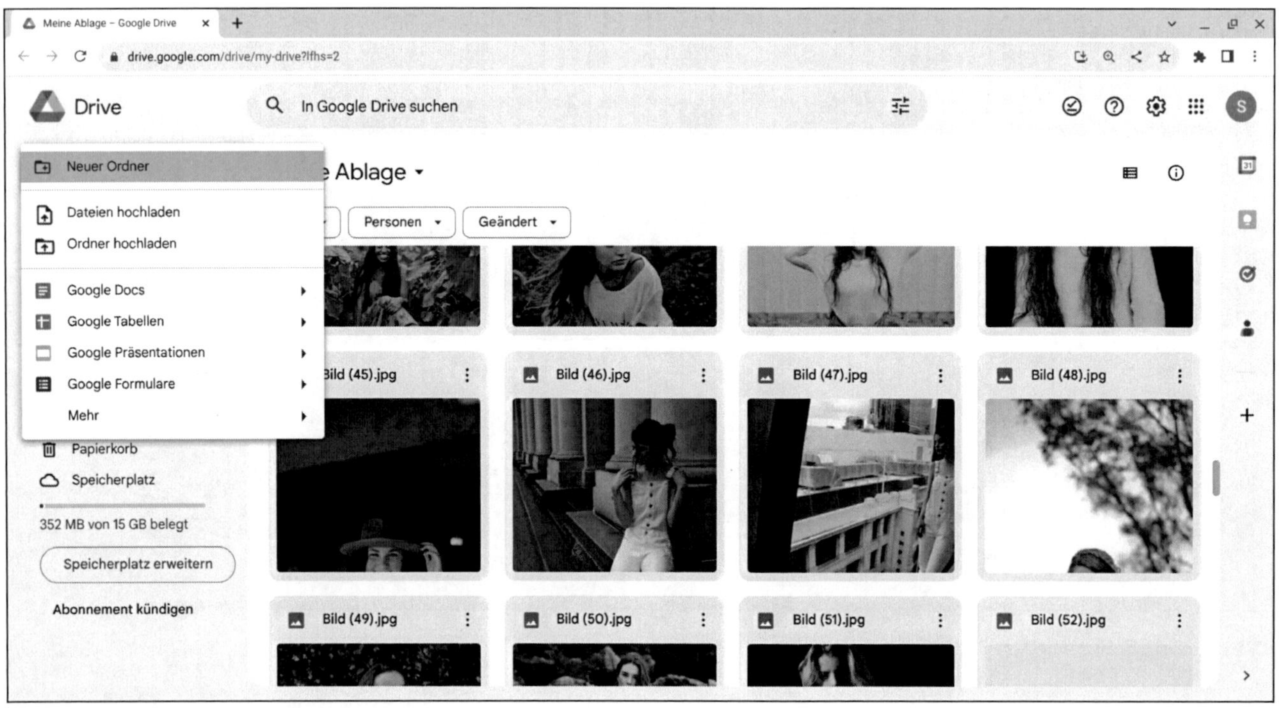

Klicken Sie auf *Neu* und wählen Sie *Ordner*.

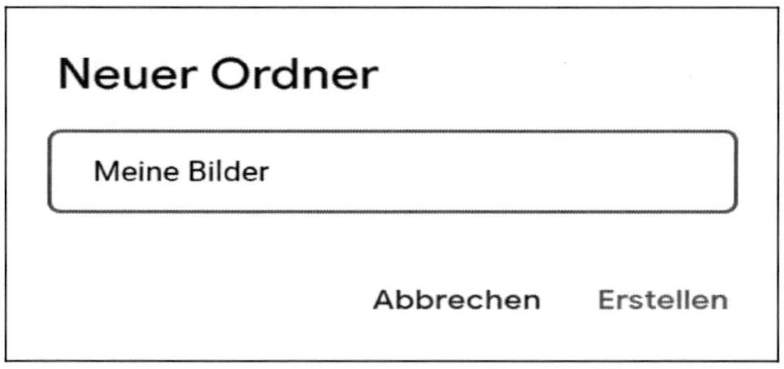

Anschließend geben Sie einen Ordnernamen ein und betätigen *Erstellen*.

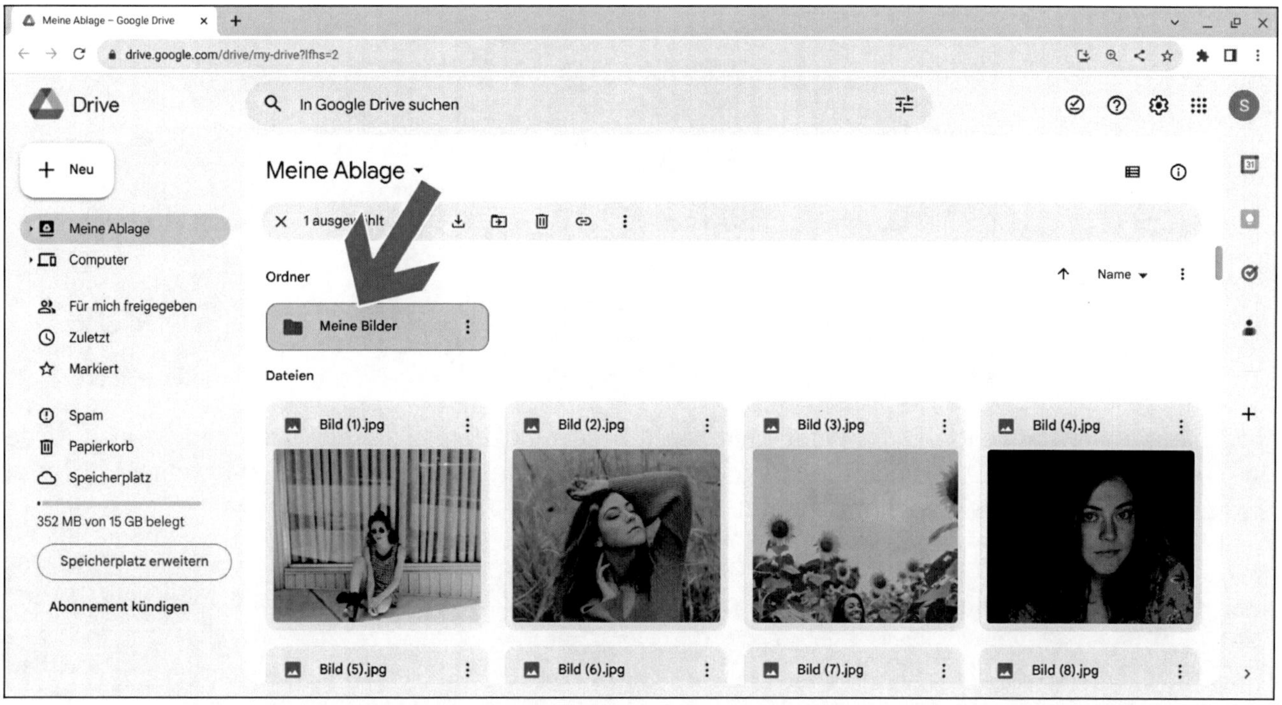

Der neu erstellte Ordner erscheint in *Meine Ablage*. Doppelklicken Sie auf einen Ordner, um den Inhalt anzuzeigen. Ein Klick auf *Meine Ablage* bringt Sie dann wieder in das Hauptverzeichnis zurück. Wie Sie Dateien zwischen Ordnern verschieben, erfahren Sie im nächsten Kapitel.

14.3 Dateiverwaltung mit Google Drive

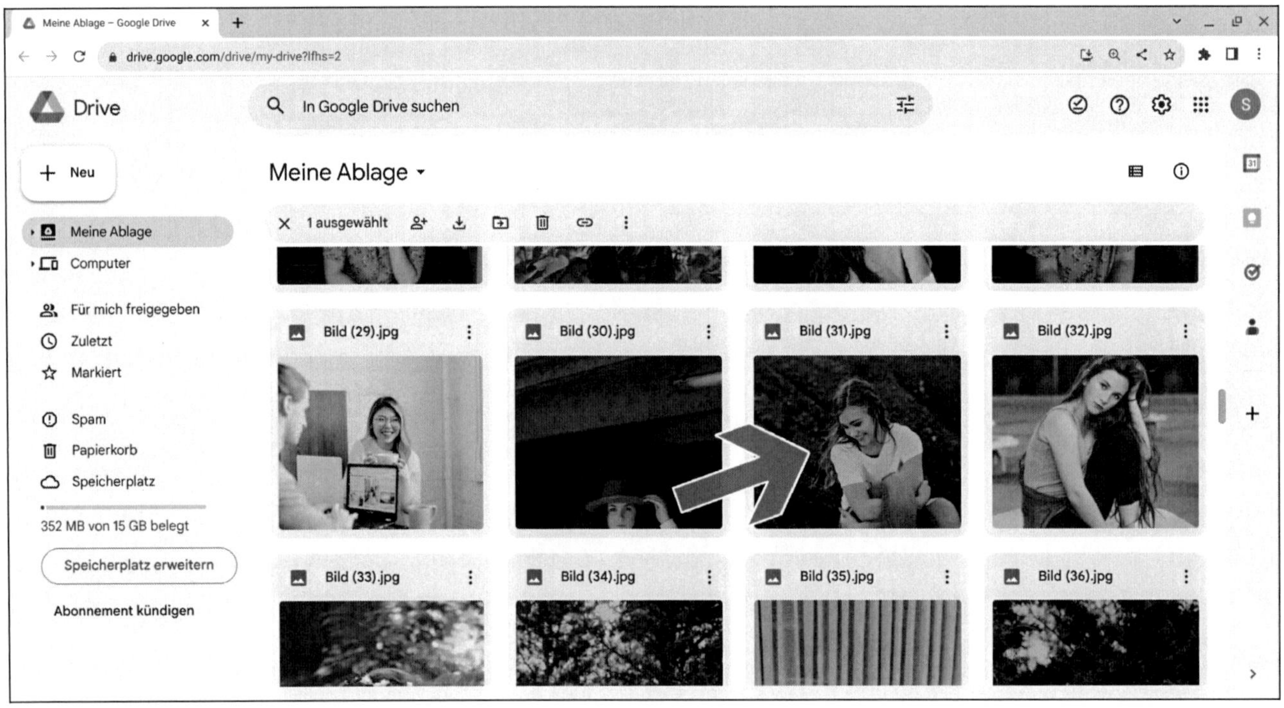

Ein Doppelklick auf eine Datei zeigt diese an (Bilder und PDF-Dateien) beziehungsweise öffnet sie in Googles Office-Anwendungen (Excel- und Word-Dateien). Auf die Nutzung von Word- und Excel-Dateien gehen wir noch im Kapitel *15 Google Office-Anwendungen* ein.

Ein Klick auf ← (Pfeil) in der Symbolleiste schließt den Dateianzeiger wieder (sollte sich die Symbolleiste ausgeblendet haben, bewegen Sie einfach den Mauszeiger über dem Bild). Alternativ betätigen Sie die esc-Taste auf der Tastatur.

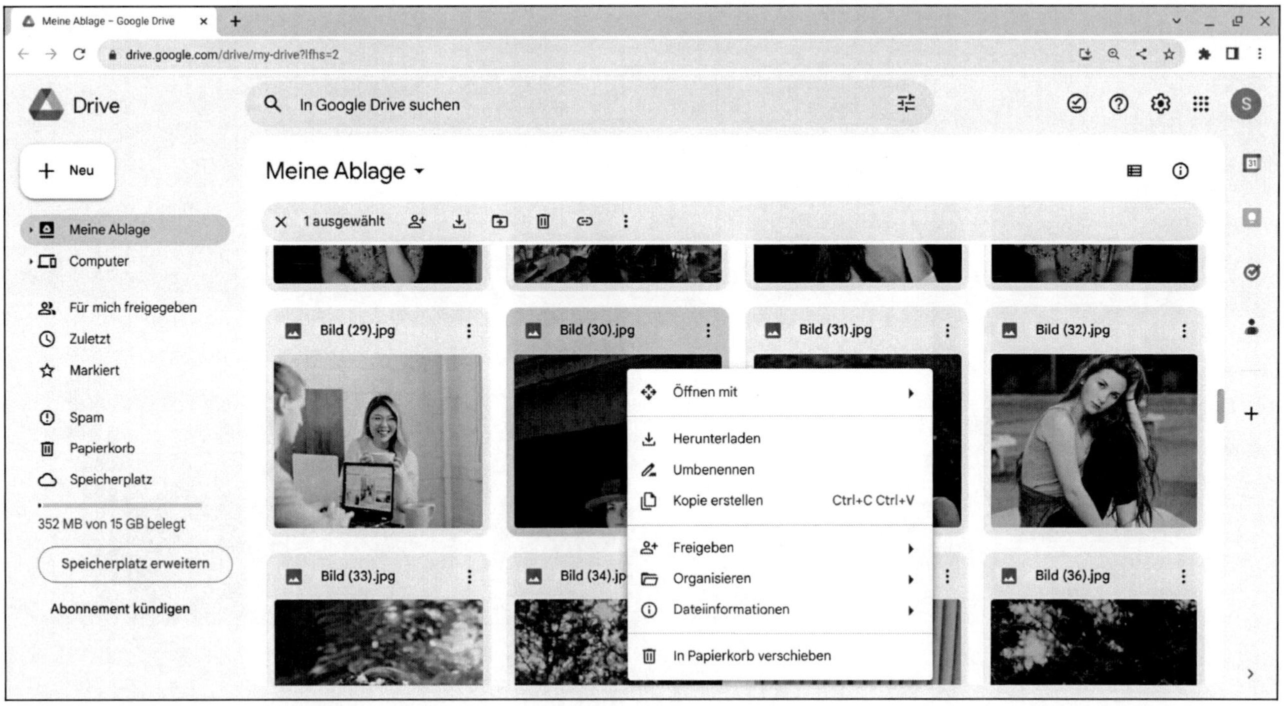

Betätigen Sie die rechte Maustaste über einer Datei für folgende Funktionen:

- *Öffnen mit*: Legt fest, in welcher Anwendung die Datei geöffnet wird. Wir gehen in diesem Buch nicht weiter darauf ein.
- *Herunterladen*: Datei aus Drive laden und im *Downloads*-Verzeichnis des PCs ablegen.
- *Umbenennen*: Vergibt der Datei einen neuen Namen.
- *Kopie erstellen*: Es ist möglich, eine Datei mehrfach unter gleichem Namen in Google Drive abzulegen. Wir gehen in diesem Buch nicht weiter darauf ein.
- *Freigeben*: Erlauben Sie anderen Anwendern den Zugriff auf die Datei/das Verzeichnis (siehe Kapitel *14.4 Dateien freigeben*). Dabei versenden Sie eine Webadresse, über die man die Datei bei Google Drive abrufen kann
- *Organisieren*:
  - *Verschieben*: Datei in ein anderes Verzeichnis verschieben.
  - *Verknüpfung hinzufügen*: Erstellt eine Kopie der Datei, welche aber auf die Originaldatei verweist. Auch diese Funktion wird in der Praxis selten benötigt.
  - *Zu "Markiert" hinzufügen*: Die von Ihnen markierten Dateien sind anschließend in der Menüleiste unter *Markiert* zu finden.
- *In Papierkorb verschieben*: Verschiebt die Datei in den Papierkorb.

Die aufgeführten Funktionen stehen auch über eine Symbolleiste am oberen Bildschirmrand zur Verfügung.

Viele Funktionen lassen sich auch mehrere Dateien/Verzeichnisse gleichzeitig anwenden. Markieren Sie die Dateien einfach vorher, indem Sie die **Strg**- oder ⇧ (Hochstell)-Taste gedrückt halten, während Sie Dateien/Verzeichnisse anklicken.

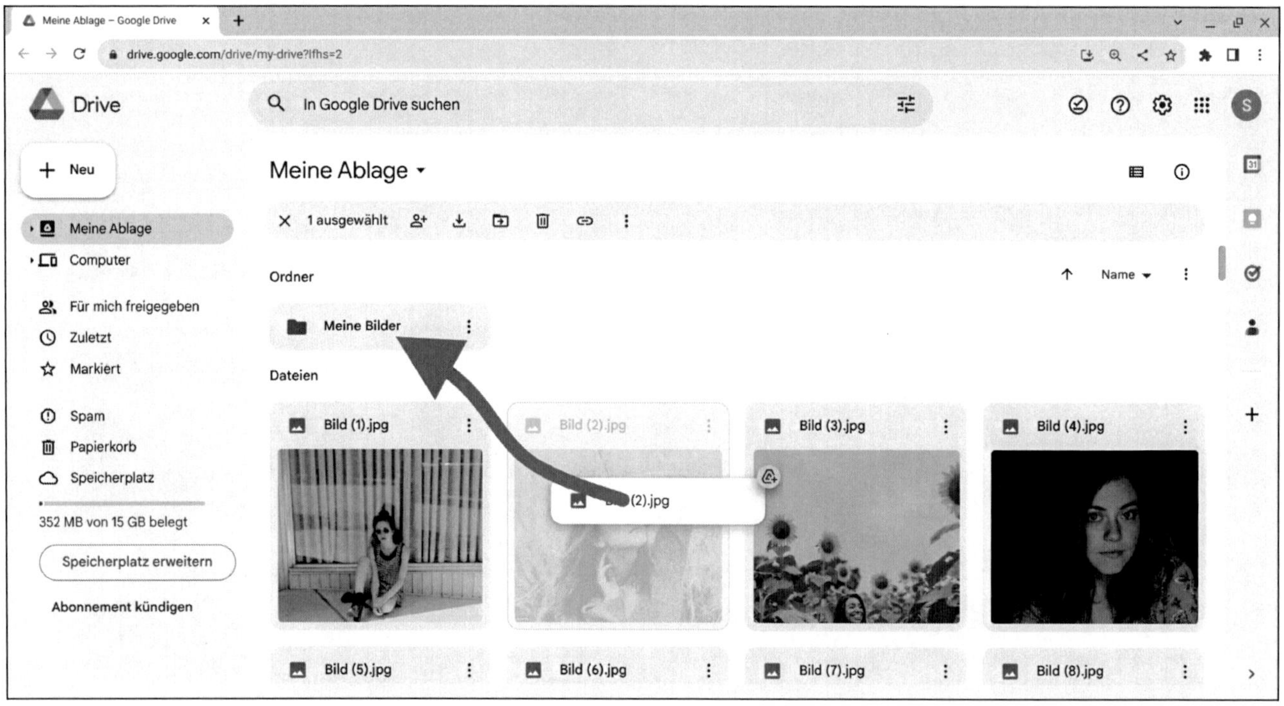

Mehrere markierte Dateien/Verzeichnisse lassen sich auch verschieben, indem Sie sie mit gedrückter linker Maustaste in den Zielordner ziehen.

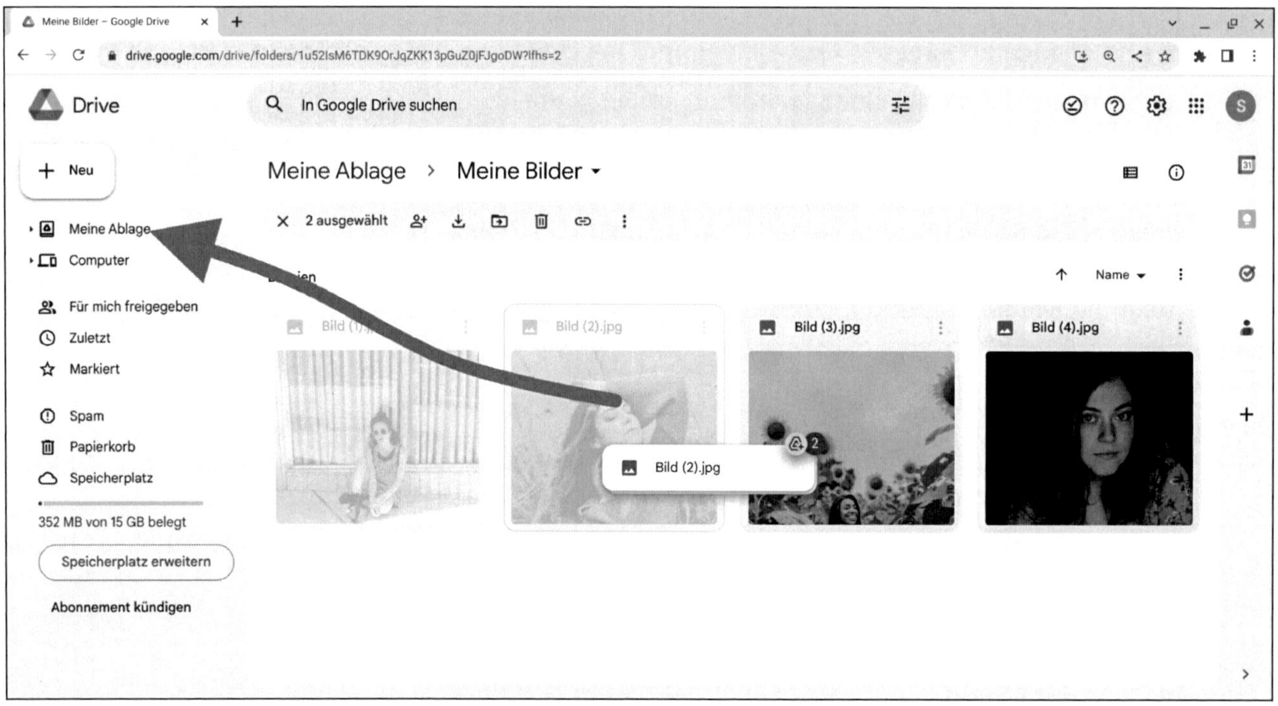

Dateien aus einem Ordner ziehen Sie dagegen einfach links in der Symbolleiste auf den Zielordner.

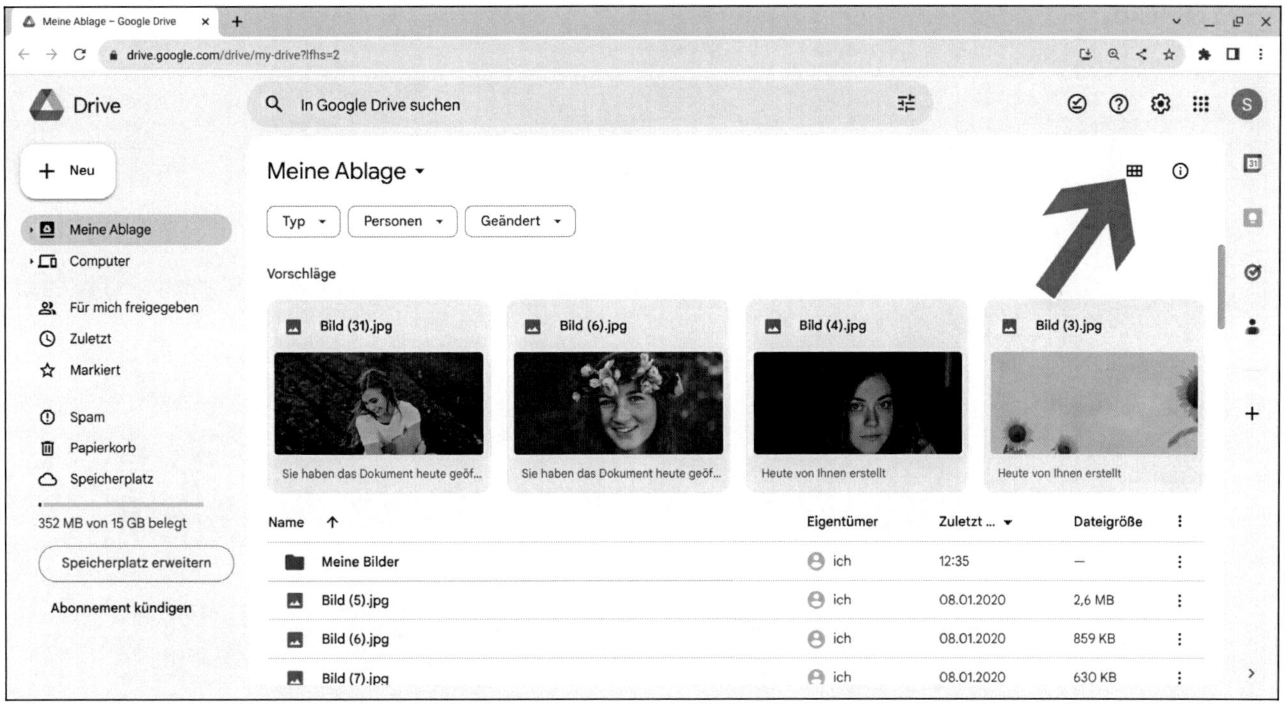

Über die Schatlleiste am rechten Bildschirmrand (Pfeil) schalten Sie zwischen Listen- und Rasteransicht um. Die Rasteransicht hat den Vorteil, dass alle Dateien mit einem großen Vorschaubild angezeigt werden, während die Detailansicht unter anderem Infos zu Dateigröße und Änderungsdatum liefert.

14.3.1 Speicherplatz freigeben

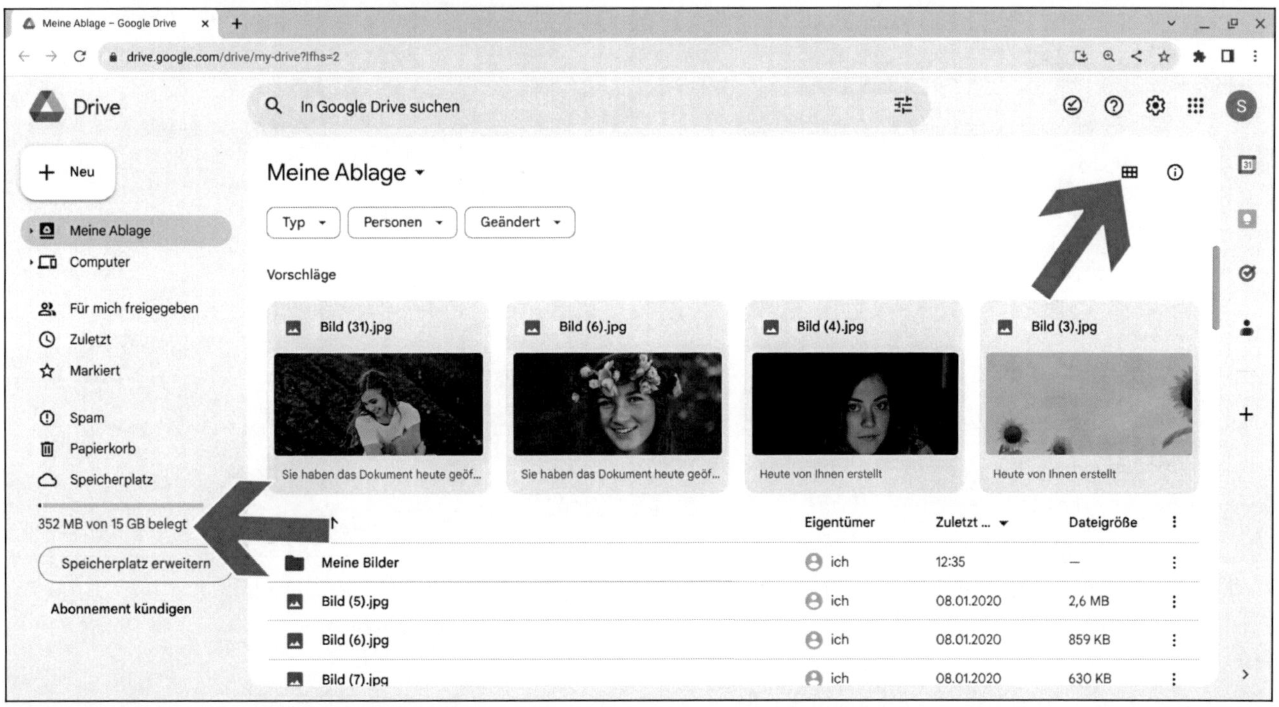

Google Drive besitzt ein Speichervolumen von 15 GB, die allerdings mit allen anderen Google-Anwendungen (Gmail, Google Docs, Google Webalben usw.) geteilt werden. Eine Anzeige (Pfeil) hält Sie in Google Drive über den verbrauchten Speicher auf den Laufenden. Halten Sie den Mauszeiger darüber für eine detaillierte Verbrauchsauflistung.

Sie sollten in Google Drive nicht mehr benötigte Dateien regelmäßig löschen.

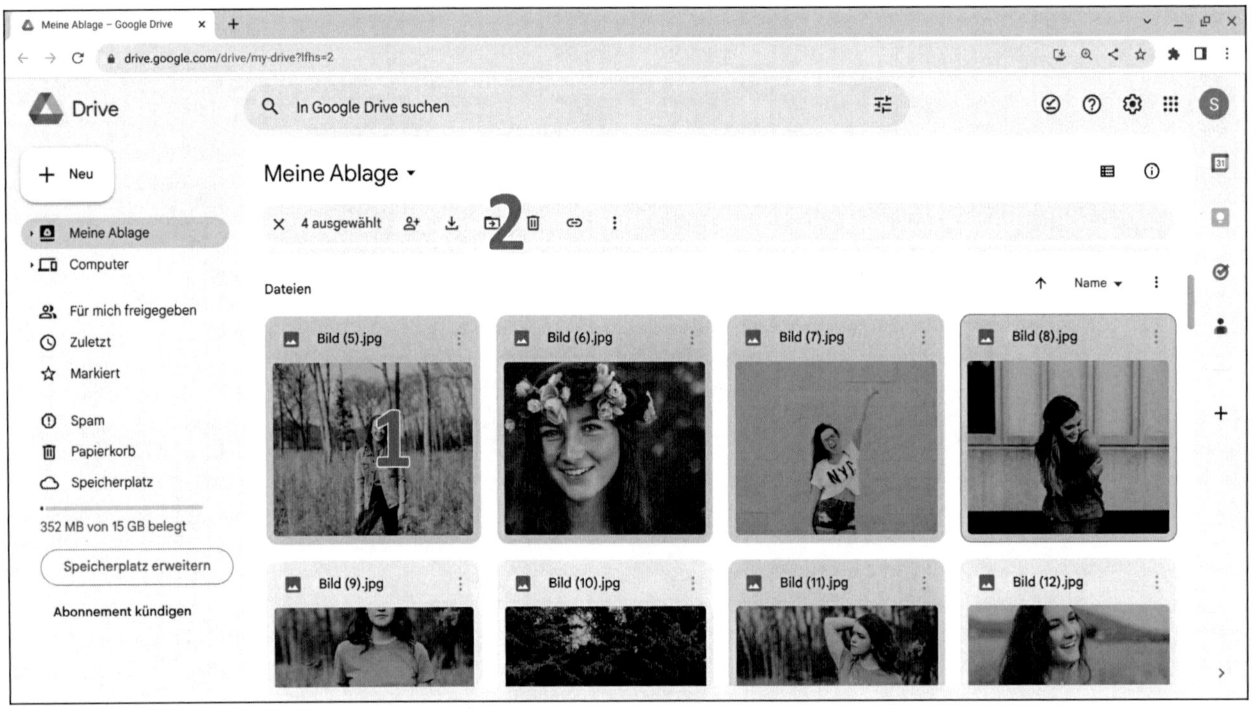

Markieren Sie die zu löschenden Dateien, indem Sie die **Strg**- oder ⇧ (Hochstell)-Taste gedrückt halten, während Sie Dateien/Ordner anklicken (1). Danach klicken Sie auf 🗑.

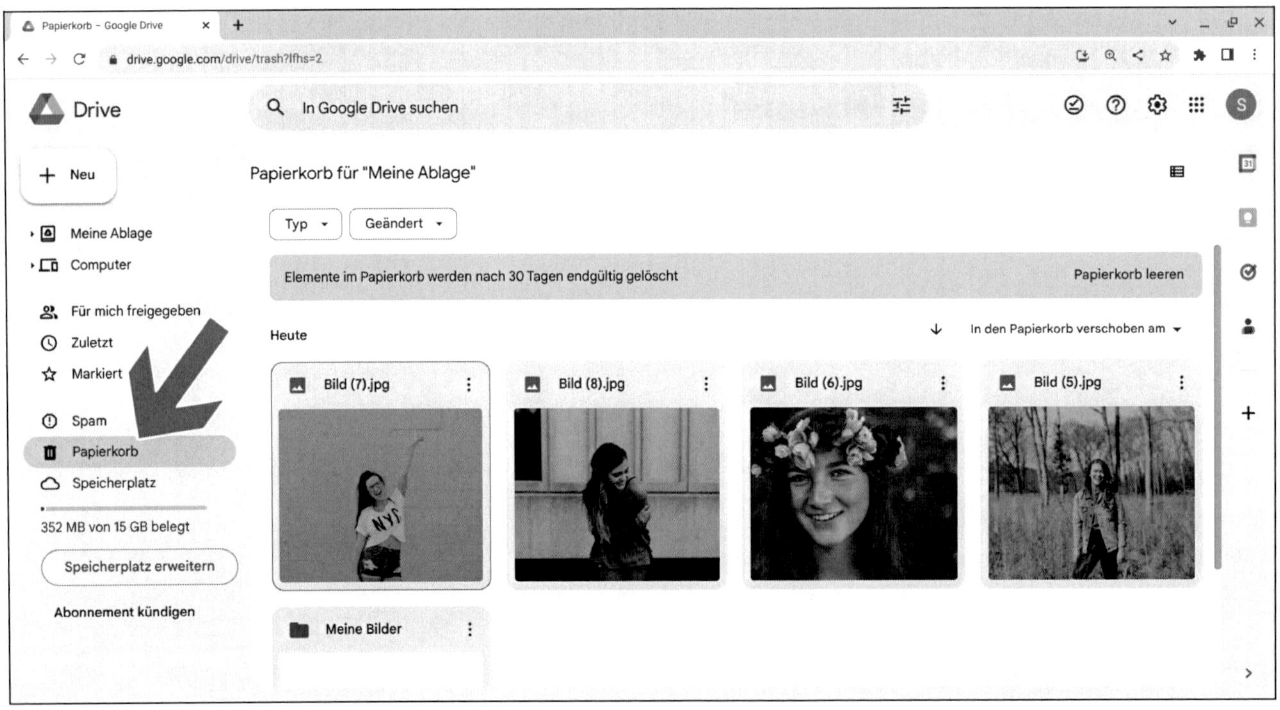

Alle Dateien und Verzeichnisse, die von Ihnen aus Google Drive entfernt wurden, landen zunächst im *Papierkorb*-Ordner und können danach noch wiederhergestellt werden.

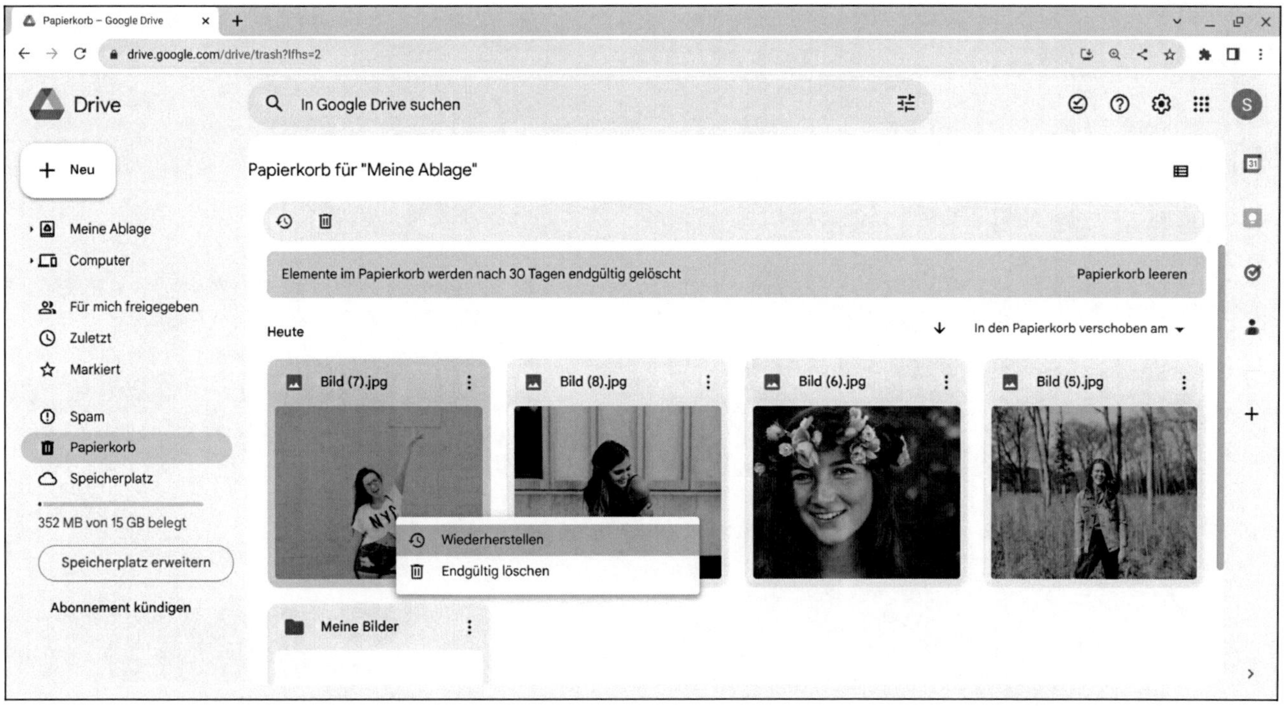

Markieren Sie dafür die Dateien/Verzeichnisse, betätigen Sie die rechte Maustaste für das Popup-Menü und wählen Sie *Wiederherstellen*. *Endgültig löschen* beseitigt die Dateien/Verzeichnisse dagegen unwiderruflich.

14.4 Dateien freigeben

Standardmäßig haben nur Sie Zugriff auf Ihre in Google Drive abgelegten Dateien. Sie können aber einzelne Dateien oder ganze Verzeichnisse für Dritte freigeben.

Die Personen, denen Sie den Zugriff gestatten, werden über ihre E-Mail-Adresse identifiziert. Dabei ist es nicht nötig, dass sie ein Google-Konto (= Gmail-E-Mail-Adresse) besitzen, müssen dann aber auf einige Komfort-Funktionen verzichten, die man nur mit dem Google-Konto hat. Anwender ohne Gmail-Adresse erhalten automatisch per E-Mail eine Webadresse, worunter sie die Datei anzeigen beziehungsweise bearbeiten.

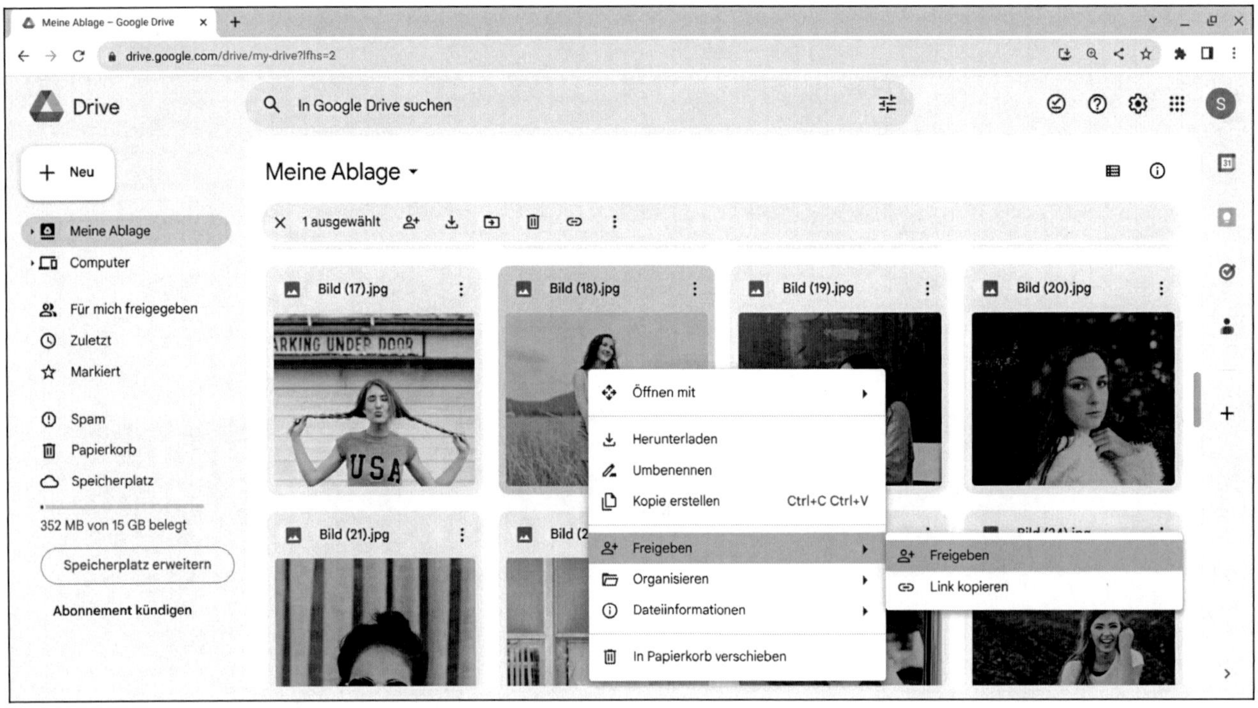

Markieren Sie eine oder mehrere Dateien oder Verzeichnisse (Strg- oder ⇧ *(Hochstell)*-Taste gedrückt halten, während Sie Dateien/Verzeichnisse anklicken) und rufen Sie mit der rechten Maustaste das Popup-Menü auf. Gehen Sie auf *Freigeben und im Untermenü ebenfalls auf Freigeben.*

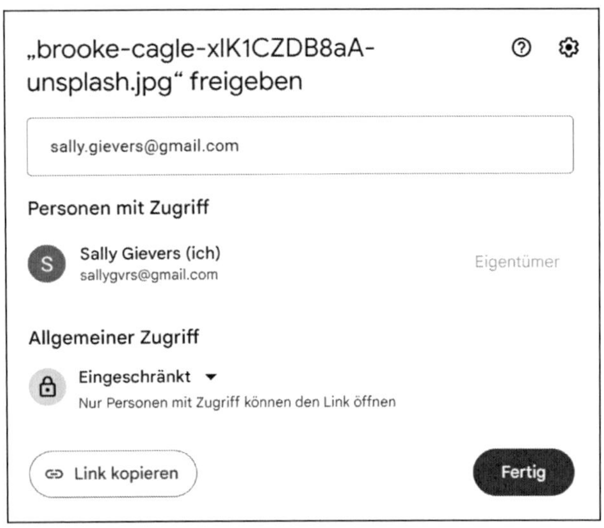

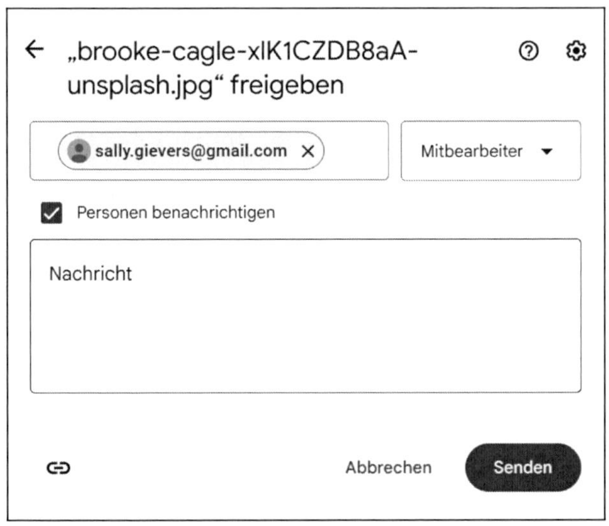

❶ Fügen Sie Personen hinzu, indem Sie deren E-Mail-Adressen eingeben. Betätigen Sie zur Bestätigung die Enter-Taste beziehungsweise wählen Sie den Vorschlag im Popup aus.

❷ Sie können nun noch die Berechtigungen einstellen (*Mitarbeiter* darf Datei bearbeiten, *Betrachter* nur anzeigen und *Kommentator* nur eine Notiz hinzufügen). Geben Sie eine Nachricht ein und betätigen Sie *Senden*, worauf eine Benachrichtigung an die E-Mail-Adresse geht.

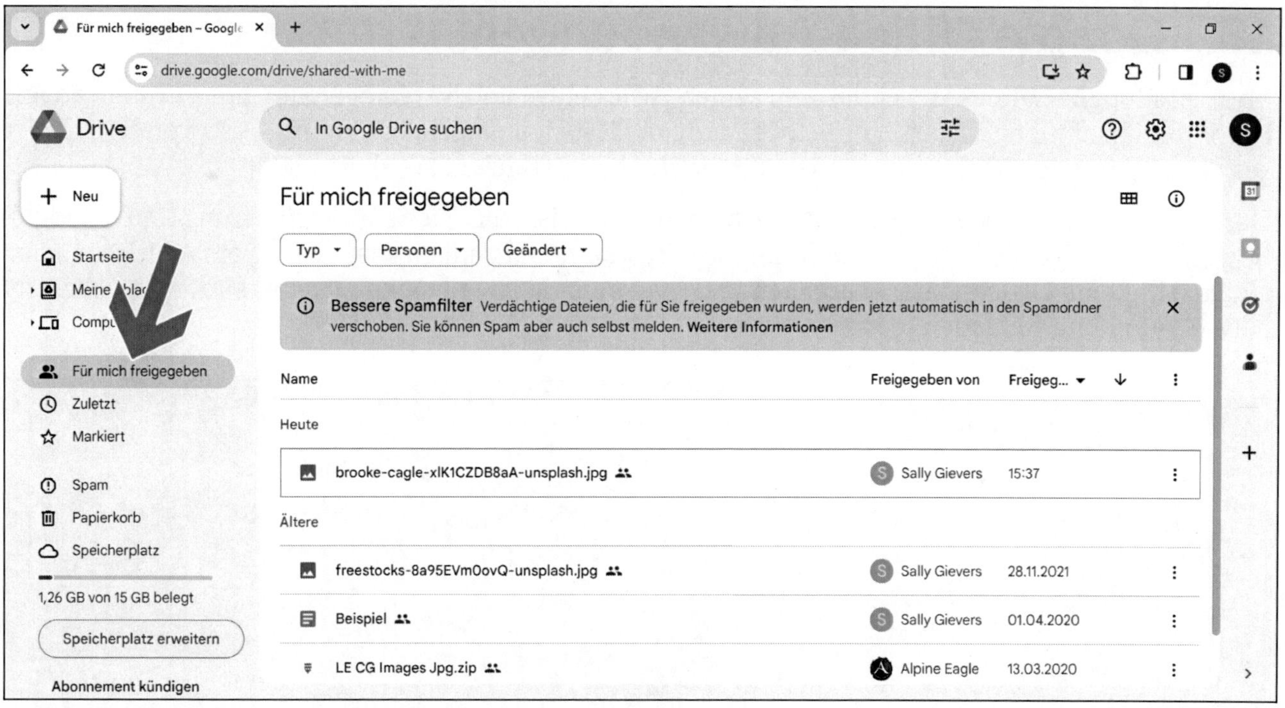

Haben Sie eine Person mit Gmail-Adresse hinzufügt, so erscheint die freigegebene Datei in seiner Google Drive-Anwendung unter *Für mich freigegeben*.

15. Google Office-Anwendungen

Mit den Google-Office-Anwendungen zeigen, bearbeiten und verwalten Sie Ihre Office-Dateien. Der Funktionsumfang dieser Web-Anwendungen lässt sich natürlich nicht mit dem von MS Office auf dem PC vergleichen, für die meisten Schreibarbeiten reichen sie aber aus.

Der Hauptvorteil von Googles Web-Anwendungen ist die sichere Speicherung auf Google-Servern, das heißt sie brauchen sich um Backups keine Gedanken machen. Teams dürfen zudem gleichzeitig eine Office-Datei bearbeiten und man kann jederzeit seine Dateien Dritten zur Ansicht oder Bearbeitung freigeben.

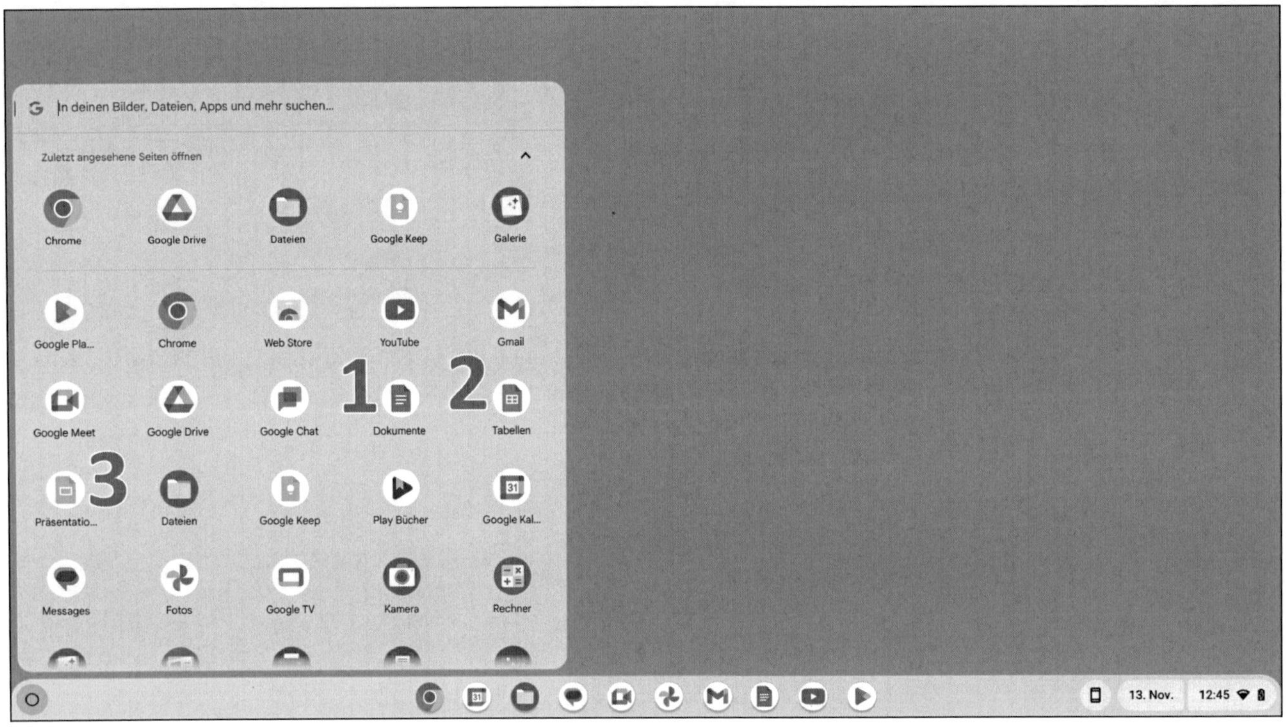

Die Google-Office-Anwendungen finden Sie im Apps-Menü als *Docs* (1) für Texte, *Präsentationen* (2) und *Tabellen* (3). Starten Sie jetzt einmal *Google Docs.*

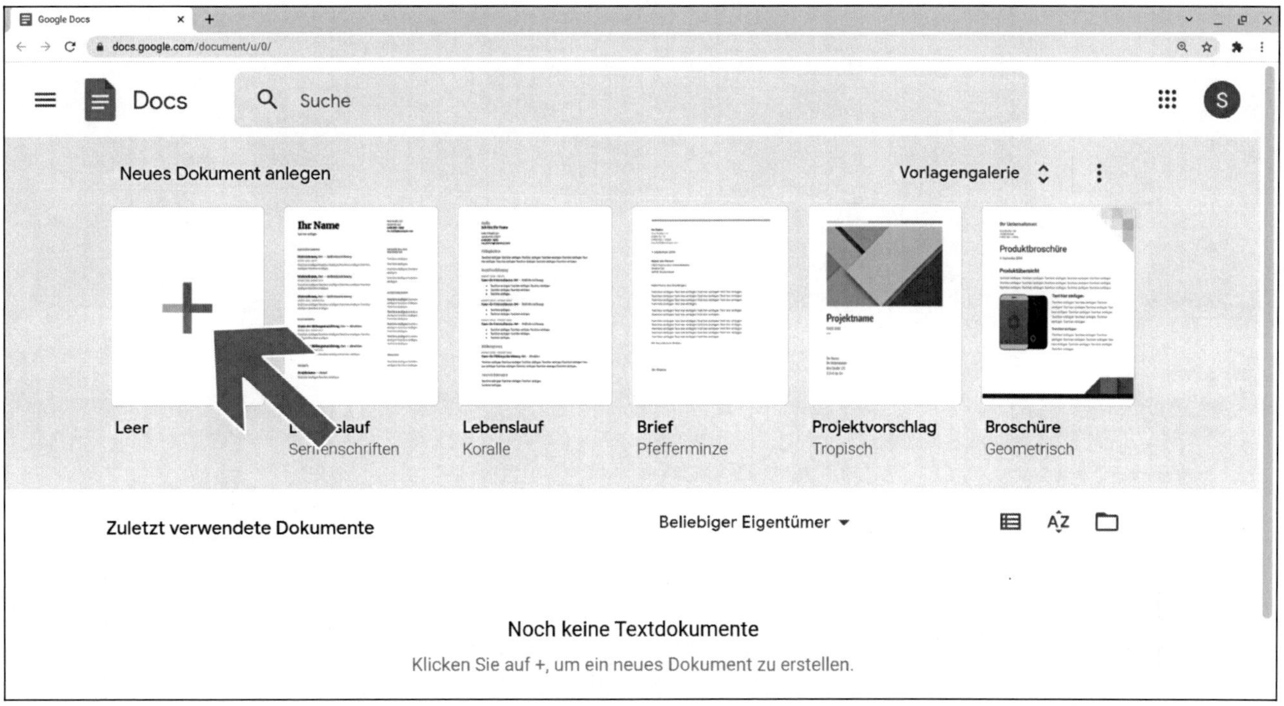

Ein Klick auf + (Pfeil) erstellt Ihre erste Textdatei. Alternativ stehen fertige Vorlagen bereit.

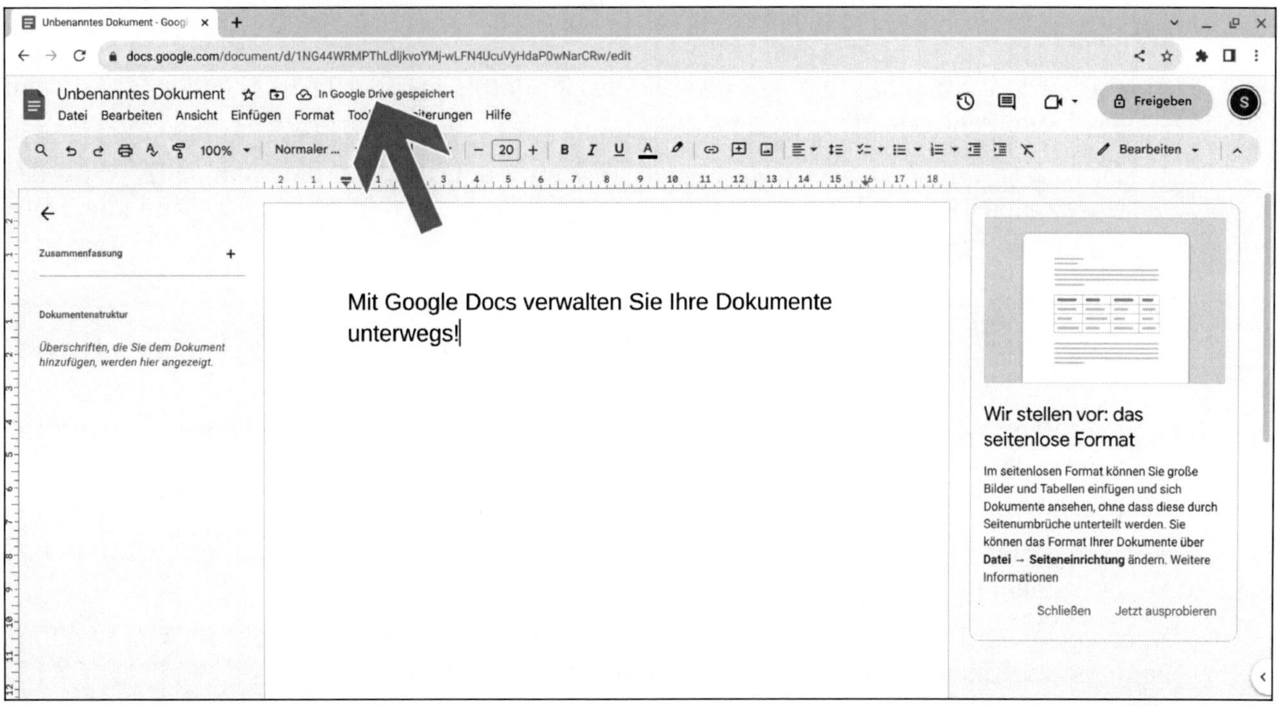

Auf die Benutzeroberfläche, die den gewohnten Standards entspricht, gehen wir an dieser Stelle nicht weiter ein.

Zu beachten ist, dass es keine Speichern-Funktion im Datei-Menü gibt, denn alle Ihre Eingaben werden sofort in Ihrem Google-Konto gespeichert. Sie sollten nur darauf achten, dass die Meldung *In Google Drive gespeichert* am oberen Bildschirmrand sichtbar ist (Pfeil), bevor Sie das Fenster schließen.

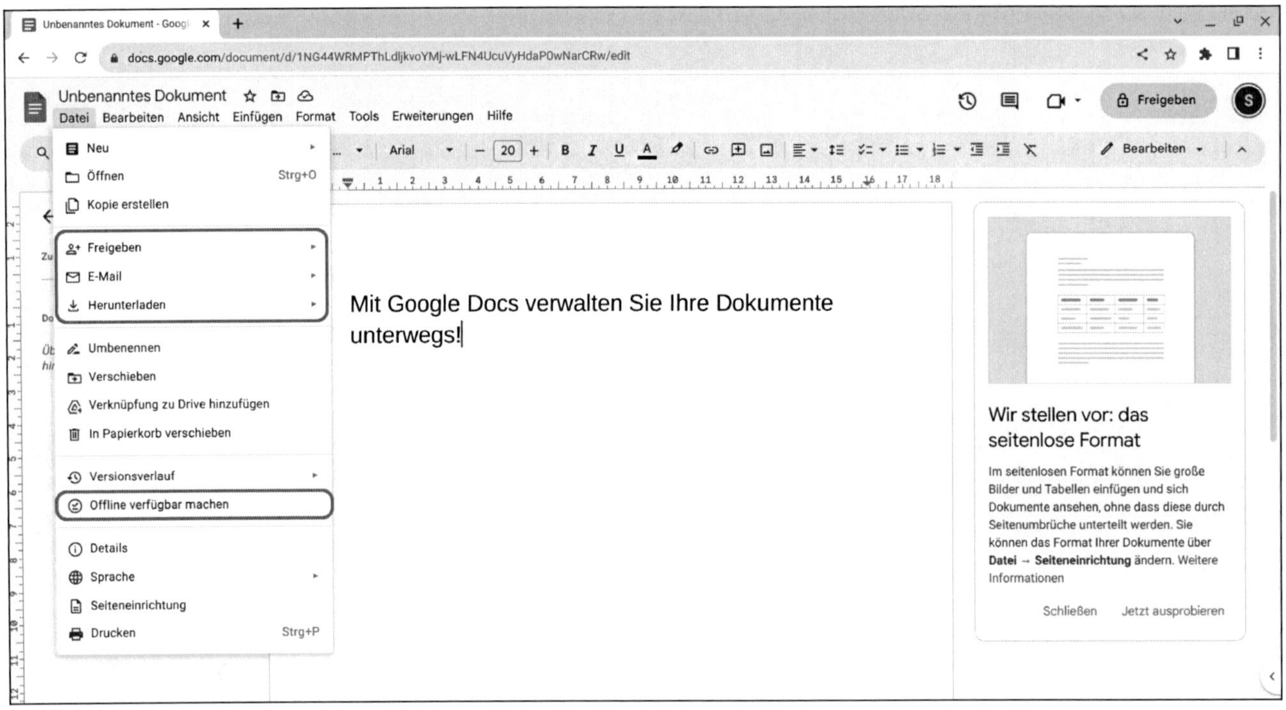

Das *Datei*-Menü bietet einige Funktionen, die Sie von normalen Office-Programmen auf dem PC nicht kennen (hier umrandet):

- *Freigeben*:
  - *Für andere freigeben*: Sie können andere den lesenden oder bearbeitenden Zugriff auf das Dokument gestatten.
  - *Im Web veröffentlichen*: Erzeugt einen Link auf die Datei, den Sie dann per E-Mail oder in sozialen Netzwerken veröffentlichen. Andere Nutzer können sich dann die Datei über ihren Webbrowser anzeigen.
- *E-Mail:*
  - *Diese Datei per E-Mail senden*: Erzeugt eine Office-Datei, die Sie an Dritte als E-Mail-Anhang senden.
  - *E-Mail an Mitbearbeiter senden*: Senden Sie eine Nachricht an andere Anwender mit denen Sie gemeinsam die Datei bearbeiten. Darauf kommen wir noch.
  - *E-Mail-Entwurf*: Erfassen Sie ein E-Mail-Anschreiben, dem das Dokument beigefügt wird. Diese Funktion dient der Arbeitserleichterung, falls Sie häufiger Dritten Ihre Dokumente zukommen lassen.
- *Herunterladen*: Lädt die Datei in einem wählbaren Dateiformat lokal auf Ihr Chromebook herunter. Sie finden sie anschließend im *Downloads*-Verzeichnis.
- *Offline verfügbar machen*: Legt die Datei zusätzlich im Gerätespeicher ab. Dies macht allerdings in der Regel keinen Sinn.

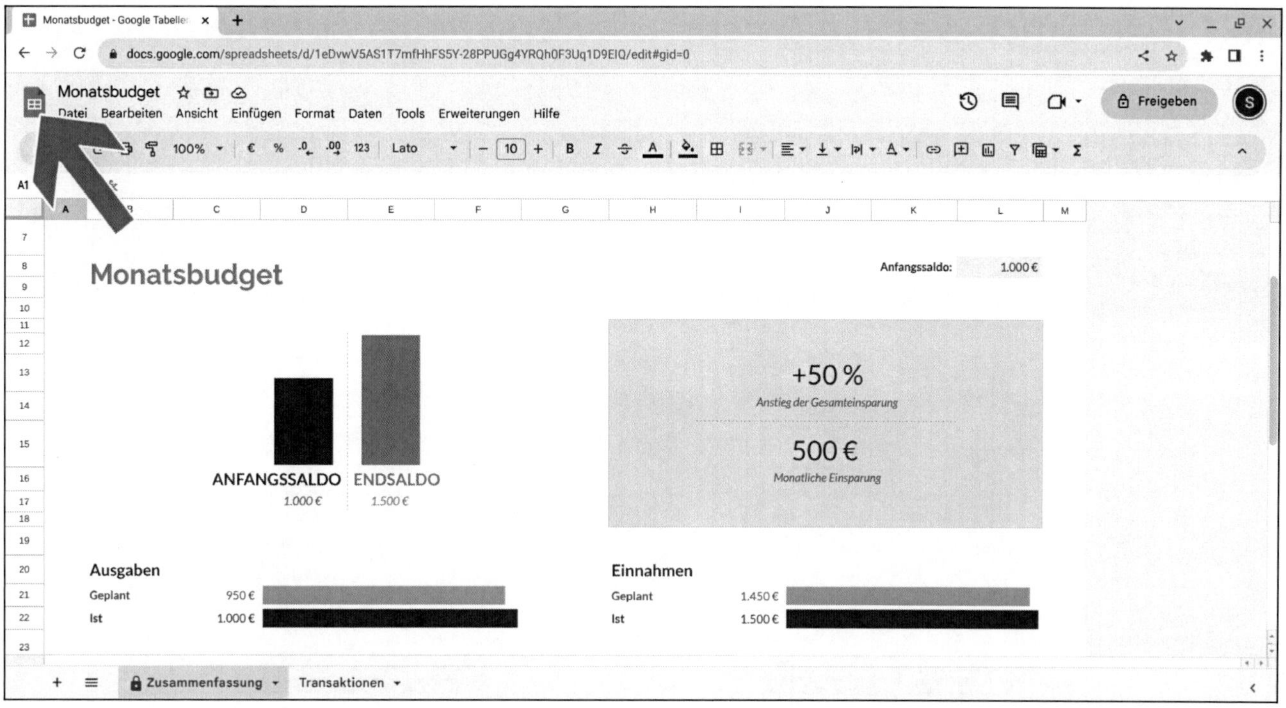

Ein Klick oben links auf das Symbol öffnet in allen Google-Office-Anwendungen die Dateiverwaltung.

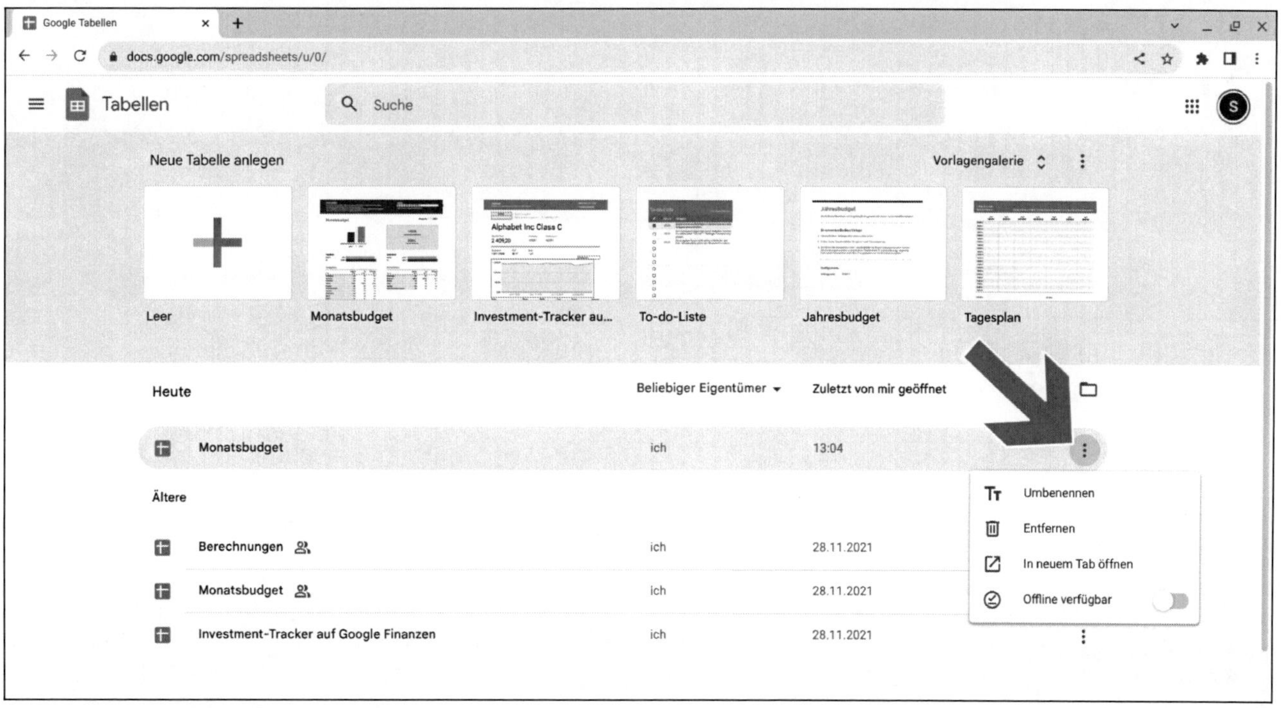

Klicken Sie eine Datei an, die Sie editieren möchten. Über die ⋮-Schaltleiste (Pfeil) benennen Sie jeweils eine Datei um, entfernen sie oder öffnen sie in einem neuem Browser-Tab.

15.1 Eine Office-Datei mit mehreren Personen bearbeiten

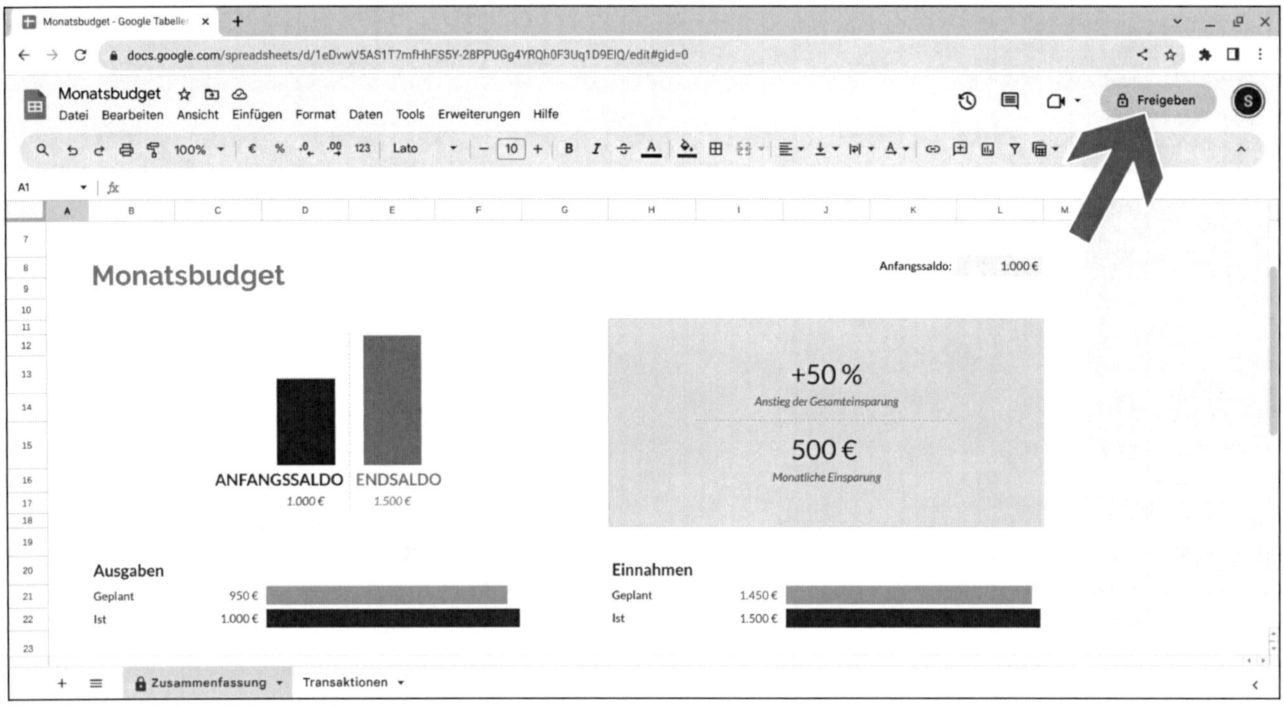

Klicken Sie auf *Freigeben* (Pfeil).

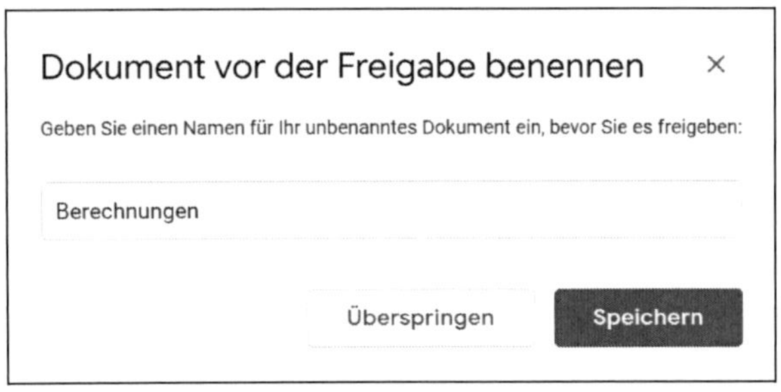

Sofern Sie die Office-Datei neu erstellt hatten, sollten Sie jetzt einen Dateinamen eingeben und *Speichern* betätigen.

Fügen Sie ein oder mehrere E-Mail-Adressen der zusätzlichen Bearbeiter hinzu und gehen Sie auf *Senden*. Sollen die Bearbeiter nur Leserechte erhalten oder dürfen diese nur kommentieren, dann klicken Sie zuvor auf ⚙ und ändern Sie die Einstellung zuvor entsprechend.

Es ist zwar möglich, Dateien auch für Personen freizugeben, die kein Google-Konto nutzen, wir raten aus Sicherheitsgründen davon aber ab. Nur wenn alle Bearbeiter über ihr Google-Konto auf die Datei zugreifen, sind Sicherheitsfunktionen aktiv, welche die Weitergabe der Datei verhindern.

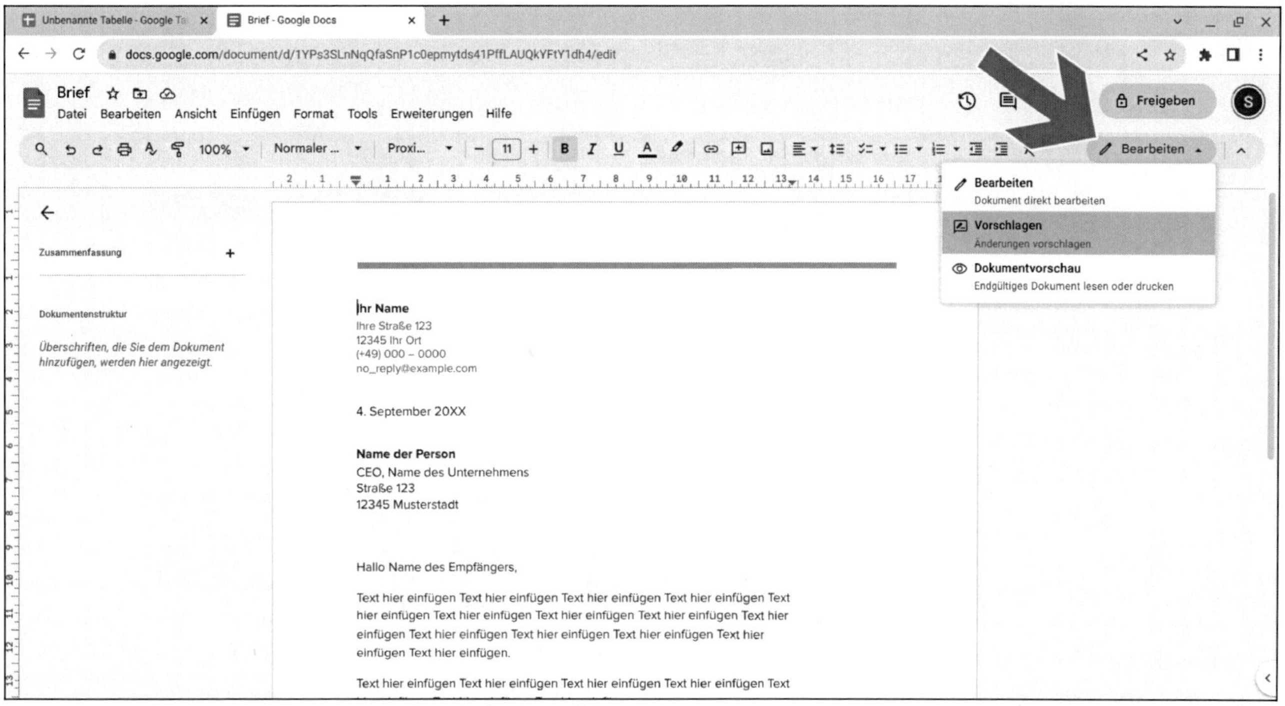

Nicht immer möchten Sie direkt Änderungen an der Office-Datei durchführen. Für diesen Zweck gibt es die Funktion »Änderungen vorschlagen«. Gehen Sie dafür auf die *Bearbeiten*-Schaltleiste und wählen Sie *Vorschlagen* aus. Der Datei-Ersteller kann dann Ihre Änderungen übernehmen oder verwerfen.

15.2 Office-Dateien in Google Drive verwalten

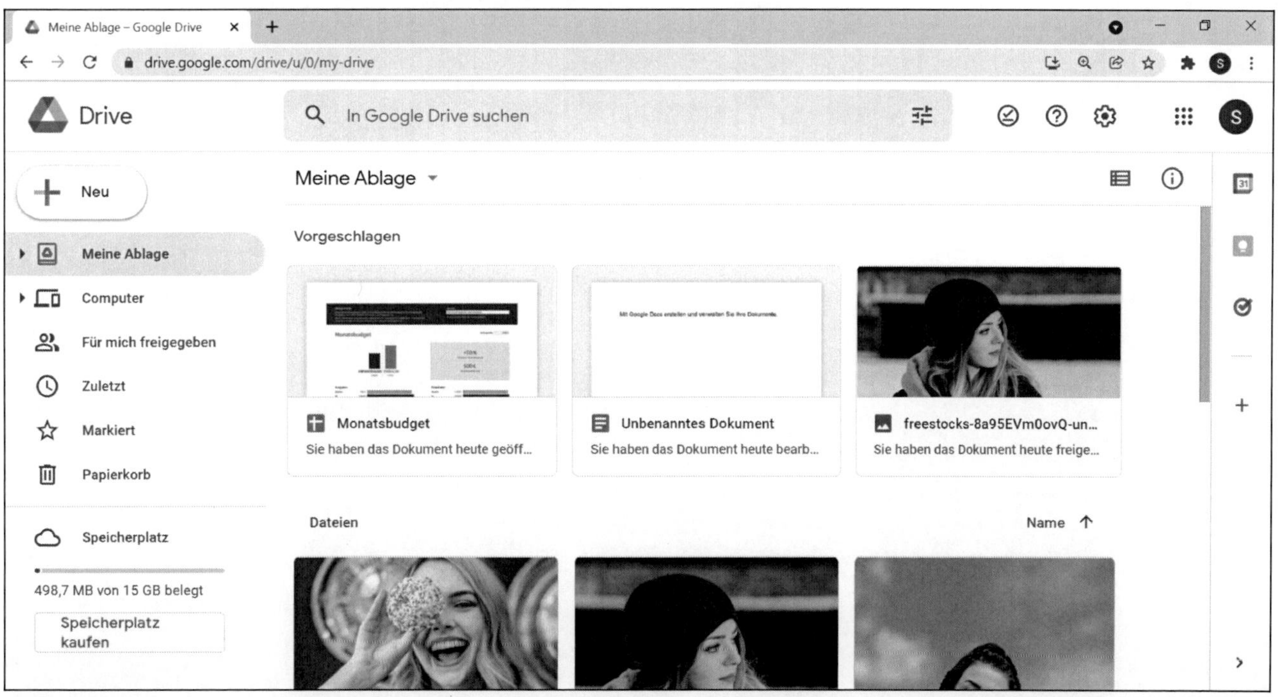

Google Docs, Google Tabellen und Google Präsentationen sind eng mit Google Drive (siehe *14 Google Drive*) verknüpft. Ihre neu erstellten Office-Dateien erscheinen deshalb automatisch in Google Drive. Dort können Sie sie direkt mit einem Doppelklick öffnen.

Freigaben anderer Google-Office-Anwender, beispielsweise wenn Sie als Bearbeiter eingesetzt wurden, zeigt Ihr Google Drive unter *Für mich freigegeben* auf der rechten Seite an.

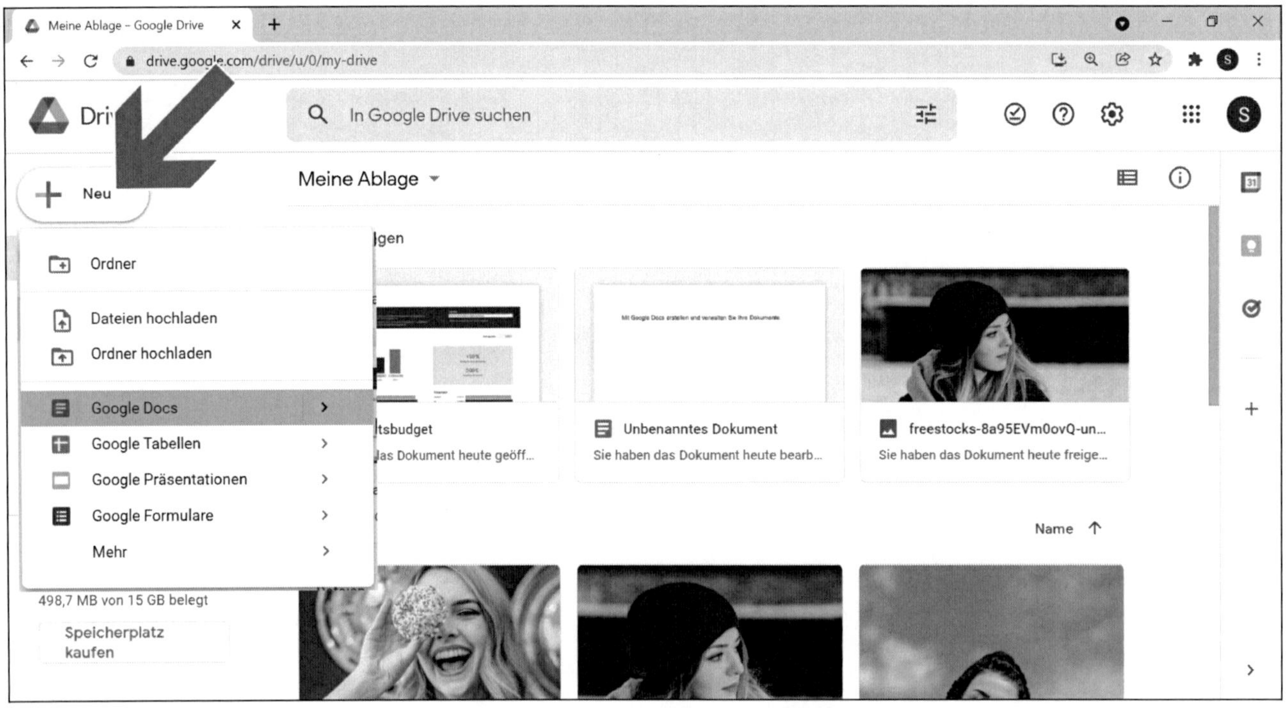

Ein Klick auf *Neu* (oben links) öffnet ein Menü, über das Sie nicht nur neue Dateien hochladen, sondern auch Office-Dateien erstellen.

16. Google Kalender

Der Google Kalender verwaltet die Termine in Ihrem Google-Konto. Setzen Sie neben dem Chromebook ein Android-Handy oder Tablet ein, dann gleicht Google automatisch die Termine zwischen den Geräten ab. Einzige Voraussetzung dafür ist, dass Sie auf allen Geräten mit Ihrem Google-Konto angemeldet sind.

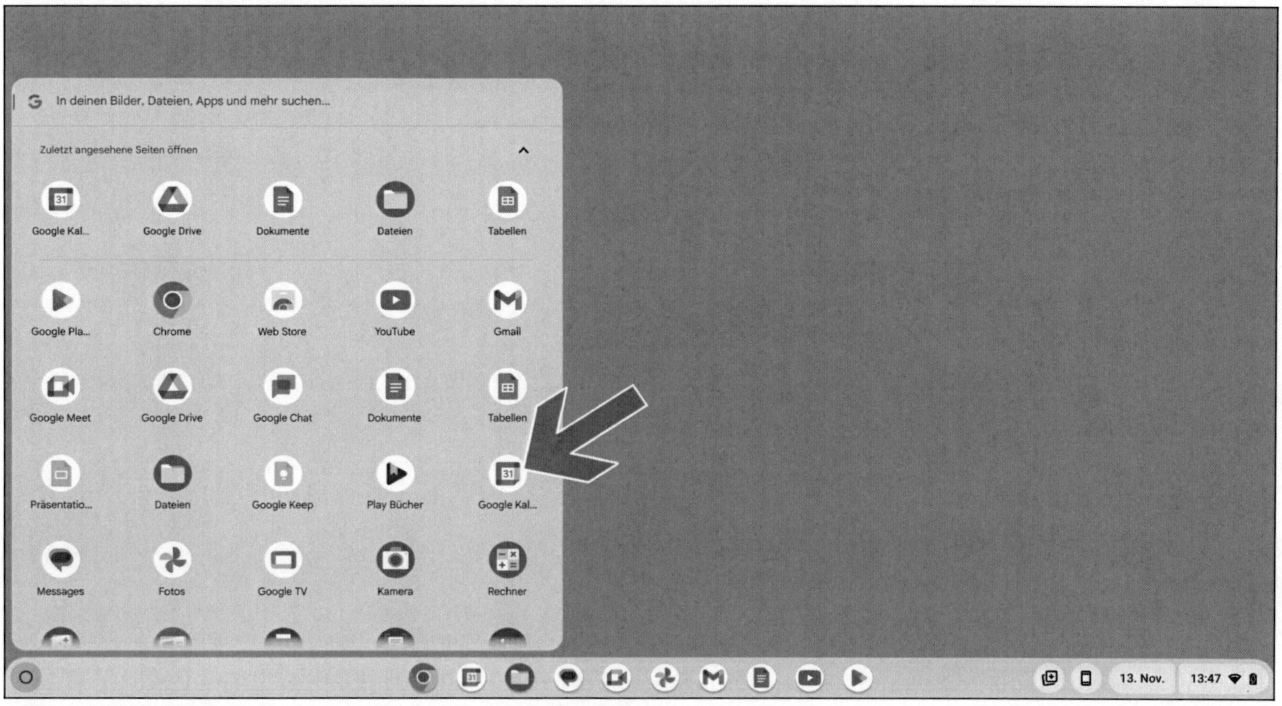

Den *Google Kalender* finden Sie im Apps-Menü.

Schließen Sie die Popups gegebenenfalls mit *Zulassen*.

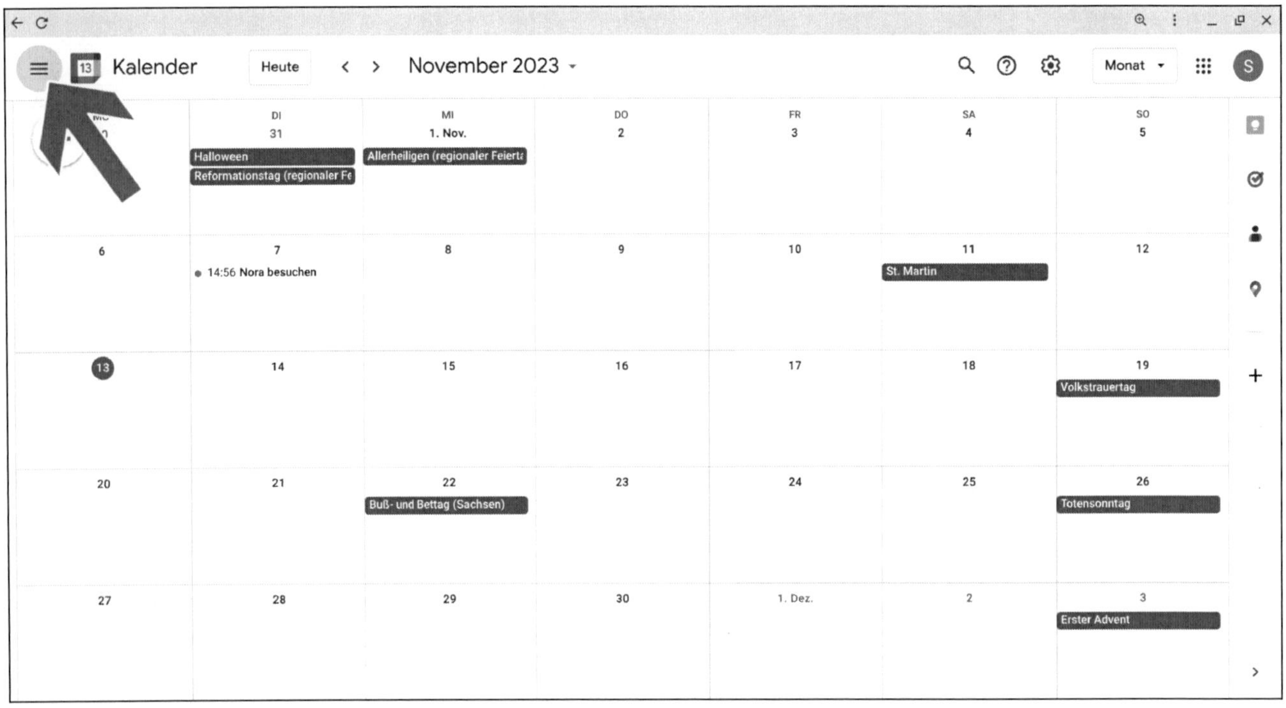

Über die ☰-Schaltleiste deaktivieren/aktivieren Sie das Ausklappmenü. Die Funktionen im Ausklappmenü benötigen Sie ohnehin nur selten.

16.1 Zeitformat einstellen

Leider verwendet der Kalender standardmäßig das angelsächsische Datumsformat AM/PM. Für das in Deutschland übliche 24-Stundenformat müssen Sie die Einstellungen entsprechend ändern.

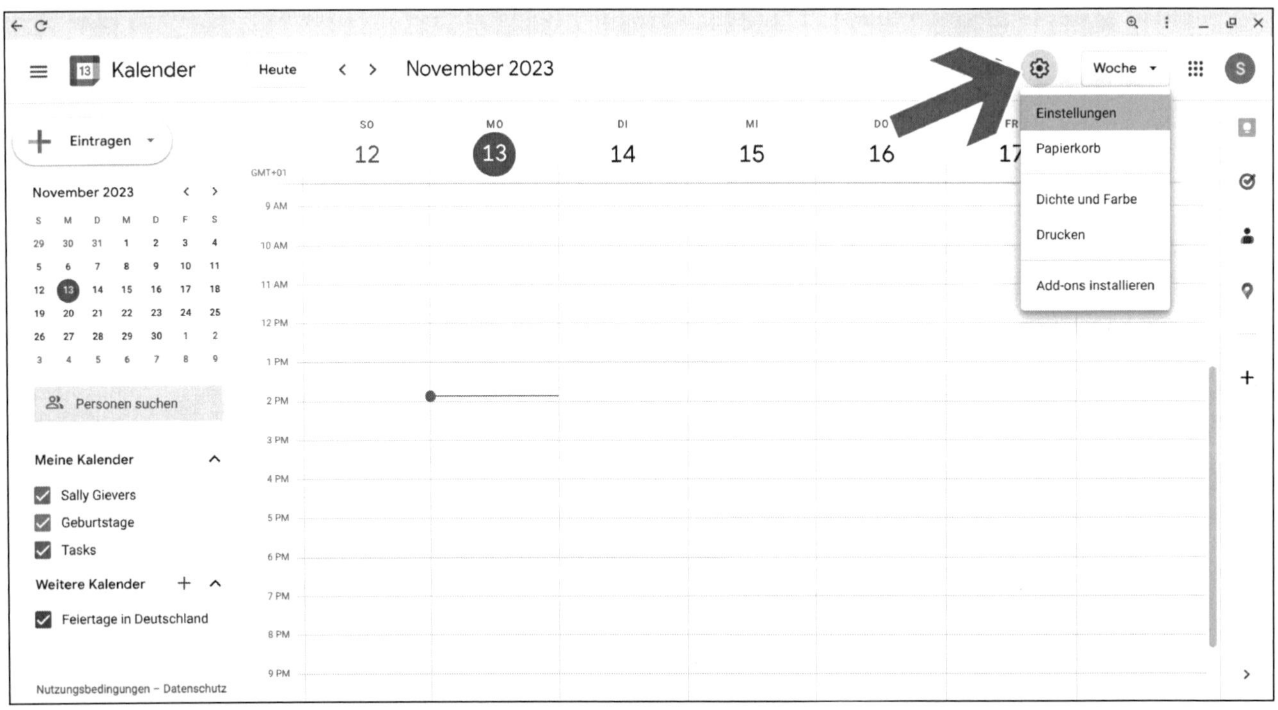

Klicken Sie auf ⚙ und wählen Sie im Menü *Einstellungen*.

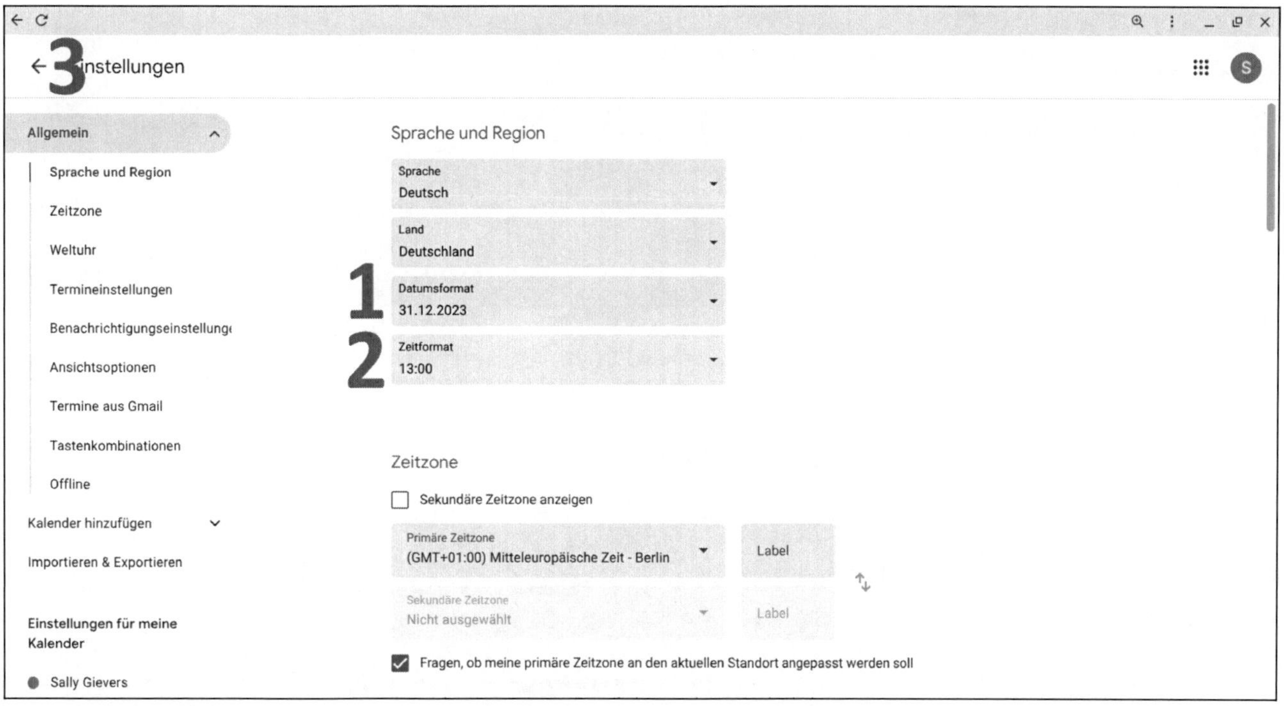

*Stellen Sie das Zeitformat auf 13:00.*Hier müssen unter *Sprache und Region* eventuell das Datumsformat auf *31.12.20xx* (1) und das Zeitformat auf *13:00* (2) umgestellt werden. Stellen Sie außerdem weiter unten im Menü unter *Wochenbeginn am* den Wochenanfang auf *Montag.*

Sie können dann das Menü über ← verlassen (3).

16.2 Kalenderansichten

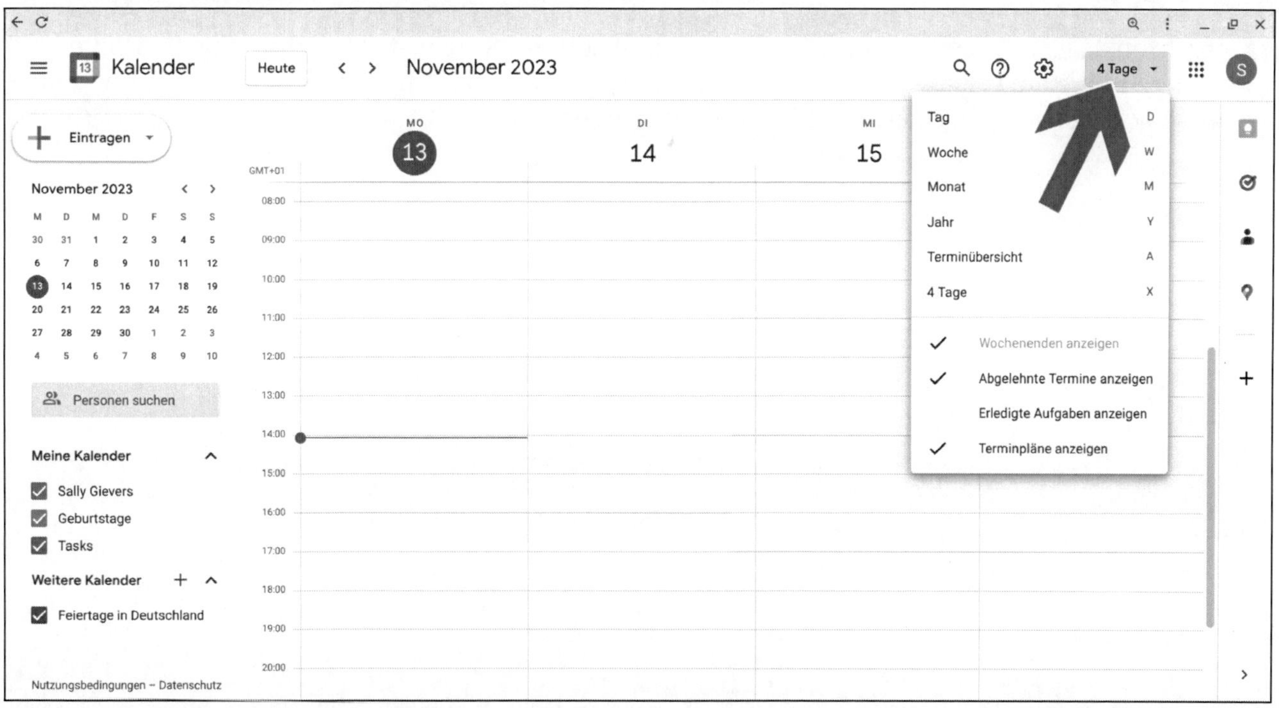

Zwischen den Kalenderansichten *Tag, Woche, Monat, Jahr, Terminübersicht* und *4 Tage* wechseln Sie mit dem Auswahlmenü am oberen Bildschirmrand (Pfeil).

Das Menü wird nicht unbedingt benötigt, da Sie einfach in der Kalenderansicht mit Tasten zwischen den Ansichten umschalten:

- D: Tag (engl. »Day«)

- W: Woche
- M: Monat
- A: Terminübersicht (engl. »Agenda«)
- X: 4 Tage

16.2.1 Monatsansicht

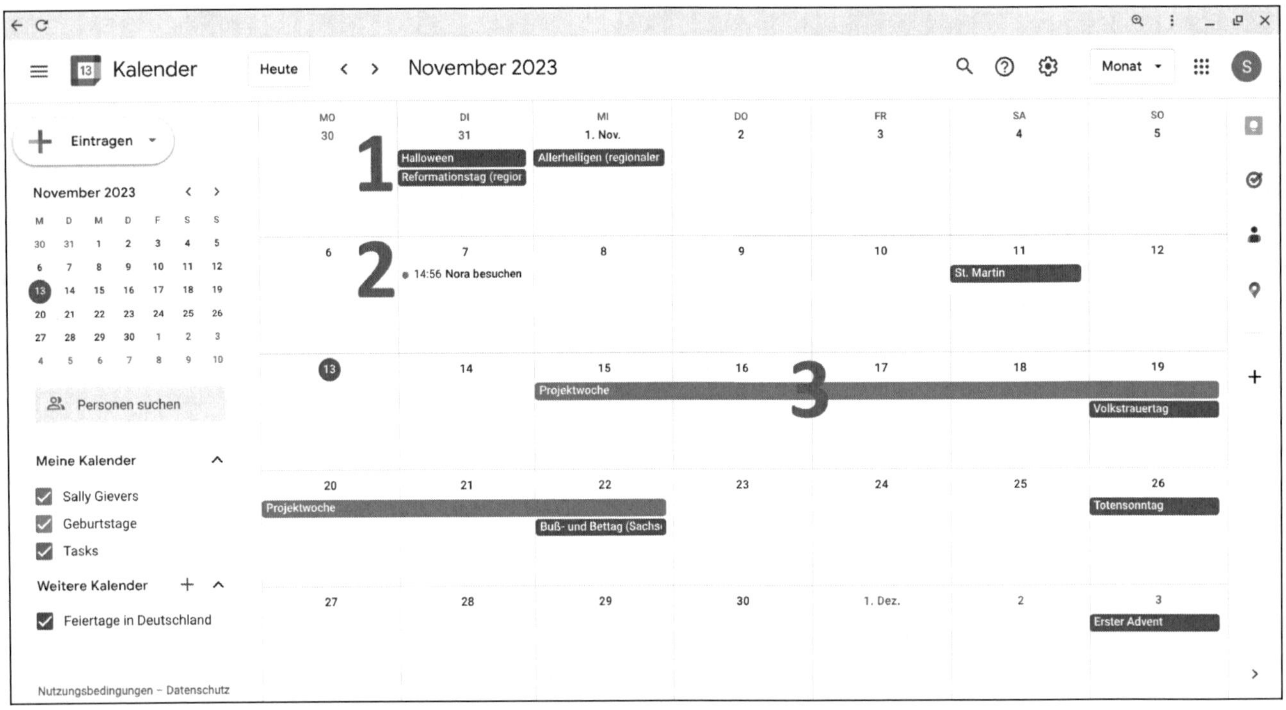

In der Monatsansicht zeigt der Kalender automatisch Feiertage an (1). Horizontale Balken (3) informieren über Ganztagstermine beziehungsweise Termine, die über mehrere Tage gehen, während »normale« Termine (2) mit Uhrzeit angezeigt werden.

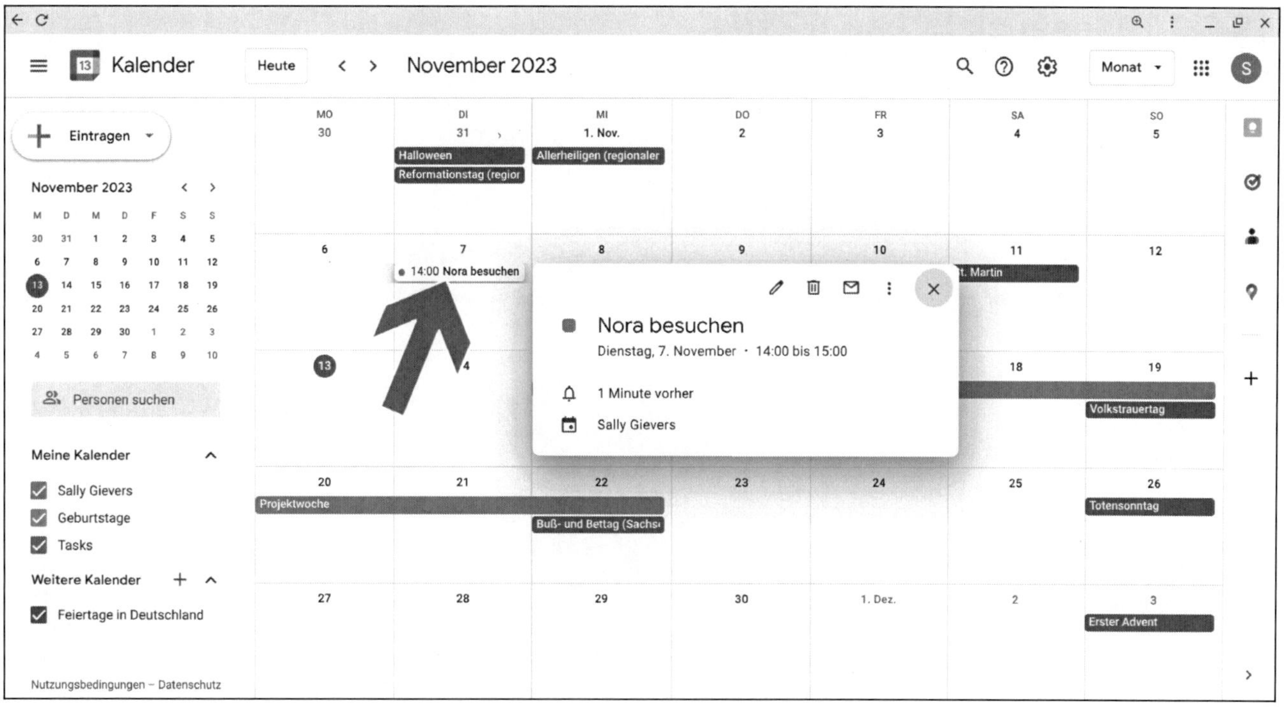

Klicken Sie einen Termineintrag (Pfeil) an, wenn Sie dessen Details erfahren möchten. Die Esc-Taste schließt das Popup wieder.

16.2.2 Wochenansicht

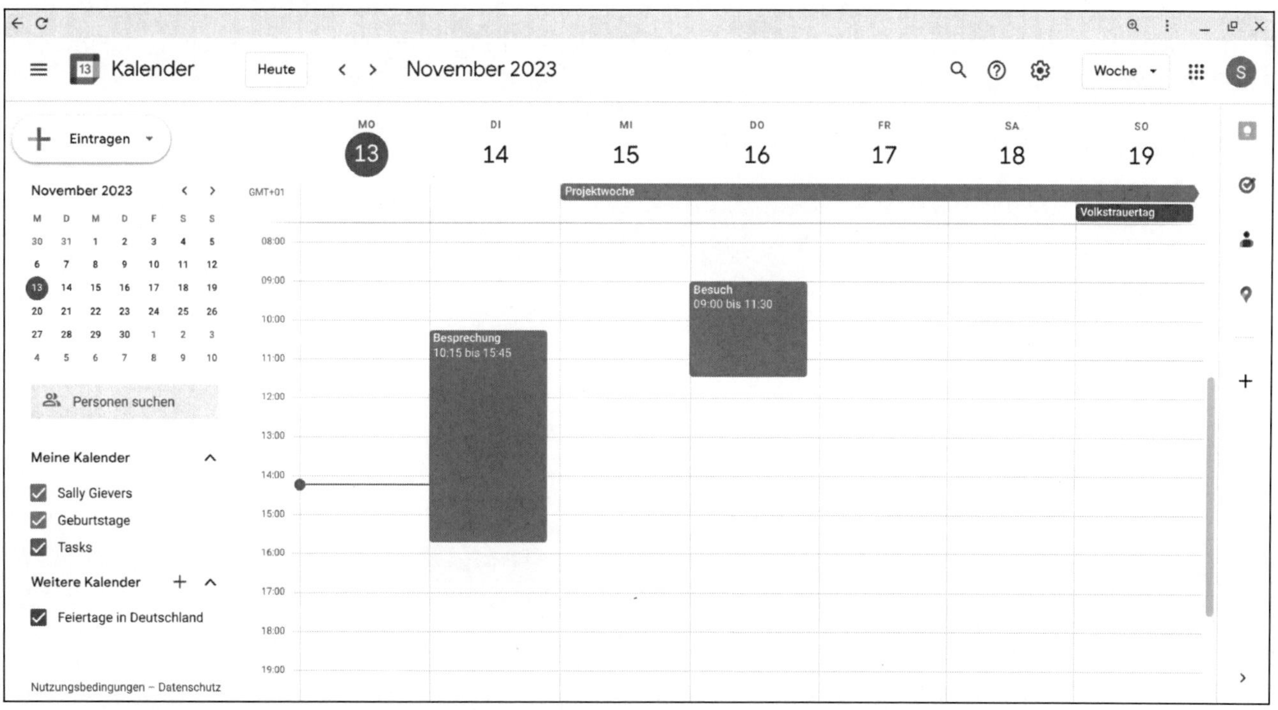

In der Wochenansicht sind alle Termine als Balken auf einer Zeitachse angelegt. Man sieht auf diesem Wege sofort, ob und wo noch freie Zeiträume sind. Die Ganztagstermine sind am oberen Bildschirmrand zu finden. Anklicken eines Termins zeigt diesen wiederum an.

Tipp: Wenn Sie in der Wochen-, Tages-, oder 4-Tage-Ansicht einen Doppelklick (zweimal schnell hintereinander klicken) auf den Termintext durchführen, öffnet sich direkt der Bearbeitungsbildschirm.

16.2.3 Tagesansicht und 4 Tage

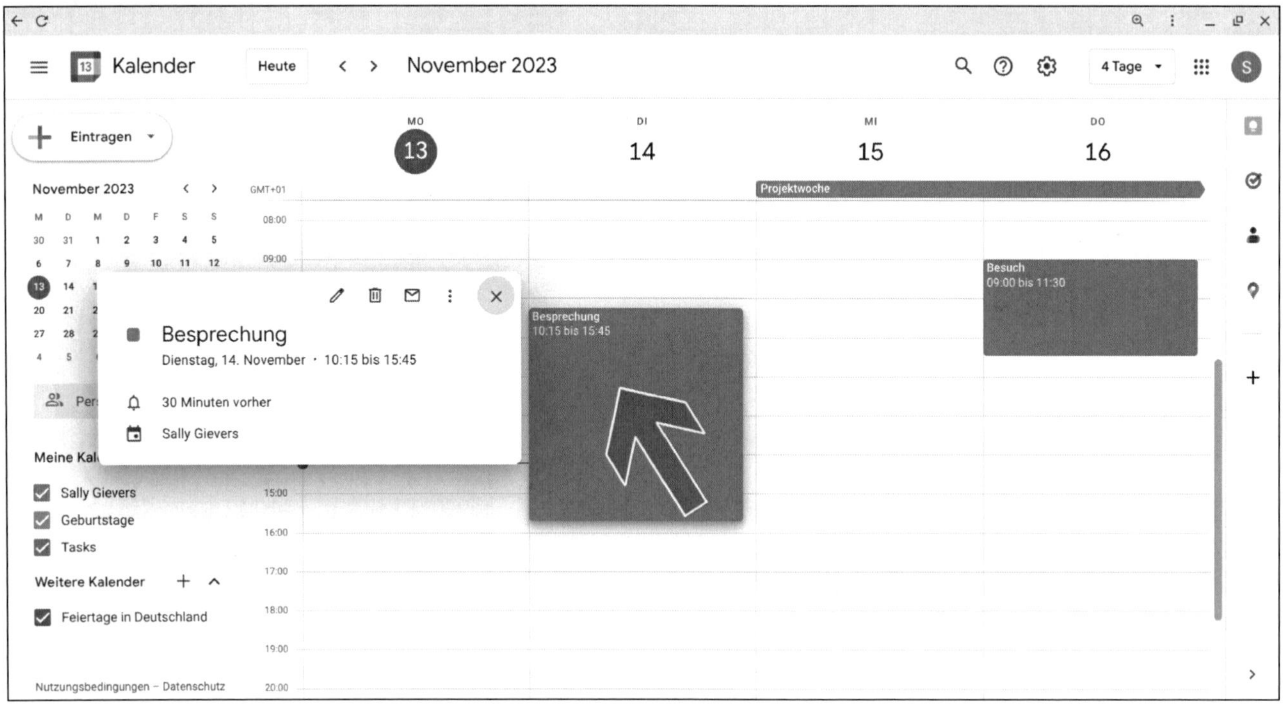

Auch die Tagesansicht und »4 Tage« zeigen die Termine in einer Zeitachse. Tippen Sie einen Termin (Pfeil) für die Detailansicht an.

Die Ansicht »4 Tage« kann von Ihnen in den Einstellungen (siehe Kapitel *16.6 Einstellungen*, unter *Benutzerdefinierte Ansicht*) auf eine andere Darstellung umgeschaltet werden, beispielsweise 2 Wochen.

16.2.4 Terminübersicht

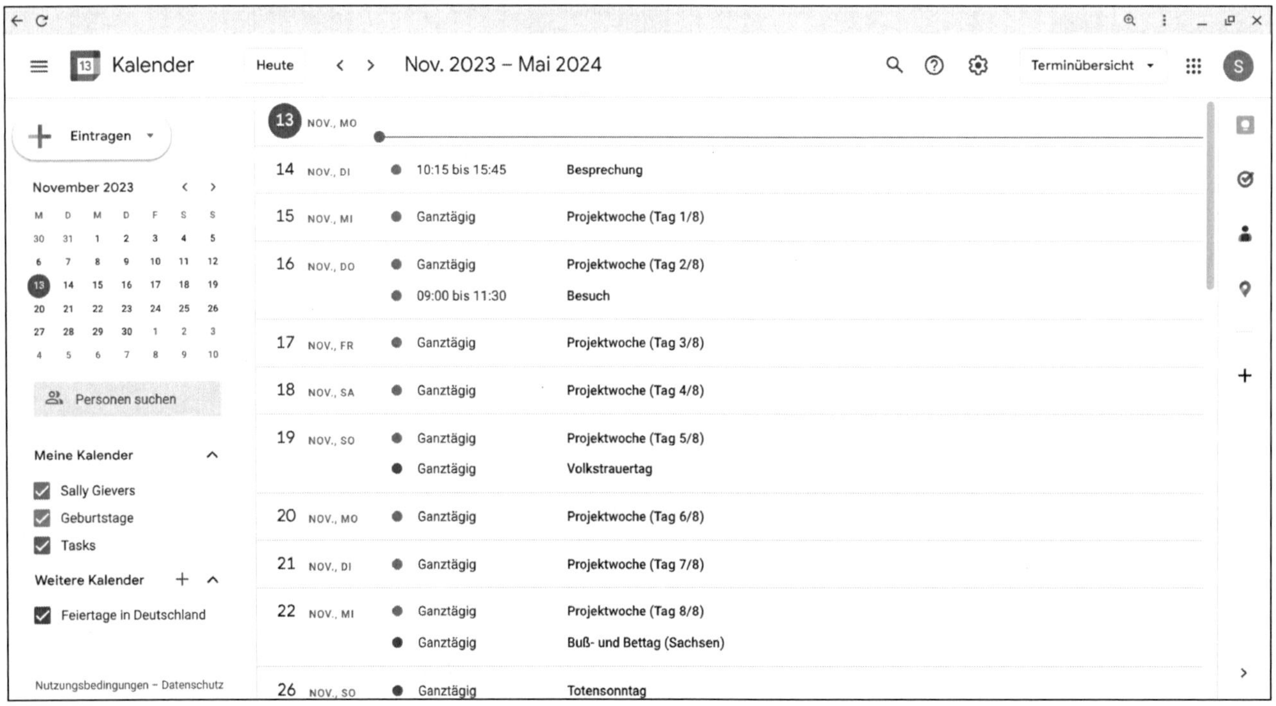

In der *Terminübersicht* erhalten Sie einen schnellen Überblick aller anstehenden Termine.

16.3 Kalendernavigation

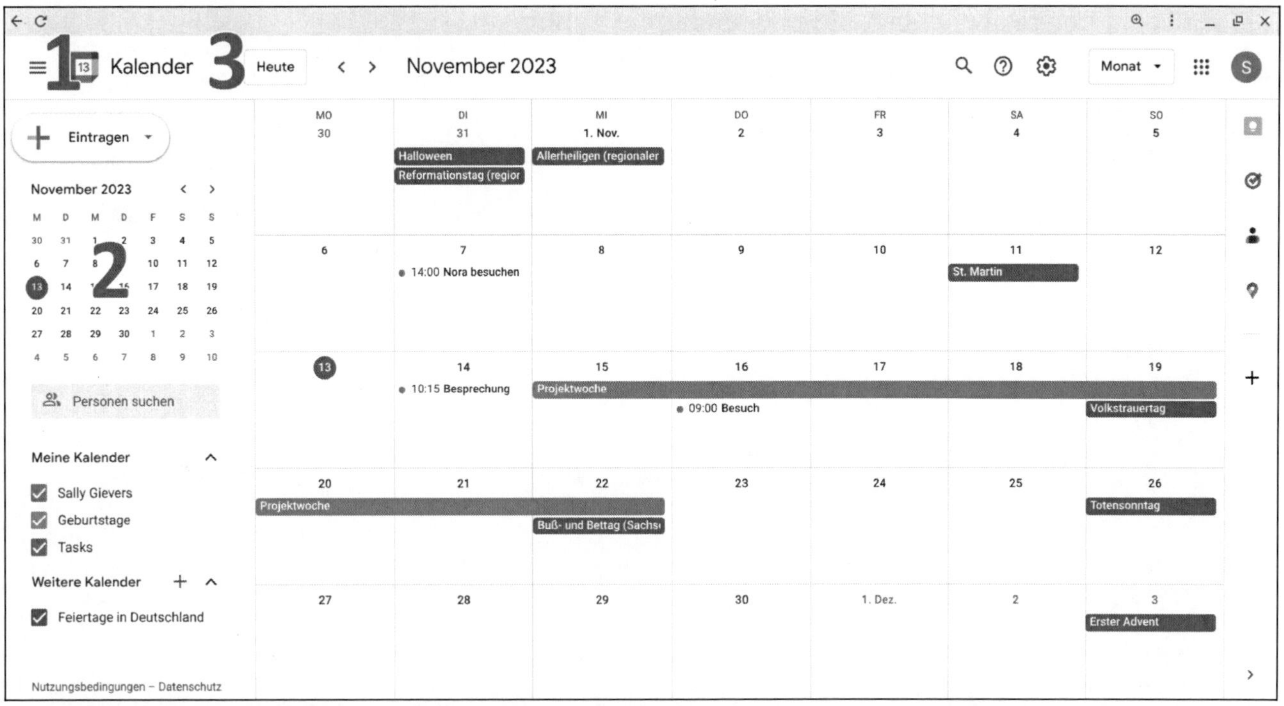

Den Minikalender am rechten Rand aktivieren/deaktivieren Sie über die ≡-Schaltleiste. Ein Klick in den Minikalender (2) wechselt zum gewünschten Datum. Außerdem können Sie hier auch über die Schaltleisten < und > nach dem Monatsnamen jeweils einen Monat vor/zurückspringen.

Das aktuelle Datum rufen Sie dagegen mit *Heute* (3) auf. < und > rechts daneben blättern in der Kalenderansicht.

Wir empfehlen einen Blick ins Kapitel *16.5 Kalendersteuerung mit der Tastatur*, das einige interessante Tastenfunktionen vorstellt.

16.4 Neuen Termin hinzufügen

Der Kalender unterstützt mehrere Methoden für die Terminerfassung.

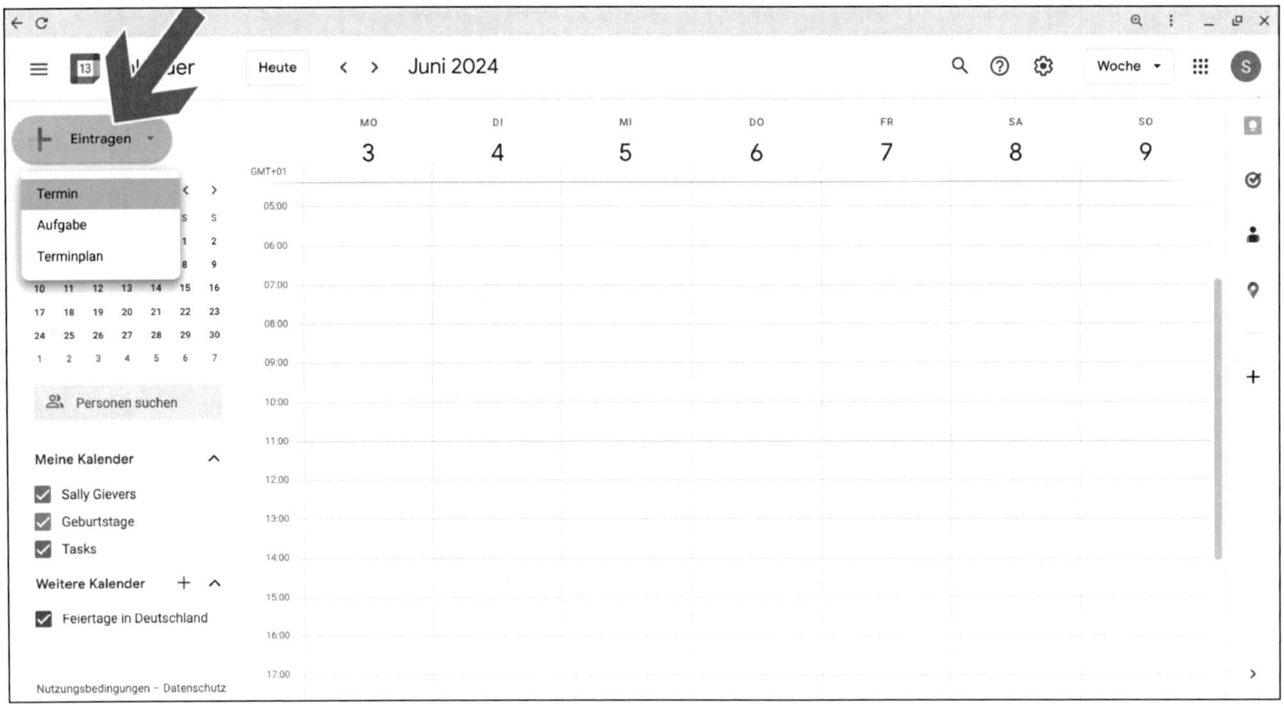

In allen Ansichten lässt sich über die *Eintragen*-Schaltleiste ein neuer Kalendereintrag erstellen. Wählen Sie im folgenden Popup *Termin.*

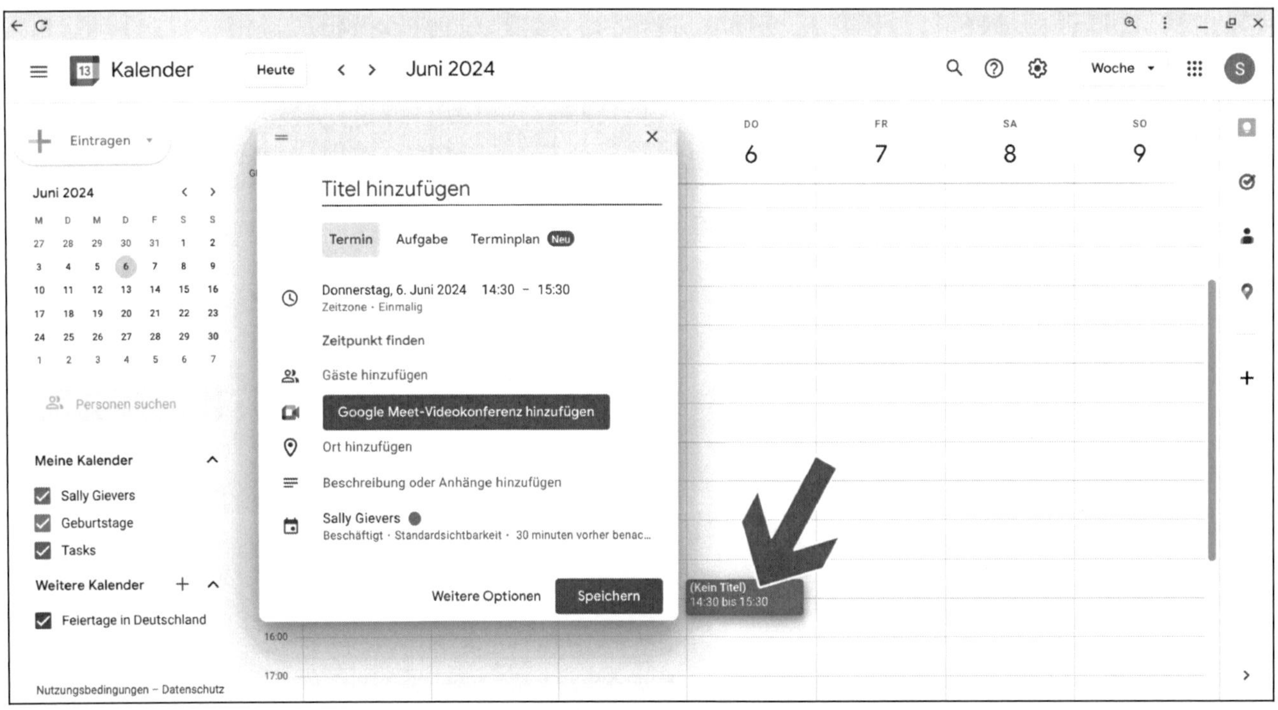

Alternativ: Klicken Sie in der Tages-, 4 Tages- oder Wochenansicht auf eine Uhrzeit in der Zeitleiste (2) die dann als Startuhrzeit in den Termin übernommen wird. In der Monatsansicht wird dagegen keine Uhrzeit vorgegeben. Geben Sie dann eine Terminbeschreibung ein und klicken Sie auf *Speichern.* Über *Weitere Optionen* lassen sich zudem noch die weiteren Termindetails erfassen.

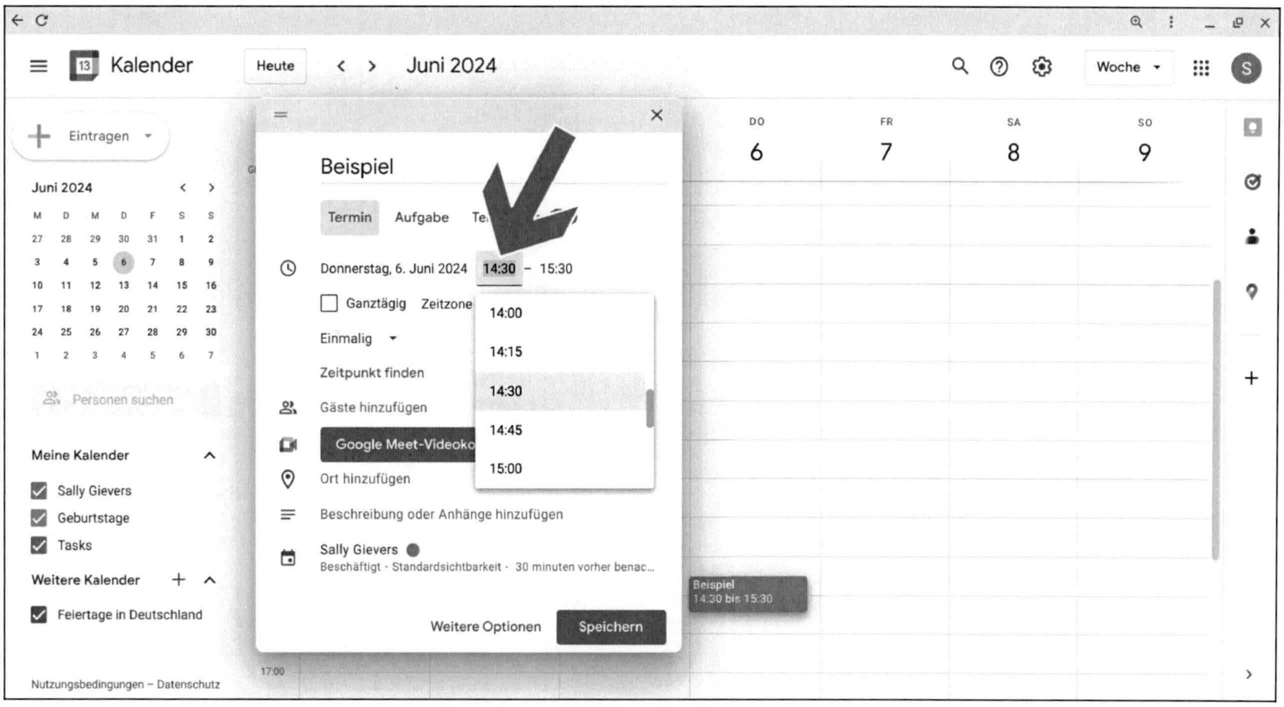

Ein Klick auf Start- oder Endedatum/Zeit öffnet jeweils ein Auswahlmenü in dem Sie die gewünschte Zeit beziehungsweise das Datum einstellen.

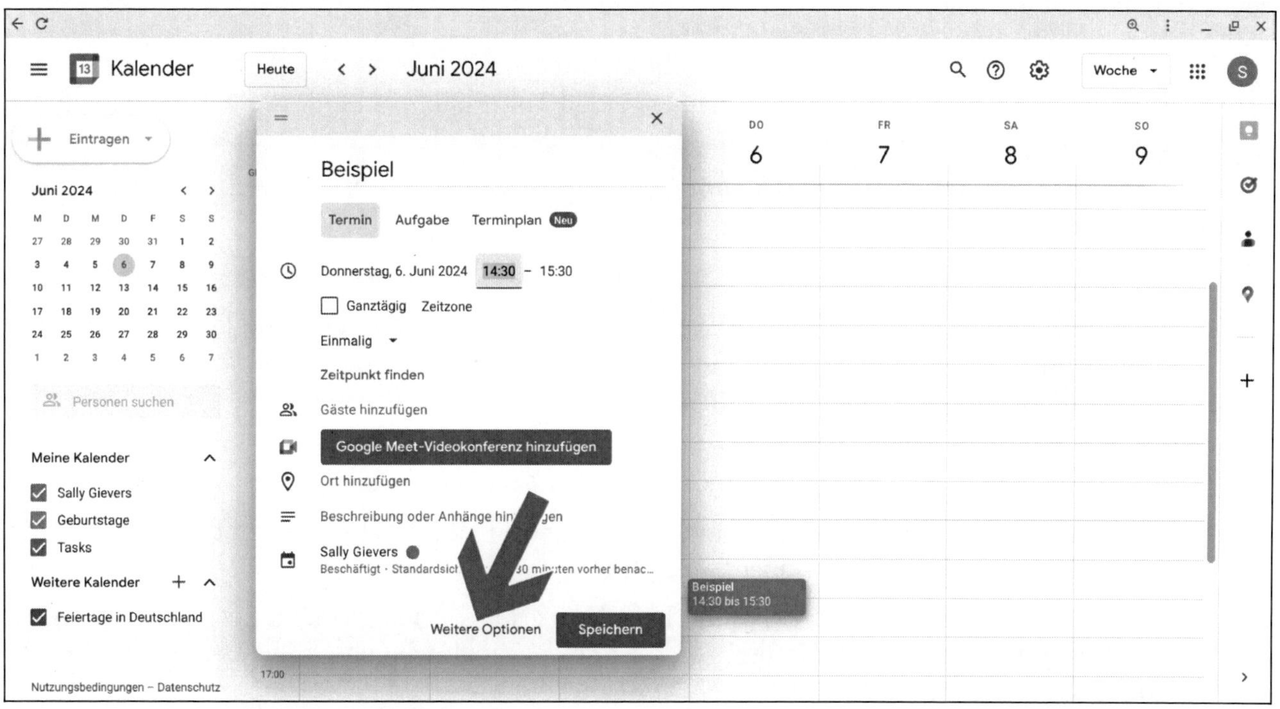

Gehen Sie nun auf *Weitere Optionen.*

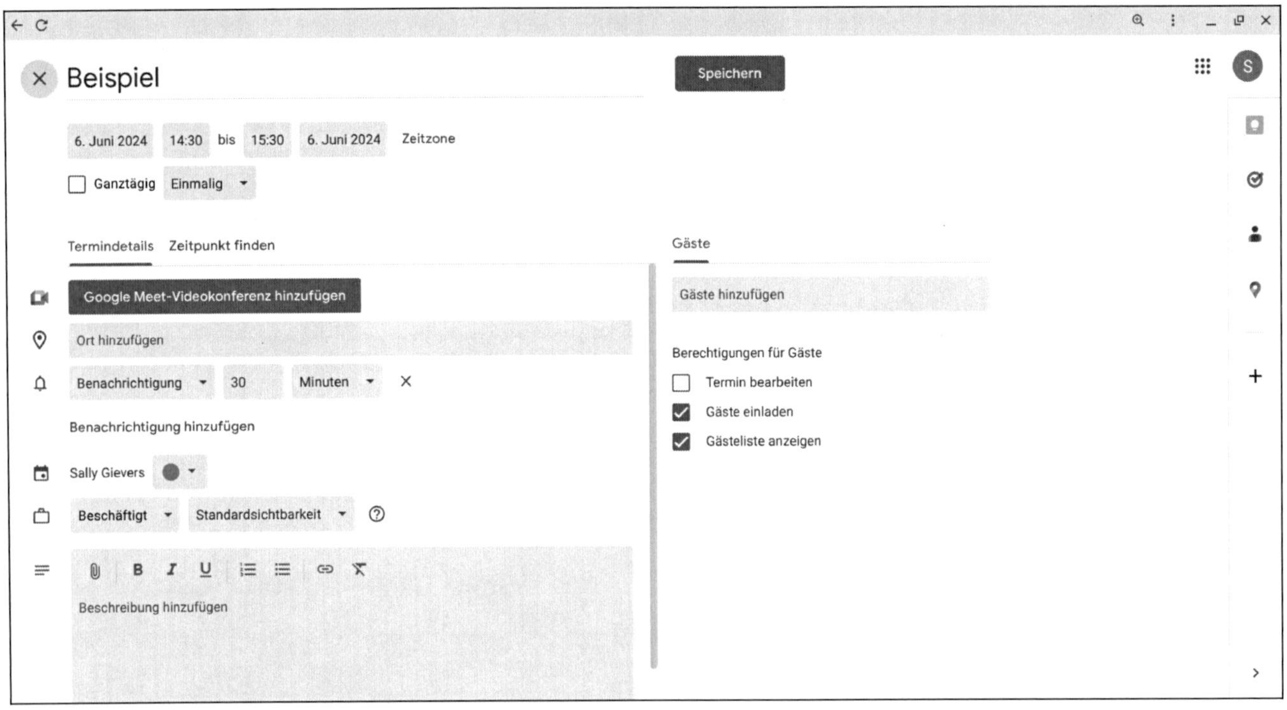

Erfassen Sie im Bearbeitungsbildschirm die Termindaten. Betätigen Sie dann *Speichern* (oben rechts neben dem Termintitel).

Die verfügbaren Parameter:

- *Ganztägig*: Termin ohne feste Uhrzeit, der aber an diesem Tag fällig wird.
- *Einmalig* (Auswahlmenü): Ermöglicht es, einen Termin in bestimmten Zeiträumen automatisch erneut anzusetzen, beispielsweise wöchentlich oder monatlich.
- *Google-Meet-Videokonferenz hinzufügen*: Der Termin soll als Videoanruf in der Meet-Anwendung stattfinden.
- *Ort hinzufügen*: Ort, an dem der Termin stattfindet.
- *Benachrichtigung*: Lassen Sie sich wahlweise über ein Popup oder eine E-Mail über einen anstehenden Termin informieren. Die Terminerinnerung erfolgt standardmäßig *30 Minuten* vorher, lässt sich aber von Ihnen anpassen.
- (Terminfarbe): Verwenden Sie verschiedene Hintergrundfarben für Ihre Termine, beispielsweise, um wichtige von weniger wichtigen zu unterscheiden.
- *Beschäftigt*: Sofern Sie Ihren Terminkalender für andere freigeben, sehen diese zur Terminzeit, dass Sie noch verfügbar oder belegt sind.
- *Standardsichtbarkeit*: Bei der Sichtbarkeit des Termins orientiert sich der Kalender an den Voreinstellungen, auf die Kapitel *16.7 Kalender* noch eingeht. Sie können die Voreinstellung aber für jeden Termin abweichend einstellen.
- *Beschreibung hinzufügen*

Schließen Sie die Termineingabe mit *Speichern* ab.

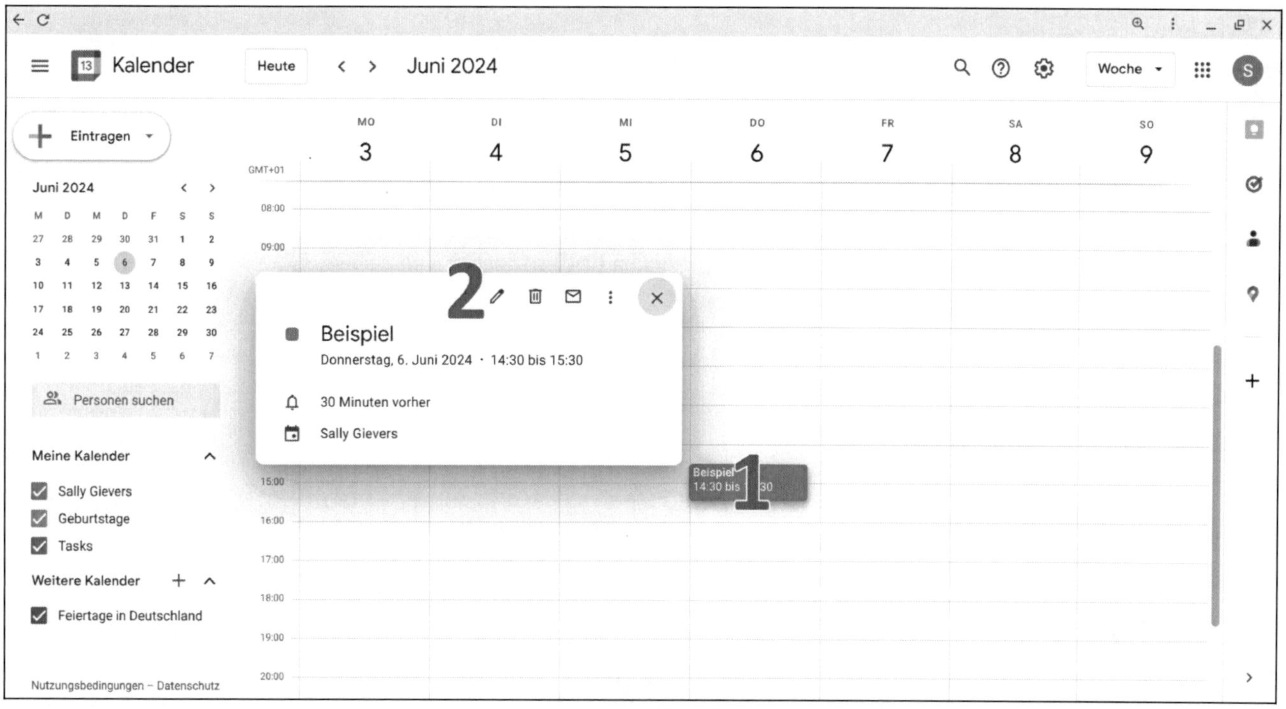

Der Termin erscheint in der Kalenderansicht. Klicken Sie ihn an, wenn Sie ihn editieren oder entfernen möchten und gehen Sie dann auf beziehungsweise . Alternativ bringt Sie ein Doppelklick direkt in den Bearbeitungsbildschirm.

16.5 Kalendersteuerung mit der Tastatur

Die Navigation im Kalender mit der Maus ist recht zeitraubend, weshalb Sie auch Tastenkürzel verwenden können (wir haben diese Information teilweise von der Webseite *support.google.com/calendar/answer/37034* übernommen). Wir empfehlen vor allem die Tastenkürzel für die Navigation und die Ansichten.

Navigation:

Tastenkürzel	Definition	Aktion
K oder P	Vorheriger Zeitraum	In der Kalenderanzeige wird der vorherige Zeitraum angezeigt.
J oder N	Nächster Zeitraum	In der Kalenderanzeige wird der nächste Zeitraum angezeigt.
R	Aktualisieren	Aktualisiert den Kalender.
T	Zu "Heute" springen	Geht zum heutigen Tag.

Ansichten:

Tastenkürzel	Definition	Aktion
1 oder D	Ansicht "Tag"	Zeigt den Kalender in der Tagesansicht an.
2 oder W	Wochenansicht	Zeigt den Kalender in der Wochenansicht an.
3 oder M	Monatsansicht	Zeigt den Kalender in der Monatsansicht an.
4 oder X	Benutzerdefinierte Ansicht	Zeigt den Kalender in benutzerdefinierter Ansicht an.
5 oder A	Terminübersichtsansicht	Zeigt den Kalender in der Terminübersichtsansicht an.

Aktionen:

Tastenkürzel	Definition	Aktion
C	Termin einrichten	Neuen Termin erstellen.
E	Termindetails	Termindetails aufrufen.
← (Löschen) oder Entf	Termin löschen	Löscht den Termin.
Strg + Z	Rückgängig machen	Letzte Aktion rückgängig machen.
Strg + S	Speichern	Speichert den Termin, wenn die Detailseite aktiv ist.
Esc	Zurück	Kehrt von der Detailseite in Kalenderansicht zurück.

Die Aktionen sind meistens nur in den Termindetails oder wenn das Termin-Popup angezeigt wird, verfügbar.

Anwendung:

Tastenkürzel	Definition	Aktion
Strg + P	Drucken	Druckt die aktuelle Ansicht.
S	Einstellungen	Ruft die Einstellungsseite von Google Kalender auf.

Es gibt noch einige weitere Anwendungsfunktionen, die aber nur auf einer Tastatur mit amerikanischem Tastaturlayout nutzbar sind.

16.6 Einstellungen

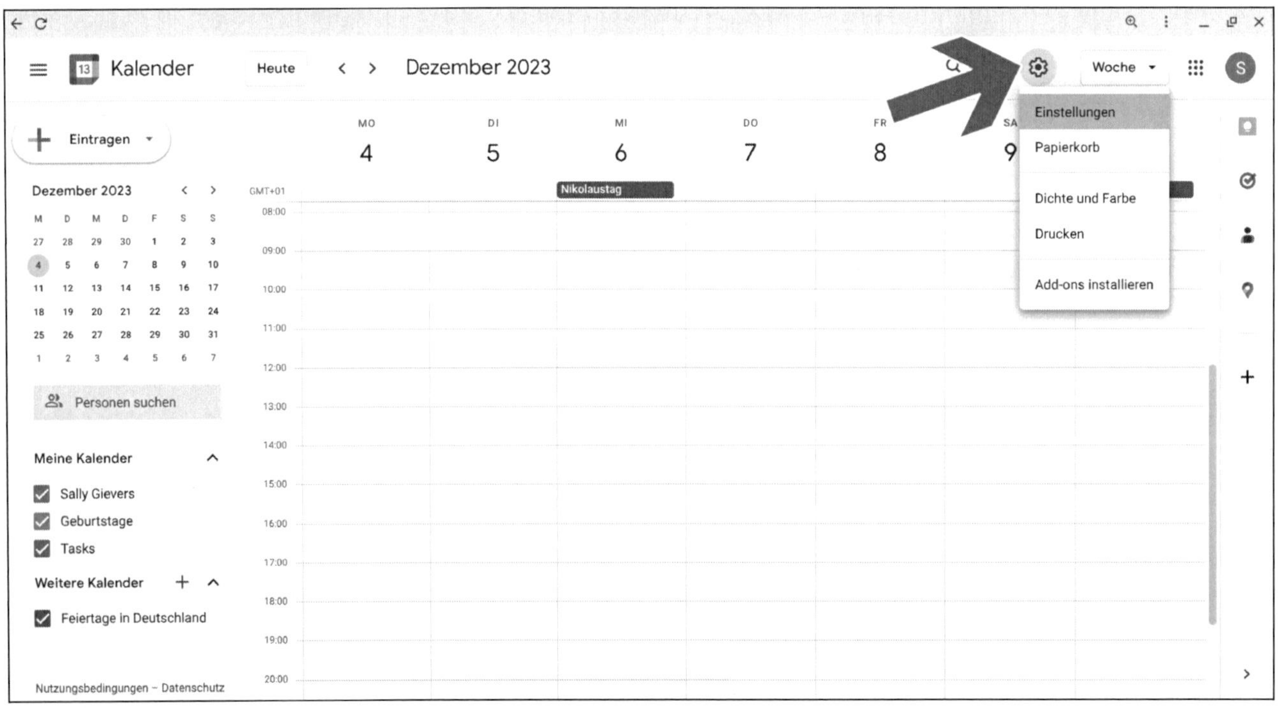

Klicken Sie auf ⚙ und wählen Sie im Menü *Einstellungen.*

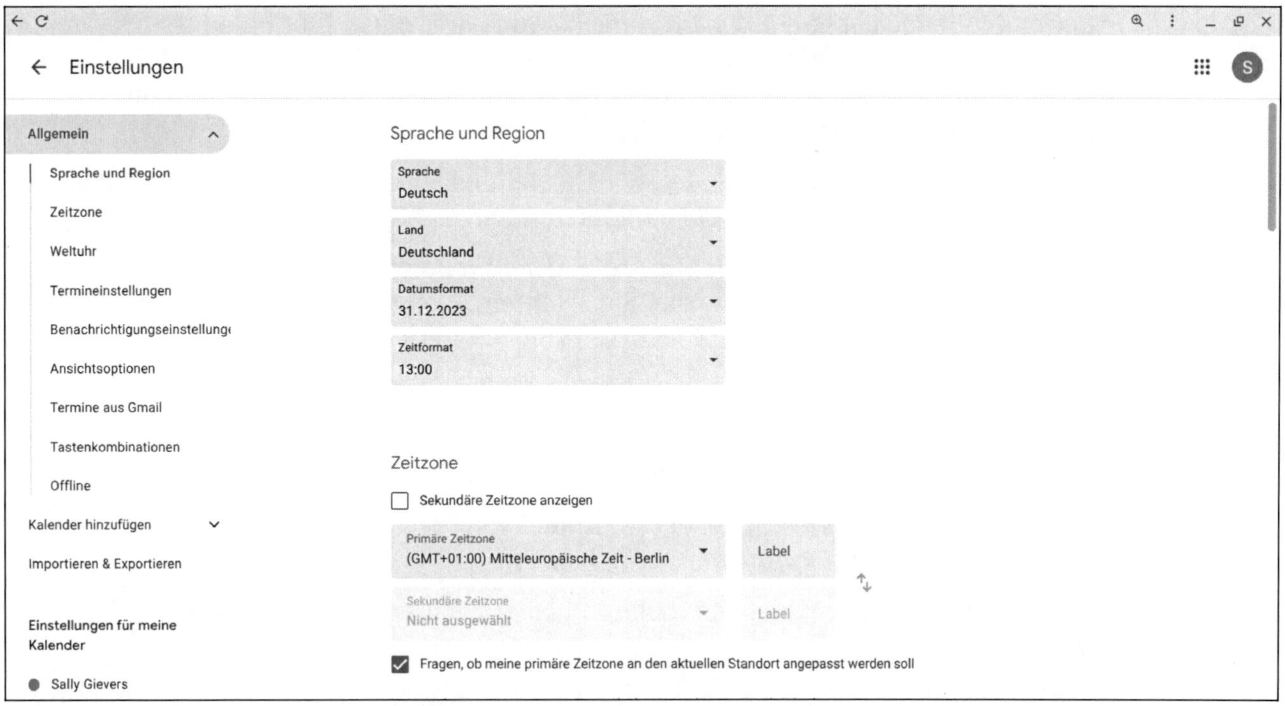

Wahlweise rollen Sie durch die angebotenen Einstellungen (Mausrad drehen) oder wählen auf der linken Seite eines der Register aus.

Unter *Sprache und Region*:

- *Sprache*
- *Land:* Ihr Aufenthaltsland, an dem sich auch die Zeitzone orientiert.
- *Datumsformat*
- *Zeitformat*

Unter *Zeitzone*:

- Die Zeitzonen spielen für Sie nur eine Rolle, wenn Sie häufig Termine in anderen Ländern wahrnehmen. Alle Termine verwaltet der Kalender als UTC (früher Greenwich Mean Time, GMT) und rechnet sie passend zur aktuellen Zeitzone um. Auch bei zusätzlichen Teilnehmern (siehe Kapitel *16.8 Termine mit Teilnehmern*) in anderen Zeitzonen spielt die aktuelle Zeitzone eine Rolle.

Unter *Weltuhr*:

- *Weltuhr anzeigen*: Nicht von Google dokumentiert.

Unter *Termineinstellungen*:

- *Standarddauer*: Neu von Ihnen erstellte Termine haben automatisch eine Dauer von 60 Minuten. Sie können hier aber auch einen anderen Zeitraum einstellen. Die Option *Schnelle Besprechungen* kürzt die Dauer jeweils um 10 Minuten.
- *Standardberechtigungen für Gäste; Automatisch Einladungen hinzufügen*: Bezieht sich auf die Gästeeinladungen, auf die wir in diesem Buch nicht eingehen.
- *Automatisch Google Meet-Videokonferenzen hinzufügen, wenn ich einen Termin erstelle*: Fügt automatisch dem Termin einen Videoanruf über Google Mee hinzu. Die Besprechung läuft dann als Videokonferenz.

Unter *Benachrichtigungseinstellungen*:

- *Benachrichtigungen*: Nach Aktivierung von *Desktopbenachrichtigungen* anstelle von *Benachrichtigungen* informiert Sie der Browser automatisch über fällige Termine. Sie müssen dazu noch nicht einmal den Google Kalender im Browser geöffnet haben.

- *Zurückgestellte Benachrichtigungen anzeigen*: Auch für diese Option muss *Desktopbenachrichtigungen* aktiviert sein. Wenn der Chrome-Browser Sie zum Benachrichtigungszeitpunkt informiert, können Sie sie zurückstellen und erhalten dann eine Minute vor dem Terminbeginn erneut eine Benachrichtigung.
- *Benachrichtigungstöne abspielen*: Diese Einstellung ist nur verfügbar, wenn Sie *Benachrichtungen* auf *Desktopbenachrichtigungen* umgestellt haben.
- *Mich nur benachrichtigen, wenn ich mit „Ja" oder „Vielleicht" geantwortet habe*: Dies bezieht sich auf Termine von Dritten, die Sie in ihrem Google-Kalender zu einem Termin eingeladen haben. Siehe auch Kapitel *16.8 Termine mit Teilnehmern.*

Unter *Ansichtsoptionen*:

- *Wochenenden anzeigen*: Durch das Ausblenden der Wochenenden im Kalender (Wochen- und Monatsansicht) erhalten Sie auf dem Bildschirm mehr Platz.
- *Abgelehnte Termine anzeigen*: Blendet Termine ein, deren Einladungen Sie abgelehnt haben (siehe Kapitel *16.8 Termine mit Teilnehmern*).
- *Kalenderwochen anzeigen*: Kalenderwoche in den Ansichten Kalenderwoche, 4-Tage oder Tag anzeigen.
- *Kürzere Termine als 30-minütiges Intervall anzeigen*: Wählen Sie aus, ob Kurztermine mit einem kleinen Balken in der Terminansicht angezeigt werden.
- *Vergangene Termine abgeschwächt zeigen*: Termine aus der Vergangenheit oder Terminwiederholungen zeigt der Kalender standardmäßig in einer blasseren Farbe an.
- *Kalender in der Tagesansicht nebeneinander anzeigen*: Sofern Sie die Kalender anderer Personen in Ihrem Kalender eingebunden haben (siehe Kapitel *16.7 Kalender*), werden diese gleichzeitig angezeigt.
- *Wochenbeginn am*: In manchen Kulturkreisen beginnt die Woche bereits am Samstag oder Sonntag, was Sie hier festlegen.
- *Benutzerdefinierte Ansicht festlegen*: Die voreingestellte 4-Tagesansicht (siehe Kapitel *16.2.3 Tagesansicht und 4 Tage*) dürfen Sie auf eine andere Ansicht von 2 Tagen bis 4 Wochen umstellen.
- *Alternative Kalender*: Diese Funktion ist nur für andere Kulturkreise interessant.

Unter *Termine aus Gmail:*

- *Automatisch hinzufügen*: Sendet Ihnen jemand einen Termin per E-Mail an Ihre Google-Mail-Adresse, so wird er automatisch im Kalender übernommen.

Unter *Tastenkombinationen*:

- *Tastenkombinationen aktivieren*: Standardmäßig sind die im Kapitel *16.5 Kalendersteuerung mit der Tastatur* vorgestellten Tastenkürzel aktiv.

Unter *Offline*:

- *Offlinekalender aktivieren*: Speichert die Termine auch lokal auf Ihrem Gerät, falls Sie keine permanente Internetverbindung zur Verfügung haben.

16.7 Kalender

Die Google-Kalender-Anwendung unterstützt mehrere Kalender, von denen bei Ihnen bereits einige beim ersten Start vorhanden sind:

- Ihr eigenen Kalender
- Feiertage: Diese bezieht die Kalender-Anwendung von Google.
- Geburtstage Ihrer Telefonbuchkontakte.

Darüber hinaus können Sie weitere Kalender anlegen, um beispielsweise berufliche und private Termine zu trennen. Eine praktische Sache ist zudem das Teilen von Kalendern mit anderen Google Kalender-Nutzern, sodass diese immer Ihre Termine im Blick haben.

Es ist leider nicht möglich, in diesem Buch auf alle Verwaltungsfunktionen für mehrere Kalender einzugehen, weshalb wir empfehlen, ein wenig damit zu experimentieren.

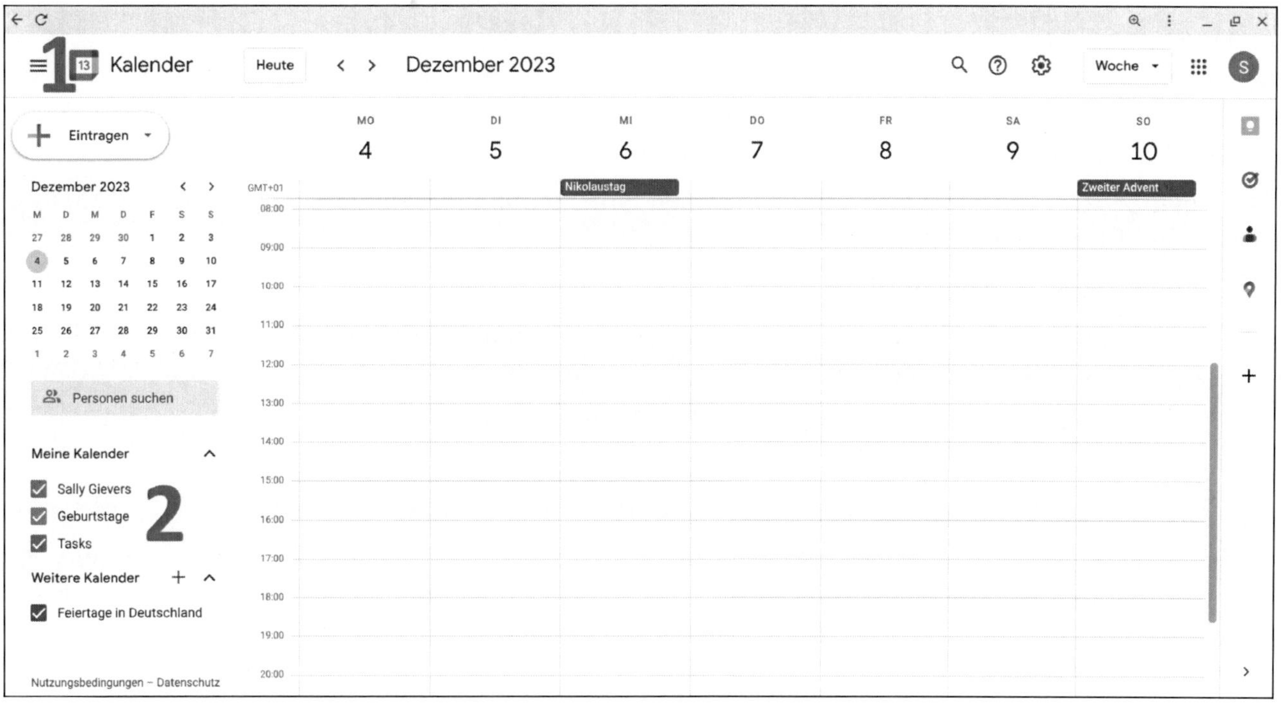

Aktivieren Sie über die ☰-Schaltleiste gegebenenfalls das Ausklappmenü.

Die Kalender steuern Sie über *Meine Kalender* (2) und *Weitere Kalender*. *Meine Kalender* enthält die von Ihnen verwalteten Kalender. Die Kalender unter *Weitere Kalender* stammen dagegen von Dritten und lassen sich nicht von Ihnen bearbeiten. Falls Die enthaltenen Kalender nicht ausgeklappt sind, klicken Sie einfach auf die Überschriften.

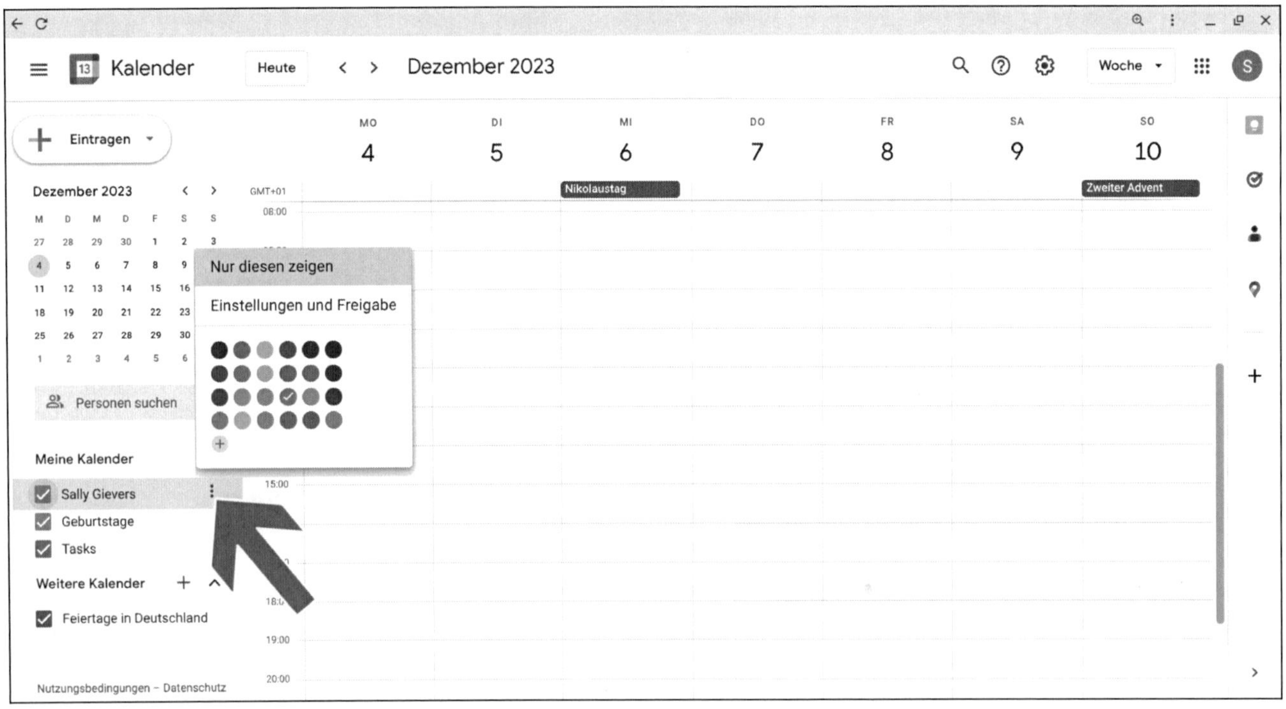

Ein Klick auf einen Kalendernamen blendet den jeweiligen Kalender aus.

Bewegen Sie den Mauszeiger über einem Kalendernamen und klicken Sie auf das nun sichtbare ⋮-Menü (Pfeil) für das Popup:

- *Nur diesen anzeigen*: Blendet alle anderen Kalender aus.
- *Einstellungen und Freigabe*: Kalender für alle im Internet zugänglich machen oder Zugriff für bestimmte Personen freigeben.
- Die Farbe Ihrer Termine stellen Sie über die Farbfelder ein.

16.7.1 Kalender von anderen Personen einbinden

Angenommen, Sie haben einen Arbeitskollegen, mit dem Sie sich häufig in Terminfragen abstimmen müssen. Wäre es dann nicht eine große Arbeitserleichterung, wenn Sie seinen Terminkalender direkt in Ihrer Kalender-Anwendung sehen könnten?

> Eine Alternative zur Einbindung anderer Kalender sind die im Kapitel *16.8 Termine mit Teilnehmern* vorgestellten Besprechungsteilnehmer. Fügen Sie einfach Arbeitskollegen, die Ihrem Termin beiwohnen müssen, Ihren Terminen hinzu. Die Arbeitskollegen erhalten dann eine E-Mail-Benachrichtigung und können dem Termin mit einem Mausklick zustimmen oder ablehnen.

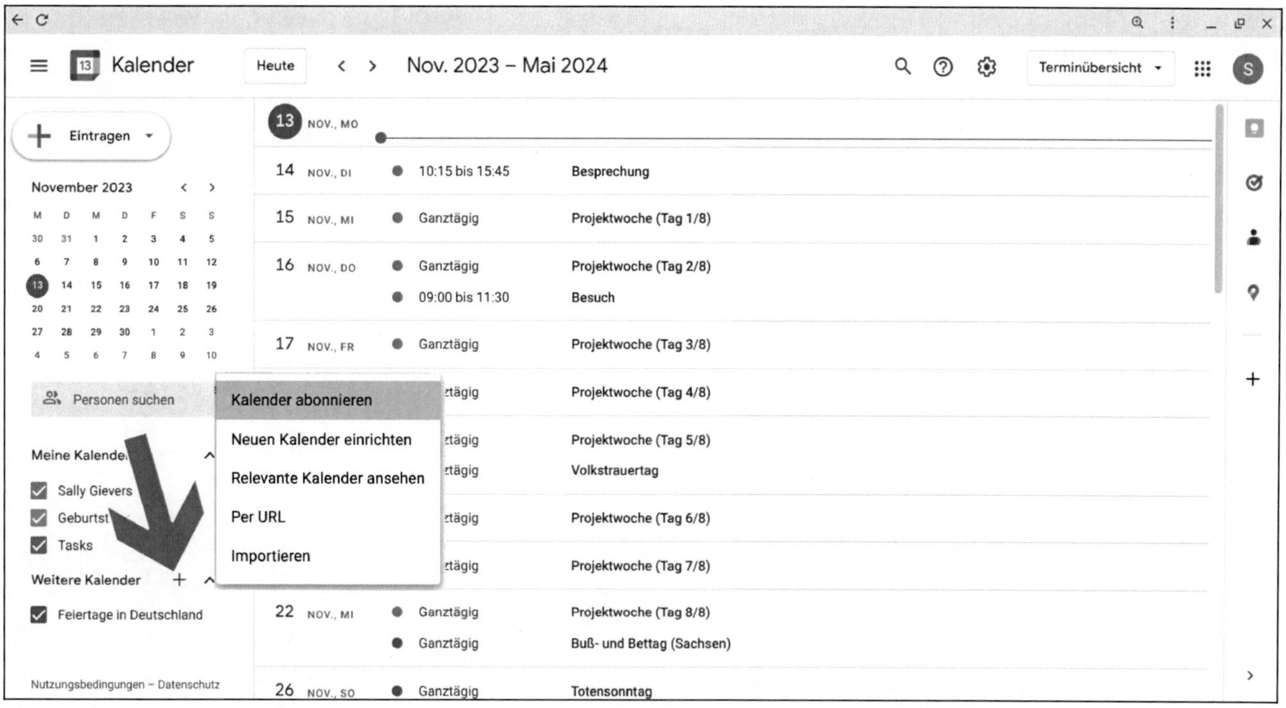

So fügen Sie Ihren Arbeitskollegen hinzu: Klicken Sie auf **+** und wählen Sie im Popup *Kalender abonnieren.*

Die Personen, bei denen Sie eine Kalenderfreigabe anfragen, sollten bereits ein Google-Konto und damit einen Google-Kalender besitzen. Falls nötig, können diese ein Google-Konto auch selbst neu anlegen, wie im Kapitel *26 Google-Anwendungen auf dem PC* beschrieben wird. Auf der Google-Anmeldeseite muss der Nutzer dann auf *Neues Konto erstellen* gehen.

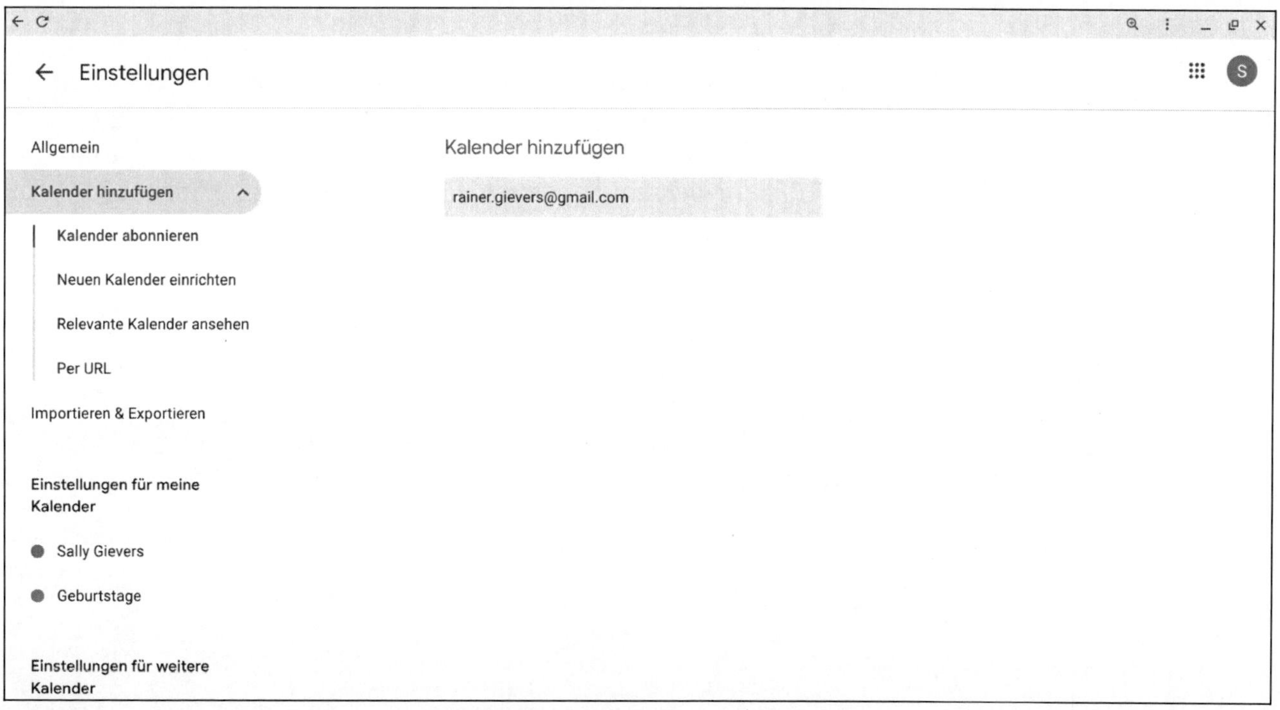

Geben Sie den Namen des Google-Kontos Ihres Arbeitskollegen ein und wählen Sie den Vorschlag aus.

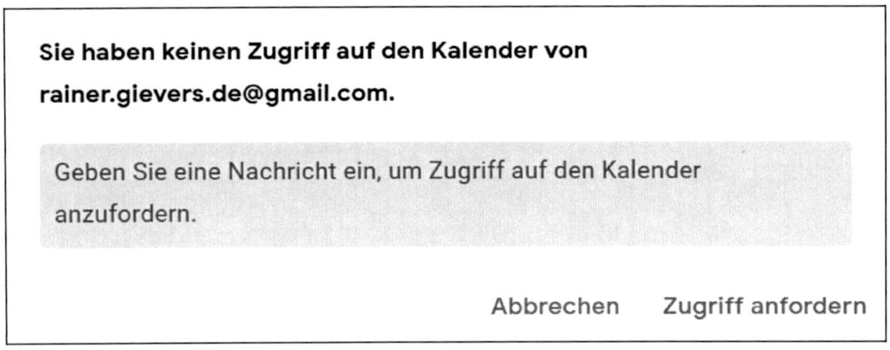

Betätigen Sie im Popup *Zugriff anfordern.*

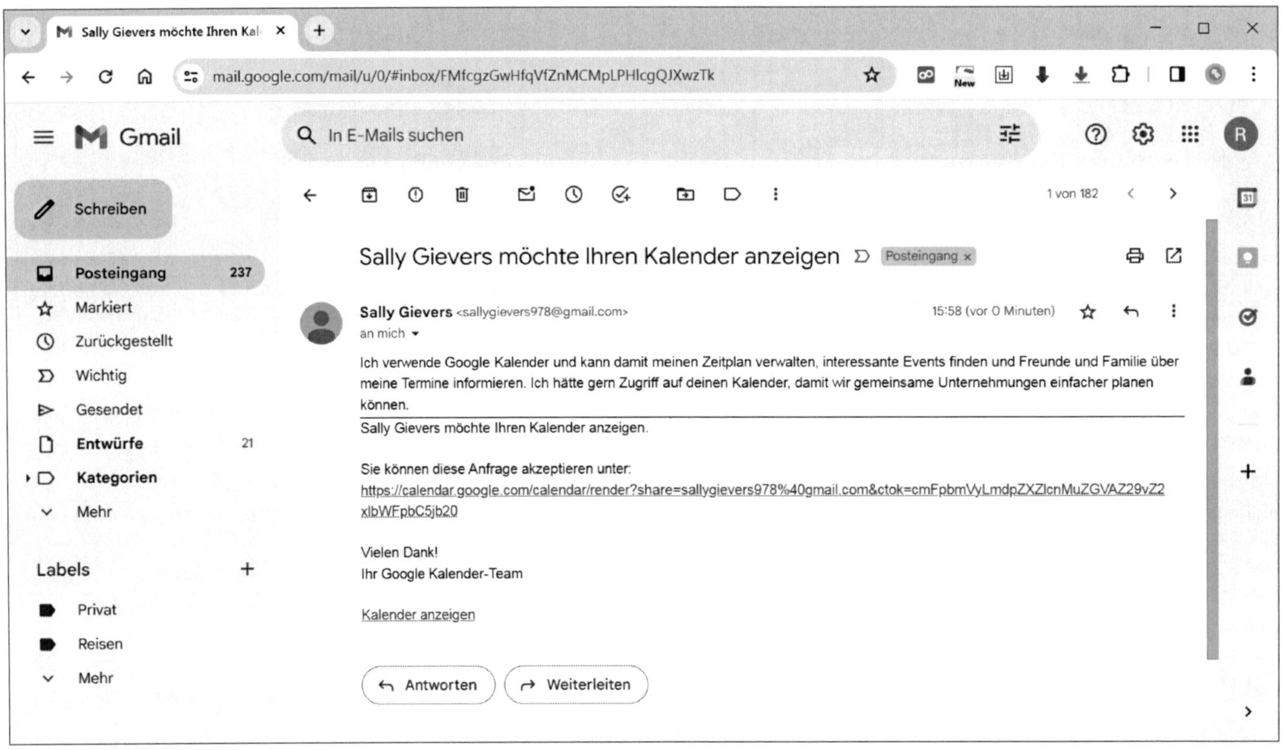

Ihr Arbeitskollege muss nun den Link in der empfangenen E-Mail anklicken (Achtung: Gmail ordnet diese Nachricht im *Benachrichtigungen*-Label ein).

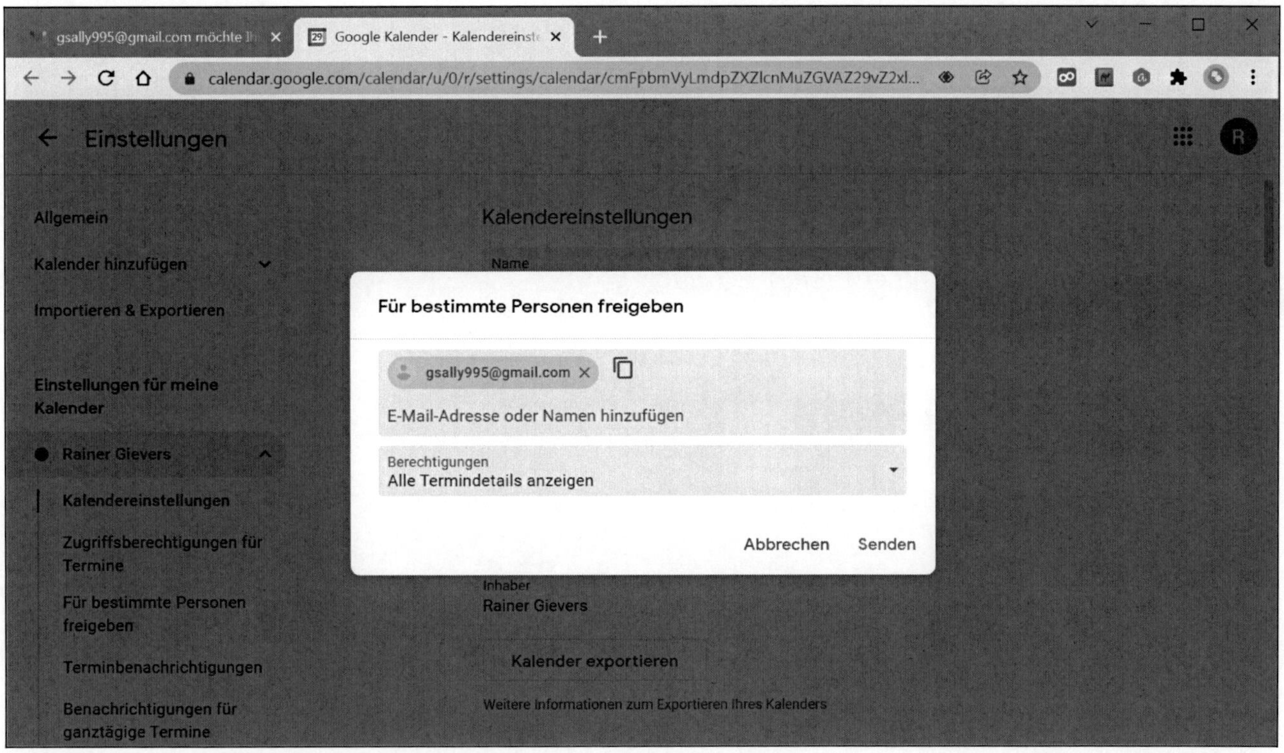

Nun muss Ihr Arbeitskollege noch angeben, welche Befugnisse er für Sie freigibt. Wahlweise ist nur die Terminansicht erlaubt, oder auch das Ändern.

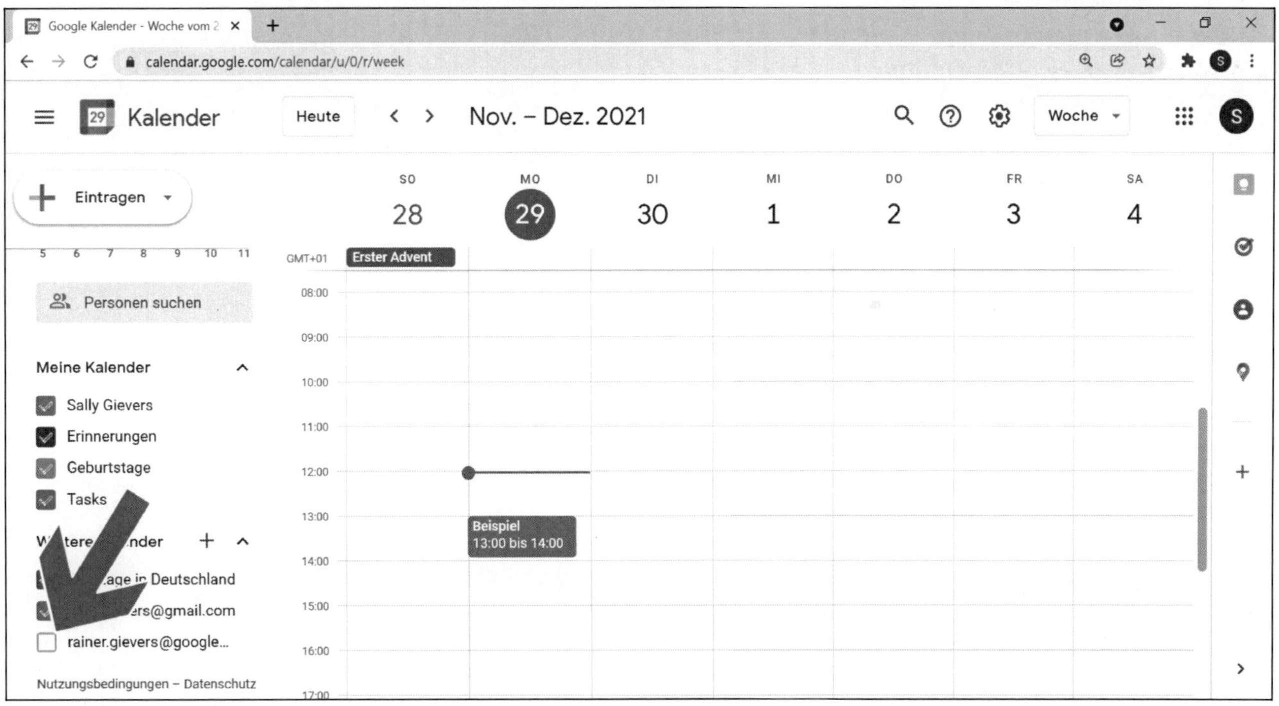

Tipp: Falls der Kalender wegen der vielen Termine unübersichtlich wird, blenden Sie einfach über die Abhakkästchen unter *Weitere Kalender* die Kollegen-Termine aus. Die Arbeitskollegen-Termine werden in einer anderen Farbe wie Ihre eigenen dargestellt – in unserem Beispiel in blauer Farbe.

16.7.2 Mehrere eigene Kalender verwalten

Es kann ganz interessant sein, mehrere Kalender in der Kalender-Anwendung anzulegen. Auf diesem Wege trennt man zum Beispiel private und geschäftliche Termine.

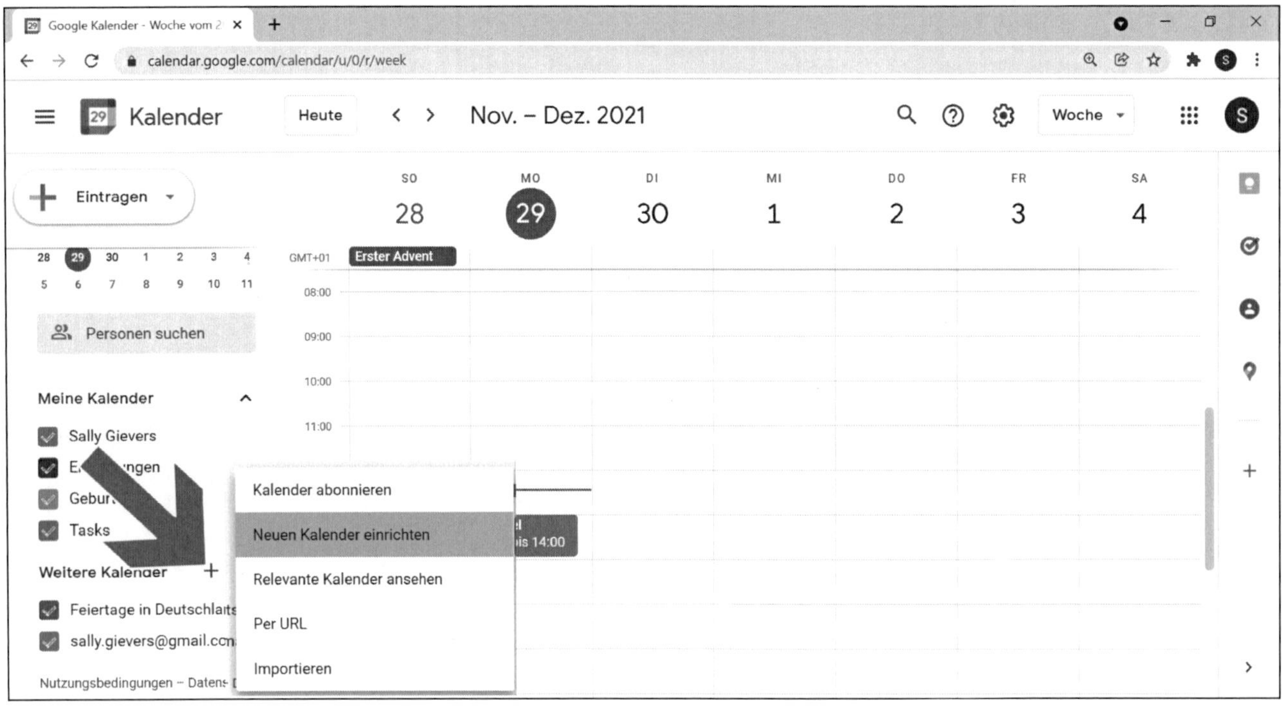

Klicken Sie hinter *Weitere Kalender hinzufügen* auf **+** (Pfeil) für das Popup-Menü und gehen Sie auf *Neuen Kalender einrichten.*

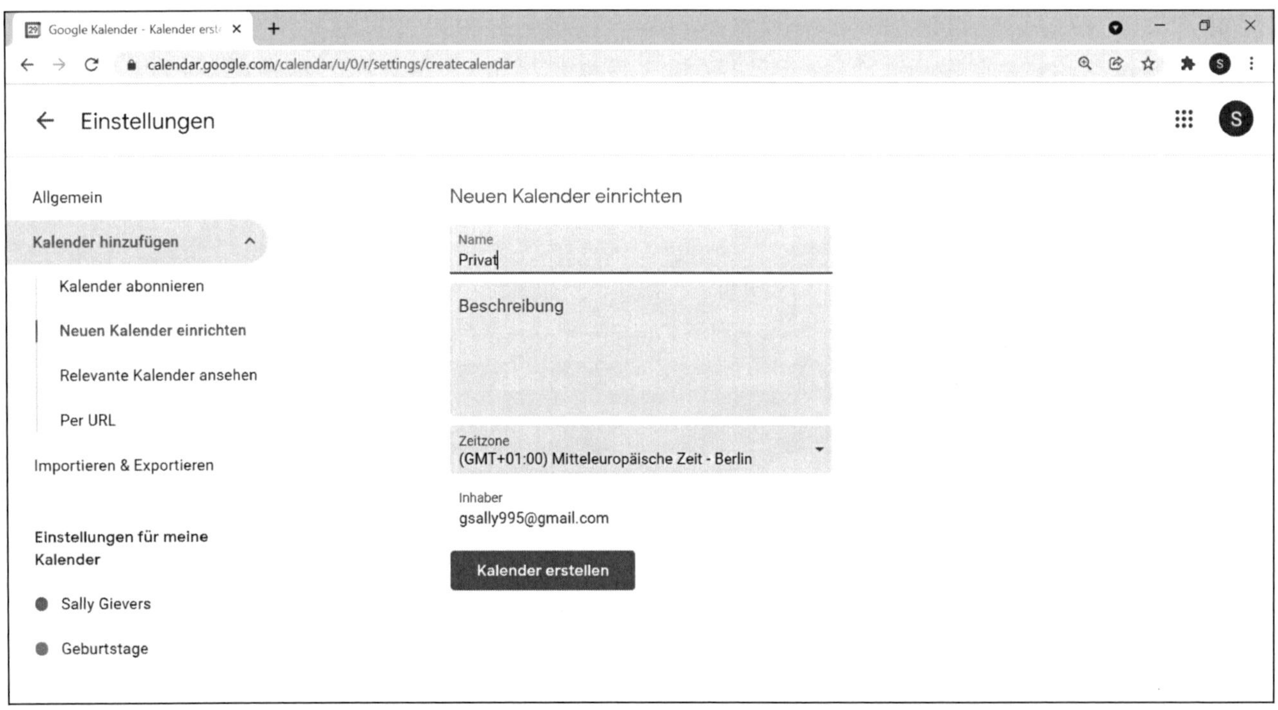

Geben Sie den Kalendernamen ein und klicken Sie auf *Kalender erstellen*.

16.7.2.a Hinweise zur Mehrkalenderverwaltung

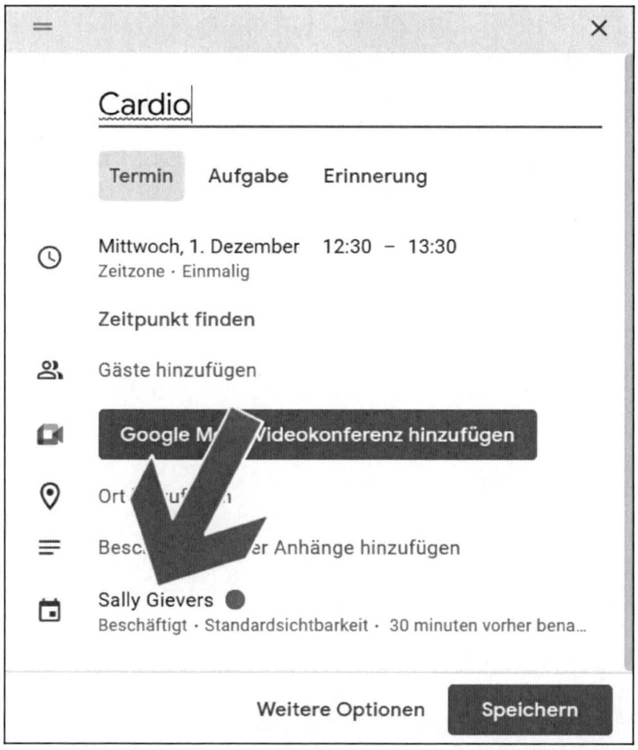

Erstellen Sie künftig einen neuen Termin (siehe Kapitel *16.4 Neuen Termin hinzufügen*), dann müssen Sie darauf achten, ihn dem richtigen Kalender zuzuweisen (Pfeil).

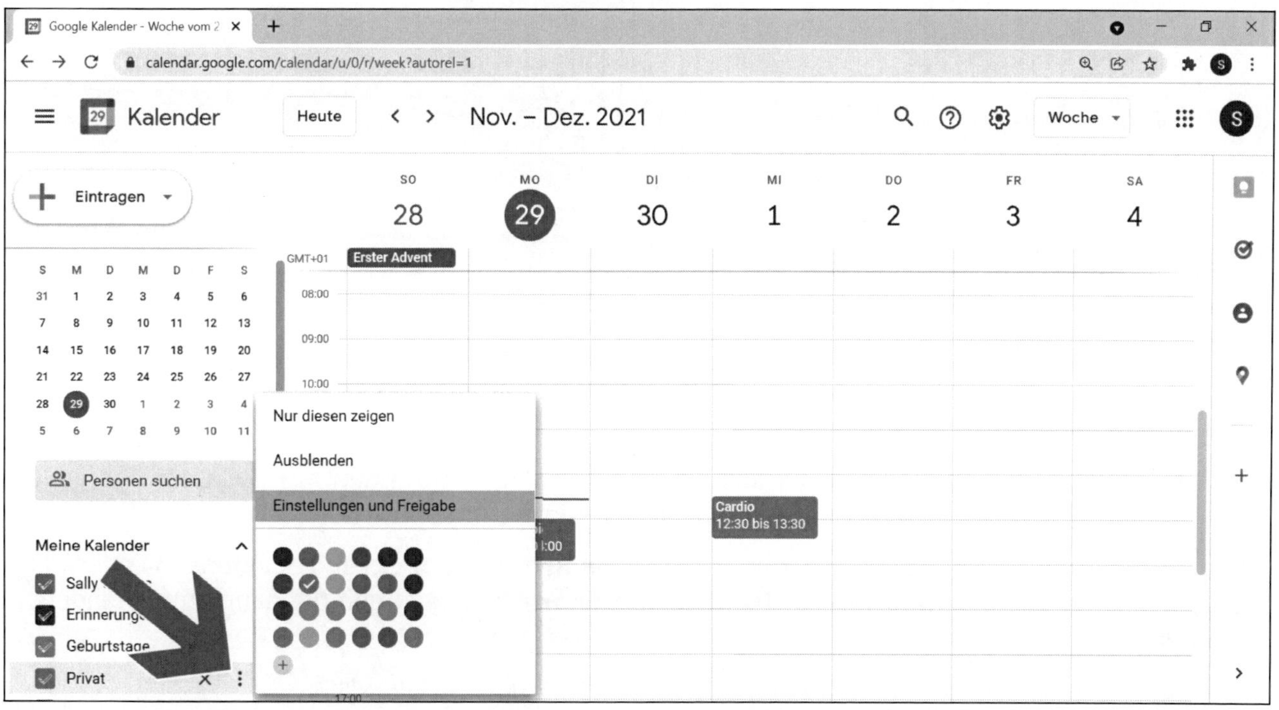

Für die Kalenderverwaltung halten Sie den Mauszeiger über den jeweiligen Kalender und gehen auf ⋮/*Einstellungen und Freigabe.*

16.8 Termine mit Teilnehmern

Der Kalender bietet die Möglichkeit, Termine mit mehreren Teilnehmern durchzuführen. Dabei erhalten die Teilnehmer jeweils eine E-Mail mit einem Link, über den sie ihre Teilnahme bestätigen oder absagen. Die Teilnehmer müssen dazu nicht mal über ein eigenes Google-Konto verfügen.

Falls Sie regelmäßig mit anderen Personen zusammenarbeiten, empfehlen wir statt der hier beschriebenen Terminteilnehmer-Funktion besser die im Kapitel *16.7.1 Kalender von anderen Personen einbinden* beschriebenen gemeinsamen Kalender zu verwenden.

16.8.1 Als Veranstalter einen Termin erstellen

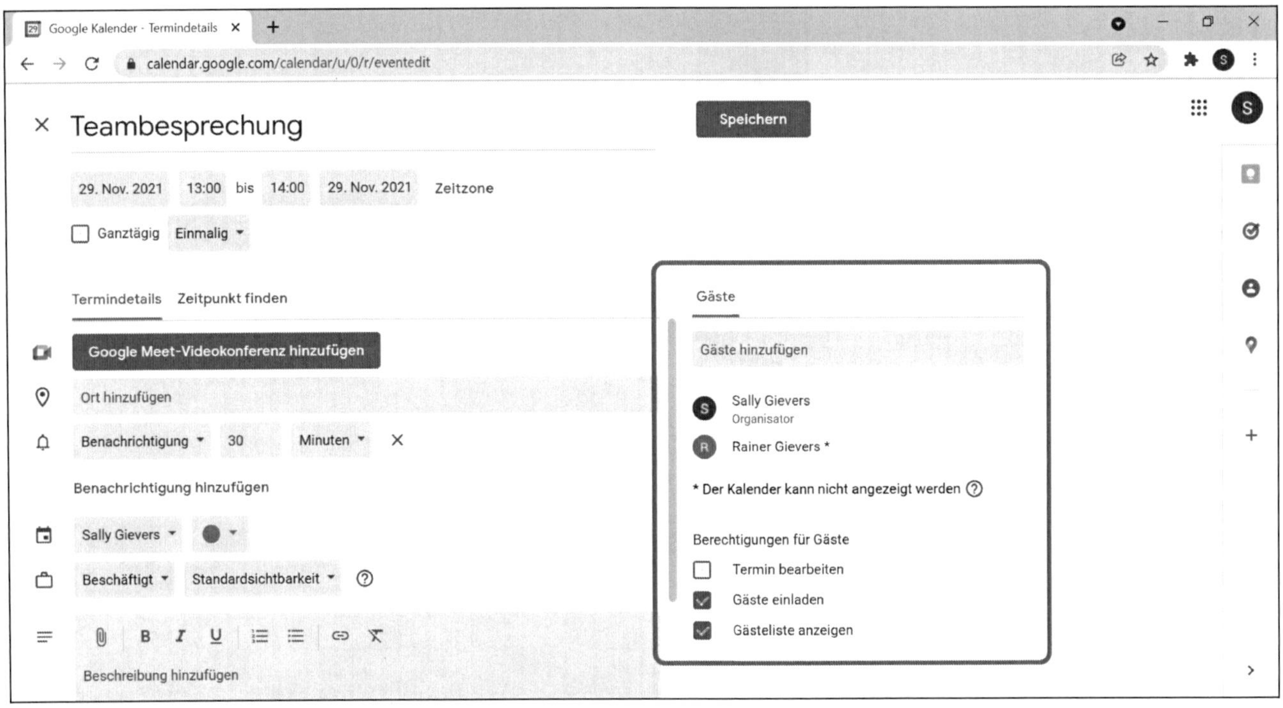

Gehen Sie bei der Termineingabe wie gewohnt vor, das heißt Sie erstellen einen Termin und wechseln dabei in die Termindetails (dafür gegebenenfalls auf *WEITERE OPTIONEN* klicken).

Den Text im *Beschreibung*-Eingabefeld erhalten die Teilnehmer später in der Terminbenachrichtigung.

Die Teilnehmerverwaltung finden Sie unter *Gäste hinzufügen* (Markierung). Erfassen Sie jeweils die E-Mail-Adresse eines Teilnehmers und betätigen Sie die enter-Taste.

Darunter listet die Kalender-Anwendung die Teilnehmer auf. Um einen Teilnehmer wieder »auszuladen«, halten Sie den Mauszeiger über den Teilnehmer und betätigen die dann eingeblendete **X** -Schaltleiste.

Die Rechte der Teilnehmer legen Sie unter *Berechtigungen für Gäste* fest.

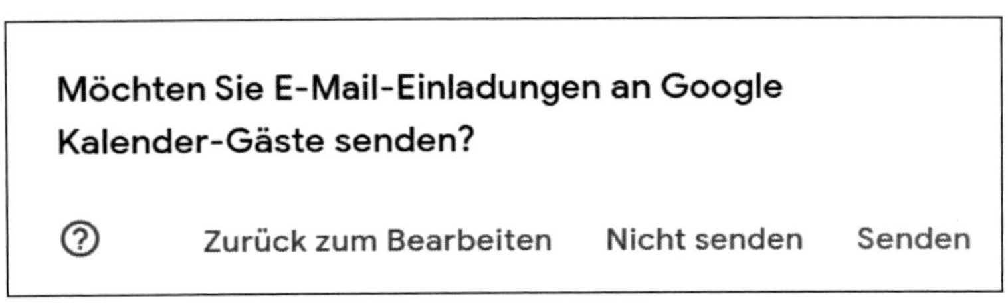

Sobald Sie auf *Speichern* klicken, fragt Sie die Kalender-Anwendung, ob Sie die Teilnehmer per E-Mail informieren möchten.

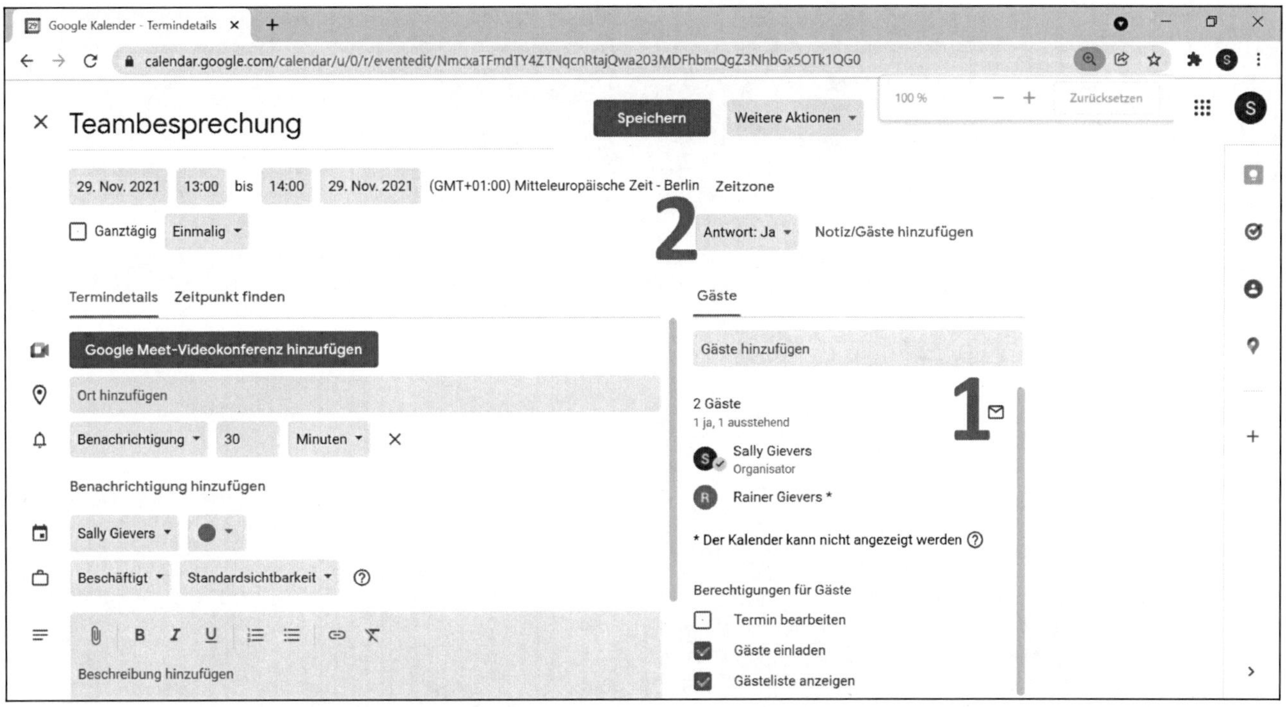

Bearbeiten Sie später den Termin, so erhalten Sie mit ✉ (1) die Möglichkeit, die Teilnehmer jederzeit zu kontaktieren. Dies ist übrigens nicht nötig, wenn Sie Terminänderungen durchführen, also beispielsweise die Zeiten ändern, denn beim Speichern fragt Sie die Kalender-Anwendung, ob Sie die Teilnehmer darüber informieren möchten.

Ob Sie selbst am Termin teilnehmen legen Sie unter *Antwort: Ja* fest (2).

16.8.2 Als Teilnehmer einen Termin bestätigen

Beispiel für eine E-Mail-Benachrichtigung, die in einem E-Mail-Programm empfangen wurde. Im Dateianhang ist eine Kalenderdatei vorhanden, die Sie in Ihrem PC-Kalender, beispielsweise MS Outlook, importieren können. Ob Sie teilnehmen oder nicht, legen Sie mit der *Ja*, *Vielleicht* oder *Nein* fest.

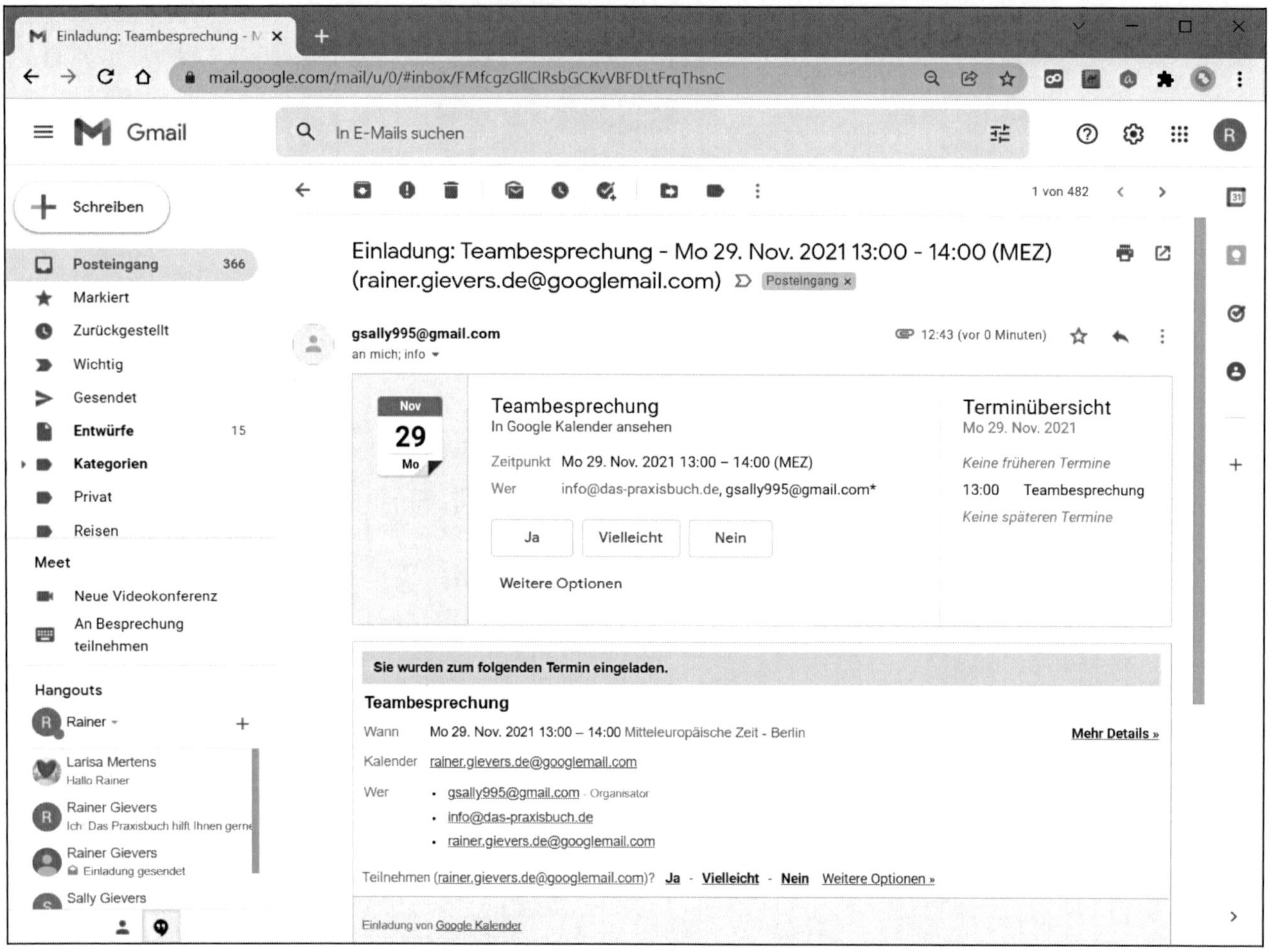

Auch Empfänger mit Google-Konto-Adresse, welche die Termineinladung in ihrem Gmail-Konto vorfinden reagieren mit *Ja*, *Vielleicht* oder *Nein* auf die Anfrage.

17. Google Kontakte

Die von Google angebotene Kontaktverwaltung dürfte für Sie nur in zwei Fällen nützlich sein:

- Wenn Sie sehr intensiv die Gmail-Anwendung (siehe Kapitel *8 Gmail*) verwenden und dort auf häufig genutzte Kontakt-E-Mail-Adressen zugreifen.
- Da die Kontakte in Ihrem Google-Konto gesichert werden, stehen sie auch auf Android-Handys und Tablets zur Verfügung. Sie müssen nur auf Chromebook und Handy/Tablet mit dem gleichen Google-Konto angemeldet sein.

17.1 Ersteinrichtung

Die Google Kontakte lassen sich nicht direkt aus dem Apps-Menü aufrufen. Mit der nachfolgenden Vorgehensweise legen Sie deshalb zunächst eine Verknüpfung im Apps-Menü an.

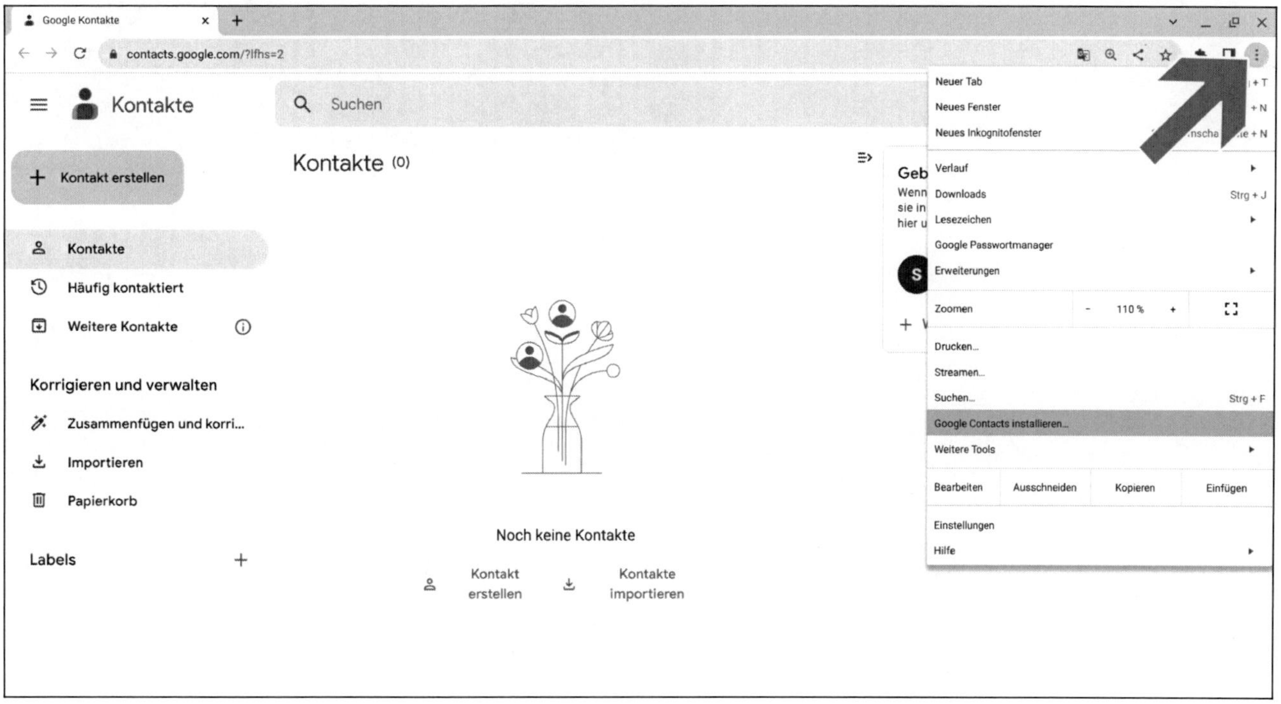

Rufen Sie zunächst im Chrome-Browser (siehe Kapitel *6 Chrome-Browser*) die Webadresse *contacts.google.com* (»contacts« = engl. »Kontakte«) auf. Sie können damit bereits Ihre Adressen verwalten. Gehen Sie nun auf ⋮/*Google Contacts installieren*.

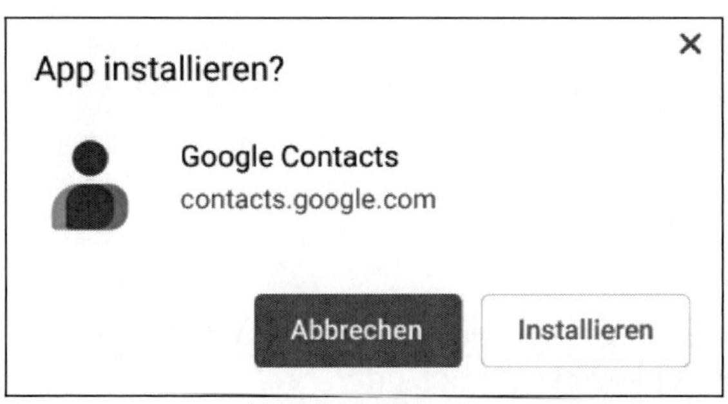

Schließen Sie den Vorgang mit *Installieren* im Popup ab.

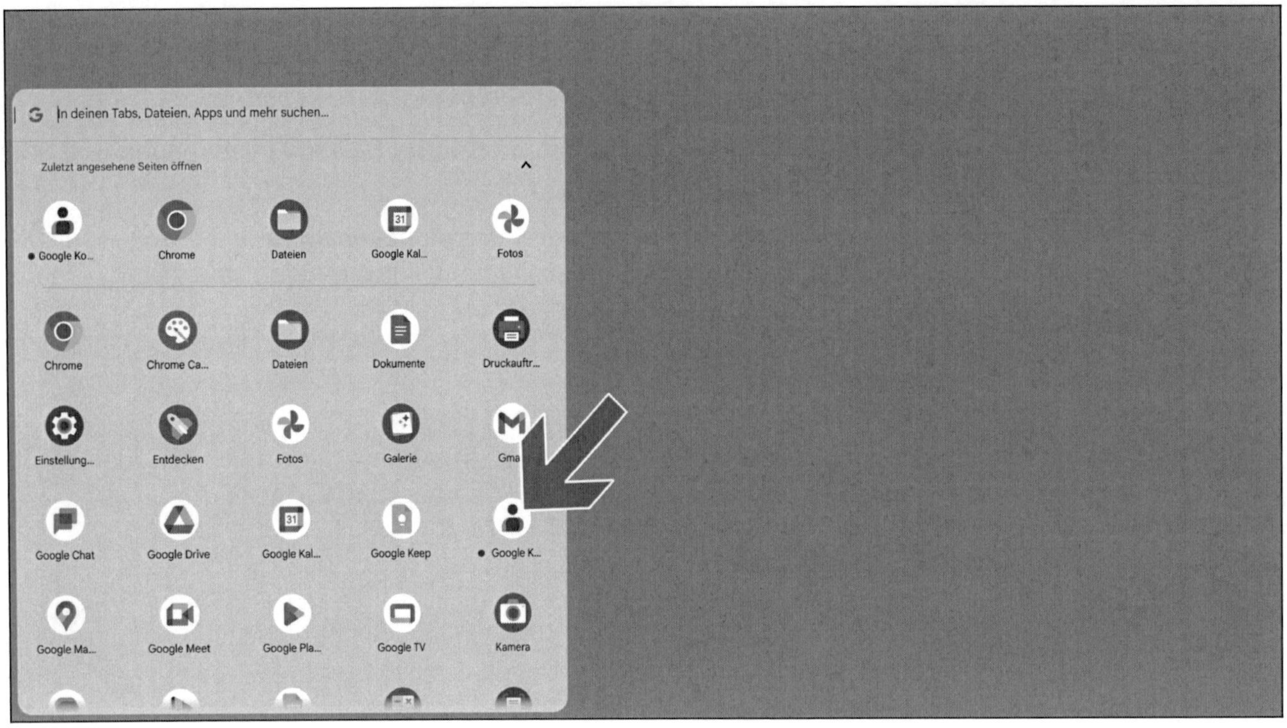

Google Kontakte finden Sie nun im Apps-Menü.

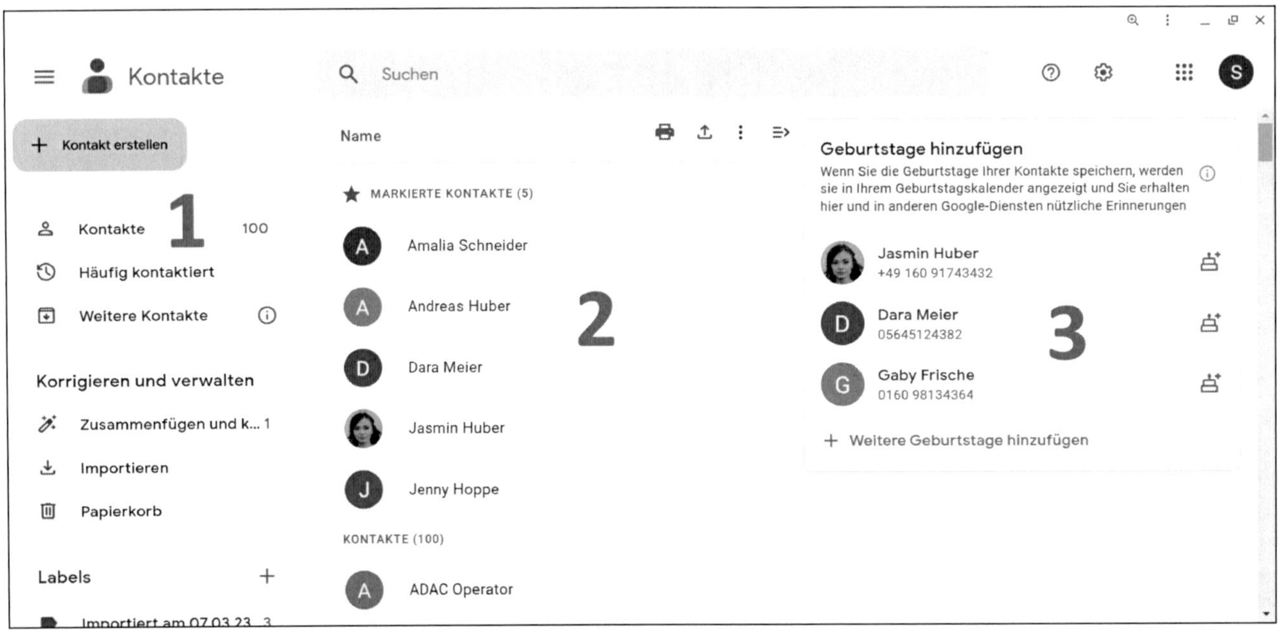

Auf der linken Seite finden Sie die Menüleiste (1) mit den Funktionen:

- *Kontakte*: Listet alle Kontakte auf.
- *Häufig kontaktiert*: Enthält von Ihnen in Gmail häufig genutzte Kontakte. Diese Liste wird laufend aktualisiert.
- *Weitere Kontakte*: Personen, mit denen Sie über Gmail oder andere Google-Dienste kommuniziert haben, die sich aber nicht in Ihrem Telefonbuch befinden.

Unter *Korrigieren und Verwalten*:

- *Zusammenfügen und korrigieren:* Sucht im Telefonbuch nach doppelt vorhandenen Kontakten und fasst diese zu einem Kontakt zusammen.
- *Importieren:* Kontakte aus einer Datei einlesen.
- *Papierkorb*: Gelöschte Kontakte hält Google im Papierkorb für 30 Tage vor, bevor sie

endgültig gelöscht werden.

- *Labels*: Für Ordnung sorgen die sogenannten Labels, denen Sie Kontakte zuweisen. In Gmail können Sie dann allen Label-Mitgliedern auf einmal eine Nachricht senden.

Auf der rechten Seite listet Google Kontakte die Kontakteinträge auf (2).

Geben Sie bei Kontakten das Geburtsdatum der jeweiligen Person ein, das dann auch im Kalender übernommen wird (3).

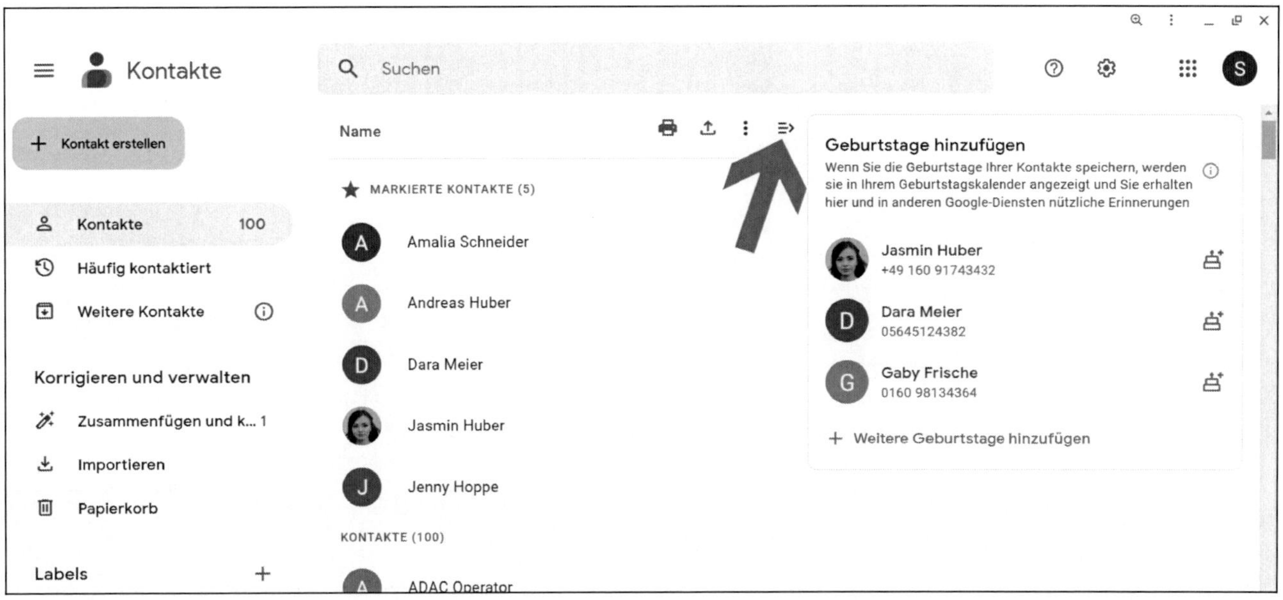

Mit einem Klick auf ≡> blenden Sie die sogenannte Seitenleiste mit den Geburtstagshinweisen aus.

17.2 Kontakterfassung

17.2.1 Kontakt in Kontaktverwaltung eingeben

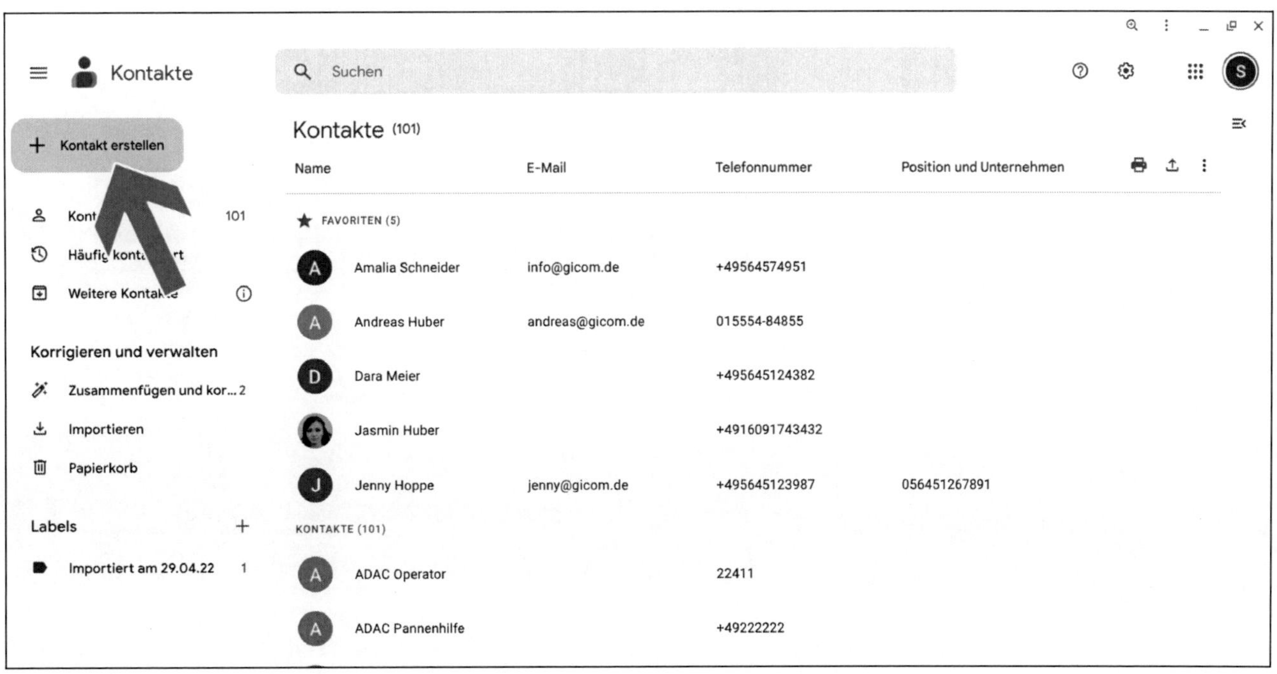

Klicken Sie auf *Kontakt erstellen* (Pfeil).

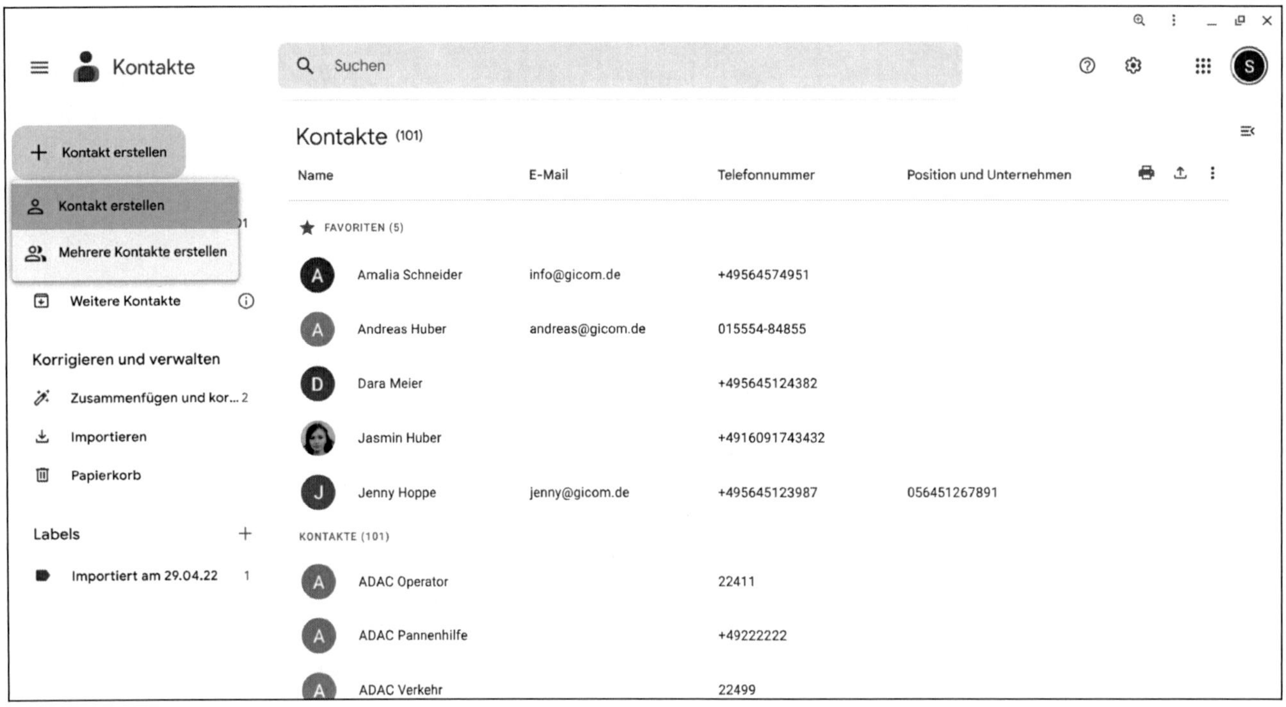

Für die Anlage eines einzelnen Kontakts rufen Sie *Kontakt erstellen* auf.

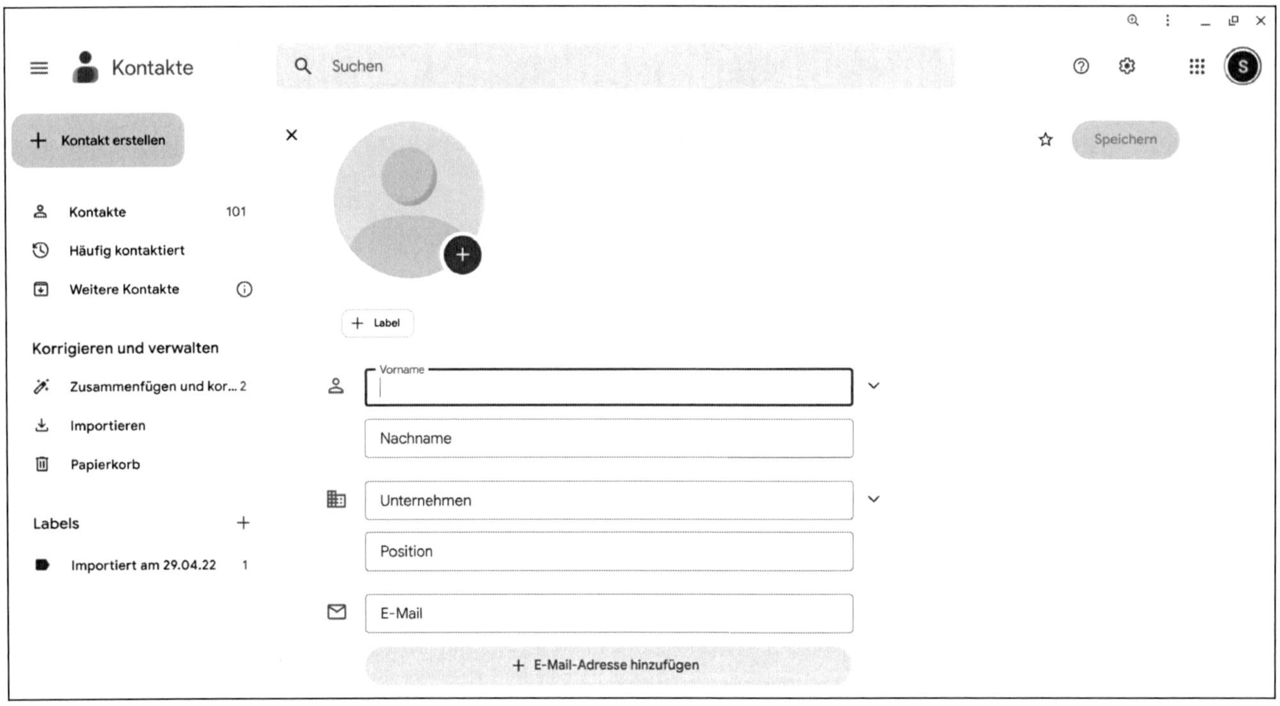

Füllen Sie nun die Eingabefelder aus.

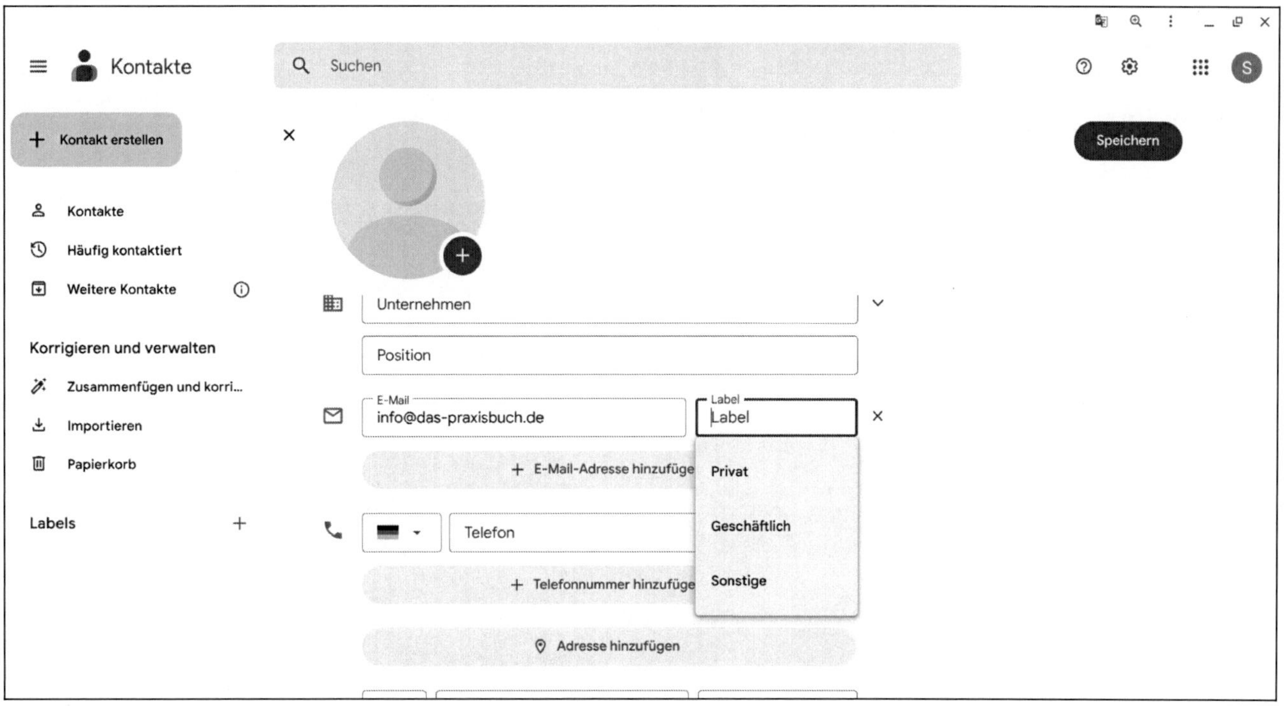

Nachdem Sie eine Rufnummer oder E-Mail-Adresse eingegeben haben, klicken Sie in das jeweilige *Label*-Feld. Wählen Sie dann den Typ, beispielsweise *Mobil* oder *Geschäftlich* aus (Pfeil). Alternativ erfassen Sie im *Label*-Feld einfach einen neuen Label-Namen.

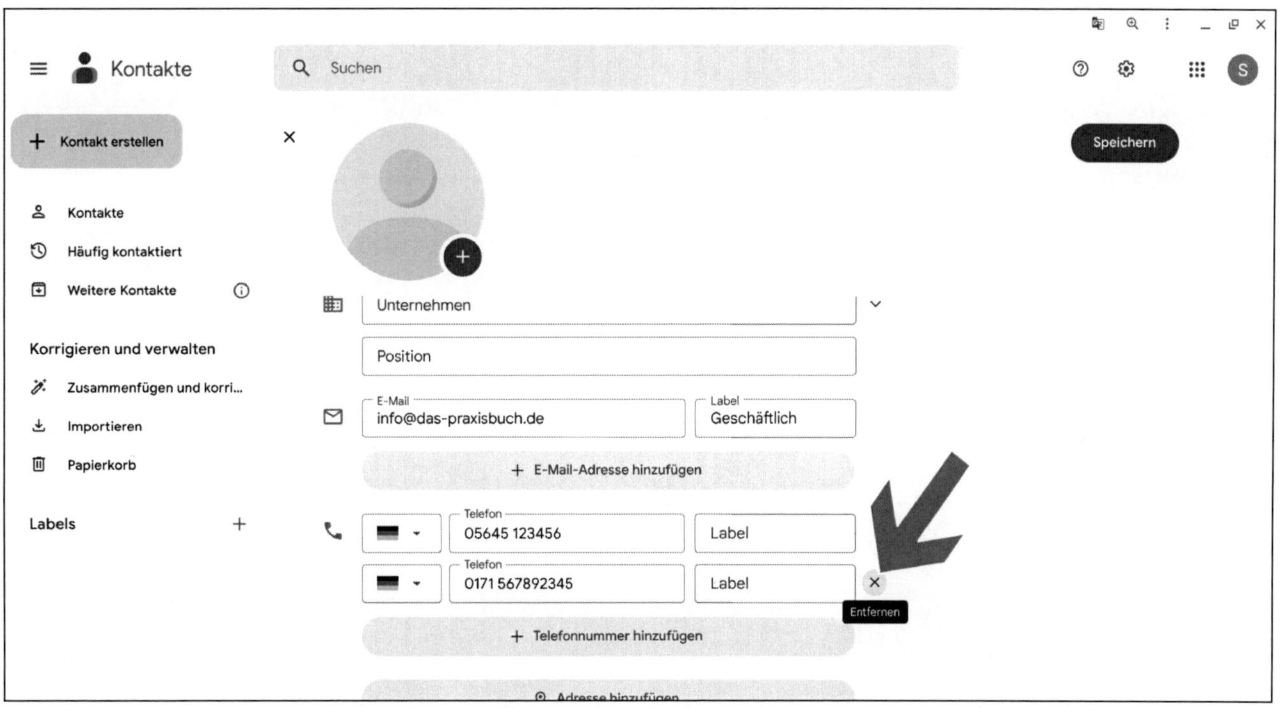

Zusätzliche Datenfelder legen Sie jeweils über *xxx hinzufügen* an. Zum Löschen eines Datenfelds halten Sie den Mauszeiger darüber, worauf Sie es mit ✕ entfernen können.

Schließen Sie die Kontaktanlage mit *Speichern* ab.

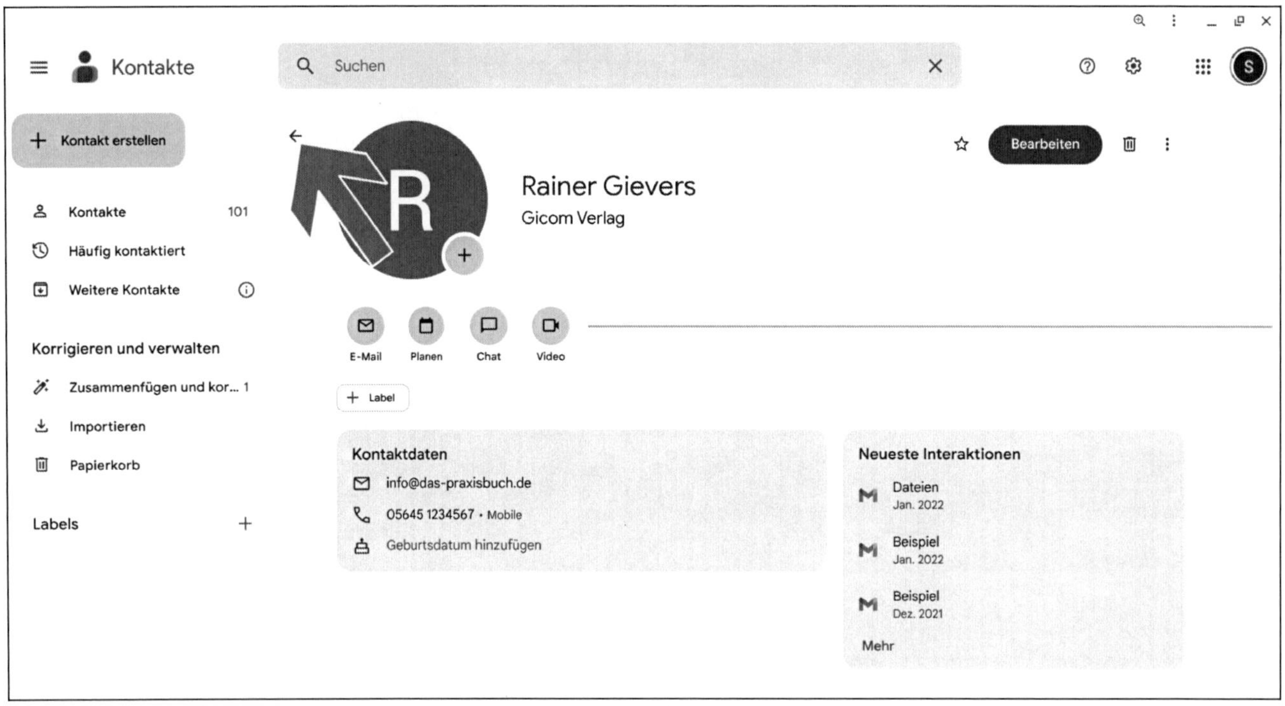

Das Telefonbuch zeigt eine Zusammenfassung, die Sie mit einem Klick auf ← (Pfeil) oder auf *Kontakte* (links) schließen.

17.2.2 Kontakt in Gmail erstellen

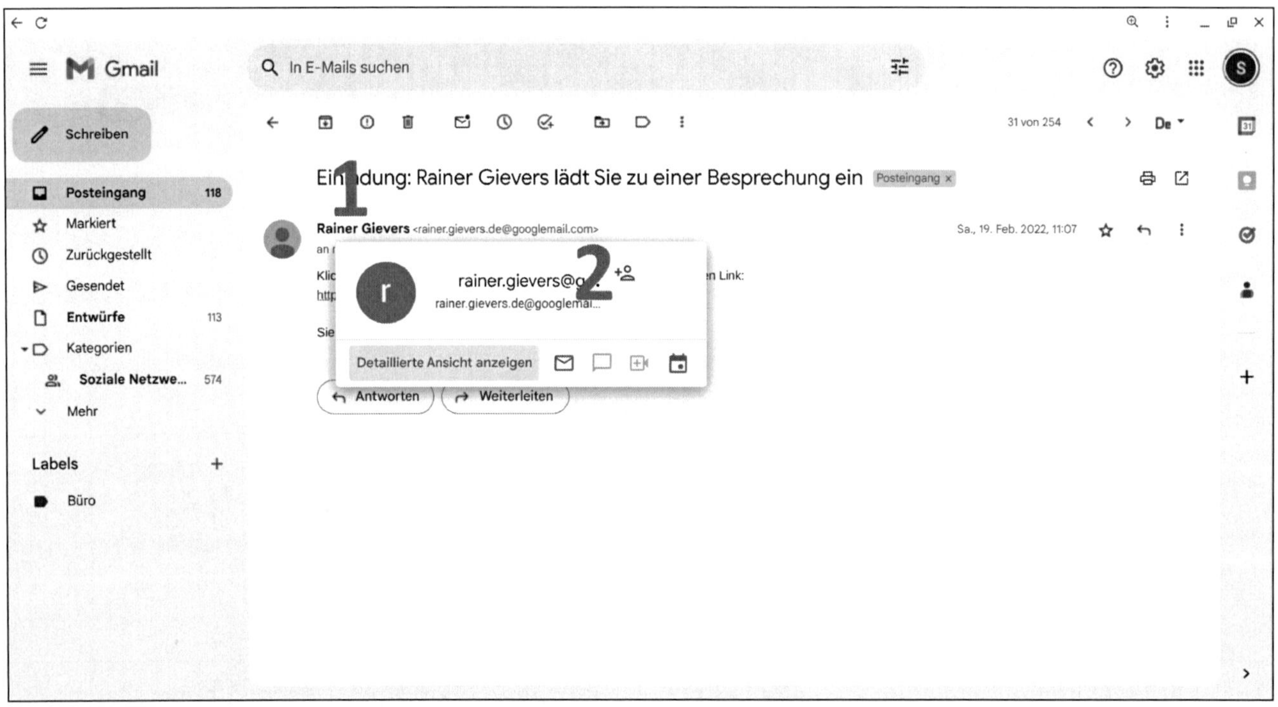

Ein Klick auf den Absender (1) öffnet in der E-Mail-Detailansicht von Gmail (siehe Kapitel *8 Gmail*) ein Popup. Gehen Sie darin auf +👤 (2).

17.3 Kontakt bearbeiten

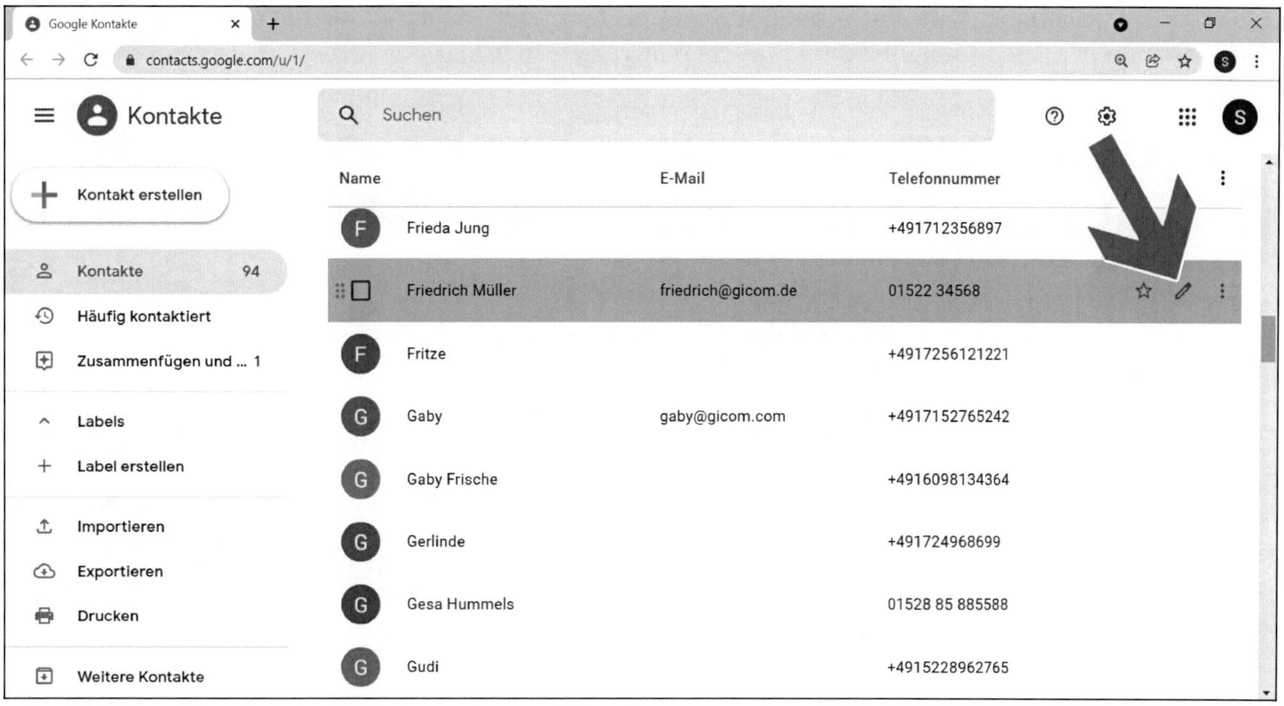

Zum Bearbeiten halten Sie den Mauszeiger über einen Kontakt und klicken ✎ an. Alternativ können Sie auch den Kontakteintrag klicken und gehen dann auf *Bearbeiten*.

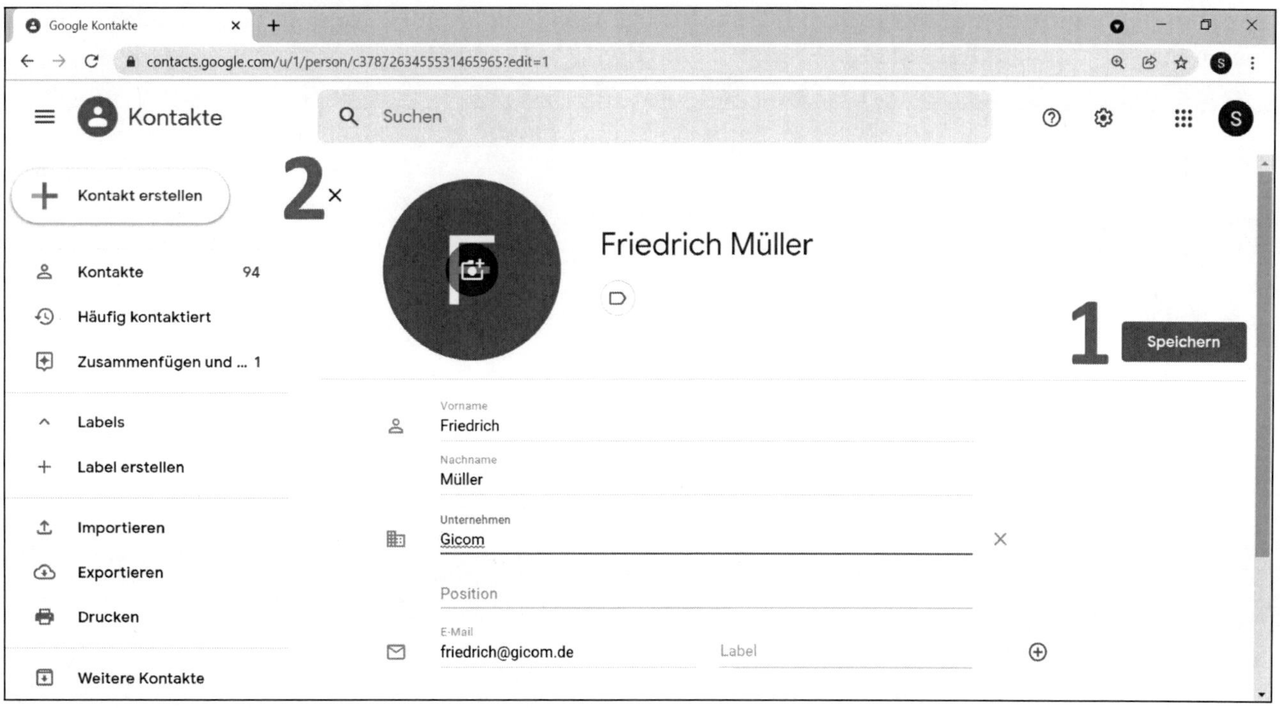

Die Kontaktdetails verlassen Sie mit *Speichern* (1) beziehungsweise einem Klick auf ✕.

17.4 Kontaktfoto

Jedem Kontakt können Sie ein Kontaktfoto zuordnen, das nicht nur in der Kontaktverwaltung, sondern auch in Gmail (siehe Kapitel *8 Gmail*) angezeigt wird.

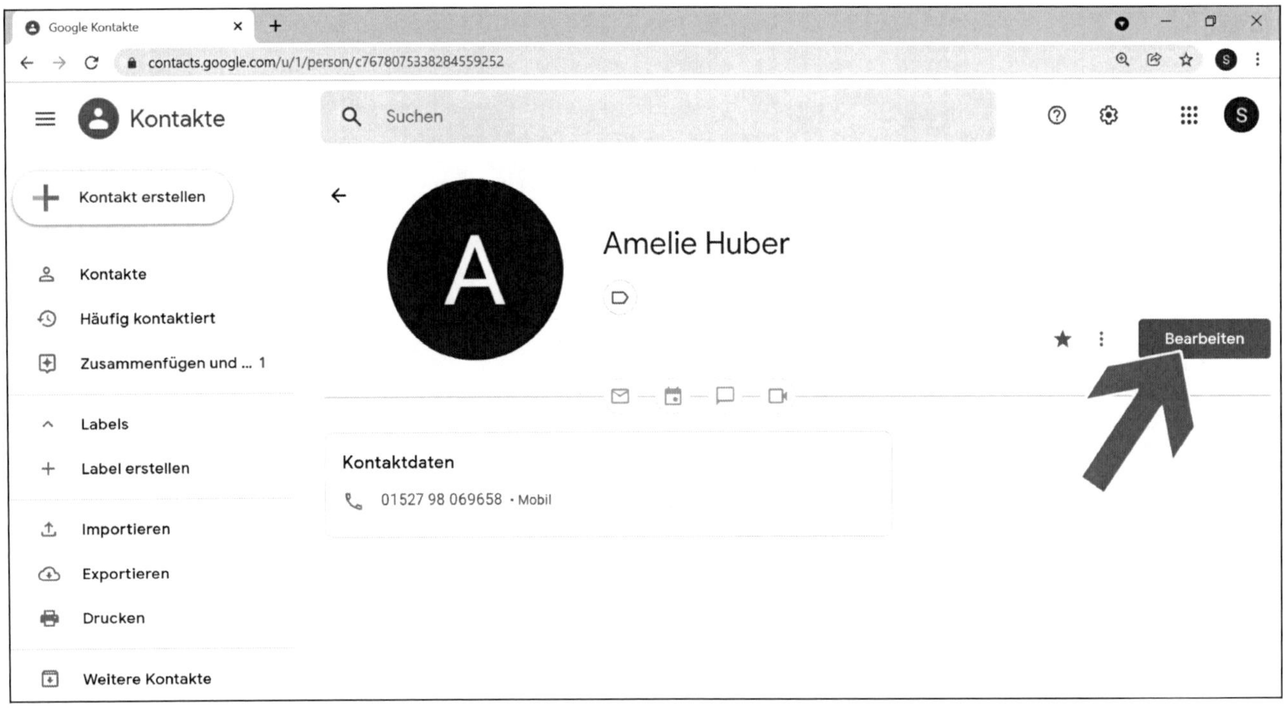

Um ein Kontaktfoto zuzuweisen, klicken Sie in der Kontaktauflistung einen Kontakt für die Detailansicht an, dann betätigen Sie *Bearbeiten* (Pfeil).

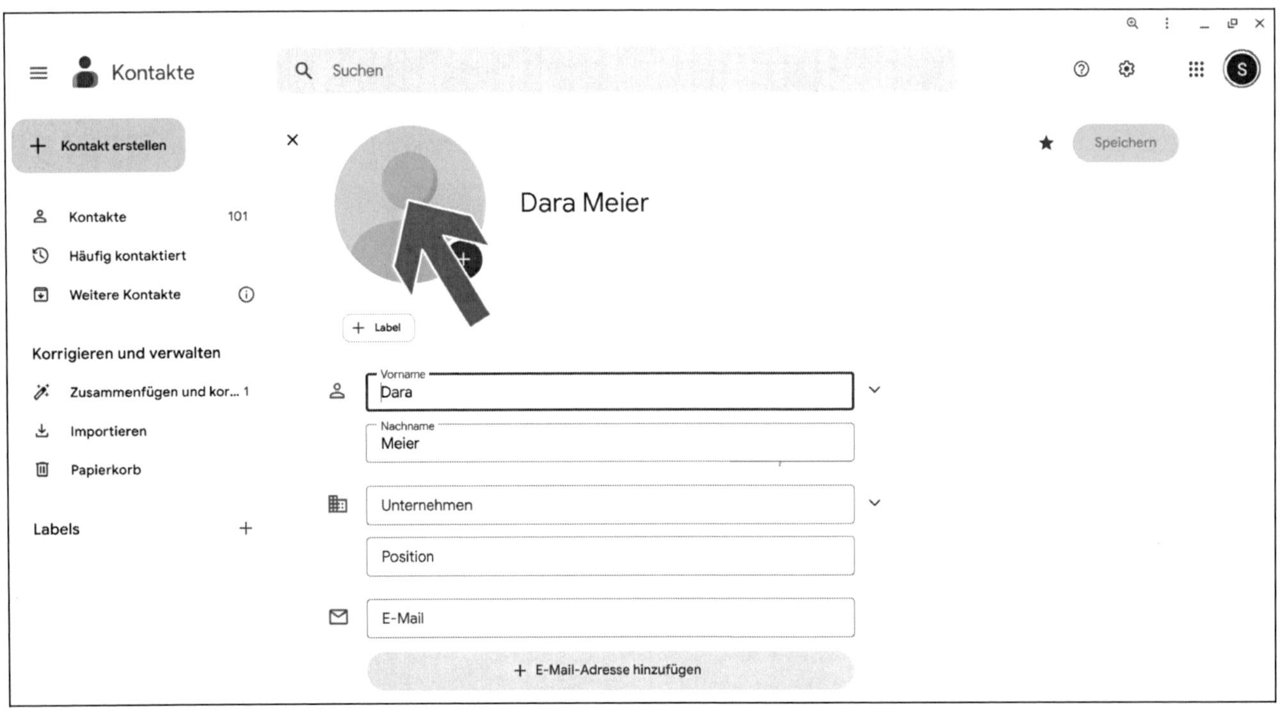

Gehen Sie im Bearbeitungsbildschirm auf die Silhouette (Pfeil).

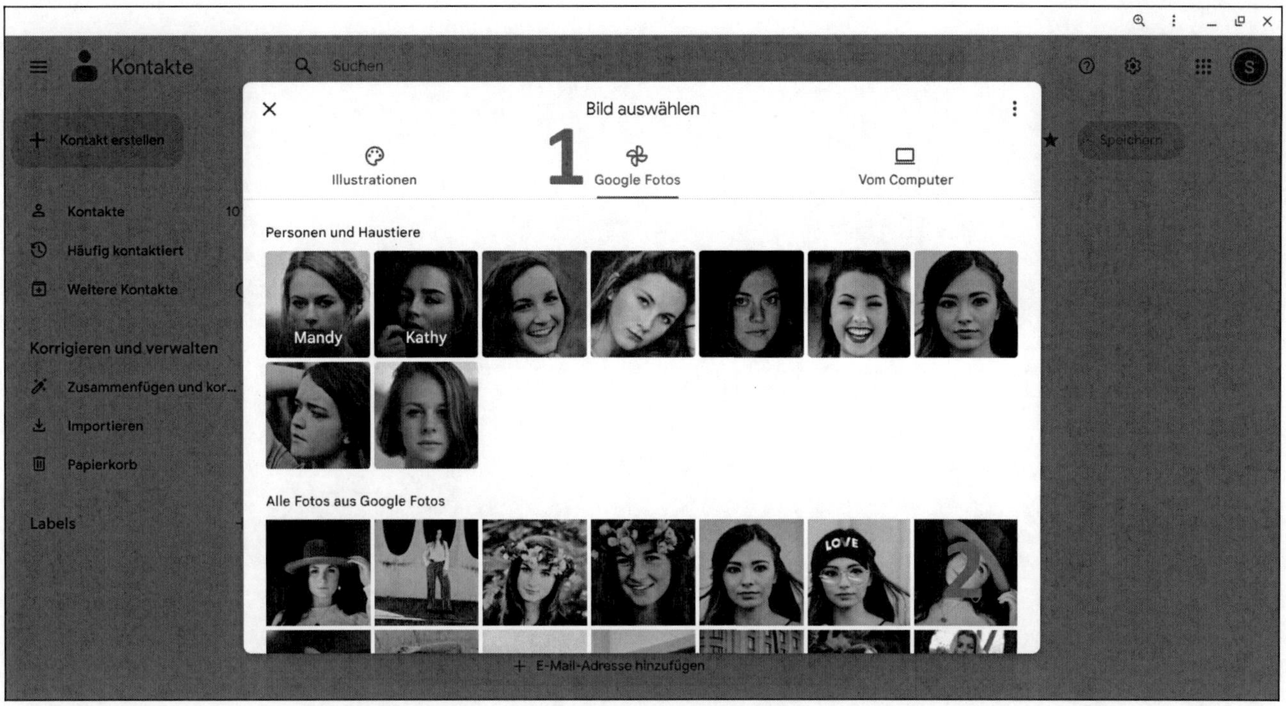

Zur Auswahl stehen *Illustrationen* (vordefinierte Grafiken), *Google Fotos* (siehe Kapitel *20 Google Fotos*) und *Vom Computer*. In unserem Beispiel möchten wir ein bereits vorhandenes Foto verwenden und aktivieren *Google Fotos* (1), dann wählen wir ein Foto aus (2).

Anschließend lässt sich das Bild noch zuschneiden. Dafür ziehen Sie mit gedrückter Maustaste an den Ecken beziehungsweise verschieben das Bild mit der Maustaste, bis es in den Rahmen passt. Schließen Sie den Vorgang mit *Fertig* ab.

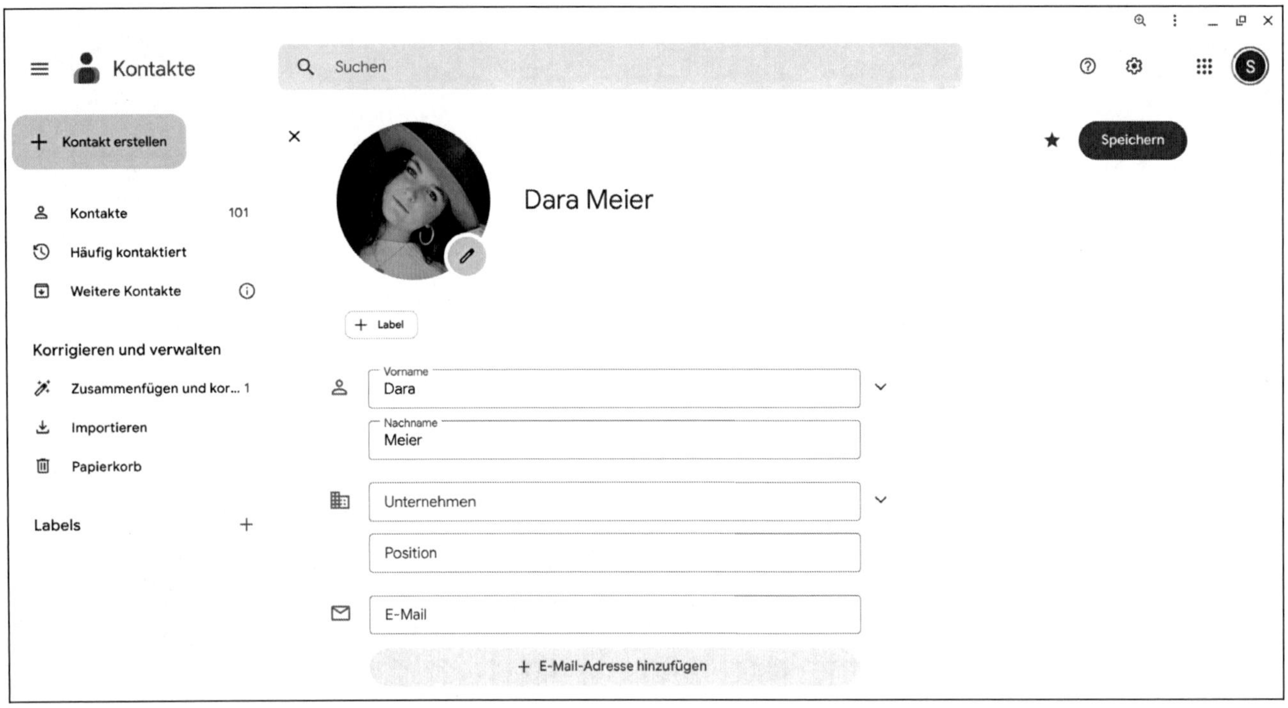

Künftig erscheint das Foto im Kontakteintrag.

17.5 Suchen

Es ist nicht unbedingt notwendig, umständlich in der Kontaktauflistung zu blättern, wenn Sie einen bestimmten Kontakt suchen. Klicken Sie stattdessen oben ins Suchfeldfeld und geben Sie den gesuchten Namen ein. Zu den eingegebenen Buchstaben, beziehungsweise Namen, zeigt das Telefonbuch sofort die passenden Kontakte an, von denen Sie einen anklicken.

17.6 Kontakte in E-Mails verwenden

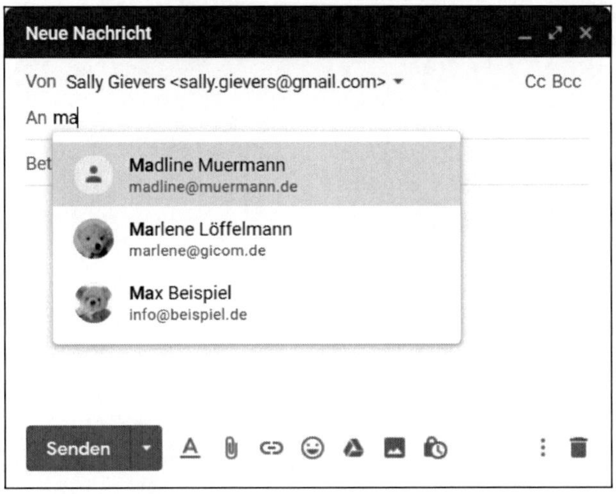

Wenn Sie im *An*-Feld die Anfangsbuchstaben eines Kontakt eingeben, schlägt Gmail automatisch ein oder mehrere Kontakte vor. Ein Klick darauf übernimmt ihn dann.

17.7 Kontakte importieren

Insbesondere, wenn Sie einen großen Bekanntenkreis haben oder beruflich viele Ansprechpartner haben, dürften bereits viele Kontaktdaten vorliegen. Der »Umzug« bereits vorliegender Kontakte ist allerdings ziemlich simpel.

Exportieren Sie zunächst die vorliegenden Kontakte aus der alten Kontaktverwaltung als sogenannte CSV-Datei.

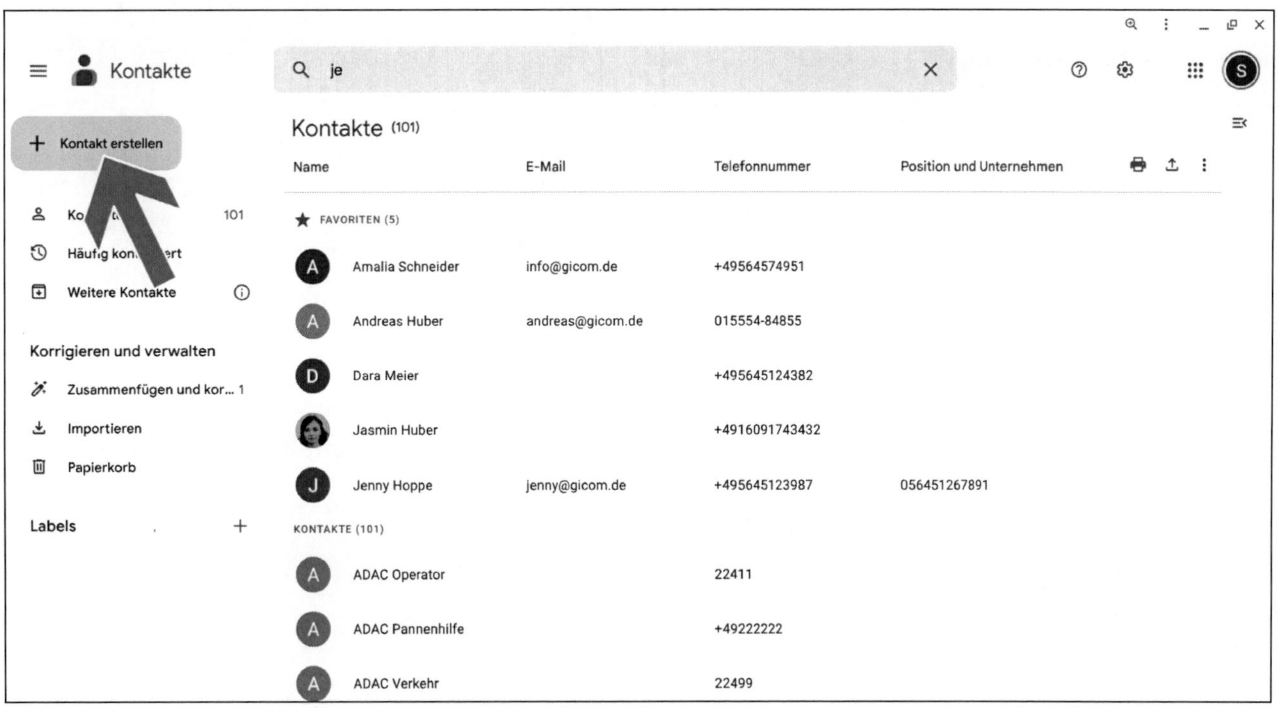

Klicken Sie auf *Kontakt erstellen* (Pfeil).

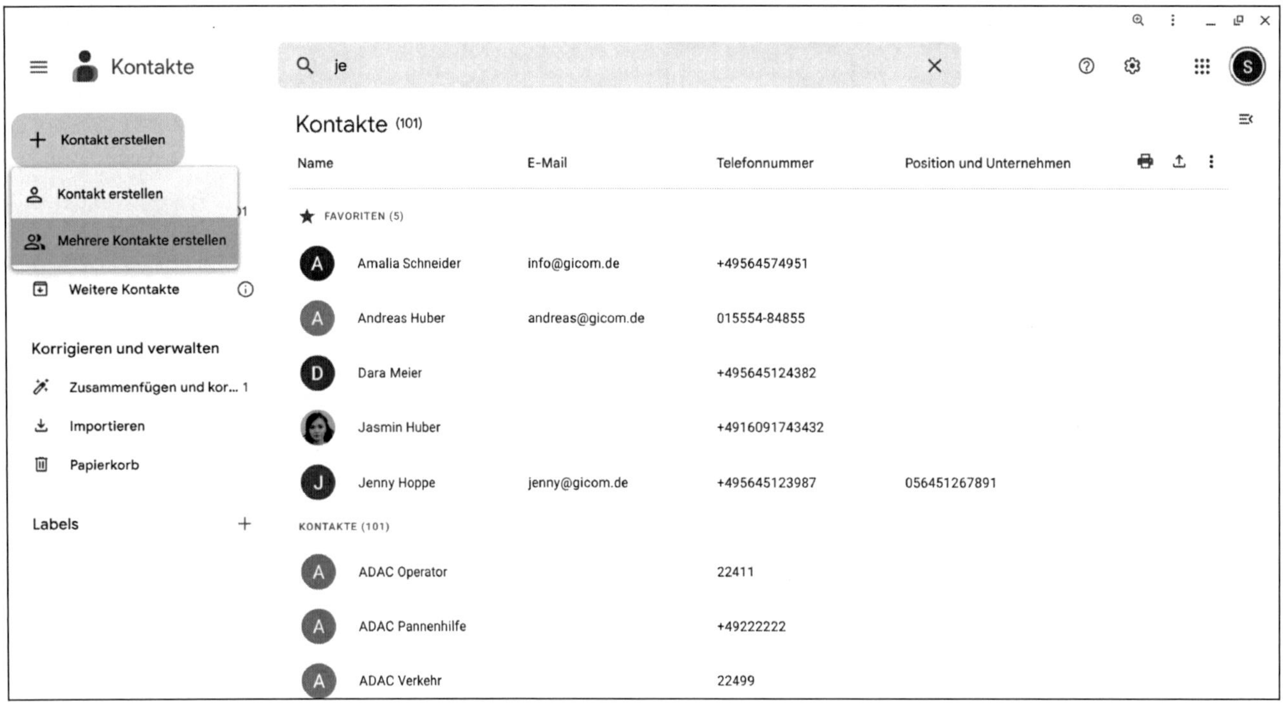

Gehen Sie auf *Mehrere Kontakte erstellen.*

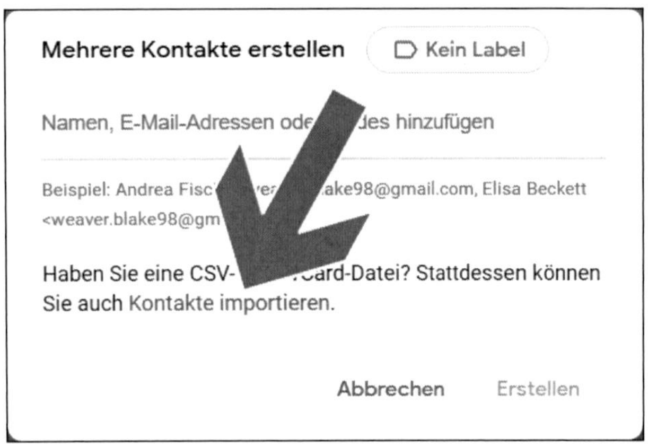

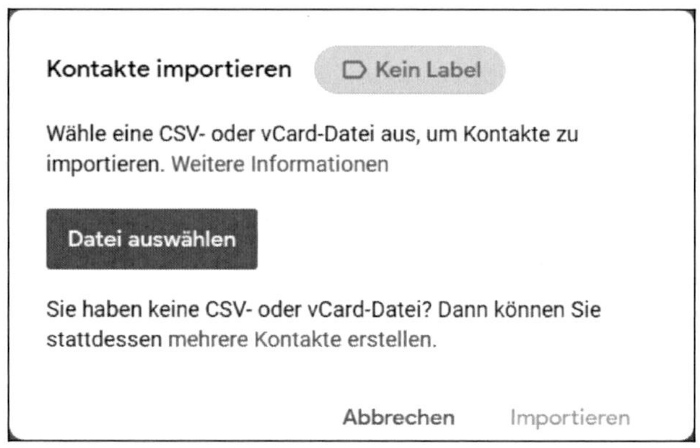

❶ Als Nächstes klicken Sie auf *Kontakte importieren.*

❷ Gehen Sie auf *Datei auswählen* und selektieren Sie die Datei, danach klicken Sie auf *Importieren.*

18. Google Meet

Meet (engl. »Treffen«) ist eine Videotelefonielösung für bis zu 100 Teilnehmer (in der Profiversion werden bis zu 250 Teilnehmer unterstützt). Videotelefonie hat gegenüber normalen Telefonaten den Vorteil größerer Intimität, da man sich ja von Angesicht zu Angesicht sieht. Kosten fallen übrigens keine an, denn die Übertragung erfolgt über das Internet.

Die Meet-Videotelefonie-Anwendung ist auf allen Chromebooks, sowie Android-Handys und Tablets vorinstalliert. Auf dem iPhone muss Gmail aus dem App Store installiert werden. Auch auf dem Windows-PC lässt sich Meet über den Webbrowser nutzen, wobei der jeweilige PC mit Kamera und Mikrofon ausgestattet sein muss. Ideal sind dafür deshalb Notebooks, die bereits entsprechende Hardware besitzen.

In diesem Buch beschreiben wir auch die Nutzung von Meet mit dem Android-Handy, denn weil es dort vorinstalliert ist, können es auch unbedarfte Anwender schnell einsetzen.

18.1 Videokonferenz auf dem Android-Handy einleiten

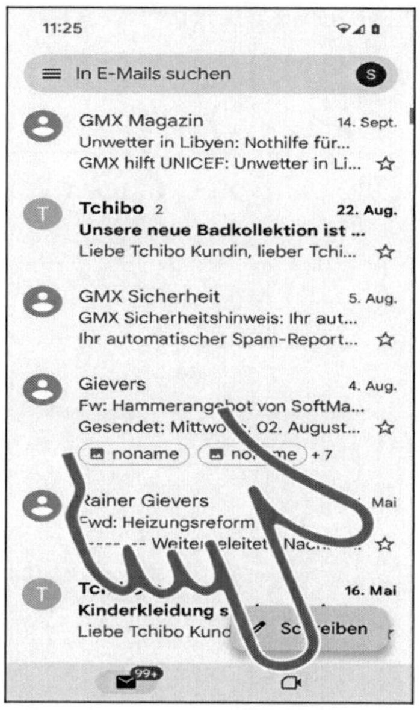

❶ In der Gmail-Anwendung aktivieren Sie das *Meet*-Register.

❷ In unserem Fall möchten wir selbst ein Videotelefonat beginnen und gehen daher auf *Neue Videokonferenz.*

❸ Wählen Sie *Sofortbesprechung starten.* In den zwei einmalig angezeigten Popups wählen Sie *Bei Nutzung der App.*

❶ Sie erhalten eine Webadresse angezeigt, über die andere Personen teilnehmen können (Pfeil).

❷❸ Wenn Sie möchten, geben Sie die Webadresse über *Einladung teilen* beispielsweise per E-Mail weiter.

Die angezeigte Webadresse *meet.google.com/xxx-xxx-xxx* enthält übrigens den Freigabecode, in unserem Beispiel *nmp-tjqz-krh*. Darauf kommen wir noch zurück.

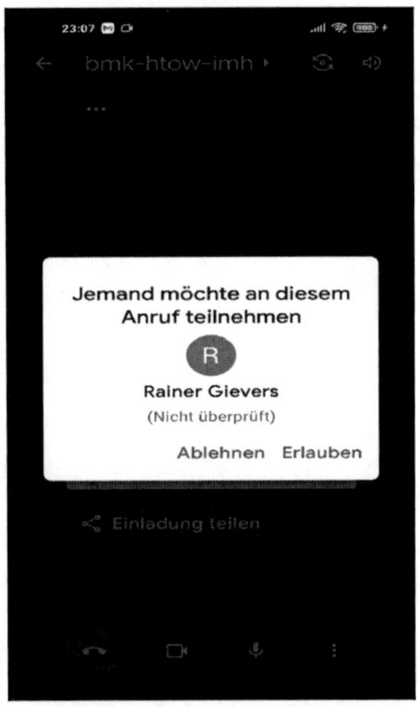

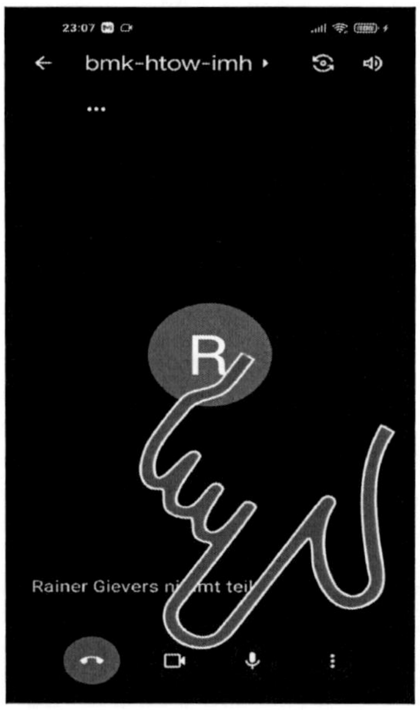

❶ Sobald jemand anders sich an Ihrer Videokonferenz anmeldet, müssen sie ihn erst mit *Erlauben* freigeben.

❷ Über die vier Schaltleisten am unteren Bildschirmrand steuern Sie das Telefonat:

- Auflegen (Videokonferenz beenden)
- Eigenes Kamerabild ein/ausschalten
- Mikro ein/ausschalten

Achtung: Machen Sie die anderen Teilnehmer darauf aufmerksam, dass sie ihr Mikro immer ausgeschaltet lassen und es erst aktivieren, wenn sie sprechen. Danach sollten sie es wieder ausschalten. Es kommt sonst zu sehr unangenehmen Rückkopplungen.

18.2 An Videokonferenz auf dem Handy teilnehmen

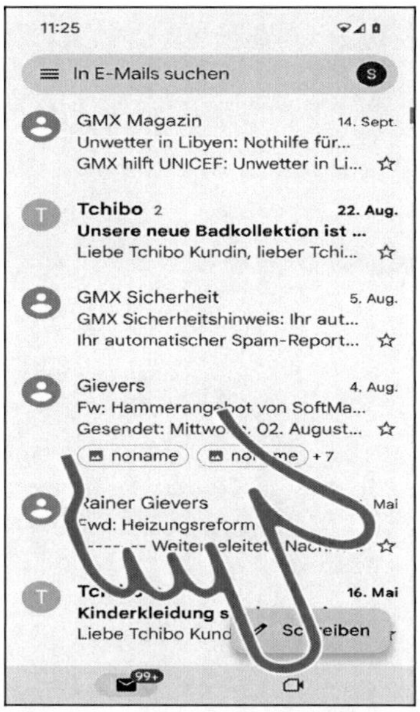

❶❷ So nimmt jemand Ihre Videokonferenz an: Nach dem Aufruf der Gmail-Anwendung auf seinem Handy aktiviert er das *Meet*-Register und betätigt *Mit einem Code teilnehmen.*

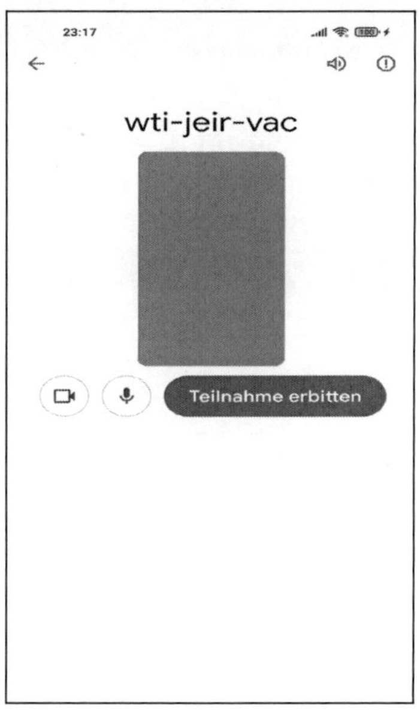

❶ Nun ist der oben erwähnte Code einzugeben und *Teilnehmen* zu betätigen.

❷❸ *Teilnahme erbitten* aktiviert die Videokonferenz.

18.3 Videokonferenz auf dem Chromebook einleiten

Sie starten Meet mit einem Klick auf in der Ablage (Pfeil). Sie finden das Programm natürlich auch unter *Google Meet* im Apps-Menü.

Schließen Sie den Hinweis (1). Beim ersten Aufruf müssen Sie Mikrofon und Kamera für Meet freigeben, weshalb Sie *Zulassen* im Popup betätigen. Auch beim folgenden Benachrichtigungen-Popup sollten Sie auf *Zulassen* (2) gehen.

In unserem Fall möchten wir selbst eine Videokonferenz beginnen und gehen daher auf *Neue Videokonferenz* und dann *Sofortbesprechung starten.*

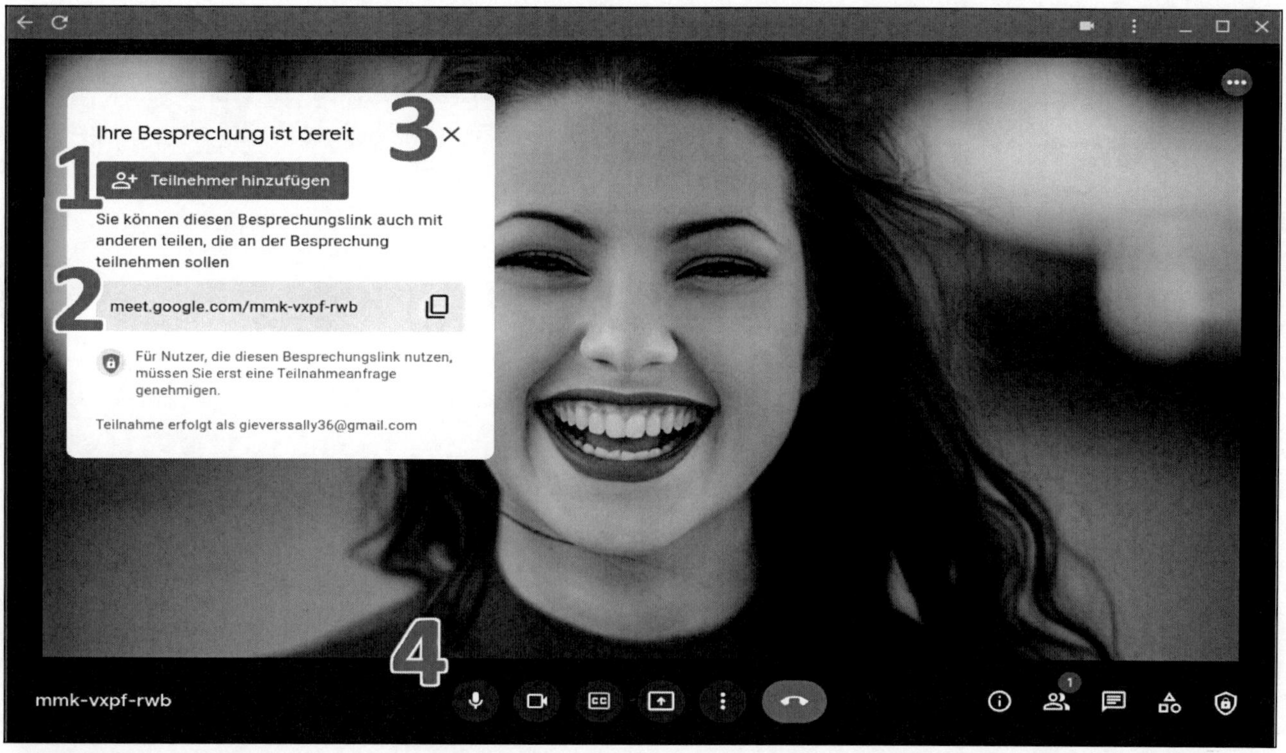

Sie können nun wahlweise Teilnehmer per E-Mail einladen (1) oder geben diesen einfach die angegebene Webadresse *meet.google.com/xxx-xxx-xxx* (2), die sie in ihrem Webbrowser aufrufen müssen. Schließen Sie das Fenster, sobald Sie es nicht mehr benötigen (3).

Die Schaltleisten am unteren Bildschirmrand (4):

- : Mikrofon ein/ausschalten
- : Kamera ein/ausschalten
- : Automatische Untertitel: Alles Gesprochene wird sofort in Text übersetzt. Standardsprache ist Englisch, man kann aber auch auf andere Sprachen umschalten.
- : Im Präsentationsmodus wird der komplette Bildschirm, ein geöffnetes Fenster oder ein Browser-Tab übertragen. Ihr Videofenster erscheint verkleinert unten rechts.
- : Beendet das Gespräch.

18.3.1 Videokonferenz annehmen

Für die Teilnahme an einer Videokonferenz klicken Sie entweder auf den erhaltenen Link im Format *meet.google.com/xxx-xxx-xxx* oder Sie geben die 9 Zeichen in der Meet-Anwendung ein (Pfeil) und betätigen *Teilnehmen.*

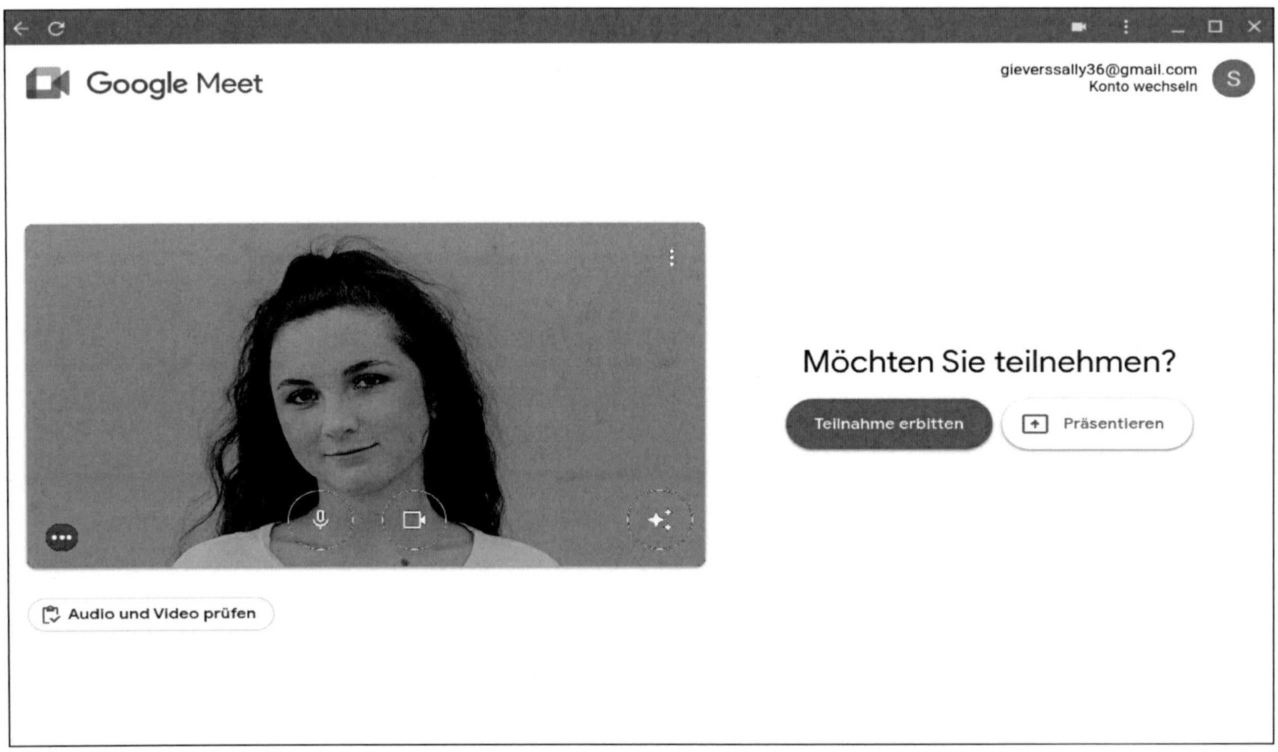

Gehen Sie auf *Teilnahme erbitten*, worauf der Initiator der Videokonferenz Sie hinzufügen muss.

18.4 Alternativer Aufruf

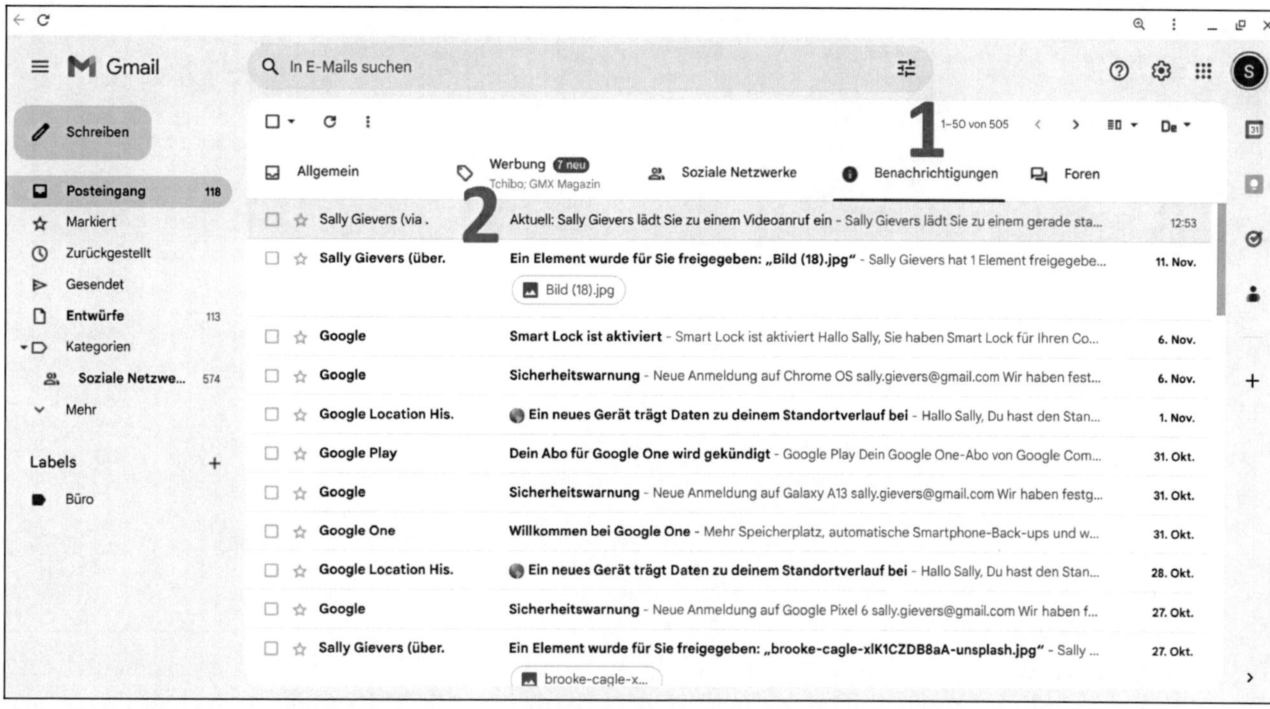

Falls Ihnen jemand per E-Mail eine Gesprächseinladung geschickt hat, so finden Sie diese in der E-Mail-Oberfläche (siehe Kapitel *8 Gmail*). Aktivieren Sie dazu das *Benachrichtigungen*-Register (1) und klicken Sie die Einladung an.

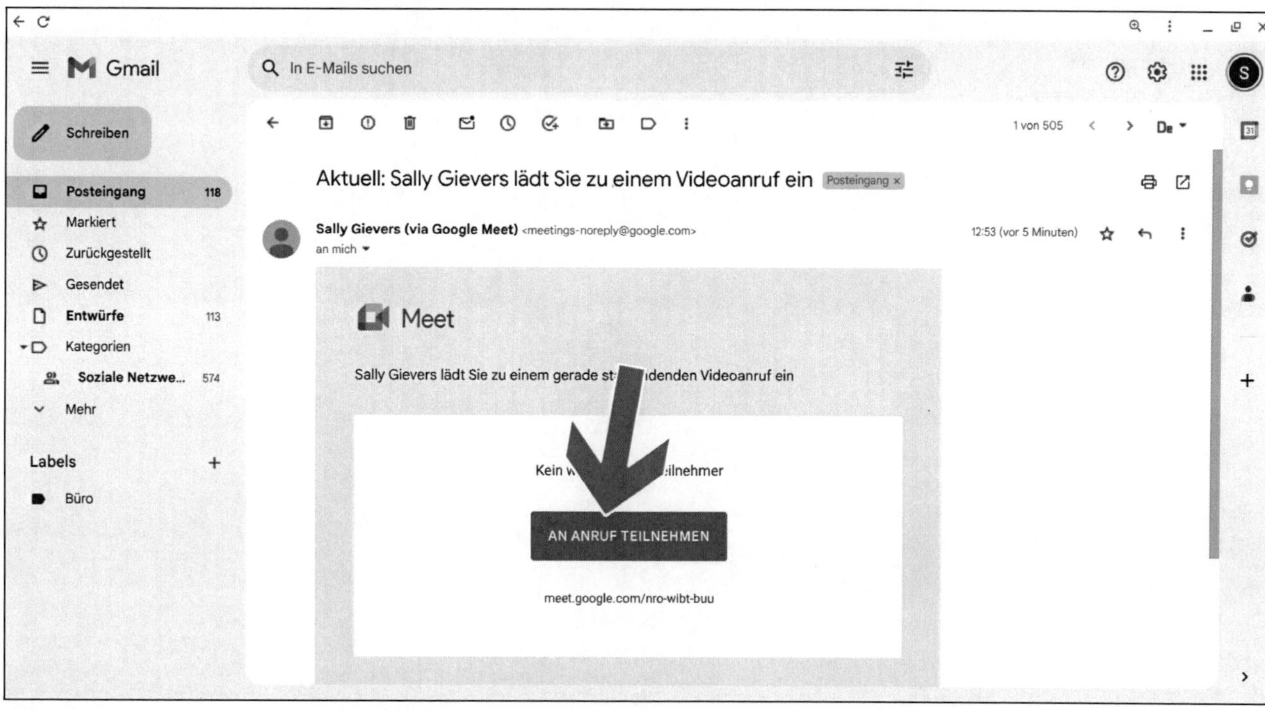

Danach gehen Sie auf *AN ANRUF TEILNEHMEN*.

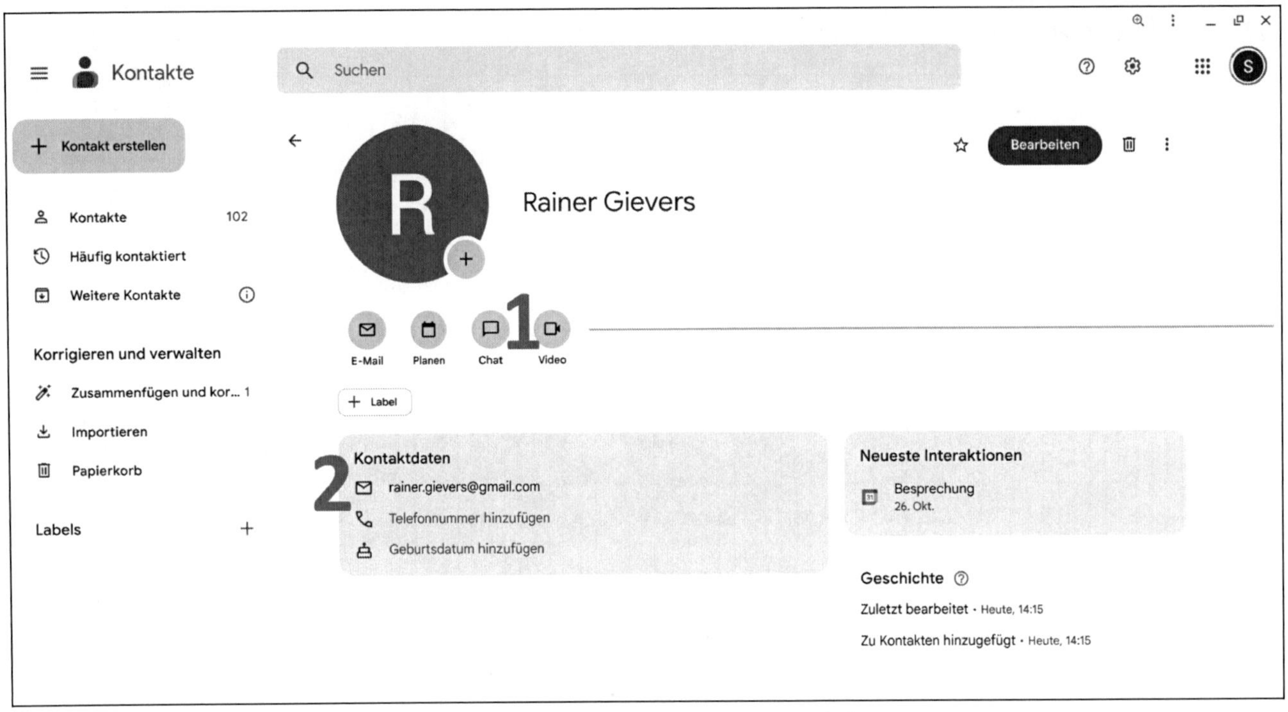

In der Kontaktverwaltung rufen Sie in den Kontaktdetails mit ▭◀ (1) jemanden an. Beachten Sie, dass dies nur möglich ist, wenn dessen Gmail-E-Mail-Adresse (2) im Kontakt hinterlegt ist.

19. Google Maps

Google Maps zeigt nicht nur Straßenkarten, sondern auch Satellitenansichten an und dient als Routenplaner. Beachten Sie, dass Google Maps die Kartenausschnitte jeweils aus dem Internet lädt, also eine WLAN- oder Mobilfunkverbindung (nur bei Chromebooks mit SIM-Steckplatz) bestehen muss.

Da alle uns bekannten Chromebooks keinen GPS-Empfänger besitzen, funktioniert die von Google Maps unterstützte Autonavigation nicht. Auch die Standortermittlung, die automatisch vom gerade angezeigten Kartenausschnitt wieder auf die aktuelle GPS-Position umschaltet, funktioniert nicht. Auf eine Beschreibung dieser Funktionen gehen wir im Buch daher nur am Rande ein.

Sie können Google Maps auch auf dem Desktop-PC im Webbrowser nutzen: Geben Sie dort *maps.google.de* als Webadresse ein.

19.1 Erste Einrichtung

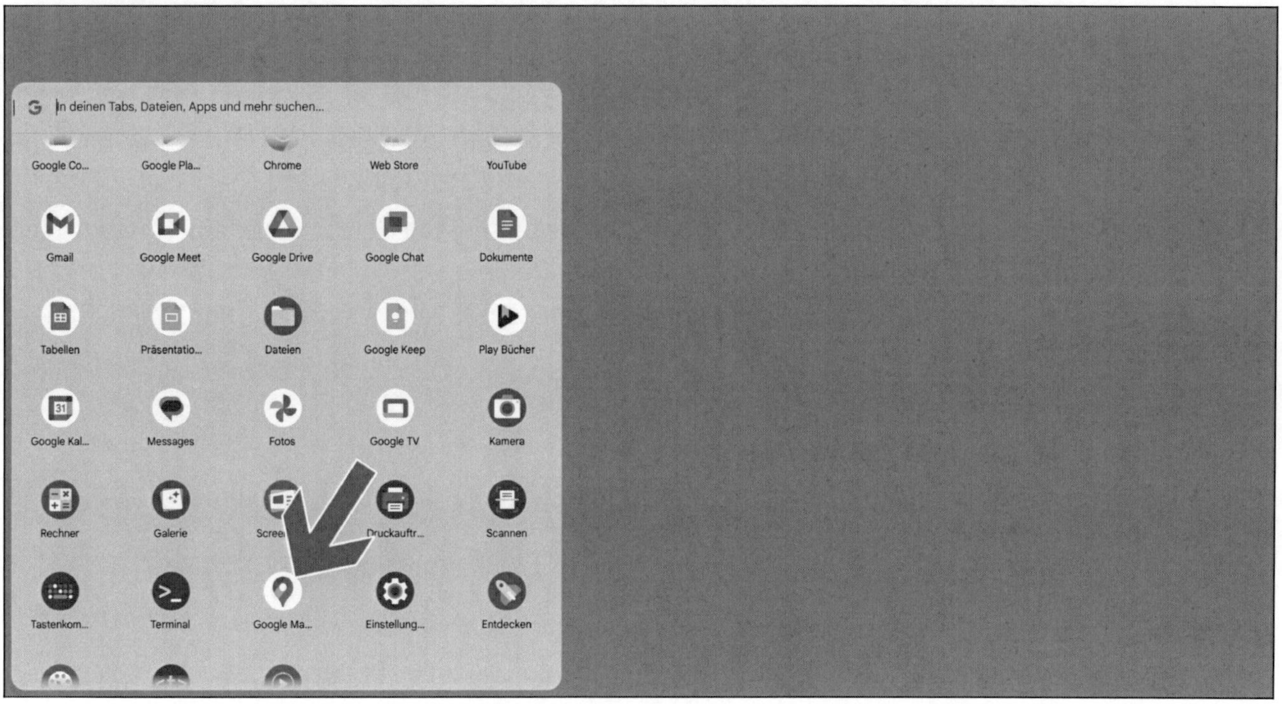

Google Maps wird im Apps-Menü aufrufen.

19.2 Google Maps nutzen

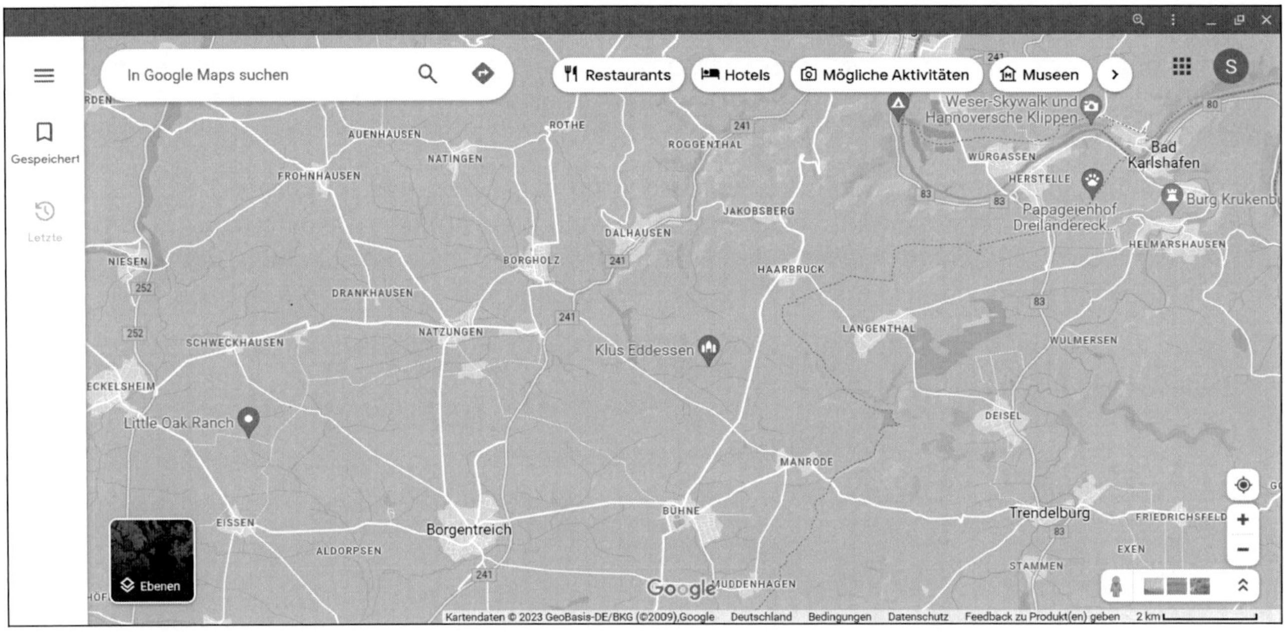

Den angezeigten Kartenausschnitt ändern Sie, indem Sie den Mauszeiger in die Karte bewegen und dann mit gedrückter linker Maustaste in die gewünschte Richtung ziehen.

Es existieren gleich mehrere Möglichkeiten, wie Sie den Kartenausschnitt verkleinern/vergrößern (Zoom):

- Klicken Sie zweimal schnell hintereinander mit der linken Maustaste auf einen Bereich ohne Beschriftung.
- Nutzen Sie die Schaltleisten **+** und **–** unten rechts.
- Drehen Sie am Mausrad Ihrer Maus.

Betroffen von Ihrer Aktion ist immer der Kartenausschnitt unter dem Mauszeiger.

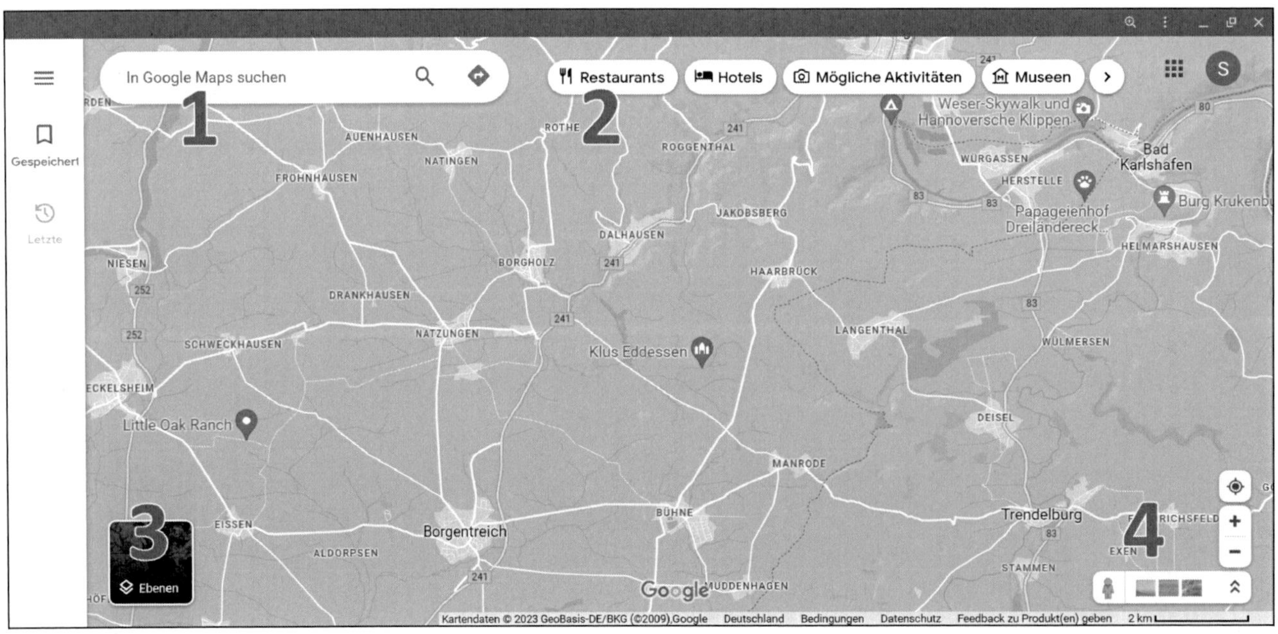

Verwenden Sie das Suchfeld (1) um Orte, Firmen, Adressen oder Sehenswürdigkeiten aufzufinden. Alternativ klicken Sie eine der Schaltleisten für die schnelle Anzeige von häufig benötigten Dienstleistungsangeboten an (2).

Ein Klick auf das Satellitenfoto (3) schaltet auf die Satellitenansicht um.

Unten rechts (4) sehen Sie die Schaltleisten:

- (Mein Standort): Zeigt nach Anklicken Ihre vom GPS-Empfänger ermittelte Position auf der Karte an. Dazu müsste allerdings der PC einen GPS-Empfänger besitzen, weshalb diese Funktion dort nicht verfügbar ist beziehungsweise nur einen ungenaue Standort liefert.
- +: Kartenausschnitt verkleinern (herein zoomen).
- −: Kartenausschnitt vergrößern (heraus zoomen).
- : Den »Pegman« ziehen Sie in die Karte, um Straßenfotos anzuzeigen (siehe Kapitel *19.5 Google Street View*).
- : Öffnet das Erkunden-Fenster, welches Fotos von Sehenswürdigkeiten aus der Gegend anzeigt.

19.3 Die Seitenleiste

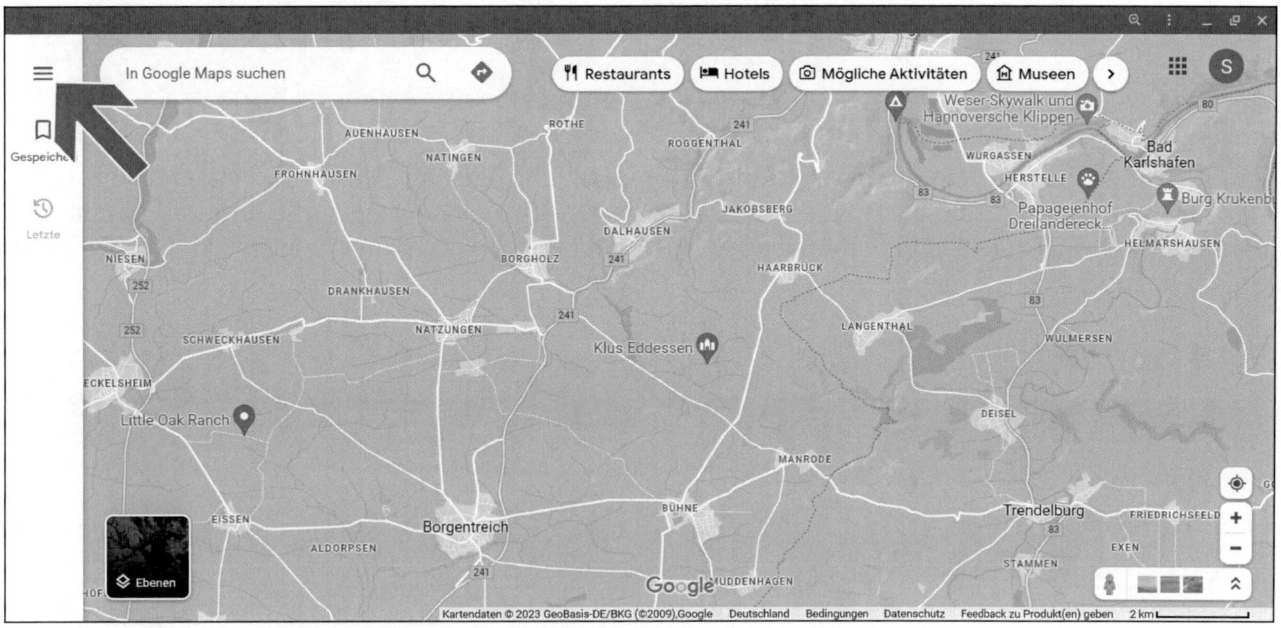

Die sogenannte Seitenleiste auf der linken Seite zeigt an:

- *Gespeichert*: Als Favoriten markierte Orte/Sehenswürdigkeiten.
- *Letzte*: Zuletzt angezeigte/gesuchte Orte/Sehenswürdigkeiten.

Lassen Sie sie mit einem Klick auf ≡ (Pfeil) ausklappen.

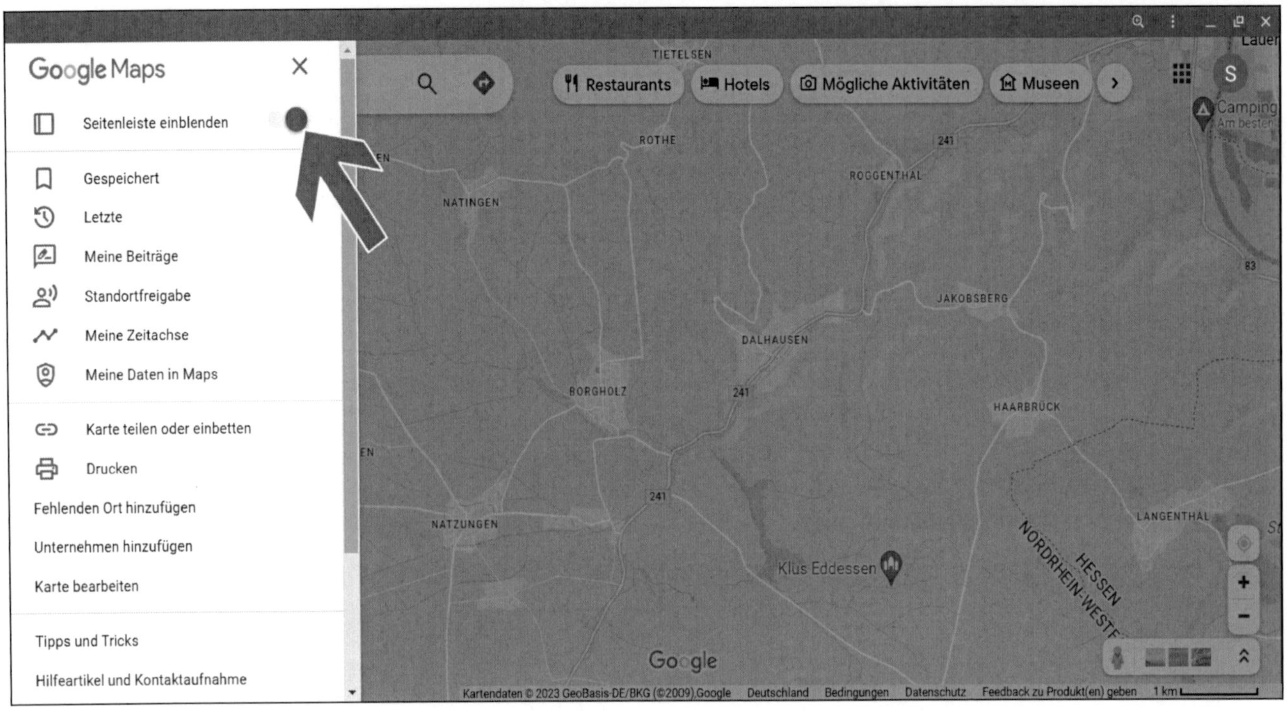

Die hier angebotenen Funktionen sind in der Praxis nicht relevant. Weil die Seitenleiste ohnehin nur unnötig Bildschirmplatz belegt, schalten wir sie ab, indem wir die Option *Seitenleiste einblenden* deaktivieren. Die Seitenleiste lässt sich natürlich weiterhin anzeigen, indem Sie ≡ im Suchfeld anklicken.

19.4 Suche

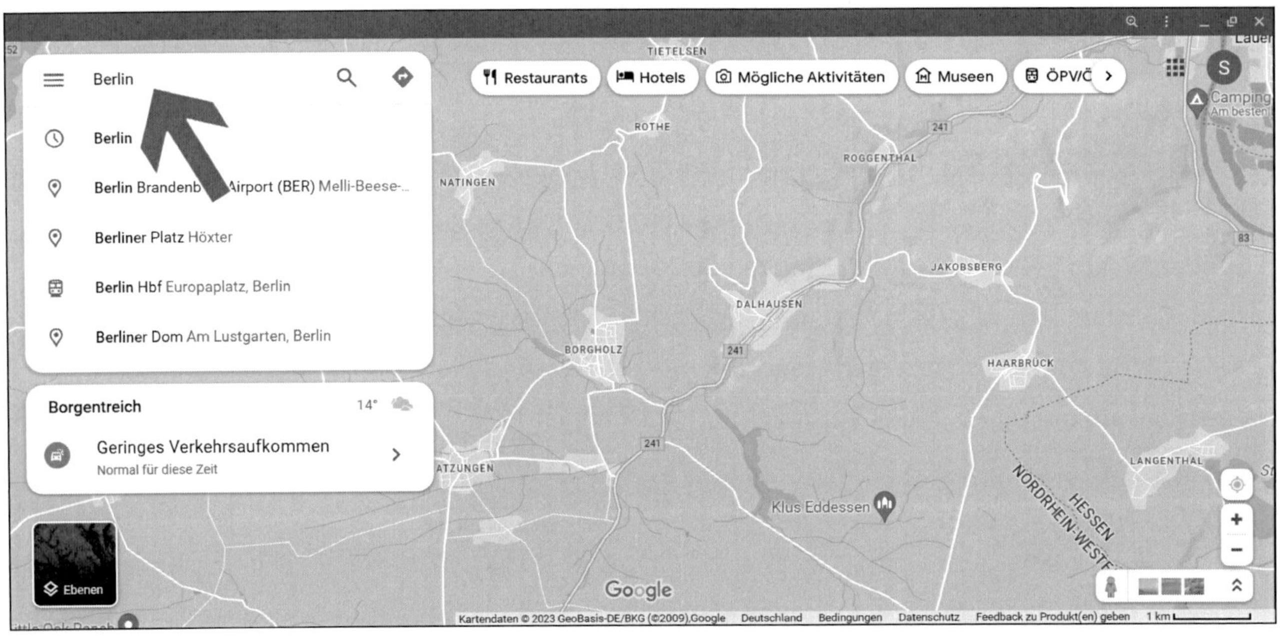

Gehen Sie ins Suchfeld, um Adressen oder Sehenswürdigkeiten (Points of Interest) aufzufinden. Dort erfassen Sie eine Adresse und betätigen die Enter-Taste im Tastenfeld. Eventuell macht Google Maps hier schon Vorschläge, die Sie direkt mit einem Klick auswählen können.

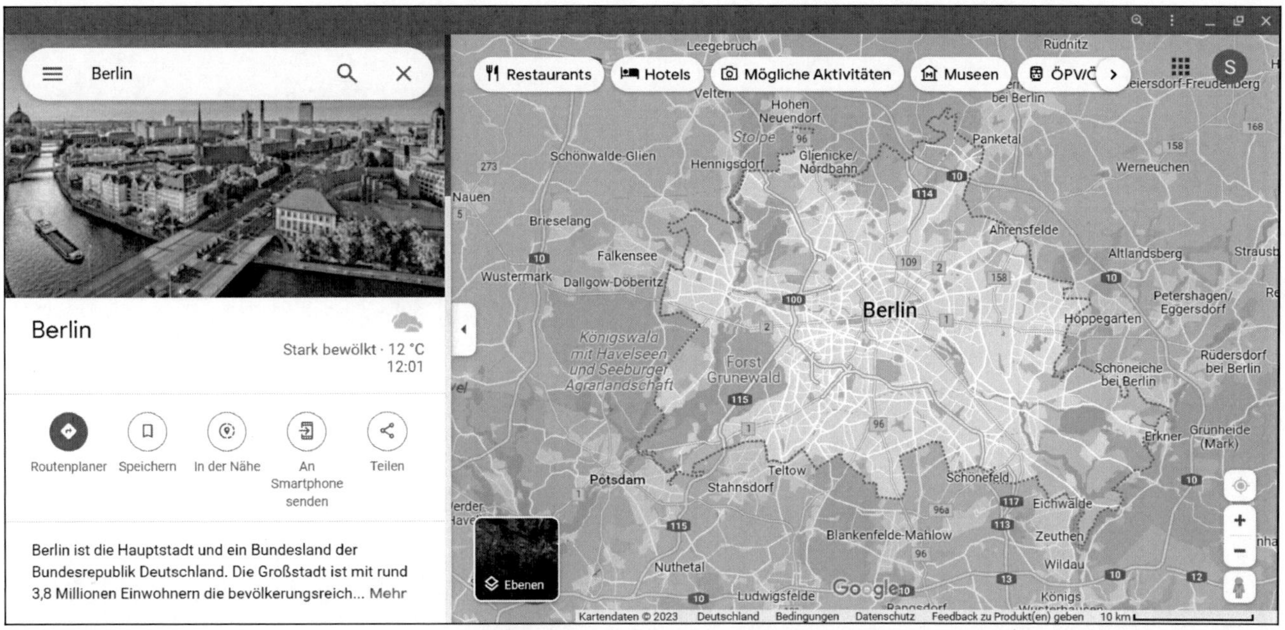

Google Maps wechselt zum gesuchten Ort und zeigt die Adresse mit einer Markierung in der Karte an (nur bei genauen Ortsangaben, beispielsweise wenn eine bestimmte Sehenswürdigkeit oder Straße gesucht wurde).

Die Angaben unter dem Suchfeld:

- Aktuelles Wetter
- *Routenplaner* (siehe Kapitel *19.6 Routenplaner*)
- *Speichern*: Ort als Favorit speichern.
- *In der Nähe:* Macht Suchvorschläge, beispielsweise für Restaurants und Hotels.
- *An mein Smartphone senden*: Erstellt eine Nachricht mit den angezeigten Standort, der per E-Mail oder SMS an Ihr Android-Handy geschickt wird.
- *Teilen*: Link auf den angezeigten Kartenausschnitt erstellen, den Sie in die Zwischenablage kopieren und beispielsweise in E-Mails einfügen können. Der Empfänger kann dann mit einem Klick auf den Link den Standort bei sich in Google Maps anzeigen.
- Interessante Fakten zum Ort beziehungsweise Kontaktdaten, Öffnungszeiten und Bewertungen durch Besucher/Nutzer.

Häufig findet Google Maps auch mehrere Orte oder Points of Interest, die dann aufgelistet werden. Klicken Sie eines der Suchergebnisse, zu dem Sie weitere Infos wünschen, an.

Halten Sie den Mauszeiger über der Auflistung und drehen Sie am Mausrad zum Blättern durch die Ergebnisliste. Alternativ ziehen Sie mit der Maus am Rollbalken (Pfeil).

Über die *Bewertung*-Schaltleiste (Pfeil) grenzen Sie die Fundstellen nach Bewertung ein. Beachten Sie bitte, dass die Bewertungen die subjektive Meinung anderer Google Maps-Nutzer sind und daher ungenau, veraltet oder sogar falsch sein können.

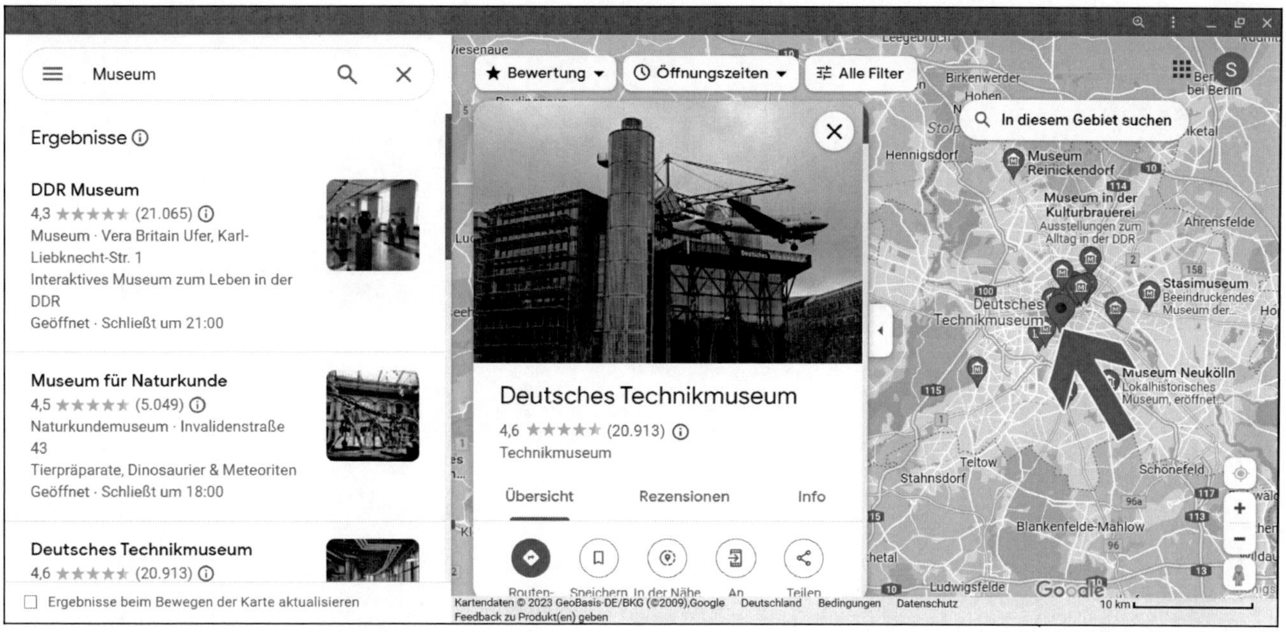

Ein Klick auf eine Fundstelle rechts in der Kartenansicht (Pfeil) zeigt den jeweiligen Point of Interest mit Bewertungen an.

Tipp 1: Geben Sie im Suchfeld auch die Postleitzahl ein, wenn zu vermuten ist, dass eine gesuchte Stadt mehrfach vorkommt.

Tipp 2: Möchten Sie beispielsweise wissen, welche Sehenswürdigkeiten es in einer bestimmten Region/Stadt gibt, dann wechseln Sie zuerst den entsprechenden Kartenausschnitt (Sie können auch die Stadt suchen) und geben im Suchfeld einen allgemeinen Begriff wie »Museum« ein.

Zum Löschen der Suchergebnisse in der Karte tippen Sie oben rechts neben dem Suchfeld die ×-Schaltleiste an.

19.5 Google Street View

Street View zeigt den Straßenverlauf in einer 360-Grad-Panorama-Ansicht an. Die dazu verwendeten Fotos werden von Google mit speziell ausgerüsteten Kamera-Autos erstellt.

In Deutschland hatte Google aus Datenschutzgründen starken Gegenwind in der Bevölkerung, weshalb das Unternehmen auf Wunsch Gebäude in Street View unkenntlich machte. Es gab dazu mehr als 244.000 Anträge.

Auch wenn Google seinen 2010 in Deutschland gestarteten Street View-Dienst seit 2011 nicht mehr aktualisierte, fuhren weiterhin Google-Autos zur Verbesserung der Kartendaten durch Deutschland. Seit 2023 – offenbar ist die Akzeptanz in der Bevölkerung inzwischen höher – fügt das Unternehmen wieder neue Street View-Fotos hinzu.

In anderen Ländern, in denen Google regelmäßig Straßenfotos erstellt, ist es sogar möglich, ältere Street View-Aufnahmen anzuzeigen. Damit lässt sich die städtebauliche Entwicklung ganzer Straßenzüge mit wenigen Klicks verfolgen.

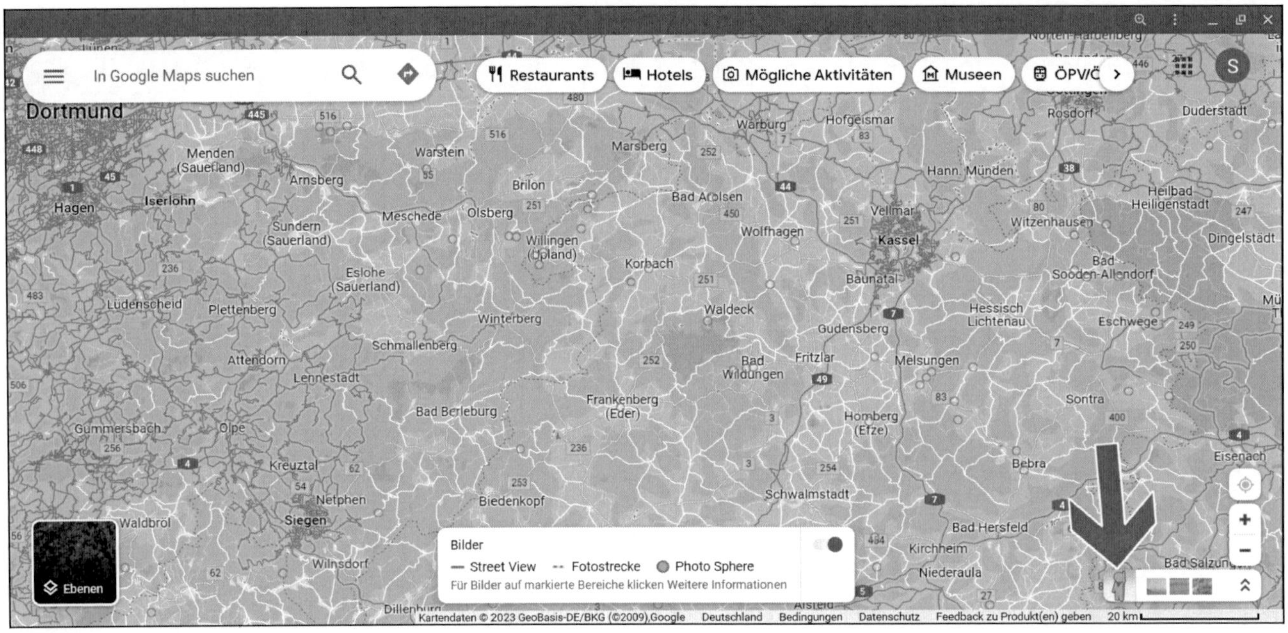

Klicken Sie einmalig auf den orangefarbenen »Peg Man« (Pfeil). Die durch Fotos abgedeckten Straßen werden nun blau hervorgehoben. Anschließend bewegen Sie den Mauszeiger zu einer Kartenposition und führen einen Mausklick aus, was Sie in die Street View-Anzeige bringt. Ein Vorschaubild hilft Ihnen bei der Orientierung.

Ein erneuter Klick auf den »Peg Man« schaltet wieder auf die Standardkartenansicht um.

Street View umfasst drei verschiedene Bildquellen:

- Street View: Von den Google-Autos mit 360-Grad-Kameras erstellte Straßenaufnahmen, in denen Sie sich per Mausklick von Straße zu Straße »bewegen«.
- Photo Sphere: 360-Grad-Außenaufnahmen von Drittanbietern.
- Innenansicht: 360-Grad-Fotos von Drittanbietern. Meistens handelt es sich um Innenräume von Unternehmen oder Museen.

Sofern Sie zuvor einen besonders großen Kartenausschnitt, beispielsweise auf ganz Deutschland, in der Karte herauszoomen, sehen Sie auf einem Blick, welche Städte und Regionen in Street View vertreten sind.

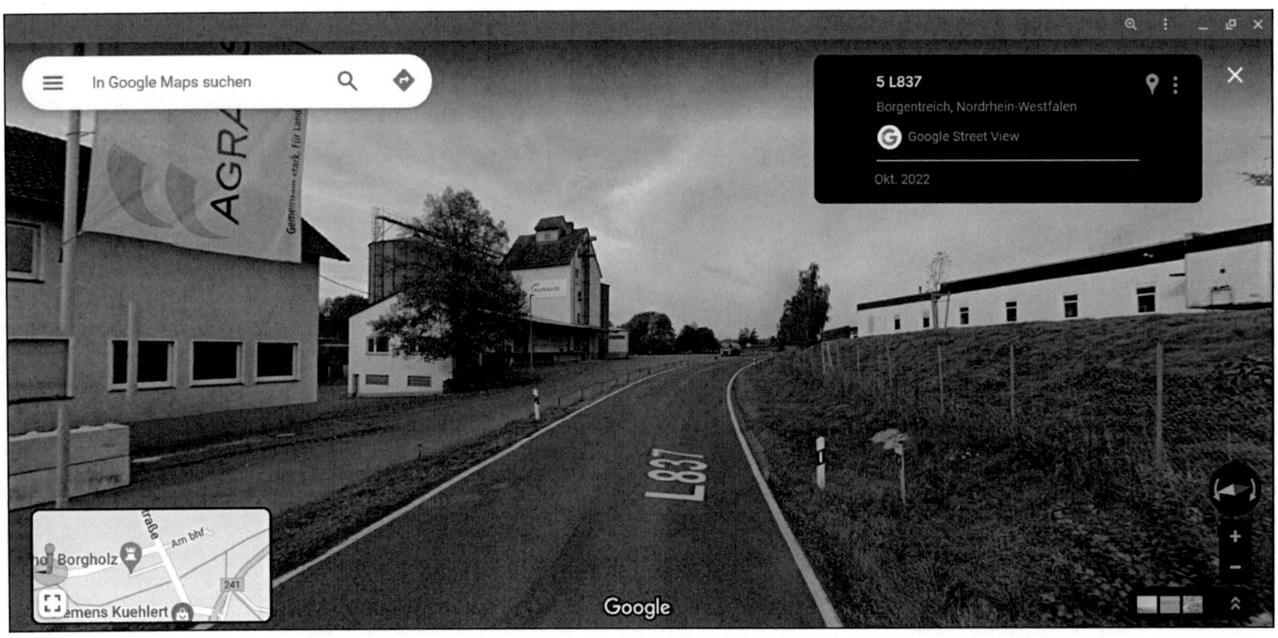

Im Street View-Modus zeigt Google Maps den Kartenbereich als Panorama-Ansicht. Bewegen Sie den Mauszeiger in die Ansicht und ziehen Sie mit gedrückter Maustaste nach links oder rechts, worauf sich die Ansicht ändert. Ein Klick auf den Straßenverlauf folgt dieser.

Die Esc-Taste auf das Tastatur beendet den Street View-Modus und schaltet wieder auf die Kartenansicht zurück.

> Manche Häuser in Street View sind »verpixelt«, das heißt man sieht nur einen unscharfen Umriss. Grund dafür ist eine Einigung zwischen Google und den deutschen Datenschützern, derzufolge Hausbewohner Ihr Grundstück bei Street View »verpixeln« lassen konnten.

Auch außerhalb der Street View-Regionen stehen natürlich 360-Grad-Fotos (»Photo Sphere«) zur Verfügung. Deren Position ist jeweils mit einem blauen Kreis in der Kartenansicht markiert. Klicken Sie mal darauf…

Das 360-Grad-Panorama wird angezeigt. Mit den Cursortasten beziehungsweise »ziehen« mit der gedrückten Maustaste ändern Sie die Ansicht. Auch hier bringt Sie die Esc-Taste wieder zurück auf die Kartenansicht.

19.6 Routenplaner

Der Routenplaner zeigt Ihnen die beste Fahrtroute zwischen zwei Standorten.

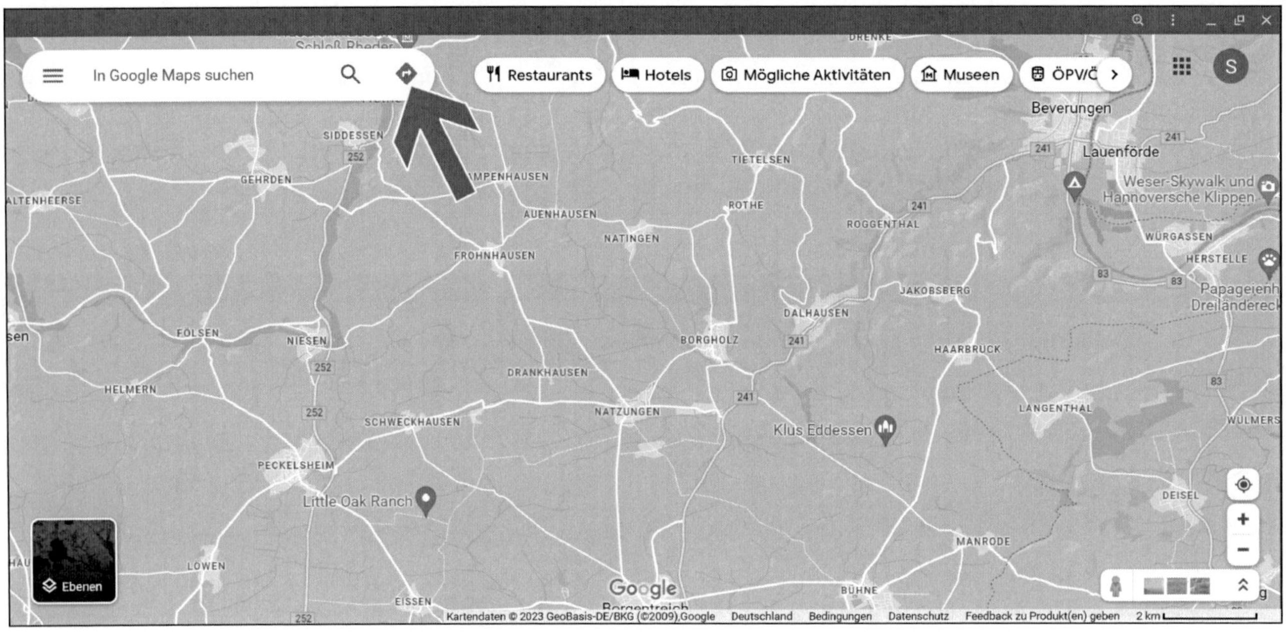

Klicken Sie auf (Pfeil) für den Routenplaner.

> Tipp: Wenn Sie vor dem Klick auf zuerst nach einem Ort beziehungsweise Point of Interest suchen, wird dieser beim Klick auf *Routenplaner* automatisch als Zielort übernommen.

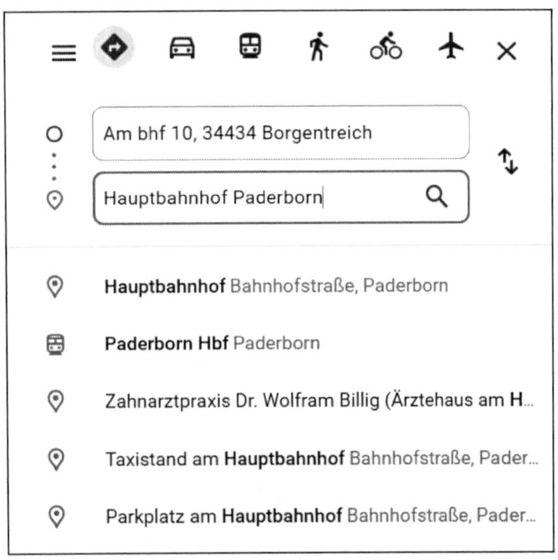

Sie müssen nun Start und Ziel eingeben, wobei Sie recht frei in der Eingabe sind, das heißt neben Adressen können Sie auch einfach Namen von Sehenswürdigkeiten, Unternehmen usw. eingeben. Am unteren Rand macht Google Maps passende Vorschläge, aber auch bereits besuchte Orte werden aufgelistet.

Die Pictogramme schalten die Routenberechnung für bestimmte Verkehrsmittel um:

- : Google Maps empfiehlt das optimale Verkehrsmittel.
- : Auto
- : LKW und Busse
- : Fußgänger

- 🚲: Fahrrad
- ✈: Flugzeug

Weitere Schaltleisten:

- X: Routenberechnung beenden.
- ⇅: Start und Zielort tauschen.

Sobald Sie Start und Ziel ausgewählt beziehungsweise mit der Enter-Taste bestätigt haben, listet Google Maps die möglichen Fahrtrouten auf.

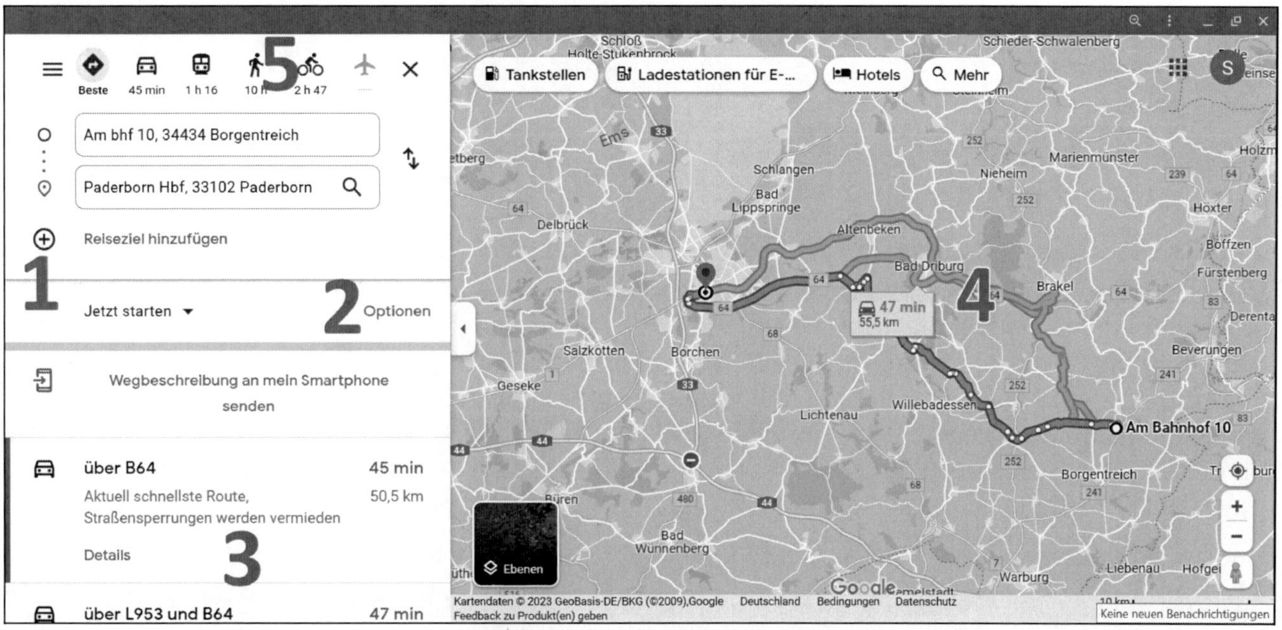

Falls sich der Kasten, in dem Sie zuvor die Routendaten eingegeben haben, ausblendet, bewegen Sie einfach den Mauszeiger wieder darauf.

Über ⊕ (1) fügen Sie Zwischenstopps hinzu. Dies ist praktisch, um Google Maps zur Verwendung von bestimmten Routen zu zwingen. In den Routenoptionen, die Sie mit *OPTIONEN* aktivieren (2) stellen Sie ein, ob Autobahnen, Mautstraßen und Fähren zu meiden sind.

Insbesondere bei längeren Strecken gibt es meist mehrere mögliche Fahrtmöglichkeiten, zwischen denen Sie mit einem Klick auf die Routenvorschläge (3) umschalten. Alternativ: Google Maps blendet in der Kartenansicht mögliche Routen ein. Klicken Sie darin einfach einen der grauen Routenvorschläge (4) in der Karte an.

In unserem Beispiel besteht eine direkte Bahnverbindung zwischen Start- und Zielort. Damit Google Maps sich auf Autorouten beschränkt, müssen Sie dann oben als Verkehrsmittel 🚗 aktivieren (5).

Da der Routenplaner innerhalb von Google Maps abläuft, stehen dort viele der bereits ab Kapitel *19.2 Google Maps nutzen* beschriebenen Funktionen zur Verfügung. Zum Beispiel können Sie den Kartenausschnitt verschieben, oder im Kartenmaterial heraus- und hineinzoomen.

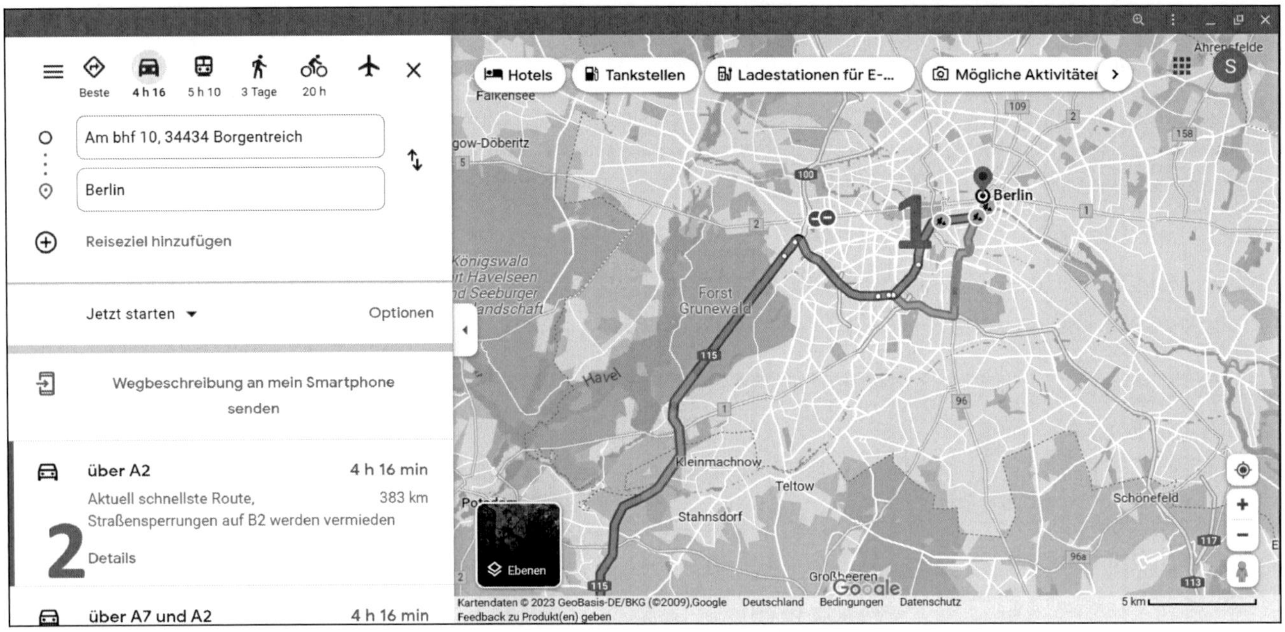

Vielleicht ist es Ihnen schon aufgefallen, dass die in der Karte eingezeichnete Route teilweise unterschiedliche Farben aufweist. Sie erkennen daran die aktuelle Verkehrslage. Die Daten stammen von Android-Handys, welche in anonymer Form ihre Position an Google-Server übermitteln, woraus Google den Verkehrsfluss ermittelt. Es sind nur Strecken eingefärbt, für die genügend Daten vorliegen. Rot sind Staus markiert, während zähflüssiger Verkehr in oranger Farbe markiert ist. Übrigens orientiert sich Google Maps am Verkehrsgeschehen, das heißt, je nach Tageszeit wird Ihnen eine andere Route beziehungsweise Fahrtzeit empfohlen.

Baustellen dokumentiert ein 🚧-Symbol (1).

Details (2) listet zur aktuellen Route die Fahrtzeiten auf und bietet eine Druckfunktion.

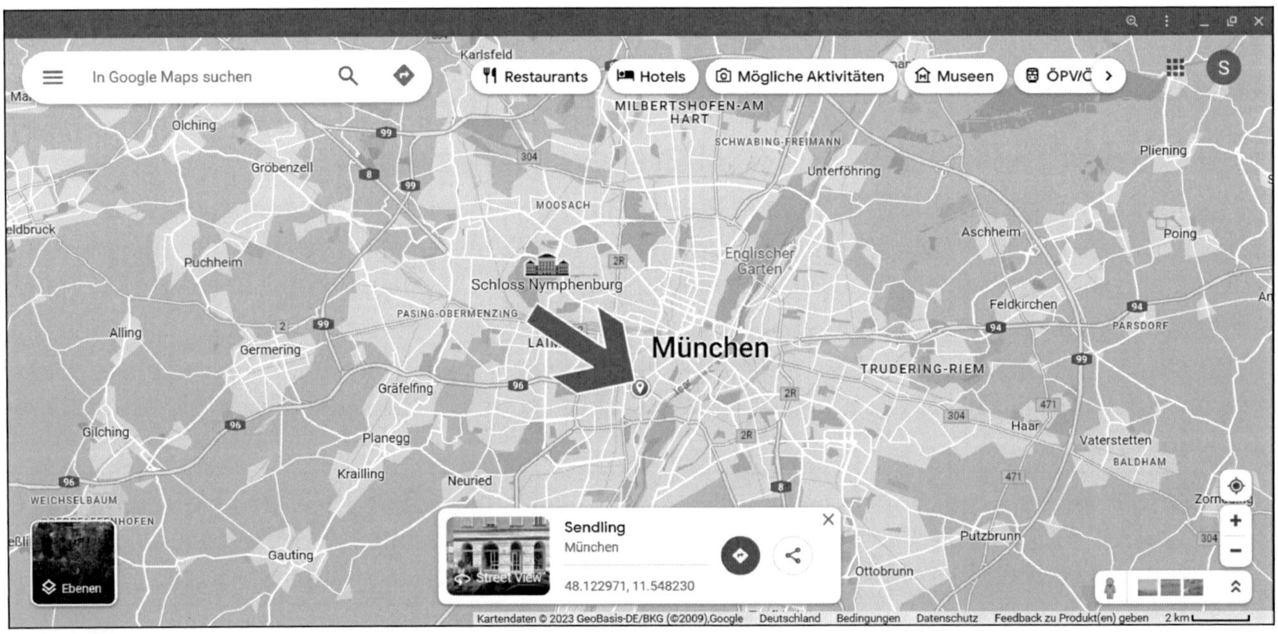

Alternativer Aufruf des Routenplaners: Ein Klick auf eine beliebige Kartenposition (Pfeil) öffnet ein Popup. Dort klicken Sie dann auf ◈.

19.7 Ansichten

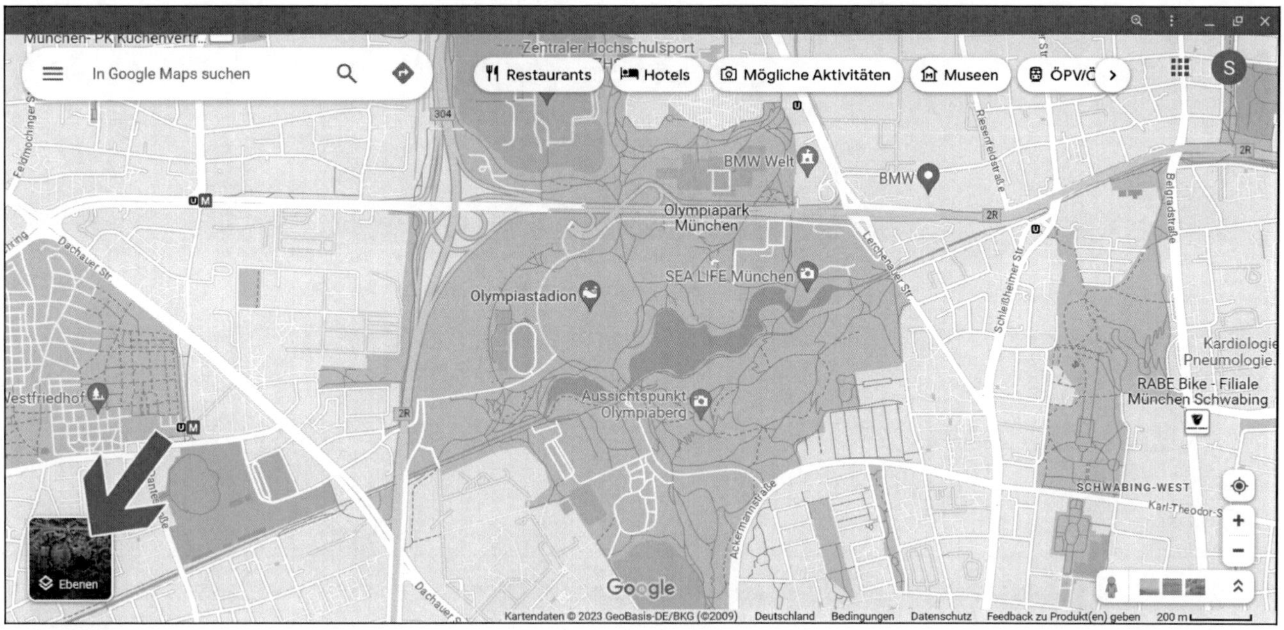

Ein Klick auf das Vorschaubild (Pfeil) schaltet zwischen Karten- und Satellitenansicht um. Die Satellitenansicht ist insbesondere dann praktisch, wenn man sich genau orientieren will, weil die normale Kartenansicht kaum Hinweise auf die Bebauung und markante Geländemerkmale gibt.

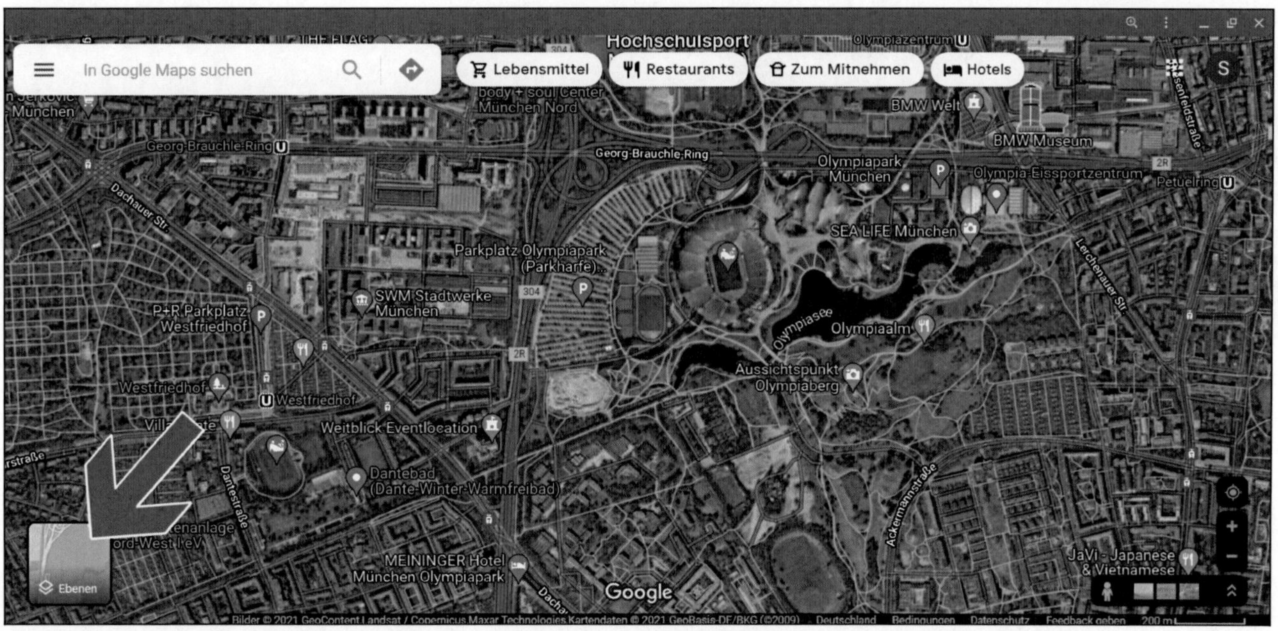

Ein Klick auf *Ebenen* (Pfeil) schaltet wieder auf die gewohnte Kartenansicht um.

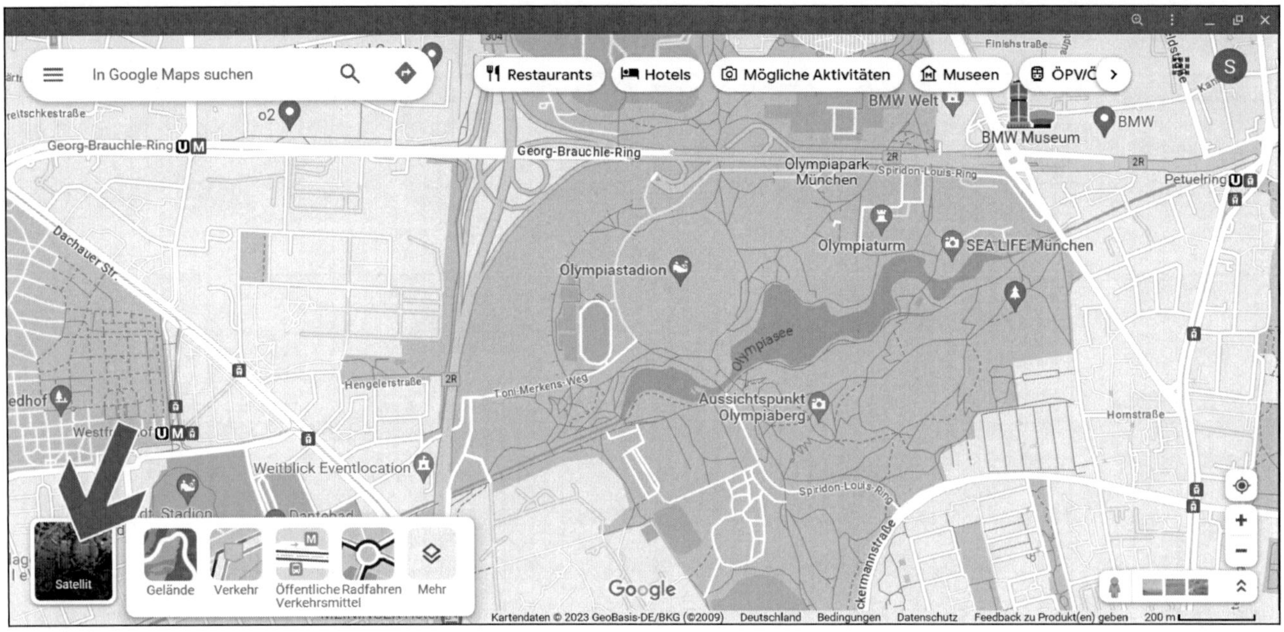

Halten Sie den Mauszeiger über die *Satellit*-Schaltleiste. Hier stehen Ihnen weitere Ansichten zur Verfügung:

- *Gelände*: Topografie anzeigen.
- *Verkehr*: Zeichnet das aktuelle Verkehrsgeschehen in der Karte mit Farben von Rot (stockend) bis Grün (fließend) ein. Optional informiert Sie *Normale Verkehrslage* (im Auswahlmenü am unteren Bildschirmrand) über die an bestimmten Wochentagen/Uhrzeiten vorherrschende Verkehrslage.
- *Öffentliche Verkehrsmittel*: Google Maps blendet in der Karte die Haltestellen öffentlicher Verkehrsmittel (Bus, Bahn, S- und und U-Bahn) ein. Ein Klick auf eine Haltestelle liefert Infos zum aktuellen Fahrplan.
- *Radfahren*: Für Fahrradfahrer freigegebene beziehungsweise geeignete Strecken anzeigen.
- *Mehr*:
  - *Street View*: Schaltet auf die bereits im Kapitel *19.5 Google Street View* beschriebene Funktion um.
  - *Brände*: In den USA sind Busch- und Waldbrände ein großes Problem, weshalb Google dazu Infos in der Karte einblendet. In Europa spielt diese Funktion keine Rolle.
  - *Luftqualität*: Die Luftqualität wird nur für die USA angezeigt.
  - *Reisedauer*: Die Reisedauer wird während der Routenplanung angezeigt.
  - *Messen*: Entfernung über Luftlinie messen. Dazu klicken Sie nacheinander zwei Punkte auf der Karte an.
  - *Standardeinstellung/Satellit*: Die Einstellung *Satellit* berücksichtigt bei der Kartendarstellung die Erdkrümmung. Der Effekt macht sich aber natürlich nur bei starkem Herauszoomen aus der Karte bemerkbar.

19.8 Google Local

Der Suchmaschinenbetreiber Google führt eine riesige Datenbank mit den Standorten von »Points of Interest« (POIs), unter anderem mit Unternehmen, Sehenswürdigkeiten, Restaurants usw. Wenn Sie eine Suche, beispielsweise nach »Restaurants«, in Google Maps durchführen, greift Google Maps auf diese Datenbank zurück und listet die Fundstellen auf. Man kann sich dann die Position eines Restaurants in der Karte, sowie weitere Infos, darunter auch Kundenbewertungen, Öffnungszeiten und Telefonnummern anzeigen. Diese Suche beschreibt bereits Kapitel *19.4 Suche*. Google Local vereinfacht die Suche und arbeitet mit Google Maps zusammen, um die Kartenposition anzuzeigen.

Etwas simpler ist die Option, einfach in den Kartenbereich zu wechseln, für den Sie Points of Interest suchen (zum Beispiel mit der im Kapitel *19.4 Suche* beschriebenen Suchfunktion), die Suche mit X beenden, die Suchleiste erneut anklicken und dann eine der Schaltleisten, beispielsweise für Restaurants zu betätigen.

Alle Points of Interest erscheinen zudem direkt in der Karte, wenn Sie tief genug hereinzoomen.

Weitere verfügbare Funktionen beschreibt bereits Kapitel *19.4 Suche*.

Tipp: Sofern Sie eine Firma betreiben und noch nicht bei Google Local gelistet werden, sollten Sie sich unter der Webadresse *www.google.com/business* kostenlos registrieren und Ihre Daten hinterlegen.

20. Google Fotos

Mit Google Fotos verwalten Sie Fotos und Videos nicht direkt auf Ihrem Chromebook, sondern im Internet, in Ihrem Google-Konto. Falls gewünscht, lädt das Chromebook automatisch Fotos von einer eingelegten SD-Speicherkarte in Ihr Google-Konto hoch. Für Sie hat dies den Vorteil, auf jedem Android-Gerät, auf dem Sie mit Ihrem Google-Konto angemeldet sind, auf alle Ihre Fotos und Videos zugreifen zu können.

Fotos und Videos werden auf Android-Handys und Tablets automatisch ins Google-Konto hochgeladen – sofern Sie also das gleiche Google-Konto auch auf dem Chromebook nutzen, dürften Sie in der Google Fotos-Anwendung also schon beim ersten Start reichlich Fotos/Videos vorfinden.

Starten Sie *Fotos* aus der Ablage. Alternativ finden Sie die Anwendung auch im Apps-Menü.

20.1 Erste Einrichtung

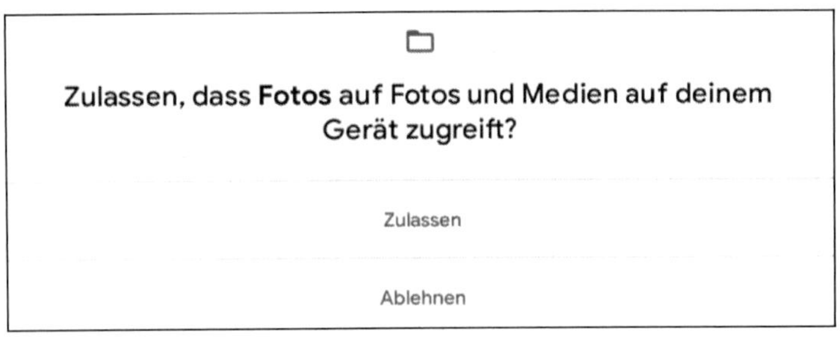

Gestatten Sie beim ersten Aufruf mit *Zulassen* den Dateizugriff.

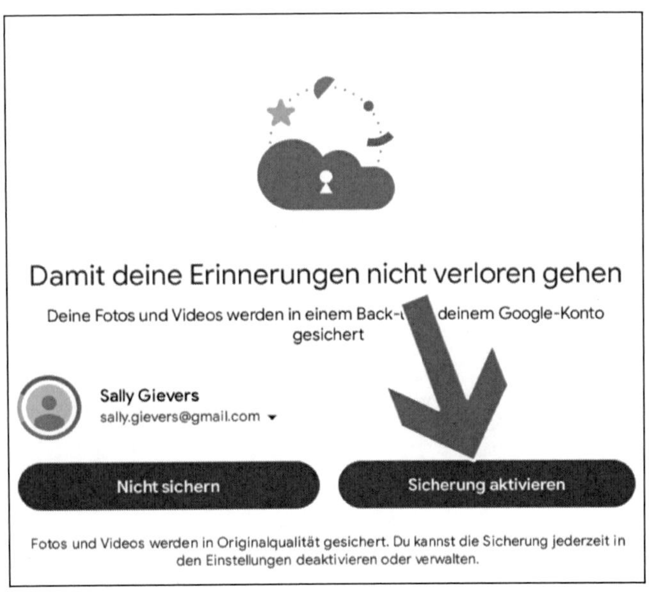

Schließen Sie das Popup mit *Sicherung aktivieren*.

Google Fotos erstellt über die eingebaute Gesichtserkennung automatisch Alben mit einzelnen Personen. Dabei erfolgt die Datenverarbeitung direkt auf dem Chromebook und es werden keine Gesichtsdaten an Google übertragen. Deshalb sollten Sie diese Funktion mit *Zulassen* aktivieren.

20.1.1 Sicherungseinstellungen

Google Fotos sichert Ihre Fotos/Videos automatisch auf Google-Servern im Internet. Der kostenlose Online-Speicher ist auf 15 Gigabyte begrenzt, was aber kein Beinbruch darstellt. Sollten Sie mal mehr als 15 Gigabyte an Fotos/Videos auf Ihrem Handy gespeichert haben, werden einfach weitere Dateien nicht mehr online gesichert. Im Kapitel *28 Google One* beschreiben wir, wie Sie bei Bedarf zusätzlichen Speicherplatz bei Google mieten können.

Mit dem nachfolgenden Trick sorgen sie dafür, dass die Fotos-Anwendung Ihre Dateien komprimiert online sichert. Fotos werden dabei auf 16 Megapixel komprimiert, Videos in HD konvertiert. Die Fotoqualität reicht dann immer noch für Abzüge mit bis zu 60 × 40 cm Größe aus.

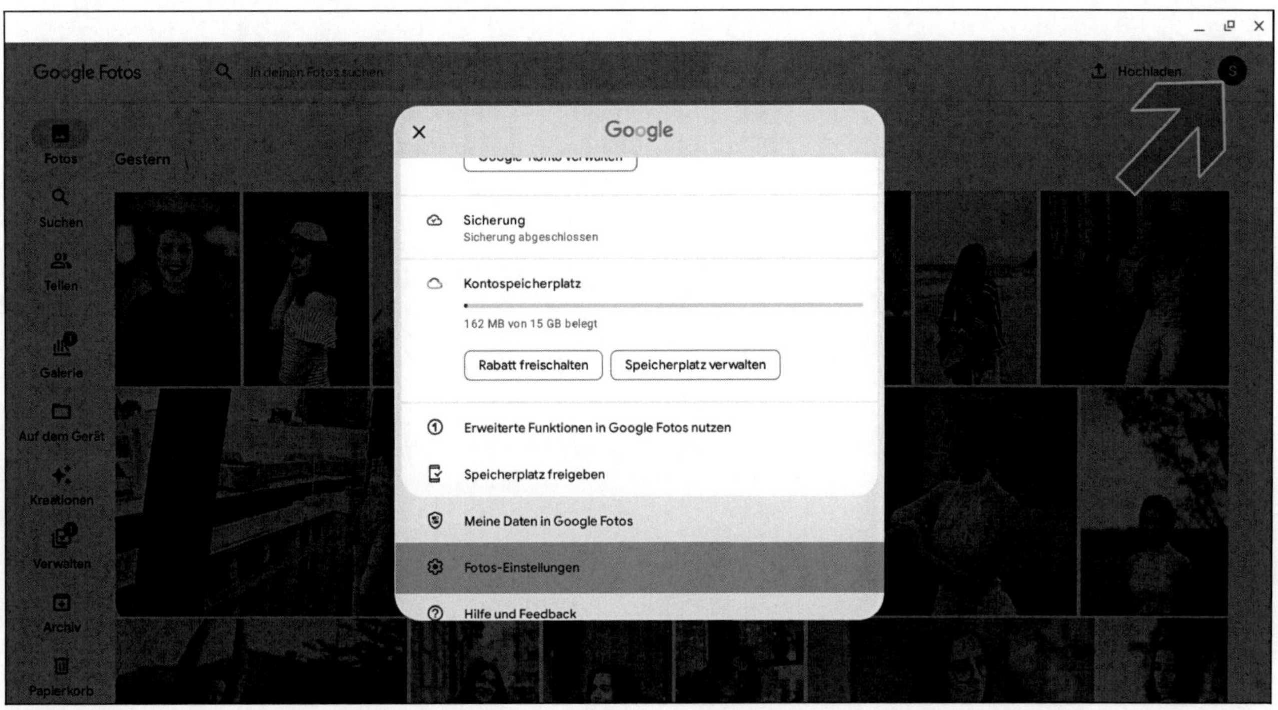

Gehen Sie auf das runde Kontosymbol (Pfeil) und wählen Sie *Fotos-Einstellungen.*

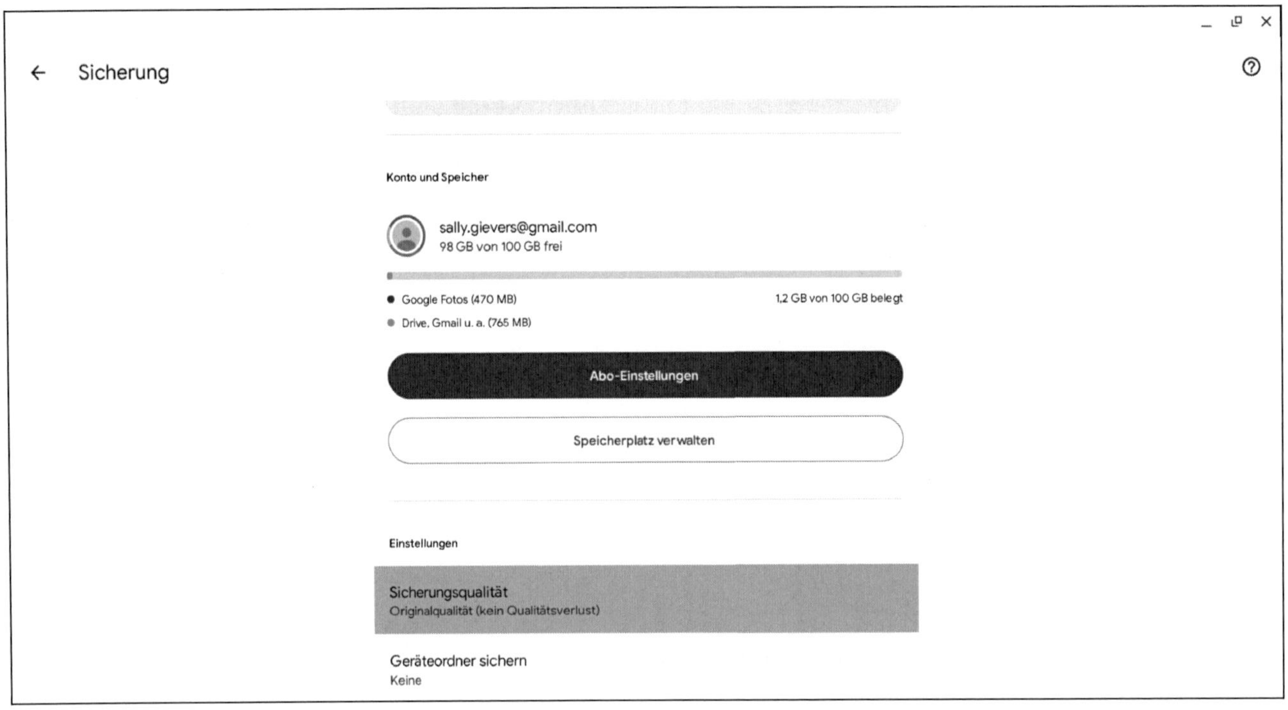

Gehen Sie auf *Sicherungsqualität.*

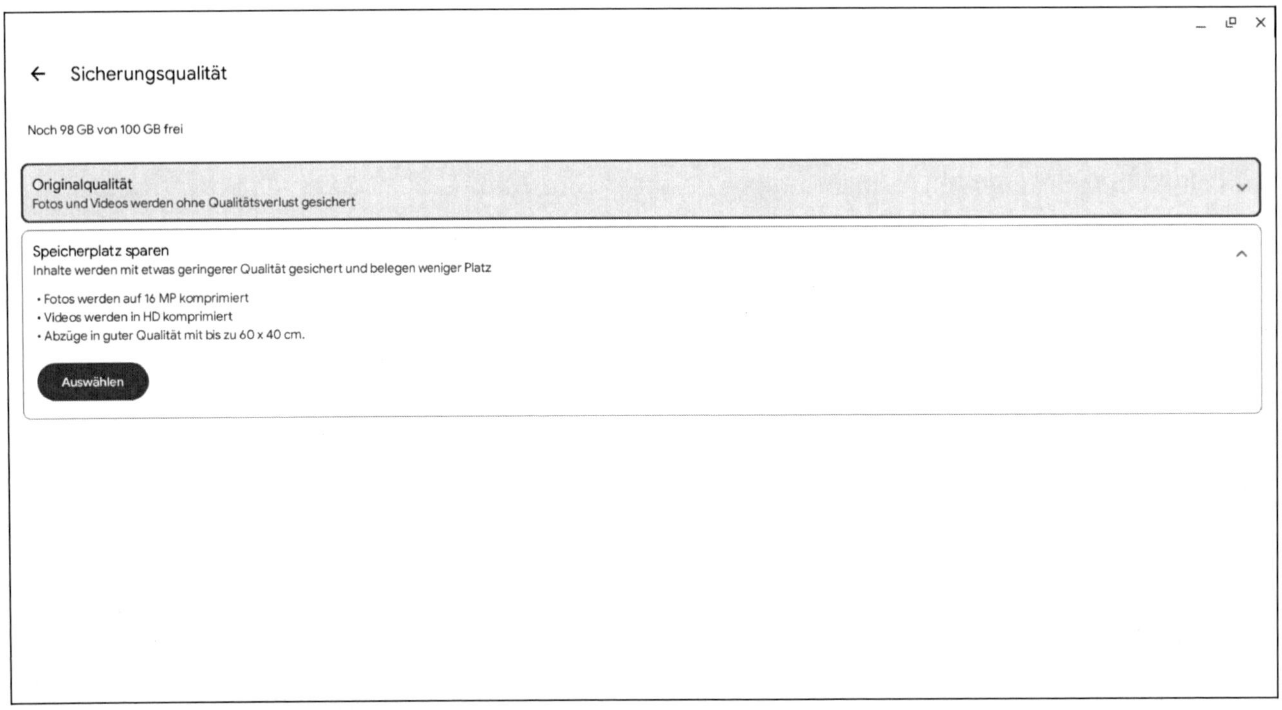

Hier klicken Sie auf *Speicherplatz sparen* und bestätigen mit *Auswählen.*

20.2 Die Benutzeroberfläche

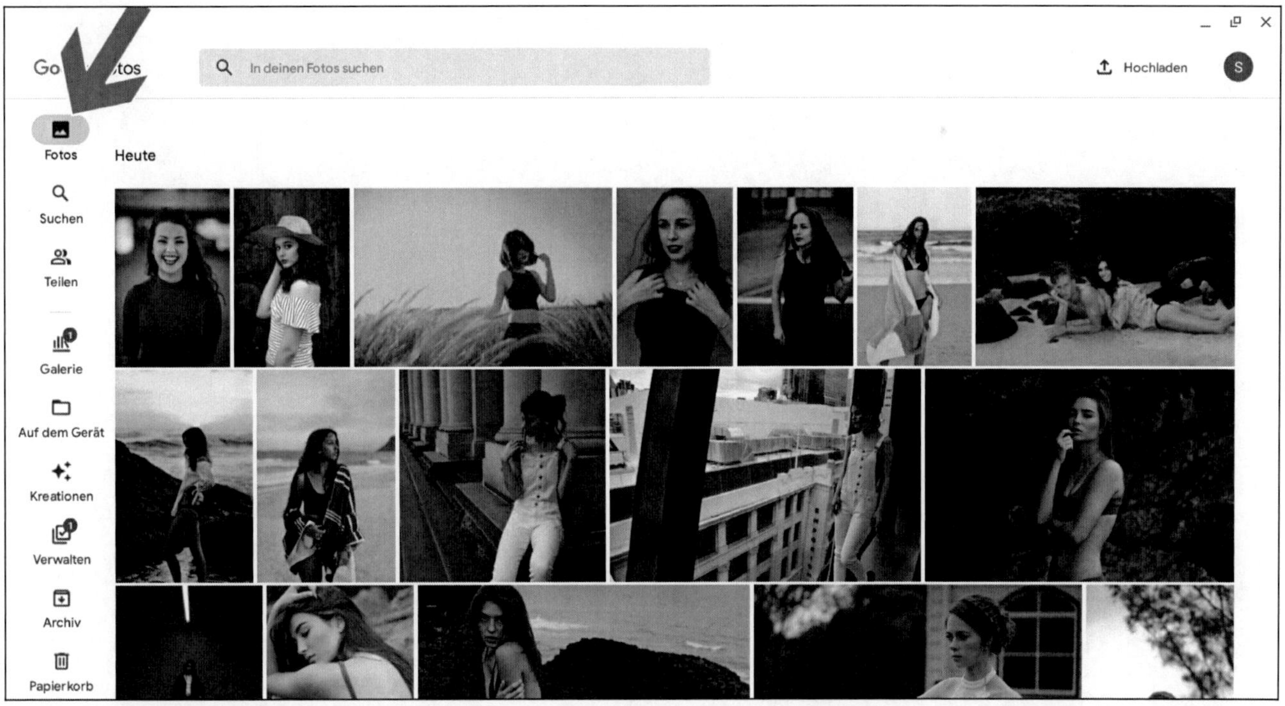

Die Register auf der linken Seite:

- *Fotos*: Verwaltet die auf Ihrem Gerät vorhandenen Fotos.
- *Suchen*: Google Fotos erkennt Bildinhalte, beispielsweise ob ein Foto ein Tier, Personen oder Landschaft als Motiv enthält. Sie können im *Suchen*-Register nach diesen Eigenschaften suchen. Darüber hinaus gibt es einen Dokumentenscanner und diverse Kreativfunktionen für die Erstellung von Collagen, Animationen usw.
- *Teilen*: Bilder und Videos lassen sich im Internet für die Anzeige freigeben. Dazu erstellt Google Fotos eine Webadresse, die Sie anderen Personen beispielsweise per E-Mail senden.
- *Galerie*: Zeigt von Ihnen angelegte Alben, als Favoriten markierte und archivierte Fotos und Videos an.
- *Auf dem Gerät*: Listet alle Fotos/Videos auf, die sich auf einem externen Datenträger (SD-Karte oder USB-Stick) befinden. Auch die von Ihnen im Webbrowser oder aus Gmail heruntergeladenen Dateien finden Sie hier.
- *Kreationen*: Von Ihnen bearbeitete Fotos, zusammengestellte Kollagen usw.
- *Verwalten*: Hier können Sie mit *Partnerkonto hinzufügen* Fotos beziehungsweise Alben einem Dritten zugänglich machen. Die Einladung kann nur an eine Gmail-Adresse gesendet werden, weshalb der Eingeladene über ein Google-Konto verfügen muss.
- *Archiv*: Fotos und Videos können Sie »archivieren«, sodass sie Google Fotos nicht mehr in der Bilderauflistung anzeigt. Die Medien sind aber weiterhin in der Suche und in den jeweiligen Ordnern sichtbar.
- *Papierkorb*: Von Ihnen gelöschte Fotos können Sie aus dem Papierkorb wiederherstellen, falls Sie sich mal damit vertan haben. Ansonsten löst Google Fotos die Bilder nach 30 Tagen endgültig.

20.3 Dateien von Hand hochladen

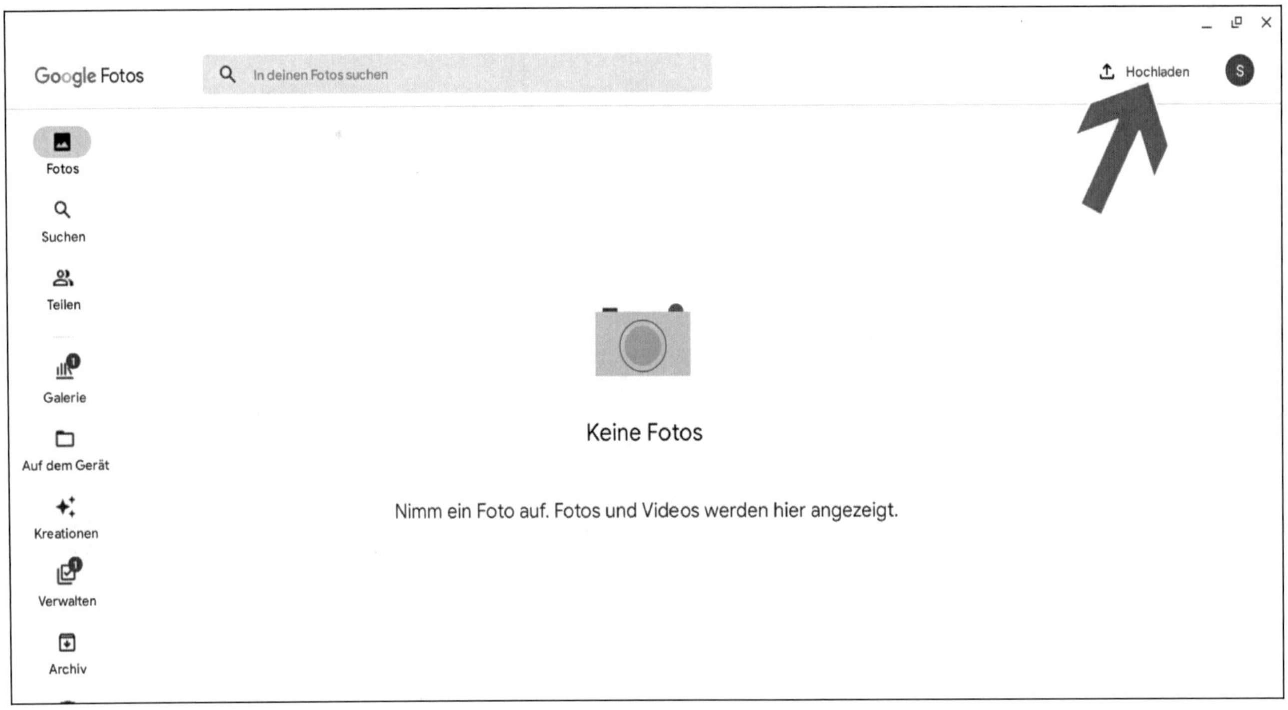

Beim ersten Start sind – sofern Sie Ihr Google-Konto nicht schon zuvor auf einem Android-Gerät genutzt haben – noch keine Bilder vorhanden. Damit die auf einer Speicherkarte oder USB-Stick vorhandenen Fotos in Google Fotos landen, klicken Sie nun auf *Hochladen*.

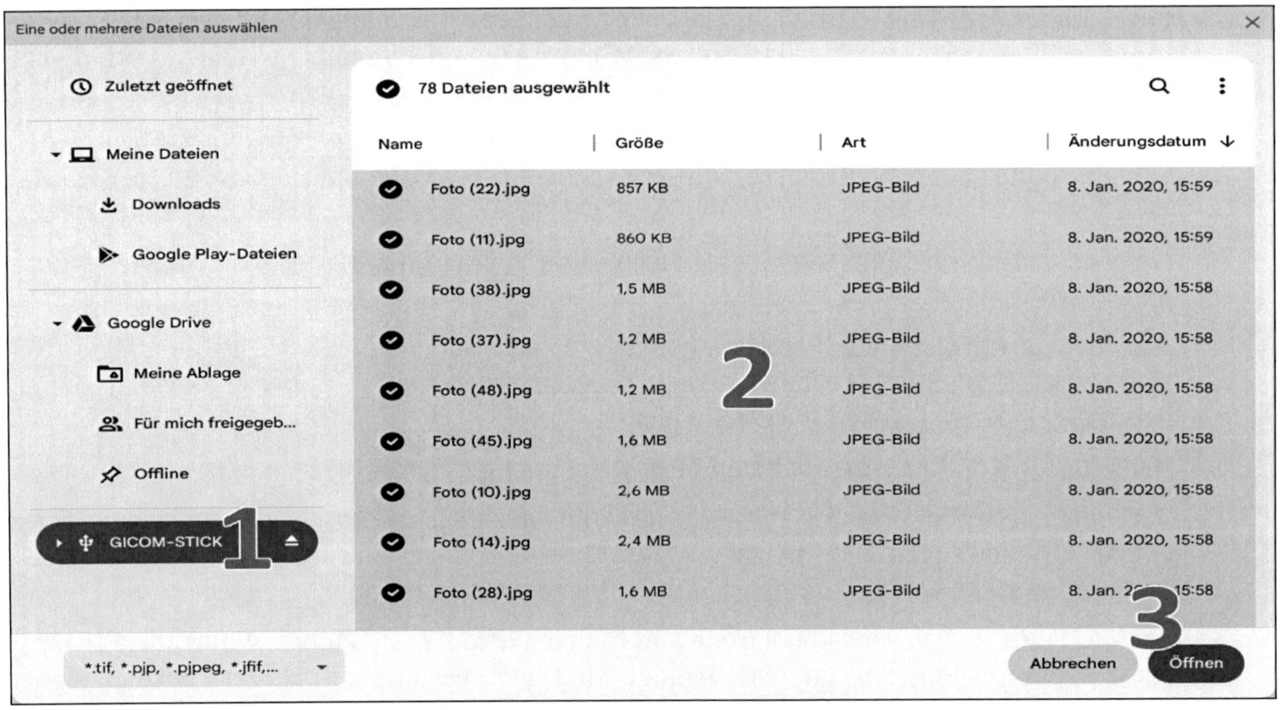

In unserem Beispiel möchten wir die Fotos von einer eingelegten SD-Speicherkarte übernehmen. Dazu gehen Sie auf den Namen der SD-Karte (1). Hier markieren Sie mit gleichzeitig gedrückter ⇧- beziehungsweise strg-Taste die Dateien (2) und klicken dann auf *Öffnen* (3).

> Gehen Sie links auf *Google Drive*, damit Google Fotos Bilder/Videos aus dem Cloudspeicher (siehe Kapitel *14 Google Drive*) übernimmt.
>
> Google Drive und Google Fotos können beide Fotos und Videos verwalten und anzeigen. Google Fotos bietet aber mehr Bearbeitungsfunktionen.

20.4 Bilderanzeige

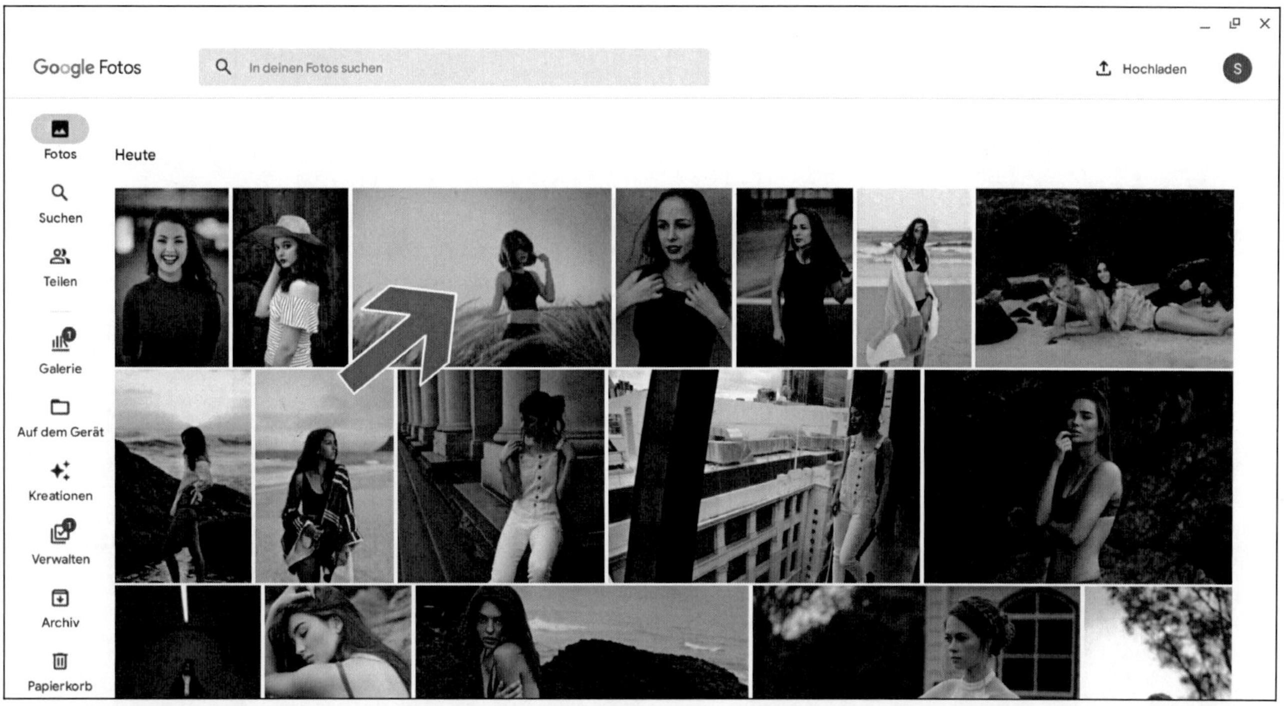

Im Hauptmenü listet die Google Fotos-Anwendung, alle Bilder und Videos auf, die Sie hochgeladen haben (auch die in Alben enthaltenen). Klicken Sie ein Foto an (Pfeil).

Blättern Sie mit den Cursortasten auf der Tastatur zum nächsten/vorherigen Foto. Die esc-Taste bringt Sie wieder in den Hauptbildschirm beziehungsweise das Album zurück.

Die Schaltleisten am unteren Bildschirmrand (Pfeil) blendet Google Fotos ein, sobald Sie den Mauszeiger auf das Bild bewegen:

- *Teilen*: Das Foto anderen Personen über einen Weblink zugänglich machen.
- *Bearbeiten*: Sie können unter anderem die Helligkeit und Farbe anpassen, sowie zuschneiden oder drehen.
- *Info*: Bilddetails anzeigen

- *Löschen*
- ⎚: Datei auf einem Chromecast-kompatiblen Gerät (zum Beispiel einem TV) wiedergeben.
- ☆ (oben rechts): Als Favorit markieren.
- ⋮-Menü (oben rechts):
  - *Zu Album hinzufügen*
  - *Ins Archiv verschieben*: Archivierte Bilder werden nicht mehr in der allgemeinen Fotoauflistung an, sondern nur noch in der Albenansicht und in der Bildersuche.
  - *Herunterladen*: Bild auf dem PC herunterladen.
  - *Vom Gerät löschen*: Entfernt das Bild aus dem Gerätespeicher des Chromebooks. Im Google-Konto bleibt das Bild aber erhalten. Bitte beachten Sie, dass sich nur Bilder im Gerätespeicher, nicht aber auf einer eingelegten Speicherkarte/USB-Stick löschen lassen.
  - *Verwenden als*: Bild als Kontaktfoto (siehe Kapitel *17.4 Kontaktfoto*) oder Hintergrund bild für den Desktop verwenden.
  - *Diashow: Bilder (des aktuellen Albums) nacheinander anzeigen.*
  - *Drucken*: Bild als PDF-Datei speichern.

20.5 Alben verwalten

Für Übersicht in Google Fotos sorgen die Alben. Natürlich können Sie selbst Alben anlegen und ihnen Fotos zuweisen.

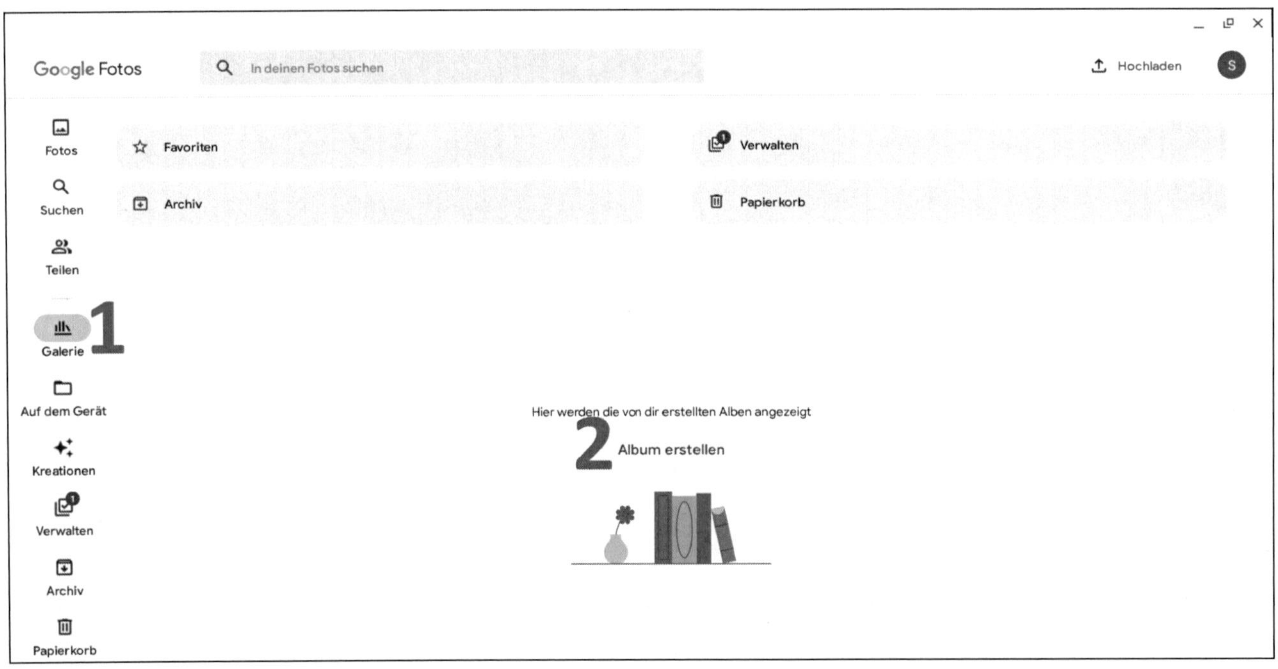

Klicken Sie auf *Galerie* (1) in der linken Seitenleiste und gehen Sie auf *Album erstellen*.

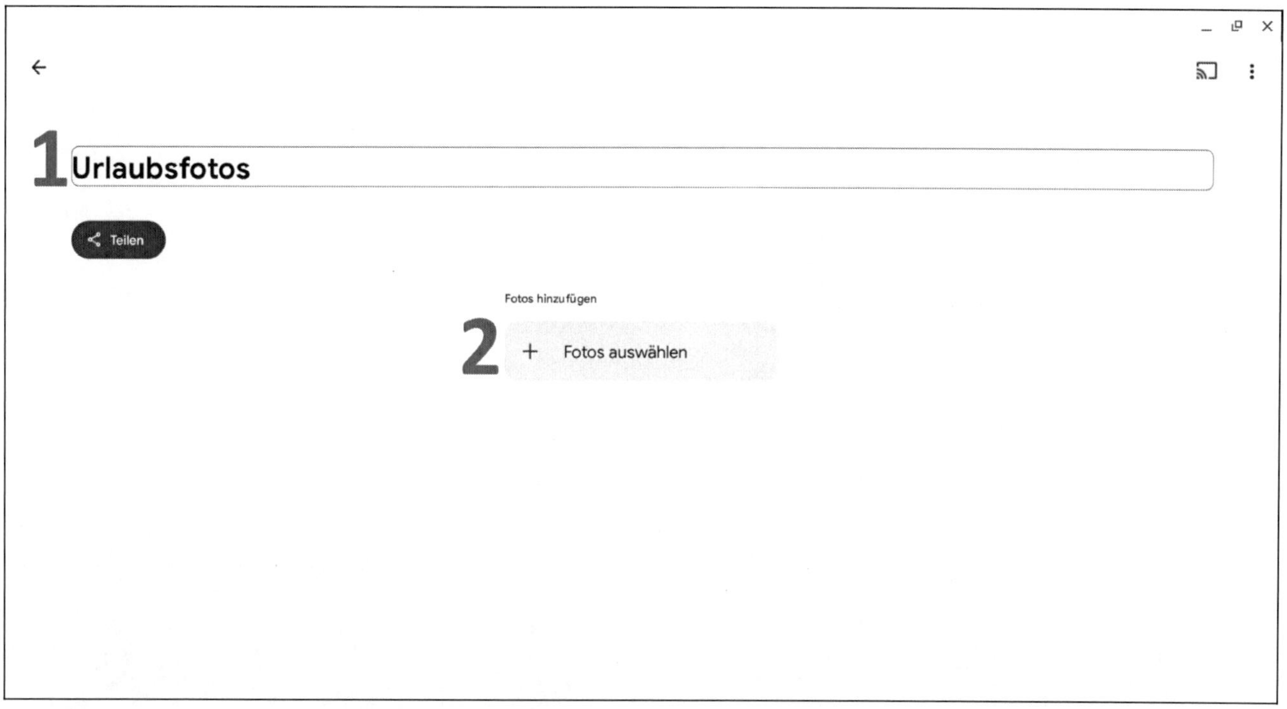

Vergeben Sie erst dem Album einen Namen (1), dann betätigen Sie *Fotos auswählen* (2).

Markieren Sie jeweils mit einem Mausklick die Bilder und schließen Sie den Vorgang mit *Hinzufügen* (Pfeil) ab. Ein Infobalken informiert Sie über den Upload-Fortschritt.

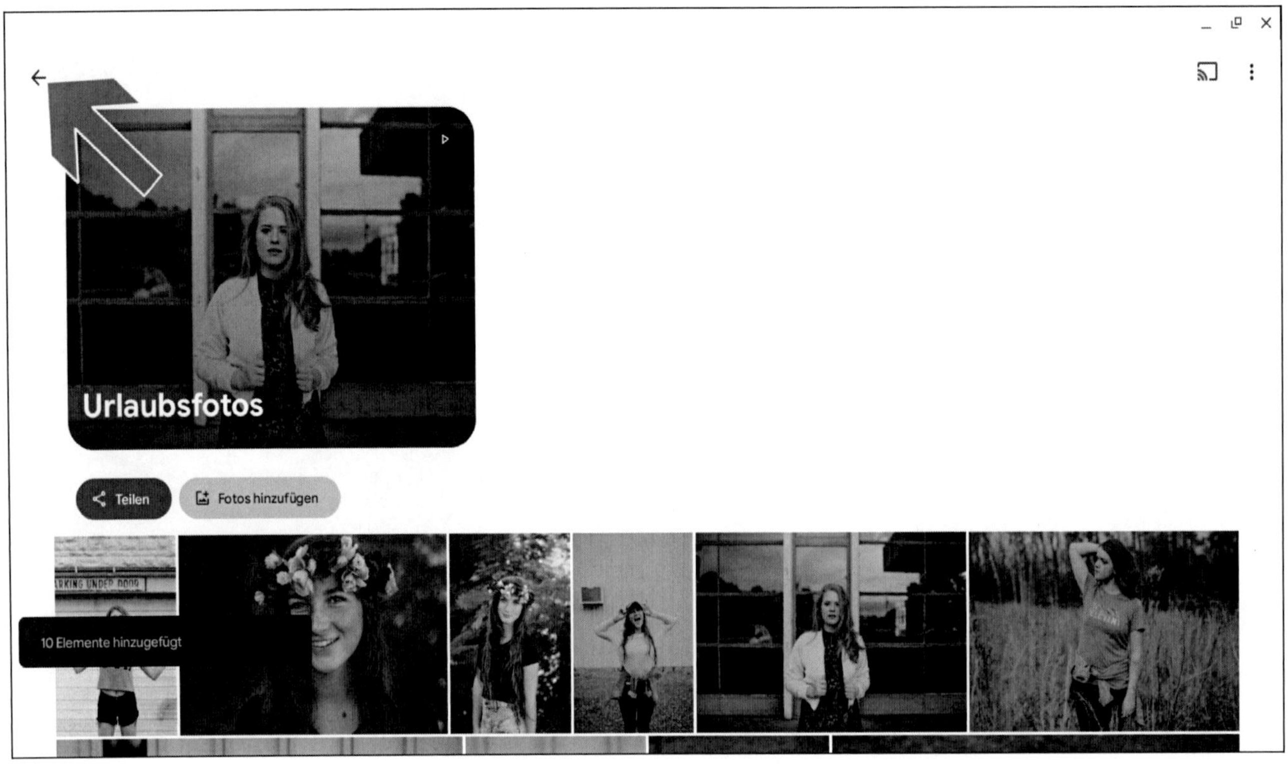

Schließen Sie das Album mit der ←-Schaltleiste.

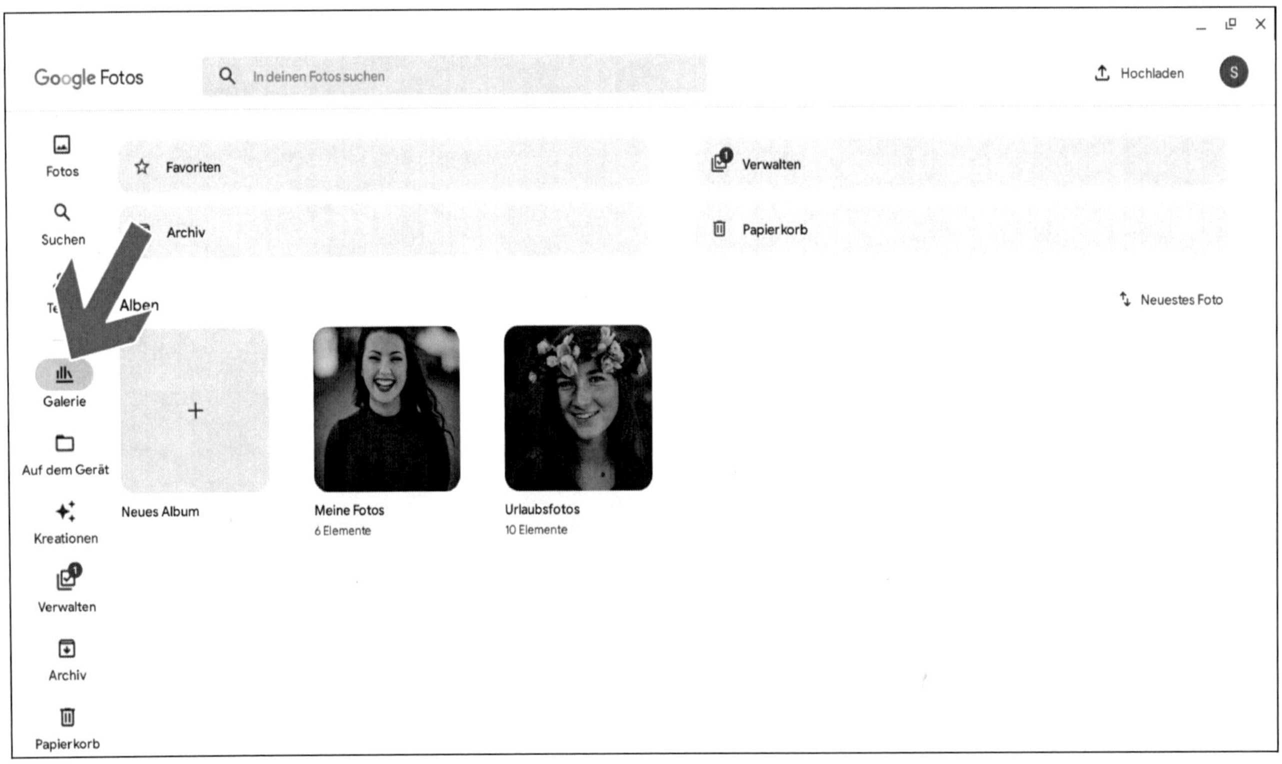

Sie finden das Album künftig in der *Galerie* (Pfeil) unter Alben.

20.6 Markierungen

So markieren Sie Bilder: Sie halten Mauszeiger über ein Bild und klicken dort auf ✔ (1). Gehen Sie genauso bei den anderen Bildern vor.

- <: Fotos in einem sozialen Netzwerk, beispielsweise Facebook veröffentlichen.
- +:
  - *Album:* Fotos einem Album zuweisen oder daraus ein neues Album erstellen (siehe Kapitel *20.5 Alben verwalten*).
  - *Geteiltes Album*: Fotos anderen Personen zugänglich machen.
  - *Film:* Video aus den Fotos erstellen.
  - *Animation*: Erstellt aus mehreren Fotos eine sogenannte GIF-Datei, deren Inhalt automatisch auf jedem Gerät wie ein Film abgespielt wird. Damit die Animation vernünftig aussieht, sollten Sie nach Möglichkeit gleichartige Fotos aus der gleichen Perspektive dafür verwenden, beispielsweise solche, die mit der Serienbildfunktion (bei vielen Kameras vorhanden) erstellt wurden.
  - *Collage*: Fügt mehrere Fotos in einem Bild zusammen.
  - *Foto mit Filmeffekt*: Diese Funktion steht nur Kunden zur Verfügung, die ein Abo nutzen (siehe Kapitel *28 Google One*).
  - *Geteilt*: Album für andere freigeben.
  - (Albumname): Fotos einem vorhandenen Album zuweisen.
- 🗑: Bilder löschen.

✕ (3) beendet den Markierungsmodus.

20.7 Automatische Sicherung

In den meisten Fällen werden Sie Fotos/Videos von einer SD-Karte oder einem USB-Stick auf das Chromebook übernehmen wollen. Google hat deshalb eine Automatik ersonnen, die automatisch von eingesteckten Speichermedien die Fotos/Videos ins Google-Konto beziehungsweise in Google Fotos übernimmt.

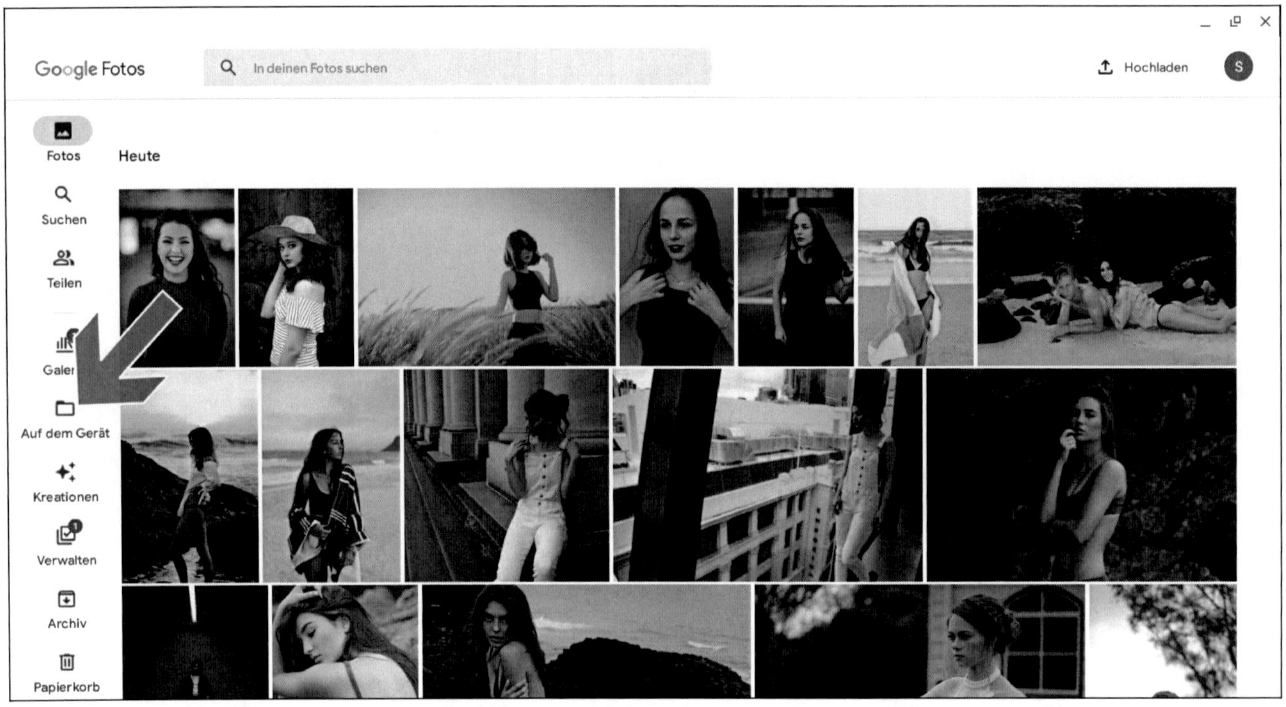

Klicken Sie links in der Leiste auf *Auf dem Gerät.*

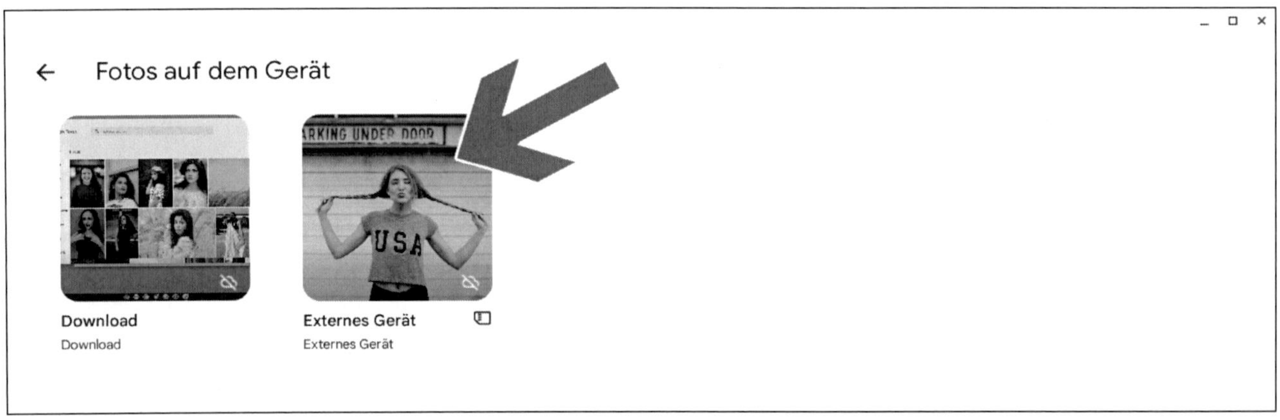

Wählen Sie *Externes Gerät* (in unserem Fall die eingelegte SD-Speicherkarte) aus. Wählen Sie gegebenenfalls das zu sichernde Verzeichnis aus.

Aktivieren Sie den Schalter (Pfeil). Künftig übernimmt das Chromebook automatisch die auf dem eingesteckten Speichermedium enthaltenen Dateien ins Google-Konto. Beachten Sie, dass dies einige Zeit in Anspruch nimmt.

So erfahren Sie, ob die Sicherung abgeschlossen ist und Sie das Speichermedium aus dem Gerät entfernen dürfen: Klicken Sie auf das runde Kontosymbol (1) und kontrollieren Sie ob im Popup der Hinweis *Sicherung abgeschlossen* (2) erscheint.

20.8 Gesichtserkennung

Google Fotos führt – sofern Sie dieses Feature aktiviert haben – automatisch eine Gesichtserkennung durch. Dabei werden automatisch Alben zu jeder ausgewerteten Person erstellt. Die angefallenen Daten bleiben auf dem Chromebook und werden nicht an Google übertragen.

20.8.1 Einrichtung

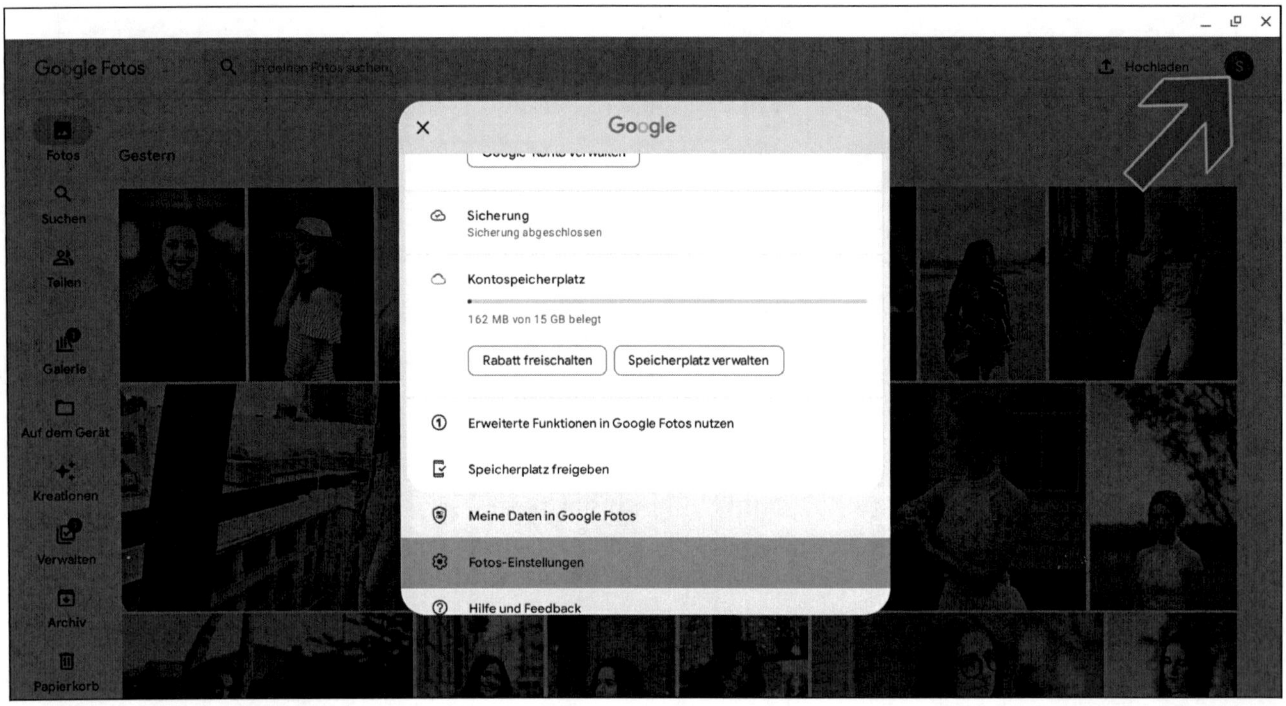

Prüfen Sie zunächst, ob die Gesichtserkennung aktiviert ist. Dazu gehen Sie auf das runde Kontosymbol (Pfeil) und wählen *Fotos-Einstellungen.*

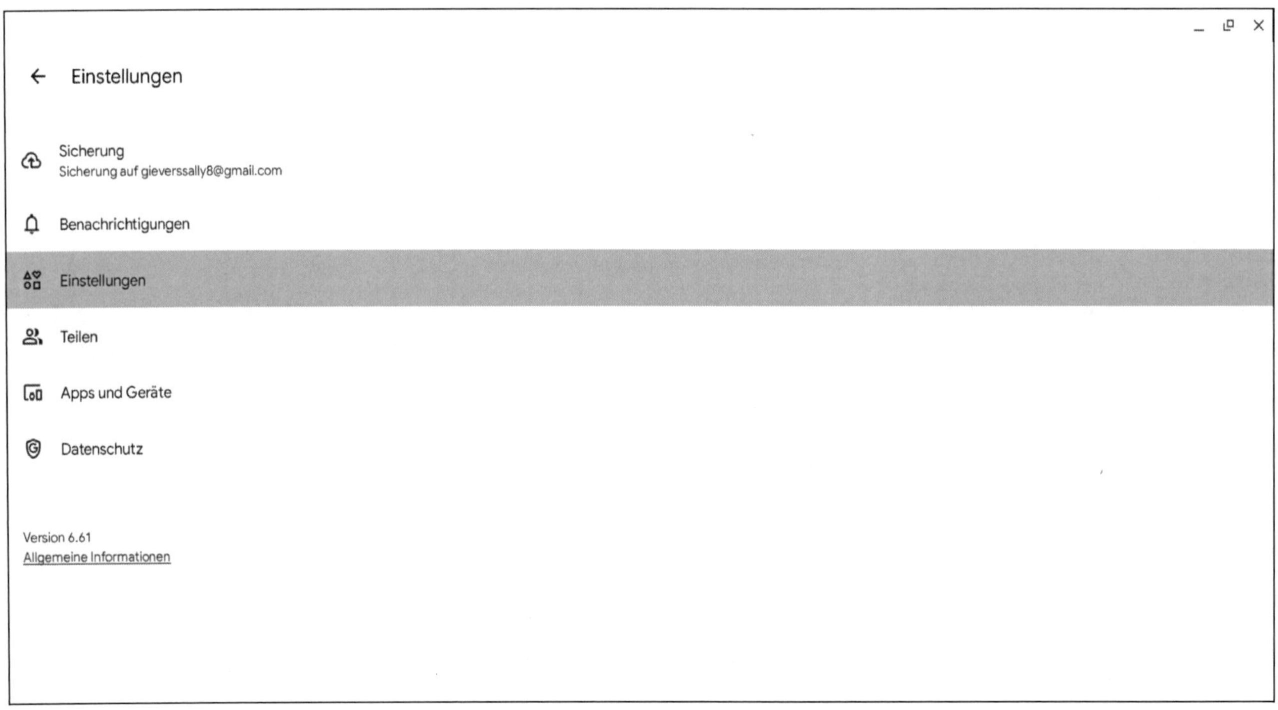

Gehen Sie in Einstellungen…

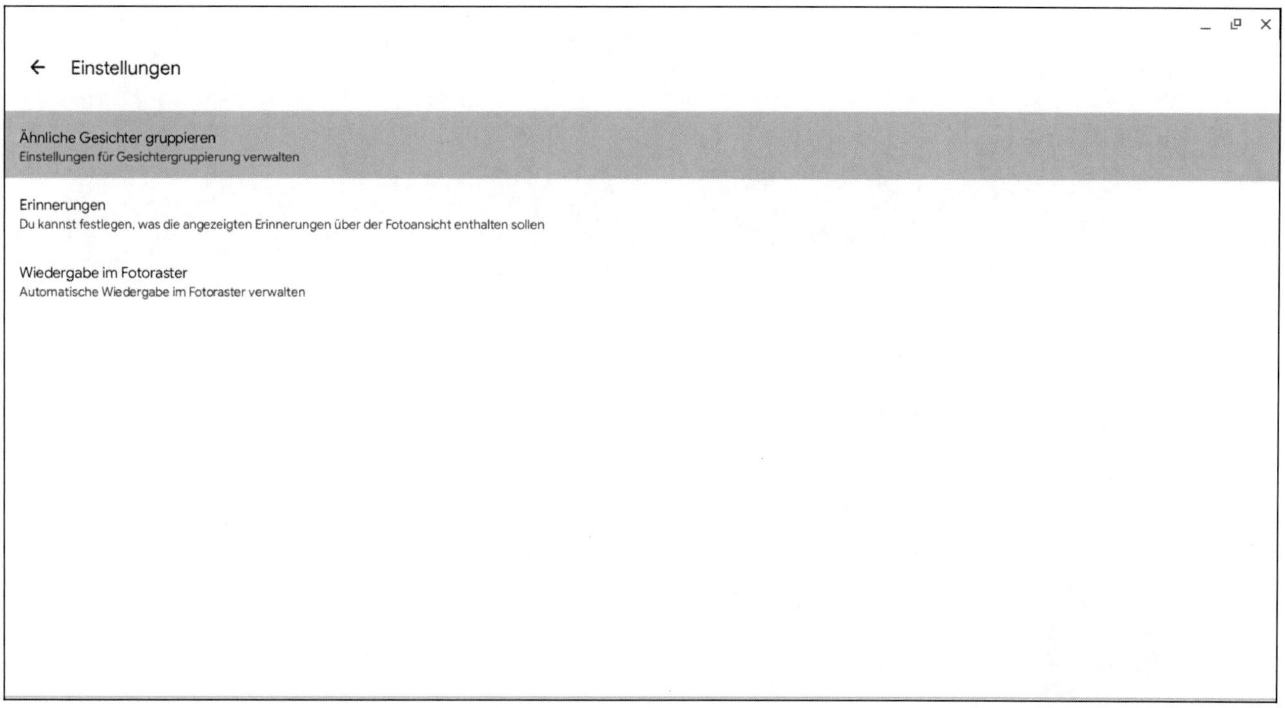

… dann rufen Sie *Ähnliche Gesichter gruppieren* auf und stellen Sie sicher, dass dort *Gesichtergruppen* aktiv ist. Sie können nun das Menü verlassen.

20.8.2 Gesichter-Alben verwalten

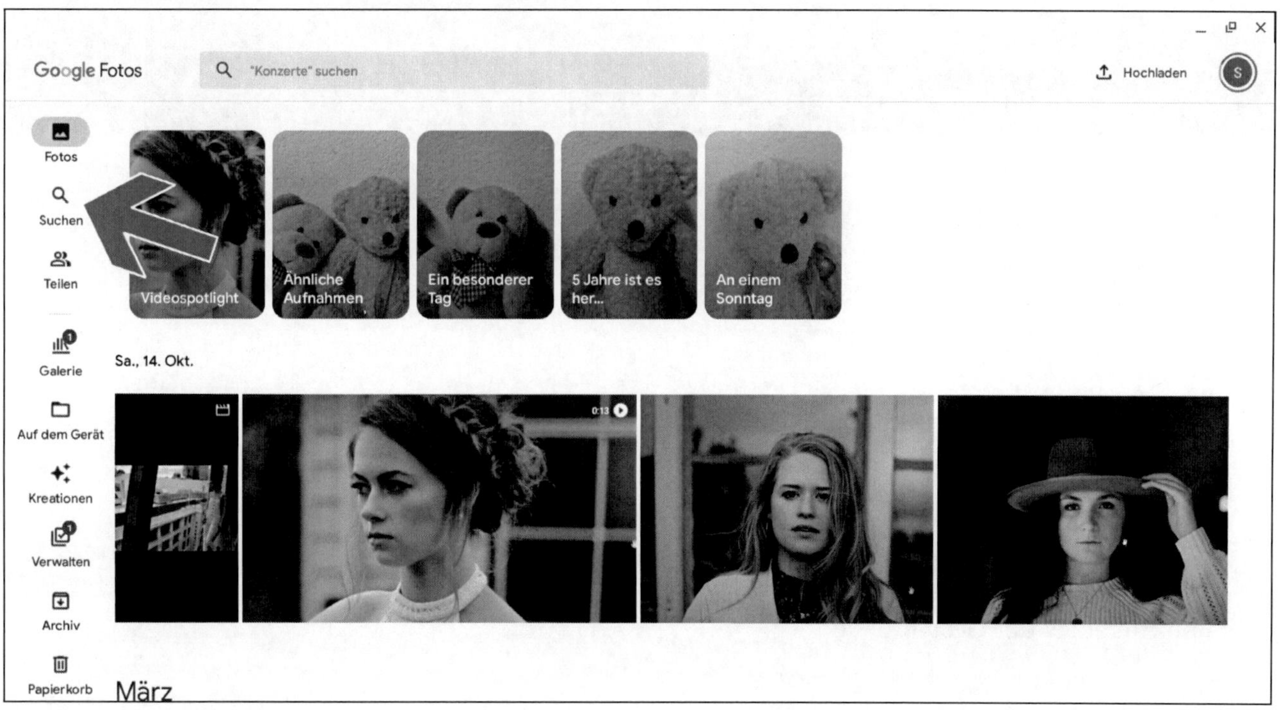

Gehen Sie auf *Suchen*.

Gehen Sie auf *Alle ansehen.*

Klicken Sie eines der Gesichter an.

Wenn Sie möchten, nutzen Sie die *Name hinzufügen*-Funktion für den jeweilige Personen-Ordner.

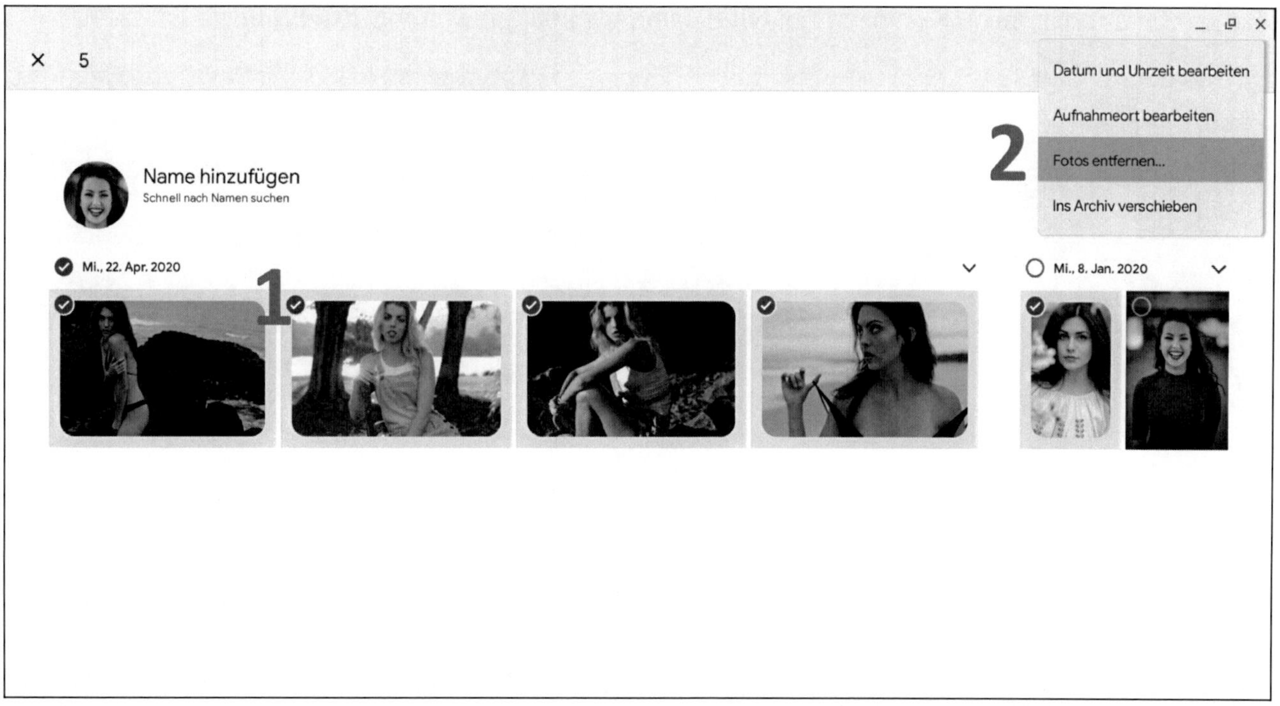

Manchmal werden Personen nicht korrekt erkannt und müssen aus dem Ordner entfernt werden. Bewegen Sie den Mauszeiger auf ein Bild und halten Sie die linke Maustaste gedrückt, bis das Bild markiert ist, anschließend wählen Sie gegebenenfalls weitere Bilder aus (1).

Rufen Sie ⋮/*Fotos entfernen* auf (2). Google wird Sie in einem Popup nach dem Grund für Ihre Aktion fragen. Betätigen Sie dann *Senden*.

20.9 Einstellungen

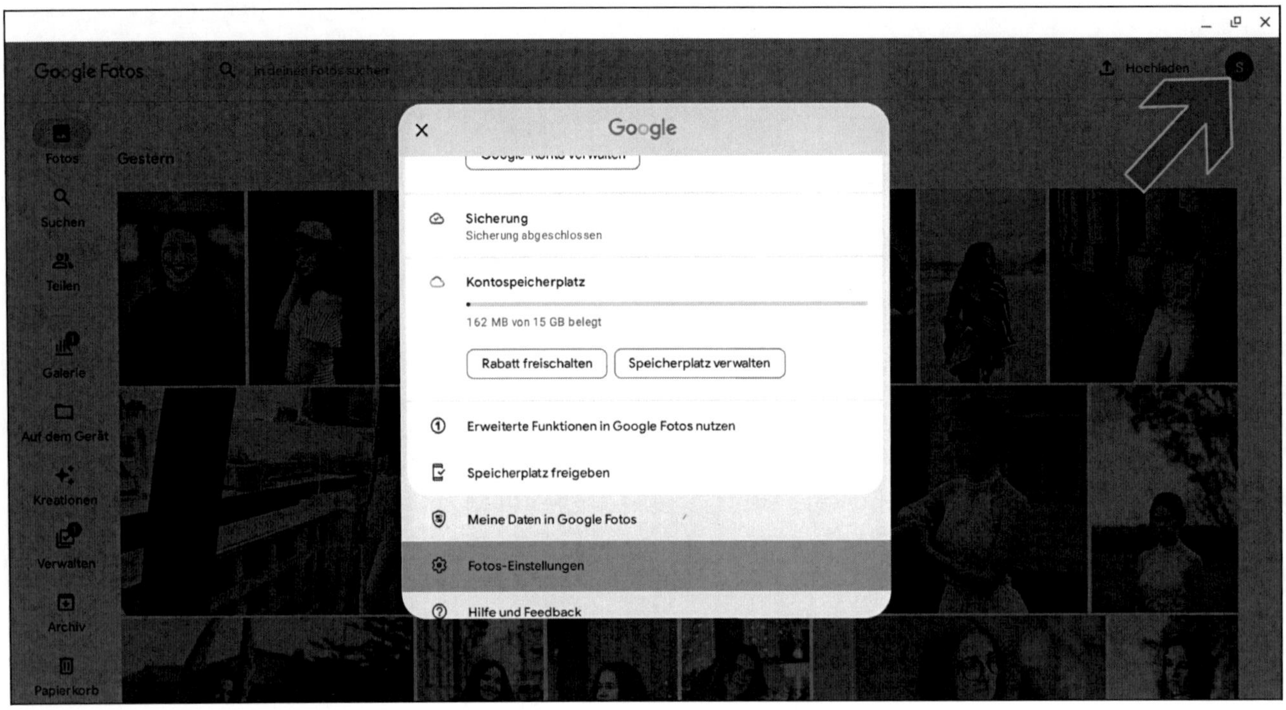

Gehen Sie auf das runde Kontosymbol (Pfeil) und wählen Sie *Fotos-Einstellungen.*

Die Parameter:

- *Sicherung*: Ruft die Synchronisationseinstellungen auf, auf die wir bereits im Kapitel *20.1.1 Sicherungseinstellungen* eingegangen sind.
- *Benachrichtigungen*: Sie erhalten eine Benachrichtigung, sobald neue Fotos zum Freigeben an andere Personen zur Verfügung stehen. In diesem Buch gehen wir nicht weiter darauf ein.
- *Einstellungen*:
  - *Ähnliche Gesichter gruppieren*: Aktiviert die automatische Gesichtserkennung, auf die dieses Buch nicht eingeht. Dazu werden Alben erstellt, die jeweils Bilder enthaltenen,

die den Kontaktfotos in Ihrem Telefonbuch ähneln. Siehe auch Kapitel *20.8 Gesichtserkennung*.

  - *Erinnerungen*: Google Fotos erstellt automatisch »Erinnerungen«, also Fotoshows mit zeitlich oder örtlich zusammenhängenden Fotos.
  - *Wiedergabe im Fotoraster*: Videos beziehungsweise Animationen gibt Google Fotos automatisch schon in der Vorschau wieder.
- *Teilen:*
  - *Mit Partner teilen*: Wählen Sie Personen aus, die Google automatisch über neu vorliegende Fotos/Videos informiert.
  - *Video aus Fotos mit Bewegtbild entfernen*: Filtert Videos zusammen mit Fotos versandt werden, wenn Sie die Teilen-Funktion verwenden.
  - *Übersprungene Vorschläge*: Nicht von Google dokumentiert.
  - *Benachrichtigungen*: Google Fotos informiert Sie mit einem Popup über automatisch im Hintergrund durchgeführte Aktionen.
- *Apps und Geräte*:
  - *Dieses Gerät*: In Ihr Google-Konto hochgelandene Fotos und Videos müssen nicht mehr auf dem Chromebook selbst gespeichert sein. Sie können sie daher auf dem Gerät selbst löschen, was mit *Gerätespeicherplatz freigeben* geschieht.
  - *Bilderrahmen*: Fotos lassen sich per Chromecast an ein anderes Gerät, beispielsweise TV, übertragen, das dann als »Bilderrahmen« agiert. Wir raten davon ab, weil ein TV im Dauerbetrieb unnötig Strom verbraucht.
  - *Zugriff auf SD-Karte*: Nicht von Google dokumentiert.
  - *RAW-Editor*: Falls du auf dem Chromebook auch RAW-Fotos verarbeiten willst, legst du hiermit den verwendeten Bildeditor fest. Das RAW-Format ist im Gegensatz zu den anderen Bildformaten nicht genormt und bei jedem Handy- und Kamerahersteller anders realisiert, was die Weiterverarbeitet kompliziert macht.

21. Google Play Store

Ein sehr starkes Argument gegen die Anschaffung eines Chromebooks war über viele Jahre das Fehlen von wichtigen Produktivitätsanwendungen wie Microsoft Office. Die Situation hat sich zum Glück inzwischen gebessert, denn viele Softwareentwickler – darunter auch Microsoft mit Office 365 – bieten inzwischen Web-Versionen Ihrer Programme an, die sich einfach im Browser nutzen lassen. Dazu benötigt man aber kein Chromebook, denn bereits einfache Handys und Tablets reichen dafür aus.

Speziell für Chromebooks entwickelte Anwendungen sind dagegen Mangelware und bei den meisten im Web Store (siehe Kapitel *9.1 Chrome-App installieren*) angebotenen »Apps« handelt es sich nur um eine Verknüpfung auf die Website des Entwicklers.

Google ist sich der mangelnden Softwarevielfalt bewusst, welche die Verbreitung der Chromebooks stark hemmt. Deshalb hat das Unternehmen schon 2017 begonnen, auch Android-Apps für Chromebooks verfügbar zu machen. Sie können also auch die meisten Lieblings-Apps und Spiele Ihres Android-Handys oder Tablet auf dem Chromebook nutzen!

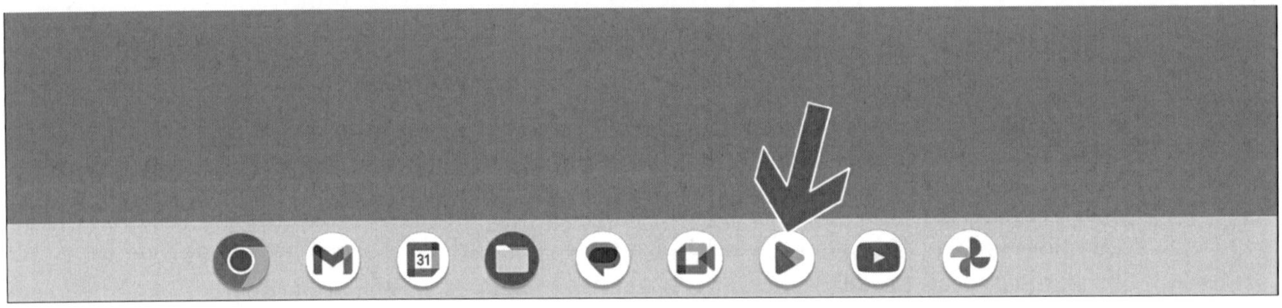

Der Vertrieb der Digitalprodukte erfolgt über den *Google Play Store*, den Sie über die Ablage oder das Apps-Menü aufrufen. Beim ersten Aufruf müssen Sie in Popups den Nutzungsbedingungen zustimmen.

Beim ersten Aufruf müssen Sie den Nutzungsbedingungen zustimmen.

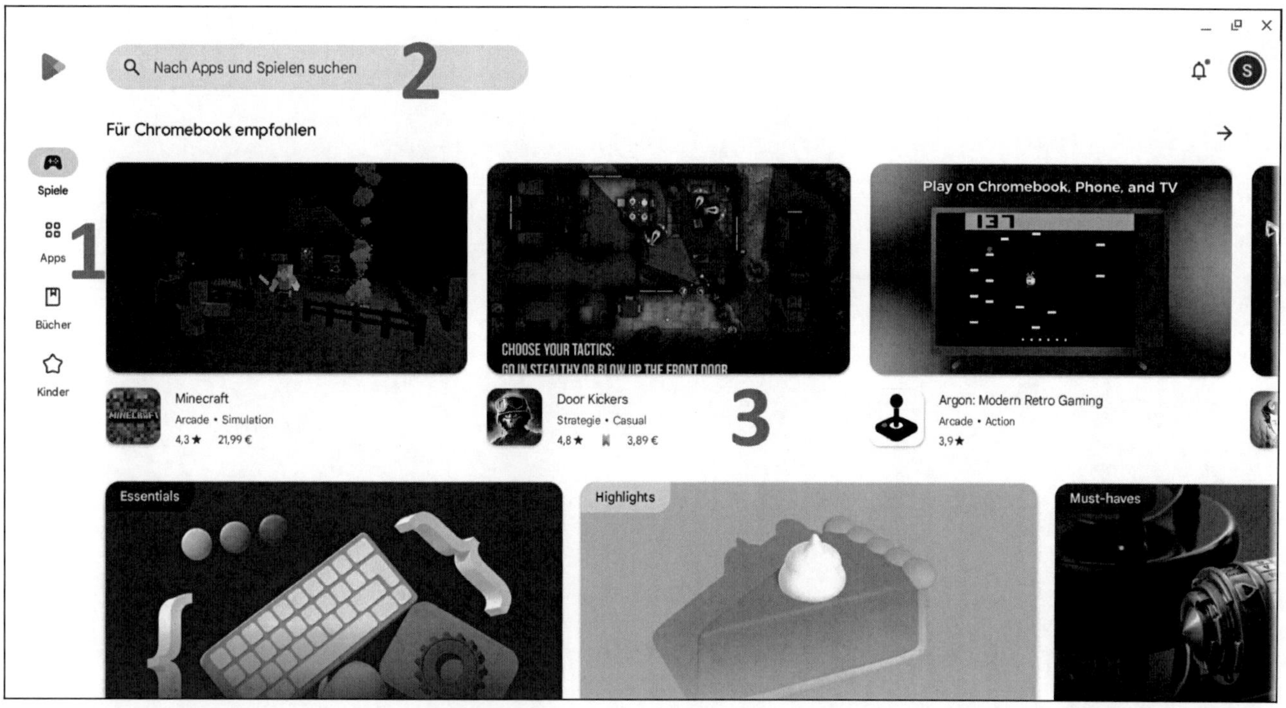

Klicken Sie links in der Leiste auf *Spiele* beziehungsweise *Apps* (1). Zusätzlich finden Sie unter *Kinder* viele pädagogisch wertvolle Programme. Auf das Ebook-Angebot geht noch Kapitel *22 Medienkonsum* ein.

Falls Sie eine bestimmte App suchen, nutzen Sie die Suchfunktion (2) oder lblättern Sie einfach durch die Vorschläge (3).

21.1 App installieren

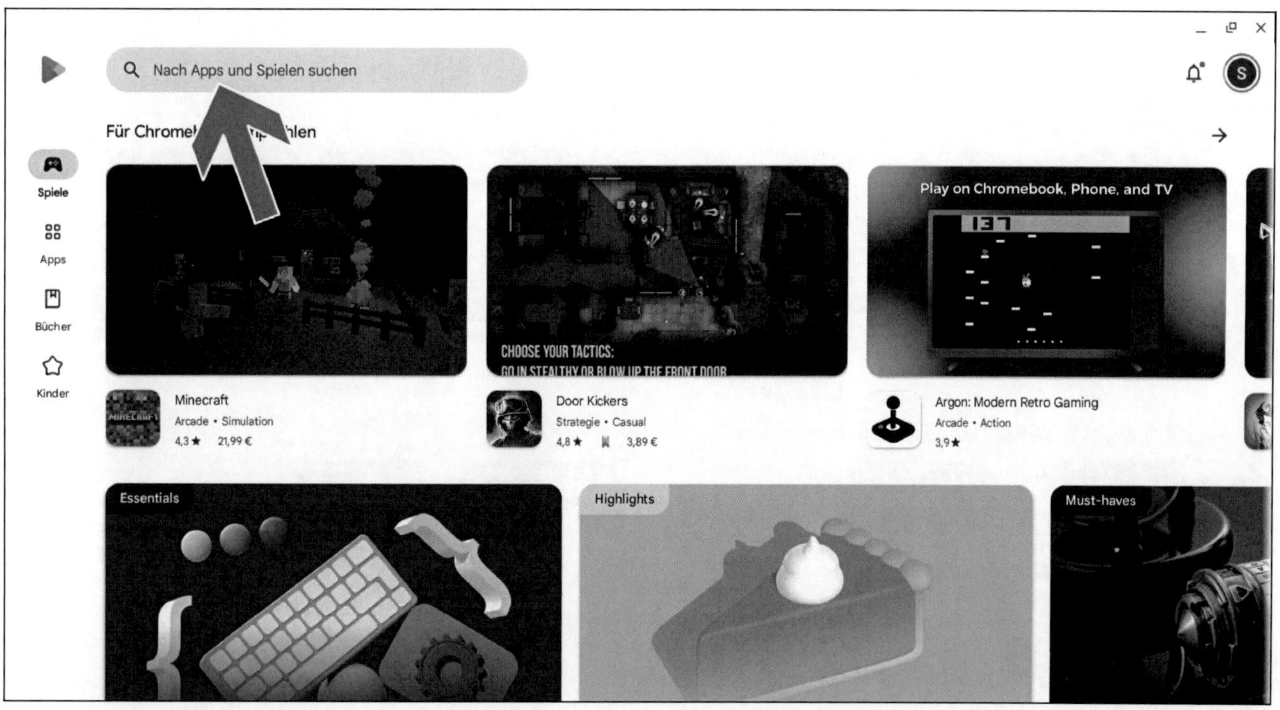

Klicken Sie ins Suchfeld.

In unserem Beispiel möchten wir die ZDF-Mediathek-App installieren. Bereits bei der Eingabe macht der Play Store passende Vorschläge, von denen Sie einen auswählen. Alternativ betätigen Sie die Enter-Taste für die Auflistung aller Apps, welche die Suchworte enthalten.

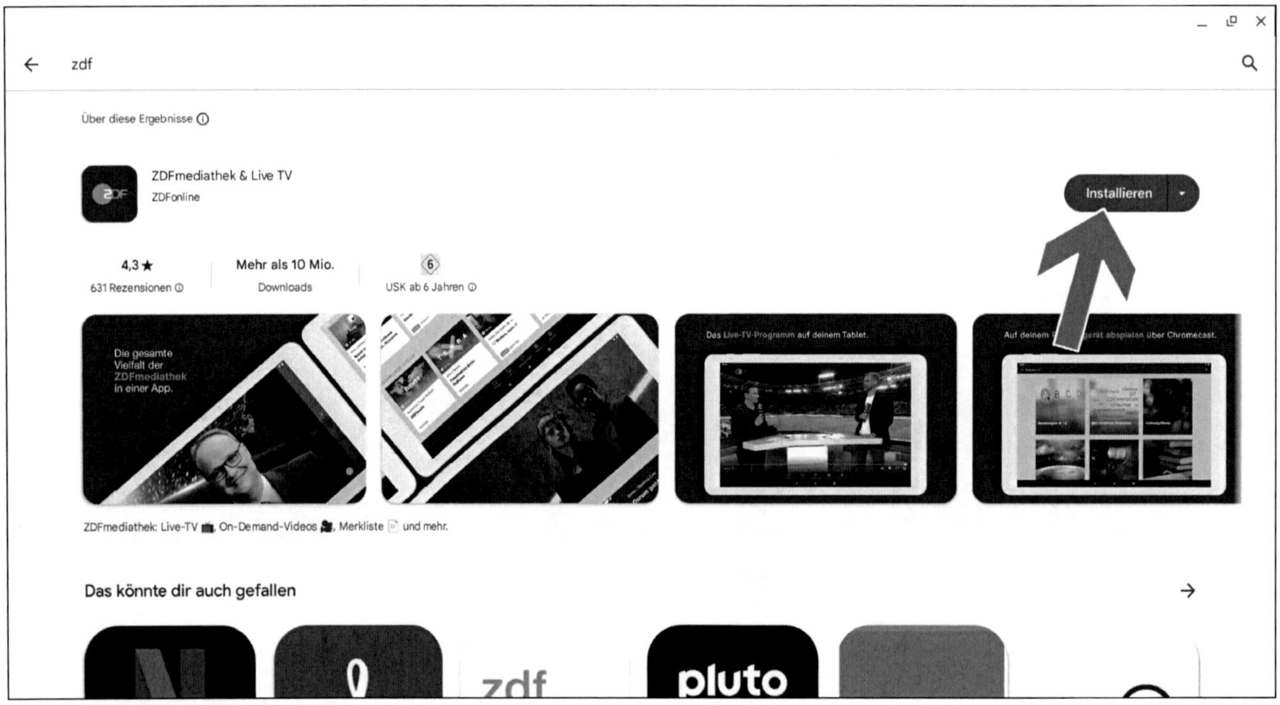

Klicken Sie auf *Installieren.*

Beim ersten Mal betätigen Sie *Weiter.*

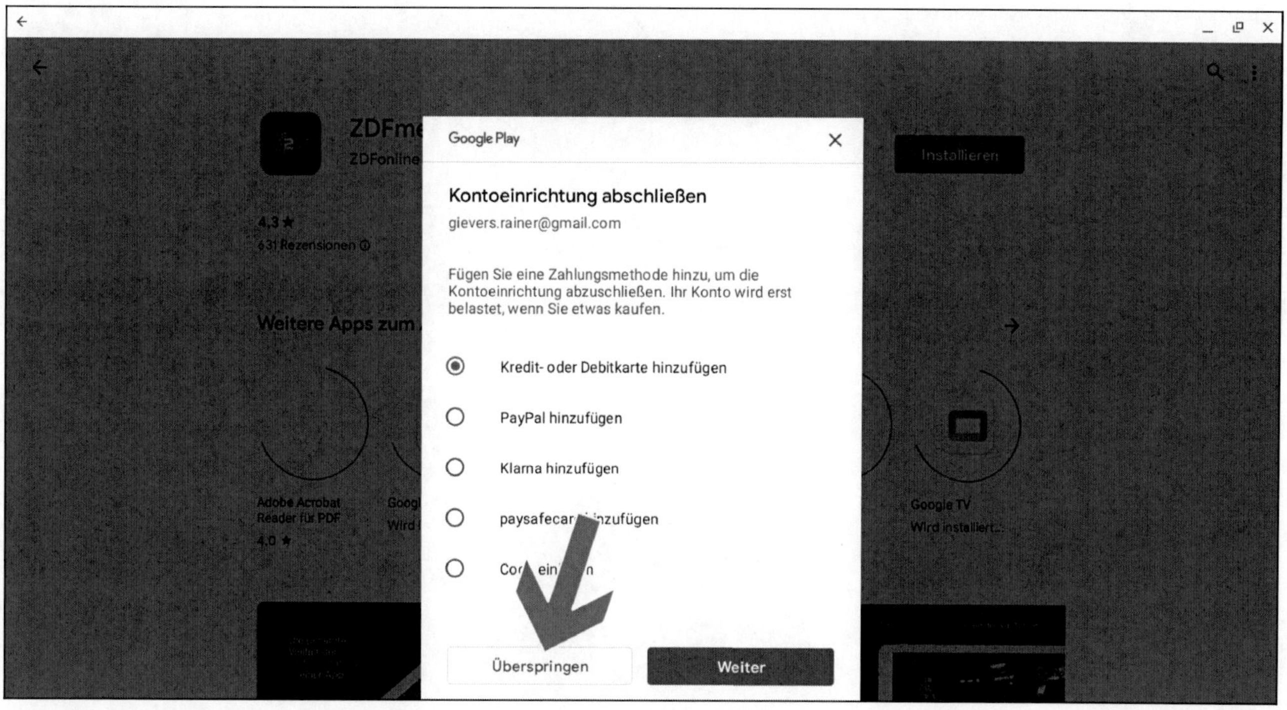

Die meisten Programme im Play Store sind kostenlos, weshalb Sie hier *Überspringen* betätigen. Warten Sie, bis die App auf dem Chromebook heruntergelanden wurde. Es erscheint die *Öffnen*-Schaltleiste, mit der Sie die App starten.

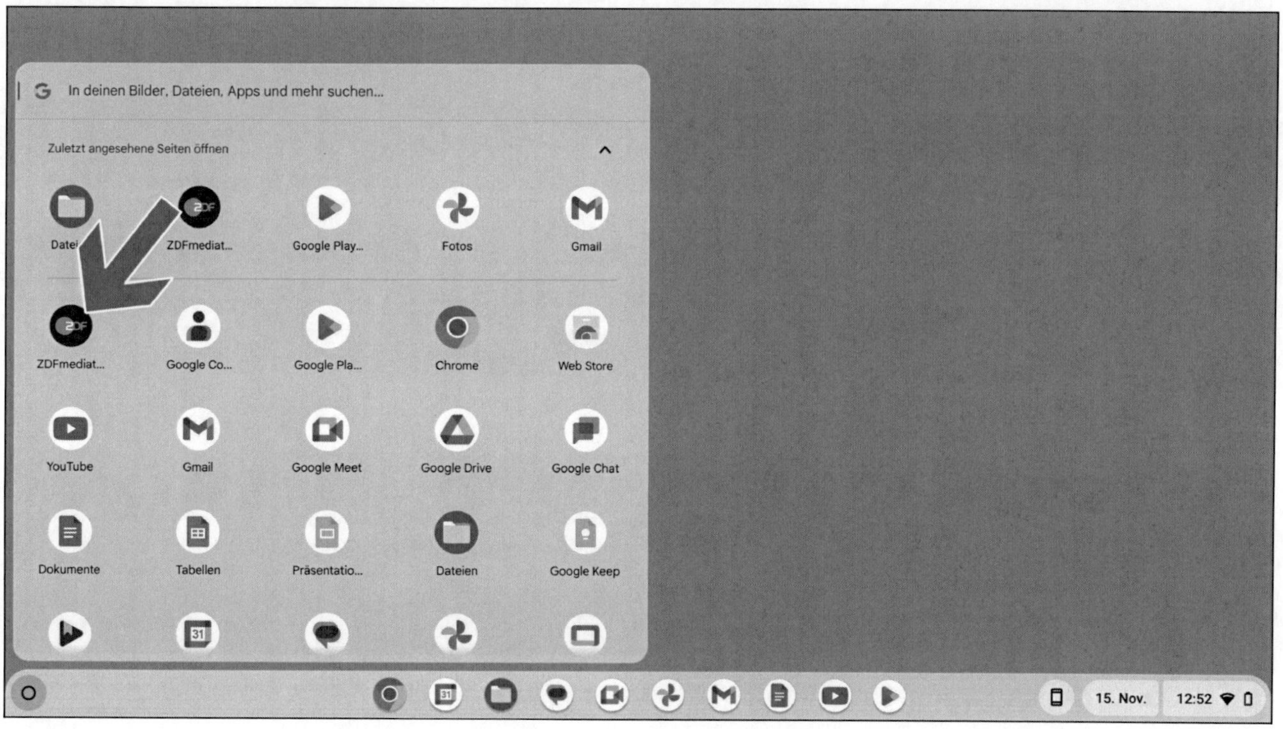

Künftig rufen Sie die Android-App über das Apps-Menü auf.

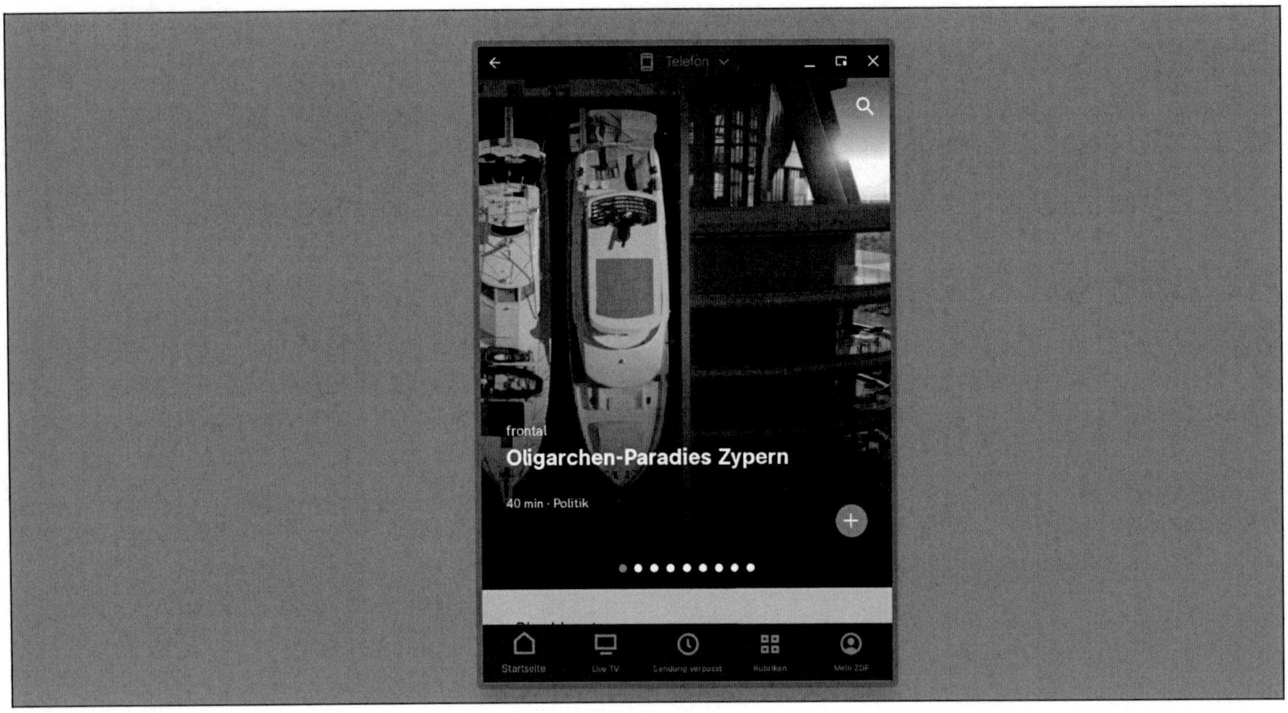

Viele Android-Apps starten zunächst mit einer Telefon-Anzeige, die sich an einem Handy-Bildschirm orientiert.

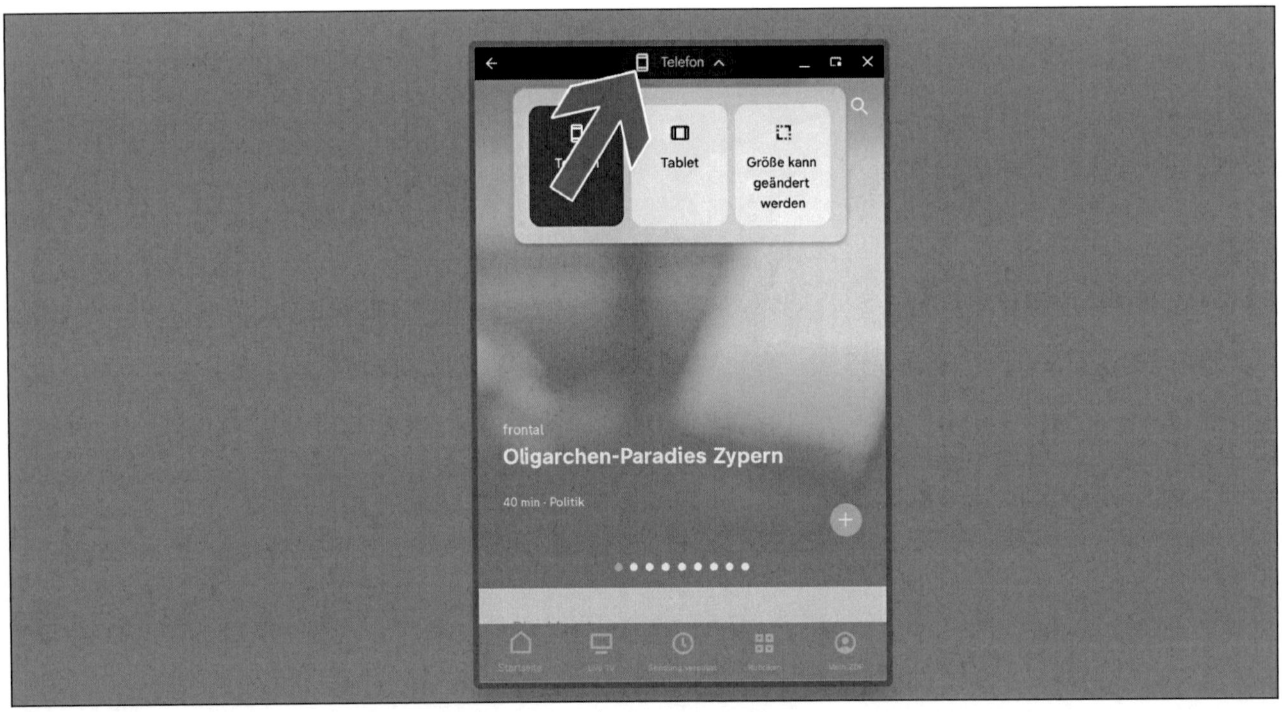

Klicken Sie auf *Telefon* in der Titelleiste für weitere Optionen:

- *Tablet*: Für Android-Tablets optimierte Apps nutzen den Bildschirm besser aus.
- *Größe kann verändert werden*: Skaliert die Anzeige auf das ganze Display. Beachten Sie, dass es dann bei einigen Apps zu Darstellungsfehlern kommt.

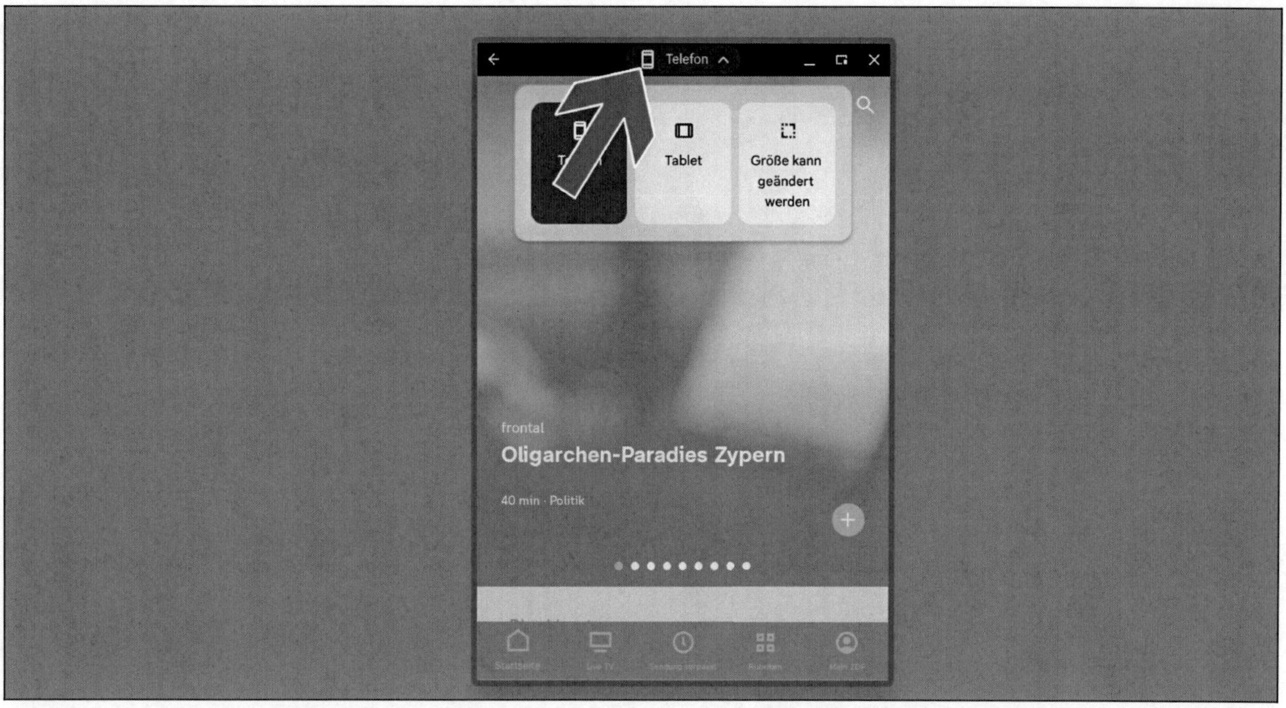

Beenden Sie die Android-App entweder über ✕ in deren Titelleiste oder die Tastenkombination strg + W-Taste.

Für Chromebooks optimierte Apps blenden die Titelleiste aus. Bewegen Sie den Mauszeiger an den oberen Bildschirmrand, worauf ✕ zum Beenden angezeigt wird.

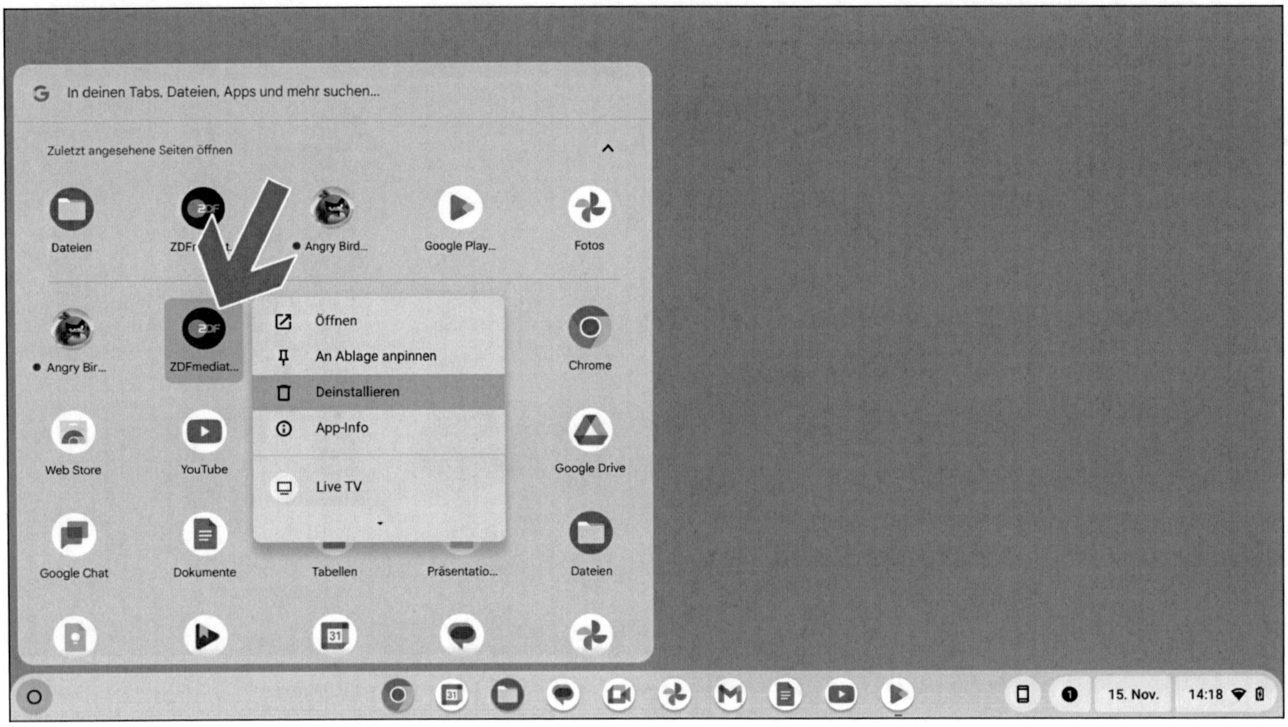

So deinstallieren Sie eine App: Halten Sie im Apps-Menü den Mauszeiger über die App und betätigen Sie die rechte Maustaste. Wählen Sie im Popup *Deinstallieren,* worauf eine Sicherheitsabfrage erscheint.

22. Medienkonsum

Viele Verlage bieten ihre Bücher und Zeitschriften inzwischen auch in elektronischer Form als sogenanntes »Ebook« an. Ärgerlicherweise hat der Börsenverein des deutschen Buchhandels, der über die Buchpreisbindung wacht, inzwischen auch für Ebooks eine Preisbindung durchgesetzt, das heißt, Sie werden die Ebooks aktueller Autoren bei jedem Anbieter, egal ob Amazon, Weltbild oder Google, zum gleichen Preis finden. Anders sieht es nur bei Buchklassikern mit abgelaufenem Copyright aus (Autor bereits seit 70 Jahren tot), die von mehreren Verlagen zu unterschiedlichsten Preisen verkauft werden – sofern man sie nicht ohnehin als kostenlosen Download angeboten bekommt.

Leider werden viele Ebooks in speziellen Dateiformaten, häufig in Kombination mit Kopierschutz (DRM - Digital Rights Management) verkauft und lassen sich deshalb nur mit den Anzeigeprogrammen der Verkäufer anzeigen. Beispiele dafür sind Amazon und Google. Problematisch sind auch manche PDF-Ebooks, denn PDF wird zwar vom Chromebook unterstützt, nicht aber der von Adobe bereitgestellte PDF-Kopierschutz, den viele Ebook-Anbieter verwenden.

Etwas verwirrend ist, dass man auf zwei verschiedene Arten auf die Ebooks zugreift: Entweder über den bereits im Kapitel *21 Google Play Store* beschriebenen Play Store oder über die Play Bücher-Anwendung.

22.1 Ebooks im Google Play Store

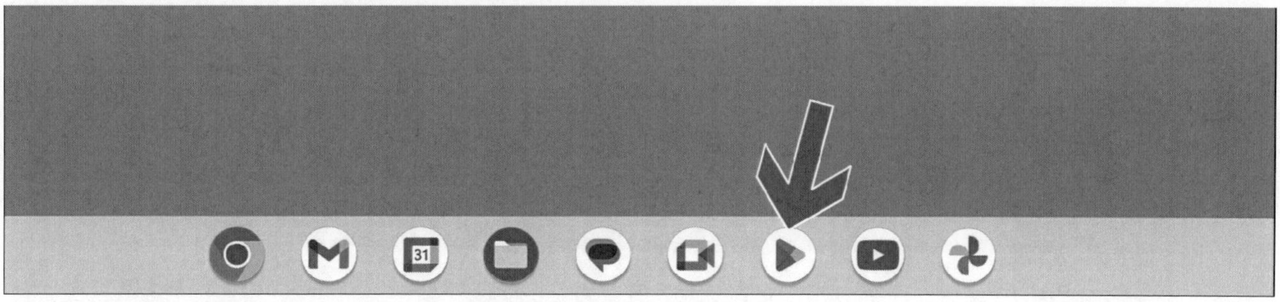

Der Vertrieb von Ebooks und Hörbüchern erfolgt über den *Google Play Store,* den Sie über die Ablage oder das Apps-Menü aufrufen.

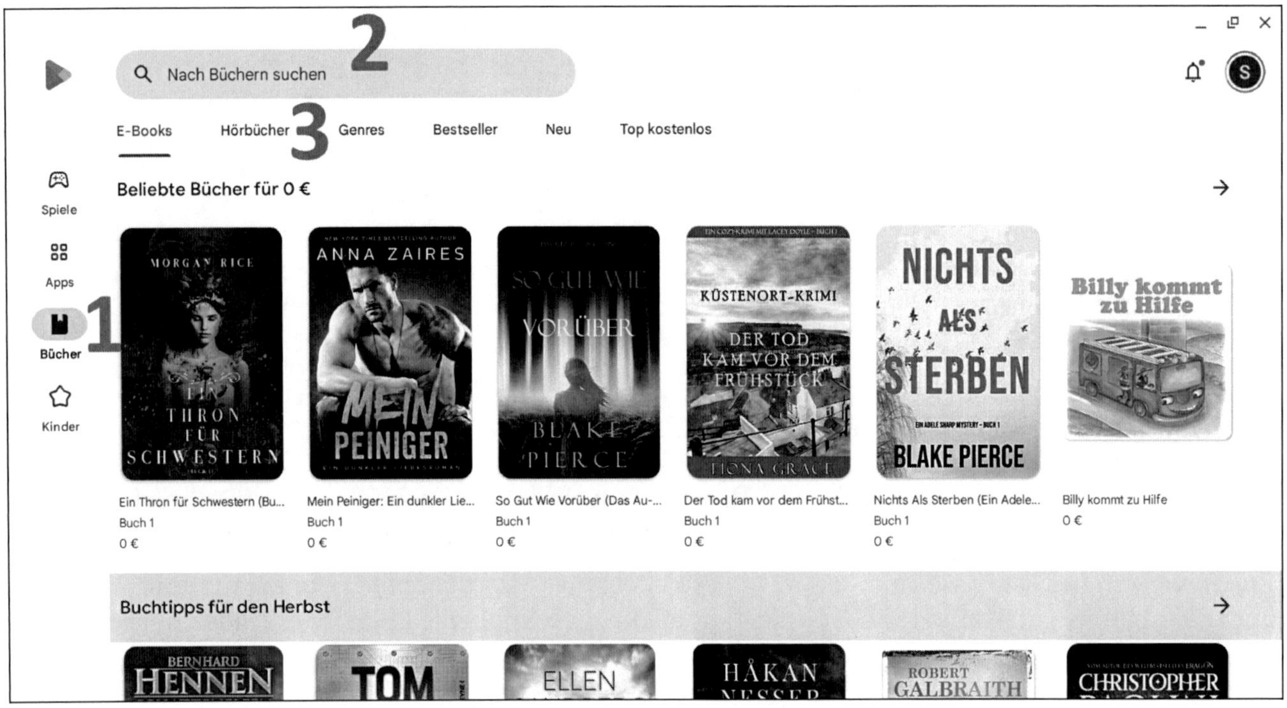

Aktivieren Sie *Bücher* (1) worauf sich die Benutzeroberfläche ändert. Hier nutzen Sie entweder die Suche (2) oder grenzen die Anzeige über die Register (3) ein.

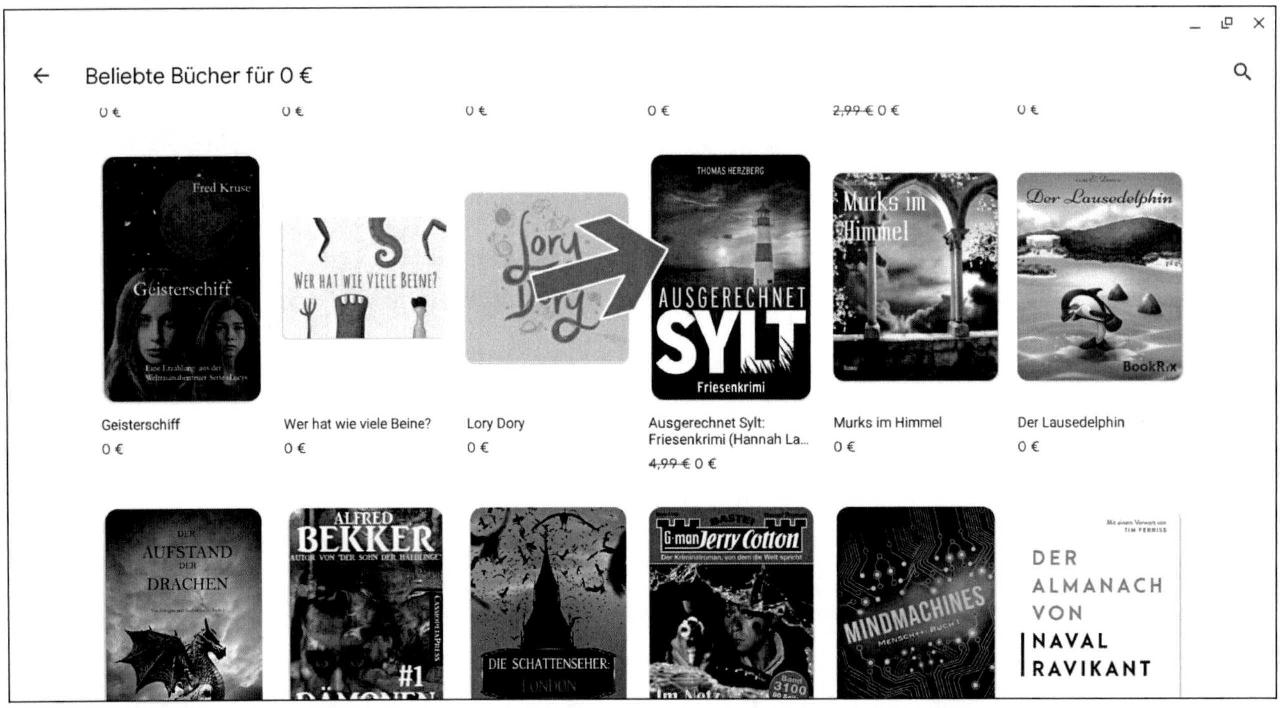

Klicken Sie einen Titel an, der Sie interessiert.

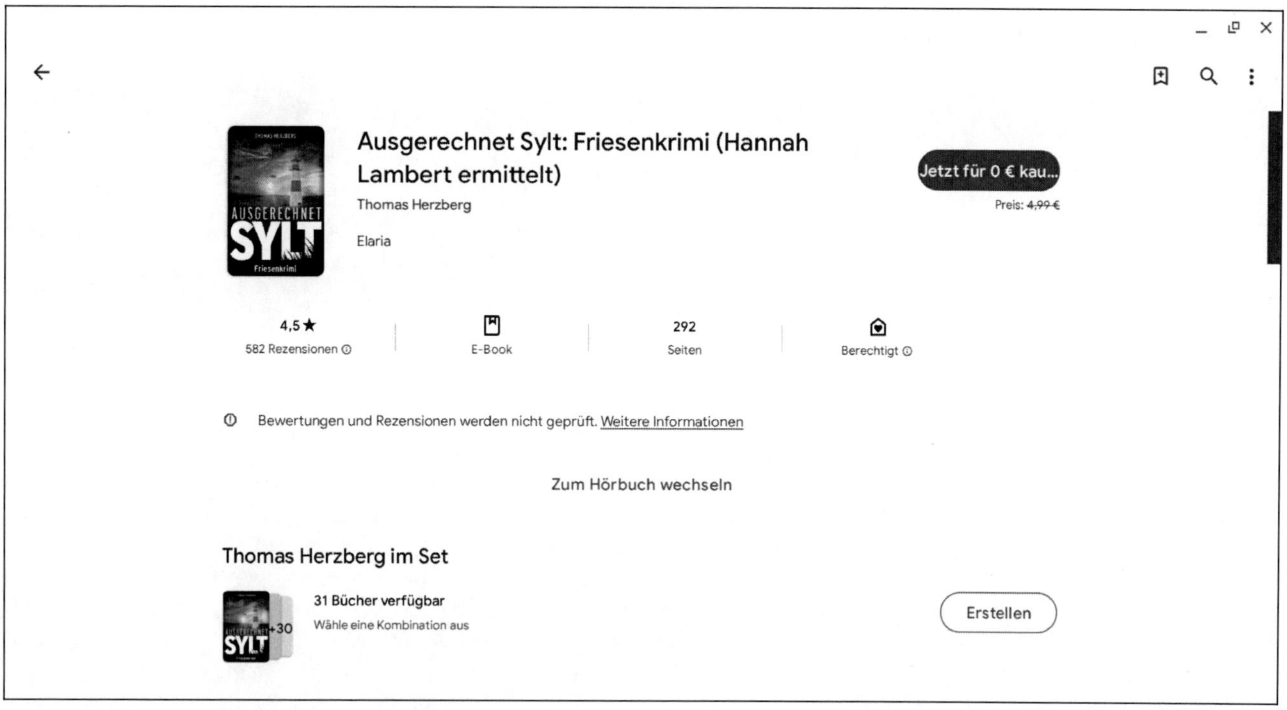

In unserem Beispiel ist das Ebook kostenlos. Gehen Sie auf *Jetzt für xx Euro kaufen.* Sofern ein Ebook etwas kostet, müssen Sie dann die Zahlungsmethode auswählen und den Kauf bestätigen.

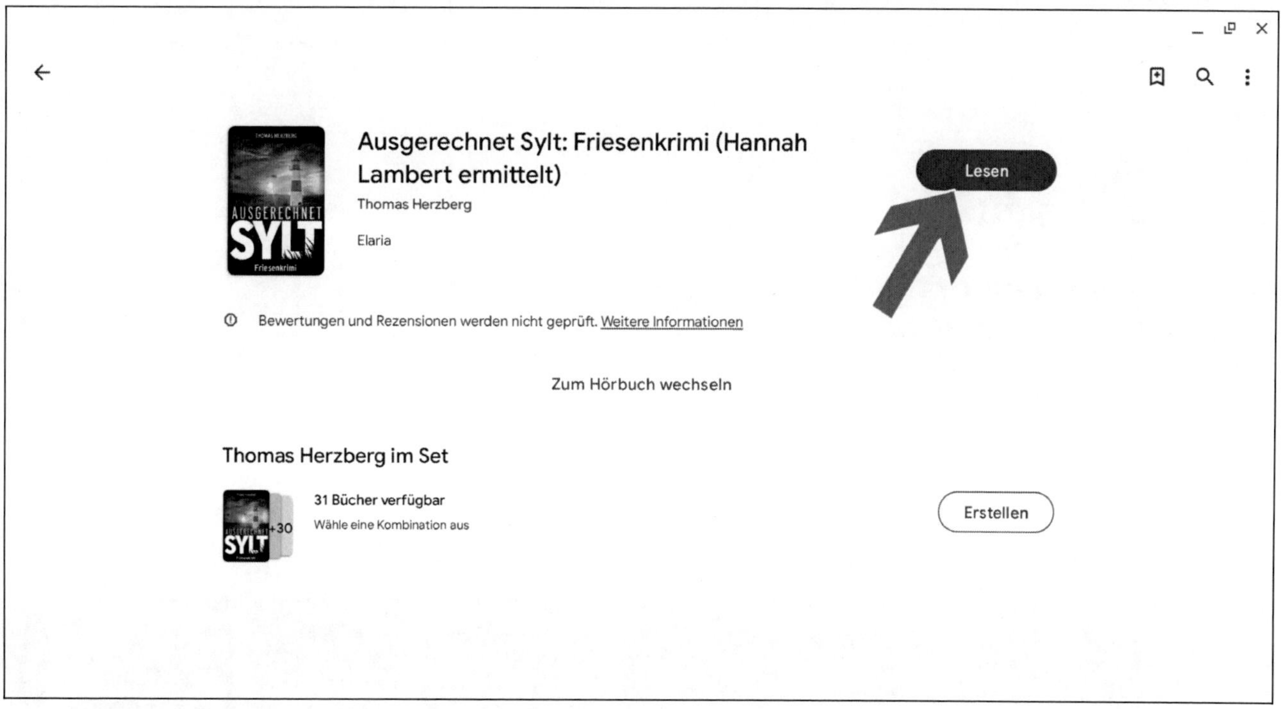

Mit einem Klick auf *Lesen* zeigen Sie das Ebook an.

Die gekauften Ebooks finden Sie in der Play Bücher-Anwendung, die wir im nächsten Kapitel vorstellen.

22.2 Play Bücher

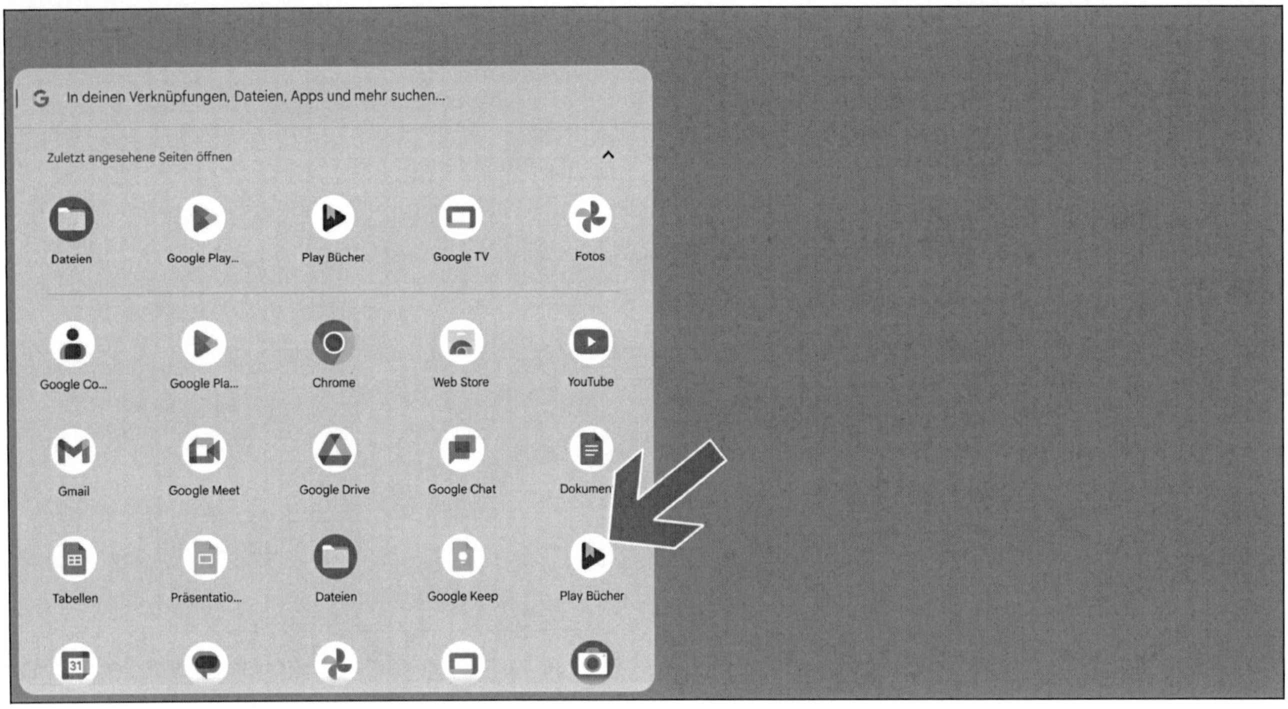

Rufen Sie *Play Bücher* aus dem Apps-Menü auf.

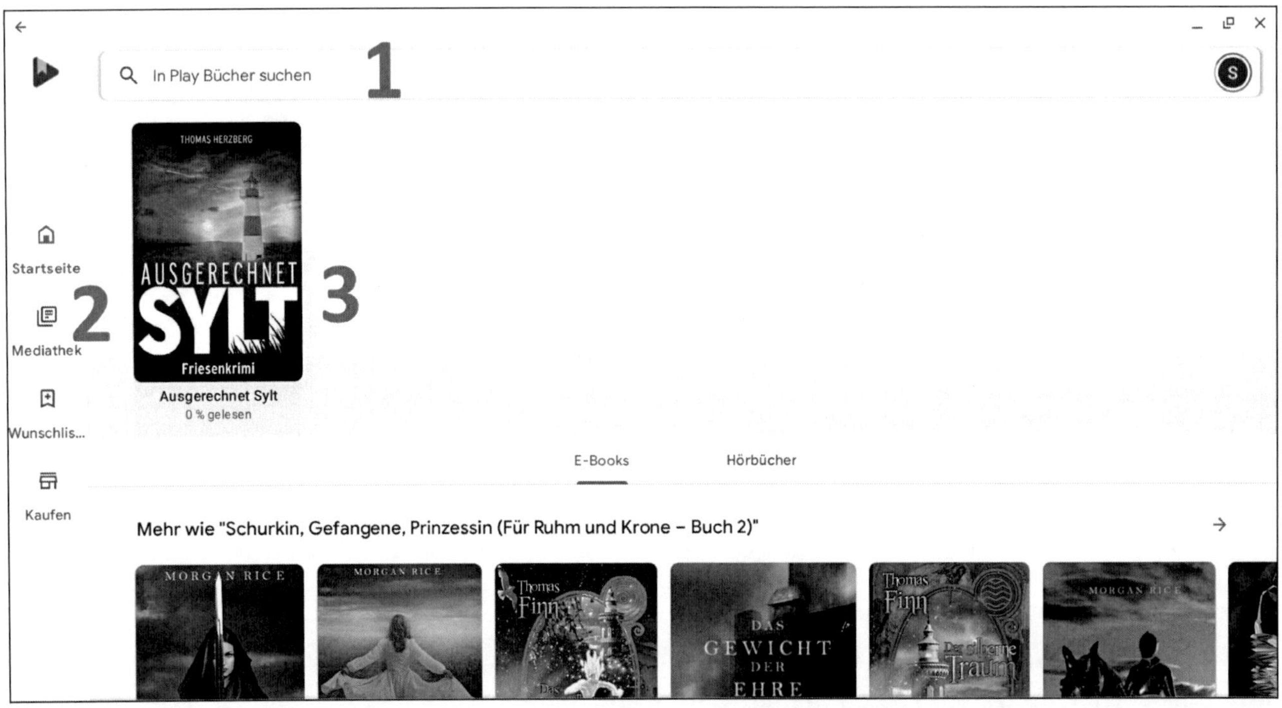

Falls Sie wissen, welchen Buchtitel/Autor Sie lesen möchten, nutzen Sie das Suchfeld (1). Ihre gekauften Ebooks finden Sie unter *Mediathek* (2), wo Sie auch im Ebook-Angebot stöbern können. Bereits in der Startseite listet Play Bücher die gekauften Medien auf (3).

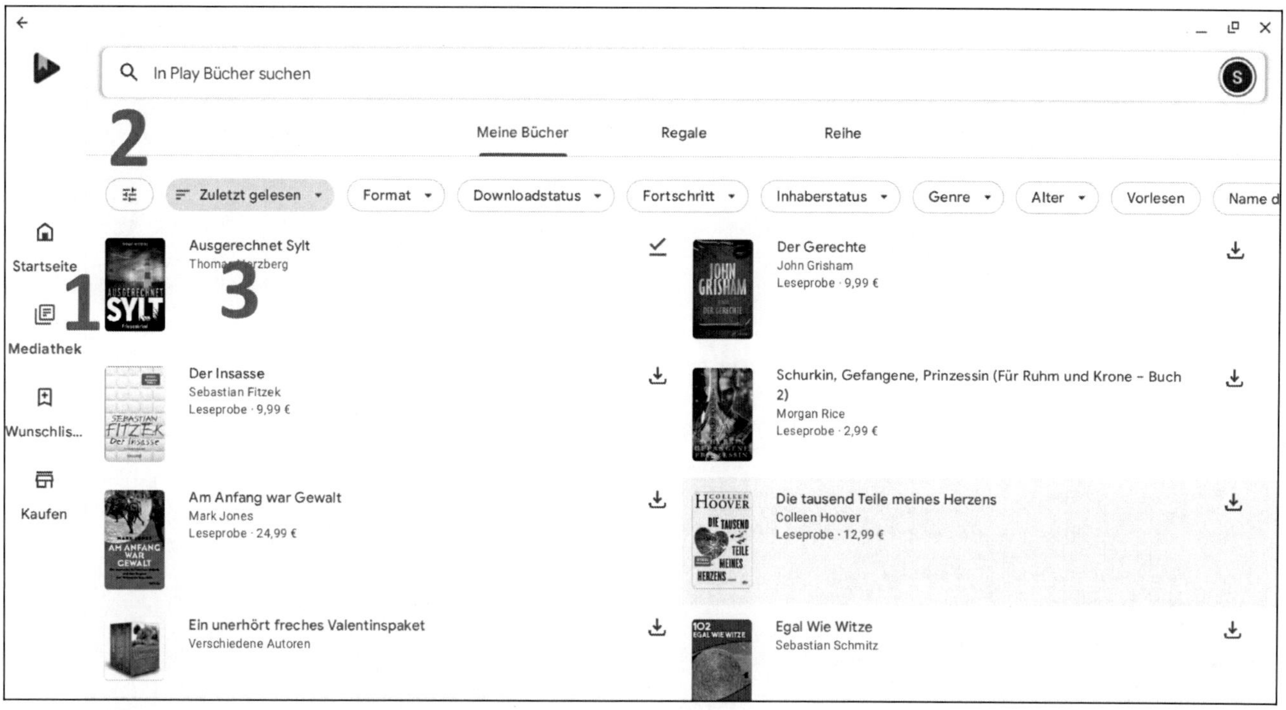

Aktivieren Sie das *Mediathek*-Register (1). Diverse Filter (2) grenzen das aufgelistete Angebot ein, beispielsweise auf bestimmte Genre oder Altersgruppen.

Klicken Sie jetzt eines der Ebooks an.

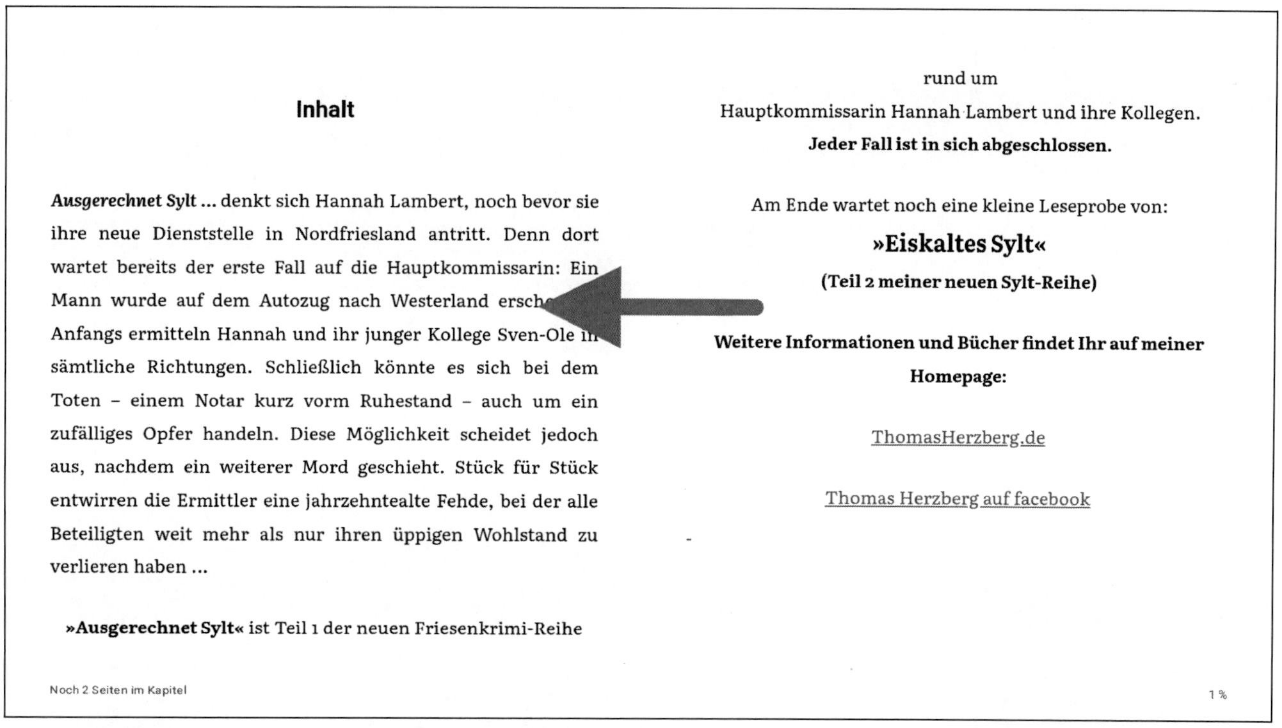

Zum Blättern wischen Sie auf dem Display nach links/rechts (bei einem Touchdisplay) oder Sie verwenden die Cursortasten unten rechts auf der Tastatur.

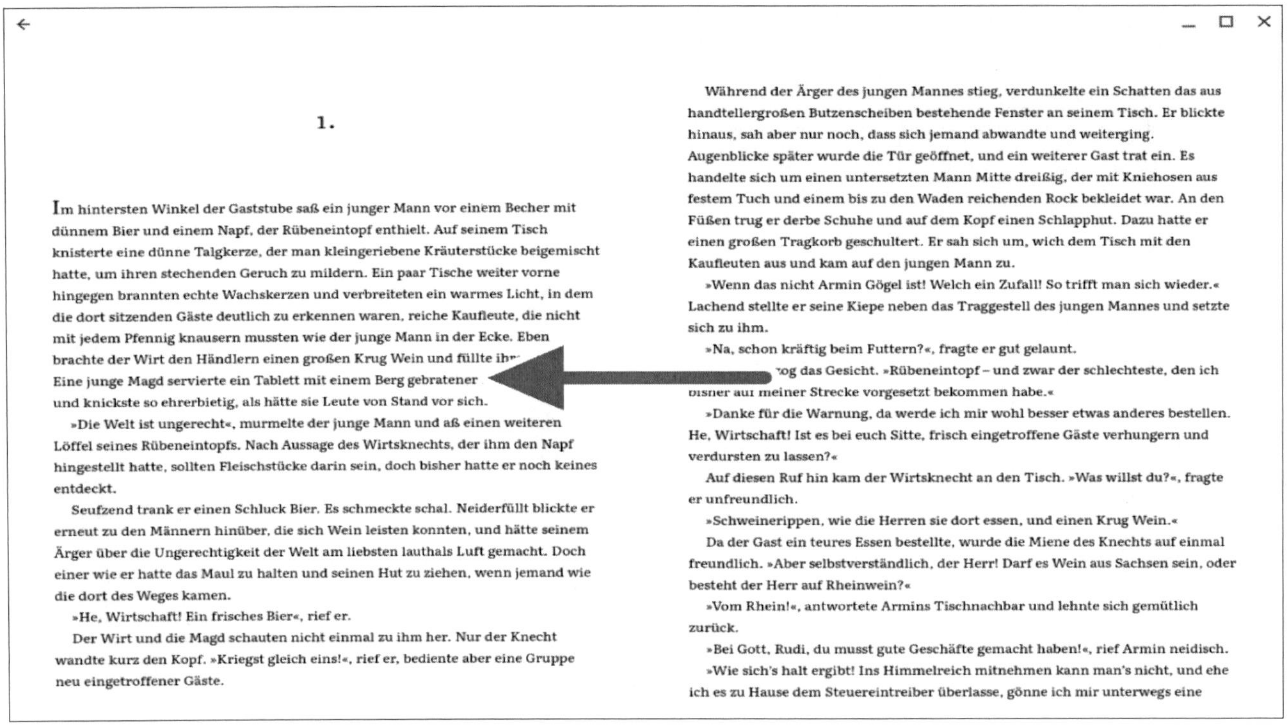

Zum Blättern wischen Sie auf dem Display nach links/rechts (bei einem Touchdisplay) oder Sie verwenden die Cursortasten unten rechts auf der Tastatur.

Nach einem Klick in die »Buchseiten« (1) werden die Bedienelemente eingeblendet: ≡: (2) öffnet die Kapitelübersicht und über den Fortschrittsbalken (3) springen Sie auf eine beliebige Buchseite.

23. Dateiverwaltung

Leider müssen wir in diesem Kapitel einige grundlegende Erfahrungen mit Dateien und Verzeichnissen auf Windows-PCs oder anderen Endgeräten voraussetzen.

Ihr Chromebook ist zwar darauf spezialisiert, nach Möglichkeit alle von Ihnen verwalteten Daten und Dateien auf Google-Servern zu speichern. Trotzdem werden Sie ab und zu auf lokal im Chromebook oder auf einer eingelegten Speicherkarte/USB-Stick vorhandene Dateien zugreifen müssen.

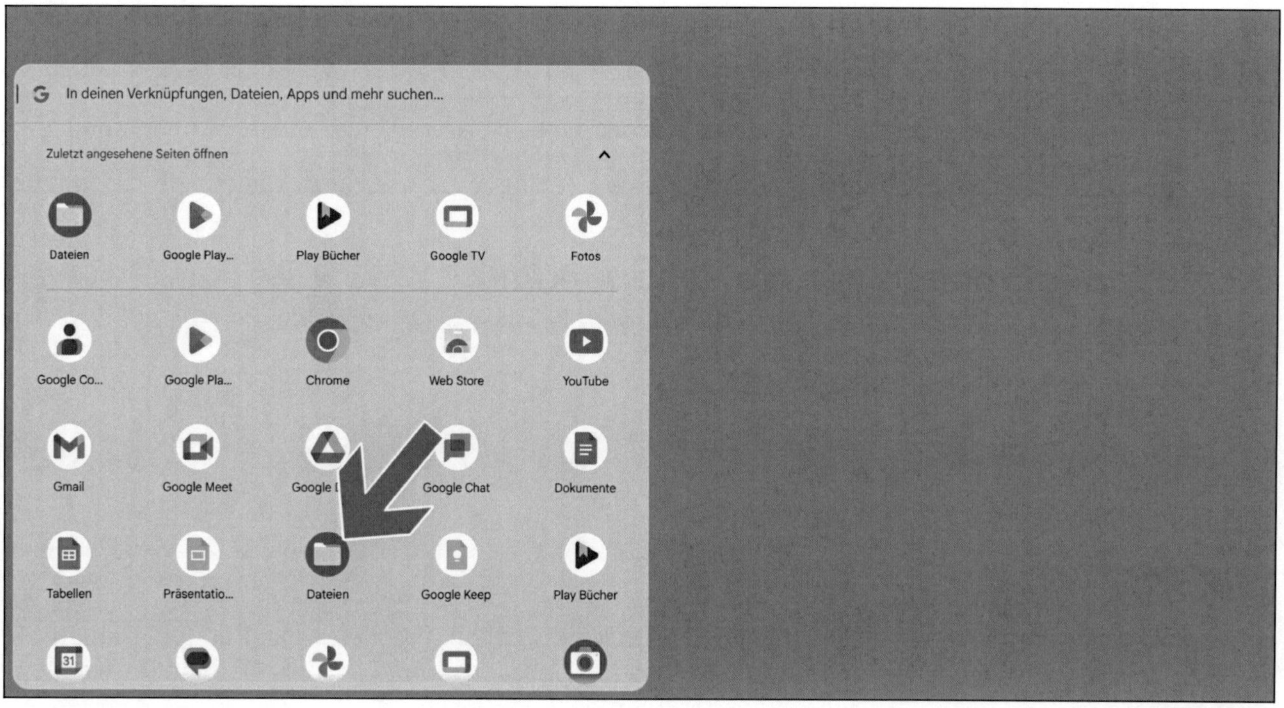

Die *Dateien*-Anwendung finden Sie im Apps-Menü.

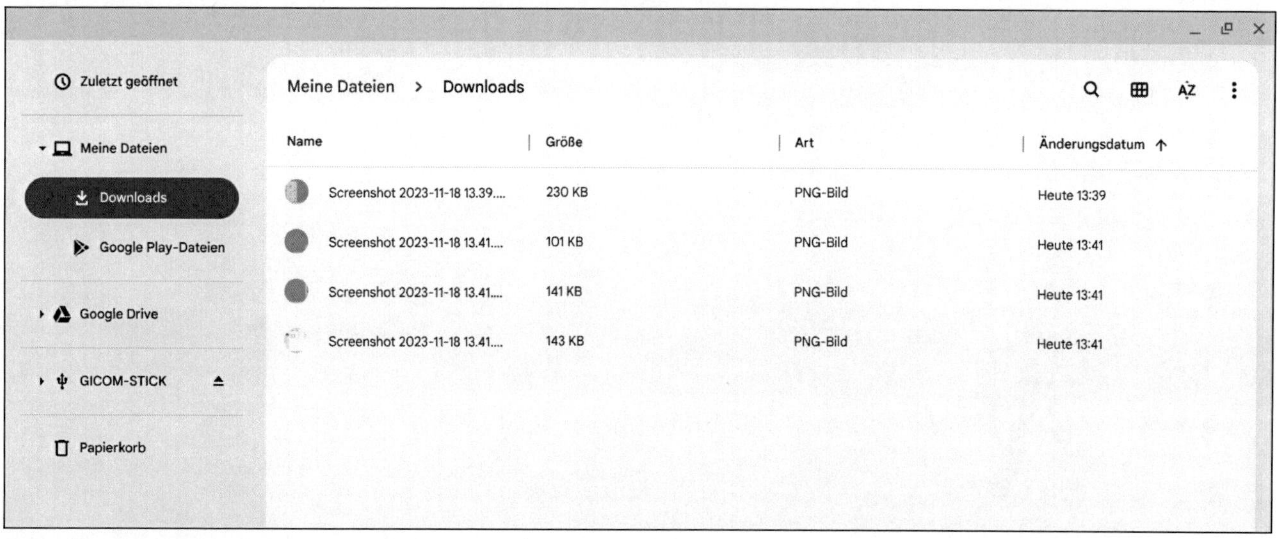

Die Dateien-Anwendung zeigt links eine Ordnerauflistung und rechts den Inhalt des aktuell ausgewählten Ordners:

- *Zuletzt geöffnet*: Dateien, die Sie zuletzt geöffnet oder erzeugt haben.
- *Meine Dateien:*
    - *Downloads*: Dateien, die Sie aus den Anwendungen gespeichert haben, beispielsweise aus dem Chrome Browser oder Gmail, landen im *Downloads*-Ordner.

  - *Google Play-Dateien*: Nicht von Google dokumentiert.
- *Google Drive*: Ermöglicht den direkten Zugriff auf Dateien in Google Drive (eine ausführliche Beschreibung der enthaltenen Ordner liefert Kapitel *14 Google Drive*).
- *(Name des Datenträgers)*: Eine in das Chromebook eingesteckte Speicherkarte oder USB-Stick. USB-Sticks und Speicherkarten haben standardmäßig einen vom Hersteller vorgegebenen Namen, unter dem sie dann im Chromebook erscheinen.
- *Papierkorb*: Von Ihnen gelöschte Dateien werden für 30 Tage im Papierkorb vorgehalten und erst dann endgültig gelöscht. Sie können gelöschte Dateien einfach aus dem Papierkorb wieder herstellen, indem Sie sie von dort beispielsweise auf *Google Drive* ziehen.

Die Dateien-Anwendung kommt auch immer zum Einsatz, wenn eine andere Anwendung die Möglichkeit zur Dateiauswahl bietet.

23.1 Besonderheiten von Speichermedien

Wenn Sie eine Speicherkarte oder einen USB-Stick einstecken, erscheint ein Popup. Wählen Sie dort *App "Dateien" öffnen*, um den Inhalt des Speichermediums in der Dateien-Anwendung anzuzeigen.

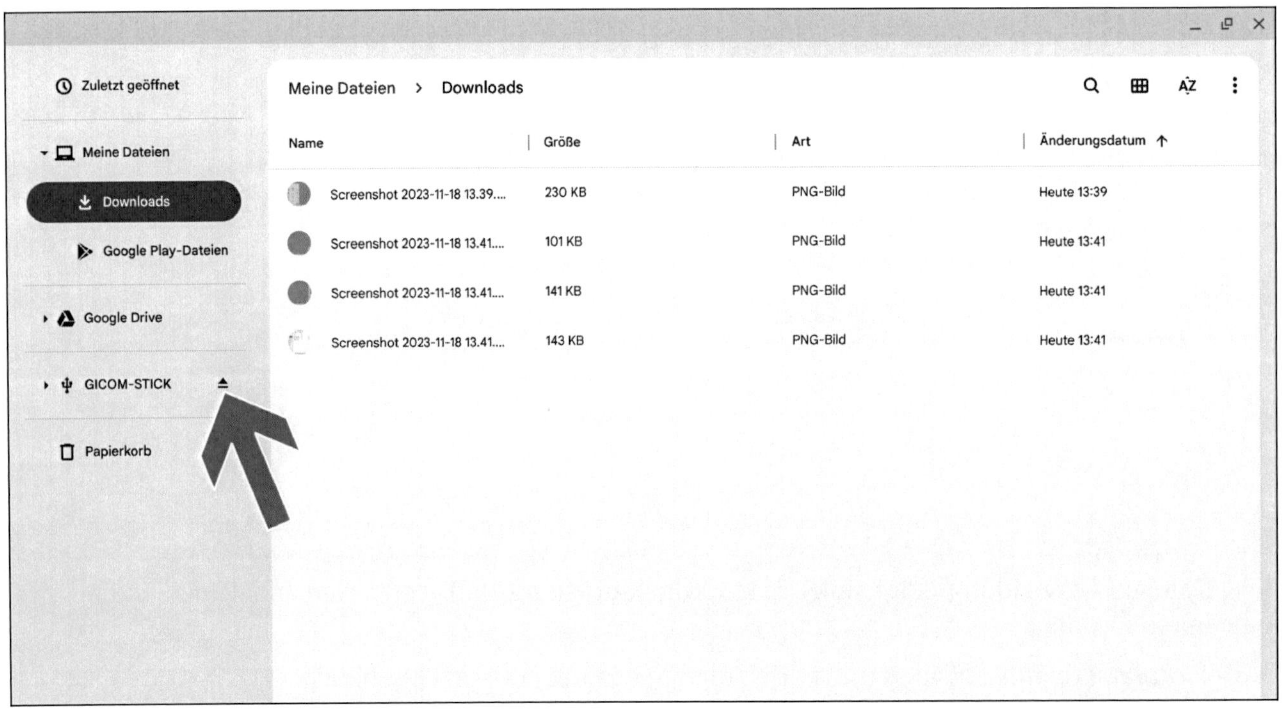

Möchten Sie ein Speichermedium wieder aus dem Chromebook herausnehmen, dann melden Sie es zuerst mit einem Klick auf ⏏ vom Chromebook ab. Falls Sie dies vergessen, können Dateien auf dem Speichermedium beschädigt werden.

23.2 Navigation in den Verzeichnissen

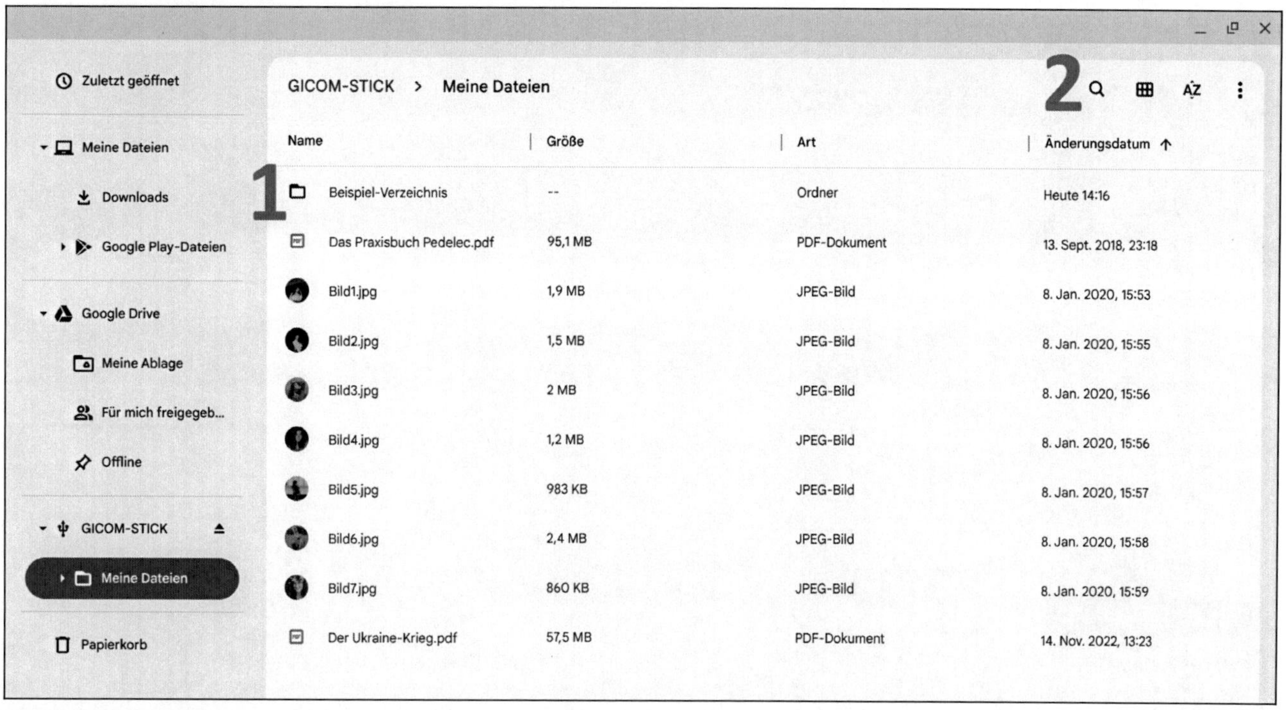

Das Chromebook unterstützt ähnlich wie Windows-PCs auch Verzeichnisse. Klicken Sie einfach auf ein Verzeichnis (1), um dessen Inhalt anzusehen (Verzeichnisse erkennen Sie am vorangestellten 🗀).

Ein Doppelklick auf eine Datei öffnet sie in der entsprechenden Anwendung, beispielsweise eine Excel-Datei in Google Tabellen oder ein Foto im Bildanzeiger.

Die weiteren Schaltleisten oben rechts (2):

- 🔍: Nach Dateinamen im aktuellen Verzeichnis suchen.
- ⊞: Zwischen Raster- und Listenansicht umschalten. Die Rasteransicht zeigt ein Vorschaubild, was besonders bei Fotoverzeichnissen einen Vorteil darstellt.
- AZ: Sortierung nach Name, Größe, Art oder Änderungsdatum. Alternativ klicken Sie einfach eine Spaltenüberschrift an.
- ⋮: Neues Fenster öffnen, Ordner (Verzeichnis) anlegen oder Hilfe aufrufen. Der noch unbelegte Speicherplatz auf dem Datenträger wird ebenfalls angezeigt.

Wie auch auf Windows-PCs bestimmt die Dateiendung, in welchem Programm eine Datei geöffnet wird. Bei Dateien, für die es keine passende Anwendung gibt, erscheint nach dem Doppelklick eine Fehlermeldung.

23.3 Dateien kopieren oder verschieben

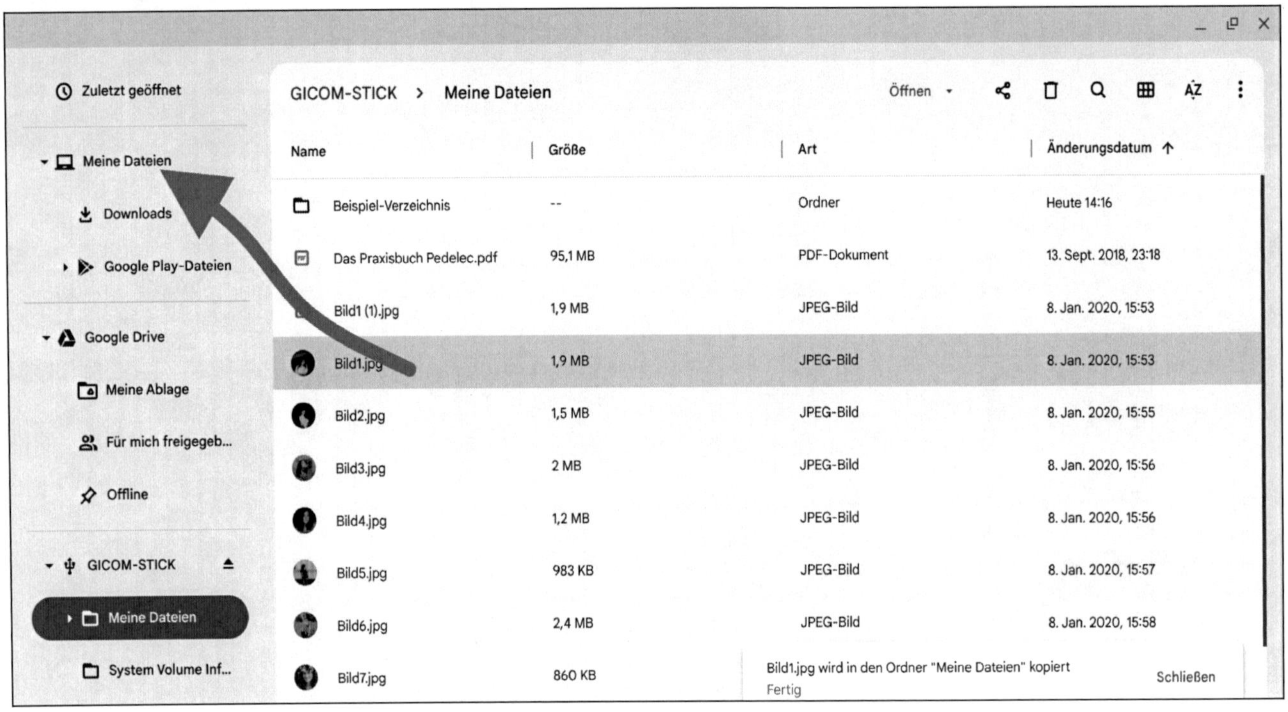

Markieren Sie zuerst die zu kopierenden Dateien (strg- beziehungsweise ⇧ (Hochstell)-Taste auf der Tastatur gedrückt halten und dann mit der linken Maustaste auf Dateien klicken). Anschließend ziehen Sie mit gedrückter linker Maustaste die Dateien in das Zielverzeichnis. Gehen Sie oben rechts auf 🗑, wenn Sie die markierten Dateien löschen möchten.

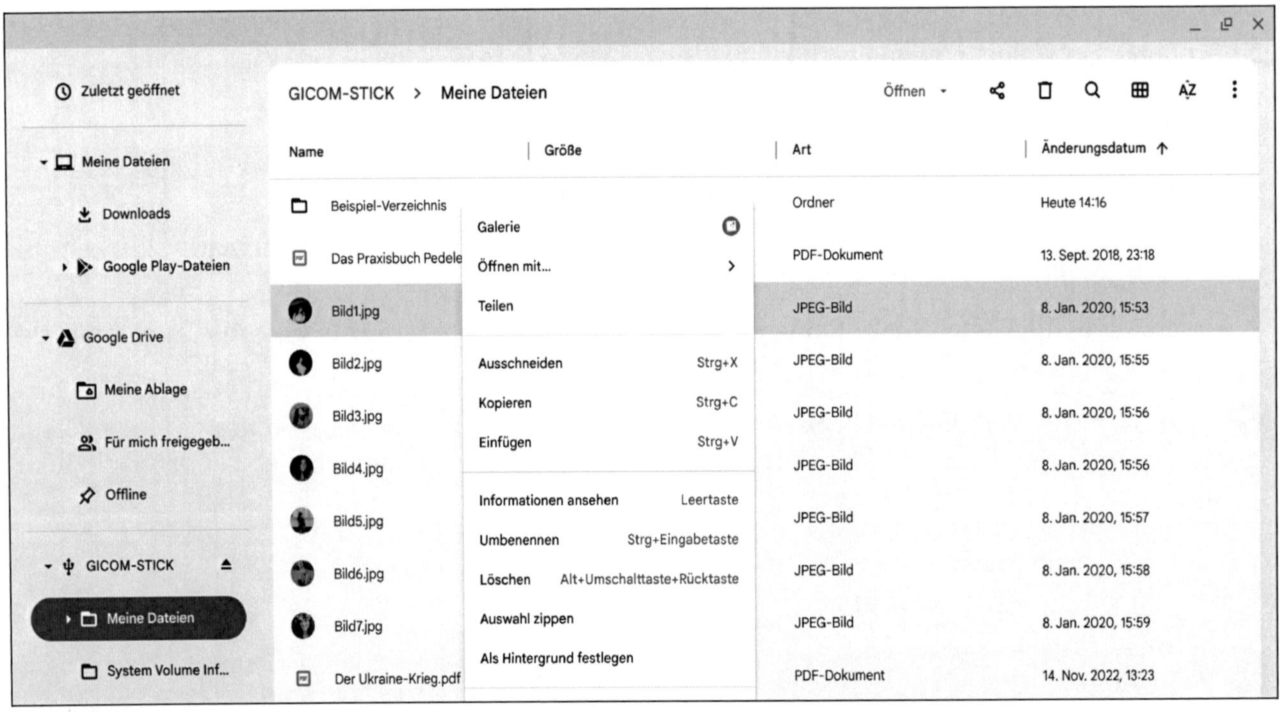

Betätigen Sie die rechte Maustaste, wenn sich der Mauszeiger über einer Datei befindet, für das Popup-Menü mit Funktionen zum Kopieren, Einfügen und Löschen. Außerdem lassen sich die markierten Dateien in einer Zip-Datei zusammenfassen.

24. Benutzerverwaltung

Sofern Sie Ihr Chromebook nur alleine nutzen, dürfen Sie dieses Kapitel jetzt überlesen.

Das Chromebook lässt sich problemlos mit mehreren Anwendern nutzen. Dabei loggt sich der jeweilige Anwender mit seinem Google-Konto (= Benutzerkonto) ein, worauf ihm sofort alle seine Daten automatisch wieder zur Verfügung stehen. Bevor er dann das Chromebook einem anderen Anwender überlässt loggt er sich aus.

Geht es nur darum, mal kurz etwas mit dem Chrome-Webbrowser im Internet nachzusehen, kann man auch den Gastmodus nutzen.

24.1 An- und Abmelden

So melden Sie sich von Ihrem Google-Konto ab: Drücken Sie zweimal hintereinander gleichzeitig ⇧ (Hochstell)-Taste + ctrl-Taste + Q.

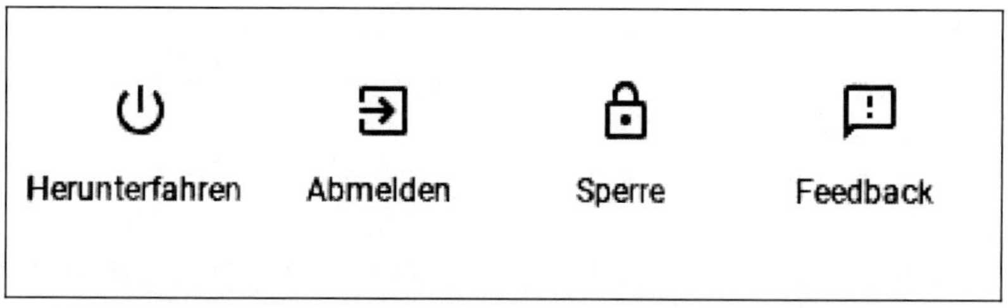

Alternativ halten Sie den Ein-/Ausschalter für einige Sekunden gedrückt, bis das Popup erscheint, in dem Sie auf *Abmelden* gehen.

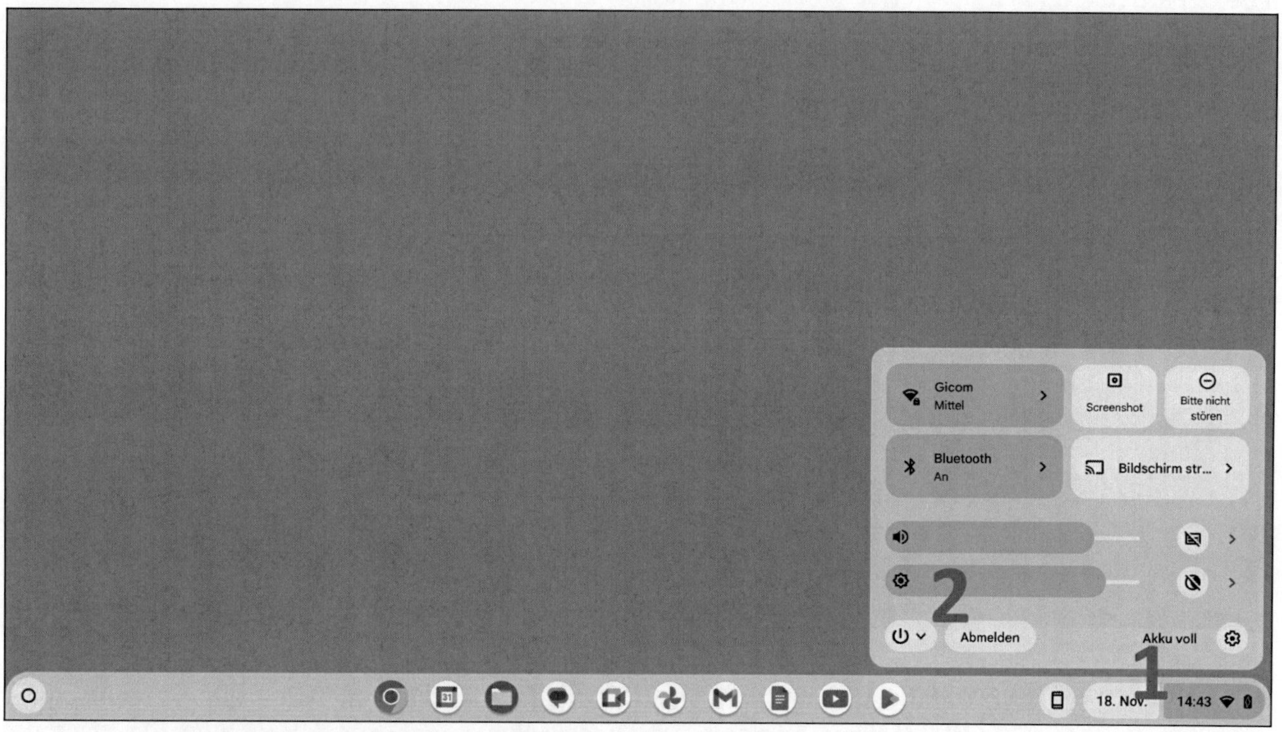

Auch über die Systemleiste ist das Abmelden möglich. Klicken Sie unten rechts in die Systemleiste (1) und dann auf *Abmelden* (2).

Auch wenn Sie das Chromebook ausgeschaltet hatten oder es sich mit einem leeren Akku selbst abschaltete, müssen Sie sich beim nächsten Einschalten wieder anmelden.

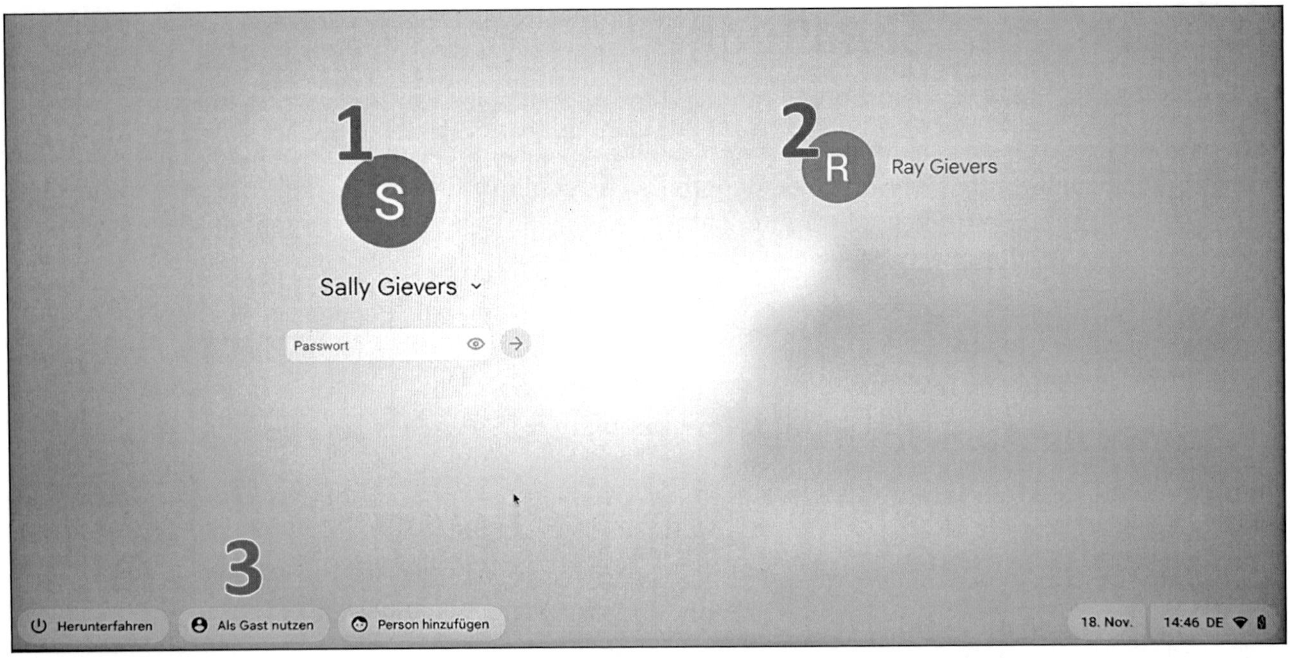

In unserem Beispiel werden zwei Google-Konten (1 und 2) auf dem Chromebook genutzt. Beim zuletzt verwendeten befindet sich der Cursor bereits im Passwort-Eingabefeld. Geben Sie das Passwort ein und betätigen Sie die enter-Taste. Sie sind nun eingeloggt und können mit dem Gerät arbeiten.

Möchten Sie sich dagegen beim zweiten Google-Konto (2) einloggen, dann klicken Sie auf das runde Kontaktsymbol, bevor Sie das Passwort eingeben.

Die Schaltleisten (3) am unteren Bildschirmrand:

- *Herunterfahren*: Schaltet das Chromebook aus.
- *Als Gast nutzen*: Im Gastmodus hat der Nutzer nur Zugriff auf den Chrome-Browser und seine lokalen Dateien.
- *Person hinzufügen*: Mit einem weiteren Google-Konto anmelden.

Nicht mehr benötigte Benutzerkonten entfernen Sie einfach mit einem Klick auf ✓ rechts unter dem Kontosymbol (Pfeil). Gehen Sie dann auf *Diesen Nutzer entfernen*. Beachten Sie, dass das erste auf dem Chromebook angelegte Google-Konto einen Sonderstatus hat und nicht entfernt werden kann.

Der Inhalt der entfernten Konten, also Kontakte, Termine usw. wird nicht gelöscht, das heißt, wenn sich der betreffende Nutzer erneut auf dem Chromebook anmeldet, werden seine Daten aus dem Google-Konto wieder hergestellt. Gelöscht werden allerdings lokal im Gerätespeicher abgelegte Dateien, also beispielsweise Fotos, die der Nutzer von einer Speicherkarte auf das Gerät kopiert hat, oder Dateien, die er mit dem Chrome-Browser aus dem Internet heruntergeladen hat.

Mit *Person hinzufügen* (unten links im Bildschirm) kann sich ein weiterer Anwender mit seinem Google-Konto anmelden beziehungsweise ein neues Google-Konto registrieren (dies wird bereits im Kapitel *3 Erster Start* beschrieben).

24.2 Gastmodus

Als Gast nutzen (unten links) startet das Chromebook ohne Google-Konto.

Im Gastmodus startet automatisch der Chrome-Webbrowser mit dem Hinweis, dass alle anfallenden Daten nach Verlassen des Gastmodus gelöscht werden.

Den Gastmodus verlassen Sie durch einen Klick auf den Systembereich (1) und anschließendem Betätigen von *Gastsitzung beenden* (2).

24.3 Profilfoto

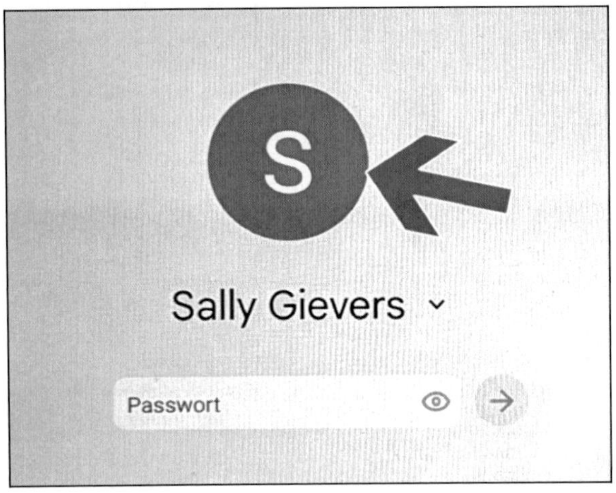

Sie dürfen das runde Kontosymbol selbst auswählen und damit Ihrem Konto eine besondere Note verleihen.

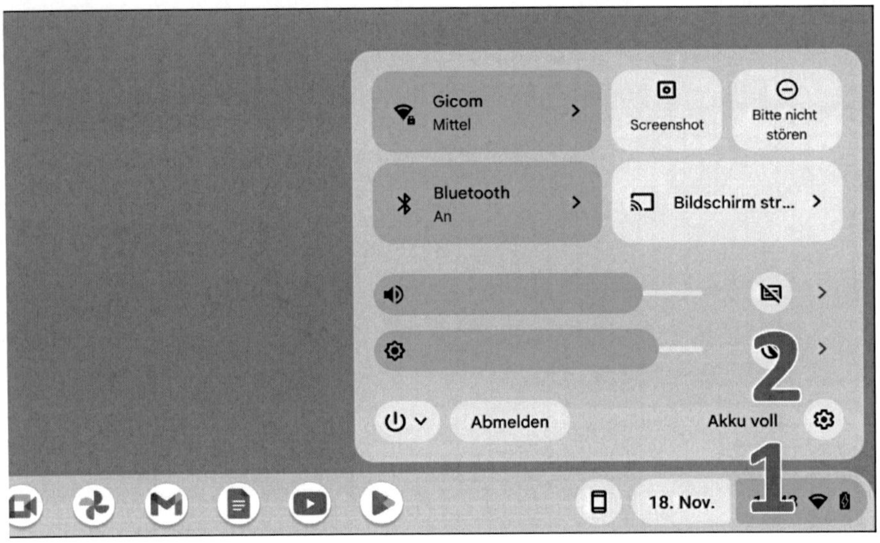

So legen Sie Ihr eigenes Profilsymbol fest: Öffnen Sie mit einem Klick auf die Systemleiste (1) das Menü und gehen Sie auf ⚙ (2) für die Einstellungen.

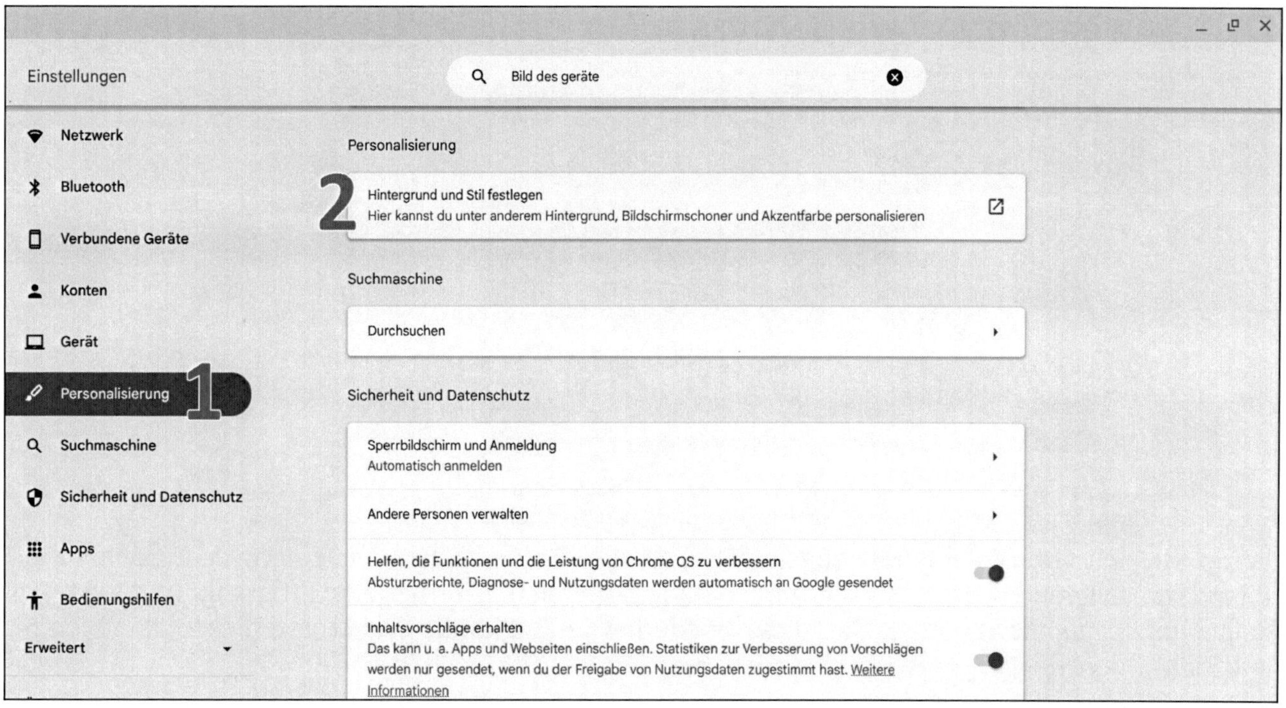

Aktivieren Sie das *Personalisierung*-Register und gehen Sie auf *Hintergrund und Stil festlegen.*

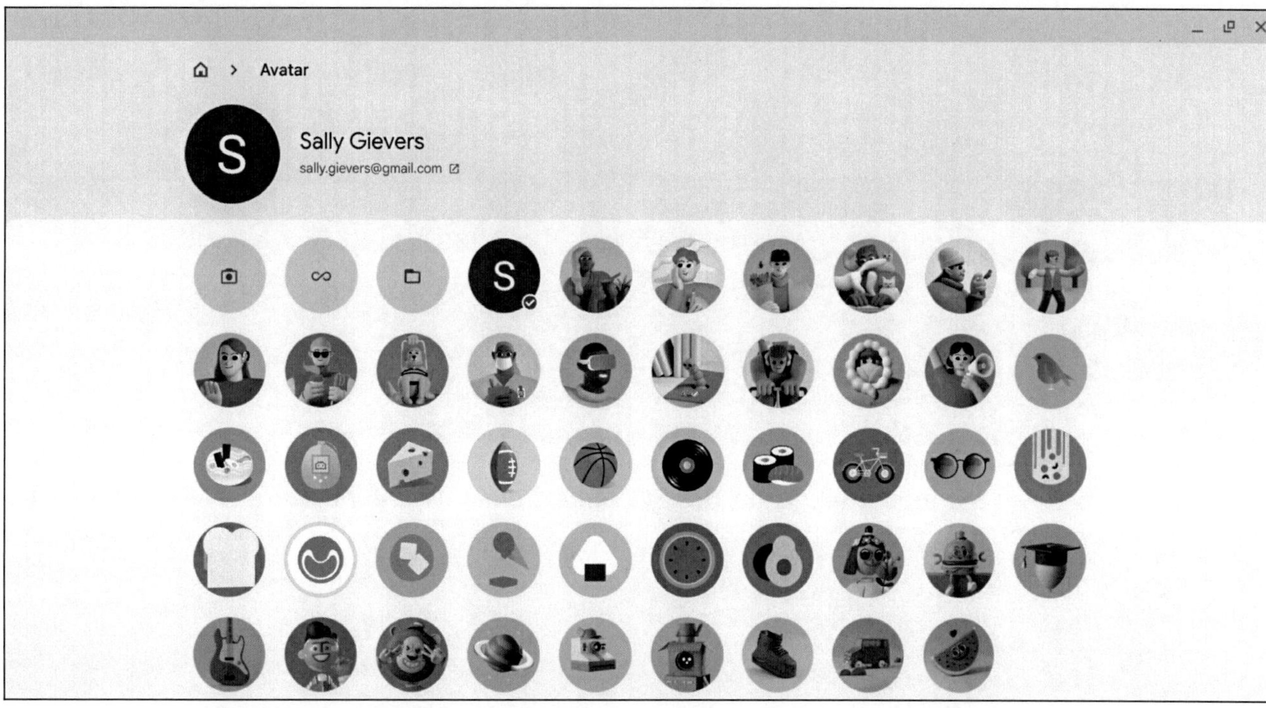

Wählen Sie entweder ein vordefiniertes Symbol aus, oder nutzen Sie folgende Funktionen:

: Foto mit der Kamera am Chromebook erstellen.

: Video mit Kamera erstellen (läuft später als Endlosschleife)

: Foto aus dem Gerätespeicher verwenden.

24.4 Anwendungen wiederherstellen

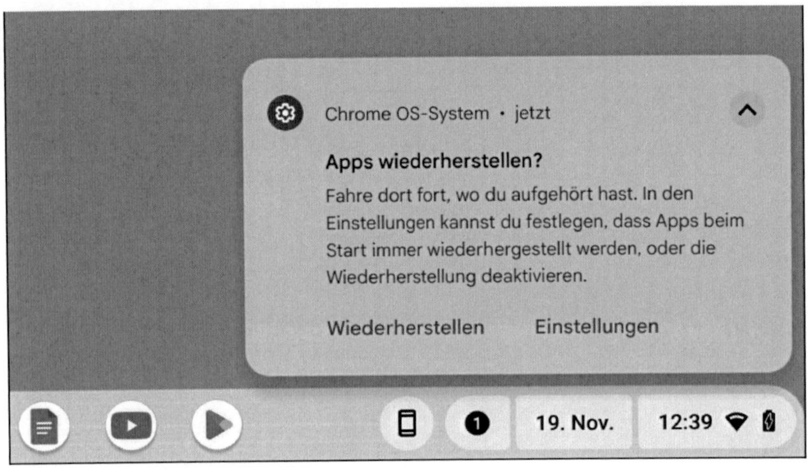

Wenn Sie sich von Ihrem Konto abgemeldet hatten und sich später erneut anmelden, erscheint ein Popup am unteren rechten Bildschirmrand. *Wiederherstellen* öffnet alle Programme, die Sie vor dem Abmelden genutzt hatten. Damit die Wiederherstellung künftig automatisch erfolgt, gehen Sie auf *Einstellungen*.

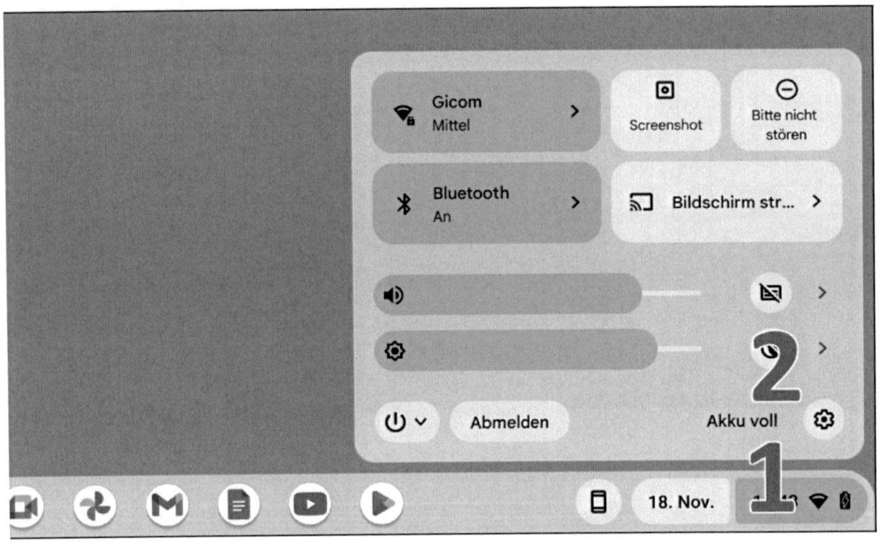

Alternativ öffnen Sie mit einem Klick auf die Systemleiste (1) das Menü und gehen Sie auf ⚙ (2) für die *Einstellungen*.

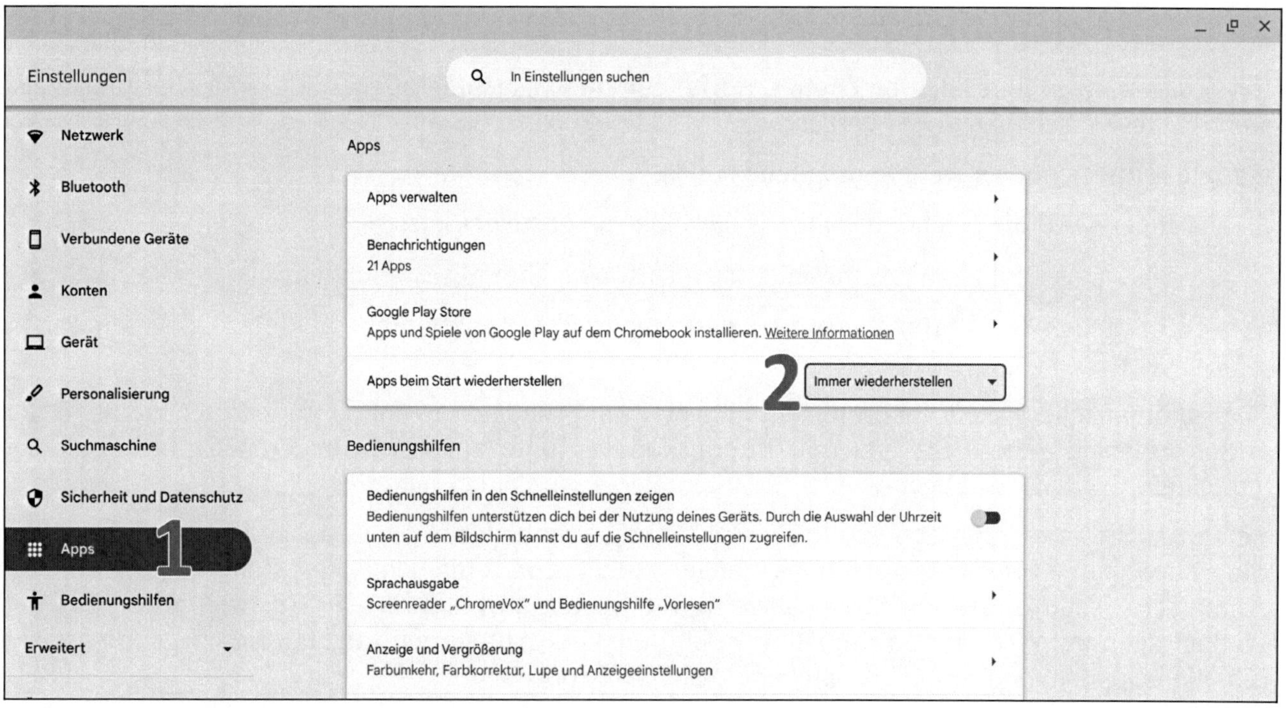

Aktivieren Sie das *Apps*-Register (1), dann stellen Sie bei *Apps beim Start wiederherstellen* das Auswahlmenü auf *Immer wiederherstellen.*

24.5 Passwort zum Benutzerkonto vergessen

Es kommt durchaus mal vor, dass Sie das Passwort von Ihrem Benutzerkonto vergessen und sich nicht auf Ihrem Chromebook anmelden können.

Wenn Ihnen das Kennwort oder gar der Name Ihres Google-Kontos partout nicht mehr einfällt, dann starten Sie auf dem Chromebook den Gastmodus (siehe Kapitel *24 Benutzerverwaltung*) und rufen Sie im Chrome-Webbrowser die Adresse *www.google.com/accounts/recovery* auf. Folgen Sie den Anweisungen.

Alternativ können Sie die Passwortwiederherstellung von jedem beliebigen PC mit Webbrowser durchführen.

24.6 Chromebook zurücksetzen

Ein Zurücksetzen Ihres Chromebooks dürfte nur in Ausnahmefällen nötig sein, beispielsweise wenn Sie es verschenken oder verkaufen.

Google selbst nennt als weitere mögliche Anlässe:

- Ihnen wird die Nachricht »*Dieses Chrome-Gerät zurücksetzen*« angezeigt.
- Sie haben Probleme mit Ihrem Nutzerprofil oder Ihren Einstellungen.
- Sie haben Ihr Chromebook neu gestartet und es funktioniert weiterhin nicht ordnungsgemäß.

Die automatische Datensynchronisierung im Hintergrund sorgt dafür, dass Ihnen keine Daten verloren gehen. Sobald Sie sich mit Ihrem Google-Konto auf einem anderen Chromebook neu anmelden, werden Ihre Daten wieder heruntergeladen und eingerichtet.

So setzen Sie das Chromebook auf die Einstellungen zurück, in der es ausgeliefert wurde: Wenn Sie noch auf Ihrem Chromebook angemeldet sind, melden Sie sich zuerst ab. Im Anmeldebildschirm drücken Sie gleichzeitig die Tasten strg + alt + ⇧ (Hochstelltaste) + R und klicken dann auf *Neu starten*. Sobald das Chromebook neu startet, klicken Sie auf *Zurücksetzen* (Quelle: *support.google.com/chromebook/answer/183084*).

25. Konfiguration

Dieses Kapitel ist vergleichweise kurz, denn die meisten Einstellungen beschreiben wir bereits im Zusammenhang mit dem Chrome-Webbrowser im Kapitel *6.4 Einstellungen,* sowie im Kapitel *4.5.3 Statusleiste und Statusmenü*.

25.1 WLAN-Zugangspunkt festlegen

Im Folgenden zeigen wir Ihnen, wie Sie den verwendeten WLAN-Zugangspunkt wechseln.

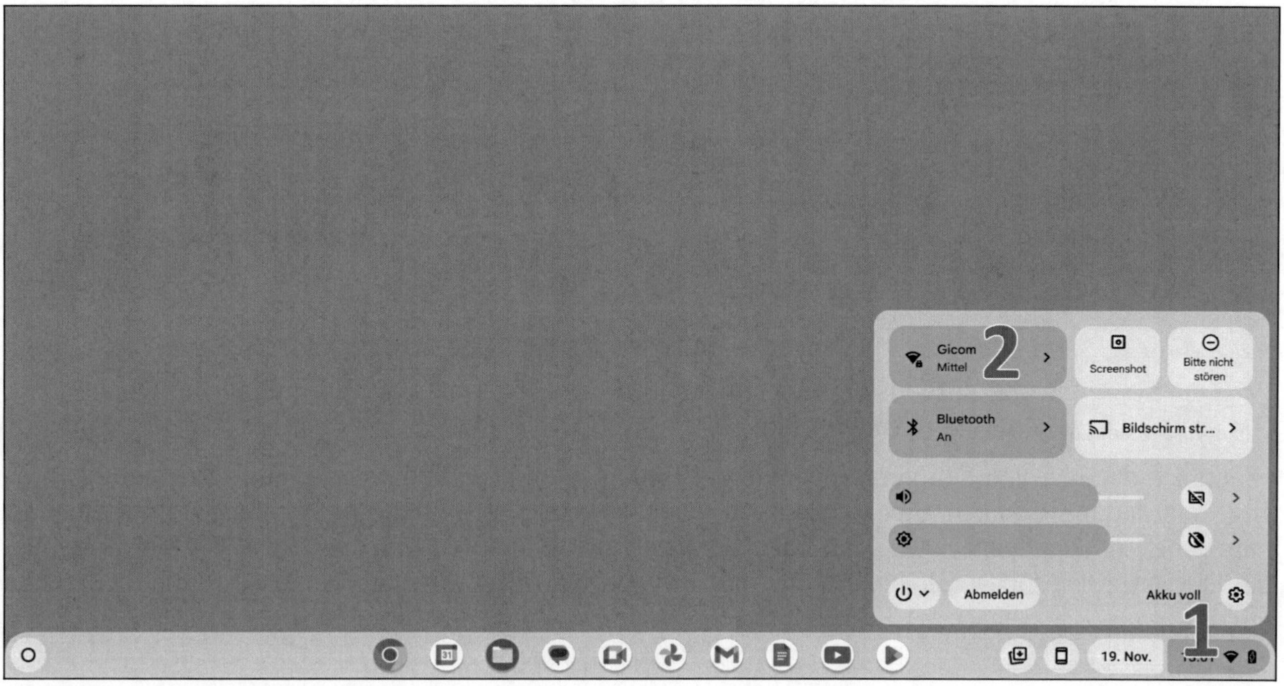

Klicken Sie in die Systemleiste (1) und dann auf die WLAN-Schaltleiste (2). Das Menü klappt aus.

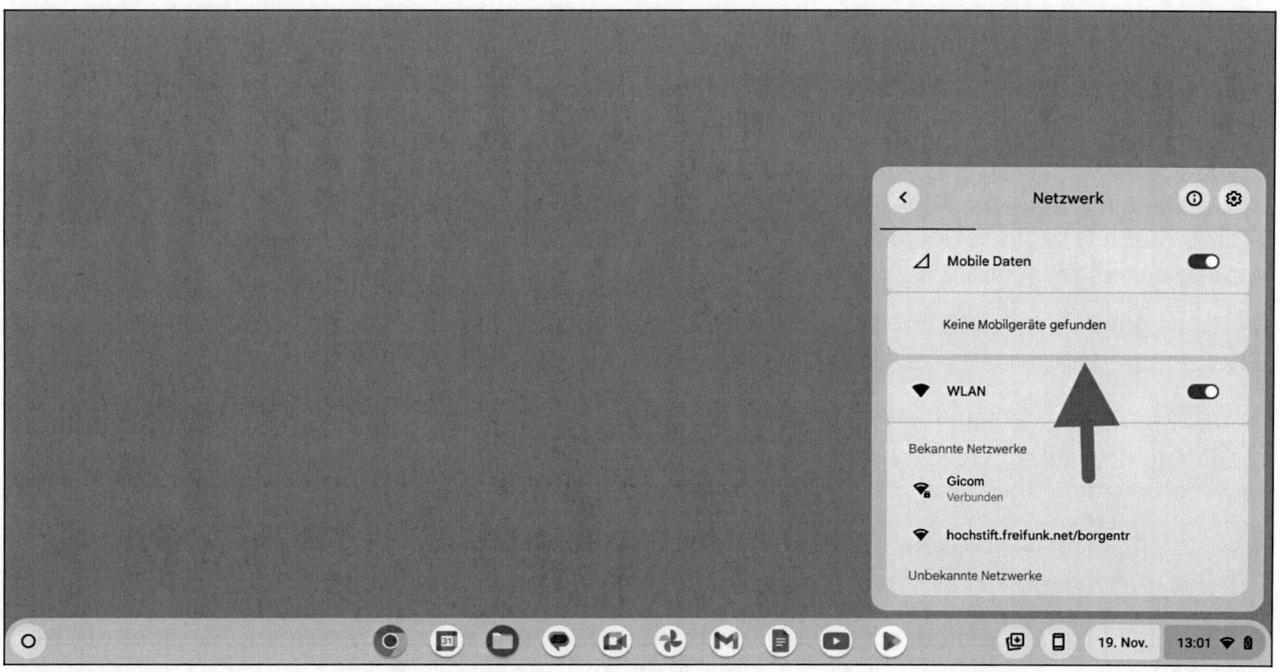

Bewegen Sie den Mauszeiger über das Menü und drehen Sie am Mausrad. Alternativ wischen Sie über dem Menü nach oben, worauf das Chromebook die vorhandenen WLAN-Zugangspunkte anzeigt.

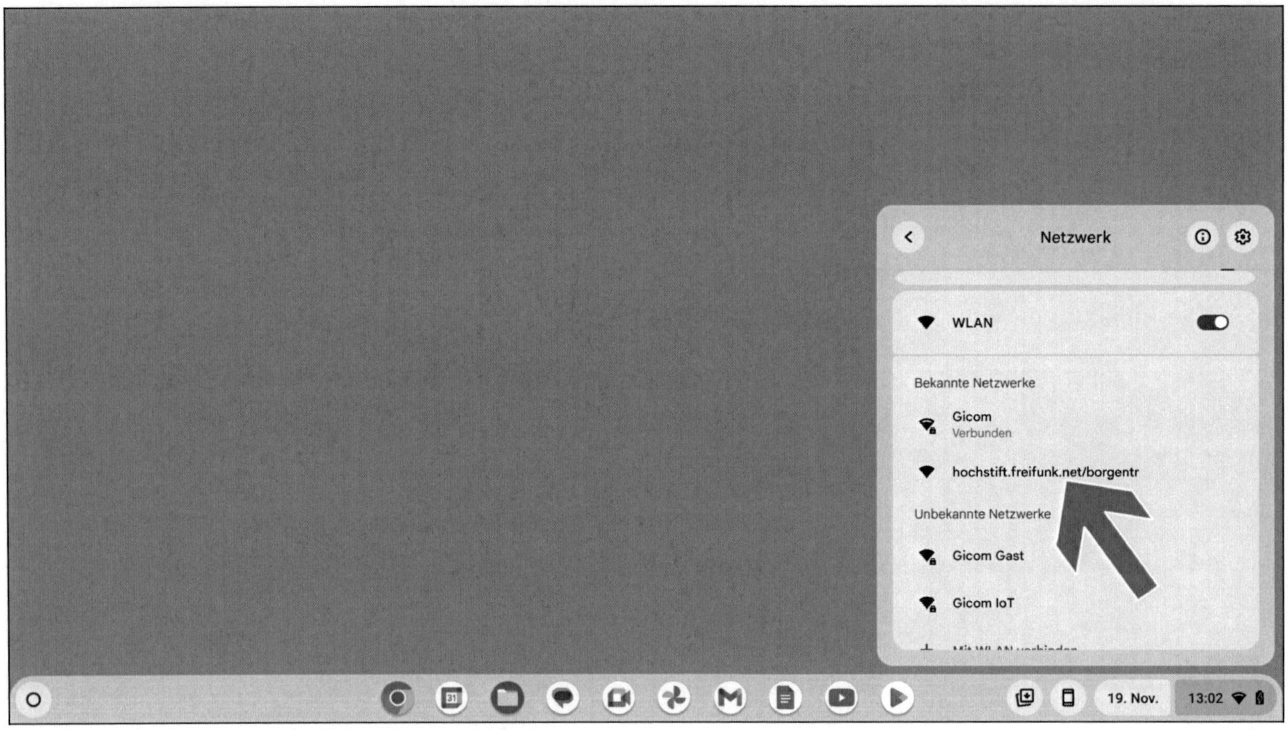

Wählen Sie einen der aufgelisteten Zugangspunkte aus, worauf die Verbindung aufgebaut wird. Geben Sie das zugehörige Kennwort ein.

Wenn Sie dagegen auf den gerade genutzten Zugangspunkt klicken, werden die Verbindungsinfos angezeigt und Sie haben die Möglichkeit, die WLAN-Verbindung mit *Verbindung trennen* zu unterbrechen. Dagegen verwenden Sie *Entfernen* damit das Chromebook den WLAN-Zugangspunkt »vergisst«, sodass Sie bei einem erneuten Verbindungsaufbau das Kennwort erneut eingeben müssen.

25.2 Bluetooth

Bluetooth ist ein Funkstandard zur schnurlosen Verbindung verschiedener Geräte wie PCs, Handys, Drucker und natürlich Mobilcomputer. Mit Bluetooth kann man in der Praxis Distanzen von etwa zwei bis zehn Metern überbrücken, wobei theoretisch Übertragungsgeschwindigkeiten bis 24 Mbit/s möglich sind. Es ist kein Sichtkontakt zwischen den Geräten nötig.

Damit es keine Verständigungsschwierigkeiten zwischen verschiedenen Bluetooth-Geräten gibt, wurden sogenannte »Profile« entwickelt, wobei nur Geräte, die über das gleiche Profil kommunizieren, untereinander Daten austauschen könne. Einige Profile setzen wiederum andere Profile voraus, beziehungsweise bauen darauf auf.

Ihr Chromebook unterstützt: Tastaturen, Mäuse, Lautsprecher, Kopfhörer, Headsets und Mikrofone.

Eine Kopplung mit anderen Bluetooth-Geräten wie Handys oder Tablets wird von den Chromebooks nicht unterstützt.

25.2.1 Koppelung mit einer Bluetooth-Maus

In diesem Beispiel verbinden wir eine Bluetooth-Maus mit dem Chromebook. Bei den meisten Bluetooth-Geräten drücken Sie zum Verbindungsaufbau eine Taste am Gerät, worauf eine LED zur Bestätigung blinkt.

Sollte beim Verbindungsaufbau ein Kennwort verlangt werden, müssen Sie meist »0000« eingeben. Beachten Sie dazu auch das mitgelieferte Handbuch des Bluetooth-Geräts.

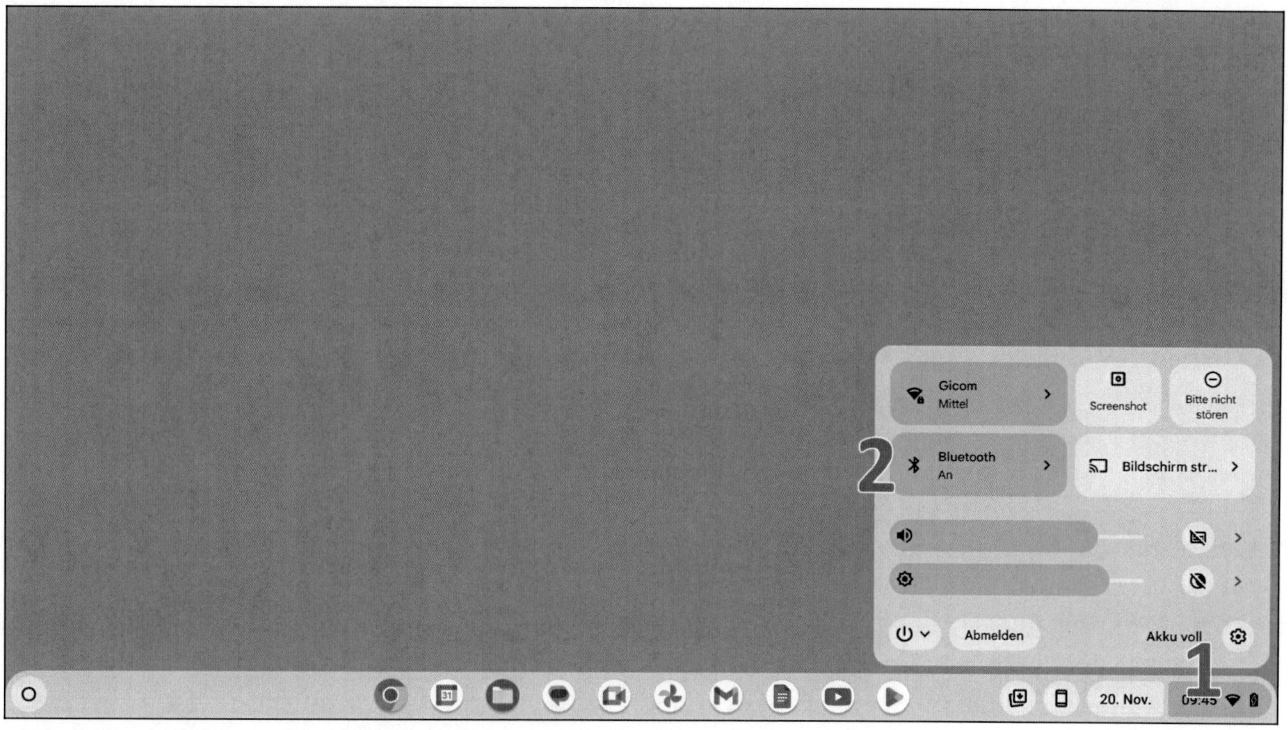

So gelangen Sie in das Bluetooth-Menü: Klicken Sie in die Statusleiste unten rechts (1) für das Statusleistenmenü und darin auf *Bluetooth* (2).

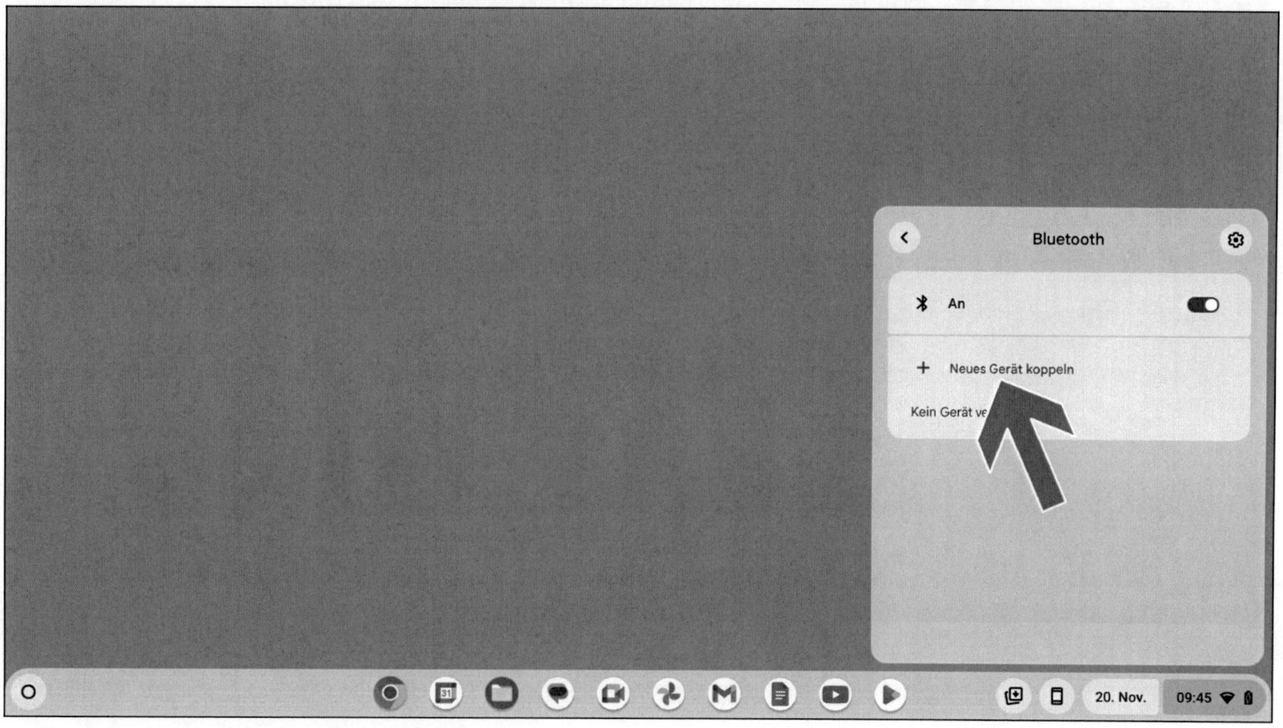

Betätigen Sie *Neues Gerät koppeln.*

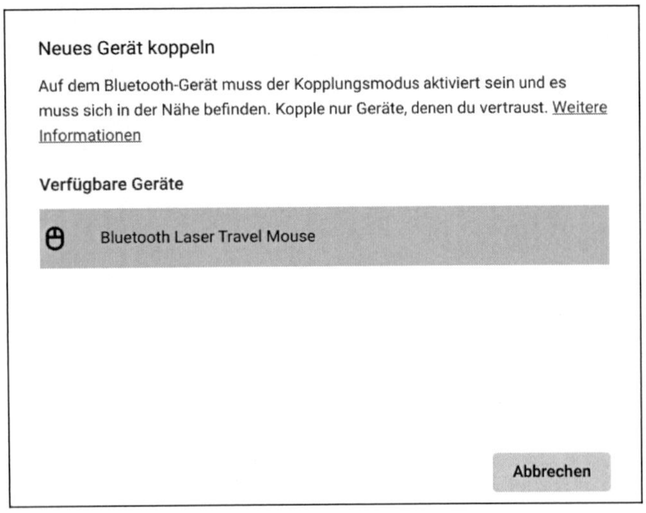

Wählen Sie die Maus in der Geräteauflistung aus. Sie erhalten die Meldung »*xxx verbunden*« und können die Maus verwenden.

Das Touchpad beziehungsweise eine USB-Maus bleiben weiterhin nutzbar. Um die Bluetooth-Maus zu deaktivieren schalten Sie sie einfach aus. Beim nächsten Einschalten wird automatisch die Bluetooth-Verbindung wieder hergestellt und Sie können Sie wieder nutzen.

25.2.2 Kopplung mit Bluetooth-Lautsprecher

Sie können unterwegs zwar über den eingebauten Lautsprecher Ihres Chromebooks Musik hören (beispielsweise mit YouTube, siehe Kapitel *10 YouTube* oder YouTube Music, siehe Kapitel *11 Musik*), wir empfehlen für diesen Zweck aber Bluetooth-Lautsprecher. Diese besitzen in der Regel einen eigenen Akku und haben den Vorteil, dass man sie beliebig im Haus positionieren kann. Vernünftige Bluetooth-Lautsprecher ab ca. 30 Euro bieten einen besseren Klang und sind lauter als das Chromebook. Einige Exemplare sind wasserdicht für den Außeneinsatz. Beachten Sie bei Ihrer Kaufentscheidung, dass es Bluetooth-Boxen mit 360-Grad-Abstrahlung gibt, die man in die Mitte des Raums stellen muss und solche, die man in einer Ecke aufstellt.

Beachten Sie auch das Handbuch zu Ihrer Bluetooth-Box, worin erläutert wird, wie Sie die Kopplungsbereitschaft der Bluetooth-Box aktivieren.

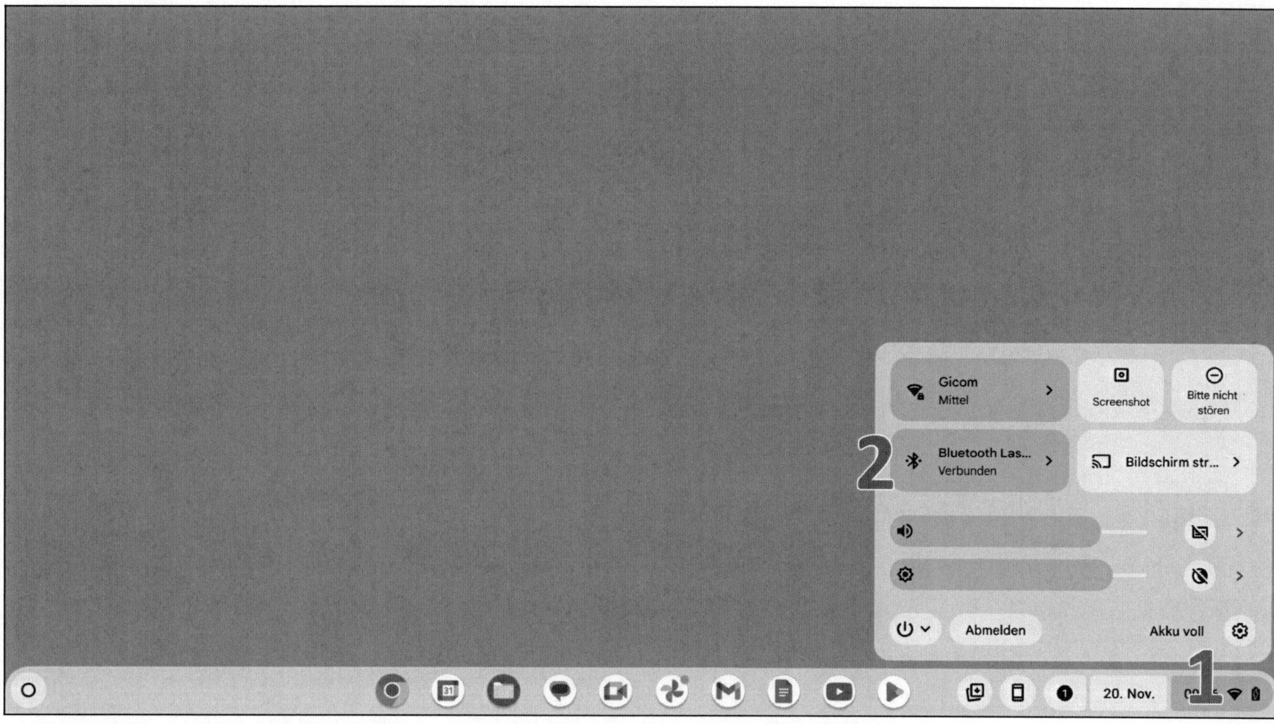

So gelangen Sie in das Bluetooth-Menü: Klicken Sie in die Statusleiste unten rechts (1) für das Statusleistenmenü und darin auf *Bluetooth* (2).

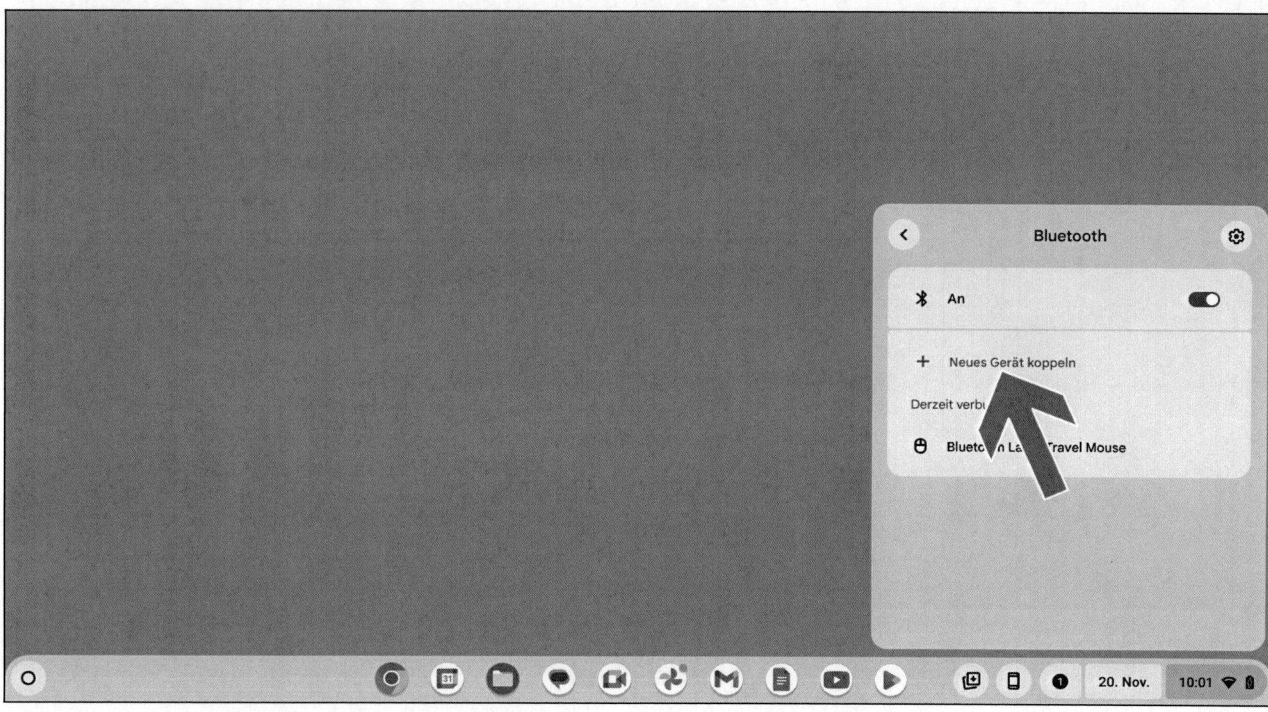

Betätigen Sie *Neues Gerät koppeln.*

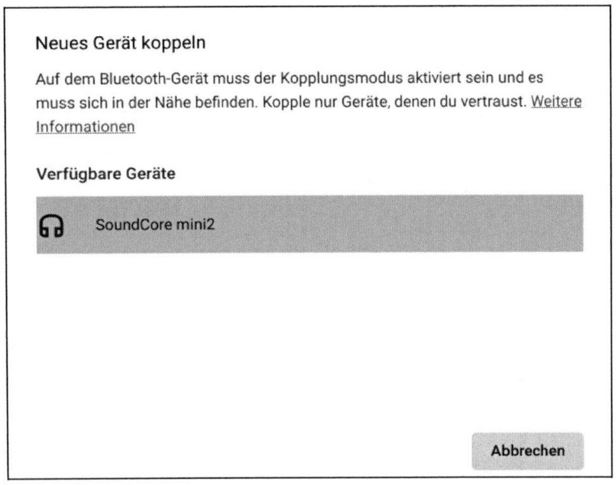

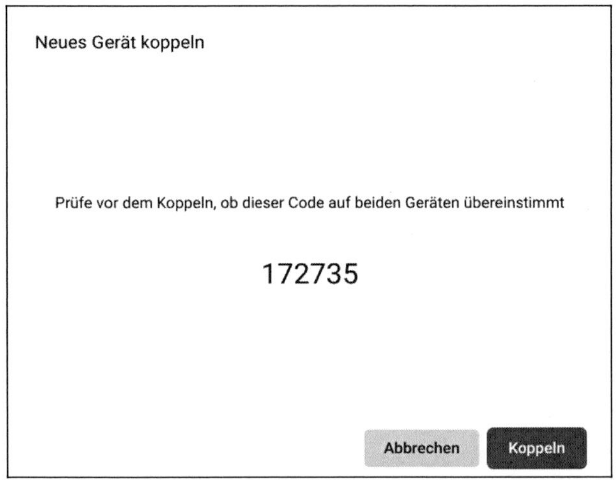

❶ Wählen Sie die Maus in der Geräteauflistung aus.

❷ In diesem Beispiel macht der angezeigte Prüfcode keinen Sinn und Sie bestätigen einfach mit *Koppeln.*

Sie erhalten die Meldung »*xxx verbunden*« und können den Bluetooth-Lautsprecher verwenden.

25.2.3 Bluetooth-Geräte entfernen

Normalerweise ist das manuelle Entfernen von Bluetooth-Geräten über das Chromebook nicht nötig. Es ist ja jederzeit möglich, ein Bluetooth-Gerät erneut mit einem anderen Chromebook, Handy oder PC zu koppeln, wobei die alten Kopplungsdaten im Bluetooth-Gerät automatisch überschrieben werden. Einige Bluetooth-Geräte, beispielsweise Kopfhörer, unterstützen auch die Kopplung mit zwei oder mehr Geräten gleichzeitig.

Trotzdem zeigen wir Ihnen hier, wie Sie die Kopplung mit einem Bluetooth-Gerät wieder auflösen.

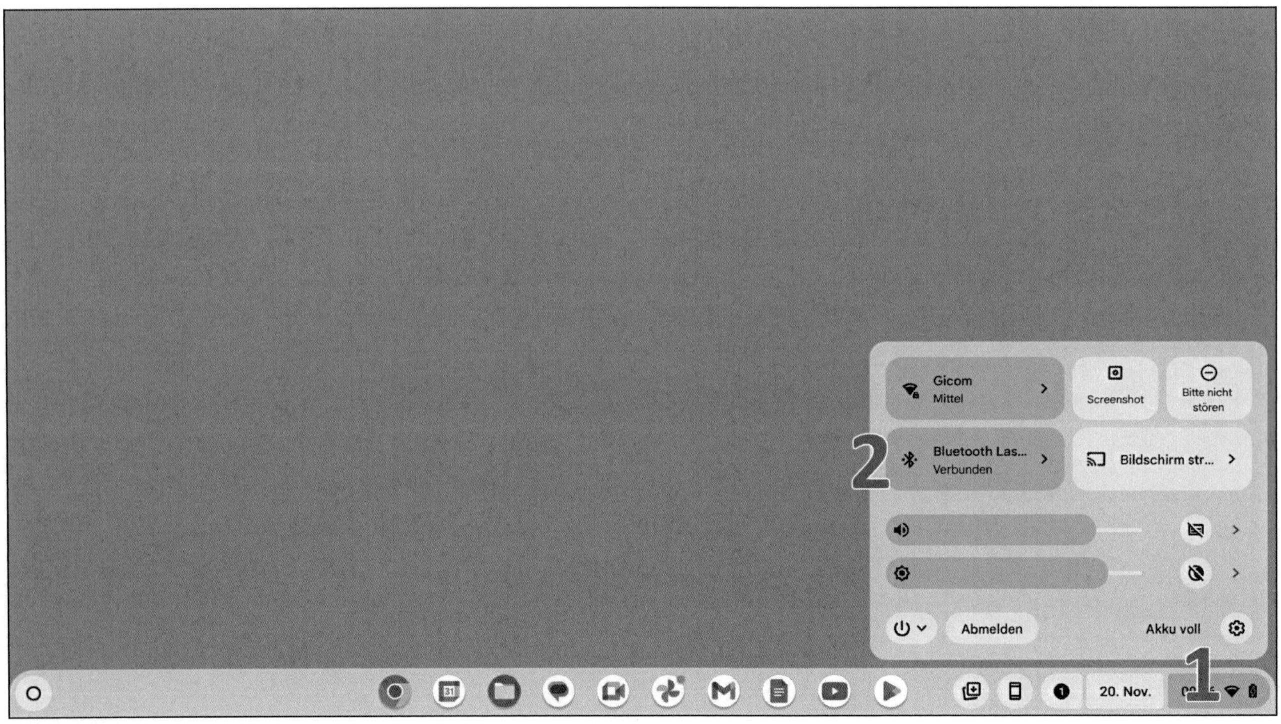

Rufen Sie erneut das Bluetooth-Menü auf: Klicken Sie in die Statusleiste unten rechts (1) für das Statusleistenmenü und darin auf *Bluetooth* (2).

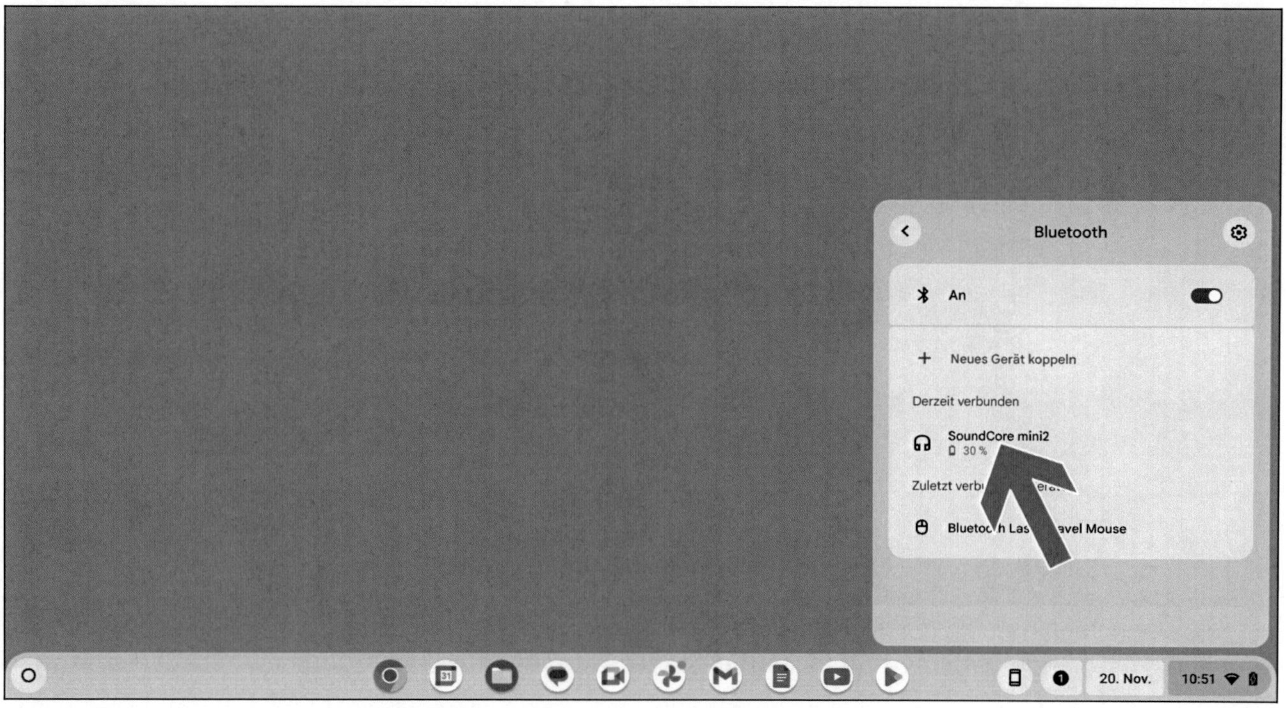

Klicken Sie das zu entfernende Bluetooth-Gerät in der Auflistung an.

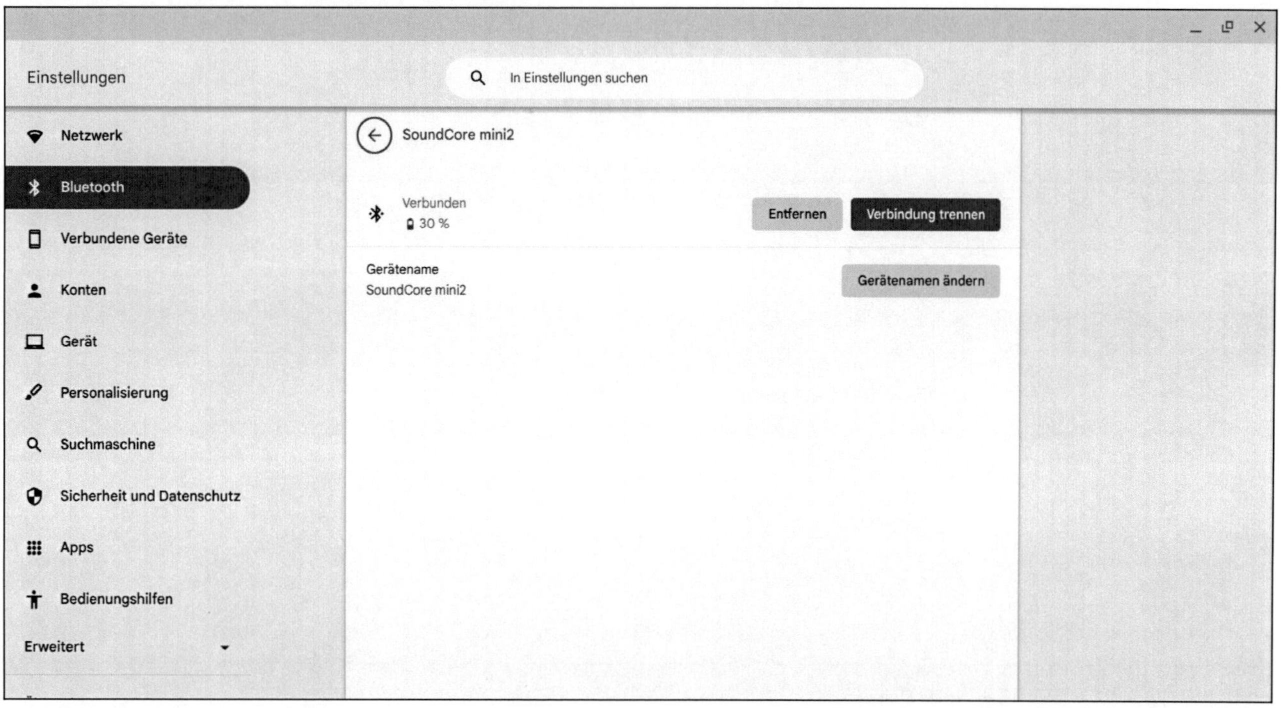

In dem Bildschirm können Sie mit *Entfernen* die Kopplung beenden. *Verbindung trennen* ist nützlich, wenn Sie das Bluetooth-Gerät zwischendurch mal nicht verwenden möchten. Über die gleiche Schaltleiste bauen Sie anschließend die Verbindung wieder auf.

25.3 Weitere Einstellungen

Die folgenden Menüs sollten Sie sich zumindest mal angeschaut haben, weil sich darin die ein oder andere Nützliche Funktion verbirgt.

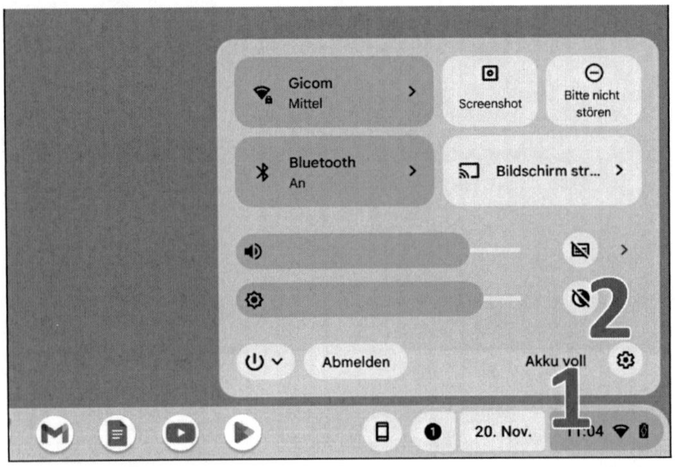

Klicken Sie an eine beliebige Stelle in die Statusleiste unten rechts (1) für das Statusleistenmenü und darin auf ⚙ (2).

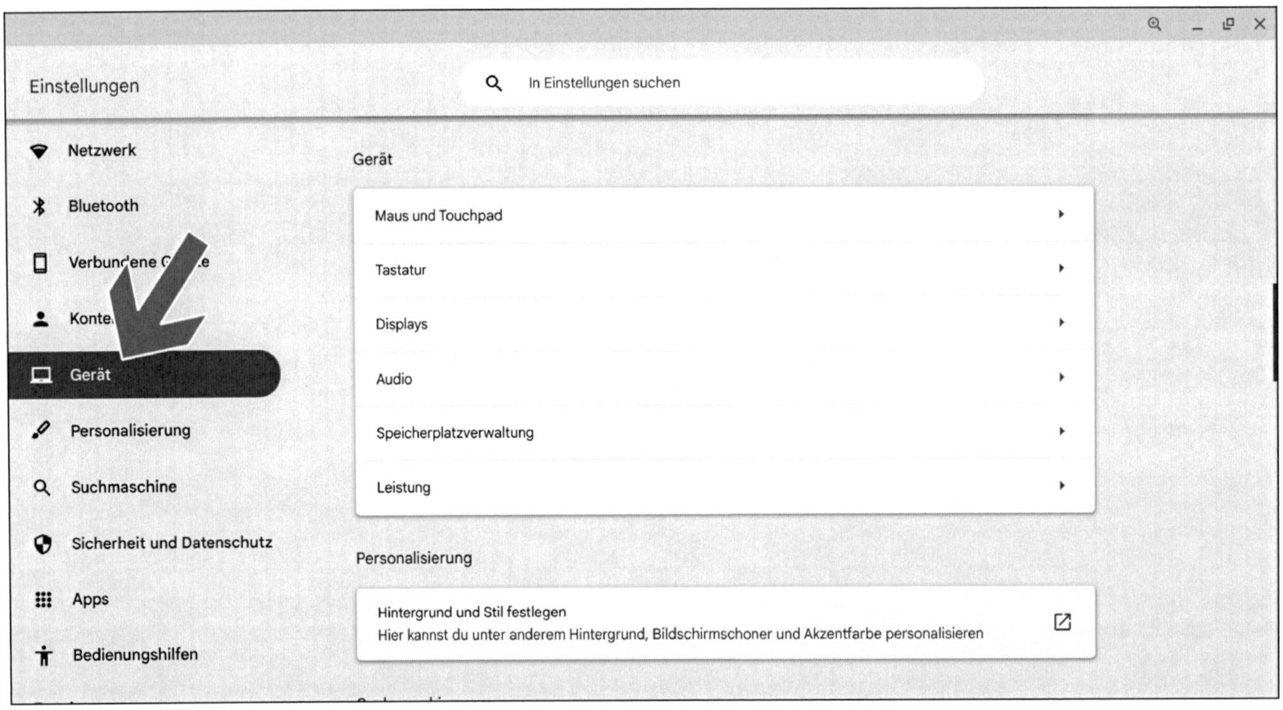

Aktivieren Sie das *Gerät*-Register.

- *Maus und Touchpad*: Hier können Sie unter anderem die Maus- und Touchpadgeschwindigkeit festlegen und sogar das Touchpad deaktivieren.
- *Tastatur*: Tastenbelegung anpassen.
- *Displays*:
  - *Anzeigegröße*: Textgröße ändern
  - *Ausrichtung*: Bildschirmausrichtung in 90 Grad-Schritten drehen (falls Sie ein Acer-Chromebook mit um 180 Grad drehbaren Display verwenden interessant).
  - *Nachtlicht*: Reduziert den Blauanteil in der Hintergrundbeleuchtung, was für die Augen angenehmer sein soll. Über *Zeitplan* lässt sich das Nachtlicht auch zeitgesteuert ein- und ausschalten. Auf die Displayhelligkeit (die Sie mit den ☼-Tasten über der Tastatur

ändern) selbst hat das Nachtlicht keinen Einfluss.

- *Audio*: Lautstärke und Mikrofonempfindlichkeit einstellen (einfacher geht die Lautstärkeänderung über die Tasten , und oberhalb der Tastatur). Außerdem lassen sich die Hinweistöne bei niedrigem Akkustand, Anschluss des Netzteils und beim Start ein/ausschalten.
- *Speicherplatzverwaltung*: Listet den von Ihnen belegten und den noch freien Speicher auf.
- *Leistung*: Wählen Sie aus, ob sich das Chromebook bei längerer Nichtnutzung in den Ruhemodus begibt oder eingeschaltet bleibt.

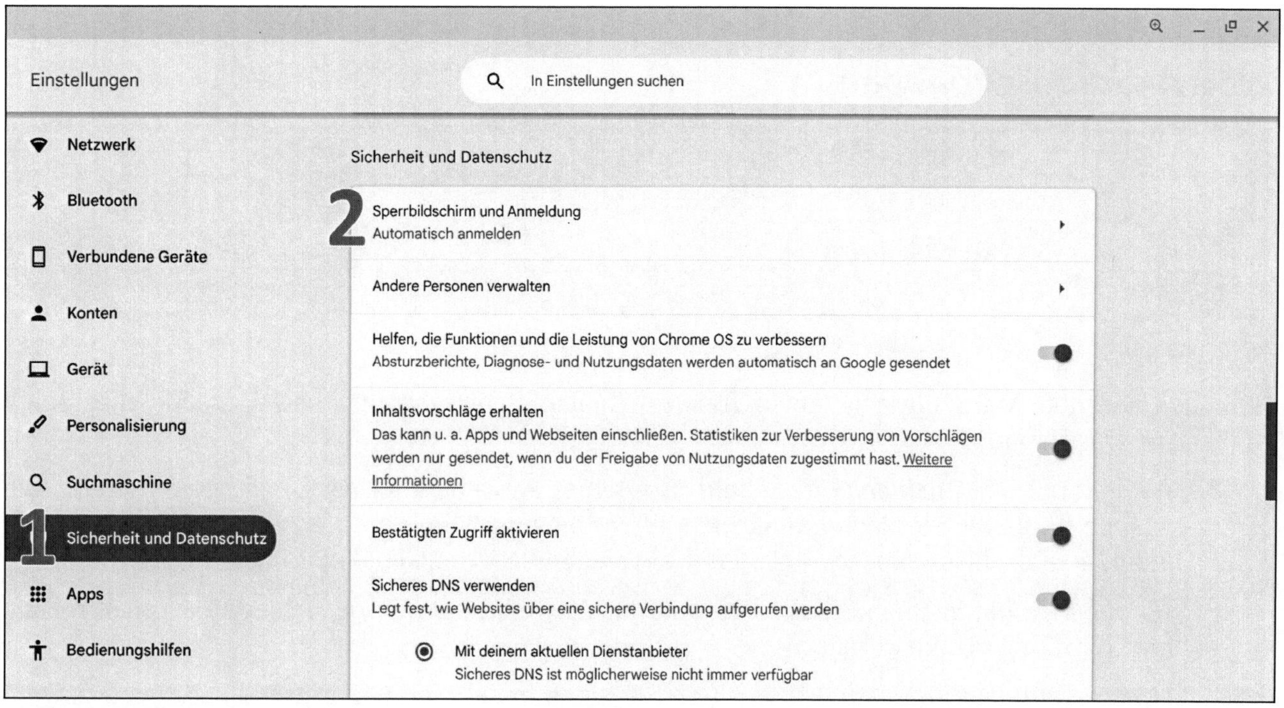

Aktivieren Sie das *Sicherheit und Datenschutz*-Register und gehen Sie auf *Sperrbildschirm und Anmeldung*. Sie müssen dann das Passwort zu Ihrem Google-Konto eingeben.

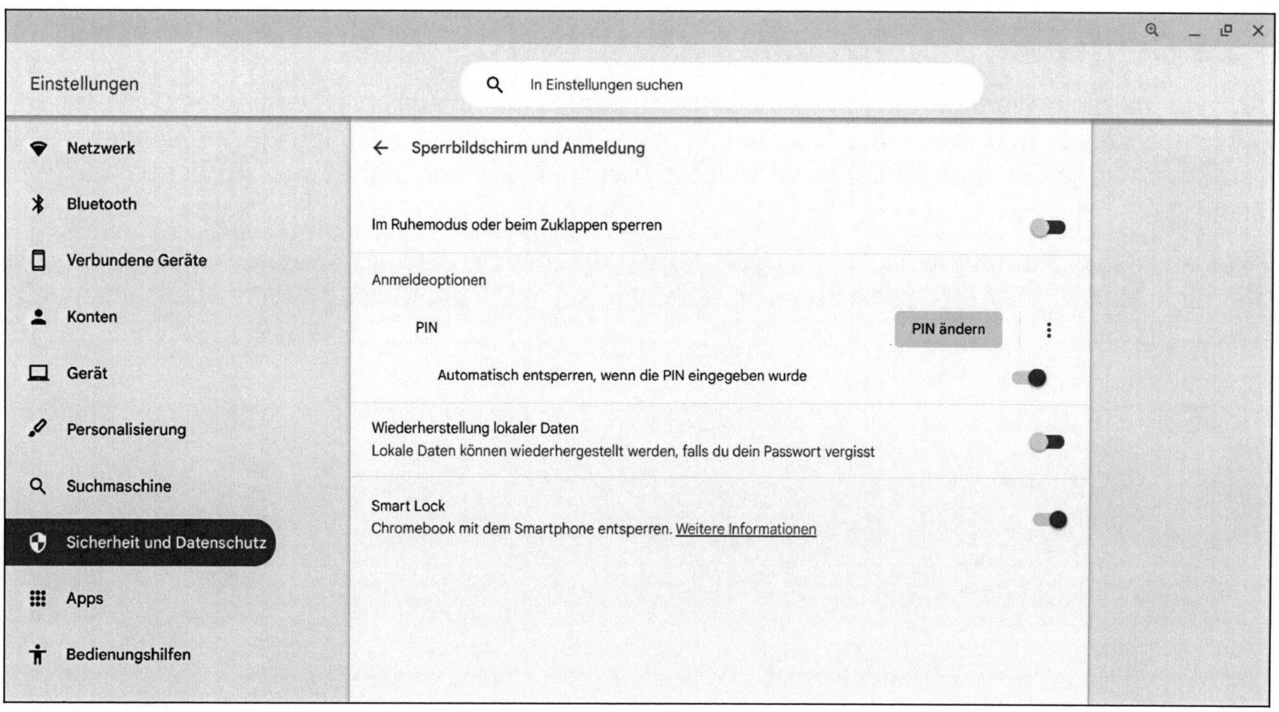

Die angebotenen Optionen:

- *Im Ruhemodus beim Zuklappen sperren*: Wenn Sie das Chromebook zuklappen, aktiviert sich sofort die Gerätesperre. Beim nächsten Aufklappen müssen Sie dann erst das Passwort zu Ihrem Google-Konto eingeben.
- *PIN*: Die bei vielen sicherheitsrelevanten Aktionen nötige Eingabe des Passworts zu Ihrem Google-Konto können Sie sich durch Vergabe einer 6-stelligen PIN ersparen.
- *Wiederherstellung lokaler Daten*: Nicht von Google dokumentiert.
- *Smart Lock*: Die Entsperrung des Chromebook findet über ein Android-Smartphone statt. Damit dies funktioniert, müssen Handy und Chromebook das gleiche Google-Konto nutzen und eine Internetverbindung haben. Aus Sicherheitsgründen raten wir davon ab.

25.4 Anzeige anpassen

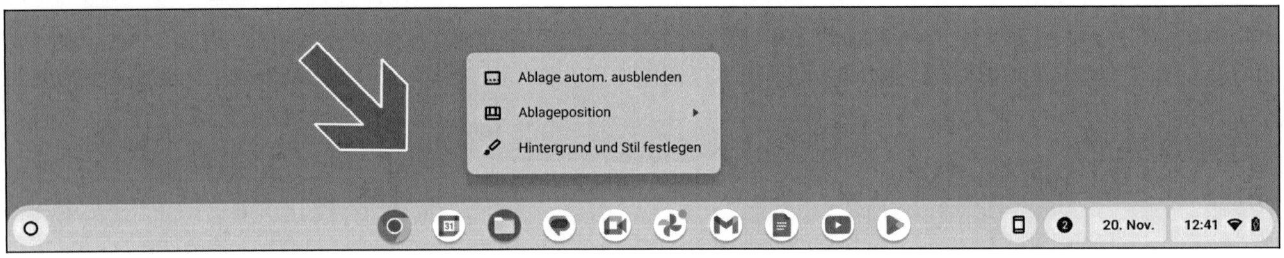

Bewegen Sie den Mauszeiger in einen freien Arbeitsplatzbereich und betätigen Sie die rechte Maustaste. Das Popup:

- *Ablage autom. ausblenden*: Sobald Sie eine Anwendung aufrufen, verschwindet die Ablage. Falls Sie sie doch einmal benötigen, bewegen Sie den Mauszeiger einfach an den unteren Bildschirmrand, worauf sich die Ablage wieder einschaltet.
- *Ablageposition*: Wählen Sie die Position der Anwendungen in der Ablage zwischen rechts, mittig (Standard) oder links.
- *Hintergrund und Stil festlegen*: Wählen Sie einen beliebigen Hintergrund aus. Zur Auswahl stehen vordefinierte Bilder, einfarbige Hintergründe oder von Ihnen auf das Gerät (siehe Kapitel *23 Dateiverwaltung*) kopierte Fotos.

25.5 Betriebssystem-Update

Ab und zu bietet Google ein Update des Betriebssystems an, das Verbesserungen an der Benutzeroberfläche mitbringt. Bitte beachten Sie dass davon nicht die Google-Anwendungen selbst betroffen sind, denn diese laufen ja im Webbrowser und sind ohnehin immer auf dem aktuellsten Stand.

Normalerweise informiert Sie ein Popup über vorliegende Updates. Sie müssen das Update allerdings selbst anstoßen, weshalb wir empfehlen, es, wie nachfolgend beschrieben, »manuell« durchzuführen.

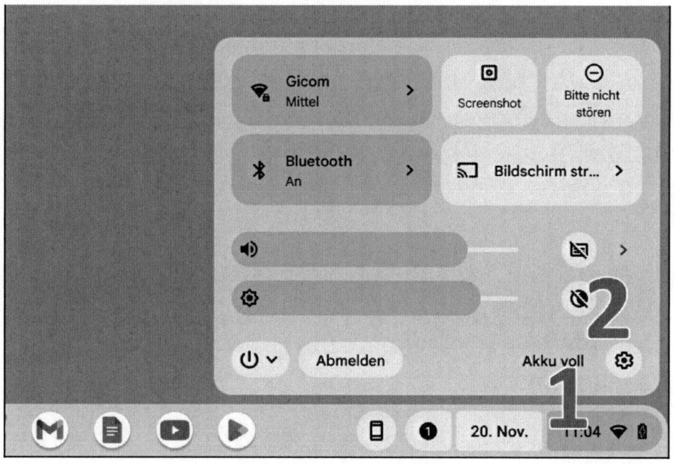

Klicken Sie in die Statusleiste unten rechts (1) für das Statusleistenmenü und darin auf ⚙ (2).

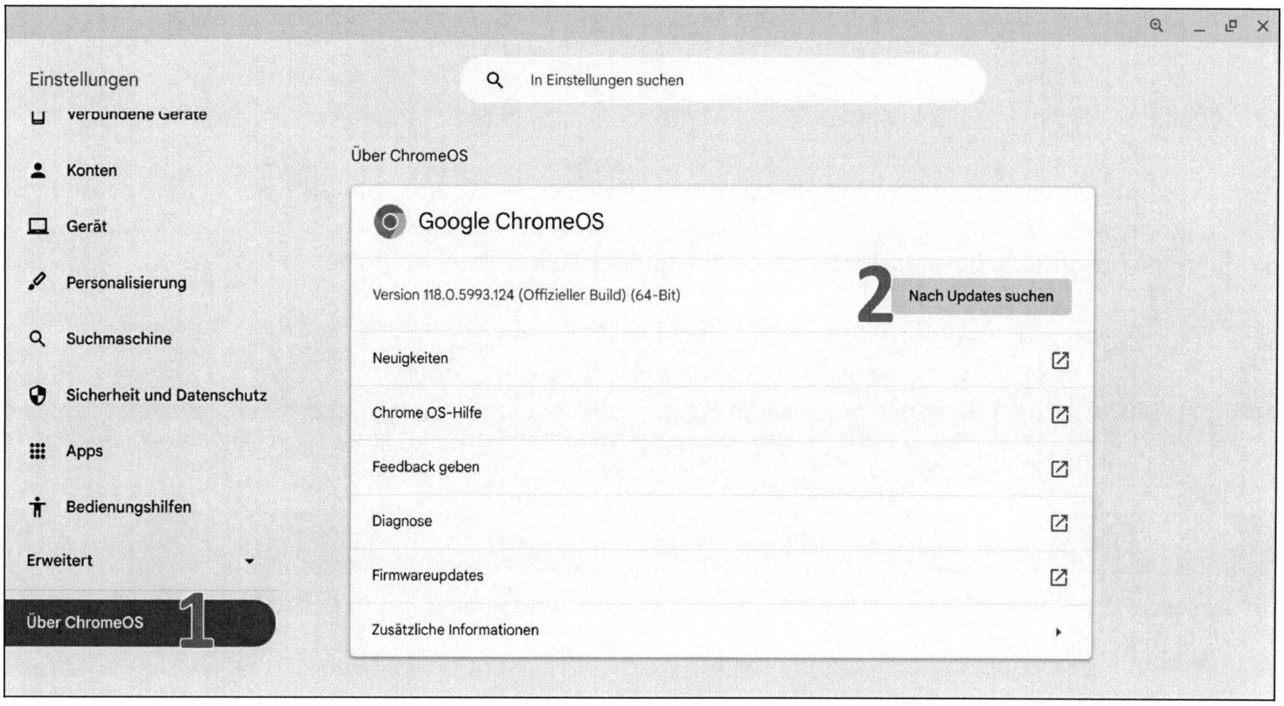

Nach einem Klick auf *Über Chrome OS* (1) und betätigen Sie *Nach Updates suchen* (2). Die Installation läuft im Hintergrund ab, weshalb Sie mit dem Gerät jetzt nebenbei weiterarbeiten können.

Zum Schluss erscheint ein Popup, in dem Sie *Zum Aktualisieren neu starten* anklicken.

Eventuell liegen mehrere Updates vor, die Sie nacheinander installieren müssen. Wiederholen Sie daher die oben beschriebene Update-Prozedur, bis die Meldung »*Ihr Chromebook ist auf dem neuesten Stand*« erscheint.

25.6 Benachrichtigungen

Vermutlich haben Sie inzwischen einige Tage oder Wochen Ihr Chromebook genutzt und dabei festgestellt, dass es sich fast wie ein normales Windows-Notebook nutzen lässt. Obwohl fast alle Programme als sogenannte Web-Anwendungen im Chrome-Browser ablaufen, unterscheiden sie sich kaum von normalen Programmen, die man beispielsweise auf dem Handy oder Windows-PC nutzt.

Wichtig ist allerdings, dass die Web-Anwendungen sich auf irgendeine Weise bemerkbar machen können, auch wenn sie gerade nicht im Chrome-Browser geöffnet sind. Ein Beispiel ist der Google Kalender, der Sie ja auf anstehende Termine aufmerksam machen soll. Gelöst wurde dieses Problem durch die sogenannten Website-Benachrichtigungen.

Vielleicht hat Sie bereits eine Website oder eine der Google-Anwendungen nach der Erlaubnis zur Einrichtung von Benachrichtigungen gefragt? In diesem Fall bestätigen Sie mit *Zulassen*. Sie können nachträglich jederzeit die Benachrichtigungen aus- beziehungsweise einschalten.

In unserem Beispiel informiert Sie der Kalender nun über anstehende Termine (siehe Kapitel *16 Google Kalender*) mit einem Popup.

25.6.1 Benachrichtigungen verwalten

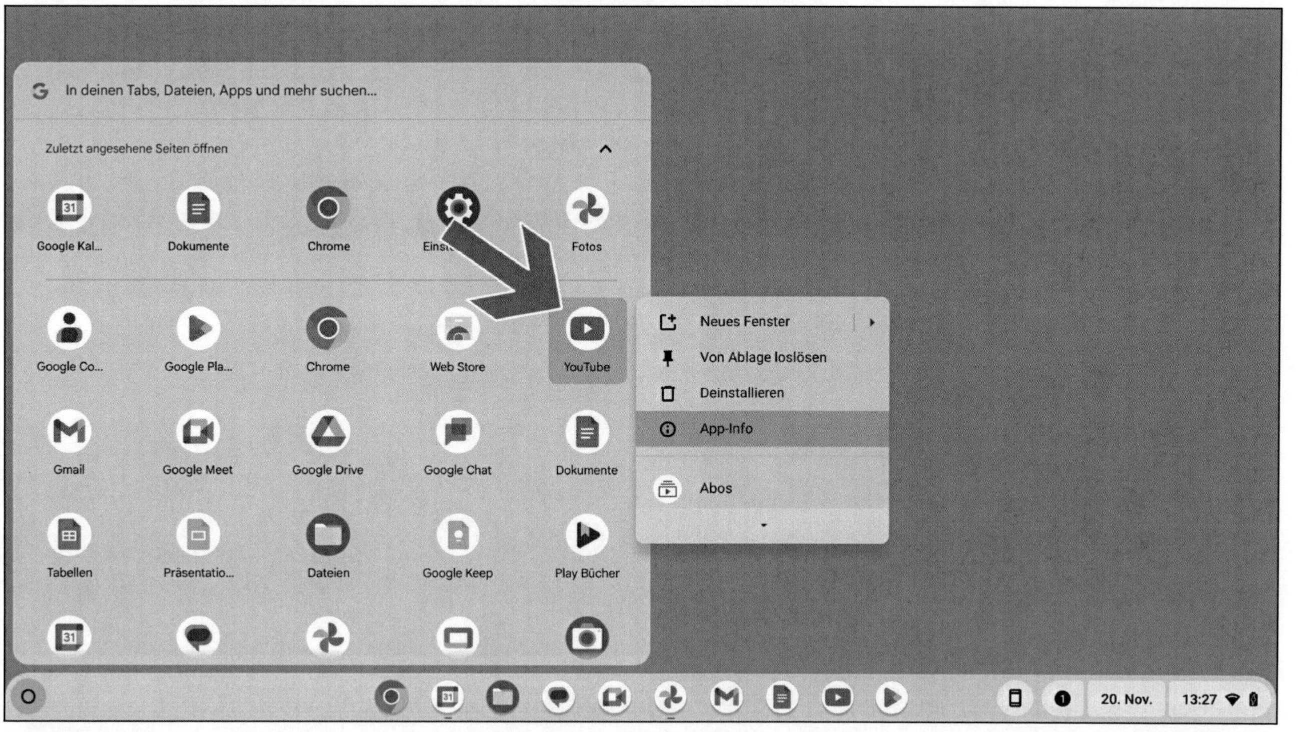

Halten Sie den Mauszeiger über einer App im App-Menü oder der App-Leiste und betätigen Sie die rechte Maustaste. Dann wählen Sie *App-Info*.

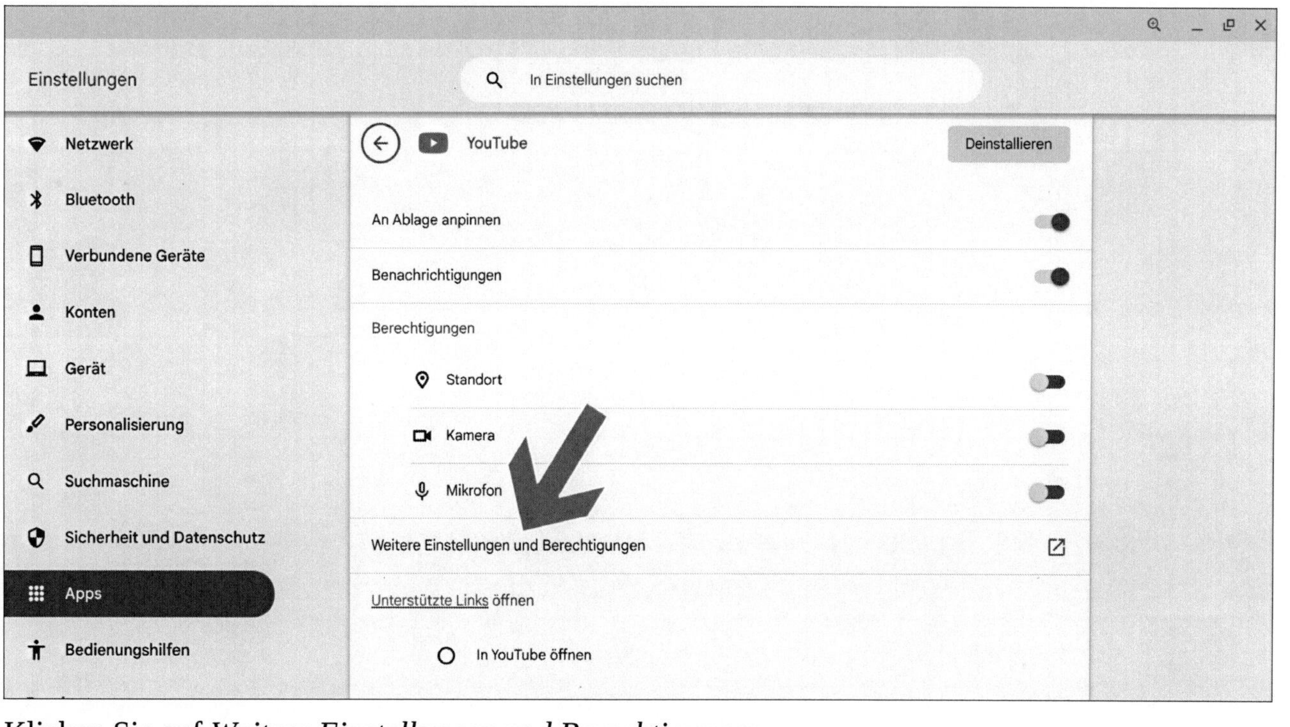

Klicken Sie auf *Weitere Einstellungen und Berechtigungen.*

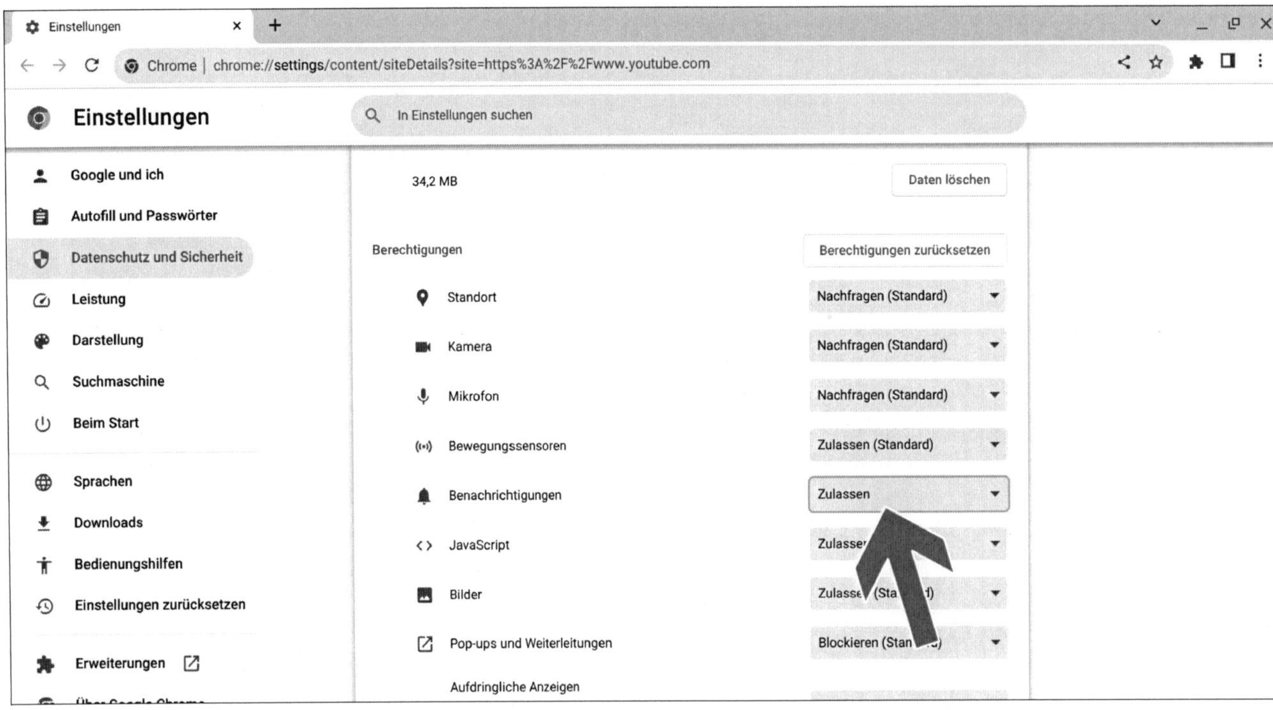

Bei *Benachrichtigungen* stellen Sie das Auswahlmenü auf *Zulassen*. Künftig erscheint unten rechts über der Systemleiste ein Popup, falls von der App eine Benachrichtigung vorliegt.

26. Google-Anwendungen auf dem PC

Das Chromebook-Konzept basiert darauf, dass die Google-Anwendungen im Webbrowser ablaufen. Deshalb kann man sie nicht nur auf dem Chromebook nutzen, sondern auf fast jedem beliebigen Endgerät, wobei die einzigen Voraussetzungen ein leistungsfähiger Webbrowser und ein Internetzugang sind.

Ist also Ihr Chromebook beispielsweise gerade nicht zur Hand, so können Sie sich einfach auf einem PC, Tablet oder Handy im Webbrowser bei Google einloggen und ganz normal weiterarbeiten.

Handys und Tablets mit dem Android-Betriebssystem sind hier ein Sonderfall, weil bei diesen Geräten bereits die Google-Anwendungen vorinstalliert sind. Man braucht sich dann nur einmalig mit seinem Google-Konto anzumelden und alle Daten des Android-Geräts werden dann automatisch mit dem Google-Konto im Internet synchronisiert.

26.1 Anmelden und arbeiten auf dem PC

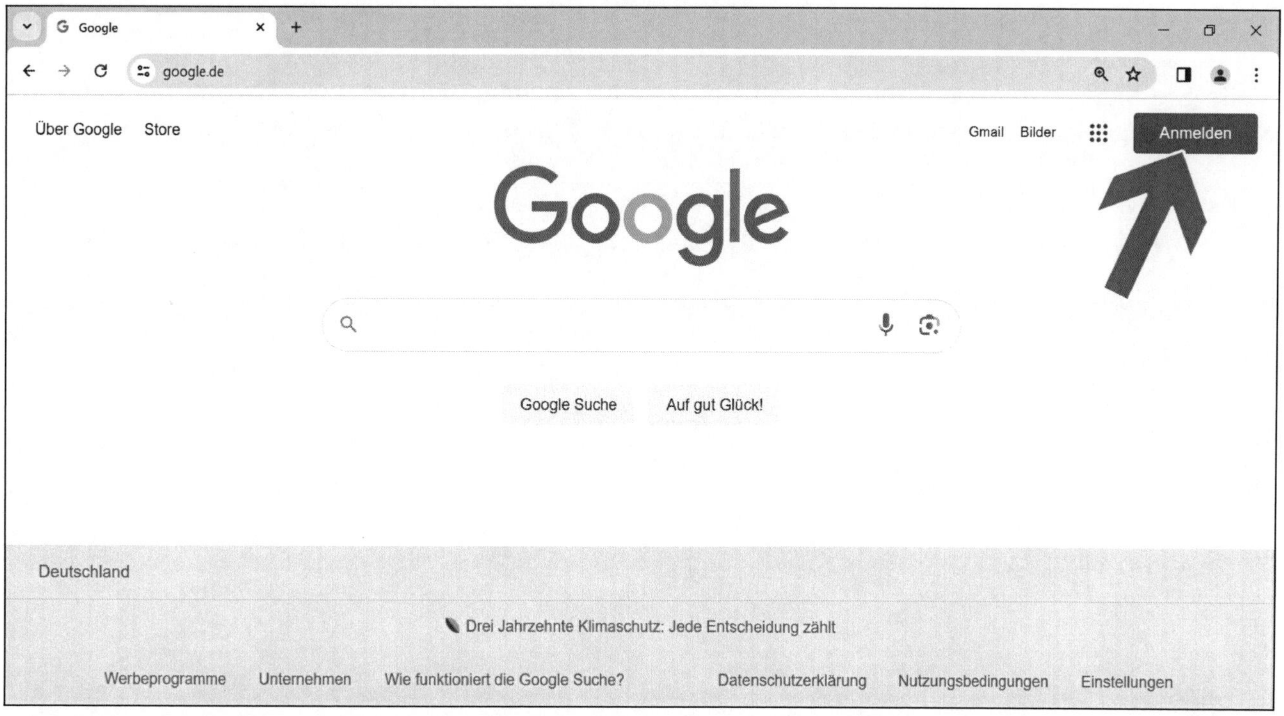

Sie haben bereits ein Google-Konto? Sehr schön, denn jetzt brauchen Sie sich nur anzumelden. Rufen Sie dazu entweder *www.google.de* oder die Webadresse eines Google-Dienstes auf und klicken Sie oben rechts auf *Anmelden*.

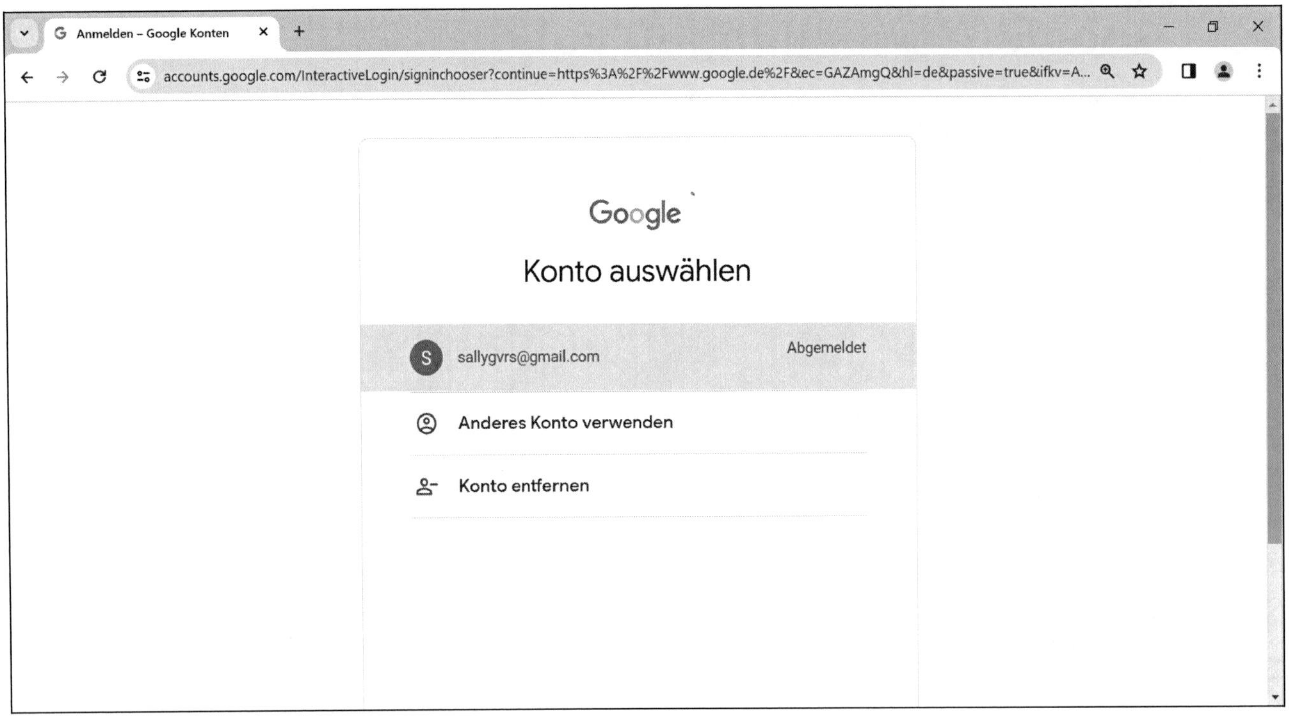

Falls Sie sich zuvor vom Google-Konto abgemeldet hatten, wird es vom Browser automatisch vorgeschlagen. Wählen Sie es dann aus. Alternativ gehen Sie auf *Anderes Konto verwenden*.

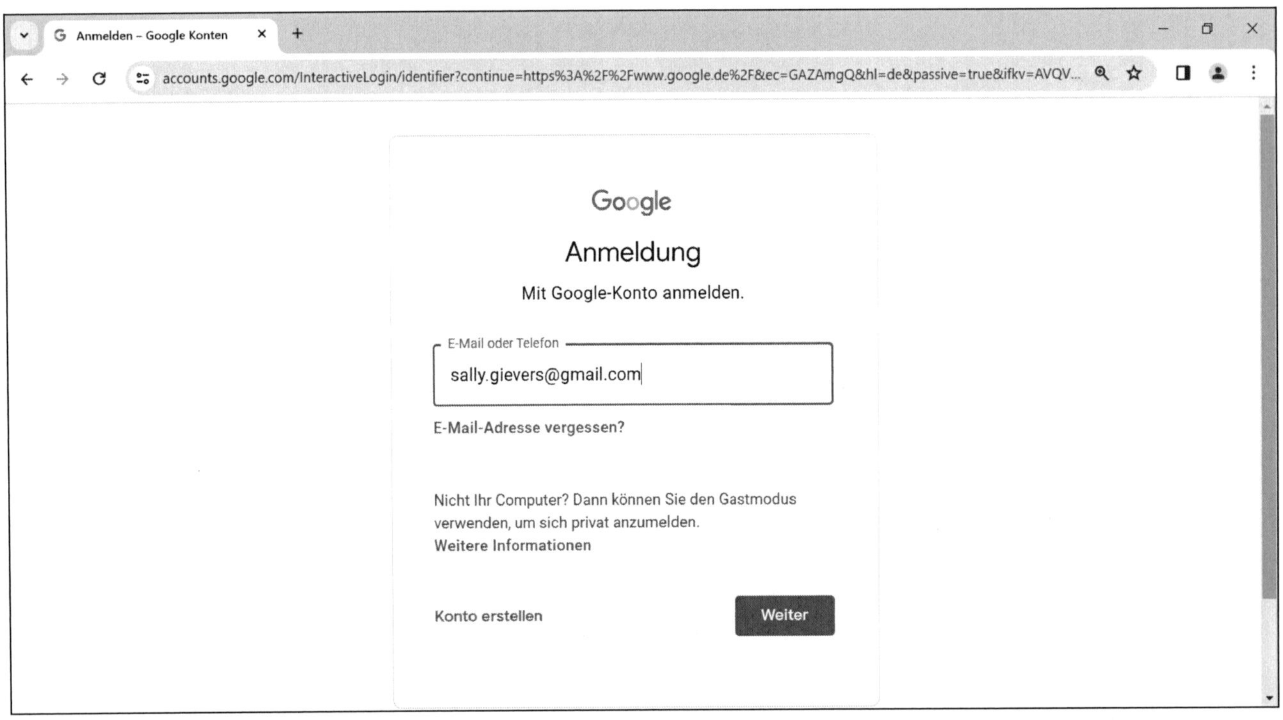

Nur falls Sie im vorherigen Bildschirm *Anderes Konto verwenden* angeklickt haben oder erstmals den Chrome-Browser nutzen, müssen Sie Ihren Google-Kontonamen eingeben (Sie dürfen dabei das nachgestellte *@gmail.com* weglassen). Betätigen Sie *Weiter*.

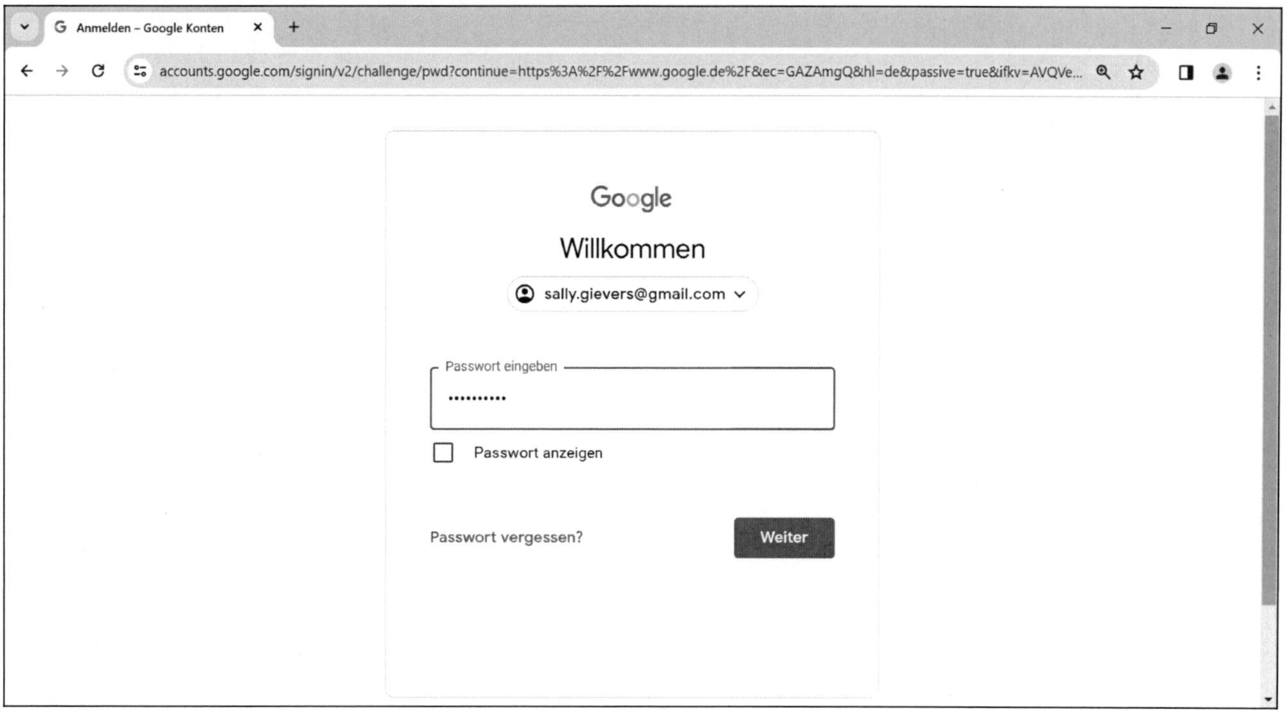

Nach Eingabe Ihres Passworts betätigen Sie *Weiter*.

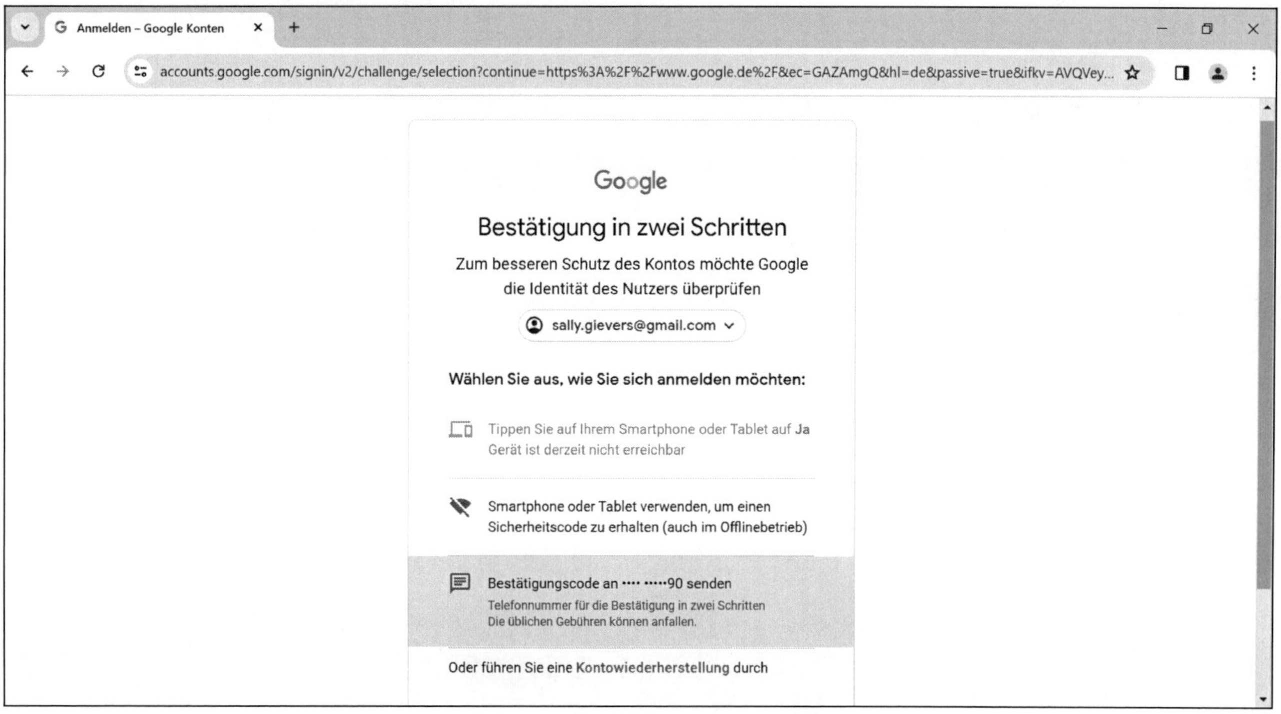

Google möchte sicherstellen, dass kein Unbefugter Ihr Google-Konto nutzt. Deshalb wird eine Authentifizierung verlangt. Sie müssen dazu auf einem anderen Android-Gerät die Anmeldung bestätigen, was aber nur funktioniert, wenn Sie dort mit Ihrem Google-Konto angemeldet sind. In unserem Beispiel haben wir uns für die dritte Option entschieden: Der Code wird per SMS an unsere Handynummer gesendet. Die Handynummer hat Google bei der Erstanmeldung Ihres Google-Kontos erfahren.

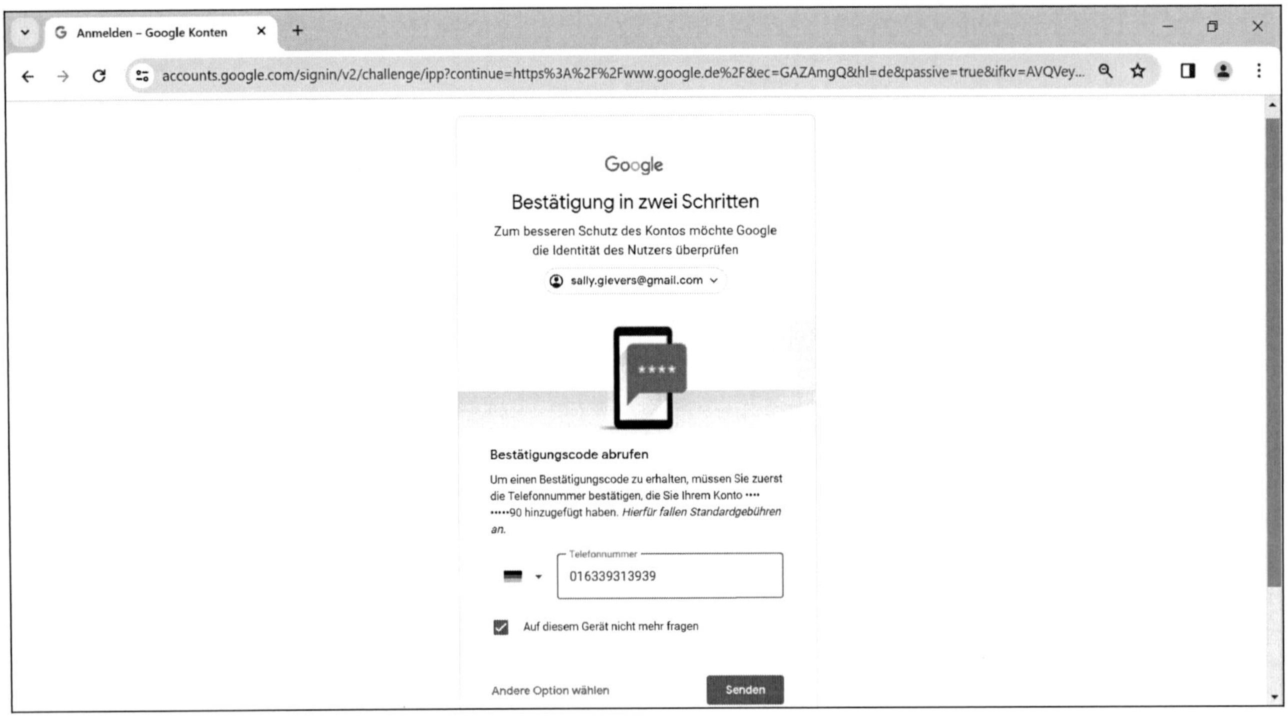

Geben Sie Ihre Handynummer ein, die Sie bei der Erstanmeldung verwendet hatten. Betätigen Sie *Senden.*

Geben Sie den erhaltenen Code ein und betätigen Sie *Weiter.*

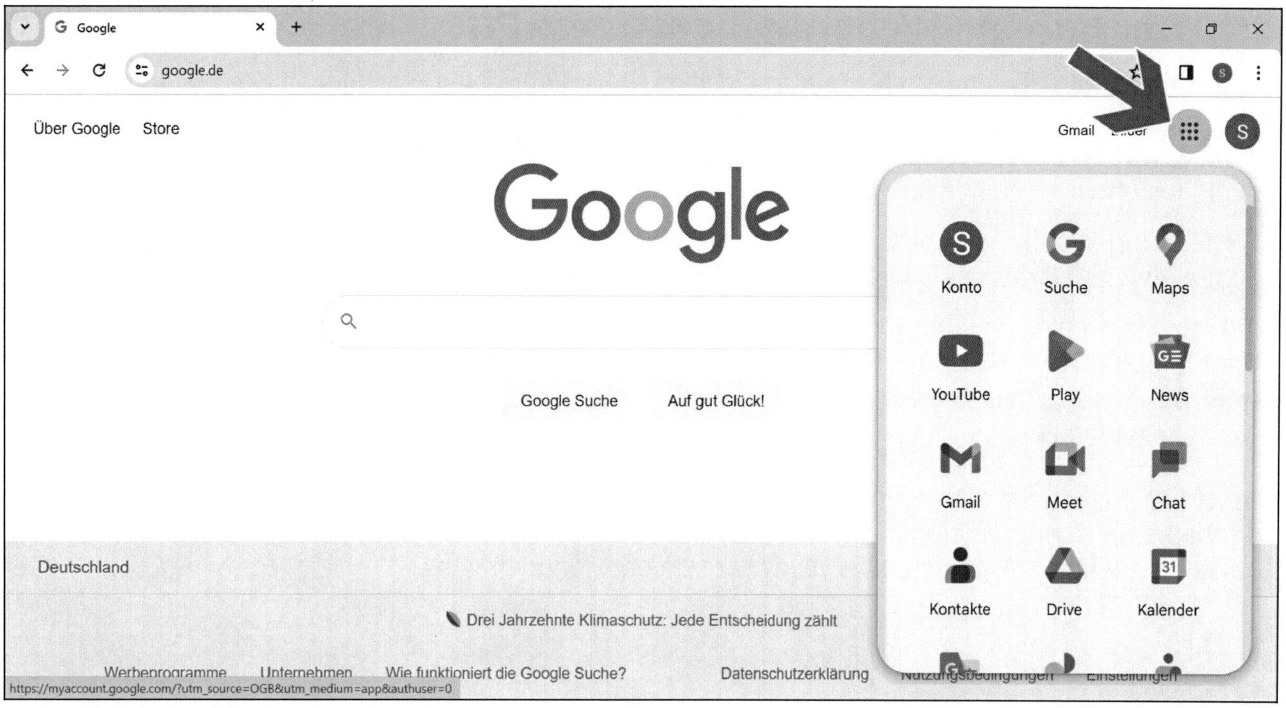

Ein Klick auf ⠿ (Pfeil) listet die verfügbaren Google-Anwendungen auf, die Sie starten. Alternativ geben Sie einfach die Webadresse des jeweiligen Google-Dienstes in der Adressleiste ein, beispielsweise *mail.google.com* für Gmail (in diesem Buch weisen wir in den Kapiteln jeweils auf die Webadressen hin, mit denen Sie die Google-Dienste in einem Webbrowser aufrufen).

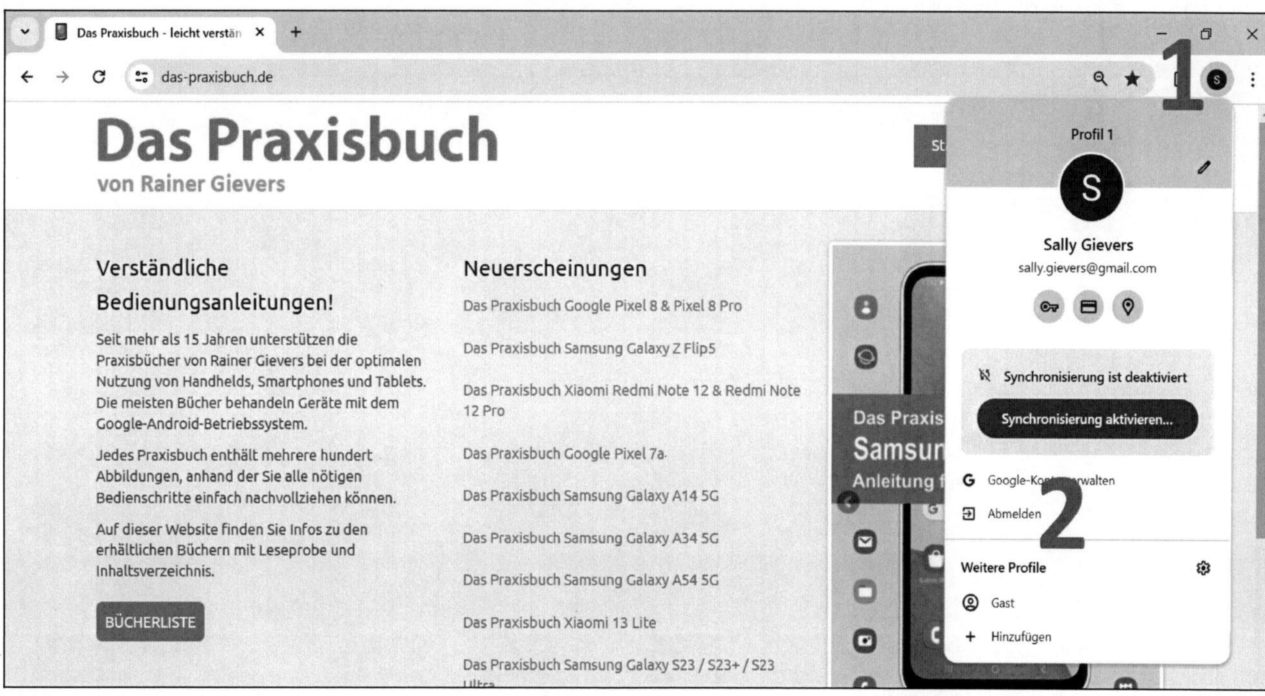

Sehr wichtig: Auch wenn Sie den Chrome-Browser schließen und nach einigen Tagen neu starten und auf *www.google.de* oder einen anderen Google-Dienst gehen, werden Sie automatisch angemeldet. Dies kann, falls mehrere Anwender den gleichen Webbrowser beziehungsweise PC nutzen zu großen Irritationen führen, denn die anderen Personen haben dann auf alle von Ihnen genutzten Dienste (E-Mail, Kalender, Dateien, Bilder,...) unbeschränkten Zugriff.

Deshalb sollten Sie sich gegebenenfalls abmelden. Klicken Sie dafür auf das runde Kontosymbol im Browserfenster (❶) und dann auf *Abmelden* (2).

26.2 Der Chrome-Webbrowser auf dem PC

Sofern Ihnen der Chrome-Webbrowser auf dem Chromebook gefällt, können Sie ihn auch auf dem PC/Notebook verwenden. Zum Herunterladen rufen Sie in Ihrem alten Webbrowser die Webadresse *www.google.de/chrome/browser* auf. Die Bedienung des Chrome-Webbrowsers unterscheidet sich wirklich nur in Nuancen zwischen PC und Chromebook.

Der Chrome-Webbrowser auf dem PC bietet gegenüber anderen Webbrowsern den Vorteil, dass Sie die gleichen Browser-Erweiterungen wie auf dem Chromebook installieren können.

Melden Sie sich dann, wie im vorherigen Kapitel *26.1 Anmelden und arbeiten auf dem PC* bei Ihrem Google-Konto an. Der Chrome-Browser merkt sich das verwendete Konto, das heißt, auch wenn Sie den PC neu starten und dann den Browser aufrufen, sind Sie bereits sofort im Google-Konto angemeldet.

Wichtig: Laden Sie den Chrome-Browser nur von einem Google-Server (erkennbar an einer Webadresse die *www.google.com* enthält) und nie aus einer anderen Quelle herunter! Es besteht sonst die Gefahr, dass Ihnen Schadsoftware untergeschoben wird.

27. Smartphone-Anwendungen

Ursprünglich wurden die Chromebooks für Nutzer konzipiert, die mit der Smartphone-Welt nicht viel am Hut haben. Bis auf den automatischen Datenaustausch zwischen Chromebook und Handy über das Google-Konto hatten beide nicht viel miteinander zu tun. Das hat sich inzwischen geändert, denn viele Handy-Funktionen sind nun auch auf dem Chromebook verfügbar.

27.1 Google Play Store

Im Kapitel *21 Google Play Store* stellen wir bereits eine Möglichkeit vor, Handy-Apps auch auf dem Chromebook zu installieren. Bei vielen Apps macht sich die deutlich größere Bildschirmfläche Ihres Chromebooks positiv bemerkbar.

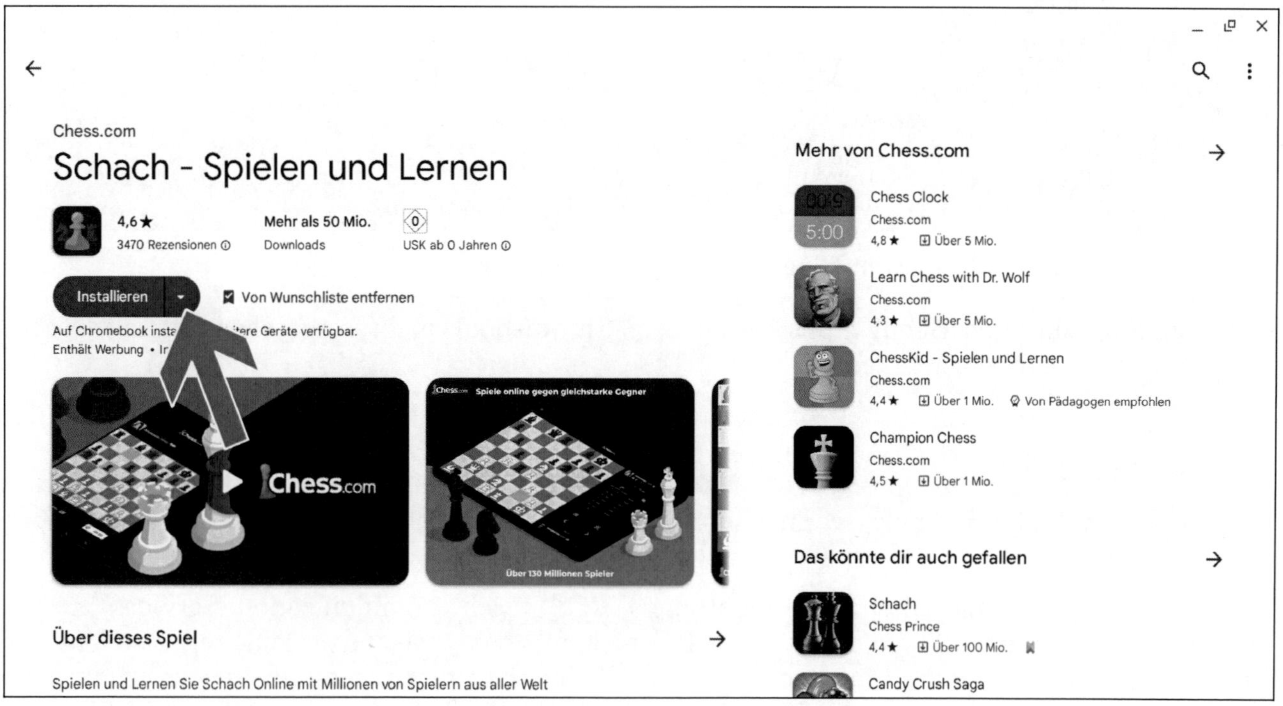

Der Play Store unterstützt auch die Installation von Apps auf dem Handy – direkt vom Chromebook aus! Klicken Sie dafür auf das Dreieck (Pfeil)…

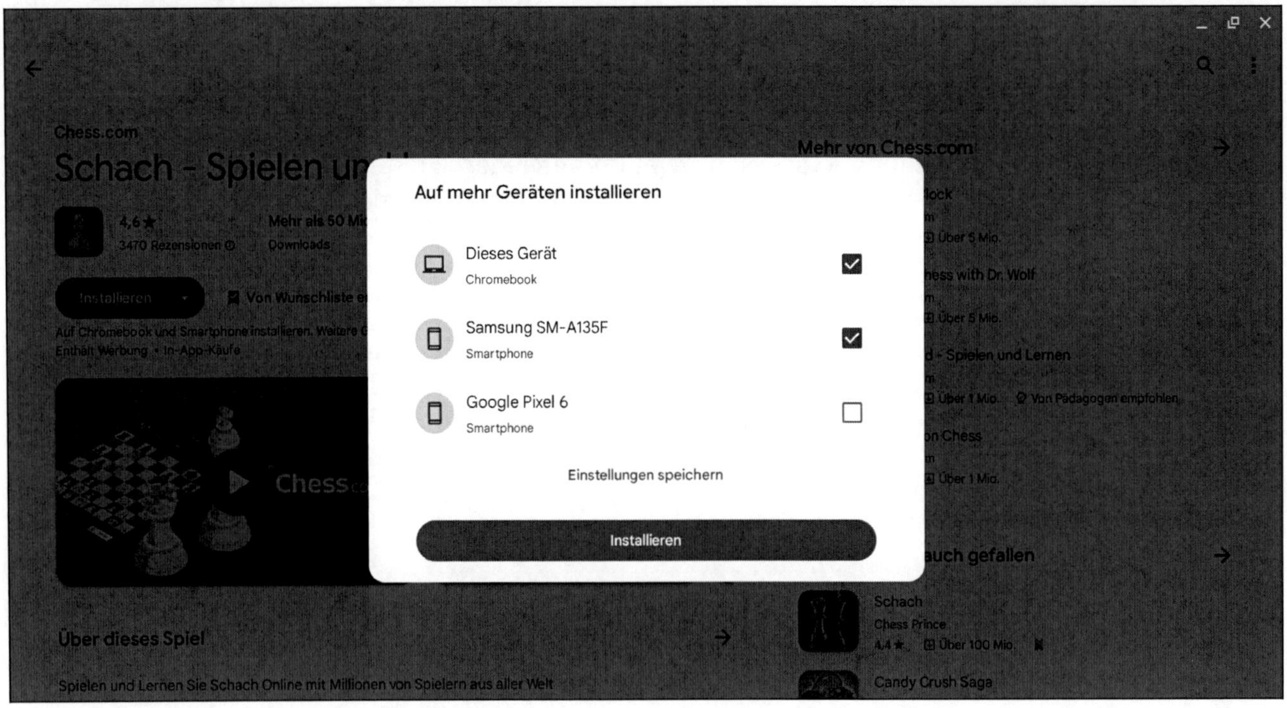

… worauf Sie Ihr Handy auswählen und *Installieren* betätigen.

Die Deinstallation von Handy-Apps ist auf dem Chromebook nicht vorgesehen. Diese müssen Sie auf dem Handy selbst entfernen.

27.2 Messages

Die auf vielen Android-Handys vorinstallierte Messages-App dient dem Senden und Empfangen von SMS.

Durch die Unterstützung des SMS-Nachfolgers RCS (Rich Communication Services) stehen inzwischen viele neue Funktionen, zum Beispiel für das Versenden längerer Dateien und Fotos/Videos zur Verfügung. Hauptvorteil von RCS sind die Kosten, denn im Gegensatz zur SMS fallen keinerlei Kosten an, weil die Datenübertragung über das Internet erfolgt. Beachten Sie bitte, dass ältere Handys kein RCS nutzen, sodass die Messages-Anwendung automatisch auf SMS umschaltet. Sobald Sie in der Messages-App mit jemandem schreiben, dessen Handy RCS unterstützt, erhalten Sie den Hinweis »Chat mit xxx«.

Natürlich werden viele Anwender, die bisher WhatsApp nutzen, trotz der RCS-Funktionen weiterhin um die Messages-App einen Bogen machen. Falls Sie aber Bekannte haben, die ausschließlich SMS nutzen, ist die Messages-App weiterhin nötig.

Damit Sie die Messages-Funktionen auch auf dem Chromebook nutzen können, müssen Sie eine »Kopplung« mit dem Handy durchführen.

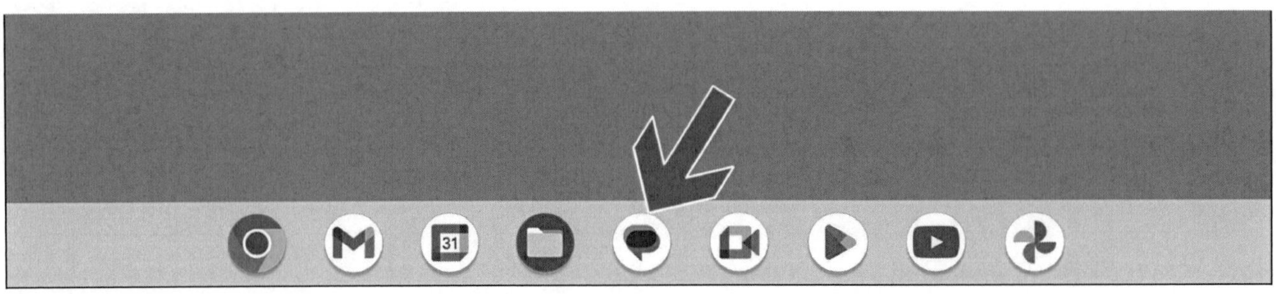

Rufen Sie die Messages-Anwendung aus der Ablage (Pfeil) oder dem Apps-Menü auf.

Betätigen Sie *Weiter*.

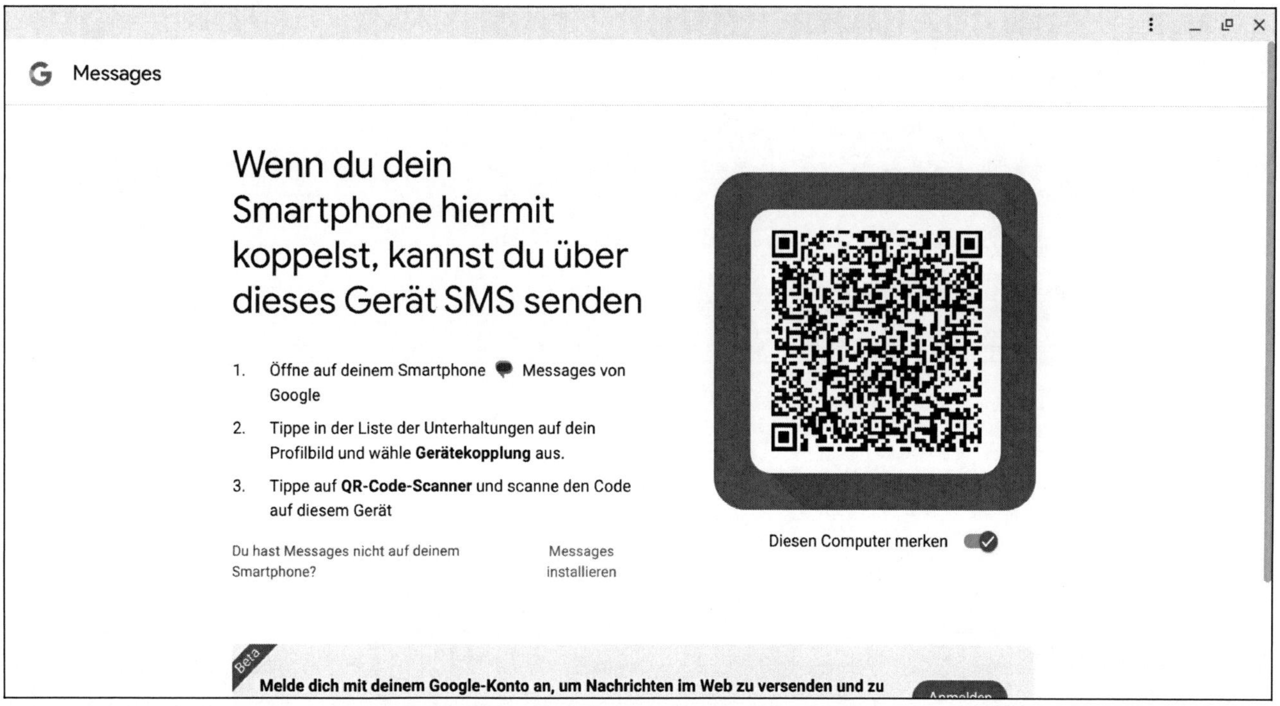

Wenn dieser Bildschirm erscheint, nehmen Sie Ihr Handy und rufen dort die Messages-App auf.

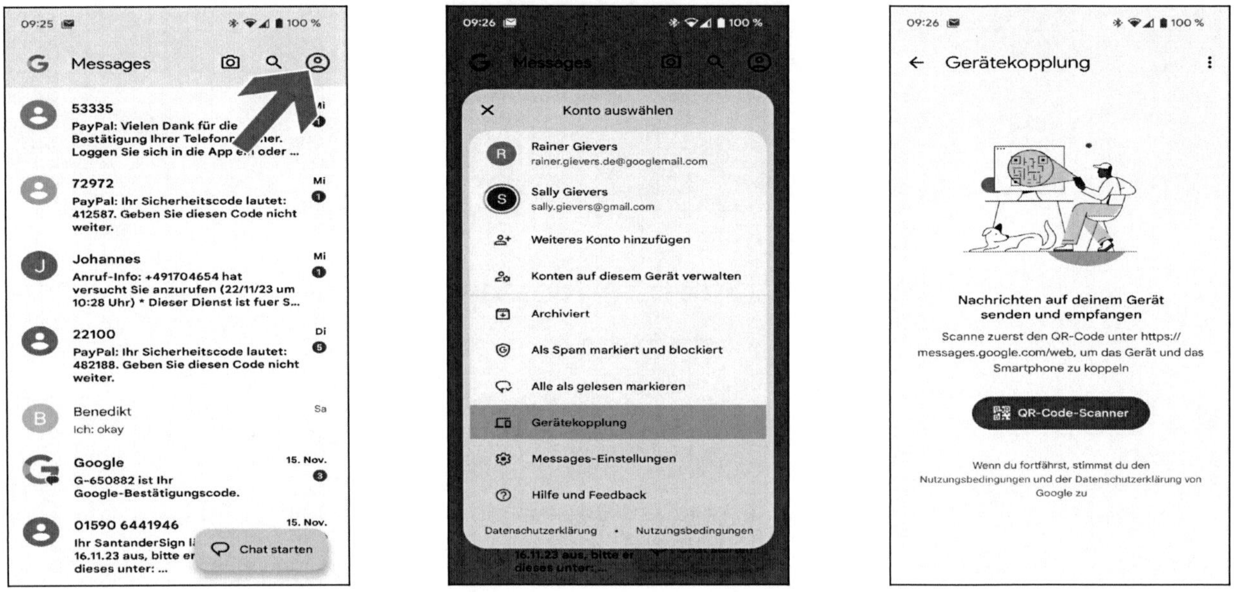

❶ Tippen Sie in der Messages-App das auf runde Profilsymbol.

❷ Gehen Sie auf *Gerätekopplung.*

❸ Betätigen Sie *QR-Code-Scanner* und halten Sie das Handy auf den QR-Code, der auf dem Chromebook angezeigt wird.

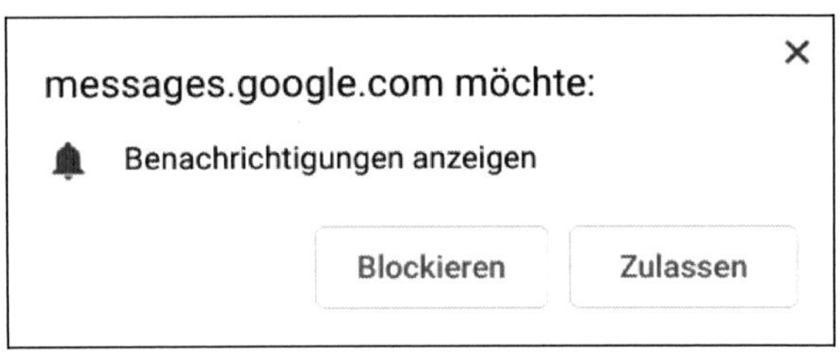

Schließen Sie das Popup mit *Zulassen.*

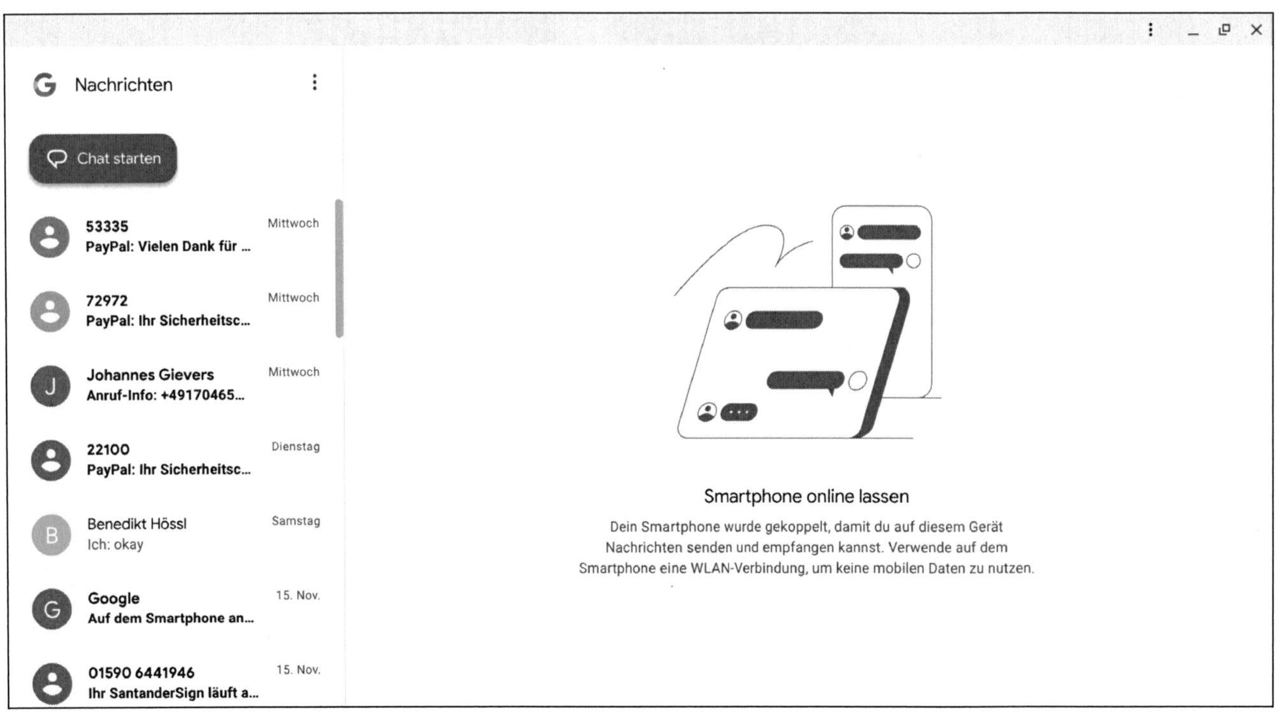

Die verschickten und empfangenen Nachrichten werden automatisch zwischen Chromebook und Handy synchronisiert. Ihnen stehen alle Funktionen zur Verfügung, die Sie auch vom Handy her kennen.

27.3 WhatsApp

Ursprünglich war das beliebte WhatsApp nur auf Handys beschränkt, seit einigen Jahren kann man diese beliebte App aber auch auf anderen Geräten nutzen. Dazu wird eine sogenannte Kopplung durchgeführt, was aber einfacher ist, als es sich anhört.

Rufen Sie im Chrome-Browser die Webadresse *web.whatsapp.com* auf. Es erscheint ein QR-Code.

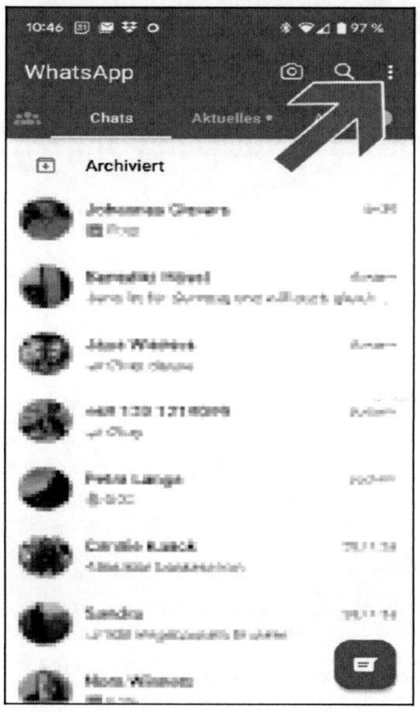

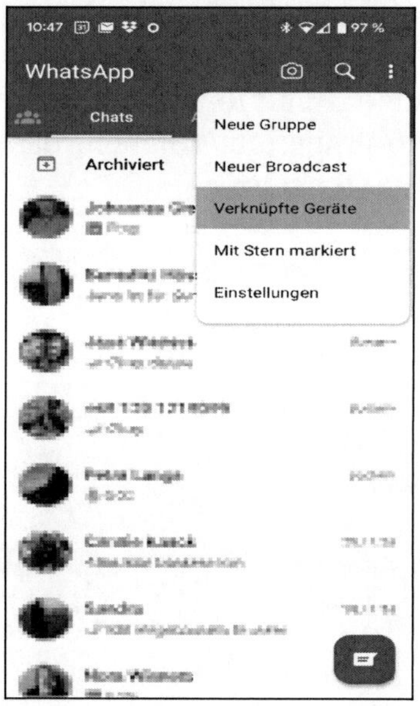

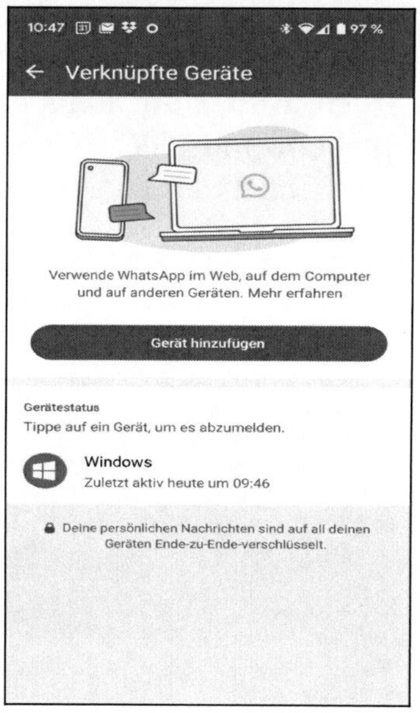

❶❷ In WhatsApp auf dem Handy rufen Sie das Menü ⋮/*Verknüpfte Geräte* auf.

❸ Betätigen Sie *Gerät hinzufügen.*

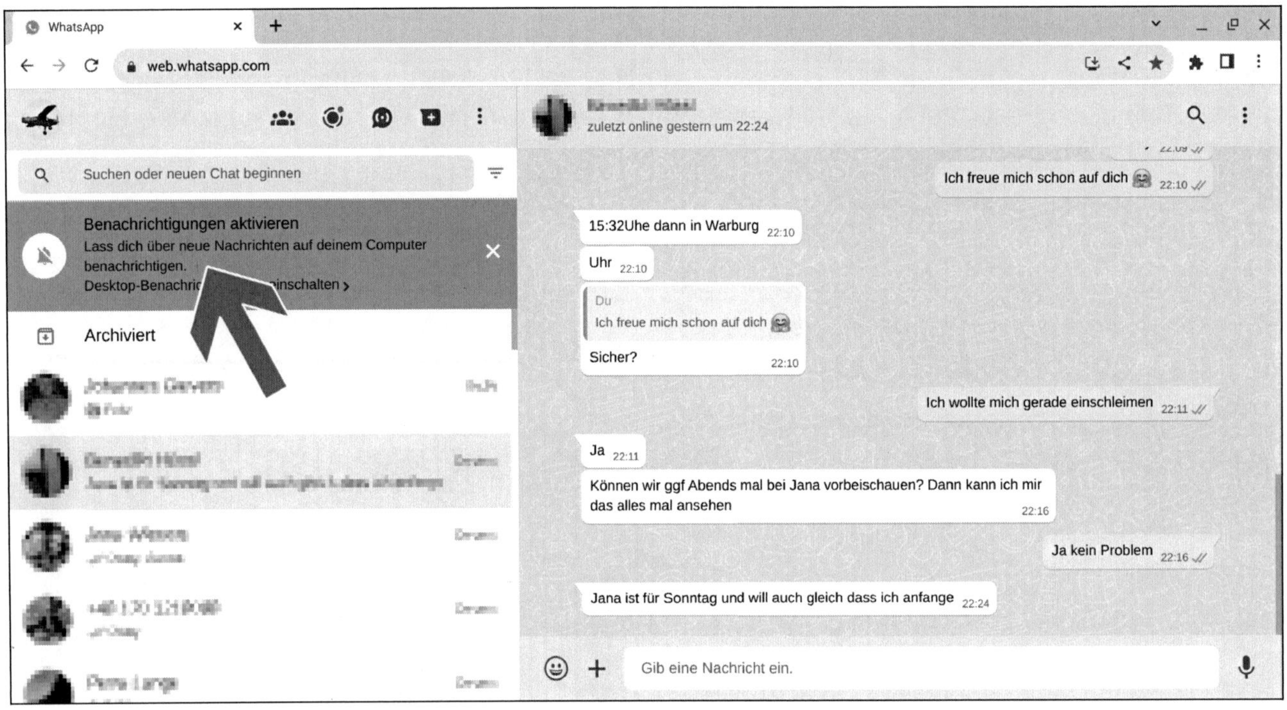

Der gewohnte WhatsApp-Bildschirm baut sich auf. Klicken Sie auf *Benachrichtigungen aktivieren* und im Popup auf *Zulasssen*. Sie erhalten künftig automatisch einen Hinweis, wenn Ihnen jemand geschrieben hat, selbst wenn Sie das WhatsApp-Fenster geschlossen haben.

Ab und zu wird Sie WhatsApp aus Sicherheitsgründen auffordern, die Kopplung erneut durchzuführen.

27.4 Phone Hub

Über den Hub Hub können Sie einige Funktionen an Ihrem Handy steuern. Sofern Sie Ihr Chromebook mit einem Google-Konto eingerichtet haben, das Sie auch auf dem Handy nutzen, dürfte bei Ihnen der Phone Hub bereits aktiv sein.

Den Phone Hub öffnen Sie mit einem Klick auf ▯. Beachten Sie, dass sich das Handy in der direkten Nähe befinden muss, weil die Verbindung über Bluetooth erfolgt.

Neben dem Namen des Handys zeigt ein Popup die WLAN-Verbindungsqualität und den Akkuladezustand an. Weitere Funktionen:

- *Hotspot aktivieren*: Internetverbindung über das Handy herstellen, welches als WLAN-Hotspot agiert. Bitte achten Sie auf ausreichendes Datenvolumen in Ihrem Handyvertrag, wenn Sie diese Funktion nutzen.
- *Smartphone stumm*: Aktiviert »Bitte nicht stören« auf dem Handy, worauf Benachrichtigungen und Anrufe stumm geschaltet sind. Der Wecker ist aber weiterhin aktiv!
- *Smartphone suchen*: Lässt das Handy klingeln.

27.4.1 Einstellungen

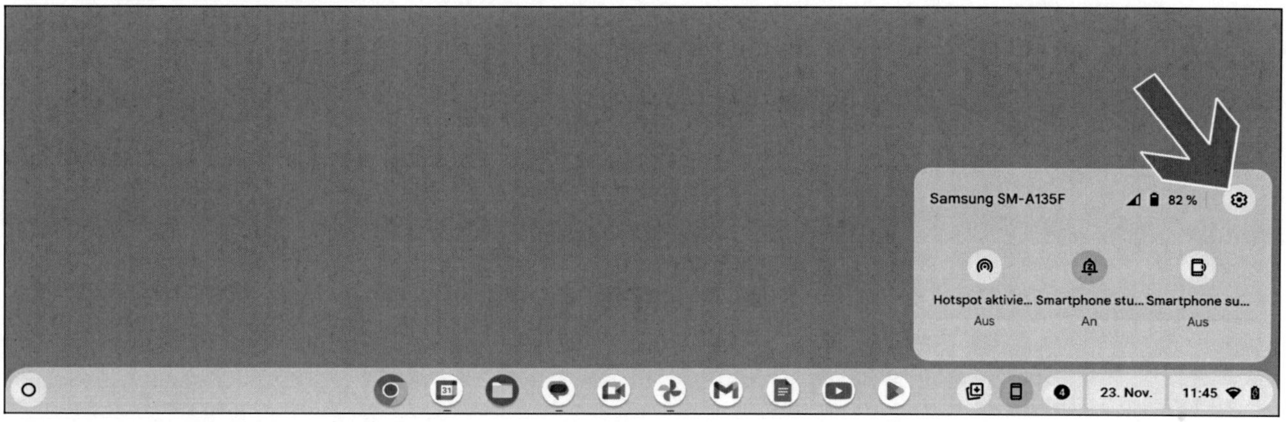

Klicken Sie auf ⚙.

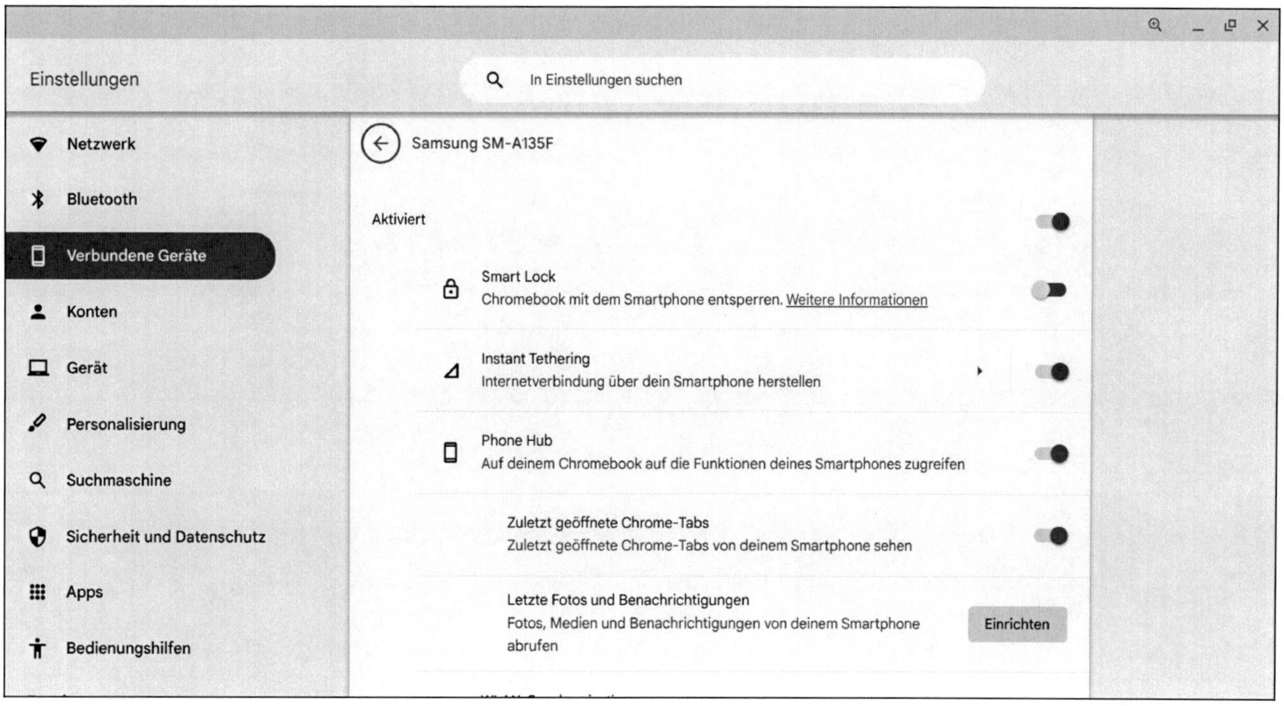

Die Einstellungen:

- *Aktiviert*: Muss eingeschaltet sein, wenn Sie Phone Hub nutzen möchten.
- *Smart Lock*: Das Entsperren des Displays erfolgt über das Handy. Wir raten aus Sicherheitsgründen davon ab.
- *Instant Tethering*: Die Internetverbindung erfolgt über das Handy. Diese Funktion können Sie auch über die Schaltleiste *Hotspot aktivieren* im Phone Hub einleiten.
- *Phone Hub*: Muss aktiviert sein, um auf die Daten und Funktionen des verbundenen Handys zuzugreifen.
    - *Zuletzt geöffnete Chrome-Tabs*: Die im Chrome-Browser auf dem Handy angezeigten Webseiten (Tabs) lassen sich auf dem Chromebook anzeigen.
    - *Aktuelle Fotos*: Das Chromebook informiert über neu auf dem Handy vorhandene Fotos und Videos, die Sie dann in Google Fotos anzeigen können. Beachten Sie dazu, dass die Synchronisation in Google Fotos auf dem Handy aktiviert sein muss.
    - *Benachrichtigungen*: Nach Aktivierung von *Benachrichtigungen* müssen Sie die Freigabe auf dem Handy bestätigen. Künftig informiert Sie das Chromebook über neu

empfangene SMS, verpasste Anrufe usw.

- *WLAN-Synchronisation*: Die auf Chromebook und Handy gespeicherten WLAN-Zugangspunkte inklusive Passwort werden untereinander synchronisiert.

Verbindung trennen beendet die Handy-Kopplung, welche sich aber jederzeit wiederholen lässt.

Wenn die Option *Benachrichtigungen* aktiv sind, erscheinen fast alle Benachrichtigungen auf dem Handy auch beim Chromebook, im Beispiel über eine neu empfangene SMS.

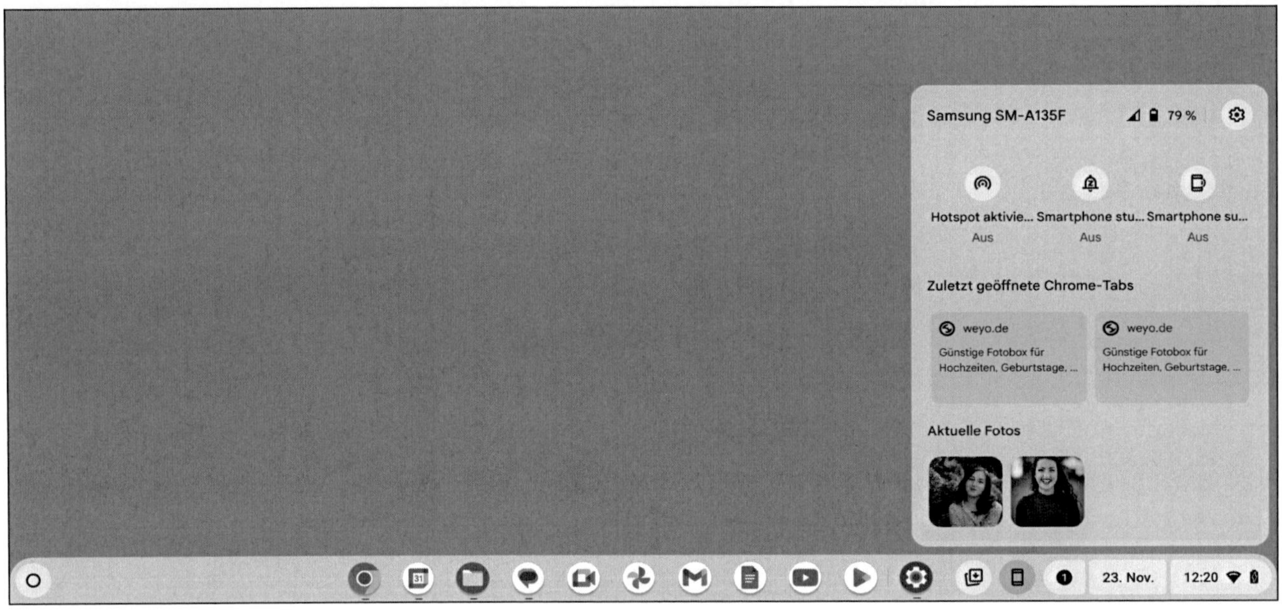

Anzeige der zuletzt auf dem Handy im Chrome-Browser geöffneten Webseiten (*Zuletzt geöffnete Chrome-Tabs*) und von neu erstellten Fotos/Videos (*Aktuelle Fotos*).

27.4.2 Handy-Kopplung durchführen

Klicken Sie in die Statusleiste unten rechts (1) für das Statusleistenmenü und darin auf ⚙ (2).

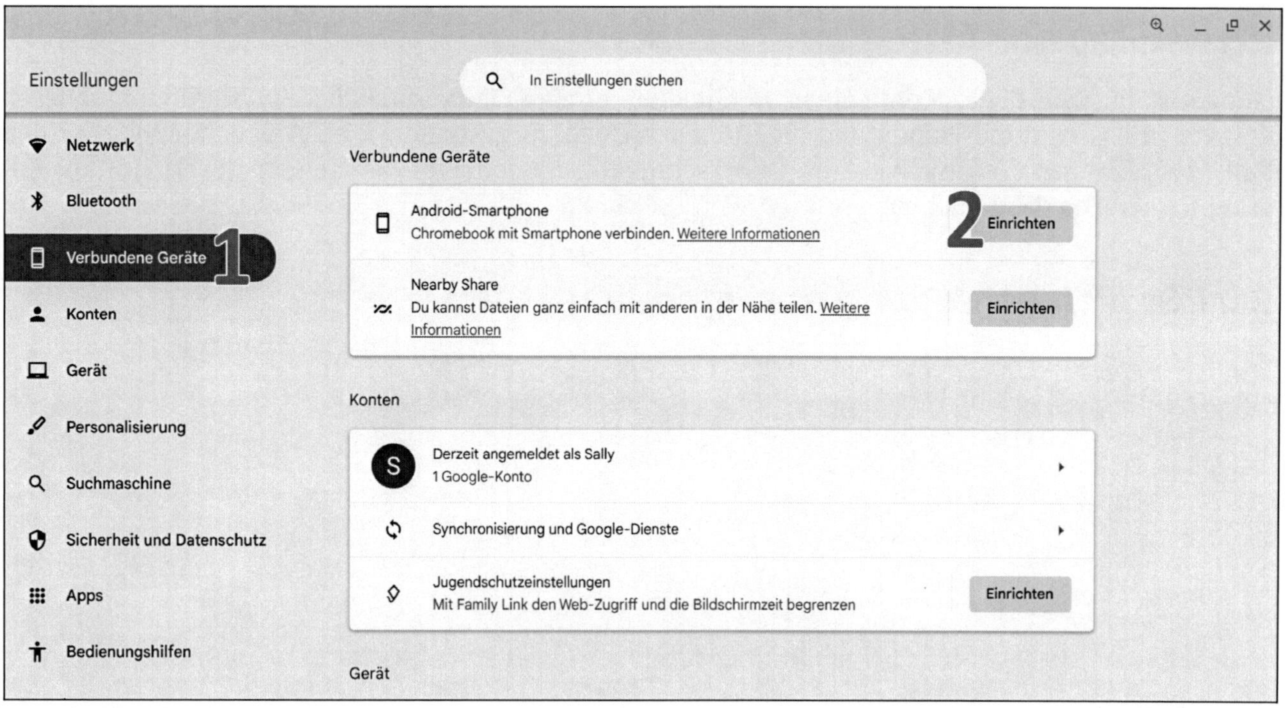

Aktivieren Sie links das *Verbundene Geräte*-Register und klicken Sie bei *Android-Smartphone* auf *Einrichten.*

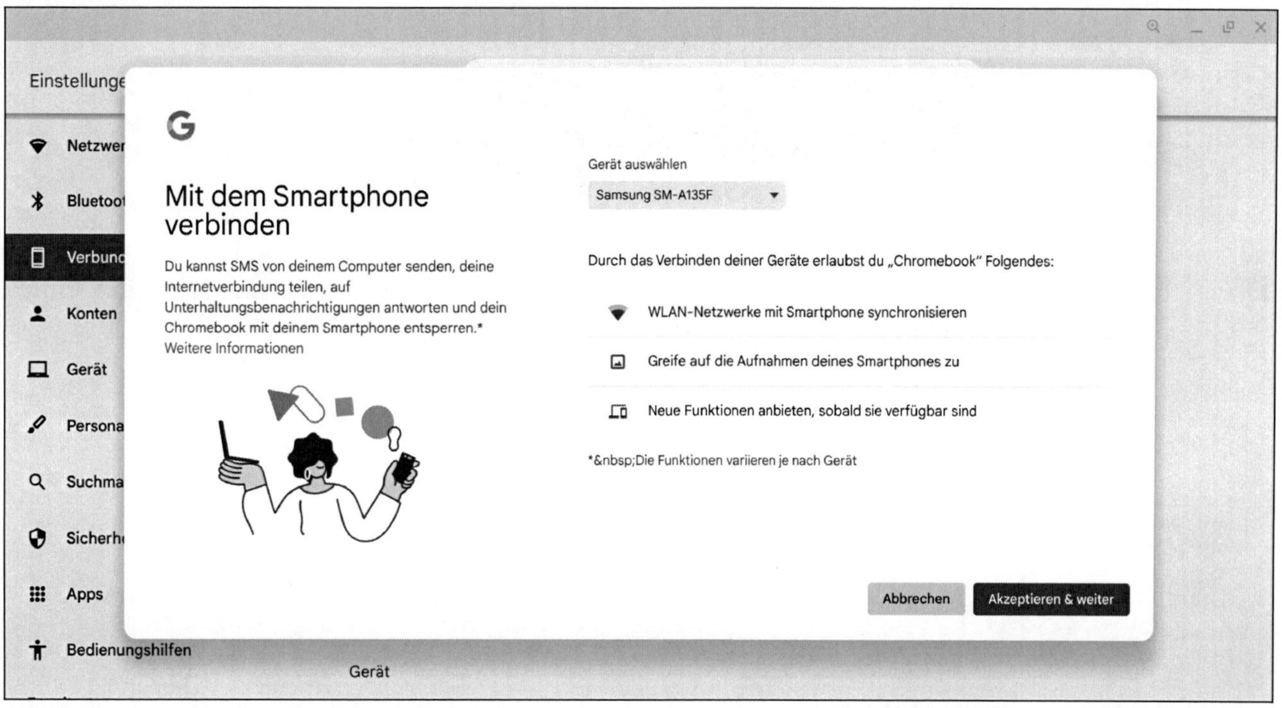

Falls Sie mehrere Android-Geräte einsetzen, müssen Sie das zu koppelnde im Auswahlmenü einstellen, dann betätigen Sie *Akzeptieren & Weiter.* Sie müssen anschließend zur Sicherheit das Passwort Ihres Google-Kontos eingeben und bestätigen. Danach lässt sich der Phone Hub nutzen.

28. Google One

Google stellt pro Google-Konto einen 15 Gigabyte großen Online-Speicher zur Verfügung. Diesen teilen sich das Android-Handy und die in diesen Buch vorgestellten Web-Anwendungen. Für den Fall, dass Sie das 15-Gigabyte-Limit überschreiten, können Sie weiteren Speicherplatz kostenpflichtig als Abo dazu buchen.

28.1 Speicherbelegung anzeigen

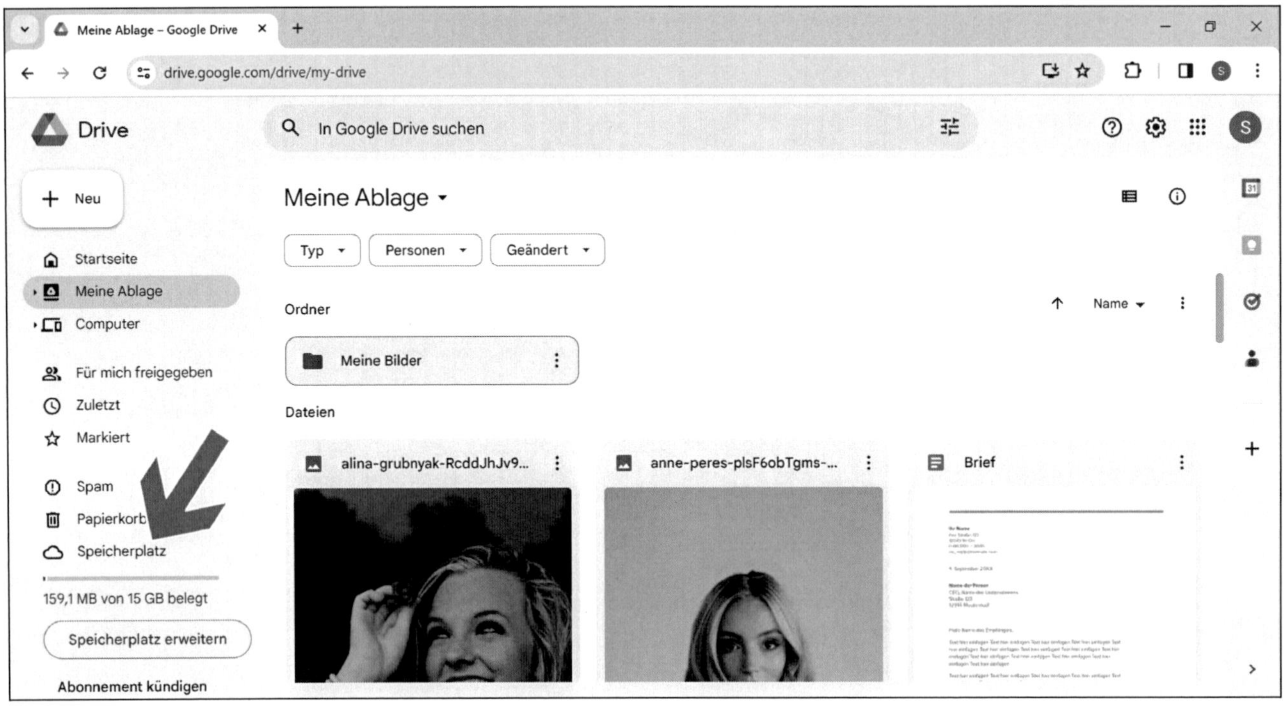

Wieviel Speicher Sie bereits belegt haben, erfahren Sie in Google Drive (siehe Kapitel *14 Google Drive*) unter *Speicherplatz*. Die Anwendungen mit dem größten »Speicherhunger« sind Gmail (sofern Sie darin viele Dateianhänge senden/empfangen), Google Drive und Google Fotos. Löschen Sie in diesen Anwendungen am besten regelmäßig nicht benötigte Dateien.

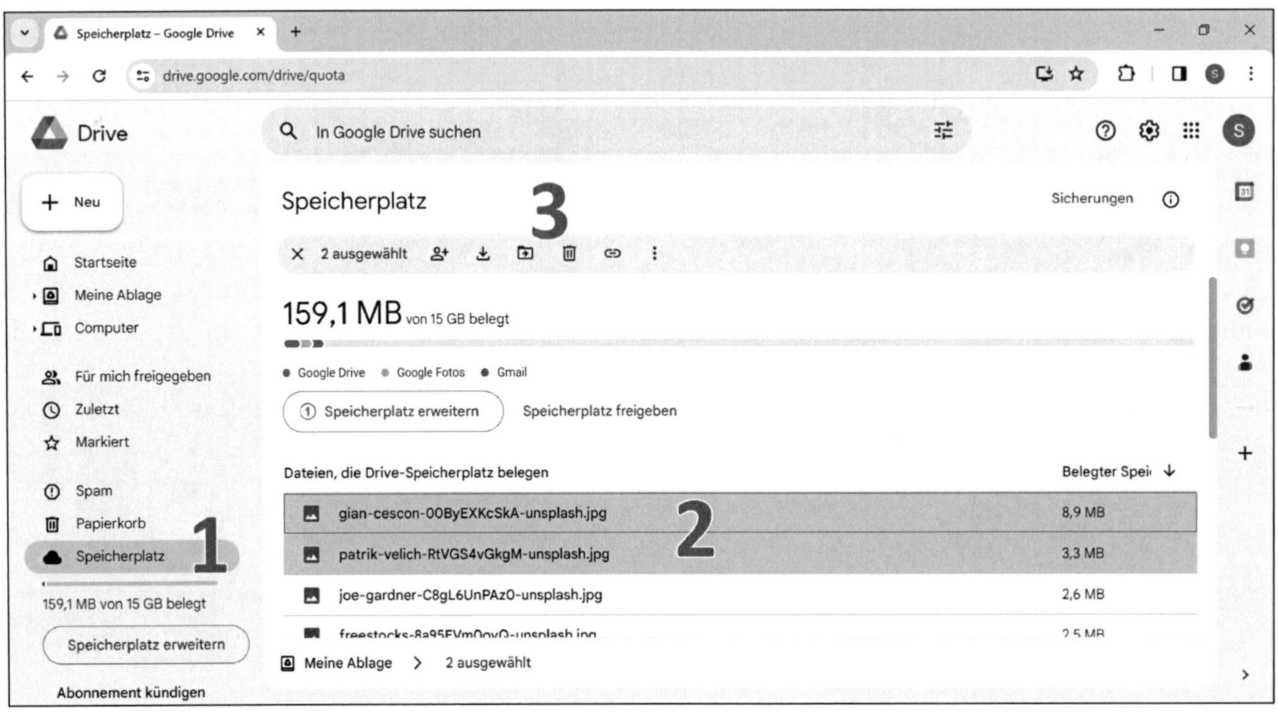

So finden Sie in Google Drive heraus, welche Dateien viel Speicher benötigen: Gehen Sie auf *Speicherplatz* (1). Sie erhalten eine Auflistung, in der Sie zu löschende Dateien mit einem Klick markieren (2) und dann 🗑 betätigen.

28.2 Speicher-Abo

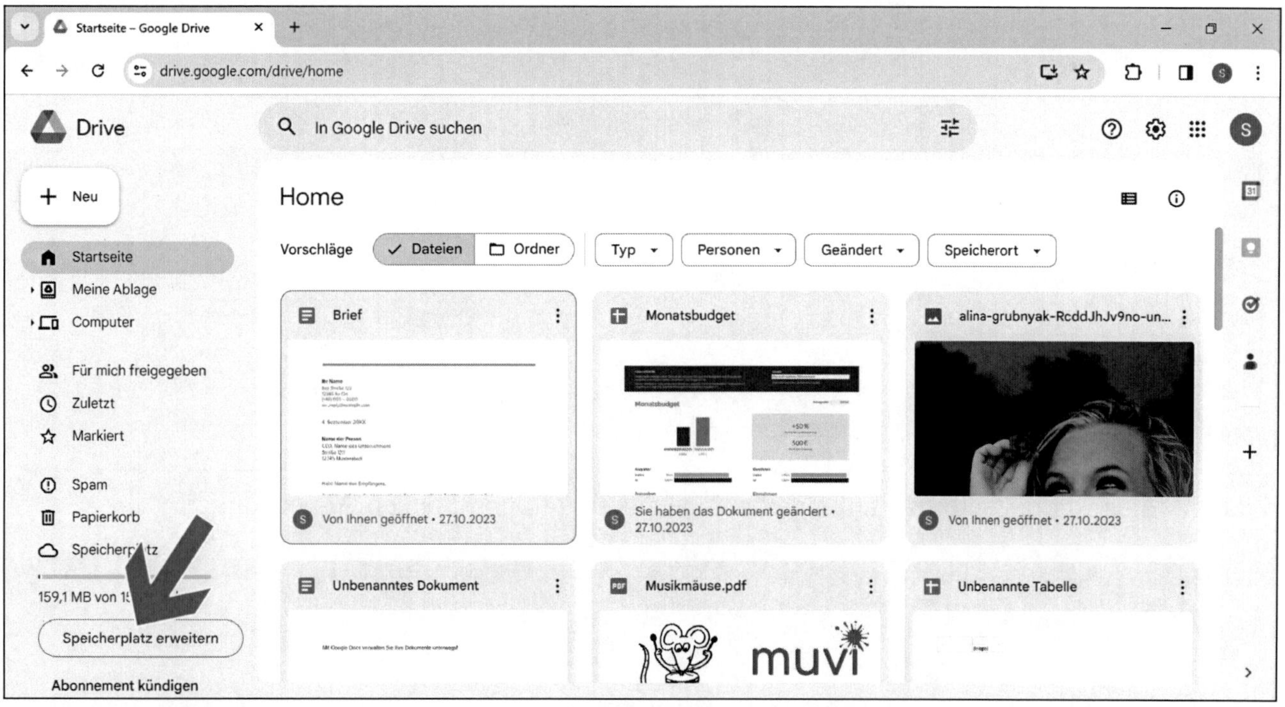

Rufen Sie in Google Drive (siehe Kapitel *14 Google Drive*) *Speicherplatz kaufen* (Pfeil) auf.

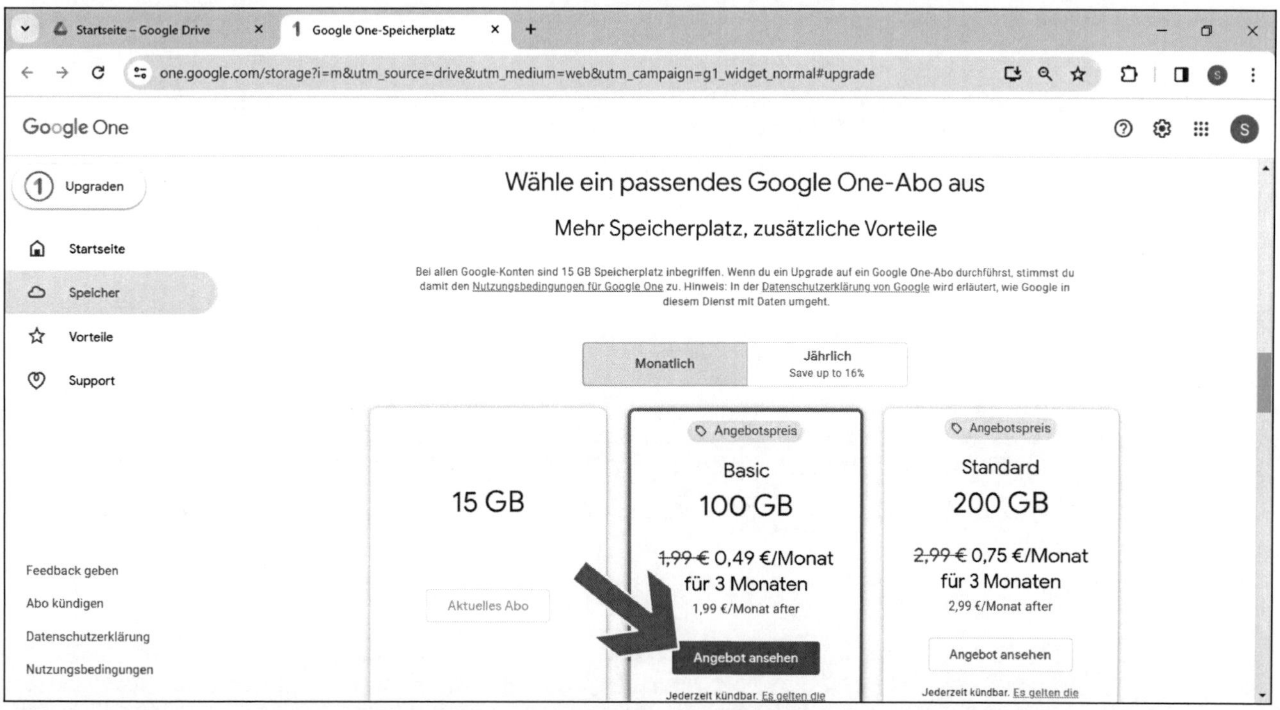

Zur Auswahl stehen *Basic* mit 100 GB, *Standard* mit 200 GB und Premium mit 2 Terrabyte (2000 Gigabyte).

Wählen Sie anschließend die Zahlungsmethode aus und folgen Sie den Anweisungen.

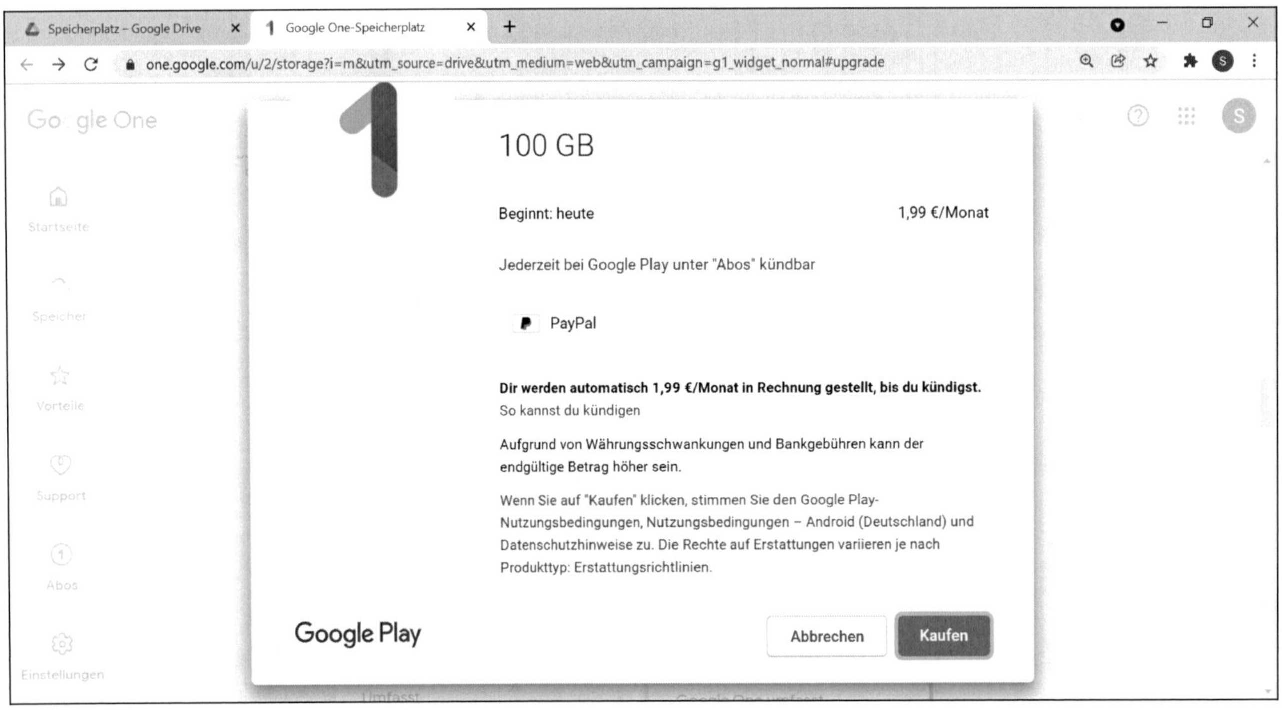

In unserem Fall haben wir den Zahlungsdienstleister PayPal ausgewählt. Schließen Sie den Vorgang mit *Kaufen* ab.

28.3 Aboverwaltung

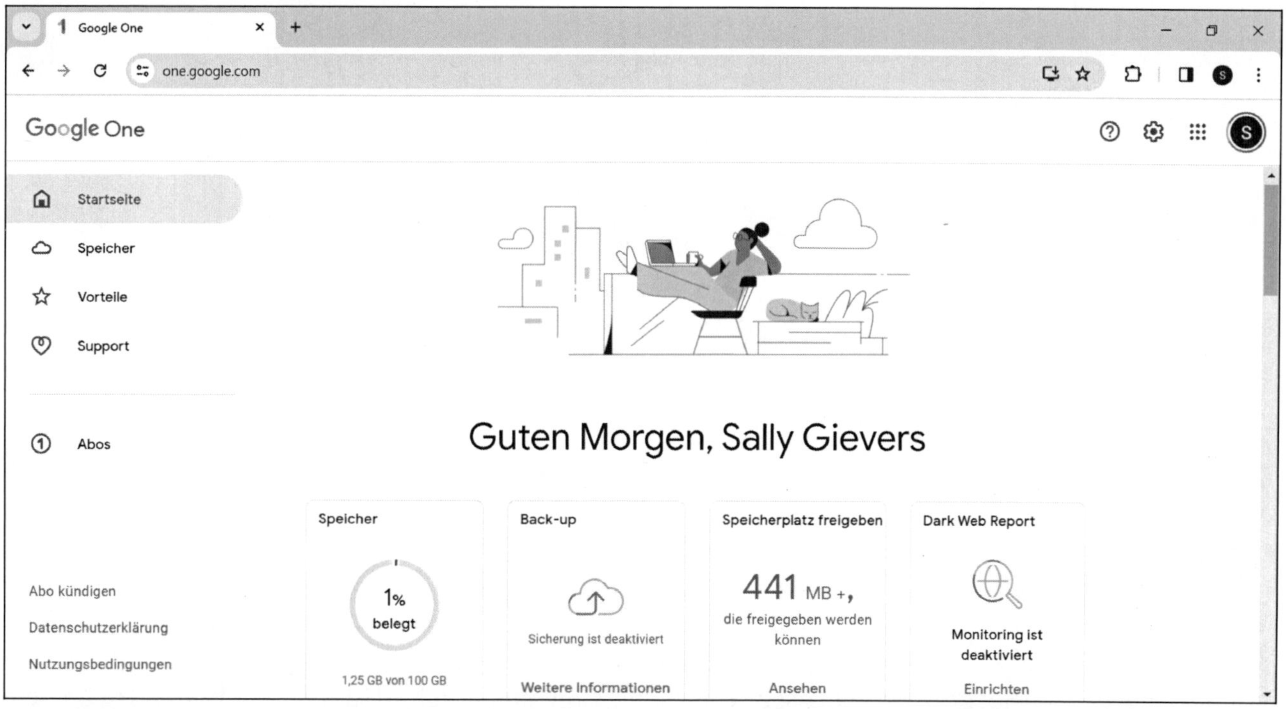

Die Verwaltung Ihres Google One-Abos erfolgt in der gleichnamigen Web-Anwendung, die Sie über die Webadresse *one.google.com* aufrufen.

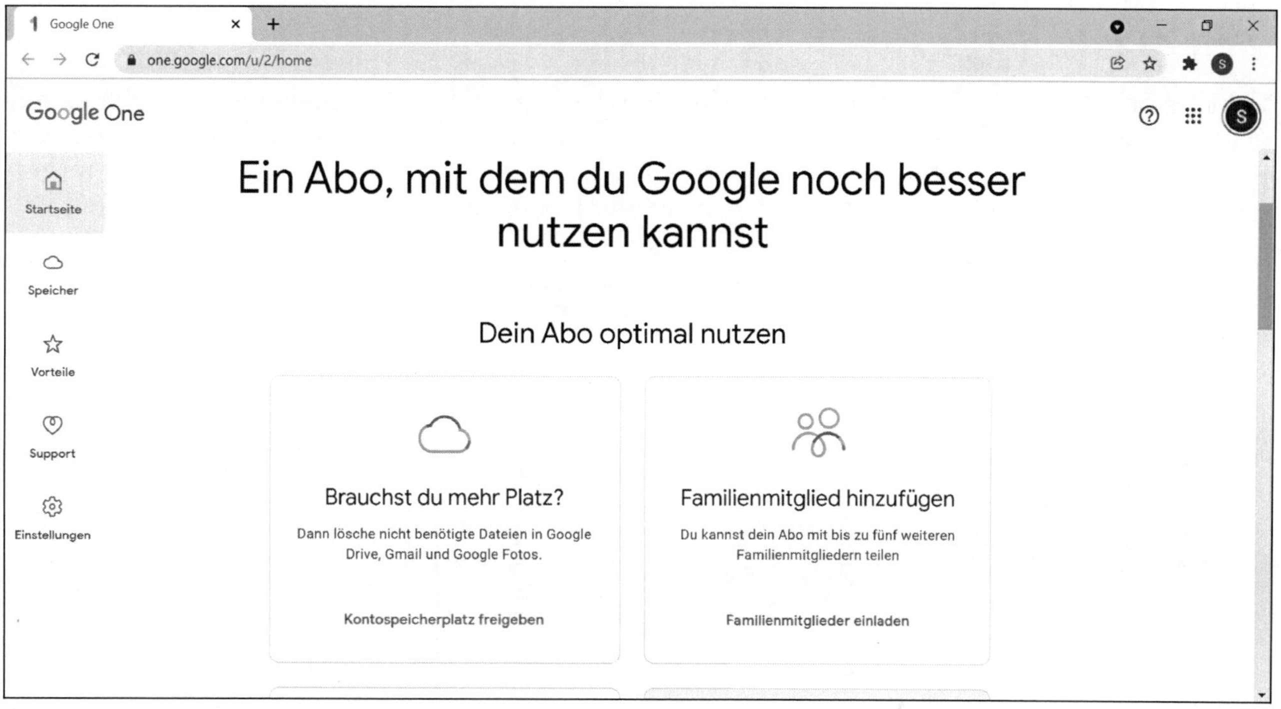

Die Optionen auf der linken Seite:

- *Startseite*
- *Speicher*: Listet auf, wieviel Speicher Google Drive, Gmail und Google Fotos belegen.
- *Vorteile*: Von Google-Partnern angebotene Rabatte.
- *Support*: Kontakt zu Google-Mitarbeitern per Chat oder E-Mail.
- *Einstellungen*: Benachrichtigungs und Familieneinstellungen verwalten, Abo ändern oder kündigen.

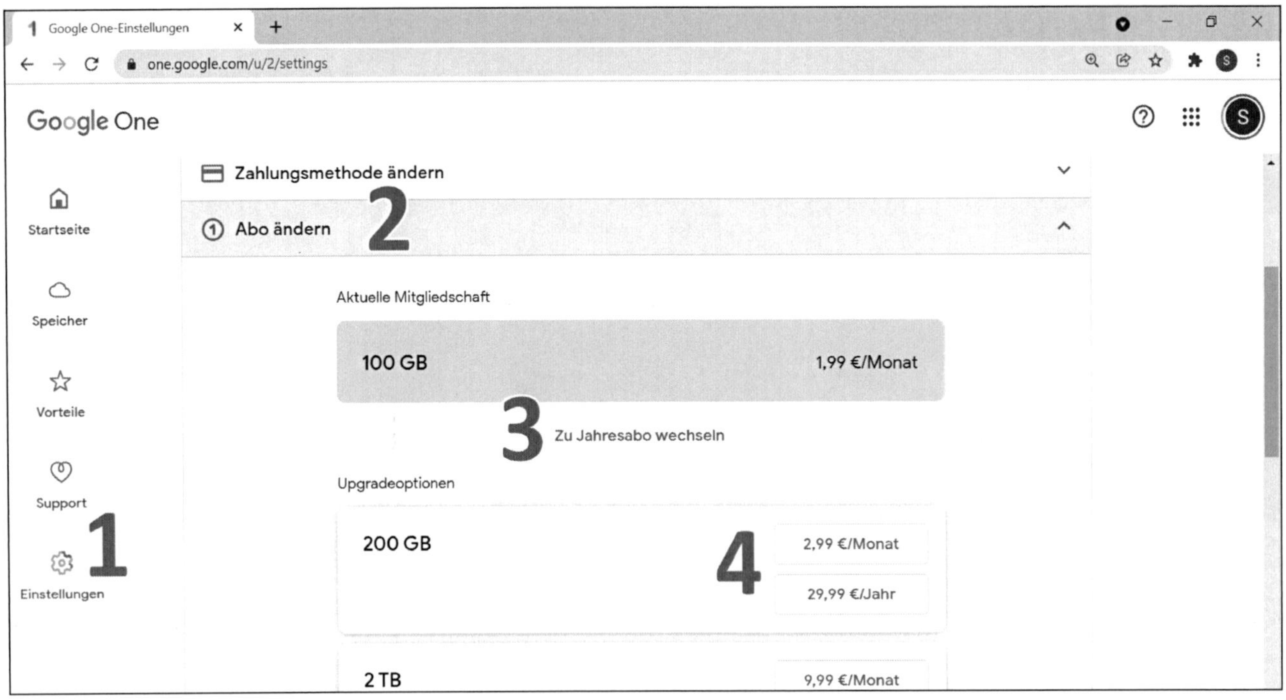

Ein Klick auf *Einstellungen* (1) und dann auf *Abo ändern* (2) öffnet die Abo-Verwaltung. Sie können hier auf das Jahresabo wechseln (jährliche statt monatliche Kündigungsfrist) (3) oder ein anderes Abo auswählen. Am Seitenende finden Sie die *Abo kündigen*-Schaltleiste, über die Sie das Abo zum Monatsablauf beenden.

28.4 Abo kündigen

Leider macht Google die Abokündigung sehr schwer: Zwar gibt es in Google One eine *Abo kündigen*-Schaltleiste, das folgende Prozedere ist aber sehr aufwendig. Wir empfehlen daher den Weg über den Google Play Store auf dem Android-Handy. Um die Vorteile von Google One zu nutzen, werden Sie dort ja ohnehin mit dem gleichen Google-Konto angemeldet sein, wie auf dem PC.

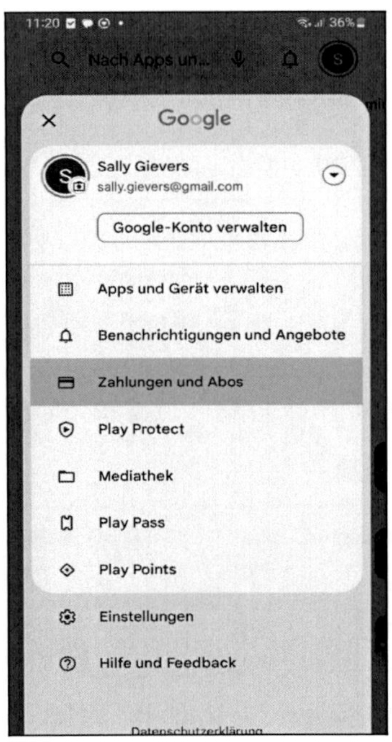

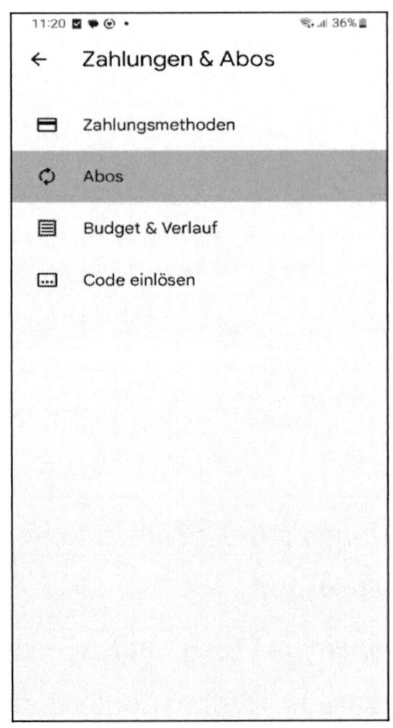

❶ Rufen Sie den *Play Store* auf dem Handy auf, dann tippen Sie auf Kontosymbol oben rechts.

❷ Gehen Sie auf *Zahlungen und Abos.*

❸ Wählen Sie *Abos.*

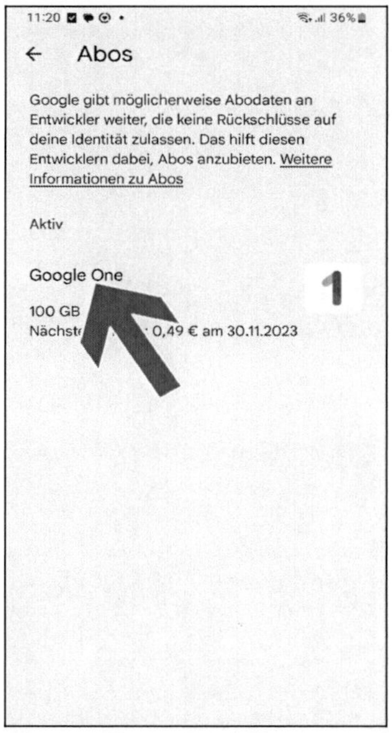

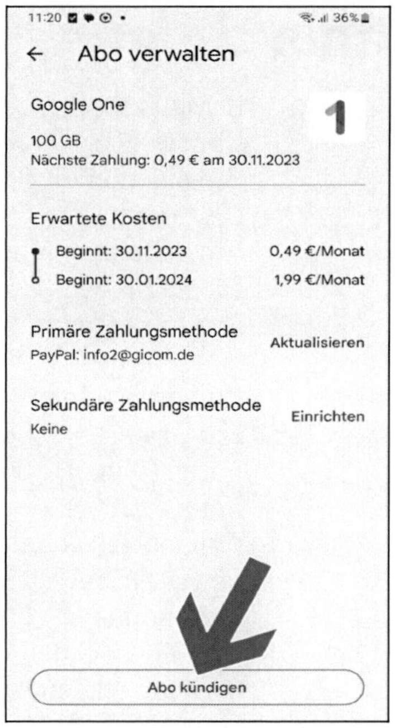

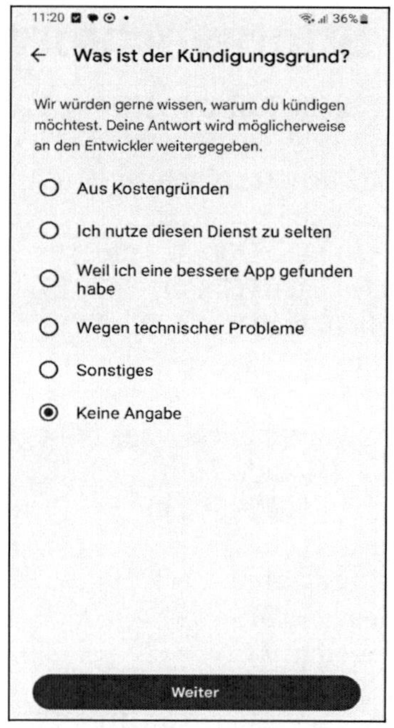

❶ Tippen Sie auf *Google One.*

❷ Betätigen Sie *Abo kündigen.*

❸ Wählen Sie einen beliebigen Kündigungsgrund, dann betätigen Sie *Weiter.*

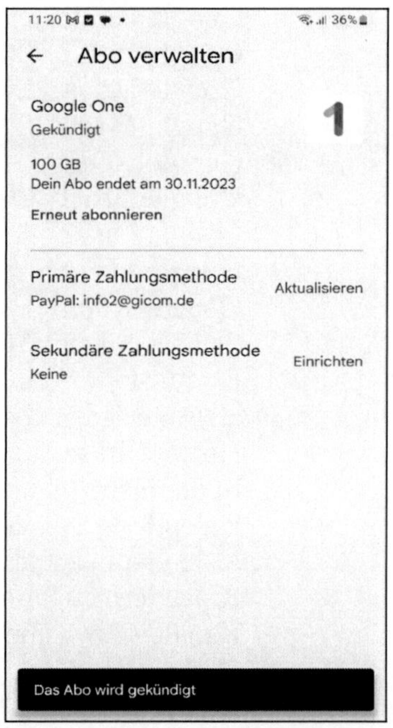

❶❷ Gehen Sie auf *Abo kündigen,* worauf eine Erfolgsmeldung erfolgt.

Wichtig: Sie erhalten auf jeden Fall eine Kündigungsbestätigung, die an Ihre Google-Konto-Adresse geschickt wird. Ist dies nicht der Fall, sollten Sie prüfen, ob Google die Kündigung tatsächlich durchgeführt hat.

29. Stichwortverzeichnis

Sie haben im Stichwortverzeichnis nicht gefunden, was Sie suchen? Dann empfehlen wir Ihnen das Herunterladen des PDF-Ebooks (siehe Seite 3). Alle PDF-Anzeigeprogramme bieten eine Volltextsuchfunktion!

Weitere Bücher des Autors

Vom Technik-Journalisten Rainer Gievers sind zahlreiche Bücher zum Thema Mobile Computing erschienen. Eine Inhaltsübersicht und Bestellmöglichkeiten finden Sie auf unserer Website *www.das-praxisbuch.de*. Sie erhalten die Bücher über die jeweilige ISBN direkt bei Ihrem lokalen Buchhändler oder über Online-Shops der großen Buchketten.

Sie möchten wissen, ob es vom Autor ein Buch zu Ihrem Handy gibt? Dann nutzen Sie bitte die Suchfunktion unter der Webadresse *www.das-praxisbuch.de/suche*.

Samsung Galaxy A-Serie:

- Samsung Galaxy A13
- Samsung Galaxy A14
- Samsung Galaxy A20e
- Samsung Galaxy A22
- Samsung Galaxy A23
- Samsung Galaxy A33 5G
- Samsung Galaxy A34 5G
- Samsung Galaxy A52 / A52 5G
- Samsung Galaxy A52s 5G
- Samsung Galaxy A53 5G
- Samsung Galaxy A54 5G

Samsung Galaxy S-Serie:

- Samsung Galaxy S20 / S20+ / S20 Ultra 5G
- Samsung Galaxy S20 FE / S20 FE 5G
- Samsung Galaxy S21 / S21+ / S21 Ultra 5G
- Samsung Galaxy S21 FE
- Samsung Galaxy S22 / S22+ / S22 Ultra
- Samsung Galaxy S23 / S23+ / S23 Ultra

Google Pixel:

- Google Pixel 8 & 8 Pro
- Google Pixel 7a
- Google Pixel 7 & Pixel 7 Pro
- Google Pixel 6a
- Google Pixel 6 & Pixel 6 Pro